《中国城市轨道交通年度报告2013》

主办单位

《都市快轨交通》杂志社
Urban Rapid Rail Transit

中国土木工程学会城市轨道交通技术工作委员会

协办单位

北京卓越信通电子股份有限公司
Transcend Communication Beijing Co.,Ltd.

北京地铁运营技术研发中心
Beijing Subway Operation Technology Centre

中国北车 北车建设工程有限责任公司
CNR CONSTRUCTION ENGINEERING CO., LTD.

瑞斯康达科技发展股份有限公司
RAISECOM TECHNOLOGY CO.,LTD.

中国通用咨询投资有限公司
China General Consulting & Investment Co., Ltd.
中机国际招标公司　中技国际招标公司　中仪国际招标公司

中国城市轨道交通发展内地城市分布图

截至2013年12月31日

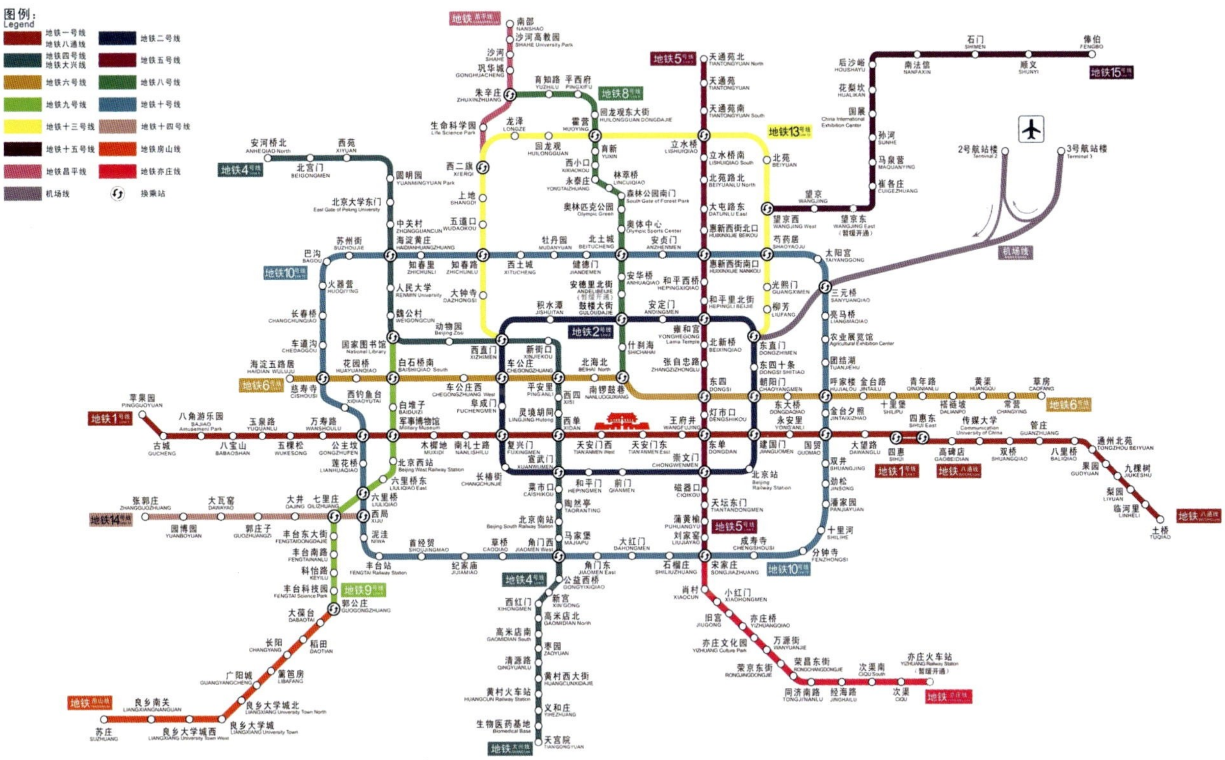

图1 北京市城市轨道交通运营线路图

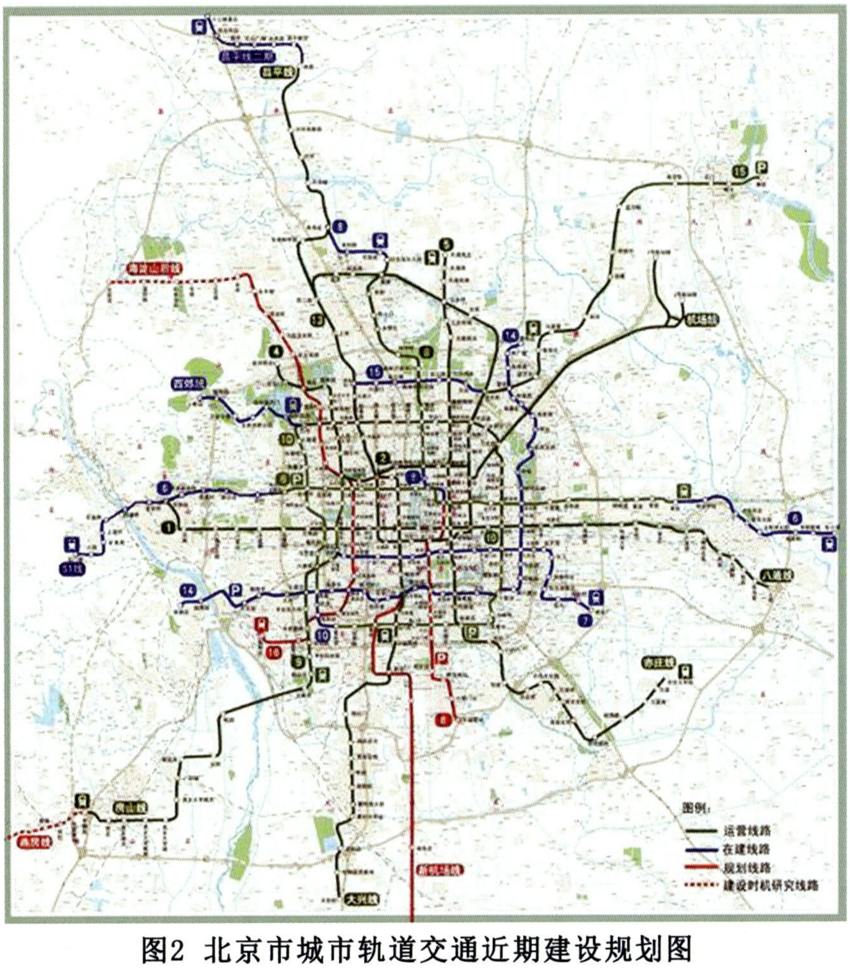

图2 北京市城市轨道交通近期建设规划图

图3 上海市城市轨道交通运营线路图

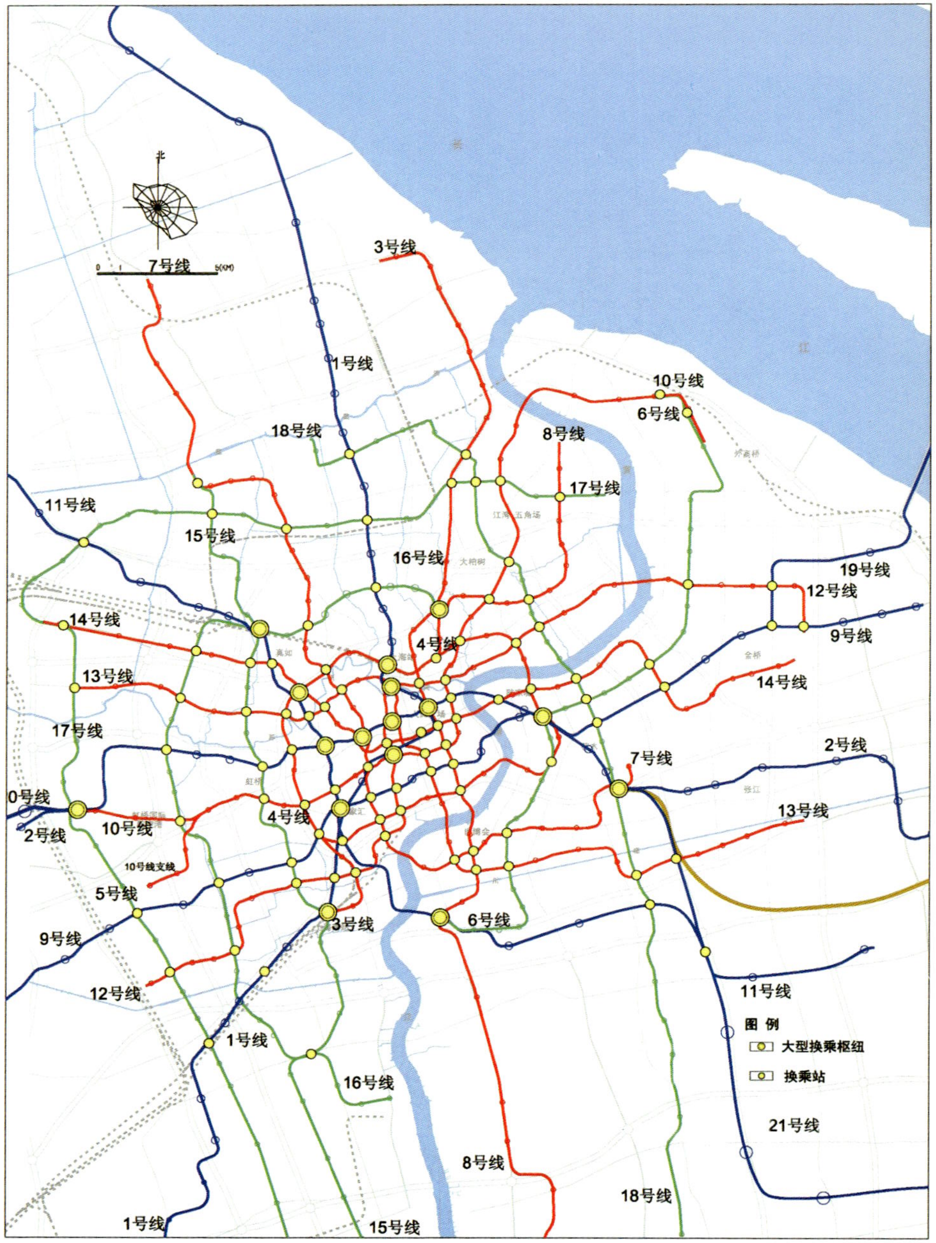

图4 上海市城市轨道交通网络规划图（中心城）

图5 广州市城市轨道交通运营线路图

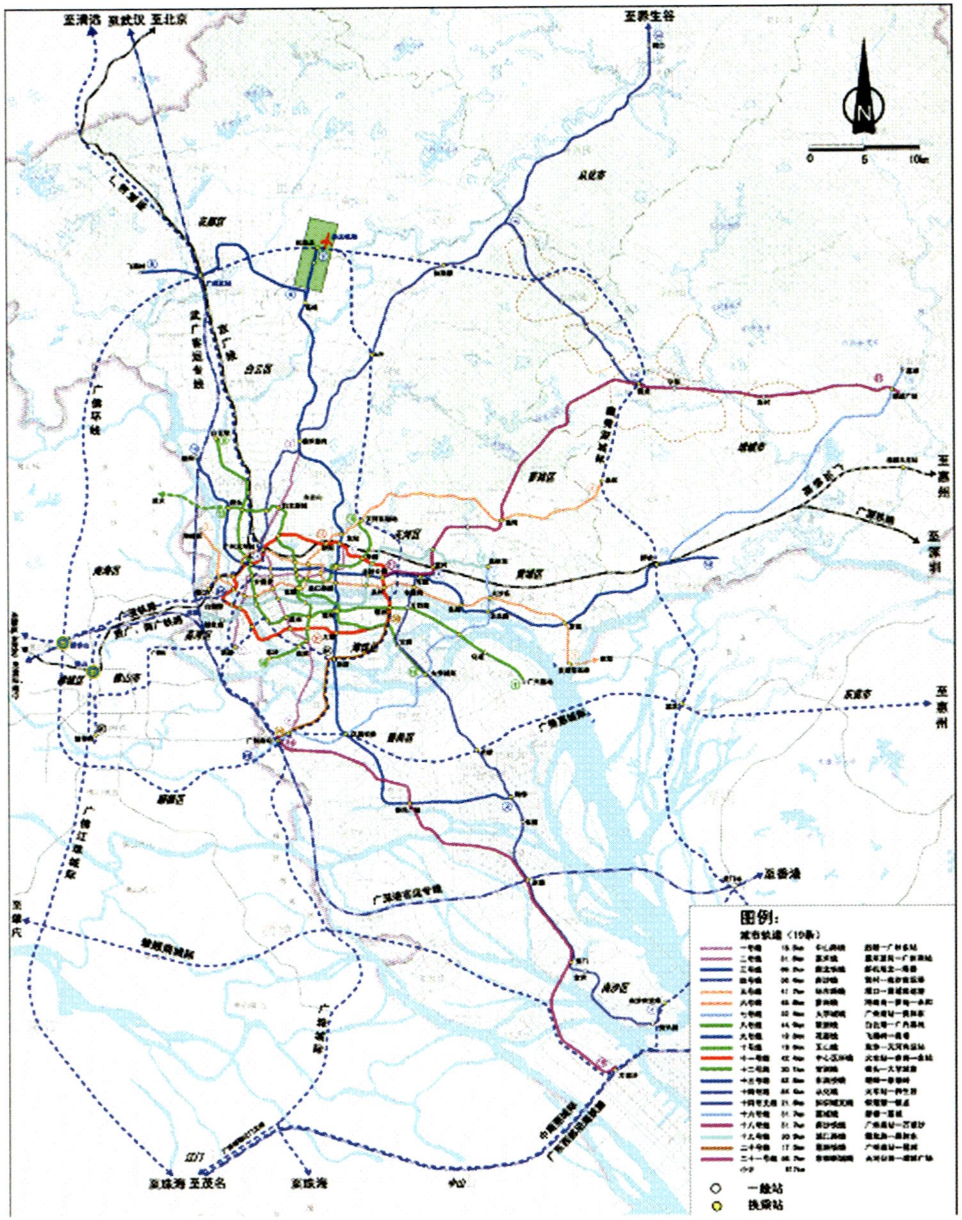

图6 2020年广州市城市轨道交通线网规划图

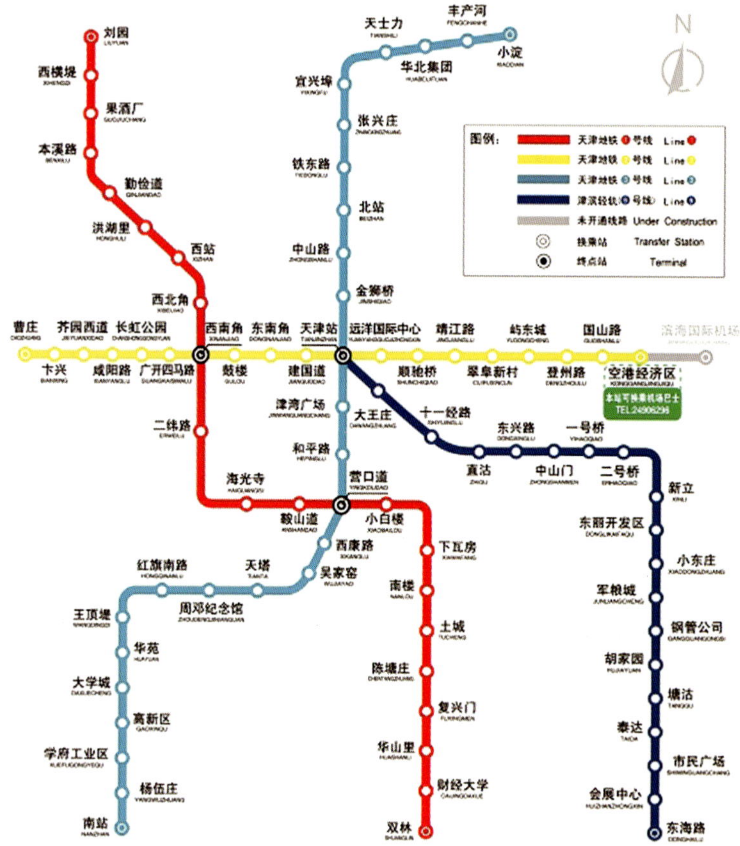

图7 天津市城市轨道交通运营线路图

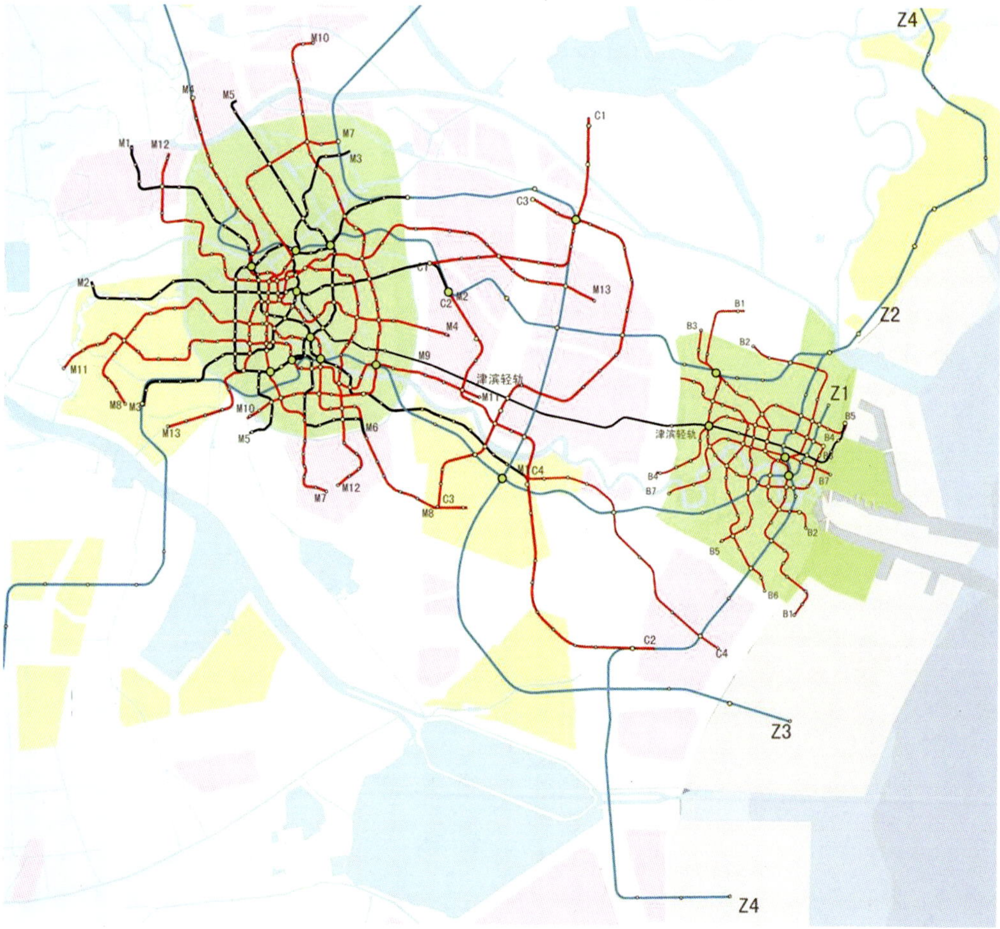

图8 天津市城市轨道交通线网规划示意图

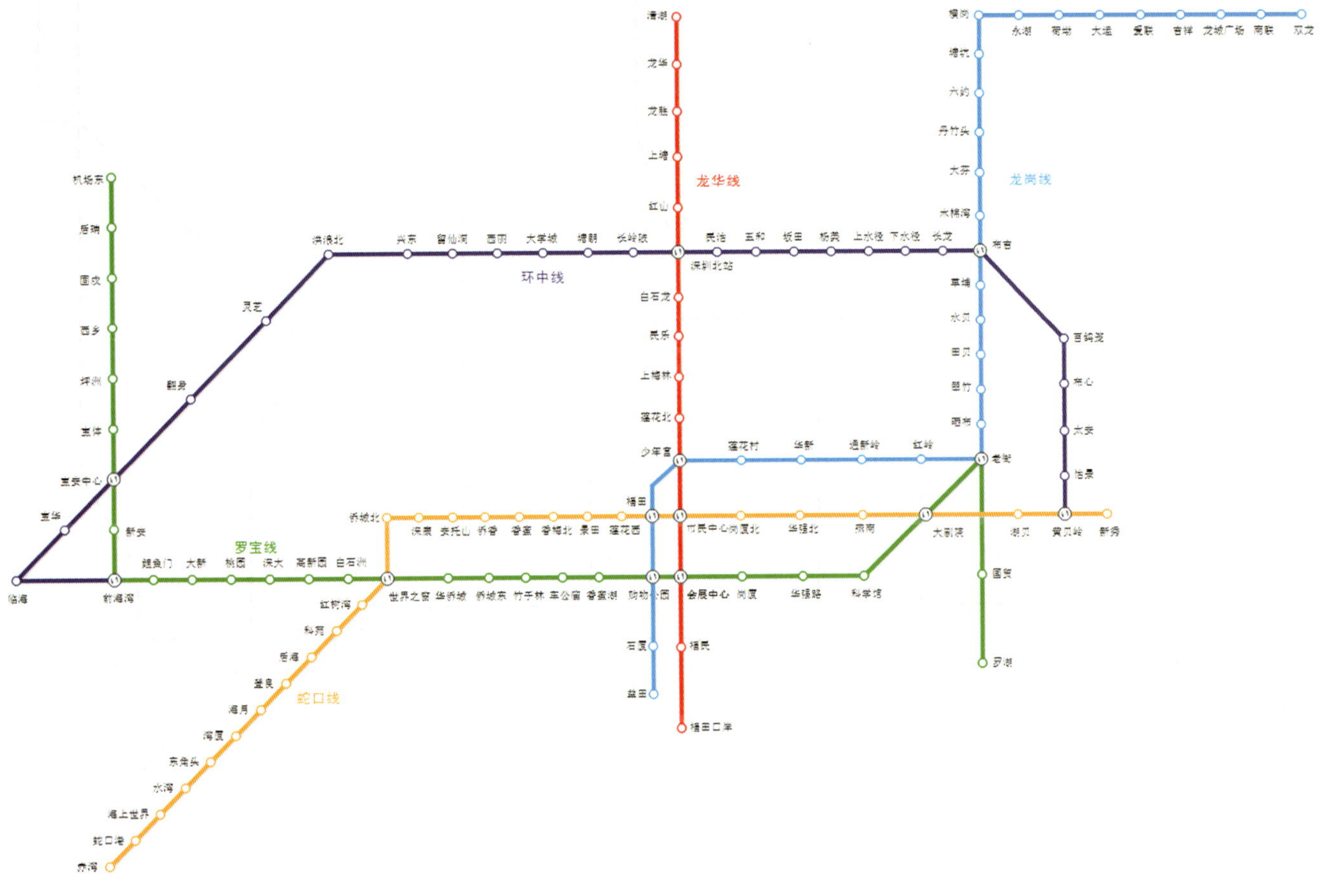

图9 深圳市城市轨道交通运营线路图

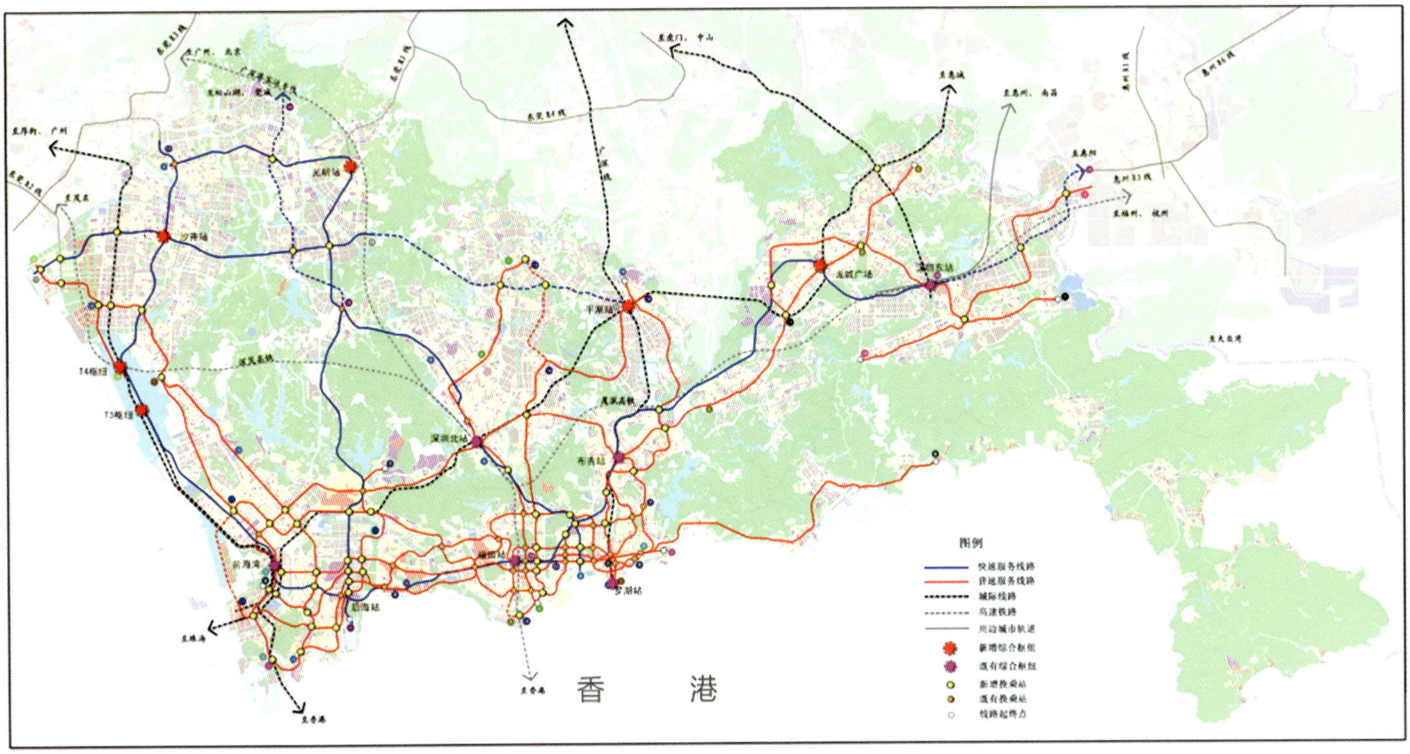

图10 深圳市城市轨道交通远期规划示意图

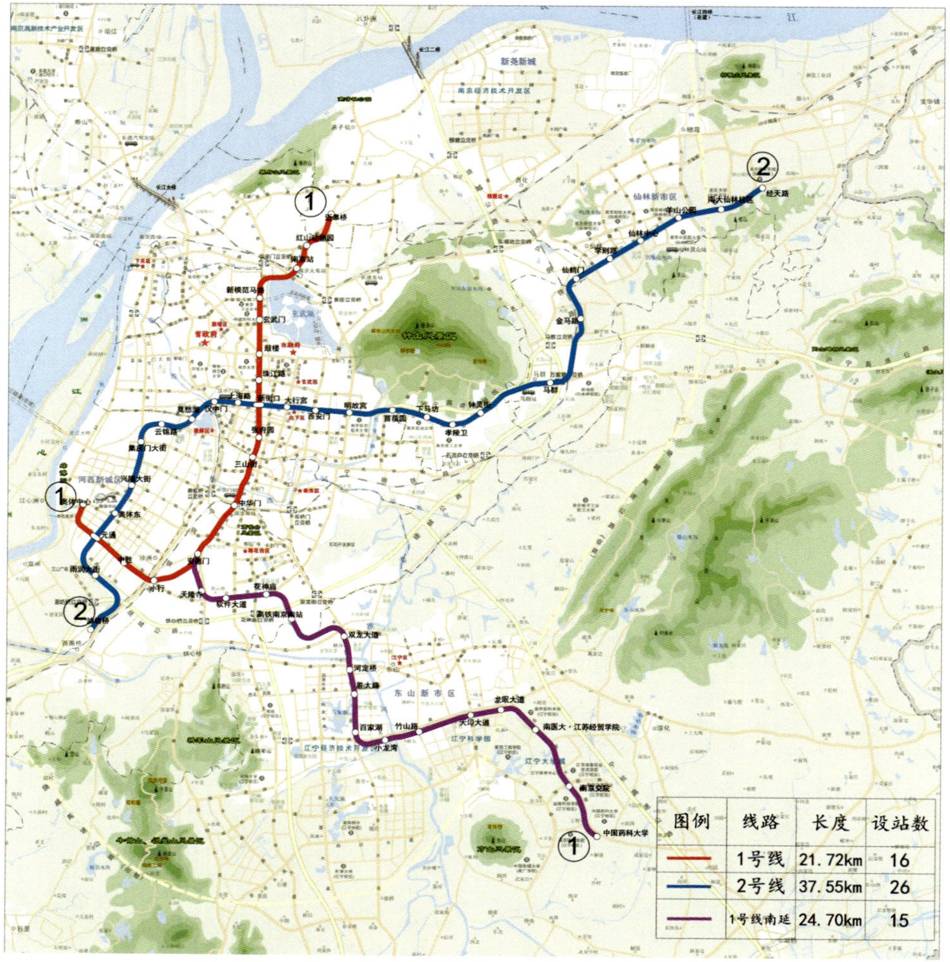

图11 南京市城市轨道交通运营线路图

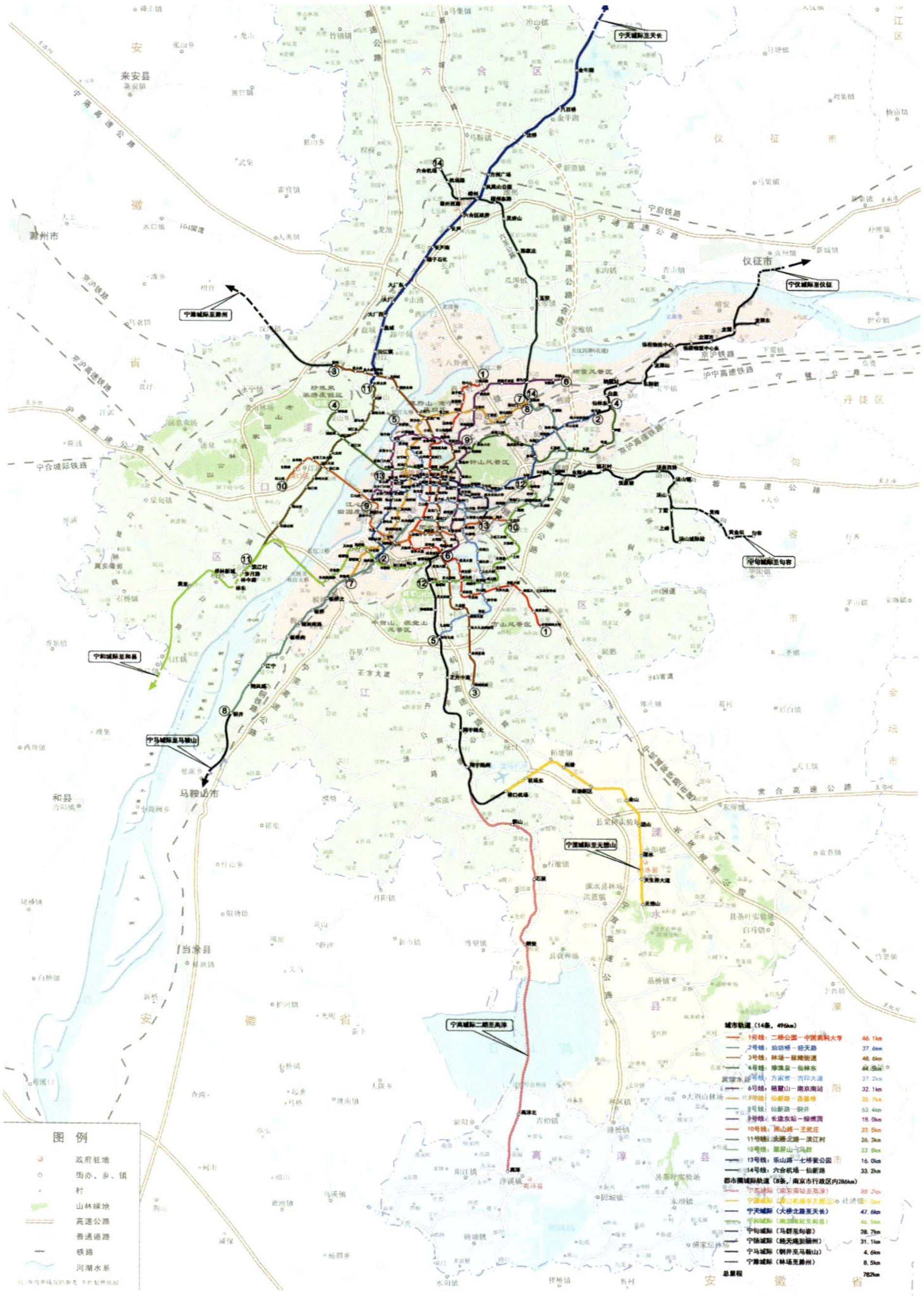

图12 南京市城市轨道交通线网规划图

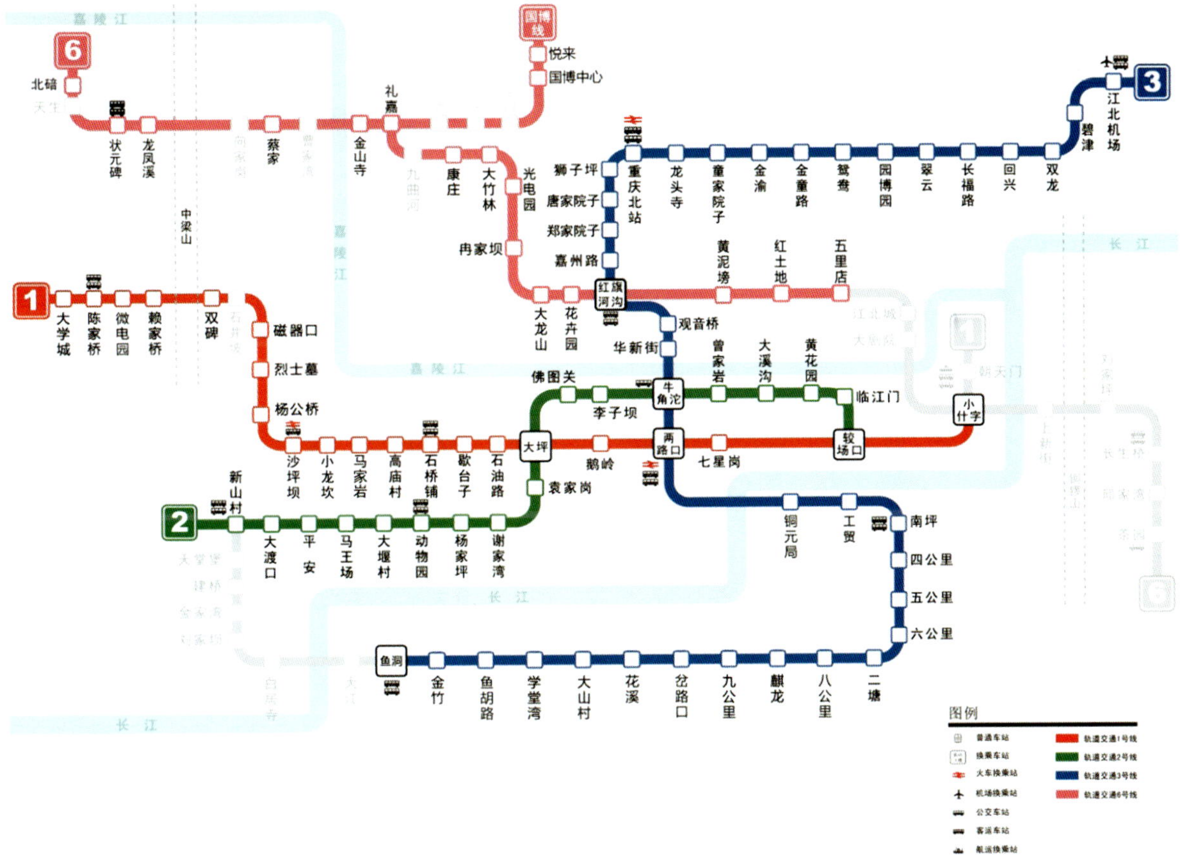

图13 重庆市城市轨道交通运营线路图

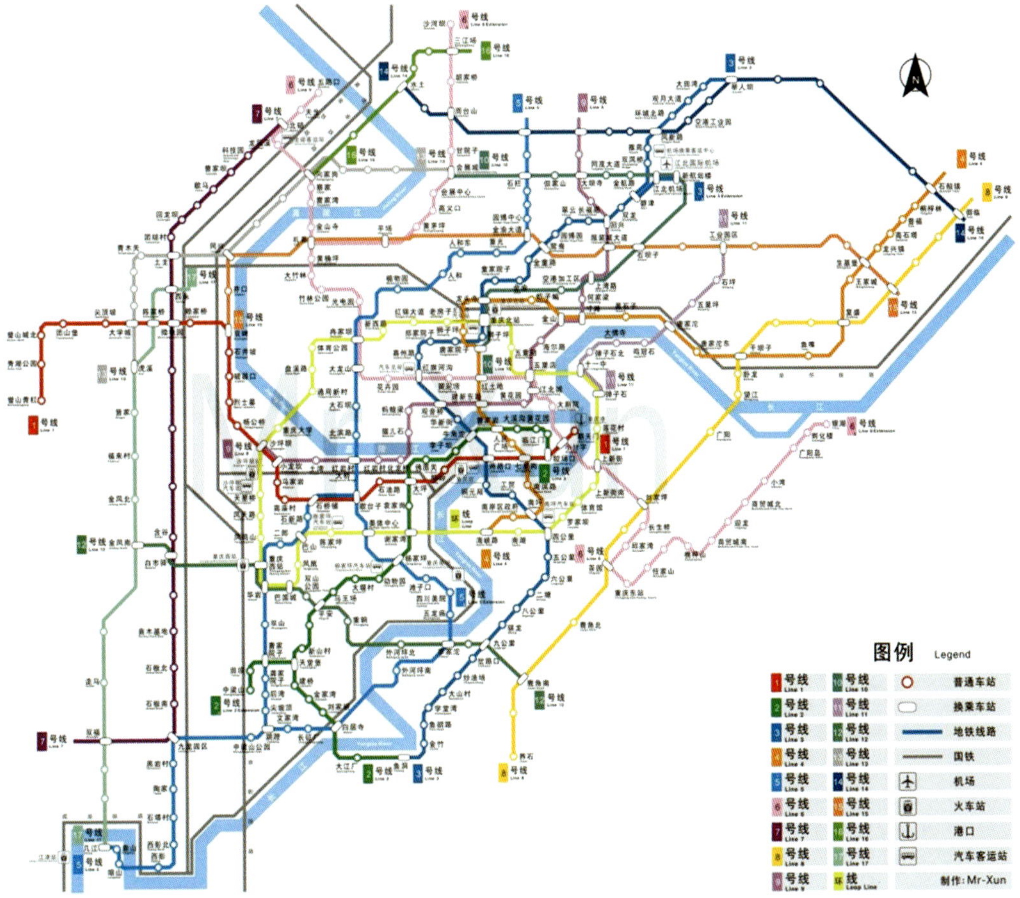

图14 重庆市城市轨道交通远期线网规划图

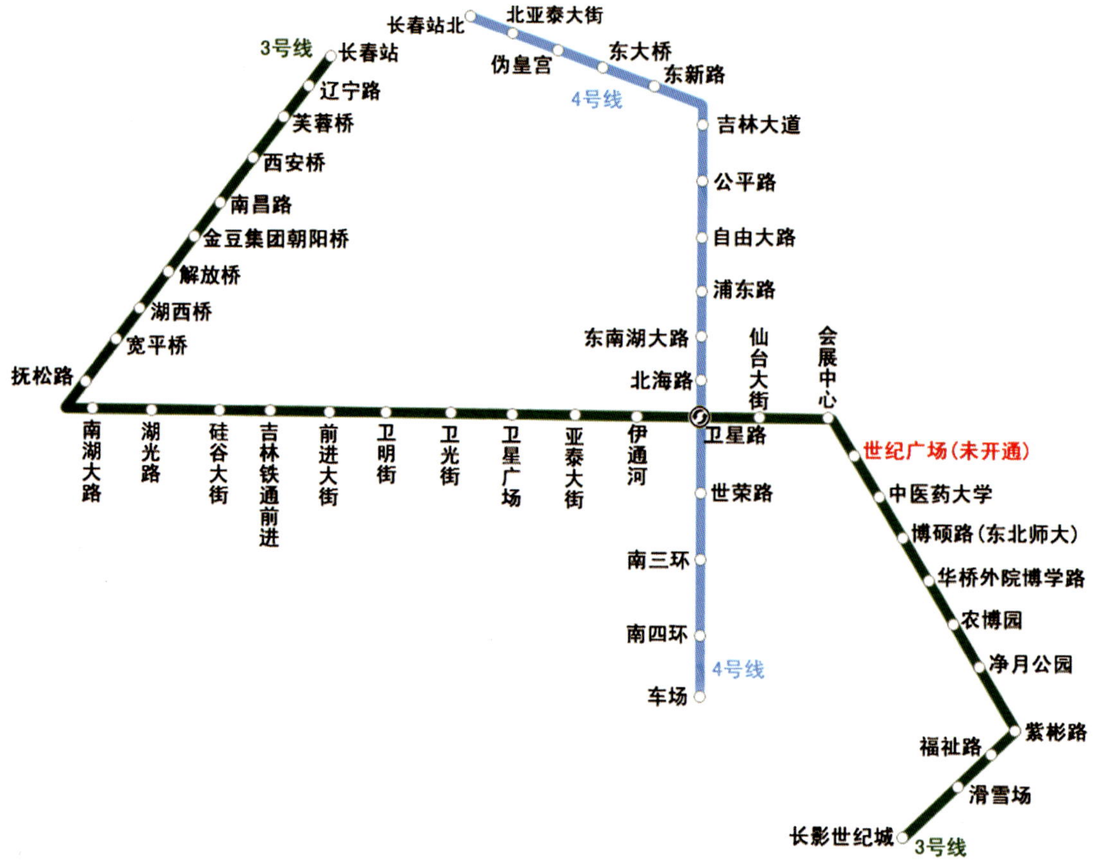

图15 长春市城市轨道交通运营线路图

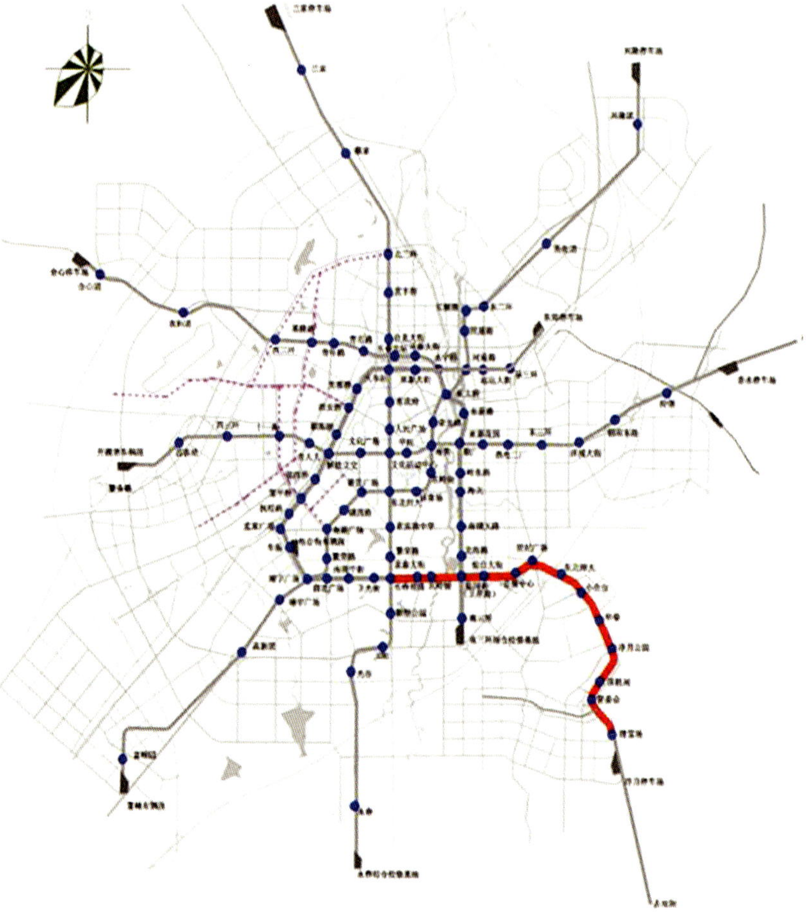

图16 长春市城市轨道交通远期线网规划图

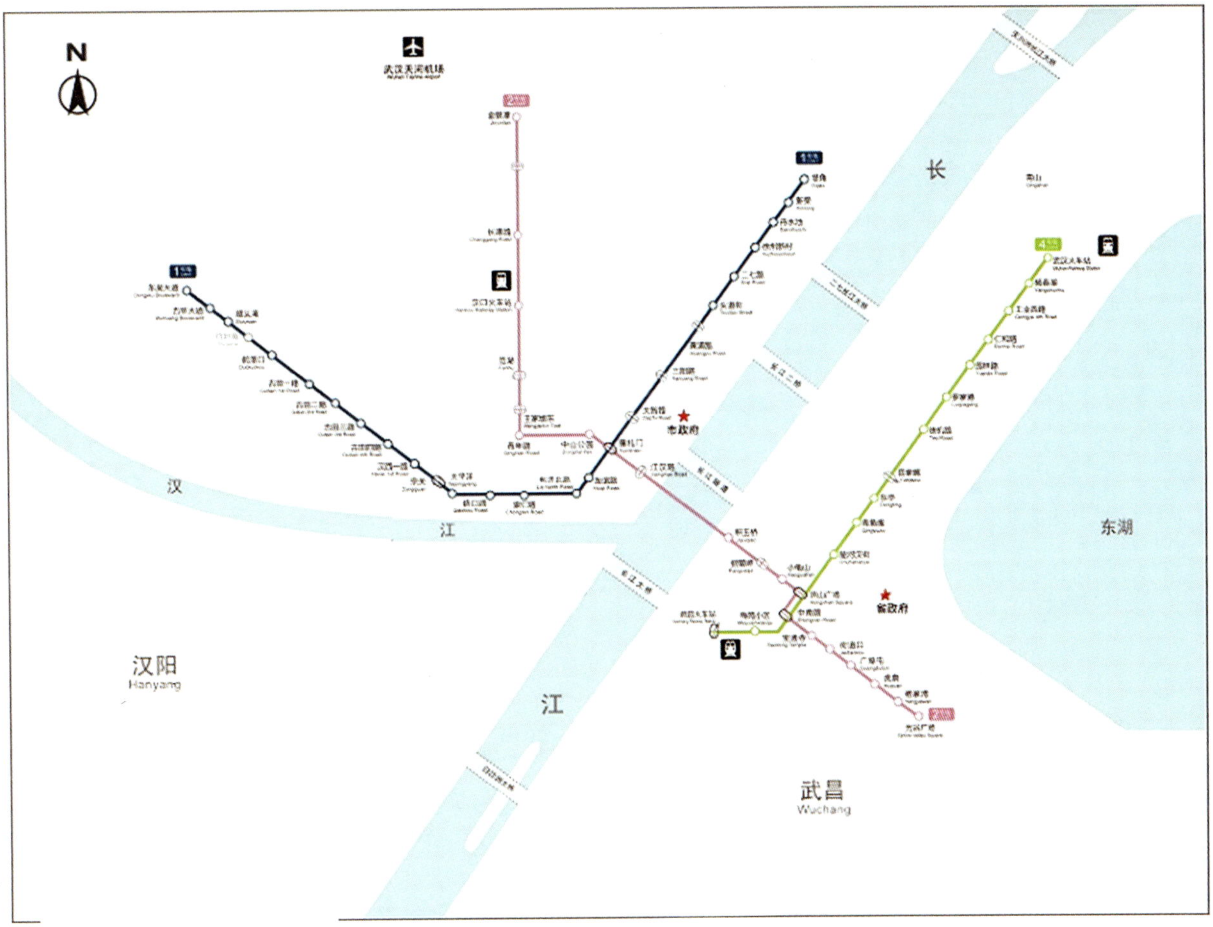

图17 武汉市城市轨道交通运营线路图

图18 佛山市城市轨道交通线网规划图

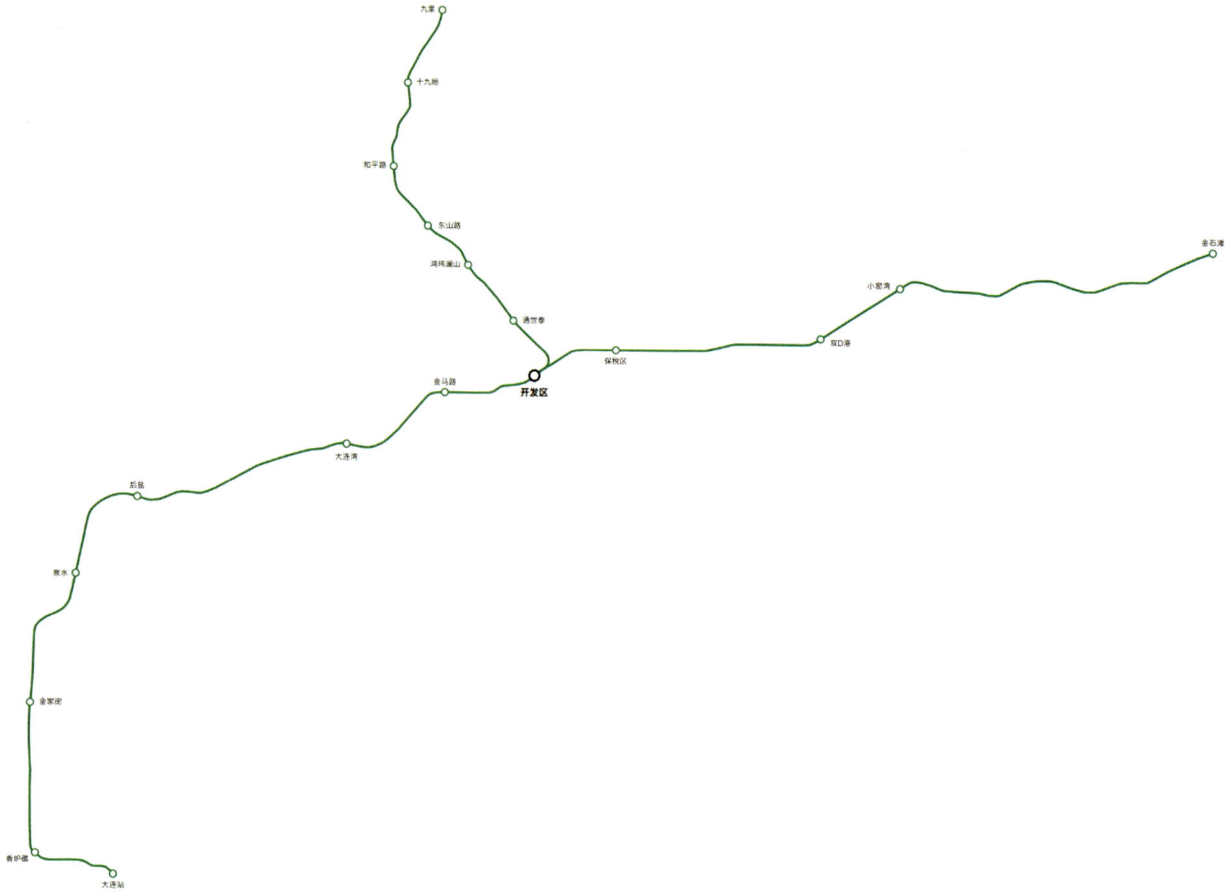

图19 大连市城市轨道交通运营线路图

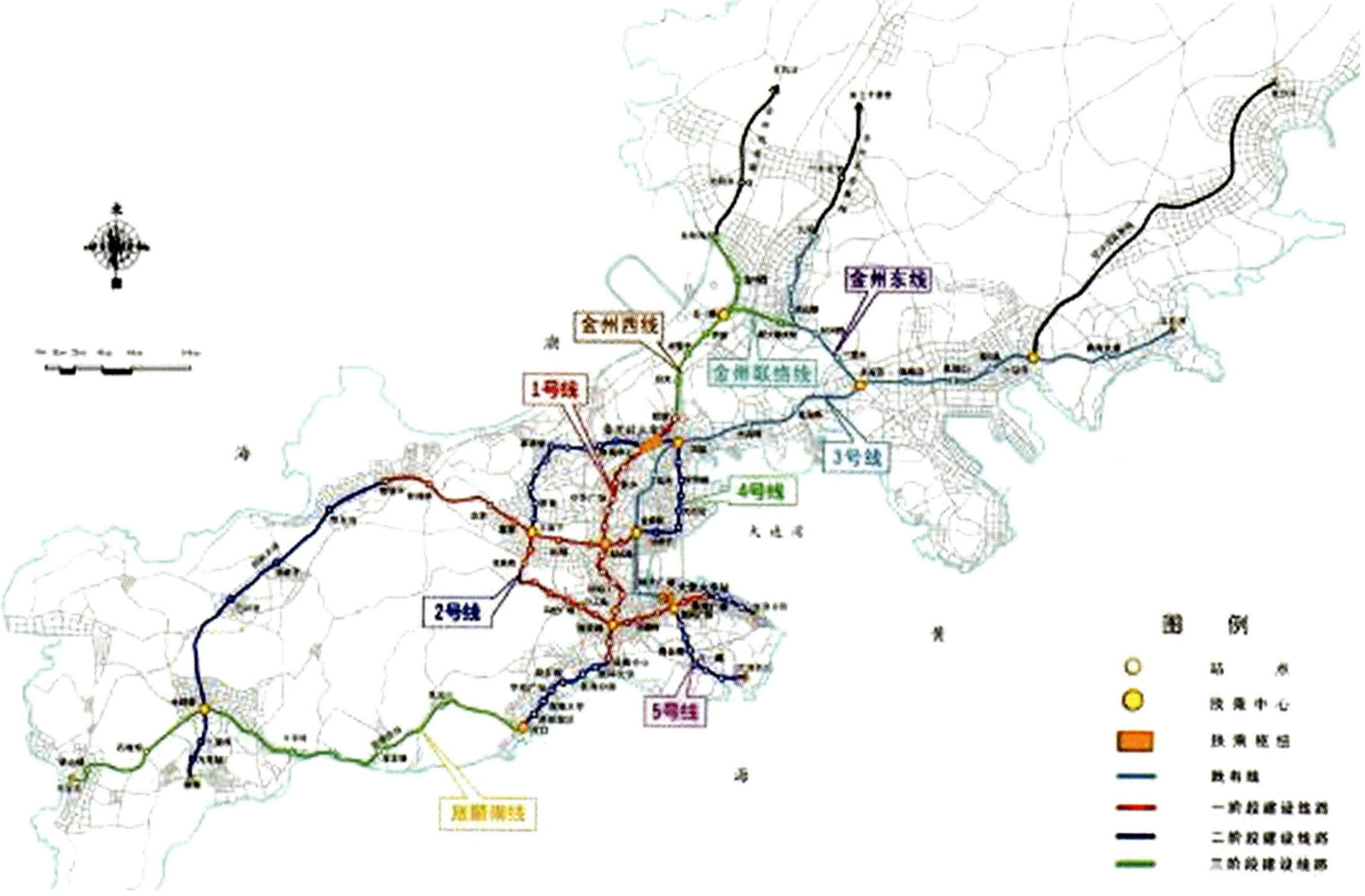

图20 大连市城市轨道交通分期建设规划图

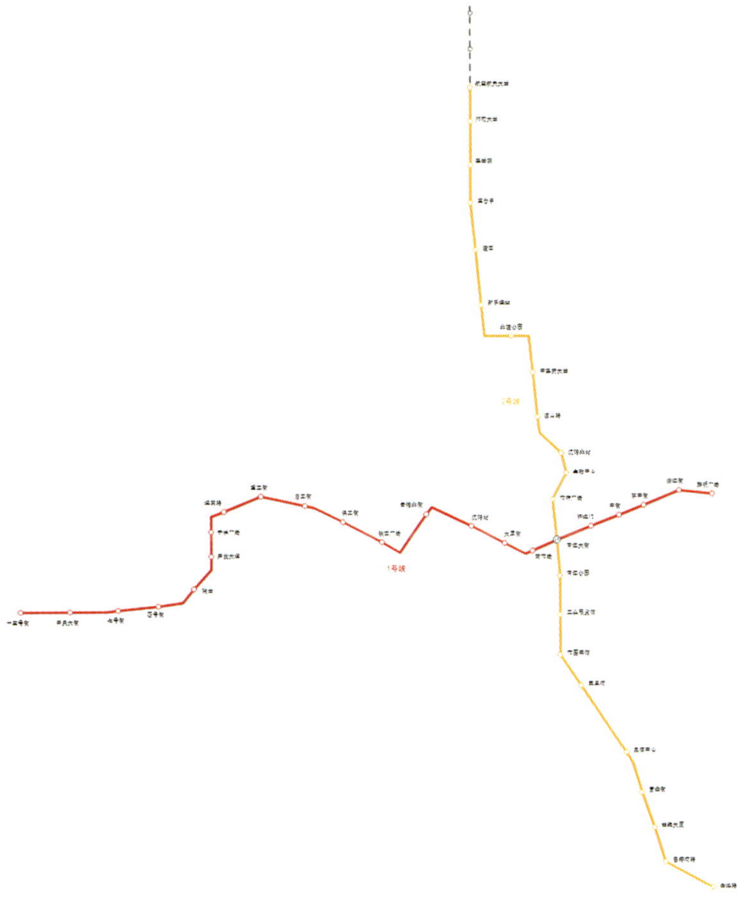

图21 沈阳市城市轨道交通运营线路图

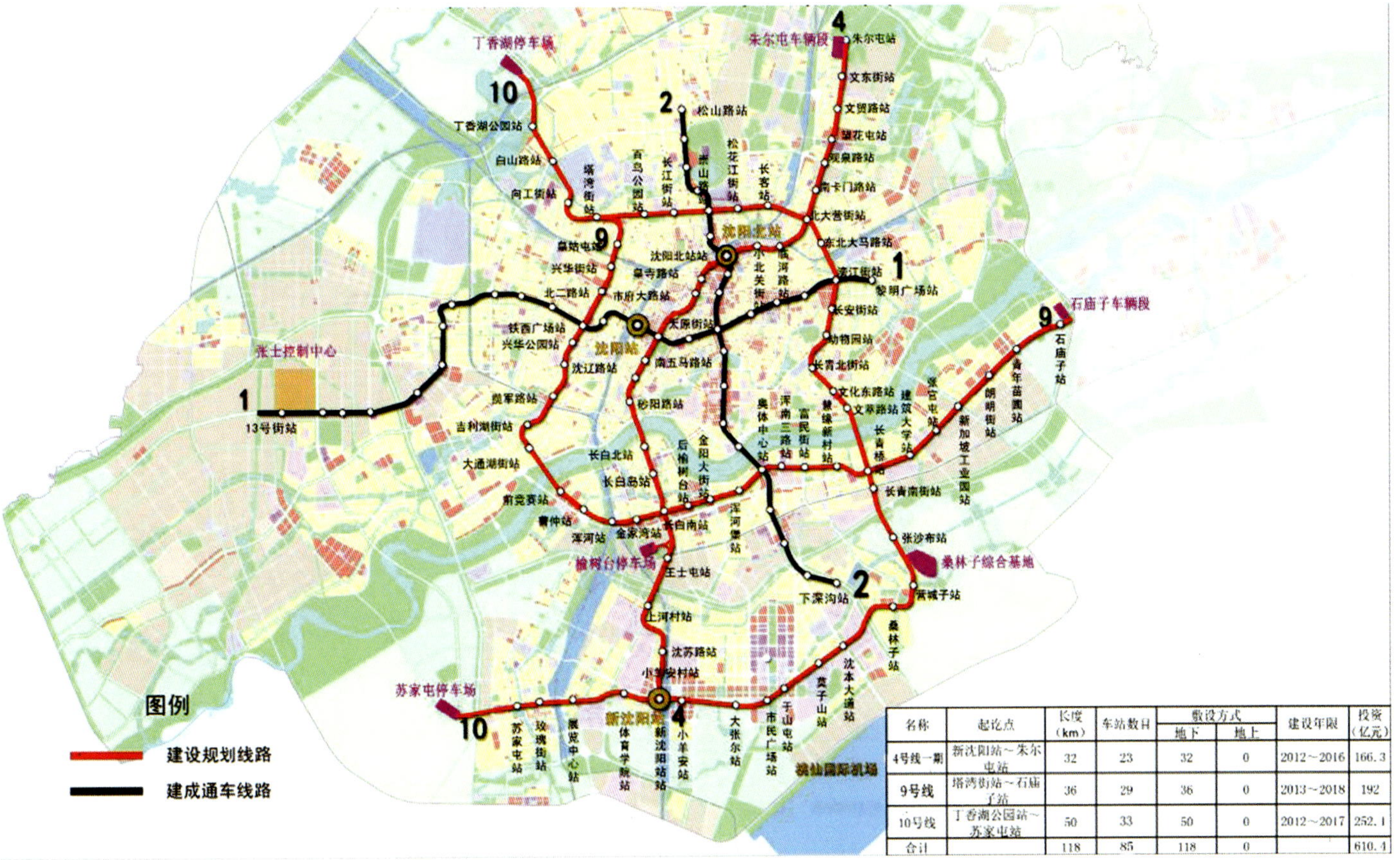

名称	起讫点	长度（km）	车站数目	敷设方式		建设年限	投资（亿元）
				地下	地上		
4号线一期	新沈阳站～朱尔屯站	32	23	32	0	2012～2016	166.3
9号线	塔湾街站～石庙子站	36	29	36	0	2013～2018	192
10号线	丁香湖公园站～苏家屯站	50	33	50	0	2012～2017	252.1
合计		118	85	118	0		610.4

图22 沈阳市城市轨道交通近期建设规划图

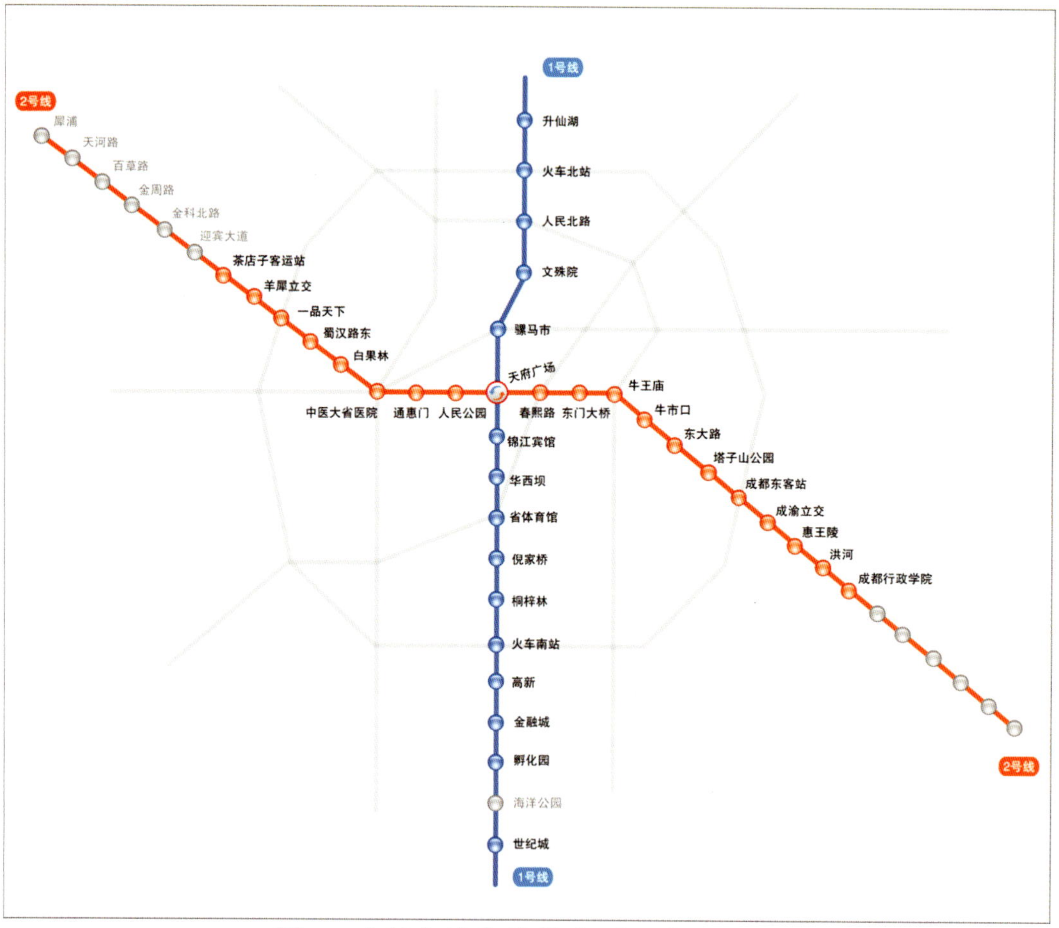

图23 成都市城市轨道交通运营线路图

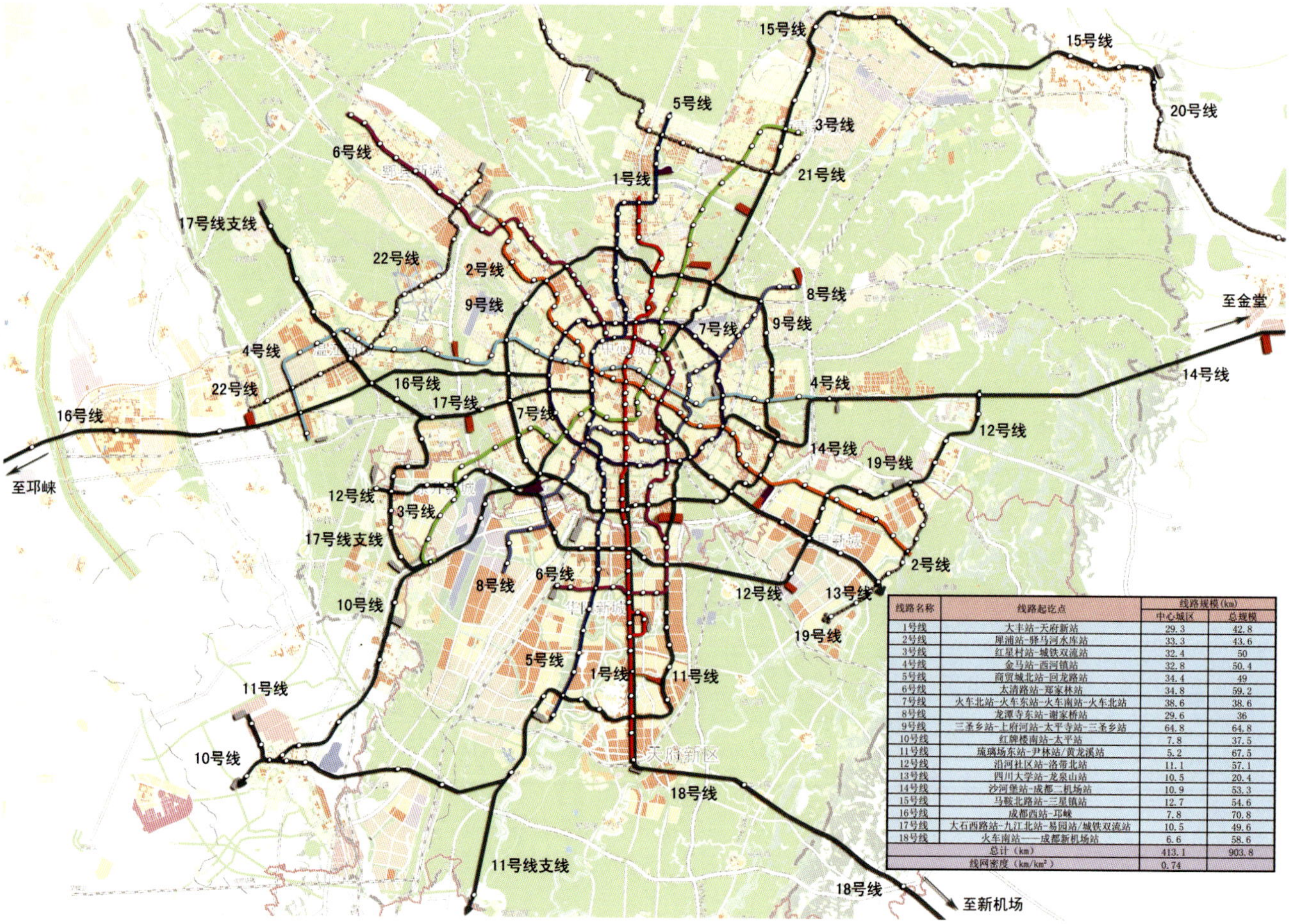

线路名称	线路起讫点	线路规模(km)	
		中心城区	总规模
1号线	大丰站-天府新站	29.3	42.8
2号线	犀浦站-驿马河水库站	33.3	43.6
3号线	红星村站-城铁双流站	32.4	50
4号线	金马站-西河镇站	32.8	50.4
5号线	商贸城北站-回龙路站	34.4	49
6号线	太清路站-郑家林站	34.8	59.2
7号线	火车北站-火车东站-火车南站-火车北站	38.6	38.6
8号线	龙潭寺东站-谢家桥站	29.6	36
9号线	三圣乡站-上府河站-太平寺站-三圣乡站	64.8	64.8
10号线	红牌楼南站-太平站	7.8	37.5
11号线	琉璃场东站-尹林站/黄龙溪站	5.2	67.5
12号线	沿河社区站-洛带北站	11.1	57.1
13号线	四川大学站-龙泉山站	10.5	20.4
14号线	沙河堡站-成都二机场站	10.9	53.3
15号线	马鞍北路站-三星镇站	12.7	54.6
16号线	成都西站-邛崃	7.8	70.8
17号线	大石西路站-九江北站-易园站/城铁双流站	10.5	49.6
18号线	火车南站——成都新机场站	6.6	58.6
总计(km)		413.1	903.8
线网密度(km/km²)		0.74	

图24 成都市城市轨道交通线网规划图

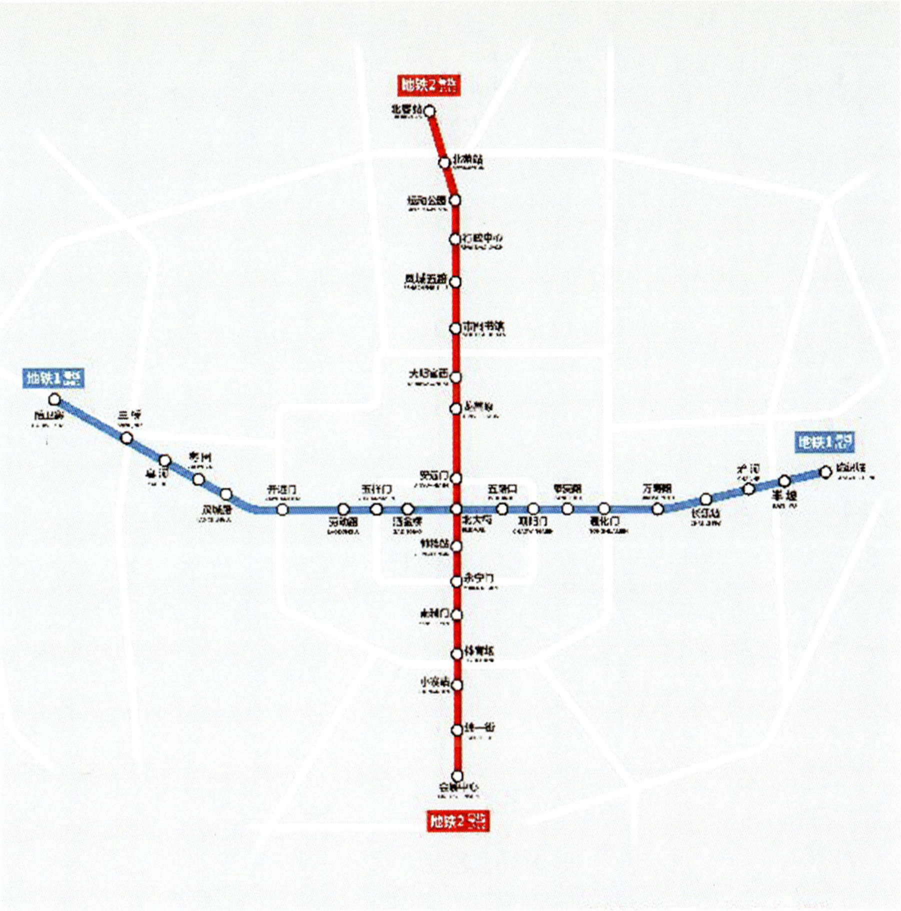

图25 西安市城市轨道交通运营线路图

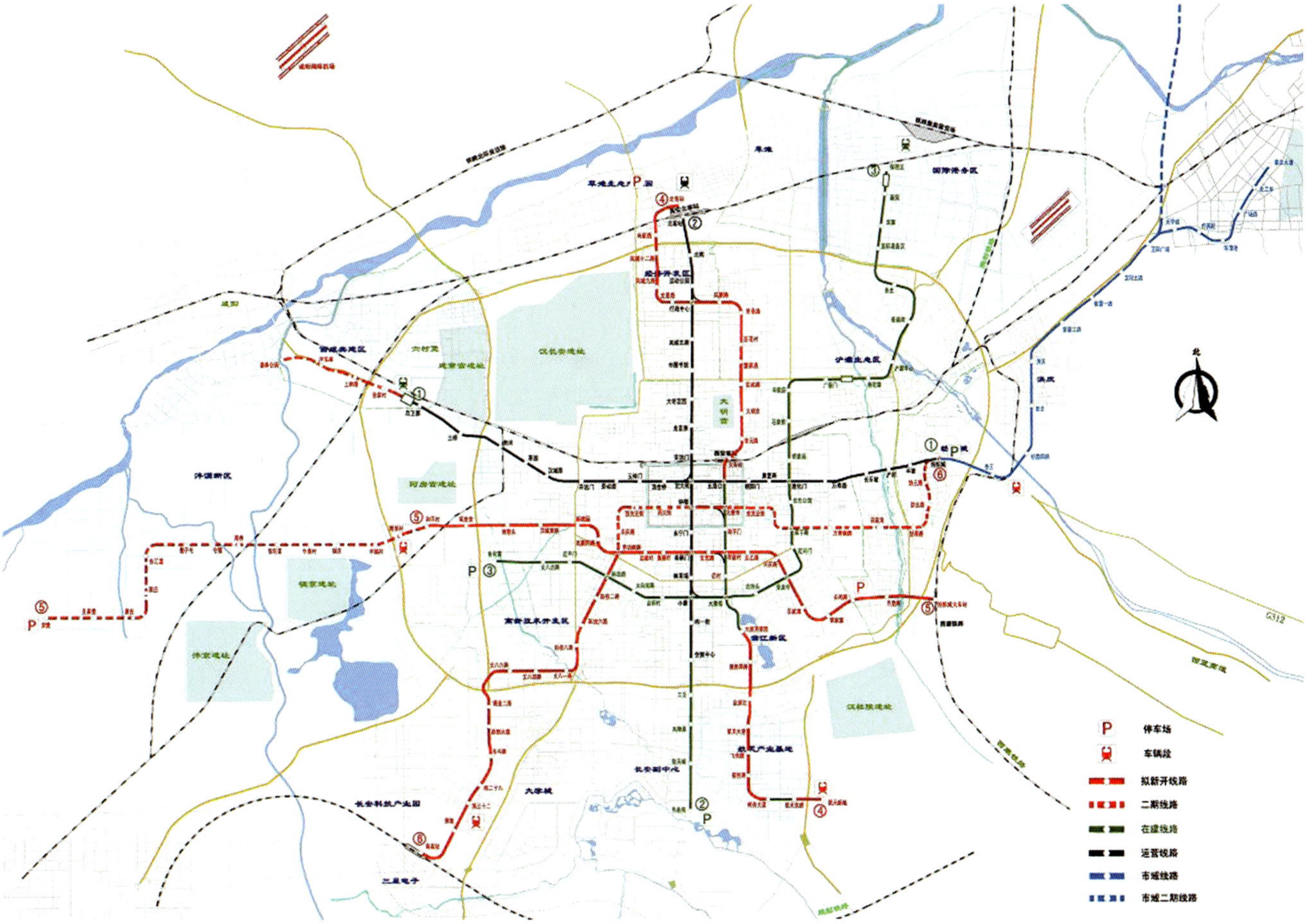

图26 西安市城市轨道交通近期建设规划图

图27 苏州市城市轨道交通运营线路图

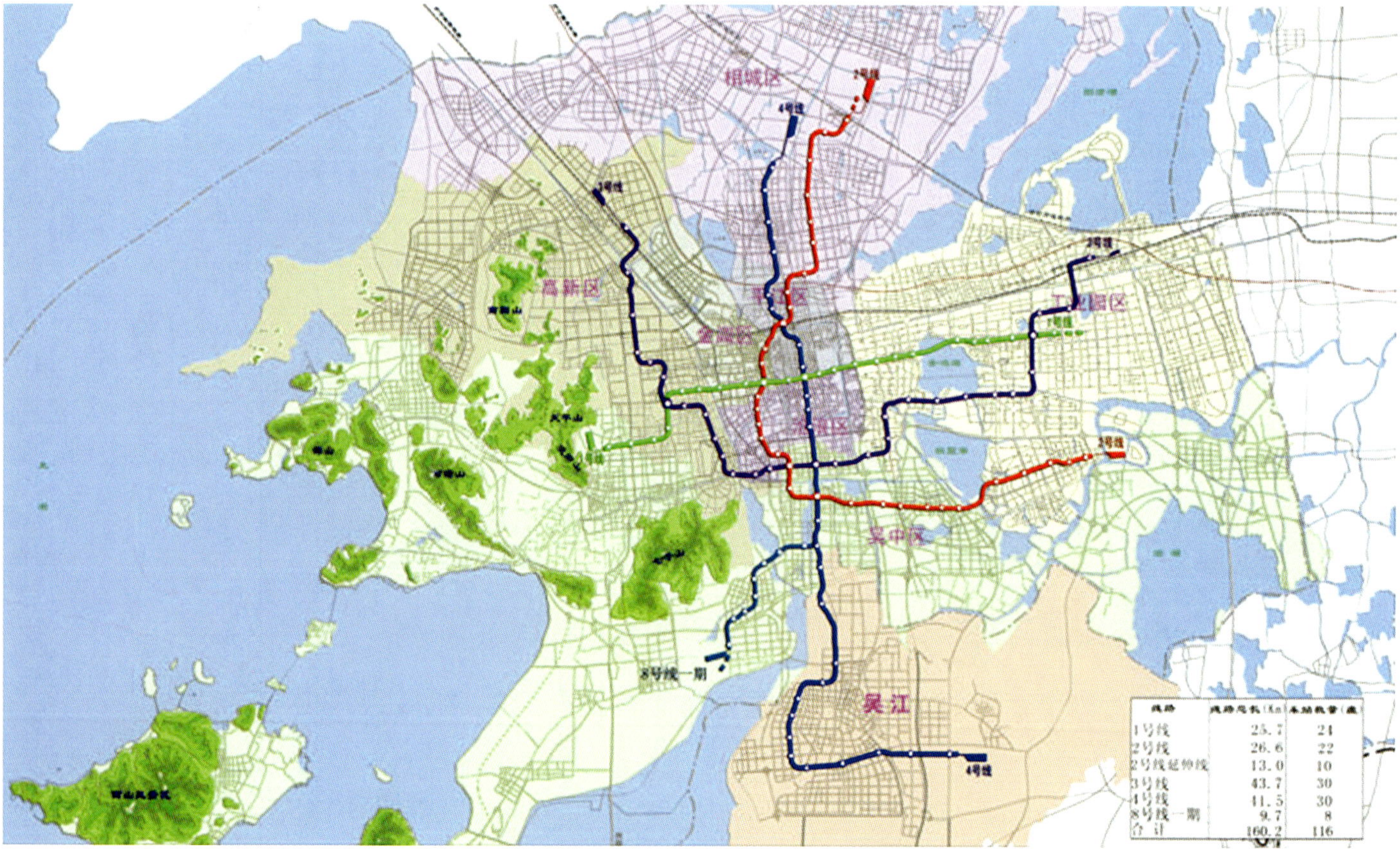

线路	线路总长(Km)	车站数量(座)
1号线	25.7	24
2号线	26.6	22
2号线延伸线	13.0	10
3号线	43.7	30
4号线	41.5	30
8号线一期	9.7	8
合计	160.2	116

图28 苏州市城市轨道交通建设线网

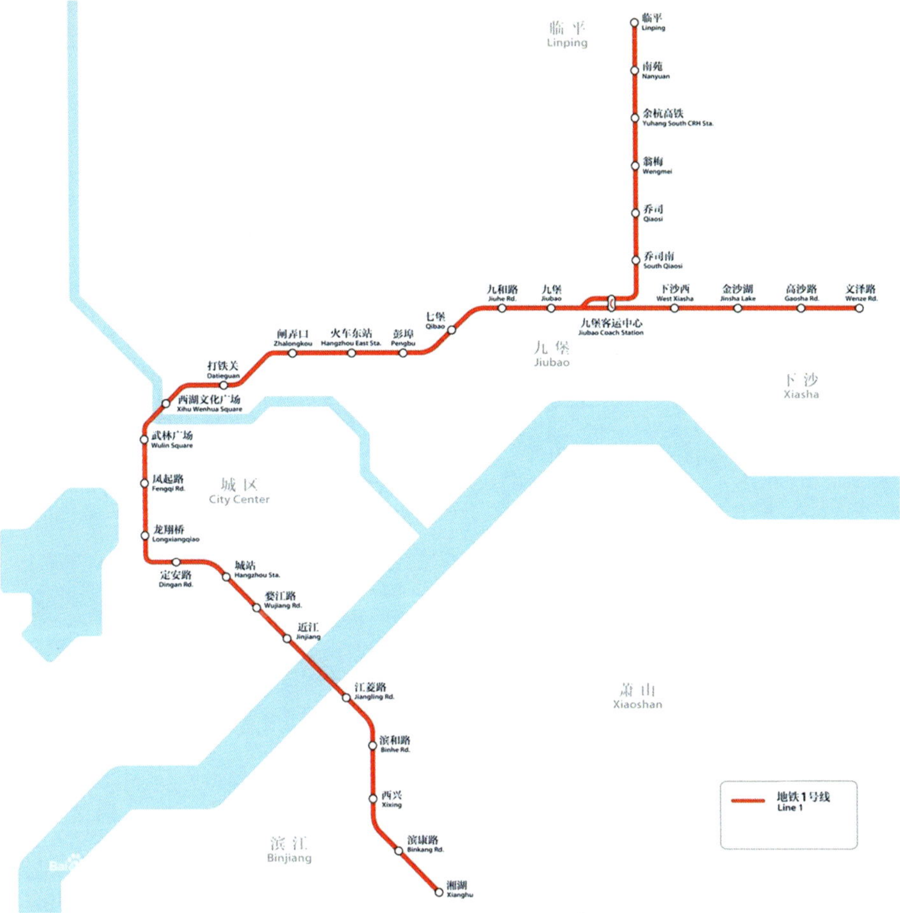

图29 杭州市城市轨道交通运营线路图

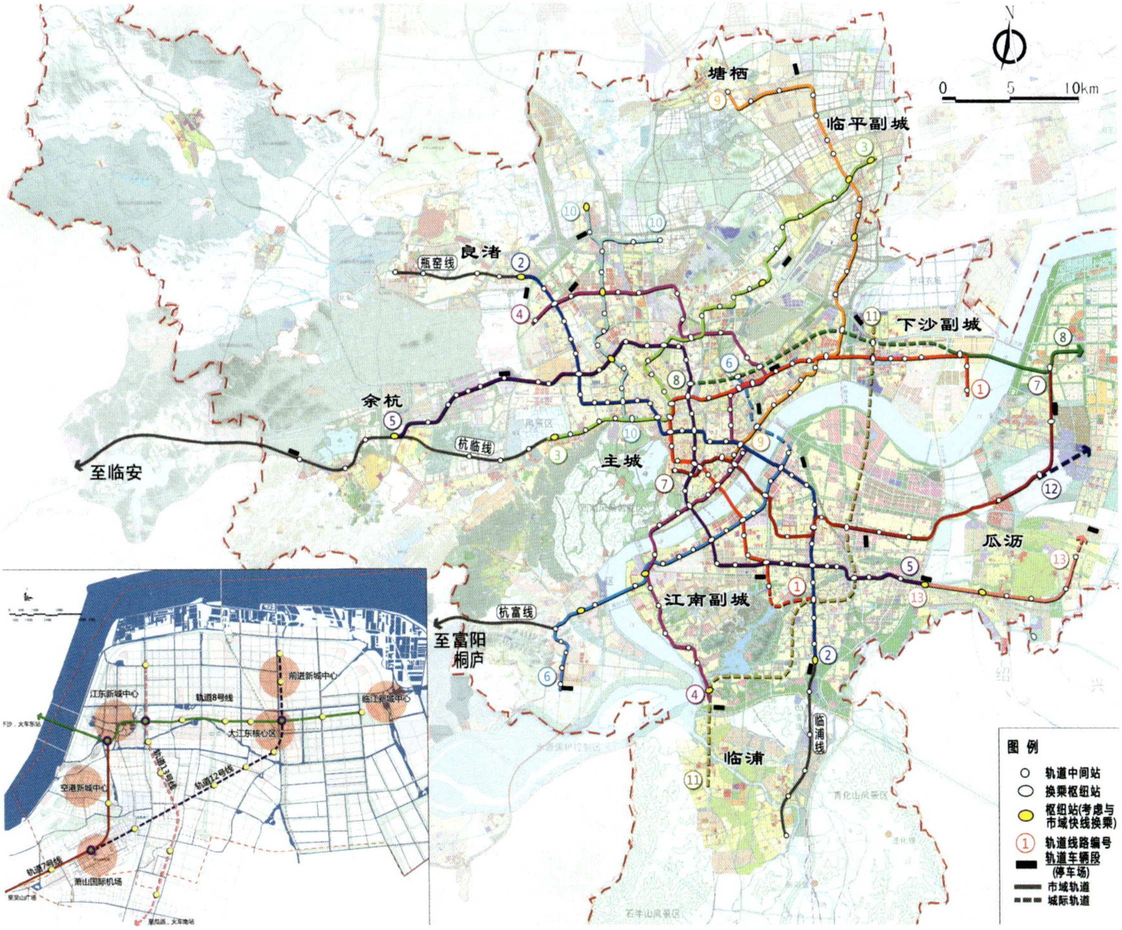

图30 杭州市2050年城市轨道交通线网规划图

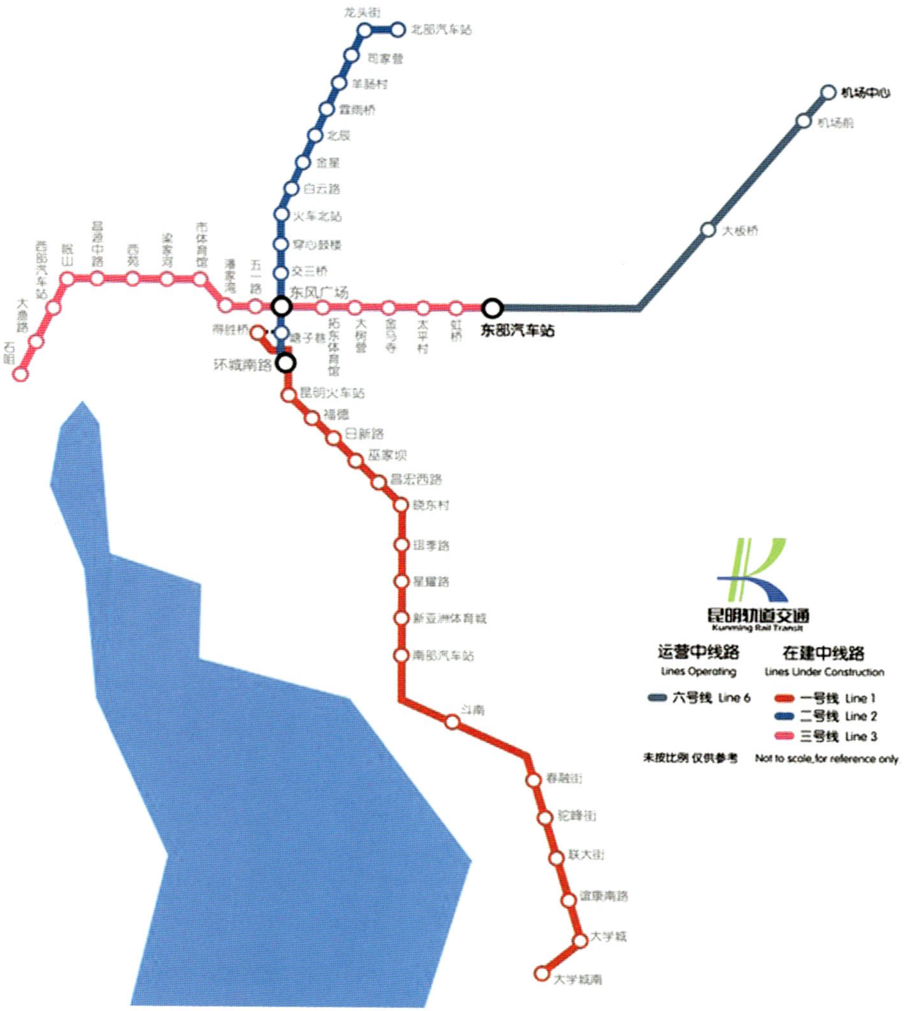

图31 昆明市城市轨道交通运营线路图

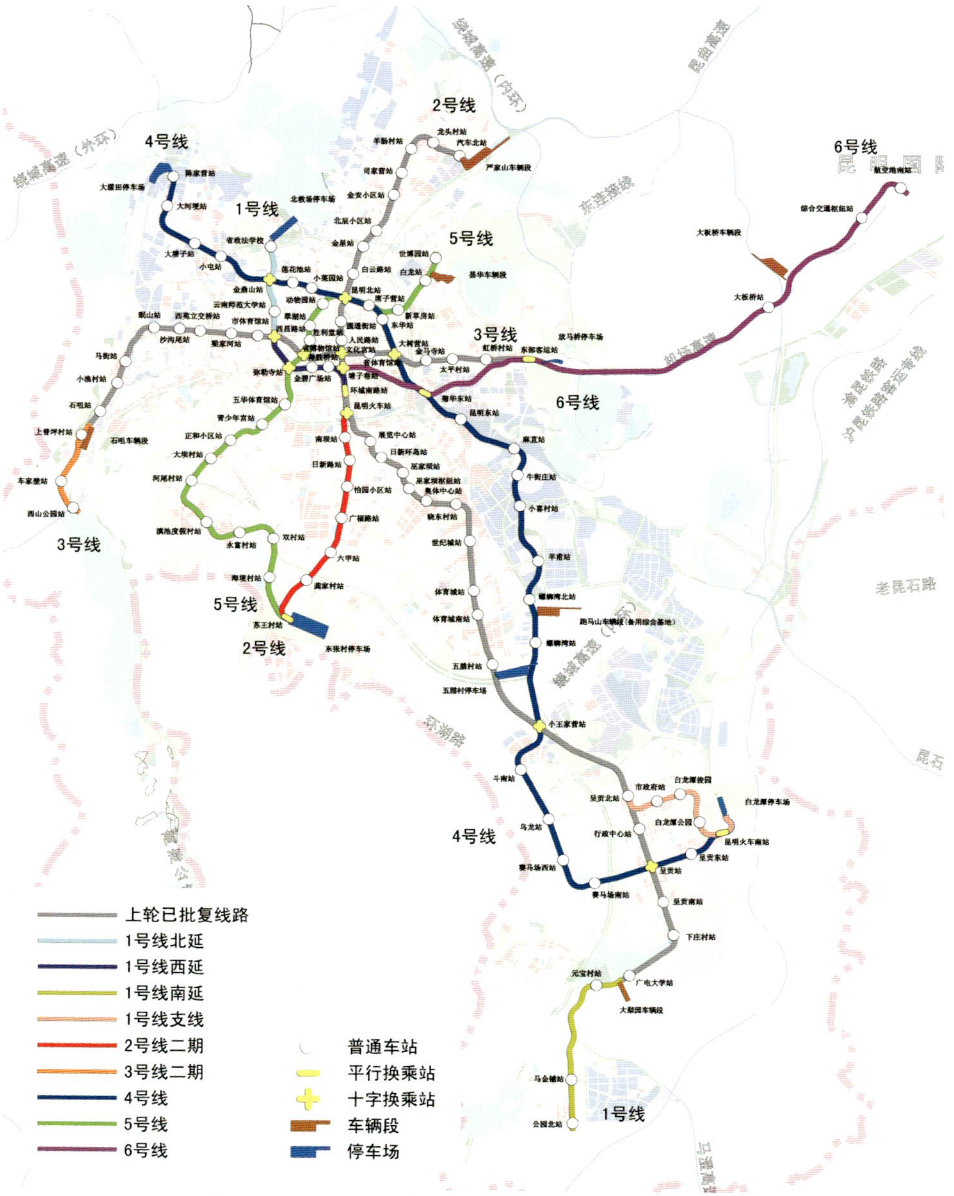

图32 昆明市城市轨道交通近期建设规划图

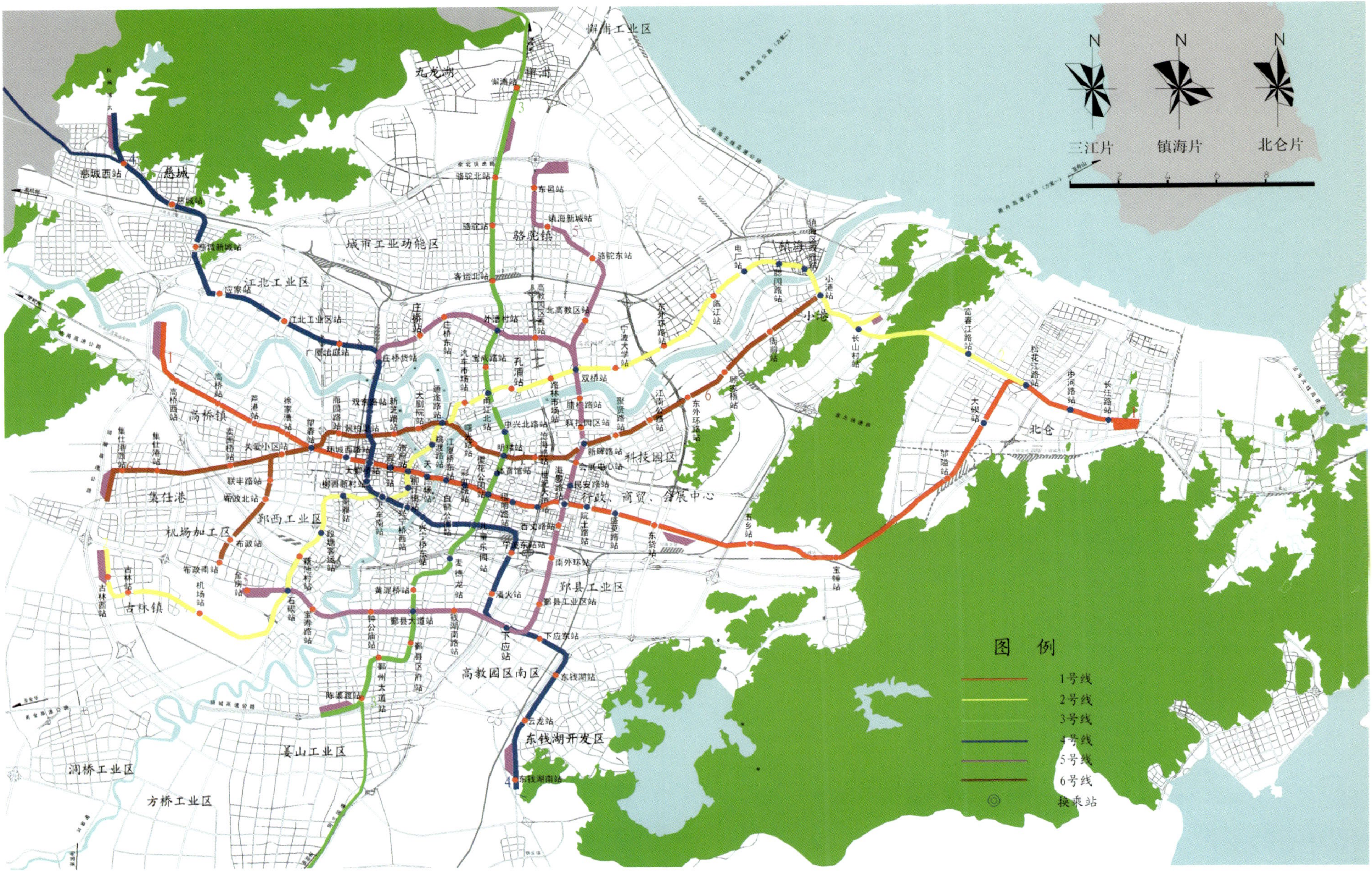

图33 宁波市城市轨道交通线网规划平面图

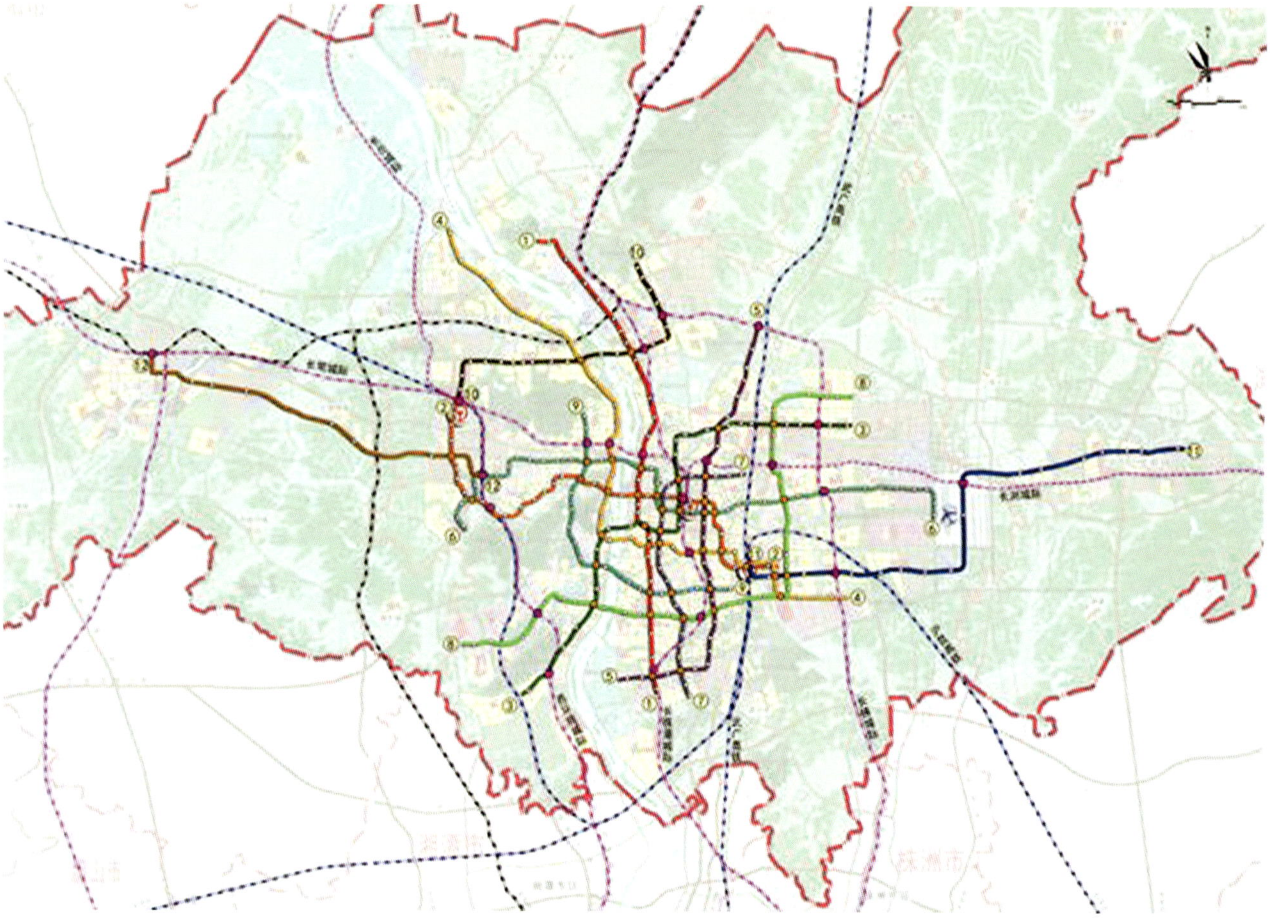

图34 长沙市轨道交通线网远景规划方案图

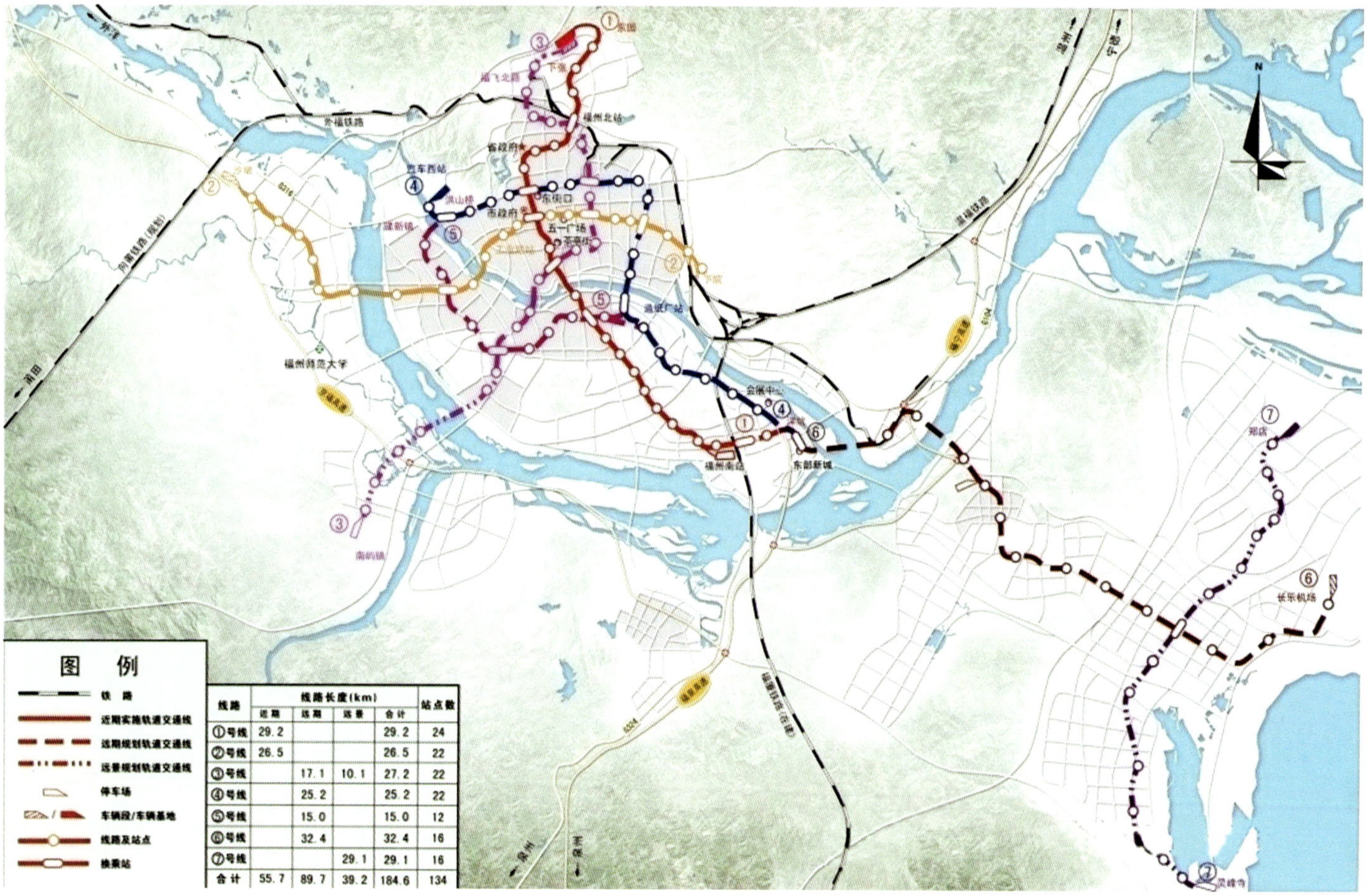

线路	线路长度(km)				站点数
	近期	远期	远景	合计	
①号线	29.2			29.2	24
②号线	26.5			26.5	22
③号线		17.1	10.1	27.2	22
④号线		25.2		25.2	22
⑤号线		15.0		15.0	12
⑥号线		32.4		32.4	16
⑦号线			29.1	29.1	16
合计	55.7	89.7	39.2	184.6	134

图35 福州市城市轨道交通规划图

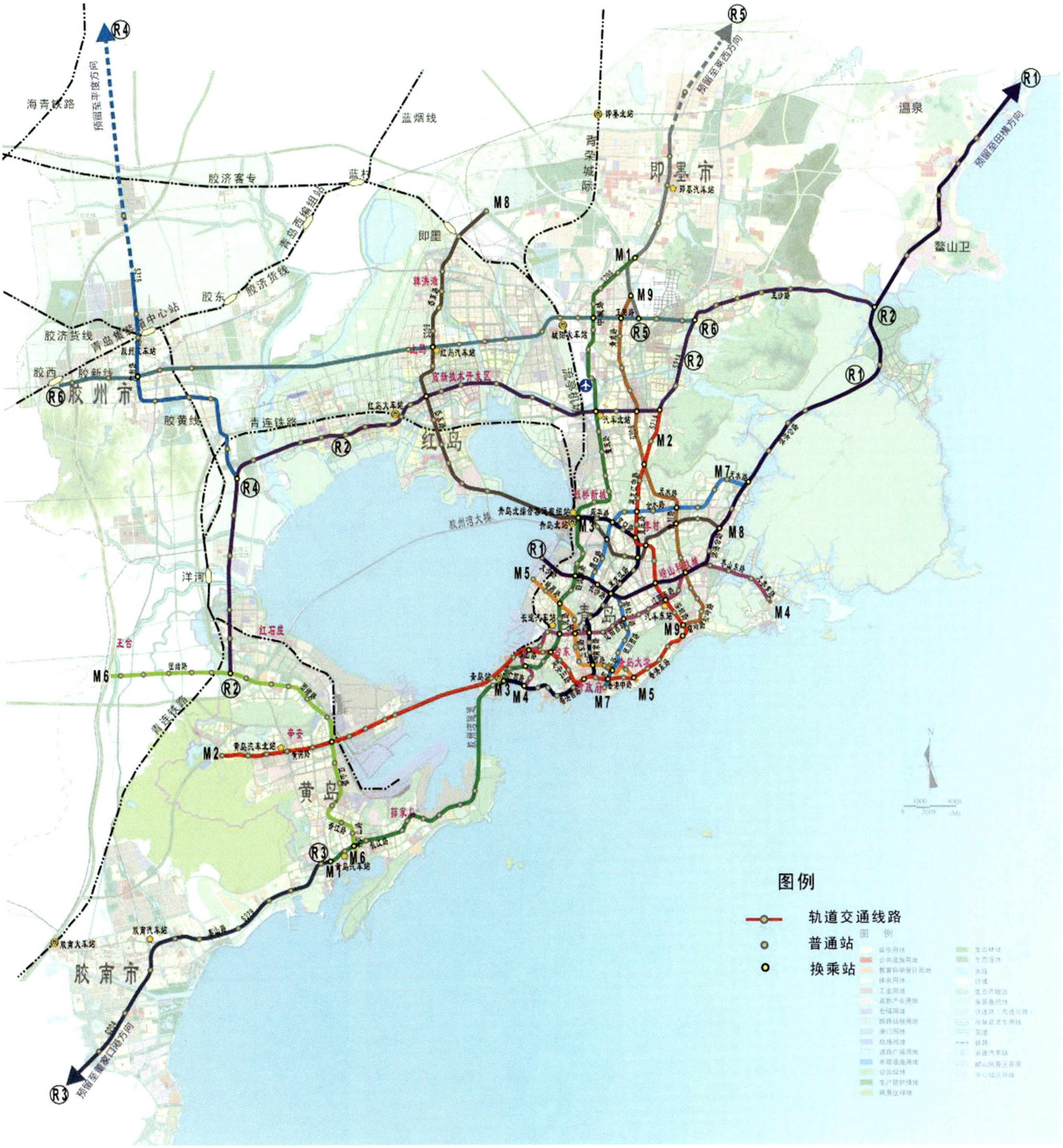

图36 青岛市轨道交通总规划图

远期规划形成4条市域骨干线路，总长218.3km，共设置车站总76座，其中城市轨道间换乘枢纽车站4座，途经22个镇区。

东莞市轨道交通网络规划方案线路一览表

线路	线路起终点	长度（km）	经过镇区数（个）	站点数（座）	轨道换乘车站（座）
1号线	麻涌西站-黄江南站	69.6	11	24	3
2号线	东莞站-长安新区东站	55.7	7	23	2
3号线	长安新区南站-企石博厦站	66.2	8	24	2
4号线	黄江中心站-清溪汽车站	26.8	3	9	1
合　计		218.3	22	76	4

图37 东莞市轨道交通网络规划调整方案

图38 无锡市轨道交通线网规划图

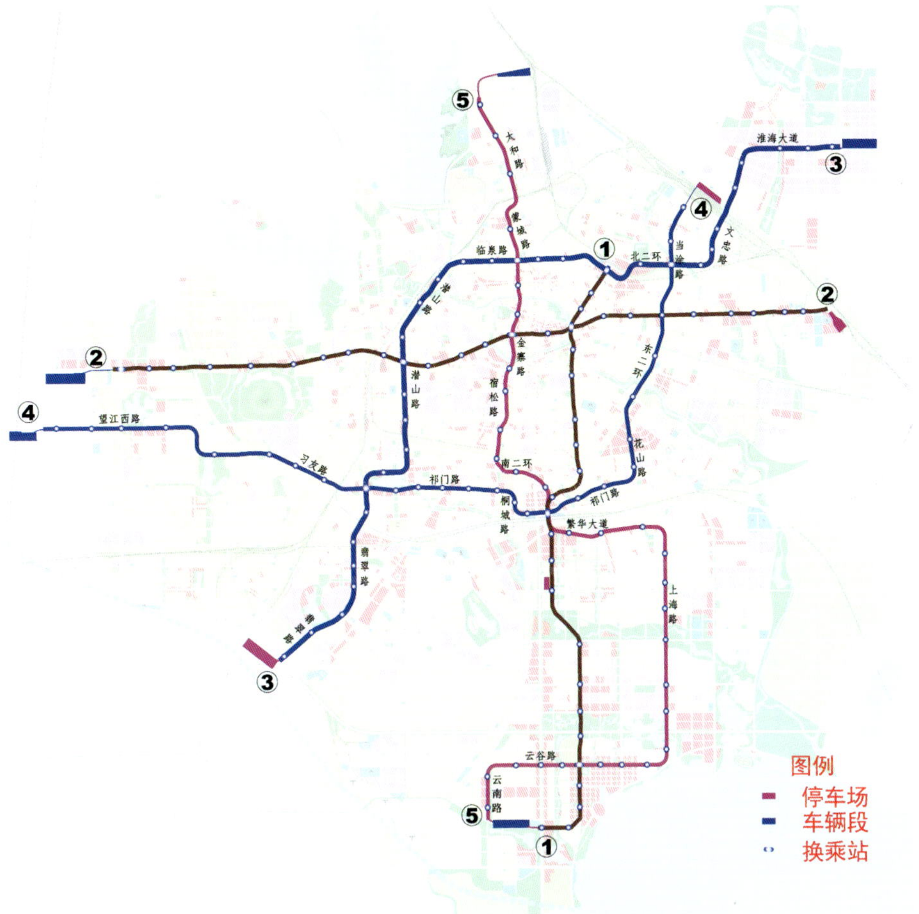

图39 合肥市轨道交通近期规划建设图

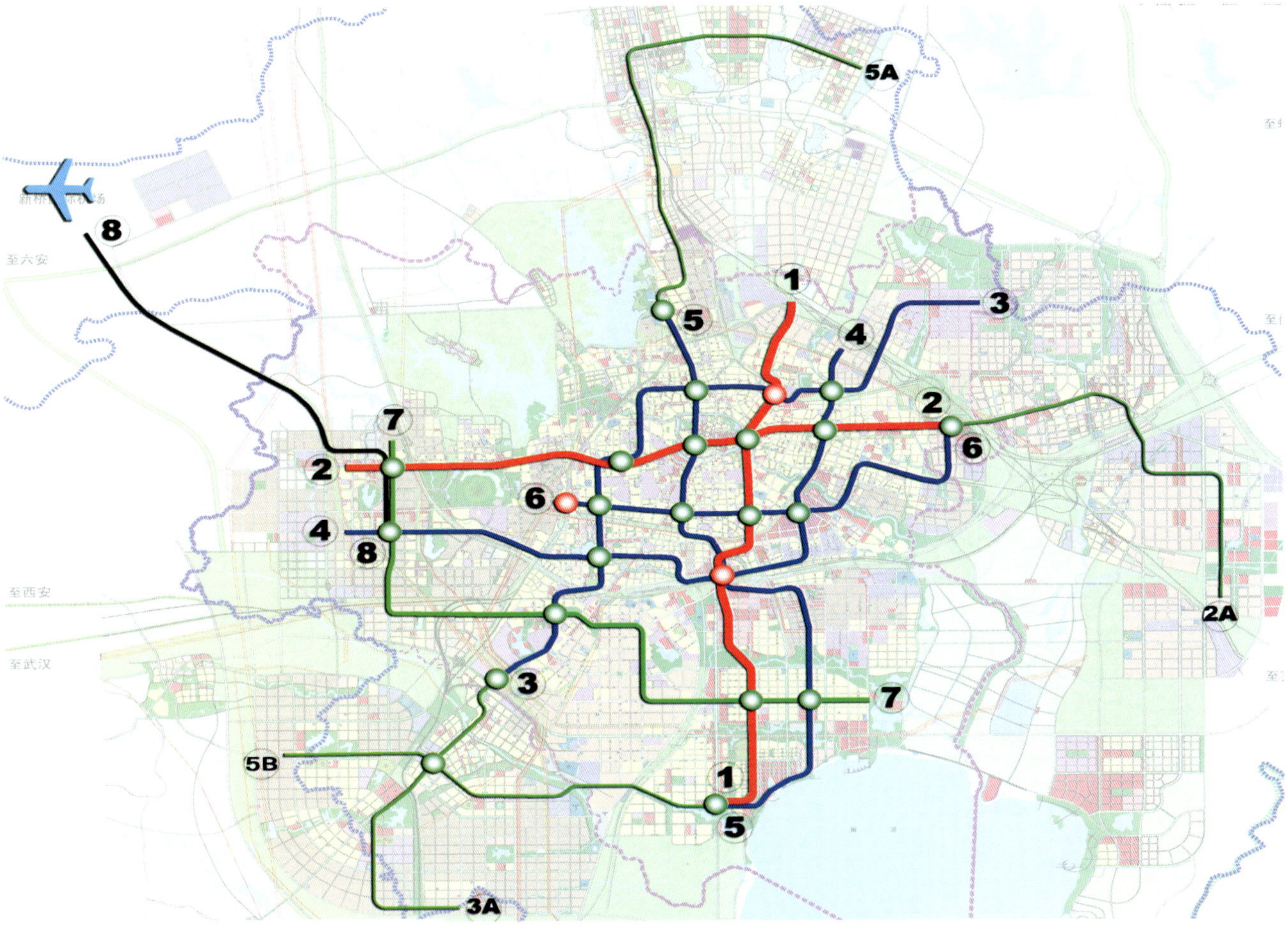

图40 合肥市轨道交通线网远景规划图

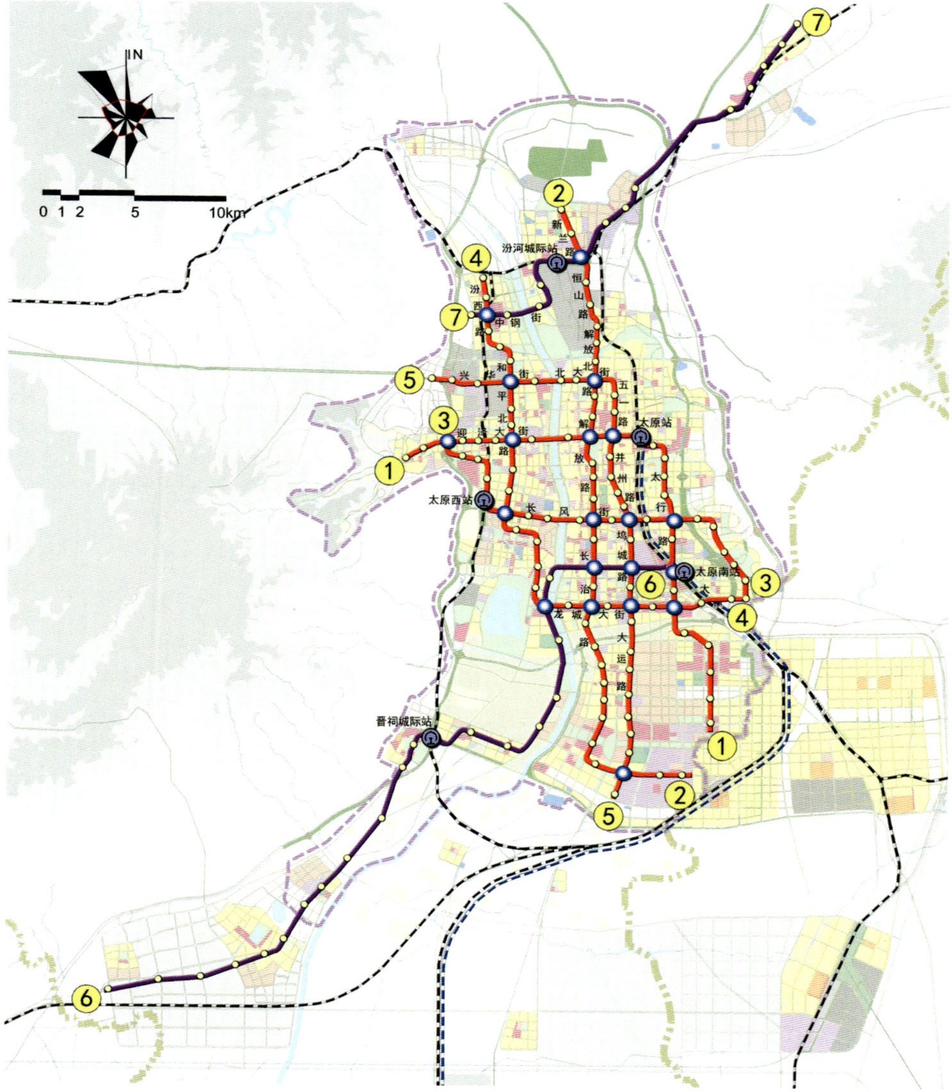

图41 太原市城市轨道交通远景规划图

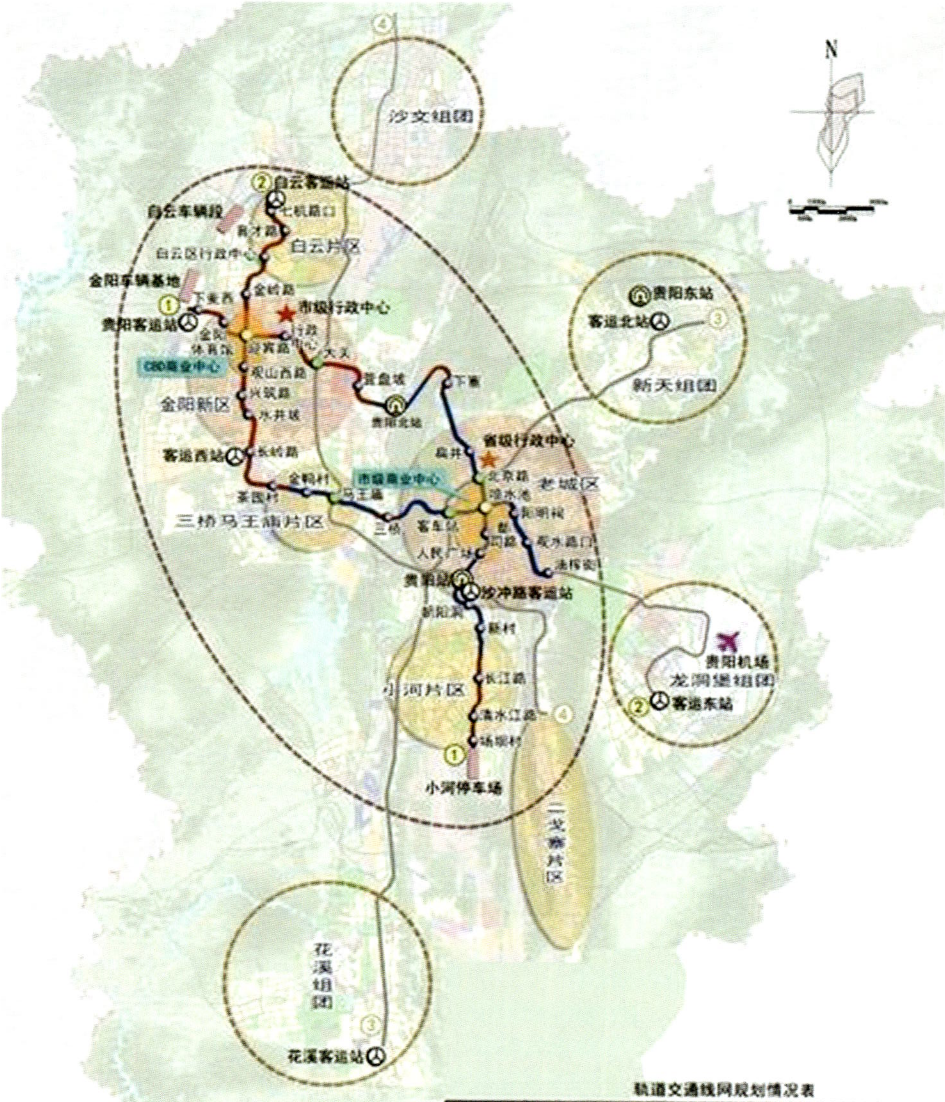

轨道交通线网规划情况表

线路名称	长度（km）	站点数量（个）	平均站距（km）
1号线（下麦西－场坝村）	29.2	19	1.62
2号线（七机路口－水塘坝）	38.8	24	1.69
3号线（贵阳东站－花溪南）	35.6	20	1.87
4号线（沙文－二戈寨）	35.7	18	2.10
合计	139.3	81	

图42 贵阳市城市轨道交通规划图

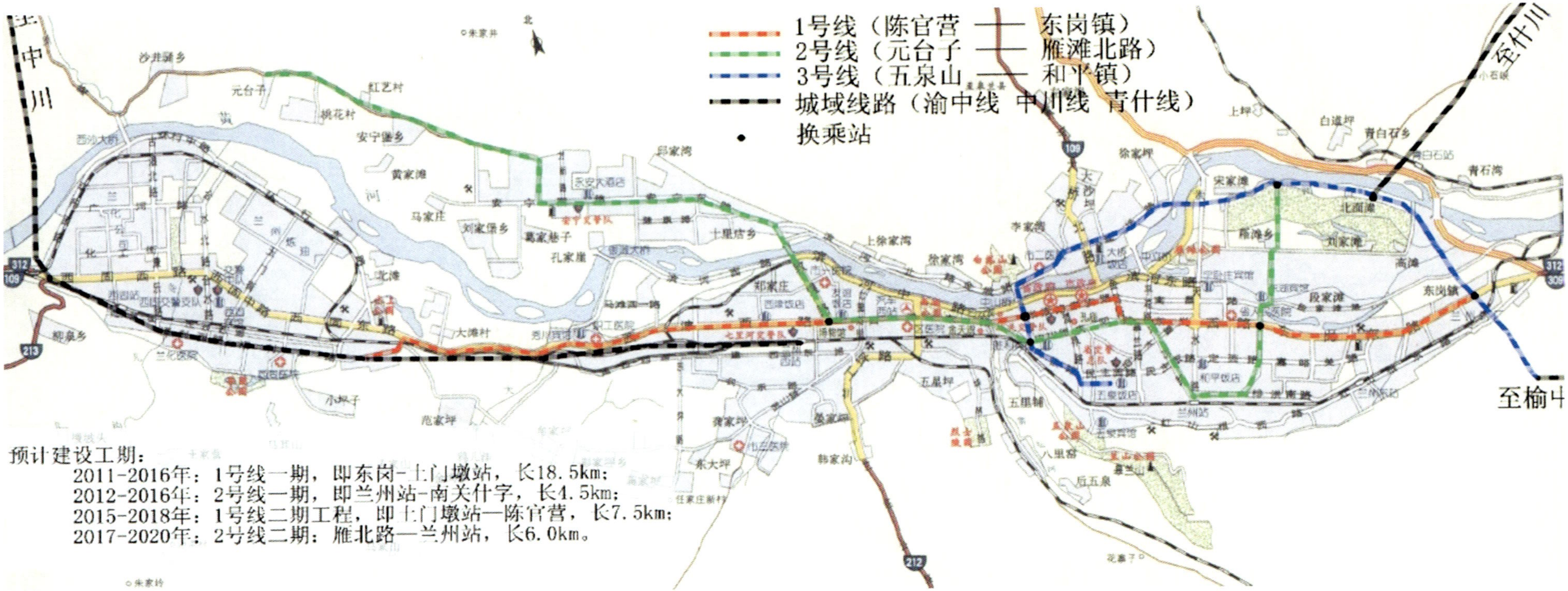

图43 兰州轨道交通现网规划图

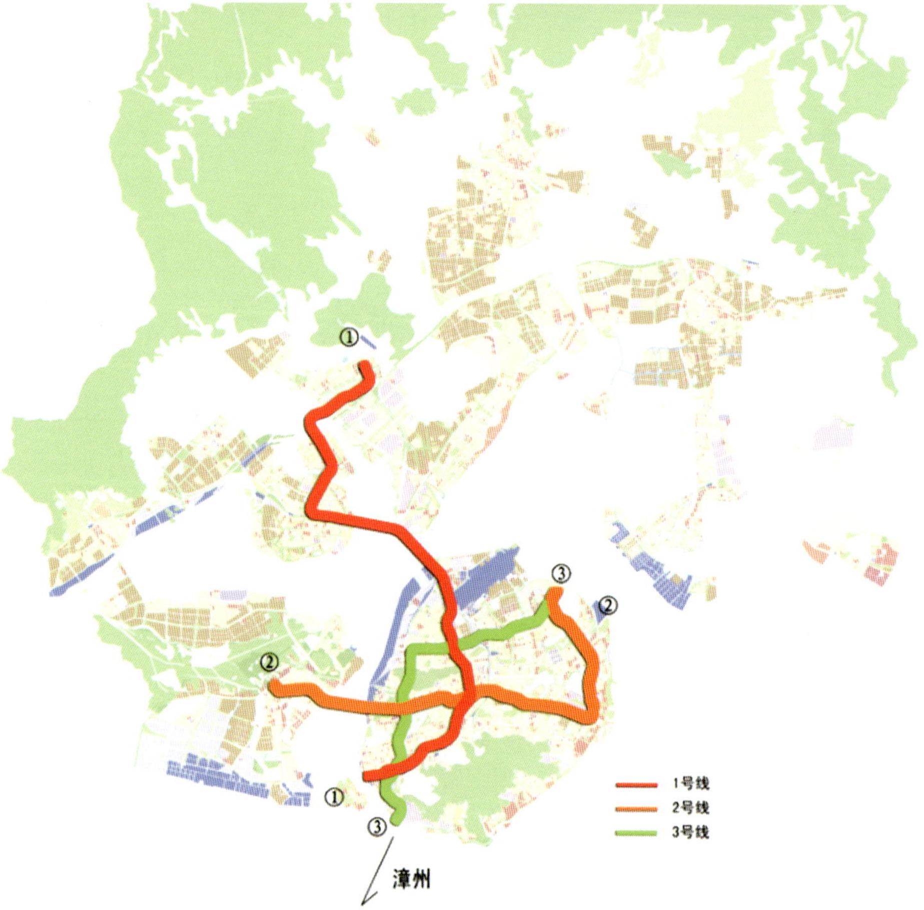

图44 厦门市城市轨道交通线网近期规划

图45 乌鲁木齐市城市轨道交通线路规划

图46 石家庄市城市轨道交通远景线网

图47 徐州市主城区轨道线网规划图

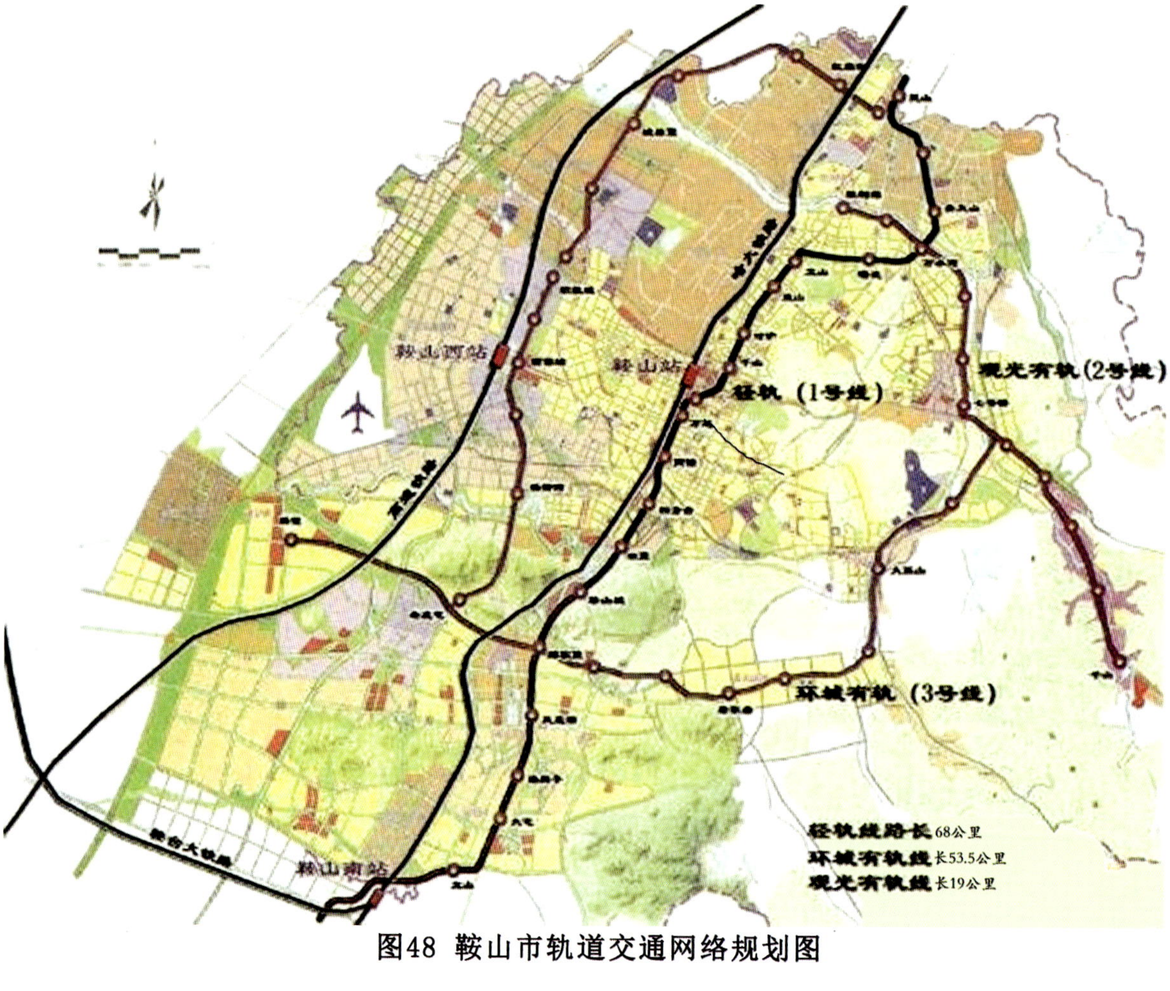

图48 鞍山市轨道交通网络规划图

图49 济宁市城市轨道交通线网规划图

线路	颜色	起讫点 站-站	线路长度 正线公里	车站数 座	高架线 正线公里	地下线 正线公里	平均站距 正线公里
1号线		南通西站站-江海村站	56.4	29	12.4	44	1.99
2号线		幸福镇站-通州站站	36.8	22	5.3	31.5	1.72
3号线		学能路站-锡通商区站	40.4	23	0	40.4	1.77
4号线		长江路站-东方大道南站	37.2	18	16.9	20.3	2.10
合计	——	——	170.8	92	34.6	136.2	——

图50 南通市远景年城市快速轨道交通线网规划

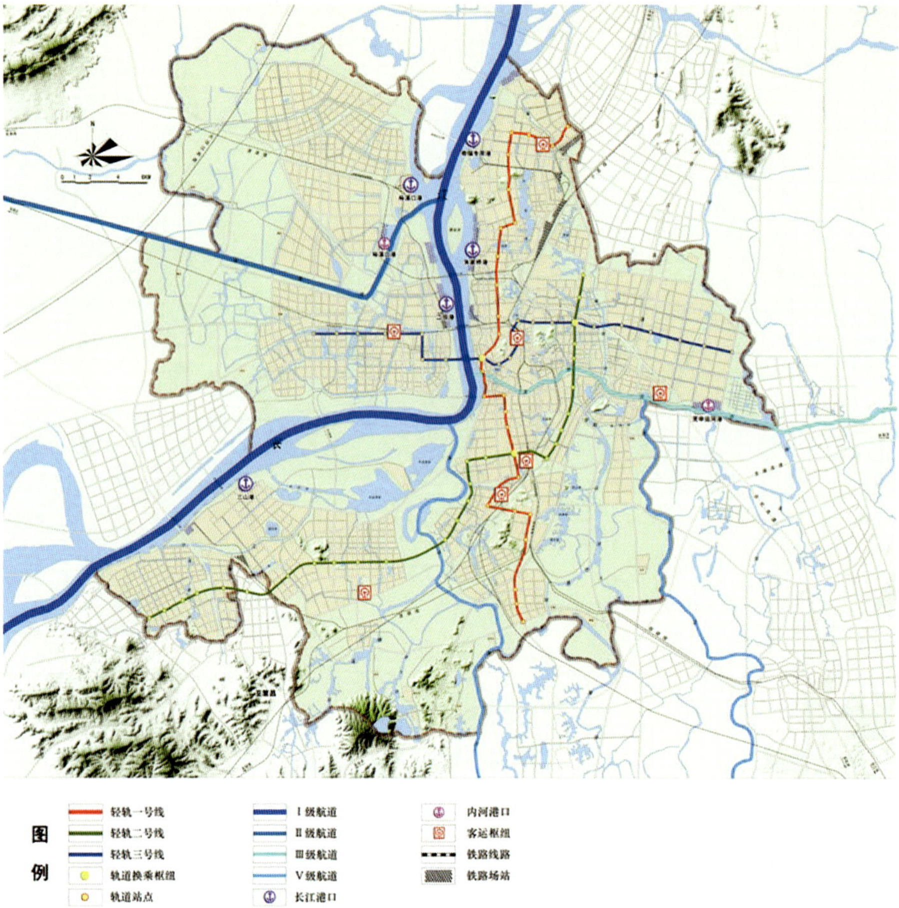

图51 芜湖市中心城区综合交通规划图（2012～2030）

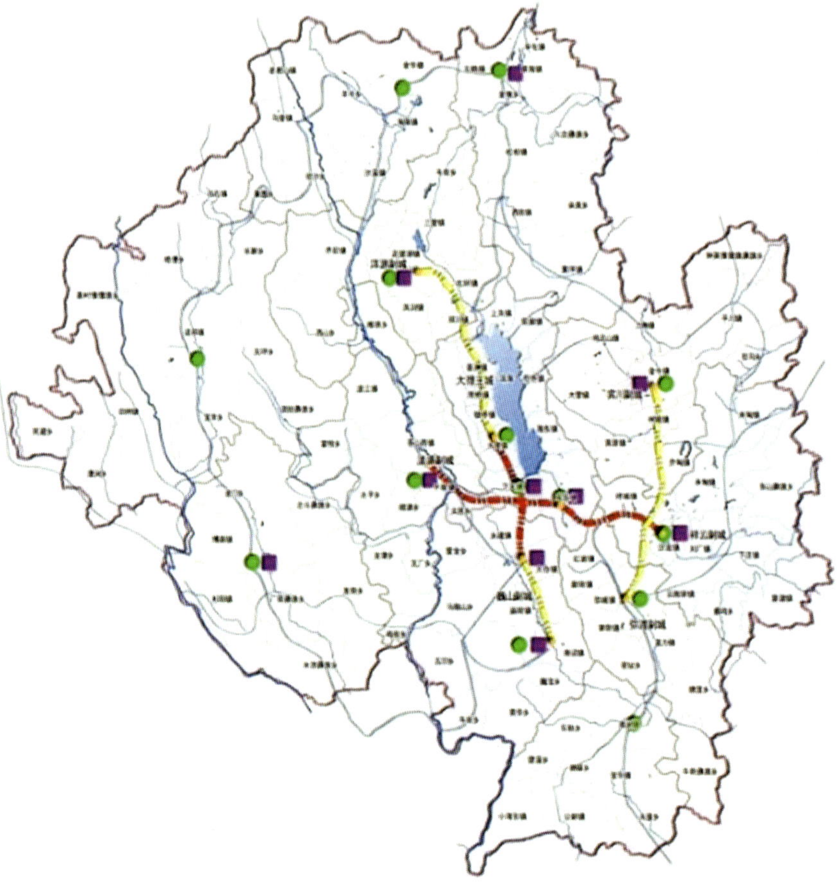

图52 大理滇西中心城市总体规划图

接轨世界 牵引未来

Join the Word Drawing ther Future

以轨道交通装备为核心
为未来城市提供系统解决方案
成为轨道交通装备行业世界级企业

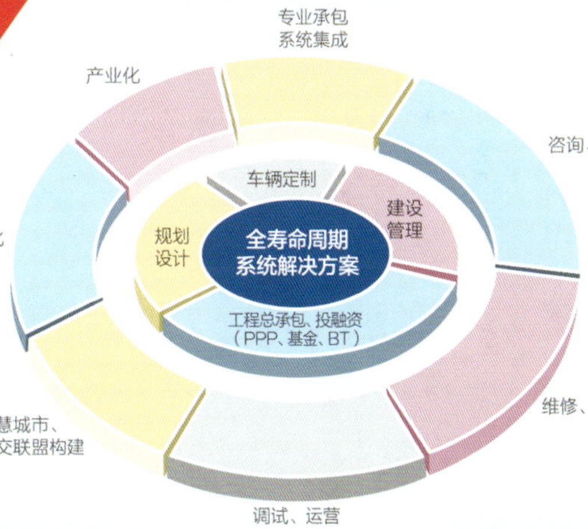

● PPP、BT、基金+EPC、专业承包、系统集成等多样化的建设合作模式。

● 专业化的工程建设管理团队、丰富的建设管理经验。

● 强大的轨道交通高端装备制造业背景、完善的中国北车城市轨道交通产业链。

北车建工
- 系统解决方案
- BT、工程总承包
- 投融资、建设管理

长客股份
- 车辆设计与制造
- 咨询、技术支持
- 运营培训、维保升级

大连机辆
- 地面供电技术
- 车辆设计与制造
- 珠海项目工程总承包

唐车公司
- 车辆设计与制造
- 车辆出口土耳其
- 武夷山项目BT承包

大连电牵公司
- 变流产品
- 列车网络控制
- 电传统系统集成

四方所公司
- 制动系统
- 牵引传动系统
- 电气、减振、钩缓

上海轨发
- 车辆与设备制造
- 机电设备系统
- 工艺设备集成

北车投资公司
- 基金、贷款
- 项目投融资
- 产业基金、产业园

南机公司
- 道岔
- 齿轮箱
- 轨道扣配件集成

北车地产
- 上盖物业开发
- 沿线TOD开发
- 一站一城综合体

清软英泰
- 智慧城市
- 项目管理系统
- 企业管理系统

其他企业
- 维检修、培训
- 工艺设备、特种车辆
- 工程机械、关键零部件

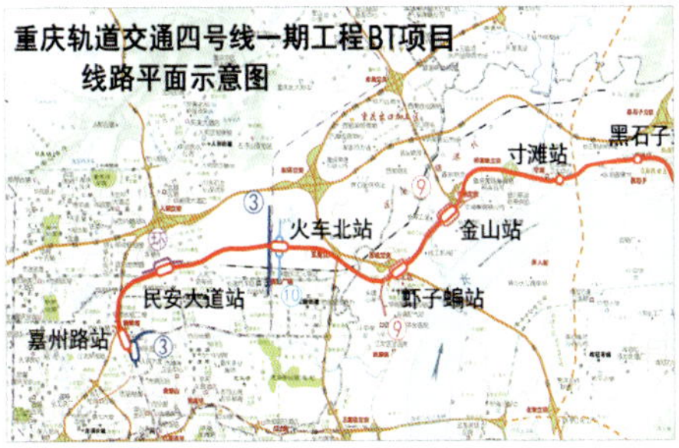

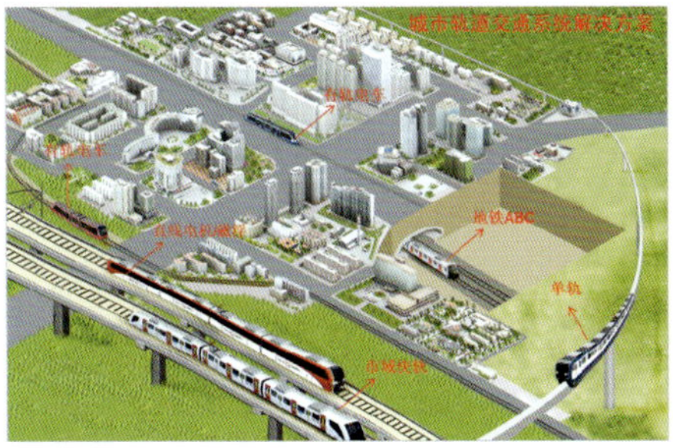

“沈阳奇迹”“重庆模式”，北车建工全面整合内外部优势资源，正在为国内众多城市提供包括投融资、规划设计、建设管理、车辆设备、TOD一体化综合开发等在内的全寿命周期服务。

2013 中国城市轨道交通年度报告

中国城市轨道交通年度报告课题组　编写

北京交通大学出版社
·北京·

内 容 简 介

《中国城市轨道交通年度报告》是一本全面反映中国城市轨道交通发展情况的专业统计资料，由“中国城市轨道交通年度报告课题组”组织编写，每年定期出版。报告的核心内容大多经过各城市地铁公司或轨道办的审核，准确性较高。本次年度报告是第 6 次出版，系统介绍了 2013 年度中国城市轨道交通的发展情况，对 2013 年末中国城市轨道交通的运营线路和在建线路等数据做了全面统计，并给出了中国内地 54 个城市的轨道交通最新进展、规划、建设、运营、主要技术特点等基本情况，还提供了城市轨道交通行业主要行业组织、主要企业和 2013 年大事记等实用信息。本书集中盘点了 2013 年度中国城市轨道交通行业的发展现状和发展趋势，更多内容可浏览年度报告官网 www.metroreport.cn。

本书可供各级政府相关部门、城市轨道交通领域管理、决策、建设、研究人员参考，也可作为企业进行城市轨道交通产业投资决策的重要依据，同时还可作为相关专业院校教师和学生的教学辅助资料。

图书在版编目(CIP)数据

中国城市轨道交通年度报告 2013/中国城市轨道交通年度报告课题组编写. —北京：北京交通大学出版社，2014.7

ISBN 978-7-5121-1989-5

I. ①中…　II. ①中…　III. ① 城市铁路–研究报告–中国–2013　IV. ① U239.5

中国版本图书馆 CIP 数据核字（2014）第 145575 号

责任编辑：韩素华　特邀编辑：黎　涛
出版发行：北京交通大学出版社　电话：010–51686414
北京市海淀区高梁桥斜街 44 号　邮编：100044
印 刷 者：北京艺堂印刷有限公司
经　　销：全国新华书店
开　　本：210×275　印张：18.75　字数：642 千字　彩插：2 印张
版　　次：2014 年 7 月第 1 版　2014 年 7 月第 1 次印刷
书　　号：ISBN 978-7-5121-1989-5/U•170
印　　数：1～3 000 册　定价：200.00 元

本书如有质量问题，请向北京交通大学出版社质监组反映。对您的意见和批评，我们表示欢迎和感谢。
投诉电话：010-51686043，51686008；传真：010-62225406；E-mail：press@bjtu.edu.cn。

《中国城市轨道交通年度报告2013》
参编人员名单

首席顾问：

施仲衡

高级顾问：

沈子钧　张　弥　沈景炎　周庆瑞

编委会委员：

陈文胜　刘书斌　宋立新　孙凯升　王长裕　吴焕君

许巧祥　姚春艳　袁和耀　张　旺　张艳英

课题组组长：

韩宝明

课题组副组长：

冯爱军　鲁　放

主要研究人员：（按拼音排序）

曹雪明　陈　菊　丁　杰　方新涛　冯　翼　高　尚　郭文雅　韩春素　韩圣章　何春辉

黄海锋　江苏军　黎锡波　李　超　李得伟　李　浩　梁敏之　刘国玲　刘焕文　刘　昆

刘　蕊　刘晓嵘　刘彦君　楼哲妮　卢　恺　马恭鑫　潘修程　施　翊　宋立新　宋　谦

孙　飞　孙会勇　檀　勇　王大庆　王宏伟　王慧珺　王建清　王　婧　王　玫　魏　运

胥　权　徐少云　晏雪梅　姚春艳　叶晓平　叶永松　易晨阳　易危香　殷　波　余　乐

俞全华　袁敏正　张　琛　张　慧　张　乐　张　琦　张旭鑫　张元张　增　勇　周　娜

周　鑫　朱敢平　朱开伟　朱胜利

参编单位名单

主持单位：

《都市快轨交通》杂志社
中国土木工程学会城市轨道交通技术工作委员会

参与单位：

北京市轨道交通建设管理有限公司
北京城市快轨建设管理有限公司
上海申通轨道交通研究咨询有限公司
广州市地下铁道总公司
深圳市地铁集团有限公司
天津市地下铁道集团有限公司
重庆市轨道交通（集团）有限公司
南京地铁集团有限公司
长春市轨道交通集团有限责任公司
武汉地铁集团有限公司
大连地铁有限公司
沈阳地铁集团有限公司
成都地铁有限责任公司
佛山市轨道交通发展有限公司
西安市地下铁道有限责任公司
苏州市轨道交通集团有限公司
宁波市轨道交通集团有限公司
郑州市轨道交通有限公司
青岛地铁集团有限公司
昆明轨道交通有限公司
无锡市轨道交通发展有限公司
合肥城市轨道交通有限公司
石家庄市轨道交通有限责任公司
乌鲁木齐市轨道交通项目建设执行办公室
东莞市轨道交通建设工作领导小组办公室
济南市轨道交通规划建设工作领导小组办公室
太原市轨道交通建设管理办公室

序

——城市轨道交通工程应提高经济效益

我国城市轨道交通继续呈现蓬勃发展态势，整个行业在规划设计、技术创新、产品研发、节能环保、运能提高等方面取得了很大成绩，多项技术和设备已达到世界先进水平，为缓解各城市交通拥堵、提高城市形象、促进城市经济发展做出了巨大贡献。但另一方面也暴露出一些问题，如新建轨道交通城市的建设标准偏高、造价不断攀升、节能环保效益不明显、票价不尽合理、客流上不去、运营效益欠佳等，这些都给运营工作、乘客出行、城市财政增加了很大困难。究其原因，主要是城市轨道交通在筹备、规划、实施过程中，对建设理念、技术措施、票价政策的经济效益把控不够。因此，在新的一年里，在抓好安全、质量的同时，切实重视建设理念、线网规划、建设时序、建设规模、建设标准、票价政策的社会经济综合效益分析，建设好安全、高效、适用、经济的城市轨道交通。

1. 做好顶层规划，控制建设规模

我国已有50多个城市开展了城市轨道交通规划，19个城市开始了运营。目前总运营里程中地铁占81.7%，是地铁比例最高的国家，并还有继续升高的趋势。地铁全地下线每千米综合造价为6.0亿～8.0亿元，高架线为4.0亿～5.5亿元，轻轨或跨座式单轨为2.8亿～3.2亿元，现代有轨电车为1.0亿～3.0亿元，不同制式和敷设方式造价相差很大。线网规划中地铁比例大，必然造成工程造价高、投资大。另外，地下线路因照明、通风、防灾等要求，运营支出比地上线路的成倍增长。因此，线网规划在满足城市发展、环境保护、交通疏解的前提下，能地面不高架、能高架不地下、能远期上的近期不上。特别是二、三线城市能用轻轨的不用地铁，构建多层次、多制式的轨道交通线网，合理确定地铁、轻轨、现代有轨电车的构成比例，使线网构架经济实用。城市中心的地铁不宜直接向郊区延伸，不宜简单追求覆盖面，以致使单条线路长达35～50 km，虽然两端运能可用大小交路解决，但车站规模、设备配置基本不变，其投资和运营费用仍然很大。应研究两端采用轻轨、有轨电车或BRT接驳来减少地铁线路长度的可能性，以达到降低造价、提高社会经济效益的目的。另外，刚开始规划城市轨道交通的城市应及早做好地下空间的总体规划，安排好关键部位的地下管线等基础设施与轨道交通的相关位置，以及与地面建筑结合的出入口、风亭位置，并严格控制用地范围和合建预留接口，减少二次拆迁，降低工程造价。

2. 实事求是，因地制宜，合理控制建设标准

有的城市照搬北京、上海等特大城市的技术标准，过于强调前瞻性、舒适性，使技术标准偏高、偏大，投资增加，建成后客流不足，影响投资效益。因此，有关城市应根据本城市的客运要求和经济实力选择合理的技术标准。对于二、三线城市或大城市辅助线路的制式选择和自动化设备配置宜“固本简末”，控制冗余设计。运营设备可根据客流运输需求，分期分段配置，甚至初、近期可选用简单（或人工）控制系统，充分发挥人的作用，降低初期投资和运营费用。选择节能、环保设施应注重全生命周期的评价，选用性能价格最优的方案。运营部门尽早介入规划、设计、建设全过程，避免方案反复，延误时机、造成浪费。另外，在建设规模上应稳中求进，确

保线网规划的严肃性，切勿盲目建设线网中没有规划的线路，致使工程前期没有时间深入调查研究，使地质、管线、客流等资料不够准确，技术方案不合理，而影响使用功能和服务水平。应重视对运营设备选用，避免增加系统维护的复杂性和造价，应建立合理工期的理念，严格按建设程序办事，尽量避免边设计、边施工。在建设过程中应重视工程安全风险的掌控，杜绝工程事故。因此，应合理控制建设标准、加强建设管理，达到降低和控制城市轨道交通造价，提高社会经济综合效益的目的。

3. 完善创收体制，创建轨道交通发展基金

我国城市轨道交通工程建设和运营基本上都是政府直接投资或补贴的模式，少数线路采用PPP、BT、特殊经营权等模式，最后还是由政府购买或补贴。因此，建设和运营部门对经济压力是不敏感的，这就要求创立新的体制机制，引导建设、运营部门树立盈亏理念，重视社会经济综合评估、建立创收体系、减少亏损与补贴。首先是确定合理的票价，这是轨道交通的主要收入，城市轨道交通工程是准公共产品，具有较强的公益性，票价不能订得太高，也不能太低，应根据市场经济的基本原则，统筹确定各种交通方式的客流分担比例和票价，使大众能接收，又不致使运营产生巨大亏损，给政府财政造成很大压力。因此，研究合理的票价是兼顾政府、企业、个人三者利益和轨道交通工程可持续发展的重大问题。其次，要创新综合开发思路，设计前期就要加强对盈利模式的规划与研究，积极推进与地面公交、城市综合体、社区等一体化开发，促进规模化、集约化开发经营，提高轨道交通服务于城市的功能。轨道交通沿线范围的土地资源是轨道交通公司最重要的资源，应充分利用沿线及车站为核心的开发，形成交通枢纽、综合商业中心、休闲中心、文化中心和居住密集区，带动城市的发展，方便乘客出行，增加客流强度，提高运营收入。第三，应充分利用地铁客流多、受众面广的特点，进一步提升车站指示标志、广告、电信、零售甚至车站冠名权拍卖等多种业务效益，进一步方便乘客出行，并增加非票务收入。第四，创新投融资模式，坚持政府主导下的多元化投资方式，扩大融资渠道，吸引和鼓励社会资金参与建设和运营，开拓社会化、市场化和国际化的融资方式，减少政府融资压力，降低融资成本。第五，进一步明确和规范城市轨道交通行业的税费减免政策，赋予城市轨道交通能源和税收方面的优惠，减少城市轨道交通运营支出的负担。通过各种渠道减少支出、增加收益，把赢得的资金用于创建城市轨道交通发展基金，促进城市轨道交通的可持续发展。

总之，从规划、设计、建设到运营都要高度重视社会、经济综合效益，完善节能环保、城市开发、建设运营和增收节支的技术规范与法律体系，提高服务水平和效益，摆脱巨额亏损和财政补贴的局面，保持城市轨道交通健康可持续发展。

让我们共同努力，为建设安全、高效、适用、经济的城市轨道交通贡献更大的力量。

施仲衡 2014.2.1.

前　言

目前，中国已成为世界上城市轨道交通发展最迅速的国家。截至2013年年末，仅在中国内地，已有19个城市拥有83条运营线路，总里程达2 476 km。另有15个城市的首条线路正在建设中。全部在建线路数量达106条（段），总里程超过2 400 km。已发展和规划发展城市轨道交通的城市总数已经超过54个，全部规划线路超过400条，总里程超过15 000 km。

如此大的发展规模自然吸引了社会众多关注，然而我国城市轨道交通行业的管理还没有统一的归口政府部门，信息的全面获取比较困难。为了促进社会各界对我国城市轨道交通行业的整体了解，《都市快轨交通》杂志社和中国土木工程学会城市轨道交通技术工作委员会牵头，联合组织全国各主要城市地铁公司成立了“中国城市轨道交通年度报告”课题组，每年编写《中国城市轨道交通年度报告》，今年是第6次出版。今年的年度报告工作继续得到了中国城市轨道交通协会的支持。

2013年度《中国城市轨道交通年度报告》的主要内容是中国内地54个城市的城市轨道交通的发展概况，所有数据截至2013年末。此外，还提供了城市轨道交通行业实用信息、2013年大事记和以《都市快轨交通》理事单位为主体的中国城市轨道交通行业主要单位的简介等内容。

在内容的编排顺序上，基本按照各城市发展时间早晚进行排序，各城市介绍按照规划情况、在建情况、运营现状等顺序来阐述，单位介绍顺序一般按照拼音排序。对线路的称谓，无论是“轨道交通”、“地铁”还是“轻轨”，一般均尊重各城市当地习惯叫法。

需要特别说明的是，由于中国城市轨道交通发展日新月异，资料更新很快，报告中的数据无法保证绝对的准确和完整，仅供行业内相关人士辅助参考之用。值得欣慰的是，大部分城市的资料都得到了相关城市地铁公司的确认和支持，具有一定的可信度。

为了2013年度《中国城市轨道交通年度报告》的顺利出版，今年有30家各城市的地铁公司和轨道办给予了大力支持，提供并核实了大量数据。由于有些城市存在着多个轨道交通建设和运营单位，各参编单位不负责审核本单位管辖范围外的资料。例如，北京轨道交通建设管理公司不负责审核北京运营相关内容，上海申通集团不负责审核张江有轨电车和22号线内容，天津地铁集团不负责审核天津9号线内容等。

韩宝明、冯爱军负责领导年度报告的总体工作，鲁放负责具体的组织实施工作。在具体的编撰人员中，卢恺、刘蕊、易晨阳、李超、张琛承担了本版年度报告主要内容的编辑整理工作，刘润招、胡文、王飞、彭宇拓、王莹、丁丹丹、王飞、禹丹丹、郑清、王芳玲、刘韶曼、顾雪景等为前5次年度报告承担了大量工作，奠定了很好的基础。各城市地铁公司和轨道办参与年度报告编写审核的工作人员包括在本书的参编人员名单中。

从2014年开始，新增加了《中国城市轨道交通年度报告》编委会，编委主要由各地铁公司各级领导和专家组成。

许多专家也无私地提出了许多建议和意见，限于篇幅在此不能一一列出，仅向他们致以诚挚的敬意和谢意！

由于编者水平有限、工作量大，报告中的错误和不实在所难免，希望专家和读者批评指正。欢迎行业内相关人士积极参与报告的研究和撰写工作，促使年度报告的质量不断提高，成为推动行业发展的积极力量！

课题组联系方式：

电话010-51688553

邮件chinametro@vip.sina.com

网址http://www.metroreport.cn

“中国城市轨道交通年度报告”课题组

2014年5月

第1章
中国城市轨道交通2013年线路统计

1.1　中国城市轨道交通2013年发展概述

自20世纪60年代北京建成第一条地铁线路以来，经过40多年的发展，中国进入了城市轨道交通的蓬勃发展时期。截至2013年12月31日，在中国内地已有19个城市拥有了83条建成并正式运营的城市轨道交通线路，总里程达2 476 km。2013年末，全国有34个城市106条线路（含续建段）正在紧张建设中，总里程超过2 400 km。中国内地共有54个城市正在建设或规划新的城市轨道交通线路，总规划里程超过15 000 km。

2013年内，不含续建段，新投入运营线路19条。其中哈尔滨地铁1号线、郑州地铁1号线是这两个城市的第一条线路，表示哈尔滨和郑州正式加入运营城市的行列。同时，还有几个城市的第一条线路正在紧张建设，预计于2014年通车，将使得运营城市数量进一步增长。

2013年内，厦门、兰州、乌鲁木齐、太原由规划城市转为在建城市，南通为新规划城市，运营城市和在建城市总数为34个。

1.2　各城市2013年已经运营线路统计

截至2013年12月31日，中国内地共有19个城市拥有83条投入运营的城市轨道交通线路，总运营里程达2 476 km。详情如表1-1所示。

表1-1　各城市2013年已经运营线路统计

序 号	城 市	线 路	运营里程/km	总里程/km	最早通车时间	备 注
1	北京	1号线	31	465.44	2000	
		2号线	23		1984	
		4号线	28.18		2009.9	
		5号线	27.6		2007.1	
		6号线	30.4		2012.12	一期
		8号线	27.6		2008.7	
		9号线	16.5		2011.12	
		10号线	57.1		2008.7	环线
		13号线	40.9		2003.1	
		14号线	12.4		2013.5	
		15号线	33		2010.12	一期首开段和东段
		机场线	28		2008.7	
		八通线	19		2003.12	
		亦庄线	24		2010.12	
		大兴线	21.76		2010.12	
		昌平线	21		2010.12	一期
		房山线	24		2010.12	含剩余段
2	上海	1号线	36.9	576.7	1995.4	含北延线
		2号线	60.3		2000.6	
		3号线	40.2		2000.12	一期、北延伸线
		4号线	33.8		2005.12	与3号线共线运营
		5号线	16.6		2003.11	
		6号线	32.7		2007.12	
		7号线	44.3		2009.12	一期、北延线
		8号线	37		2007.12	一期、二期
		9号线	49.8		2007.12	一期、二期、三期

续表

序号	城市	线路	运营里程/km	总里程/km	最早通车时间	备注
2	上海	10号线	35.1		2009.12	一期
		11号线	72.2		2010.12	北段一期、二期、北段延伸线及其支线
		12号线	19		2013.12	东段，试运营
		13号线	9		2009.7	一期西段
		16号线	51.8		2013.12	试运营
		磁悬浮	29		2002.12	
		张江有轨电车	9		2009.8	
3	广州	1号线	18.5	245.51	1999.6	
		2号线	31.75		2010.9	新2号线
		3号线	67.3		2010.1	
		4号线	46.7		2010.1	
		5号线	31.9		2009.12	一期
		6号线	24.5		2013.12	首期
		8号线	14.97		2010.9	2号线拆解
		广佛线首通段	5.93		2010.11	广州境内部分
		珠江新城APM	3.96		2010.11	广州珠江新城旅客自动输送系统
4	天津	1号线	26.2	139.26	2006.6	
		2号线	22.7		2012.7	
		3号线	29.7		2012.10	
		9号线	52.8			
		滨海有轨电车	7.86			
5	深圳	罗宝线（1号线）	40.8	178.59	2004.12	全线2011.6
		蛇口线（2号线）	35.75		2010.12	2号线东延2011.6
		龙岗线（3号线）	41.7		2010.12	全线2011.6
		龙华线（4号线）	20.34		2004.12	全线2011.6
		环中线（5号线）	40		2011.6	全线2011.6
6	南京	1号线	46.8	84.75	2005.9	含南延线
		2号线	37.95		2010.5	
7	重庆	地铁1号线	37	169.9	2011.7	沙坪坝—大学城：2012.12开通
		轻轨2号线	19.2		2005.6	动物园—新山村：2006.7开通
		轻轨3号线	56.1		2011.9	鱼洞—二塘：2012.12开通
		地铁6号线	57.6		2012.9	礼嘉—悦来：2013.5月开通；礼嘉—北碚：2013.12开通
8	长春	长春轻轨3号线	31.9	48.2	2002.1	
		长春轻轨4号线	16.3		2011.6	
9	武汉	1号线	28.43	72.64	2004.7	
		2号线一期	27.73		2012.12	
		4号线一期	16.48		2013.12	
10	大连	大连轨道交通3号线	63.45	86.85	2002.1	
		有轨电车201	10.8		2007.1	
		有轨电车202	12.6		——	

续表

序号	城市	线路	运营里程/km	总里程/km	最早通车时间	备注
11	沈阳	沈阳地铁1号线	27.93	114.47	2010.9	
		沈阳地铁2号线	27.14		2011.12	含2号线北沿线
		有轨电车1号线	12		2013	
		有轨电车2号线	15		2013	
		有轨电车3号线	11.3		2013	
		有轨电车5号线	21.1		2013	
12	成都	1号线	18.5	49.9	2010.9.27	
		2号线	31.4		2012.9.16	
13	佛山	1号线	14.8	14.8	2010.11	
14	西安	2号线	20.5	45.9	2011.9	北客站—会展中心
		1号线	25.4		2013.9	后卫寨—纺织城段
15	苏州	1号线	25.2	51.3	2012.4	
		2号线	26.1		2013.12	
16	杭州	1号线	48	48	2012.11	
17	昆明	6号线（机场线）	18	40.1	2012	
		1、2号线首期南段	22.144		2013.5.20	
18	哈尔滨	哈尔滨地铁1号线	17.55	17.55	2012.9	试通车
19	郑州	1号线	26.2	26.2	2013.12.28	
	合计			2476.104		

说明：

1. 统计时间截至2013年12月31日；
2. 统计数字采取四舍五入精确到小数点后一位；
3. 由于统计口径问题，线路里程可能稍有变化；
4. 运营里程与建设里程不一致的，一般以运营里程为准；
5. 如引用本数据应注明来源于《中国城市轨道交通年度报告2013》。

1.3 各城市2013年正在建设线路统计

2013年末，中国内地共有34个城市的106 条（段）线路处于建设状态，总里程超过2 400 km。详情如表1-2所示。

表1-2 各城市2013年正在建设线路统计表

序号	城市	线路	首末站	在建里程/km	站数	开工时间	预计通车时间
1	北京	6号线二期	草房—通州新城	12.6	7	2011.2	2014
		7号线	北京西客站—焦化厂	23.7	21	2010.9	2014
		16号线	永丰站—榆树庄	40.2	24	2013.12	2016
		14号线	张郭庄—国家图书馆	47.3	37	2010.4	2014
		现代有轨电车西郊线	香山路—巴沟	9.1	7	2011.2	2014
		地铁S1线西段	石门营—苹果园	10.2	8	2011	2013
		15号线一期西延	清华东—望京西	10.15	7	2011	2014
		昌平线二期	十三陵景区站—昌平新区站	9.53	6	2013.4	2015

续表

序号	城市	线路	首末站	在建里程/km	站数	开工时间	预计通车时间
2	上海	11号线迪斯尼段	罗山路—迪士尼乐园	9.4	3	2012.9	2015
		12号线七莘路至天潼路段	七莘路—天潼路	19.95	17	2008.12	2015
		13号线一期金沙江路至南京西路段	金沙江路—南京西路	7.4	7	2008.12	2014
		16号线龙阳路至罗山路段	龙阳路—罗山路	6.5	2		2015
3	广州	8号线	凤凰新村—文化公园	1.8	2	2011	2017
		广佛线后通段	西朗—沥滘站	11.4	7	2011	2016
		9号线	飞鹅岭—高增	20.1	10	2011	2016
		6号线二期	长湴—香雪	17.4	10	2011	2016
		7号线一期	新客站—大学城南	18.6	9	2012	2016
		4号线南延线	金洲站—南沙客运港	12.6	6	2013	2017
		13号线首期	鱼珠—象颈岭	27.03	11	2013.12	2017
		8号线北延段	文化公园—白云湖	16.1	13	2013	2017
		14号线一期	主线：嘉禾望岗—街口	54.1	13	2013	2017
		14号线知识城支线	支线：新和—镇龙	21.8	8	2013	2017
		21号线	员村至增城广场	60.9	20	2013	2017
		海珠有轨电车试验段	万胜围—广州塔	7.7	11	2013	2014
4	天津	5号线	北辰科技园北站—李七庄站	34.8	28	2012	2017
		6号线	新外环东路站—咸水沽站	56.2	48	2012	2017
		2号线机场延伸线	滨海国际机场站	4.5	1	2012	2014
5	深圳	机场线（11号线）	福田—松岗	51.9	18	2011.12	2016.12
		西丽线（7号线）	丽湖—太安	30.17	28	2012.1	2016.12
		梅林线（9号线）	文锦站—深湾站	25.38	22	2013	2016.12
6	南京	3号线	林场站—秣周路站	44.86	29	2010.12	2014
		4号线一期	中保站—仙林东站	33.79	18	2012.08	2015
		10号一期	奥体中心站—城西路站	14.4	9	2010.12	2014
		宁高城际一期	南京南站—禄口机场站	35.8	8	2011.8	2014
		宁天城际一期	大桥北路站—金牛湖站	45.2	17	2012.6	2014
		宁和城际一期	南京南站—桥林黄里站	36.26	19	2012.12	2015
		宁高城际二期	翔宇路南站—高淳站	52.41	5	2013.12	2016
7	重庆	1号线延伸段	大学城—尖顶坡	2	1	2012	2014
		2号线延伸段	新山村—鱼洞	12	6	2010	2014
		3号线北延伸段	碧津—举人坝	9.9	7	2012	2015
		6号线一期	五里店—上新街	5	4	2009	2014
		6号线二期南段	茶园—上新街	12	4	2010	2014
		环线	环状线	50.47	33	2013	2017
		4号线一期	新牌坊—唐家沱	17.7	10	2013	2017
		5号线一期	金渝大道—跳蹬	39.7	25	2013	2017

1

续表

序号	城市	线路	首末站	在建里程/km	站数	开工时间	预计通车时间
8	长春	长春地铁1号线一期	北环路站—红咀子站	18.5	15	2011.5	2015.12
		长春地铁2号线一期	长春西湖站—东方广场站	22.8	19	2012.1	2016
9	武汉	3号线一期	宏图大道—沌阳大道	30.1	24	2012	2015
		4号线一期	武汉火车站—武昌火车站	16.48	15	2009	2013
		4号线二期	武昌火车站—黄金口	16.7	13	2011	2014
		6号线一期	环湖西站—体育中心南	36.1	27	2013	2016
		7号线一期	东方马城—野芷湖	30.7	19	2013	2017
		8号线一期	三金潭—梨园	16.7	12	2013	2017
		汉口北地方铁路	堤角—汉口北	5.6	3	2011	2014
10	大连	1号线一期	姚家站—会展中心站	28.6	23	2009	2014
		大连轨道交通2号线一期	辛寨子站—港湾广场	20.6	16	2011	2014
		大连轨道交通8号线	河口站—旅顺新港站	42.57	8	2009.5	
		大连轨道交通10号线	九里站—振兴路站	42.7	16	2010.8	2014
11	沈阳	沈阳地铁9号线一期工程	怒江公园站—建筑大学站	28.996	23	2013.3	2017
		沈阳地铁10号线工程丁香公园站至张沙布站段	丁香公园站—张沙布站	27.21	21	2013.3	2017
12	成都	1号线南延线	世纪城站—广都北站	5.42	5	2012.9	2015
		2号线东延线	行政学院站—龙泉东站	11.1	6	2011.12	2014
		3号线一期	红牌楼南站—天回镇南站	21	17	2012.4	2015
		4号线一期	公平站—沙河站	22.4	16	2011.11	2015
		7号线	火车北站—火车北站	38.61	31	2013.1	2017
13	佛山	广佛线二期	澜石站—新城东站	6.68	4	2012.9	2015
14	西安	2号线南段	会展中心—韦曲南段	6.09	4	2009	2014
		3号线一期	鱼化寨—保税区段	39.15	26	2011	2015
		4号线试验段	大唐芙蓉园—五路口	6.71	5	2012	2016
15	苏州	2号线东延线	迎春南路—星华街	13.8	11	2012.9	2016
		2号线北延伸线	苏州高速—太东路	1.8	2	2012.9	2016
		4号线主线	苏虞张路—同津大道	42	31	2012.9	2017
		4号线支线	红庄—龙翔路	11.1	7	2012.9	2017
		高新有轨电车1号线	苏州乐园—龙安路	18	22	2012	
16	杭州	1号线下沙延伸段	文海南路—下沙江滨	5.45	3	2012	2015
		2号线（东南段）	朝阳村—钱江路	18.2	13	2008.9	2014
		2号线（西北段）	钱江路—丰潭路	12.5	11	2011.9	2017
17	昆明	1、2号线首期北段	北部汽车站—晓东村站	20.564	19	2010.5	2014年4月
		3号线一期	石咀站—东部客运站站	19.1	17	2010.8	2016年

续表

序号	城市	线路	首末站	在建里程/km	站数	开工时间	预计通车时间
18	哈尔滨	哈尔滨轨道交通3号线	红旗大街—红旗大街	37	32	2011.4	
19	郑州	2号线一期	广播台站—南四环站	20.7	16	2010.12	2015
		1号线二期	西：河南工业大学站—西流湖站；东：河南大学站—市体育中心站	仅开建个别站点	10	2013.12	2017
		5号线	环线：沿黄河路、黄河东路、龙湖外环路、盛和街、中兴路、经开第十大街、航海路、桐柏路和西站路布设	仅开建个别站点	32	2013.12	2018
20	宁波	1号线一期	高桥西站—东环南路站	20.8	20	2009.6	2014
		1号线二期	东环南路站—霞浦站	25.5	9	2012	2015
		2号线一期	栎社国际机场站—清水浦站	28.35	22	2010.12	2015
21	青岛	青岛地铁3号线一期	青岛站—青岛北站	24.9	22	2010.6	2015
		青岛地铁2号线一期	泰山路站—李村公园站	25.2	22	2012.11	2017
22	东莞	2号线（R2线）一、二期	东莞火车站—虎门火车站	37.8	15	2010	2015
23	无锡	1号线	堰桥站—长广溪站	29.42	24	2009.11	2014
		2号线	梅园站—安镇西站	26.3	22	2011.1	2014
24	合肥	1号线	天水路站—徽州大道站	24.58	23	2012.5	2016.12.31
		2号线	长宁大道站—大众路站	27.764	24	2012.12	2017.6
25	南昌	1号线	双港大道—奥体中心	28.74	24	2009.12	2014
		2号线一期	站前南大道—辛家庵	23.3	21	2013.1	2017
26	南宁	1号线	石埠站—火车东站	32.1	25	2011.12	2016
		2号线	西津—玉洞站	20.5	16	2010.12	2015
27	长沙	1号线一期	汽车北站—万家丽路	23.55	20	2010.12	2014
		2号线一期（试运行）	望城坡—光达	21.93	19	2009.9	2013
28	福州	1号线	象峰站—东部新城站	29.2	24	2009.12	2014
29	贵阳	1号线一期	下麦西站—场坝村站	33.6	23	2013.4	2017
30	厦门	1号线	镇海路—厦门北站	30.3	24	2013.11	2017
31	太原	2号线一期	人民南路站—西涧河站	23.38	21	2013.11	2018.12
32	兰州	1号线	东岗站—陈官营	26	21	2013.6	2016
33	乌鲁木齐	三屯碑—国际机场		26.5	21	2014	2019
34	温州	S1线	桐岭—洞头	77		2011.11.11	

说明：

1．统计时间截至2013年12月31日；

2．由于统计口径问题，线路里程可能稍有变化；

3．2013年当年已通车线路不包含在在建线路中；

4．尊重各地铁公司意见，少量试验段未包含；

5．如引用本数据应注明来源于《中国城市轨道交通年度报告2013》。

1.4 各城市线网总体规划统计

根据各城市的最新规划，目前中国内地共有54个城市规划了总数超过450条的城市轨道交通线路，总里程超过15 000 km。详情如表1-3所示。

表1-3 2013年中国内地各城市线网总体规划统计

序 号	城 市	规 划 期	线路条数/条	总长度/km	备 注
1	北京	2007—2016年	19	664	
2	上海	2010—2015年	18	815	22号线、磁悬浮及有轨电车未计入
3	广州	2012—2018年	13	520.5	2012年获国家发改委批准
4	天津	2012—2020年	28	1380	
5	深圳	2010—2020年	16	596.9	远景规划，组团快线4条、干线6条、局域线6条
6	南京	—2050年	22	782	至2050年
7	重庆	2012—2020年	18	820	17线1环
8	长春	2003—2010年	7	52.1	
		2010—2020年		41.98	
		2020—2030年		162.82	
9	武汉	2010—2017年	7	215.3	武汉市轨道交通近期建设规划
10	大连	—2030年	9	262.9	
11	沈阳	2012—2020年	11	168	近期
		2020—2050年		400	远期
12	成都	2011—2020年	24	1 116.8	
13	佛山	2010—2050年	8	264.3	棋盘加放射式结构
14	西安	2013—2018年	6	252	三主三辅，棋盘加放射型
15	苏州	2015—2020年	7	285	含2号线延伸线、4号线支线
16	杭州	—2050年	10	375.6	
17	昆明	2013—019年	14	561.8	
18	哈尔滨	2008—2018年	10	340	
19	郑州	2008—2020年	6	208.5	
		2020—2050年	17	636.8	
20	宁波	2008—2015年	3	72.1	
		2013—2020年	5	100.1	
21	青岛	远期	19	814.5	
22	东莞	2011—2020年	4	218.3	
23	无锡	远期	5	168.86	
24	合肥	2009—2025年后	12	322.5	

续表

序 号	城 市	规 划 期	线路条数/条	总长度/km	备 注
25	南昌	2009—2016年	2	50.6	已获国家批准
		—2050年	5	168	远景规划，包括1、2号线一期
26	南宁	2009—2015年	8	252.1	
27	长沙	2012—2018年	6	142.13	
		—2050年	12	456	
28	福州	2007—2050年	7	184.6	
29	贵阳	2010—2030年	4	142	
30	厦门	2011—2020年	3	75.3	远期为6条，将达到246.2 km
31	太原	2005—2020年	7	233.6	
32	兰州	远期	6	202	包括3条市域线
33	乌鲁木齐	2012—2020年	7	211.4	
34	石家庄	2012—2020年	6	241.7	
35	济南	2014—2050年	9	331.5	
36	温州	远期	7		3条市区线（M1、M2、M3）；4条市域铁路（S1、S2、S3、S4），市域铁路暂停研究
		2012—2018年	3	140.7	S1线一期、S2线一期和S3线一期
37	西宁	远期	6	168.1	3条城区线和3条市域线
38	徐州	2011—2020年	4	117.9	
		2020—2050年	2	34	
39	珠海	—2050年	3	57	另加上6条城际线，总计300 km
40	惠州	—2050年	7	271.2	2条为城市线，5条为城际线
41	常州	2011—2018年	2	53.88	远期为4条
42	鞍山		3	140	
43	洛阳	2012年后	4	102.7	
44	邯郸	2008—2020年	2	88	
45	济宁	2011—2020年	1	64.05	
		2021—2030年	2	96.87	
		2030年后期	2	26.78	
46	阜新			50	
47	银川	远期	4	126	
48	包头	2011—2030年	5		
49	唐山	2012—2020年			公开招标
50	芜湖	2016—2030年	3	75.1	
51	保定	2011—2030年	4		
52	柳州	2010—2020年			
53	大理		10		洱海旅游观光客车线、主城轨道交通线以及市域轨道交通8条线
54	南通	2014—2018年	4	170.8	

说明：

1．统计时间截至2013年12月31日；

3．由于统计年限不同，各城市之间没有可比性；

4．规划情况始终不断变化，仅供参考；

5．部分城市的规划已经变化但尚未正式公布，暂用原有正式规划；

6．如引用本数据应注明来源于《中国城市轨道交通年度报告2013》。

第2章 已经运营城市轨道交通的城市发展情况

2.1 北京

2.1.1 北京市2013年度城市轨道交通最新动态

2013年北京城市轨道交通发展迅速，14号线西段、8号线二期南段二段、昌八联络线开通运营，10号线全线贯通，9号线军博站12月21日正式启动。同年7月26号，北京站至北京西站地下铁路线顺利贯通，12月11日，北京地铁16号线（丰台段）工程正式启动，12月15号线一期西段开始铺轨。至2013年底，北京市轨道交通运营里程达到465 km。

2.1.2 北京市城市轨道交通线网规划

1. 北京市城市轨道交通线路规划

北京是中华人民共和国的首都，是中国的政治、文化与国际交往中心，是综合性产业城市。全市面积16 410.54 km^2，其中市区面积1 368 km^2，建成区面积1 289 km^2。

根据《北京市城市快速轨道交通近期建设规划2007—2015年》规定，截至2015年，北京市将建成“三环、四横、五纵、七放射”的轨道交通网络，线网规模达到19条线路，总长561.5 km。为完善和提升城市交通功能，缓解中心城区交通拥堵状况，促进新城发展，完善既有网络运营功能，促进公交出行，2012年11月，国家发展改革委印发了《北京市城市轨道交通近期建设规划调整（2007—2016年）》。在调整方案中，对北京市城市轨道交通近期建设规划确定的建设任务及目标进行调整。在原有基础上，新增8号线三期、16号线、新机场快线，将S1线东段工程（自五路居至苹果园，长8.9 km）调整为6号线西延工程。调整后新增线路里程89 km，预计到2016年北京市轨道交通运营里程将达到664 km。

2. 北京市城市轨道交通规划线路

1） 北京轨道交通6号线三期

北京地铁6号线是一条贯穿中心城的东西向轨道交通骨干线，西起石景山区金安桥站，东至通州区东小营，其中，6号线三期工程西起金安桥站，东至五路居站。全长10.556 km，共6站6区间，均为地下线，其中换乘站3座。该线路于2013年开工，计划2016年建成。

2） 北京轨道交通8号线三期及8号线三期南延工程

8号线三期线路自美术馆以南引出后，沿王府井大街、台基场大街向南敷设，在台基场大街与前门东大街路口转向西沿前门东大街敷设。在前门大街转向南沿前门步行街、前门大街、永定门内外大街、南苑路、南大红门路向南敷设。沿线下穿护城河、二环路、三环路、四环路，至终点站五福堂。8号线三期全长约17.13 km，均为地下线，共设置车站14 座，其中7座换乘站。平均站间距1.265 km，最小站间距为永定门外站—木樨园桥北站区间，站间距721.795 m，最大站间距位于大红门桥站至和义站，站间距2 476.744 m。该线路将分段运营，南段工程预计2016年底通车。

8号线三期南延工程由西北向东南主要沿104国道敷设，经过大兴德茂镇区、瀛海镇区线路方案全长约3.4 km，其中地下段长约988.6 m，过渡段长约347.3 m，高架段长约2 062.4 m。南延线与三期工程共用瀛海车辆基地。8号线三期南延工程预计2016年底与三期工程南段一同建成通车。

3）北京地铁16号线二期（原北京地铁海淀山后线）

北京地铁16号线二期是北京地铁2015年建设规划（调整版）中的一条地铁线路，是16号线北延工程，和16号线贯通运营。工程起自16号线永丰站，沿北清路自东向西敷设，一直到北安河，线路全长9.5 km。共设4座车站，在线路终点北安河设置车辆段一座。预计2015年年底建成通车。

4）北京轨道交通燕房线

北京地铁燕房线工程由主线、支线及房山线西延伸段三部分组成，均为高架线，其中：主线线路沿燕房路—京周路—大件路—长虹西路走行，长约15.3 km，设站9座，平均站间距1.9 km；支线起于周口店地区，沿兴房大街—京周路分布，长约6.1 km，设站3座，平均站间距约2 km，并设置顾册停车场。

房山线西延段连接主线与房山线西端，长约2.2 km。

5）北京轨道交通新机场快轨

线路自中心城区至北京新机场，采用快速轨道交通方式以实现“半小时”到达，项目争取与新机场同步建设。线路暂以北京南站至北京新机场，长37 km，估算投资197亿元。中心城区起点的具体位置在可研阶段论证确定。

2.1.3　北京市城市轨道交通建设情况

北京市正在建设的城市轨道交通规划线路有8条，包括地铁6号线二期、地铁7号线、地铁16号线丰台段、地铁14号线、地铁15号线一期西延，现代有轨电车西郊线、地铁S1西段、昌平线二期。

1. 北京轨道交通6号线二期

北京地铁6号线二期是6号线一期工程的东延，线路西起草房与6号线一期相连，东至通州新城，正线长约12.556 km，均为地下线，共设7座车站，换乘站2座。本工程对于沟通城市中心区与周边区域联系、带动通州地区发展具有极大的作用。

6号线二期已于2011年2月28日举行开工仪式，预计2014年9月开通。

2. 北京轨道交通7号线

北京地铁7号线是北京城区横贯东西的一条轨道交通线，起点位于北京西客站，以地下线方式敷设，沿羊坊店南路向南至广安门外大街后转向东，沿广安门大街、广渠门大街向东至东四环，在规划仓储西路转向南，沿规划仓储西路向南穿越规划绿地到达化工路，穿过化工路后沿垡头西路向南至垡头南路再转向东，穿过双丰铁路，经玻璃二厂、染料厂等工业用地范围，沿规划道路向东南敷设，到达终点焦化厂站。7号线线路全长23.67 km，全部为地下线，全线共设车站21座，换乘站8座（共8站，既有北京西站，菜市口站，磁器口站，双井站；同步建设九龙山站；近期建设达观营站，广渠门外站；远期南楼梓庄站），原焦化厂内设置车辆段一处。

7号线已于2010年9月开工建设，预计于2014年12月通车试运营。

3. 北京地铁16号线

北京地铁16号线是北京地铁2015年建设规划（调整版）中的一条线路，是西部城区贯穿南北的一条大动脉，线路起点北清路永丰站，由西向南拐至永丰路，沿圆明园西路至西苑，从西苑站出入后转站万泉河路，经北四环向东再折向南到达苏州街，经苏州桥沿西三环向南敷设，在万寿寺设站后线路转向东，下穿紫竹院公园、动物园后至三里河路向南敷设，向南行进至丽泽商务区后向西转至丰台站，然后线路转入万寿路南延，与9号线并行至丰台公园后转入富丰路，向西进入终点榆树庄。线路全长40.2 km，均为地下线路，共设24座车站，其中换乘车站11座。在终点榆树庄站设置车辆段一处。计划2016年底通车。

2013年12月11日，北京地铁16号线工程已经开工建设，预计2016年底建成通车。

4. 北京地铁14号线

北京地铁14号线是一条连接城区东北、西南方向的轨道交通“L”形骨干线，既服务于中心城中心地区，同时服务于外围的边缘集团，其兼顾交通疏解和引导发展的功能。线路起点位于北京西南部，从丰台区永定河西的张郭庄站向东延伸，途经丽泽商务区、右安门外，在北京南站与4号线换乘，再经过永定门、南八里庄后线路方向转向北，途经大望路、朝阳公园、望京等地，终点位于北京东北部朝阳区善各庄站。线路贯穿北京南部和东部，全长47.3 km，地下线42.2 km，高架及地面线5.1 km，共设车站37座，其中高架站2座，换乘站9座。线路在西端的张仪村地区设停车场一处，北端在马泉营设车辆段一处。

首通段于2013年5月通车试运营，预计东段将于2014年12月开通。中段将于2015年12月开通。

5. 北京地铁15号线一期西段

15号线是2015年连接顺义新城和中心城区的一条放射线路，途经大屯地区、奥林匹克地区、学院路和清华园等高教科技园区，对于改善城市北部地区的交通状况、改善沿线居民出行条件、促进沿线土地利用的优化调整等具有重要意义。同时该段线路与M13线、M5线、M8线形成衔接换乘，进一步加强了顺义新城、国际展览中心等近期重点发展地区与轨道交通网络的有机结合，支持和引导城市建设按照总体规划的目标发展。一期中、东段（望京西—俸伯）分别于2010年和2011年建成通车。西段工程于清华东至望京西全长10.15 km，全部地下线，共设关庄、大屯路东、安立路、奥林匹克公园、北沙滩、六道口、清华东7座车站，西段于2011年开工建设，计划于2014年12月28日试运营。

6. 北京现代有轨电车西郊线

北京现代有轨电车西郊线西起香山路4号停车场，东至10号线巴沟站西北侧。线路全长9.064 km，区间以地面为主，地下和高架为辅；设车站7座，其中1座换乘站。全线共设车辆段一座，位于本线终点巴沟站东北侧。

西郊线已于2011年2月28日举行开工仪式。

7. 北京轨道交通S1西段

北京市中低速磁浮交通示范线（S1线）西起门头沟区的石门营站，东至海淀区的慈寿寺站，与M6线及M10线在慈寿寺站相接。该线经过门头沟区、石景山区、海淀区三个行政区，是北京西部地区的一条东西方向的轨道交通线，是门头沟区、石景山区与中心城区的快速联系通道，对于促进门头沟新城发展、改善城市西部交通状况、缓解地铁M1线的运营压力具有重要意义。

其中西段工程西起门头沟新城西南角的石门营站，向东高架跨越京原路（规划三石路），经规划绿地沿东西向规划沙石坑西侧路中敷设，之后转向北沿规划滨河路南延敷设，至石龙路转向东，沿该路敷设，跨西六环、永定河后，沿阜石路西延在石景山热电厂和石景山之间进入首钢厂区北侧，在阜石路高架和京门铁路南侧转向东，之后沿京门铁路南侧控制带敷设，至苹果园枢纽。

西段工程线路全长10.165 km，全部为高架线路，共设车站8座，换乘站1座，，石门营站北侧设车辆段1处、车辆段内设备用控制中心1座。

S1线西段已于2011年2月28日举行开工仪式，计划2015年底建成。

8. 北京轨道交通昌平线二期

昌平线是一条连接中心城区与昌平新城的南北向的轨道交通快速客运线路，它的建设对于改善城市北部昌平至市区的交通状况，拉近市区与郊区新城的时空距离具有重要意义。

昌平线二期工程线路北端起点位于昌平城区西北涧头村西侧，线路沿京包高速路北侧向东敷设，经过涧头村后线路转向南，过八达岭高速与京包高速匝道桥后，线路沿京银路向南，至西关环岛转向东，沿政府街、府学路穿过昌平老城区。过东沙河后沿昌崔路进入昌平新城东扩区，在内环东路转向南，进入南中路与昌平线一期贯通。

二期工程正线全长10.6 km，全部为地下线。共设站5 座，分别为涧头西站、十三陵景区站、昌平站、水库路站、昌平新区站，二期工程平均站距约2.196 km；最大站距约3 427.087 m，为昌平新区站至南邵站区间；最小站距约1 239.287 m，为涧头西站至十三陵景区站区间，二期工程没有与其他规划轨道交通线路形成交叉的换乘站。二期工程在线路北端设十三陵景区车辆段一座。

昌平线二期工程于2013年4月开工，计划2015年12月通车试运营。

2.1.4　北京市城市轨道交通运营现状

目前北京市共有17条运营线路，其中，除地铁4号线—大兴线，14号线首开段由京港地铁运营外，其余线路均由北京地铁运营公司运营管理。运营线路总里程达465.4 km，共270座车站。

1. 北京市城市轨道交通运营线路

1）北京地铁1号线

北京地铁1号线代表色为红色，西起苹果园，东至四惠东，大部分线路与长安街重合，全长31 km，于2000年6月28日全线开通。全线共有车站23座，其中换乘站9座，在古城、四惠各设一处车辆段。

2）北京地铁2号线

北京地铁2号线代表色为蓝色，走向与原北京内城城墙基本重合，线路为环形线，全长23 km，于1987年12月28日全线通车运营。全线设有车站18座，其中换乘站9座，在太平湖设有车辆段1处。

3）北京地铁4号线

北京地铁4号线代表色为青绿色，北起安河桥北，南至公益西桥，是北京市道路交通网络中一条贯穿市区南北的轨道交通主干线，正线全长约28.18 km，已于2009年9月28日正式通车运营。全线共设车站24座，其中换乘站7座，在南端的马家堡设车辆段、北端的龙背村设停车场。

4）北京地铁八通线

北京地铁八通线代表色是红色，是北京地铁1号线的东段延长线，是北京第一条郊区线路，主要服务于通州地区，全线西起四惠站，东至土桥站，全长18.964 km，于2003年12月28日全线通车试运营。全线共设13座车站，其中换乘站2座。

5）北京地铁5号线

北京地铁5号线代表色是紫色，北起昌平区天通苑北站，南至丰台区宋家庄站，线路途经天坛、地坛等著名景区，及东单等商业区。线路全长27.6 km。共设23座车站，换乘站7座。2007年10月7日开通试运营。

6）北京地铁6号线一期

北京地铁6号线一期代表色是土黄色，西起五路居，东至草房，是一条贯穿中心城的东西向轨道交通骨干线，是北京地铁“三环、四横、五纵、七放射”中重要的“一横”，其主要作用是承担京城东西方向的客流，为地铁1号线分担客流压力，是北京市内第一条时速为每小时100 km的全地下地铁快线。全长约30.4 km，设站20座，换乘站11座（既有车公庄、平安里、东四、朝阳门、呼家楼；同步建设慈寿寺、白石桥南、南锣鼓巷、金台路；近期二里沟；远期褡裢坡站），设停车场2座，即海淀五路、朝阳五里桥。2012年12月30日开通试运营。

7）北京地铁8号线

北京地铁8号线代表颜色为绿色，是贯穿北京城区南北走向的轨道交通线，位于北京市的中轴线上，将清河、南苑两个边缘集团和城区连接起来。运营线路分为两期建设。

8号线一期，又称奥运支线，位于北京市南北中轴线下，奥林匹克中心区内。一期工程全长为5.9 km，共设4座车站，于2008年7月19日正式通车试运营。

二期工程线路由一期工程向南北两端延伸，二期全长约17.54 km。其中二期北段起自回龙观东大街，与一期工程森林公园南门站相接，全长约10.7 km，设6座车站，北端设平西府车辆段一处，于2011年12月31日开通运营；二期南段从一期工程的北土城站向南，至二期终点中国美术馆站，全长约6.8 km，设6座车站，其中北土城—鼓楼大街（长2.8 km）于2012年12月30日开通试运营。8号线二期剩余段为鼓楼大街至美术馆，线路全长约3.5 km，有3座地下车站，分别为什刹海站、南锣鼓巷站和美术馆站。

北京地铁昌八联络线是连接正在运营中的地铁昌平线和地铁8号线之间的一条“联络线”。该条线路将与8号线贯通运营，并与昌平线朱辛庄站实现同台换乘。线路总长6.293 km，其中高架和过渡段长1.700 km，地下线长4.593 km。设置3座车站，一座高架站，为朱辛庄站（与昌平线换乘），两座地下站，分别为育知路站和平西府站，于2013年12月通车试运营。

8）北京地铁9号线

北京地铁9号线代表颜色是草绿色，线路北起国家图书馆，南至郭公庄，线路全长约16.5 km，全部为地下线路。全线共设车站13座，换乘站5座，其中9号线南段（郭公庄—北京西站段）于2011年12月31日通车试运营，9号线北段于2012年12月30日全线通车。

9）北京地铁10号线

北京地铁10号线代表颜色为天蓝色，分一、二两期，10号线一期由西北到东南呈倒“L”形，将与后续建设的10号线二期共同构成北京轨道交通线网的第二环线。10号线一期西起海淀区巴沟，沿三环铺设，南至劲松，线路全长24.65 km，共设车站22座，车辆段1座。线路于2008年7月19日正式开通试运营。二期线路起点为一期劲松站南端折返线处，直至一期巴沟站西折返线即本线终点。二期线路全长32.44 km，共设车站23座，6座换乘站，设停车场2座，分别为宋家庄、五路停车场。二期于2012年12月30日开通试运营。其中，丰台站、泥洼站和角门东站共3座车站3个区间线，线路全长约2.4 km，于2013年5月5日通车试运营。至此，10号线实现环线运营，成为北京轨道交通第二环。

10）北京地铁13号线

北京地铁13号线代表颜色为藤黄色，线路西起西直门，东至东直门，呈倒U字形，全长40.85 km，是北京第一条全地面轨道的城市轨道线路。全线共设16座车站，换乘站7座。线路于2003年1月28日全线通车试运营。

11）北京地铁14号线

北京地铁14号线代表颜色为淡粉色，西段为首通段，包括从张郭庄站至西局站，线路全长12.4 km，设7座车站。自东至西分别是西局站、七里庄站、大井站、郭庄子站、大瓦窑站、园博园站和张郭庄站。其中，开通车站6座，七里庄站通过不停车。张郭庄站和园博园站为地面站，西局站将作为14号线西段始发、终点站及与10号线换乘车站。通过10号线，乘客将可与众多的轨道交通线路实现多次换乘。

14号线西段的开通，可直接服务于丰台河西地区，加快和促进丰台科技园区西区的区域发展，方便丰台长辛店地区的百姓出行，缓解西南部地面交通压力。其中，园博园站直接服务于第九届中国国际园林博览会。

12）北京地铁15号线一期

北京地铁15号线代表颜色为紫罗兰色，是城市北部地区东西向交通干线，并且是连接顺义新城和城市中心区的线路，是轨道交通线网中的骨干线路。

15号线分两期建设，一期工程线路西起京藏高速北沙滩桥西侧，东至河东地区。一期工程线路建设全长约39 km，共设车站18座，在马泉营设置车辆段1座，与规划14号线共用，在潮白河东设俸伯停车场1座。二期工程起自西苑，至北沙滩，与一期工程相接。二期工程线路长7.4 km，全部为地下线，共设4座车站。

一期工程首开段（望京西—后沙峪段）线路长20.2 km，共9座车站，已于2010年12月30日通车试运营。一期工程东段（后沙峪—俸伯）全长11.35 km，共设南法信、石门、顺义和俸伯四个地下车站，一座停车场，于2011年12月31日通车试运营。

13）北京地铁首都机场线

北京地铁机场线代表颜色为银灰色，项目起点为东直门站，沿途另设三元桥站、T2航站楼站和T3航站楼站。线路总长28.1 km，于2008年7月19日正式通车试运营，单程票价25元。

14）北京地铁亦庄线

北京地铁亦庄线代表颜色是桃红色，是一条位于北京城区东南部呈南北走向的轨道交通线，起点位于5号线丰台区宋家庄站，终点为亦庄火车站，线路全长24 km。共设车站14座，其中换乘站1座，线路起点设置宋家庄停车场1处，终点设置台湖车辆段1处。线路于2010年12月30日正式通车试运营。

15）北京地铁大兴线

北京地铁大兴线代表颜色为蓝绿色，是一条位于北京城区南部、整体呈南北走向的轨道交通线。线路位于市区南四环至南六环之间，北起南四环公益西桥、南至大兴区天宫院，沿线经过丰台区南苑西、大兴区西红门、大兴新城主城区、大兴新城核心区、大兴区生物医药基地等地区。正线线路全长21.8 km，全线新建车站11座，并于线路终点设出入段线与南兆路车辆段相连。该线于2010年12月30日试运营。

16）北京地铁昌平线一期

北京地铁昌平线是一条连接中心城区与昌平新城的南北向的轨道交通快速客运线路，线路北起十三陵景区，南至城铁13号线西二旗站，对于促进昌平新城及沿线发展具有重要作用。昌平线全长31.7 km，共设站12座。

昌平线分为两期建设，一期工程为南邵站至西二旗站段，线路长21.35 km，设站7座，一期设定泗路停车场1座。一期工程于2010年12月30日通车试运营。

17）北京地铁房山线

北京地铁房山线起点设在良乡城南长虹西路和苏庄大街（翠柳大街）交叉口，终点在郭公庄站与地铁M9线起点站进行衔接。房山线线路建设全长约24.73 km，全线设车站11座，其中高架站9座，地下站2座。

北京地铁房山线苏庄—大葆台段于2010年12月30日通车试运营。2011年12月31日全线通车试运营。

2

2. 票价票制

北京采用单一票制，单程车票2元/人次，取消地铁专用月票卡，但2008年7月开通的机场线执行单一票价25元。2008年6月9日起，北京地铁停用纸质车票而改用非接触式磁卡单程票，同时启用新型AFC检票售票系统。持市政交通一卡通的乘客乘坐地铁，地铁票价无优惠。

3. 客流情况

2013年北京市的运营数据如表2-1所示。

表2-1　北京市轨道交通2013年客流量　　单位：万人次

线 路	全年客流总量	日均客流	日最高客流日期
1号线	45 339.28	159.71	7月16日
2号线	43 534.14	152.08	7月12日
4号线—大兴线	45 418.60	155.25	10月2日
5号线	31 438.50	107.08	3月8日
6号线	18 341.21	69.00	12月31日
8号线	7 475.36	34.77	10月2日
9号线	11 886.53	47.94	9月30日
10号线	56 599.16	204.75	9月18日
13号线	27 145.87	94.62	3月8日
14号线	1 140.84	9.56	11月17日
15号线	4 851.36	18.75	3月8日
机场线	1 066.78	4.95	10月1日
八通线	11 061.28	37.18	7月12日
亦庄线	5 829.02	20.35	9月18日
昌平线	4 785.82	16.98	10月18日
房山线	2 954.16	11.62	9月18日

2.1.5 北京市城市轨道交通建设和运营管理模式

北京市轨道交通融资、建设、运营采用“三分开”的形式，由不同的单位承担相应职能。北京市基础设施投资有限公司负责融资，北京市轨道交通建设管理有限公司和北京地铁快轨建设管理有限公司负责地铁建设，北京市地铁运营公司和北京京港地铁有限公司负责地铁运营管理。

融资主要由北京市基础设施投资有限公司负责，该公司是2003年在原北京地铁集团有限责任公司基础上改组成立的国有独资公司。京投公司自成立以来，通过市场化融资、债务融资等低成本融资方式，全面满足轨道交通建设资金需求，PPP、BT等多项创新成果获得国家级奖励。截至2011年年底，公司累计落实轨道交通项目建设资金4 212亿元，累计节省投融资成本53.2亿元。随着北京市轨道交通网络逐渐形成，探索创建了北京市轨道交通指挥中心，开辟了全国城市轨道交通线网指挥的先河。目前，公司拥有或通过控股公司拥有北京地铁运营线路142 km，日均运量280多万人次。其中包括1、2、5、13号线及八通线，2011年公司还组织开展了地铁16号线、海淀山后线等5条线路的前期规划研究，并对地铁7号线、9号线等17个地铁项目实施工程协调和资金管理。除城市轨道交通新线项目外，公司还承担了既有线路更新、扩能、安全、反恐等改造投资，并陆续投资建设京沈客专（京翼段）等国铁项目。

轨道交通的建设由北京市轨道交通建设管理有限公司和北京快轨建设管理公司负责。北京市轨道交通建设管理有限公司负责建设管理的北京轨道交通4号线、5号线、6号线一期、8号线一期及二期、9号线、10号线一期及二期、机场线、房山线、昌平线一期、亦庄线和大兴线已经顺利通车试运营。目前，该公司负责建设管理的在建线路有6号线二期、7号线、14号线、昌平线二期、西郊线、S1线西段等。

北京快轨建设管理公司负责建设的线路有15号线、16号线等，其中15号线中段已经通车运营。

北京地铁运营公司下设4个分公司，其中，北京地铁运营一分公司负责5号线、6号线、亦庄线运营管理；北京地铁运营二分公司负责1号线、9号线、八通线、房山线的运营管理；北京地铁运营三分公司负责2号线、8号线、10号线、13号线的运营管理；北京地铁运营四分公司负责机场线、15号线、昌平线的运营管理。

北京京港地铁有限公司（简称“京港地铁”）是国内城市轨道交通领域首个引入外资的合作经营企业，现负责地铁4号线和大兴线的运营管理。

2.1.6 北京市轨道交通技术特点和创新项目简介

1. 采用先进技术，顺利完成近距离穿越重要建构筑物的难点工程

随着轨道交通线网的逐步形成，新建地铁工程不可避免地穿越既有地铁、铁路、湖泊等重要建构筑物，工程难度非常大，地铁建设者们发挥聪明才智，采用先进技术，顺利完成了众多近距离穿越重要建构筑物的难点工程。

8号线二期采用多种先进技术攻克土建特级风险工程，包括首次近距离盾构下穿既有2号线鼓楼大街站。既有2号线鼓楼大街站建成于20世纪80年代，位于北二环主路下方，东西向布置，为战备工程，人防等级按二级设防，周围环境复杂，上方有鼓楼北中轴立交桥，北侧为北护城河，区间近似垂直下穿，区间结构距既有线车站底板净距最小仅2.23 m。且地质情况复杂，需穿越粉土层、黏土层、中细砂层、粉质黏土层、局部夹杂卵石层，盾构隧道穿越既有站地层范围内仅见一层层间滞留水，位于既有站底板位置附近，距区间拱顶仅3.0 m。为攻克这一技术难题，经过多番咨询与反复专家论证，采用站底障碍物探测、站底土体加固、管片特殊设计等方式，利用小导洞，在盾构穿越前对区间开挖范围进行探测，以便提前处理2号线车站施工时可能存在的残留角钢，并作好土体加固，降低盾构穿越引起的沉降。如此近距离穿越既有地铁车站在国内地铁建设中实属罕见，此次工程实践为北京乃至全国类似工程的设计施工提供了非常宝贵的经验。

9号线运用高科技手段，首次穿越地质复杂的大面积水域。9号线北段通过引入大功率盾构机、优化盾构机设计参数，狠抓施工参数管理，首次在北京地区成功实现了穿越砾岩地层，首次成功实现了长距离下穿玉渊潭东湖，为建成通车奠定了坚实基础。

10号线实现北京地区最大的地铁穿越：下穿既有1号线公主坟站，建设新线车站为目前北京市最大规模的下穿既有线工程。为保证既有线正常运营，工程施工产生的既有站绝对沉降值必须小于3 mm，技术难度极大，创造性地提出了"多重预顶力顶撑＋平顶直墙暗挖技术方案"，成功解决了此技术难题。

10号线实现了北京地区最长的铁路穿越：六里桥站—莲花桥站区间下穿国铁北京机务段及西长正线，穿越长度约720 m，地层为卵石，局部有超过1 m直径漂石及孤石，为目前北京地区地铁穿越国铁最长、地质条件最差的工程。

2. 深孔注浆关键技术研究，降低地铁施工风险，节省工期和造价

随着北京市轨道交通建设的发展，施工环境变得越来越复杂，风险源越来越多。以在建的北京地铁7号线为例，沿线自西向东和南穿越多个工程地质与水文地质单元，下穿多条既有地铁线路和建（构）筑群，在暗挖施工中的地层变形控制问题和地下水控制问题十分严重，且多个车站出入口采用仰挖施工，地层稳定性和变形问题十分突出，风险很大。传统的加固技术（如小导管注浆等）和地下水控制技术（如降水等）都很难满足地铁施工，一种经济实用的地层加固与止水技术——深孔注浆技术的研究提到日程上来。2013年10月，由北京市轨道交通建设管理有限公司牵头，以北京市勘察设计研究院有限公司和多家施工单位联合形成的技术团队，以在建的北京地铁7号线为主要依托，开始了深孔注浆关键技术的研究工作，本项目计划总周期为2013年3月—2015年12月。

本项目以7号线中已经采用的深孔注浆技术工点作为典型的工程分析案例，在一定现场试验、室内试验、理论分析和数值模拟工作基础上，针对深孔注浆在北京地区各种地质条件下的设计施工参数的确定方法和效果检查技术进行系统深入研究，并在此基础上编制相应的技术导则，为规范北京地铁7号线和其他在建线路在不同地质及环境条件下深孔注浆中相应技术参数的确定，实现地层有效加固和地下水有效控制，保证工程施工安全，降低工程造价提供科学依据和技术支撑。

该项目按计划进展顺利，目前正在进行现场与室内试验方案研究，现场监测，及初步数据整理与分析。本项目进行过程中将自始至终密切结合地铁施工的实际，及时发现问题，研究问题和解决问题，使最终研究成果能够更好地为北京市地铁建设服务。

3. 以人为本，创建便捷、舒适换乘环境；勇于创新，提高车站服务水平、降低运营风险

地铁在设计和建设中尽可能地为给乘客提供便捷、舒适的换乘环境，在换乘方式、换乘距离、人性化和无障碍等方面，进行多方探索和改进，换乘车站设计执行标准均高于现行国家标准。

其中9号线北段车站均为位于中心城区的换乘站，车站设计均以路网线网的角度为出发点，直面庞杂的周边环境和各种高标准需求，以提高换乘质量和建设水平为导向，如在军博站的设计中率先在北京地铁建设领域引进人流动态仿真技术，通过动态客流仿真模拟对车站方案进行验证和数十次的优化设计，确定该站形式为中间单层分离单洞、两端双层结构，14 m岛式站台型式，与1号线车站的换乘方式为"T"形通道换乘，并在换乘通道中部加设了换乘厅；白堆子站的设计和建设则通过巧妙解决日照间距、防火、拆迁还建、规划等一系列难题，成为北京地铁首个合建实例车站；白石桥南站则充分对有限地下空间进行整合优化利用，对6、9号线冷冻站和风道等关键机电设备资源共享共用，减少土建和设备投资，降低运营能耗及维护费用，是北京首个"L形岛—岛"换乘实现资源共享的车站。

8号线二期在设备选择与安装过程中，着重对UPS电源、轨道短轨枕一体化安装、绝缘防护型式、车辆段供电、疏散指示系统、吸气式感烟探测器等方面进行优化。使得设备安装简单、安装效果美观，减少设备投资、损耗，提高了设备工作效率，对车辆段供电分段采用小分区模式，增加了供电分区的灵活性，智能疏散指示系统、吸气式感烟探测器及缩小屏蔽门同车辆的间隙都提高了地铁的安全性与舒适性。

4. 优化设计、继往开来，建设节能、环保的地铁工程

9号线北段工程设备系统在延续9号线全线系统节能示范、环保、基于BIM及考虑检修空间的管线综合设计、设备资源共享等设计和建设思路的基础上，充分吸收南段工程建设和试运行经验，进一步优化系统和人性化及细节设计；在设计和实施过程中很好诠释了北京市提出的“三大理念、八个主题”的建设理念，9号线设备系统的机电品质和水平也因此得到了较为全面的提升。

9号线北段在建设中进行了多方面改进和创新，换乘车站设计执行标准均高于现行国家标准，特别是作为北京地铁的节能示范线等的先行先试（经对南段工程实际用电量及北段耗电预测的分析和对比，9号线是目前北京能耗水平最低的线路），为后建线路提供有益的探索和示范。

北京地铁6号线由于采用8辆编组，列车发热量的增加，致使车站冷水机组的容量增加和空调风量增加，以致主风机及大型表冷器的容量均须增加，从而将导致车站的主体截面积及风道截面积相应增加。为了妥善消除由于6辆编组改为8辆编组后所增加的隧道余热，经过全面技术经济分析比较，提出采用一种全新的在各区间隧道内设置空气处理装置隧道余热处理的技术方案。该方案的采用使得车站主体结构截面积不变、风道尺寸不变，节省了大量的土建投资（约1 920万元/站）；该方案的采用使得车站空调大表冷器尺寸不变，车站大系统空调通风设备基本不变，节省了大量的设备及材料投资（约98万元/站）；该方案科学合理，实用性强，具有节省投资、运行节能及设备操作维护简单等优点。6号线消除隧道内余热技术在国内外轨道交通领域尚属首次。

5. 资源共享，节约投资

宋家庄停车场为5号线、10号线及亦庄线三线共用，五路停车场为6号线、10号线共用；根据基地的用地条件，对其使用功能进行合理分工，既满足全线分期实施的运营和维修功能要求，又使检修设施相对集中，充分提高劳动生产率、发挥检修设备的利用率；实现人力资源共用、设备资源共享，节约城市用地，从而节省整个地铁的投资。

五路停车场在北京市第一次采用了地下停车库的双层停车库，是新型、集约型地铁车辆基地的典范。6号线停车列检库设计为地下停车库，布置在10号线运用库下方，充分体现节约、集约用地原则。

6. 创新设计思路，融合历史文化，使车站装修与周边环境和谐统一

北京地铁在装修设计上凸显创新，并很好地与历史文化融合，车站装修与周边环境和谐统一，体现首都的精神与风貌。

8号线南段的线路走势与北京古老的中轴线基本吻合，四周的老胡同原汁原味地反映着老北京人的生活及历史变迁所留下的岁月痕迹，蕴含着深厚的北京文化。8号线南段在装修设计上以“中轴线”（安华桥站、安德里北街站）和“鼓韵清幽”（鼓楼大街站）为设计主题，既畅通安全又美观环保，通过对周边环境元素的挖掘、简化、变形，体现了与众不同的车站特色。

10号线二期车站装修体现“都市绽放”主题，在保障环线风格、发展和提升一期“都市前沿”理念的基础上，在重点站（潘家园站、大红门站、莲花桥站、公主坟站）充分体现“都市绽放”的设计主题，突出界面之间多维度的曲线变化；标准站在强调模数化、标准化的基础上，注重艺术造型与空间形态的相互结合，突出顶部构件、位置及拼接方式的多样化，创造更具都市魅力的车站形象。

7. 地铁7号线采用了DC1500V接触轨的供电方式

根据北京地铁7号线工程采用6动2拖8辆编组、行车间隔2 min的工程特点，牵引供电系统设计开展了有针对性的研究。

牵引供电制式的选择从牵引所设置、受流质量、限界、人身安全性、可靠性、运营维护、牵引网磨耗、对土建影响、景观效果等方面进行了综合技术经济分析。根据研究结果，7号线牵引供电系统采用DC1500V供电电压在技术、经济上均比较合理。但受西客站附近预留的既有隧道高度过低的制约，无法满足接触网的安装要求，因此7号线采用了DC1500V接触轨的供电方式。

DC1500V接触轨的供电方式在北京地铁尚属首次采用，既借鉴了其他城市轨道交通的应用经验，又结合北京地铁的特色进行了技术完善。该技术与DC750V接触轨相比减少了牵引所的数量，节省了土建投资，也解决了预留隧道空间不够的工程难题，是北京地铁牵引供电技术的又一创新技术应用，为我国城市轨道交通牵引供电技术的发展提供了宝贵的技术积累。

8. 北京地铁首次修建市区地铁快线，并实现快慢车共轨

北京地铁6号线一期工程车站站间距达到1 573 m，最大站间距4 001 m，可实现列车最高行驶速度100 km/h，全程旅行时间缩短到64 min。

结合地铁6号线全线线路较长的实际情况，为减少远途乘客乘坐地铁的旅行时间，同时实现对不同需求乘客的差别化服务，吸取了日美轨道交通快车线路的设计经验，在国内地铁设计中第一次提出快慢车混行的概念，并提出利用两条区间线路实现快慢车运营的越行概念。

同时，地铁6号线采用8辆编组后，每列车由可搭载1 440人增加到1 890人，在行车间隔不变的情况下直接提高了线路运输能力，实现了“多拉快跑”的目标。

9. 深度集成综合监控系统和信号系统

北京地铁6号线综合监控系统推荐采用的以行车调度指挥为核心的、深度集成ATS系统的方案在在中国国内轨道交通领域尚属首次，技术和工程实施方面在国内没有可借鉴的经验，在工程设计中存在较大技术难度。

该系统抛弃简单的界面集成模式，该方案系统接口简便、统一了人机界面、集成度较高，在统一信息平台上实现了ATS、PSCADA、BAS等系统信息的整合、共享，为各个设备系统间的自动联动提供了基础条件，在统一技术平台之上，系统间联动定制的自由度将相对提高，联动执行时，人工干预程度可大为降低，系统联动的自动化和安全性将大为提高。

2.1.7 北京市城市轨道交通发展历程

20世纪50年代后期，北京开始考虑地铁规划与建设问题，结合当时的城市建设发展需要，提出了“一环两线”的轨道交通规划线网雏形。在其后的规划中，又研究了多个线网方案。北京地铁一期工程于1965年7月1日开工，并于1969年10月1日完工，线路长23.6 km，这条线路是中国内地最早的地铁线路。至1981年，轨道交通线网规划作为专项规划正式纳入城市总体规划，当时规划的线网长度为236 km。近几年，随着改革开放与社会主义市场经济的发展，北京城市化进程逐渐加快，既有城市公共交通已不能满足日益增长的运输要求，北京交通拥堵状况日益严重，因此，在2010年北京市规划委员会编制《北京2015年轨道交通加强版规划》的基础上，2012年11月，国家发展改革委印发了《北京市城市轨道交通近期建设规划调整（2007—2016年）》。在调整方案中，新增8号线三期、16号线、新机场快线，将S1线东段工程调整为6号线西延工程。线网建成后，轨道交通将实现对中心城全面覆盖及中心城与新城的贯通连接。根据规划，至2016年年底，北京将建成运营里程达664 km的轨道交通网络。

截至2013年年底，北京地铁共有17条运营线路，270座运营车站，运营线路总长465 km。

2.2 上海

2.2.1 上海市2013年度城市轨道交通最新动态

2013年上海市城市轨道交通项目成果颇丰。在新增运营线路方面，11号线二期、11号线北段延伸段（花桥段）分别于8月31日和10月16日开通试运营；12号线东段和16号线均于12月29日开通试运

营。至此，上海轨道交通全网（不计上海轨道交通22号线、张江有轨电车）运营线路总长增至567 km（538 km+磁浮29 km）、车站共计331座（329座+磁浮2座）。线网规模超过北京，居全国第一。

2.2.2 上海市城市轨道交通线网规划

1. 上海市城市轨道交通线路规划

上海位于中国大陆海岸线中段，长江入海口，长江三角洲东部，东海之滨，是西太平洋地区重要的国际港口城市，中国对外开放的龙头城市。上海市全市面积6 340.51 km^2，其中市辖区面积2 648.6 km^2。常住人口1 614万，其中户籍人口1 300万。

为构筑与现代化国际大都市相匹配的城市综合交通体系，2000年上海市编制完成了上海市轨道交通网络系统规划，确定远期轨道交通线网由17条线路组成。近些年来，对长大线路分段运营、重要节点锚固、郊区线路优化等方面的规划不断地进行反思，优化轨道交通路网格局。优化后的上海城市轨道交通网络由21条线路组成，全长约1 051 km，车站587座，预计日均承担客运总量2 215万乘次，占公交客运总量的52%，满足不同乘客和不同区域服务的需求。

根据上海轨道交通“十二五”规划，上海将把继续发展轨道交通作为实施公交优先战略的重点，推进基本网络工程项目，适时开展相关线路的建设。“十二五”期间，计划建设项目17项，线路长度约389.4 km，建成及预计建成项目9项，到2015年年底，力争使网络运营线路总长达到600 km左右，车站总数达到375座左右，日均客流量达到900万乘次左右，中心城轨道交通客运量占公共交通客运总量的比重达到50%左右，中心城区线网密度和站点密度比“十二五”期末提升约30%，分别达到0.6 km/km^2和0.4 座/km^2左右。

2. 上海市城市轨道交通规划线路

根据国家批准的《上海市城市轨道交通近期建设规划（2010—2015）》及其调整方案，上海近期将规划建设12个城市轨道项目，包括5号线二期、9号线三期、17号线（青浦线）、13号线二期、14号线、15号线、18号线及8号线三期、10号线二期、11号线迪士尼段、2号线西延伸段、3、4号线分线改造（含宝钢车辆段扩建），线路总长约250 km，投资1 587亿元。

1）上海轨道交通5号线南延伸线（奉贤线）

5号线南延伸从东川路到南桥新城，线路长20.7 km，设站8座，投资64亿元。

2）上海轨道交通17号线（青浦线）

17号线从虹桥火车站站到东方绿舟，线路长35.2 km，设站11座，投资139亿元。

3）上海轨道交通13号线二期

13号线二期从南京西路到张江，线路长22.5 km，设站17座，投资161亿元。

4）上海轨道交通14号线

14号线从江桥到金桥，线路长36.4 km，设站29座，投资321亿元。

5）上海轨道交通15号线

15号线从陈太路到紫竹科技园区，线路长40.1 km，设站28座，投资300亿元。

6）上海轨道交通18号线

18号线从场北路到航头，线路长44.3 km，设站30座，投资306亿元。

7）9号线三期

9号线三期分为东南两段，南段从松江新程至松江南站，线路长6.5 km，设站3座，投资32亿；东段从民生路至曹路，线路长14.5 km，设站8座，投资96亿。

8）11号线迪士尼段

11号线自罗山路站至迪士尼乐园站，线路长9.15 km，设站3座，投资43.71亿元。

9）8号线三期

8号线三期自航天博物馆站至汇臻路站，线路长6.6 km，设站6座，投资22.41亿元。

10）10号线二期

10号线二期自新江湾城站至港城路站，线路长10 km，设站6座，投资59.43亿元。

11）2号线西延伸段

2号线西延伸段自徐泾东站至蟠龙路站，线路长2 km，设站1座，投资13.47亿元。

12）3、4号线分线改造（含宝钢车辆段扩建）

3、4号线分线改造自上海火车站至宝山路站，线路长2.6 km，估算投资28.89亿元。

截至2013年，以上规划线路中，9号线三期南段已运营，11号线迪斯尼段在建。

2.2.3 上海市城市轨道交通建设情况

截至2013年年底，在建线路4条，分别为上海轨道交通11号线迪斯尼段、12号线（东段已运营）、13号线一期（一期西段已运营），及16号线龙阳路至罗山路段。

1. 上海轨道交通11号线（迪士尼段）

11号线迪士尼段（罗山路—迪士尼乐园）全长9.4 km，其中高架线约占7.39 km，设站3座（其中2座高架站，地下站1座）。目前受工期控制的迪士尼地下车站已与迪士尼乐园同步开建。于2012年9月开工建设，计划于2015年10月建成通车。

2

2. 上海轨道交通12号线（七莘路至天潼路段）

上海轨道交通12号线是上海轨道交通网络中贯穿西南部与东北部的骨干线路，始于闵行区的七莘路站，止于金海路站，穿越闵行区、徐汇区、卢湾区、静安区、闸北区、虹口区、杨浦区、浦东新区，共8个行政管辖区。线路全长38.95 km，全程为地下线，共设车站32座。12号线于2008年12月30日开工建设，其中长约19 km、设站15座的东段已运营；长约19.95 km、设站17座的七莘路至天潼路段在建，计划于2015年建成。

3. 上海轨道交通13号线一期（金沙江路至南京西路段）

上海轨道交通13号线（金运路—华夏中路）由嘉定区至浦东新区，线路全长33.6 km，均为地下线，共有27个地下车站（未包括张江功能区）和2个车辆段，分别为北翟路停车场（与2号线共用）及川杨河辅助停车场，全线工程总投资为198.68亿元人民币。

13号线的淡水路站至长清路站区间及车站作为世博专用联络线，实属13号线二期，提前建设。2010年4月20日，马当路站至世博大道站开始试运营，并于11月1日世博会后首班列车起暂停运营。

13号线一期由金运路站至南京西路站，为一条纵贯中心城区的“西北—东南”轴向的直径线，也是轨道交通路网中一条重要的主干线，线路途经上海市嘉定、普陀、闸北、静安4个行政管辖区。线路全长16.4 km，共设14座地下车站，沿线与1、2、3、4、7、11、12号线7条线换乘，设5座站换乘，其中三线换乘站2座，两线换乘站3座。13号线一期于2008年12月28日正式开工建设，其中长约9 km、设站7座（目前运营车站6座）的一期西段已运营；长约7.4 km、设站7座的金沙江路至南京西路段在建，预计于2014年建成通车。

4. 上海轨道交通16号线（龙阳路至罗山路段）

轨道交通16号线总体走向为南北向径向线，与11号线一起形成贯通全市西北至东南向的客运通道。线路主要功能是加强南汇区与中心城、浦东新区的交通联系，支持和促进临港新城的开发建设。线路长约58.96 km，其中地下线路长约13.741 km，高架线路长约45.221 km。其中罗山路—临港新城站已于2013年开始试运营。龙阳路—罗山路段线路长6.5 km，2座车站，目前在建设中。

2.2.4 上海市城市轨道交通运营现状

截至2013年，上海轨道交通全网（不计上海轨道交通22号线、张江有轨电车）运营线路总长增至567 km（538 km+磁浮29 km）、车站共计331座（329座+磁浮2座）。线网规模超过北京，居全国第一。

1. 上海市城市轨道运营线路

1）上海轨道交通1号线

上海轨道交通1号线是上海运营的首条地铁线，也使上海成为继北京、天津之后，我国第三个拥有地铁的城市。1号线是一条纵贯上海南北走向的交通大动脉，最早于1993年5月28日开始试运营。一期工程于1995年4月10日通车试运营，同年7月正式投入运营，后又陆续实施了多次延伸工程。1号线全线南起闵行区莘庄站，北至宝山区富锦路站，运营里程约36.9 km，共设28座车站及2座车辆段。

1号线使用DA01A、DA01B、AC01A、AC01B、AC06型电动客车，8节编组，设计速度为80 km/h，采用1 500 V接触网供电，VVVF交流传动。

2）上海轨道交通2号线

上海轨道交通2号线是上海第二条地下铁路线路，横贯上海市区连接浦江两岸的东西方向。运营里程约60.3 km，设站30座，于2000年6月11日开始运营。

2号线是国内单线运营里程最长，客流最大的轨道交通线路。使用AC02A、AC08、AC17A、AC17B型电动客车，其中AC17B型电动客车为16列4节编组，其他为8节编组，设计速度为80 km/h，采用1 500 V接触网供电，VVVF交流电机传动方式。

3）上海轨道交通3号线

上海轨道交通3号线（上海南站—江阳北路）又称为明珠线，是一条环绕中心城区以高架为主的城市轨道线路，运营里程约40.2 km，设站29座。

3号线分两期建设，一期工程（上海南站—江湾镇）由徐汇区至虹口区，是一条环绕上海中心城区，并以高架为主的轨道交通线路，于2000年12月26日建成试运营。二期工程（江湾镇—江杨北路）于2006年12月18日开通运营。

3号线使用AC03型电动客车，6节编组，设计速度为80 km/h，采用1 500 V接触网供电，VVVF交流电机传动方式。3号线利用老沪杭铁路内环线和淞沪铁路高架改造而成，是上海首条高架轨道交通线路，相比于地下轨道交通，高架轨道交通大大降低了建造成本、提高了建造速度。2012年10月21日，与8号线虹口足球场站的长换乘通道开通。

4）上海轨道交通4号线

上海轨道交通4号线是上海轨道交通系统中唯一的一条环状线，运营里程约33.8 km（其与3号线共线运营11.5 km），设车站26座（包括与3号线共线段的9座）。4号线大木桥路站至蓝村路站的“C”字路段于2005年12月31日开通，其余部分亦于2007年12月29日启用。4号线与1号线、2号线组成“申”字，构筑起上海轨道交通的基本框架。

4号线使用AC05型电动客车，6节编组，设计速度为80 km/h，采用1 500 V接触网供电，VVVF交流电机传动方式。4号线与3号线共线运营虽节约了建设成本，但限制了共线区段的列车通过能力。由于现阶段难以满足客流需求，根据2012年获国家批准的调整方案，3、4号线将进行分线改造，共线区段将划至4号线，预计2015年完工。

5）上海轨道交通5号线

上海轨道交通5号线（莘闵线）北起闵行区莘庄站，南至闵行开发区站，运营里程约16.6 km，共11个车站，其中10座高架车站，1座地面车站。5号线于2003年11月25日投入试运行，是上海轨道交通第4条建成通车的线路。

5号线使用AC11型电动客车，4节编组，设计速度为80 km/h，采用1 500 V直流动力电源，VVVF交流电机传动方式。5号线采用的法国阿尔斯通列车是首次由上海本地组装制造，也是上海第一条真正意义上的轻轨。

6）上海轨道交通6号线

上海轨道交通6号线北起高桥镇港城路，南至三林地区主题公园，贯穿整个浦东新区，于2007年12月29日通车试运营。运营里程约32.7 km，共设28站，其中高架车站9座，地下车站19座，设车辆段、停车场各1座。

由于列车小，车厢短，换乘车站少，先天客流估算不足等造成的客运严重拥挤。自2009年起，6号线通过增投运营列车、调整运行交路、延长运营时间等方式，持续挖潜增效，提升线路运力。至2012年底，实现大小交路最小行车间隔2 min 50 s/5 min 40 s。

6号线使用AC12、AC14、AC19型电动客车，4节编组，设计速度为80 km/h，采用1 500 V直流动力电源，VVVF交流电机传动方式。

7）上海轨道交通7号线

上海轨道交通7号线又称宝山线，是上海轨道交通网络中一条南北向的骨干线，其运营里程约44.3 km，共有32座车站，设有停车场和辅助停车场出入场线、1座停车场（含试车线）、1座辅助停车场、1座控制中心，在长清路站设置一条与13号线的联络线，在浦江南浦站出岔设置一条与12号线的联络线。

7号线使用AC10型电动客车，6节编组，设计速度为80 km/h，采用1 500 V接触网供电，VVVF交流电机传动方式。于2009年12月开通运营。

8）上海轨道交通8号线

上海轨道交通8号线呈南北走向，北起杨浦区中原小区市光路站，南至闵行区浦江镇航天博物馆站，运营里程约37 km，共设30座车站。8号线一期工程于2007年12月29日开通试运营；二期工程于2009年7月5日开通试运营，同时采用“大小交路”的运输组织模式，其小交路区段为延吉中路站至东方体育中心站。

8号线使用AC07、AC15型电动客车，6节编组（其中AC15型电动客车有18列为7节编组），设计速度为80 km/h，采用1 500 V接触网供电，VVVF交流电机传动方式。

9）上海轨道交通9号线（一期、二期、三期南段）

上海轨道交通9号线，是一条东西走向为主的市域级骨干线路，由上海港铁建设有限公司负责建设，运营里程约49.8 km，设站26座。

9号线共分三期建设。一期（松江新城—桂林路）全长29.14 km，设站13座，于2007年12月29日开通运营。其中，宜山路站于2008年12月28日开通。二期（宜山路—世纪大道）全长14.5 km，设站10座，于2009年12月31日开通运营。三期松江段（松江新城—松江南）长5.118 km，共设站3座，于2012年12月30日开通试运营。

9号线使用AC04、AC09型电动客车，6节编组，设计速度为80 km/h，采用1 500 V直流动力电源，VVVF交流电机传动方式。9号线九亭站到泗泾站区间长6.247 km。

10）上海轨道交通10号线（一期、支线）

上海轨道交通10号线一期由新江湾城站至虹桥火车站，支线在龙溪路站连接航华支线，抵达航中路站。10号线运营里程约35.1 km，设站31座。龙溪路站以东及支线部分于2010年4月10日先期开通试运营，而主线的龙溪路站以西于2010年11月30日开通运营。

10号线使用AC13型电动客车，6节编组，设计速度为80 km/h，采用1 500 V接触网供电，VVVF交流电机传动方式。10号线是我国首条无人驾驶的全自动轨道交通线。

11）上海轨道交通11号线（北段一期、支线、北段二期、北段延伸段）

上海轨道交通11号线呈南北走向，沿途经过嘉定区、普陀区、长宁区、徐汇区、浦东新区五个行政区。截至2013年，11号线已运营的线路为北段一期、支线、北段延伸段和北段二期，运营里程总计72.2 km，设站35座。

11号线北段一期（嘉定北路—江苏路）运营线路长度约32 km，设站16座，于2009年12月31日通车运营。

11号线支线（安亭—嘉定新城）途经上海国际赛车场站，并与11号线主线段在“嘉定新城站”并线。运营线路长约13 km，设站4座，于2010年3月29日通车运营。其中，“昌吉东路站”于2011年4月25日开通。

11号线北段二期（江苏路—罗山路）运营里程约21 km，新建12座车站。于2013年8月31日开通试运营。

11号线北段延伸段也称花桥段（安亭—花桥），运营里程约6 km，均为高架段，设3座车站，于2013年10月16日开通试运营。

11号线使用AC16型电动客车，6节编组，设计速度为100 km/h，采用1 500 V接触网供电，VVVF交流电机传动方式。11号线是上海首条采取Y形支线运营的线路，也是上海第六条穿越黄浦江的轨道交通运营线路。

12）上海轨道交通12号线东段

12号线东段（天潼路—金海路）东起金海路西至天潼路，强化了中心区向外围的交通辐射功能，串联了大型居住区、核心城区的商务区和公共活动区、北外滩综合开发区、东外滩复兴岛开发区、金桥出口加工经济区等重要地区。运营里程约19 km，设站15座，均为地下站。其于2008年12月30日开工建设，2013年12月29日开通试运营。

13）上海轨道交通13号线一期西段

上海轨道交通13号线一期西段由金运路站至金沙江路站，运营里程约9 km，沿线设车站7座，2012年投入运营车站5座，祁连山南路站于2013年开通，大渡河路站暂未开通。

13号线一期西段于2012年2月9日顺利贯通，并于同年12月25日空车试运行，12月30日正式载客试运营。该线使用AC20型电动客车，6节编组，设计速度为80 km/h，采用1 500 V接触网供电，VVVF交流电机传动方式。

14）上海轨道交通16号线

上海轨道交通16号线起始于龙阳路，至临港新城滴水湖畔，北联浦东经济、行政中心区，南接临港新城，贯穿周康地区，航新地区、惠南城区，是连接临港新城与市中心的一条市域快速线。16号线全长约58.3 km，其中地下线路长约13 km，共设站13座，包括3座地下站及10座高架站，最大站间距10.625 km，最小站间距2.558 km。全线设3座主变电站，设川杨河定修段（与11号线、13号线共址）及治北停车场，控制中心纳入隆德路控制中心（与11号线、13号线共址）。

2013年12月29日，16号线载客试运营。试运营的范围是罗山路站至滴水湖站，线路长51.8 km，其中高架线约29 km，地下线约13 km。设11座车站，其中高架站8座，地下站3座。罗山主变、惠南主变、临港北主变、治北停车场及隆德路控制中心同期开通。16号线是上海首次采用接触轨（第三轨）供电技术的城市轨道交通线路，全线使用横排座椅设计的A型车，设计速度为120 km/h。16号线初期运营为3节编组，考虑在高峰时期两组列车联挂成6节编组，在国内首次采用“快慢车”运输组织模式。

15）上海轨道交通22号线（金山支线）

上海轨道交通22号线是在原有金山支线的基础上改建而成，是一条城际铁路线，也是长三角第一条综合国铁、地铁两套不同营运模式的快速市域铁路工程，线路途经上海的徐汇、闵行、松江、金山四个区，是上海市中心城区连接金山区的一条快速铁路。主要工程包括上海南站至新桥站间增建三、四线约15.4 km、新桥站至金山站间增建二线约41 km，新建黄浦江大桥一座。线路全长56.4 km，共设9个车站，由铁道部和上海市共同出资建设，总投资约为48亿元。

22号线于2012年9月28日带客试运营。22号线按 I 级铁路、双线电气化干线设计，使用CRH2A型动车组执运，设计速度最高为160 km/h，采用27 500 V接触网供电，配有餐车，车底停放上海动车段。

16）上海磁浮示范运营线

上海磁浮示范运营线是世界上第一条投入商业化运营的磁浮示范线，具有交通、展示、旅游观光等多重功能。2002年12月31日投入运营，西起上海轨道交通2号线龙阳路站，东到上海浦东国际机场，主要解决连接浦东机场和市区的大运量高速交通需求。运营里程约29 km，设龙阳路和浦东国际机场2个车站，双线上下折返运行，设计最高运行速度为430 km/h，单线运行时间约8 min。其于2012年划归申通地铁集团有限公司运营。

17）上海张江有轨电车

上海首条现代有轨电车线路（亦称导轨电车，实际使用车辆和线路与天津滨海新区的导轨电车相同）——张江有轨电车于2009年8月份中旬投入试运营，2009年12月31日正式运营。运营里程约9 km，起点与轨道交通2号线张江高科站“零换乘”，终点为张江集电港的金秋路，设15座车站，串起张江高科技园区内产业、科研、大学和生活区域。车型采用由法国劳尔公司生产的单轨导向、胶轮驱动、750 V直流供电的新型有轨电车，核定载客167人。全线共配置8辆运营车辆。

2. 票价票制

上海的城市轨道交通使用多种票价票制。20世纪90年代初，曾出售过观光票和单一票价。之后，上海轨道交通逐渐意识到，单一票价体制下的轨道交通主要承担的是6 km以下的城市短途客流，中长距离的运输功能却没有得到充分的发挥，定位偏差影响了上海现代化城市公共交通体系的构建。随后，上海轨道交通开始采用引导性票价机制进行车票定价，并沿用至今，计价标准如表2-2所示。

表2-2　上海城市轨道交通一般计价标准

区间/km		0～6	6～16	16～26	>26	备　注
票价/元	全部线路	3	4	5	每10 km加收1元（票价计算采用最短路径法）	除1号线、22号线
	5号线	2	3			只适用于莘庄—闵行区间

由于轨道交通1号线的人民广场站至莘庄站区段在执行现行的票价制度前，一直沿用4元的票价，所以运输距离已超过16 km时，其票价也保持在4元不变。

上海轨道交通22号线不属于城市轨道交通范畴，采取单独的票价标准计费，上海南站至金山卫站全程10元，最低票价3元。磁悬浮全程票价50元。

在票种方面，上海轨道交通采用非接触式IC卡车票，分为常规票种和特别票种。包括常规票种、特别票种、社会保障卡、敬老卡和上海地铁一日票（18 元/张）。

3. 客流情况

2013年上海市的运营数据如表2-3所示。

表2-3　上海城市轨道交通2013年客运量　　单位：万乘次

线 路	日最高客流	日均换乘客流	日均客流	全年客流
1	134.2	35.2	105.8	38 616.8
2	162.6	46.8	127.5	46 538.8
3	57.7	18.0	50.8	18 525.2
4	84.0	33.7	71.6	26 141.1
5	15.0	4.3	12.2	4 446.2
6	36.5	11.8	29.1	10 622.1
7	69.8	25.9	59.9	21 880.4
8	92.3	32.7	72.1	26 300.3
9	83.1	23.8	62.5	22 819.9
10	74.8	25.7	57.2	20 876.4
11	56.2	12.7	31.1	11 367.1
13	9.1	3.1	7.53	22.6
合计	9.0	2.3	5.9	2 153.3

备注: 12号线、16号线于2013年12月29日通车运营，截至2013年年底，只运行了3天。

2.2.5 上海市城市轨道交通建设和运营管理模式

上海轨道交通22号线归属上海金山铁路有限公司管理。其他线路（除张江有轨电车之外）归属申通地铁集团有限公司管理。

建设方面，上海轨道交通采用“建管中心+项目公司”的建设模式，建管中心下辖6个项目公司，各公司管理的线路如下。

（1） 申嘉线项目公司：11号线二期、花桥段、迪士尼段。

（2）12号线项目公司：12号线。

（3）10号线项目公司：10号线二期、17号线。

（4）16号线项目公司：16号线、8号线三期。

（5）13号线项目公司：13号线、3/4号线改造工程。

（6）申松线项目公司：9号线、5号线南延伸。

运营管理方面，上海轨道交通采用“1+4”的运营管理模式——上海城市轨道交通运营管理中心负责整体网络运营，4家运营公司负责各自的客运及车站设施等。由4家运营分公司管理的运营线路如下。

（1）上海地铁第一运营有限公司：1号线、5号线、9号线、10号线。

（2）上海地铁第二运营有限公司：2号线、11号线、13号线

（3）上海地铁第三运营有限公司：3号线、4号线、7号线。

（4）上海地铁第四运营有限公司：6号线、8号线、12号线。

上海轨道交通的维护工作交由上海轨道交通维护保障中心负责。维保中心体制内所辖部门及其职责如下。

（1）供电公司：上海轨道交通所有输变电设备的维护保养任务。

（2）车辆公司：上海轨道交通所有电动列车和内燃机车的维护保养任务。

（3）通号公司：上海轨道交通所有信号和通信设备的维护保养任务。

（4）工务公司：上海轨道交通所有轨道线路、桥梁隧道结构的维护保养任务及所有区间线路的结构监护等工作。

（5）物资和后勤公司：上海轨道交通维修所使用的材料采购、仓储；上海轨道交通内的保安、清洁、餐饮等后勤保障工作。

2.2.6 上海市轨道交通技术特点和创新项目简介

1. 国内首条具备无人驾驶功能的城市轨道交通线

2010年4月，上海轨道交通10号线的建成标志着中国即将成为继法国、新加坡之后，又一个拥有全自动轨交系统的国家。出于安全考虑，开通初期10号线仍由司机驾驶，通过对无人驾驶功能的不断调试，未来将逐步过渡到无人驾驶阶段。10号线采用了全自动高度集中列车控制系统，具备列车自动唤醒启动和休眠、自动出入停车场、自动清洗、自动行驶、自动停车、自动开关车门、故障自动恢复等功能。

2. 市域铁路综合两种运营模式

上海轨道交通22号线是长三角第一条综合国铁、地铁两套不同营运模式的快速市域铁路工程，采用CRH2A型动车组执运，配有餐车，从上海南站到金山卫站全程仅需32 min。工程总投资48亿元，由铁道部和上海市共同出资建设。

3. 共线运营运输组织模式

上海轨道交通3、4号线的宝山路站至宜山路站是我国唯一的城市轨道交通（除市郊铁路外）共线运营区段。共线运行的特点在于共线区段的车站车流量汇集，发车频率高；而不共线的分支区段受共线区段

的通过能力影响，车流量少，发车频率较低。所以，一般将共线区段修筑在繁华的市中心，分支区段由市中心向郊区发散，呈现放射形状。共线运营的优势在于能够实现客流与车流的有效结合，避免了运能的浪费；同时，由于多条线路在市中心交汇，减少了乘客的换乘次数，提高了换乘便利性。然而，随着客流量增大，共线区段愈加繁忙，现难以满足客流需求。因此，上海地铁已确定对3、4号线的共线区段进行分线改造，预计于2015年完工。分线后，初期3号线开行大小交路，小交路为长江南路至上海火车站，大交路为江杨北路至上海南站。远期视客流情况，3号线分南北两端运行，原共线段交4号线。

4. 快慢车运输组织模式

上海轨道交通16号线采用“快慢车”运输组织模式，该模式在我国城市轨道交通行业首次应用。快慢车运行的实质是根据客流量的大小来确定列车的停站次数，是铁路行业常见的运输组织模式。快慢车运行的优点在于有利于实现运能的合理分配，且通过停站方案的不同来满足差异化的乘客需求。16号线“快车”只停4个大站，分别是罗山路站、新场站、惠南站和滴水湖站，全程旅行时间约36 min；“慢车”站站停，全程旅行时间约50 min。16号线全线在航头东站、野生动物园站、惠南东站、书院站等车站设有3线或4线的越行站，以便“快车”越行。

5. 首条设计时速为120 km/h的接触轨（三轨）受电轨道交通线路

上海轨道交通16号线是国内首条设计时速达到120 km的接触轨（第三轨）受电轨道交通线路。

2.2.7　上海市城市轨道交通发展历程

1990年1月19日，经国务院同意、原国家计委批准，长达16.1 km的上海轨道交通1号线锦江乐园—上海火车站区段正式开工；1995年4月10日，该线路正式通车运营，成为上海第一条运营的地下城市轨道线；1997年7月1日，长达4.5 km的1号线莘庄站－锦江乐园站延伸段（又称南延伸段）通车运营。

至此，上海开始了大规模的城市轨道交通建设。2000年，上海轨道交通2号线的中山公园—龙阳路区段（16.3 km）通车运营。1999至2006年期间，除了2001年和2002年无新线开通外，基本保持每年开通一条新线的态势。2007、2009、2010年则是上海轨道交通新线运营的三个井喷期，大量新线在这三个时间段通车运营。2010年恰逢上海世界博览会，轨道交通13号线的部分区段作为世博园区的配套交通工具，于2010年4月20日投入使用；同年11月1日，为配合世博园闭园及13号线华江路—马当路建设，世博段退出运营。

经过20多年的建设，至2013年12月31日，上海轨道交通全网（不计上海轨道交通22号线、张江有轨电车）运营线路总长增至567 km（538 km+磁浮29 km）、车站共计331座（329座+磁浮2座）。线网规模超过北京，居全国第一。

2.3　广州

2.3.1　广州市2013年度城市轨道交通最新动态

2013年，在新运营线路方面，广州轨道交通6号线首期工程于12月28日开通试运营。在新增建设线路方面，轨道交通4号线南延段工程可行性研究报告于10月30日获省发改委批复，成为了新一轮广州城市轨道交通建设规划中首条获批的线路，这也是国家下放城市轨道交通审批权限后第一条由省级投资主管部门批复的线路；12月13日，4号线南延段全面开工建设，建设工期4年。12月底，13号线首期工程可行性研究报告已获省发改委批复，可以正式动工建设，全线绝大部分站点已完成交地，部分工点正在进行主体施工。

在现代有轨电车方面，广州有轨电车有限责任公司于2013年1月30日正式成立，为广州市地下铁道总公司下属的全资子公司；11月11日，海珠有轨电车试验段开工建设。

2.3.2 广州市城市轨道交通线网规划

1. 广州市城市轨道交通线路规划

广州市地处中国大陆南部，广东省中南部，珠江三角洲北缘，邻近香港特别行政区和澳门特别行政区，是中国通往世界的南大门。全市面积7 434.4 km^2。市区面积3 843.43 km^2，常住人口1 270.08万人。

广州地铁线网规划自20世纪80年代以来，已经历了四个重要阶段，分别是20世纪80年代的“十字”线网规划、90年代初期的“五线”线网规划、90年代后期的“七线”线网规划、2000年后的多中心组团式网络型城市结构背景下的线网规划。

第四阶段的线网规划于2003年完成并通过市政府、市人大批复，2005年局部调整后线网共15条线，619 km，含城际轨道、市郊列车线共19条线，726 km。线网基本构架由“交通疏导型”和“规划引导型”两类线路构成，形成既向心又交织的轨道交通系统，并有良好的辐射能力，使中心城区与人口大于50万人口的边缘组团、卫星城（除南沙片区）的时间，基本控制在30 min以内。

随着社会经济的全面快速发展，广州将面临新一轮的发展机遇和挑战。广州市将在国家和区域层面担负起更大的责任，也面临着日益严重的交通问题。2007年4月开展的轨道交通线网规划深化研究工作初步成果，确定了线网结构由“网格+放射”提升为“环形+放射”。深化研究打造市域快线，支撑了一主六副的城市空间结构；锚固枢纽点，实现了轨道交通与海、陆、空、铁枢纽的无缝接驳；充分考虑了与周边城市轨道交通衔接，增强了轨网的开放性。根据上述研究成果，2010年广州市重新编制了线网规划，广州市远期轨道交通线网规划方案共有31条线组成，其中城市线21条，城际线10条，总线网里程1 221 km，其中城市线905 km，站点413座，城际线316 km。

2012年7月，国家发展改革委批准了广州市城市轨道交通近期建设规划（2012—2018年）。根据规划，至2018年将建设4号线南延段、8号线北延段、13号线首期、11号线、14号线一期及其支线、21号线，总里程约228.9 km，设置车站数量92座。规划实施后，广州市轨道交通线路将达到13条，运营里程约520.5 km；其中，中心城区里程约330 km，线网密度为0.235 km/km^2。预测到2018年，广州市轨道交通承担客运量占公共交通客运量的比重将达到38%，公共交通占机动化出行比例将达到60%。近期规划建设项目总投资为1 241亿元，其中资本金占总投资的45%，总计558.45亿元，由广州市财政资金解决。资本金以外的资金采用国内银行贷款等融资方式解决。

2. 广州市城市轨道交通规划线路

11号线（环线）行经琶洲、新滘路、逸景路、芳村大道、火车站、广园路、火车东站、员村二横路，至琶洲闭合，全长43.2 km，共设31座车站，其中换乘站19座。主要功能为串联城市主要交通集散点，完善线网结构，提升服务水平。目前，正在开展前期研究工作。其中员村至天河公园段已提前纳入21号线实施。

2.3.3 广州市城市轨道交通建设情况

1. 广佛线后通段

广佛线后通段（西朗—沥滘段），线路长11.4 km，设7站，于2011年开工建设。截至2013年12月，广佛线后通段已完成土建工程的72%，6座车站的主体结构已封顶， 5个区间双线贯通。预计于2017年建成通车。

2. 4号线南延线

4号线南延线自4号线金洲站经环岛西路至南沙客运港，全长12.6 km，共设6座车站，均为地下站。其中，换乘站1座，与规划中的15号线换乘；设南沙停车场一处和主变电站一座（位于南沙停车场内）。主要功能为支持南沙新区发展。其于2013年12月13日全面开工建设，预计于2017年建成通车。

3. 6号线二期

6号线二期出长湴站后，继续沿广汕公路向东行进，经华南植物园、过华南快速干线，设龙洞站、柯木塱站、高塘石站、黄陂站，在开创大道路口折向东南，沿开创大道行进，止于香雪站。长17.4 km，共设10座车站。于2011年开工建设，预计2016年建成通车。

4. 7号线一期

7号线首期西起番禺区的广州新客站，转向东北沿汉溪大道，经钟村、汉溪长隆，之后沿南大干线，经南村转向北，穿越珠江到达大学城南。全长约18.6 km，共设9座车站，其中换乘站4座。线路于2012年9与28日正式动工，预计2016年建成通车。

5. 8号线（凤凰新村—文化公园段）

8号线由在建的凤凰新村站继续向北延至文化公园站，长1.8 km，中间设2站。线路于2013年开工建设，预计在2017年建成通车。

6. 8号线北延段

8号线北延段由在建的文化公园站继续向北延至白云湖，全长16.1 km，共设13座车站。主要功能为疏解同德围地区交通并支持白云湖地区发展。目前工程可行性研究报告已获省发改委批复，部分工点在建。

7. 9号线

9号线以花都汽车城为起点，经花都中心城区至新白云国际机场，与3号线北延段于高增站换乘，线路长20.1 km，设一座车辆段，设10座车站，于2011年开工建设，预计于2016年建成通车。

8. 13号线首期

13号线首期工程起始于鱼珠站，沿海员路、黄埔东路、旧107国道、新塘大道西延线、新107国道敷设，至新沙公路象颈岭站，线路主要经过黄埔区、增城区。线路全长27.03 km，设11座车站，均为地下站，平均站间距约2.6 km；设换乘站4座，分别与5号、7号、16号线换乘。在官湖站南侧设置车辆段（含控制中心）1座，在夏园、新塘站附近各设置1座主变电站。其工程可行性研究报告于2013年12月已获省发改委批复，可以正式动工建设。截至2013年底，全线绝大部分站点已完成交地，部分工点正在进行主体施工。

9. 轨道交通14号线一期及支线（从化线及知识城线）

14号线主线嘉禾—街口段，支线新和—镇龙段（知识城线），主要功能为落实城市“北优”发展战略、支持从化及知识城地区发展。其中主线长54.1 km，设13座车站，知识城线长21.8 km，设置8座车站，目前工程可行性研究报告已获省发改委批复，部分工点在建。

10. 轨道交通21号线

21号线始于员村—增城广场，全长60.9 km，共设20座车站。纵贯萝岗区及增城中部，经过广州“两个新城区”中的东部新城，是连接奥体中心、知识城、增城经济技术开发区、东部产业转移带、增城副中心城区的东部拓展串联线。目前工程可行性研究报告已获省发改委批复，部分工点在建。

11. 海珠区有轨电车试验段

海珠区有轨电车试验段（万胜围—广州塔）线路全长约7.7 km，设11座车站，于2013年11月11日动工。

2.3.4 广州市城市轨道交通运营现状

截至2013年，广州城市轨道交通已运营线路为9条。

1. 运营线路

1）广州地铁1号线

广州地铁1号线于1993年12月28日正式动工，1997年6月28日起开始试运营，首段开通西塱—黄沙段，全线于1998年12月28日竣工，到1999年6月28日正式通车，标志着中国内地继北京、天津及上海后，第4座建有地铁系统的城市。

广州地铁1号线全长18.5 km，设有16个车站，其中西塱和坑口是地面车站，其他为地下车站。

2）广州地铁2号线

经过一系列的拆解，2010年9月25日，2号线北延长线和南延长线开通。广州地铁2号线（嘉禾望岗—广州南站），全长31.75 km，设有24座车站。

地铁2号线首通段（三元里—晓港）于2002年12月29日开始运营。2003年6月28日地铁2号线三元里—琶洲段开始试营运。2005年12月30号，为了配合4号线大学城专线的开通，万胜围站正式启用。

3）广州地铁3号线

3号线全长64.41 km，设站29座，呈南北“Y”字形走向，有主线、支线之分。但由于主线和支线具备两条完全独立的行车线路，需在两线交汇车站（体育西路站）换乘，故暂可将其视为两条独立运营的线路。

3号线主线全长36.86 km，全部为地下线路，设16座车站。3号线主线一期工程于2001年12月开工，2005年12月开通广州东—客村段，2006年12月全线开通。

3号线北延段于2010年10月30日开通，其由体育西路—机场南站，线路30.9 km，设13座车站（除体育西路站之外）。

3号线作为广州市南北向轨道交通骨干线，可充分满足中心城区天河、海珠与南部番禺地区大石、市桥及北部新机场、白云区、花都区等多组团间的乘客出行要求。3号线沿线以组团式规划发展，地铁主要解决组团与组团之间及组团与城市中心区的客流运送，因此，采用大站距快速线的设计思路，是国内第一条最高运行速度达120 km/h的地铁线路，采用B型车，运营初期3节编组，于2010年4月全线升级为6节编组（新车6节，旧车3+3联挂）列车，接触网供电。

4）广州地铁4号线

地铁4号线（万胜围—新造段）于2005年12月26日开通，新造—黄阁段也于2006年12月30日通车试运营（官桥站、庆盛站暂未开通），2007年6月28号蕉门和金洲站启用，2009年12月28日开通万胜围—车陂南段。2010年10月30日开通车陂南—黄村段。

4号线南北走向，全线长46.7 km，地下线长16 km，高架线路长30 km，共设16座车站，黄村—新造段车站为地下车站，其余车站为高架车站。

5）广州地铁5号线

5号线全长约40.5 km，设28个车站，全线共有12个换乘站，于2004年5月28日动工建设首期工程（滘口—文冲段），5号线首期工程（滘口—文冲段）全长约31.9 km，设24个车站，滘口和坦尾是高架站，沿线有10个是换乘站，5号线首期工程于2009年12月28日开通，并立即对已有线网客流产生了极大的拉动，2010年元旦当天运量创下历史新高，达到369万人次。

6）广州地铁6号线（首期）

6号线西起白云区的金沙洲，向东南穿越荔湾区、越秀区，之后折向东北，经天河区，止于萝岗区，线路大致呈“U”形走向，分两期建设。其中，首期工程（浔峰岗—长湴）长约24.5 km，设22座车站，并于2013年12月28日开通试运营。

7）广州地铁8号线

广州地铁8号线大致呈东西走向，全长约14.94 km，共有13座站，西起于海珠区工业大道北凤凰新村站，经昌岗站，东止于海珠区新港东路万胜围站。其中晓港—万胜围段是原2号线的一部分，该部分中晓港—琶洲段于2003年6月28日投入运营，琶洲—万胜围段于2005年12月26日投入运营。2010年9月25日，2号线和8号线拆解工程完成，新2号线、8号线顺利开通。

8）广佛线首通段

广佛城际线首通段西起佛山市魁奇路与汾江南路交叉处，终点到广州市轨道交通1号线西塱站。全长20.73 km，设14个车站，全部为地下车站。佛山市境内线路长度14.797 km、车站11座，广州市境内线路长度5.93 km、车站3座。设车辆段一处，位于佛山市南海区夏南村附近。广佛线采用B型车，4辆编组。2010年4月8日，广佛线首通段隧道全线贯通。2010年11月3日，首通段通车试运营。

9）广州珠江新城旅客自动输送系统（APM）

珠江新城旅客自动输送系统（Automate People Mover，APM）于2010年11月8日开通投入试运营。它是国内首条应用于城市轨道交通的APM系统，全称“广州市珠江新城核心区市政交通项目旅客自动输送系统”，原称“珠江新城集运系统”。APM将是珠江新城CBD地区和天河商贸区内部的公交骨干线，满足其内部、珠江新城与天河商贸区、观光塔之间客流的交通需求，及旅游观光购物的出行需要。

APM与轨道交通线路形成快捷方便的连接，线路总长约3.96 km，全部采用地下线路，共设9座车站。输送系统站点之间最大间距693.5 m，为体育中心至林和西区间；最小站间距315.5 m，为天河南一路—体育中心站区间，平均站间距473.4 m，走向基本与地铁3号线平行。

2. 票制票价

自2006年12月30日起，广州地铁线网票价由原来的按站计算票价改为按里程分段计算票价。里程分段计价办法为：起步4 km以内2元；4至12 km范围内每递增4 km加1元；12至24 km范围内每递增6 km加1元；24 km以后，每递增8 km加1元。如表2-4所示。

表2-4　广州城市轨道交通里程与票价关系表

里程/km	0~4	4~8	8~12	12~18	18~24	24~32	32~40	40~48	48~56
票价/元	2	3	4	5	6	7	8	9	10
里程/km	56~64	64~72	72~80	80~88	88~96	96 ~104	104~112	112~120	
票价/元	11	12	13	14	15	16	17	18	

注：APM实行单一票制2元。

车票种类包括单程票、羊城通、中小学生储值票、老年人储值票和老年人免费票。

3. 客流情况

广州市城市轨道交通2013年客运量统计如表2-5所示。

表2-5　广州市轨道交通2013年客流量　　单位：万人次

线　路	全年客流总量	日均客流	日最高客流
1号线	40 861	112	137
2号线	42 787	117	162
3号线	53 204	146	193
4号线	9 456	26	41
5号线	31 177	85	104
6号线（首期）	155（开通4天）	39（按4天算）	--

续表

线 路	全年客流总量	日均客流	日最高客流
8号线	21 906	60	83
广佛线	4 899	13	25
APM	952	3	5
合计	205 396	563（按全线网365天算）	751

2.3.5 广州市城市轨道交通建设与运营管理模式

广州市地下铁道总公司是广州市政府全资大型国有企业，现有员工19 000多名。公司担负广州市轨道交通系统建设及运营管理，同时经营地铁沿线的房地产及其他相关资源开发的多元化产业。下设建设事业总部、运营事业总部、房地产开发事业总部，并拥有广州地铁设计研究院有限公司、广州中咨城轨工程咨询有限公司、广州地铁监理有限公司、广州有轨电车有限责任公司等全资子公司，及城市轨道交通培训学院、广州南车城市轨道交通装备有限公司等合作子公司。公司践行阳光文化，“诚信、务实”的企业核心价值观，在地铁建设、运营管理和多种经营等方面取得了令人瞩目的成就。伴随着地铁线网的延伸，公司一直探索着企业发展壮大之路。目前，公司按照“轨道+物业”的思路，实施《广州市推进轨道交通沿线土地储备和物业开发工作方案》，为地铁建设和运营筹措资金。同时，也在积极探索在新建线路中采用BT模式的可能性。

2.3.6 广州市轨道交通技术特点和创新项目简介

1. 国内首条应用于城市轨道交通系统的APM线

APM（Automated People Mover systems），即旅客自动捷运系统，该系统也称为自动导轨快捷运输系统（AGTS），为一种无人自动驾驶、立体交叉的大众运输系统。国内首个APM系统是北京首都国际机场的旅客捷运；国内首条应用于城市轨道交通系统的APM线，则是广州珠江新城旅客自动运输系统，于2010年11月8日下午14:00正式开通试运行。

2. 国内首次应用“3+3”大小编组运输组织模式

广州轨道交通3号线在运营初期采用大小编组的运输组织模式，即以3节车辆为一组列车单元，在高峰时期两组列车单元联挂成6节编组，在平峰时期则以单组列车运行。随着客流量增大，3号线于2010年4月全线升级为6节编组，其中新车6节编组，旧车3+3编组。

2.3.7 广州市城市轨道交通发展历程

1992年，广州市地下铁道总公司正式成立。

1993年12月28日，广州轨道交通1号线正式动工。

1997年6月28日，广州市轨道交通1号线首段试运营。

2011年7月6日，由南车株洲电力机车有限公司和广州市地下铁道总公司共同出资成立的广州南车城市轨道装备有限公司首列总装地铁列车下线。

2011年9月8日，广州地铁安全预警与应急平台成功上线。该平台是国内首个涵盖地铁工程建设、运营、设施保护的城市轨道交通应急平台，也是国内首个贯穿安全生产管理“事前—事中—事后”全过程的城市轨道交通应急平台。

2012年10月20日，广州地铁9号线项目下穿武广高铁K2247+510段整体无砟轨道路基技术方案获铁道部批复。

2012年10月31日，广州地铁牵头承担的国家十二五规划“863”计划主题项目“城轨列车在途监测及安全预警关键技术”，通过科技部组织的中间成果检查。

2013年2月25日，广州地铁《城市轨道交通工程安全风险预防、控制及信息平台关键技术的研究与应用》科研项目荣获广东省科学技术奖一等奖。

2013年12月，交通运输部正式授广州地铁总公司城市轨道交通安全生产标准化一级达标企业称号。

2.4　天津

2.4.1　天津市2013年度城市轨道交通最新动态

12月24日圣诞平安夜，天津轨道交通客流达88.41万人次，创历史新高（地铁1、2、3号线数据统计，不包含津滨轻轨）。

2.4.2　天津市城市轨道交通线网规划

天津市是中国四大直辖市之一，中国北方最大的沿海港口城市，地处华北平原东北部，东临渤海，北依燕山，西靠首都北京。2006年，国务院常务会议将天津定位为“环渤海地区经济中心，国际港口城市，北方经济中心，生态城市”。天津现辖13区3县，全市土地面积1 191 970 hm^2，自然资源丰富，区位条件优越，是亚欧大陆桥中国境内距离最短的东部起点。

《天津市城市总体规划（2005—2020年）》确定天津对外交通的发展目标是：“依托海、空两港，充分利用欧亚大陆桥桥头堡的优势，积极建设北方国际航运中心和国际物流中心，努力构筑与周边及‘三北’地区紧密联系的综合交通体系，成为联系南北方、沟通东西部的综合交通枢纽。同时，建设各种交通方式紧密衔接、快速转换、通达腹地的区域一体化的现代交通网络，促进区域大型交通基础设施的共享。”

1. 天津市城市轨道交通线路规划

2013年8月，天津市人民政府批复天津市轨道交通线网规划，批复明确天津市城市轨道交通线网规划远景控制规模为1 380 km，由4条市域线和24条城区线组成。其中，中心城区线网为环放式结构，由13条城区线（含津滨轻轨）组成；滨海新区核心区为中心放射式结构，由8条城区（含津滨轻轨）线组成；海河中游地区由4条城区线组成。

2. 天津市城市轨道交通规划线路

天津市城市轨道交通近期拟开工线路如下。

1）天津地铁1号线东延伸线

天津地铁1号线东延国家会展中心项目位于天津市海河中游地区南岸，线路起自既有地铁1号线南端双林站，沿景盛路，下穿外环线、天津大道，沿规划海沽道经国家会展中心至津南区双桥河镇。地铁1号线东延项目正线全长15.86 km，改造双林站1座，新增车站9座，全部为地下站，设双桥河车辆段。

2）天津地铁4号线

天津地铁4号线北起北辰区小街，南至东丽区民航学院，为中心城区西北至东南方向的轨道交通骨干线。线路途经京津公路、西站副中心、老城厢、和平路、小白楼、津滨大道等天津市重点发展区域。沿线经过北辰、河北、红桥、南开、和平、河东、东丽7个行政区。正线全长41.2 km, 为地下线，设33座地下车站。

2.4.3 天津市城市轨道交通建设情况

天津市在建城市轨道交通规划线路包括天津地铁5号线、6号线、2号线延长线。

1. 天津地铁5号线

天津地铁5号线是中心城区东南半环的线路，北起北辰区双街，南至西青区梨园头，沿线经过北辰区、河北区、河东区、河西区、南开区、西青区6个行政区。

天津地铁5号线线路正线全长34.8 km，共设28座车站，其中地下站27座，地面站1座，在双街设停车场，梨园头设车辆段。本线与地铁6号线共同构成环线。

计划2017年建成通车。

2. 天津地铁6号线

天津地铁6号线是中心城区西北半环的线路，北起大毕庄，南至海河教育园区，沿线经过东丽区、河北区、红桥区、南开区、河西区、西青区和津南区7个行政区。

天津地铁6号线线路正线全长56.2 km，其中过渡段长0.205 km，高架段1.395 km，地下线54.55 km。全线共设48座车站，其中地下站47座，高架站1座，在大毕庄设车辆段，在海河教育园设双港停车场。

计划2017年建成通车。

3. 天津地铁2号线延长线

天津地铁2号线机场延伸线西起空港经济区站东端，东至天津滨海国际机场，线路全长4.485 km。其中地面、敞开段及明挖区间长633.4 m；盾构区间长3.3 km；中间设1个风井和1个疏散口，2个联络通道。地面、敞开段及明挖区间随李明庄站施工已建成。其中始发井—风井盾构区间右线线长1 885.7 m，风井—机场站盾构区间右线线长1 400.8 m。

计划2014年交付运营。

2.4.4 天津市城市轨道交通运营现状

天津市已经投入运营的线路有天津地铁1号线、2号线、3号线、9号线（津滨轻轨）及滨海新区有轨电车。

1. 天津市城市轨道交通运营线路

1）天津地铁1号线

天津地铁1号线是天津市快速轨道交通线网中西北至东南方向的骨干线，北起北辰区刘园，南至津南区双林，全长26.188 km，沿途共设22座车站，其中地下车站13座，高架车站8座，地面车站1座，平均站距1.25 km，刘园设停车场，双林设车辆段。其中天津西站至新华路段为既有线，长7.29 km，既有线以北新建路段长7.491 km，以南新建路段长11.407 km。天津地铁1号线跨越北辰区、红桥区、南开区、和平区、河西区、津南区六大行政区，途经南楼、小白楼、吉利大厦、电报大楼、西南角等多个繁华商业区，除小白楼、下瓦房、南楼、土城为岛式车站外，其余均为侧式车站。

天津地铁1号线自2002年11月21日开工建设，历经约4年时间改造，于2005年12月28日建成通车，2006年6月12日开通试运营。

2）天津地铁2号线

天津地铁2号线是天津市快速轨道交通网中的东西骨干线，西起西青区中北镇，东至东丽区李明庄，线路全长22.657 km，其中地下线21.64 km，地面及过渡段1.02 km。设曹庄停车场、空港经济区车辆段。共设19座车站，其中地下站18座、地面站1座，设车辆段及综合基地1座，占地约38 hm^2；设停车场1座，占地约24.8 hm^2；设主变电所2座。

天津地铁2号线2006年开工建设，2012年7月1日开通试运营。拟建的延长线上设有滨海国际机场站，将成为天津的机场联络轨道系统。

3）天津地铁3号线

天津地铁3号线是从西南至东北的主干线，西南起于西青区华苑产业园区，至北辰区小淀，线路全长29.655 km，其中地下线21.65 km，过渡段0.53 km，高架线6.87 km，地面线0.61 km，设23座车站，其中地下站18座，地面站1座，高架站4座，设车辆段1座，占地约27.37 hm^2；设停车场1座，占地约12.3 hm^2；主变电所2座。

天津地铁3号线于2007年开工建设，2012年10月1日开通试运营。

4）天津地铁9号线

天津地铁9号线建设全长约52.759 km，其中高架线39.915 km，地面线5.894 km，过渡线0.28 km，地下线6.67 km，已开通的天津站至东海路区间共设19座已运营车站。天津地铁9号线又称“津滨轻轨”始建于2001年1月18日，一期工程中山门站至东海路站于2004年3月28日开始试运营，二期工程中山门站至十一经路站于2011年5月1日开通试运营，十一经路站至天津站亦于2012年10月15日开通，并与天津地铁2号线、3号线在天津站实现换乘。

5）天津滨海有轨电车

全线长7.86 km，设有14座车站，南起津滨轻轨泰达站，北至学院区北站，沿开发区洞庭路贯穿生活区、工业区、学院区，是一条纵贯天津开发区西部南北方向的轨道交通线。早7:00~晚20:00，早晚高峰发车间隔7~10 min，中间段15~25 min，全程运行时间约30~35 min。

2

2. 票价票制

天津地铁实行分段计程票制，市区线路（即除中山门到东海路以外车站）全程票价5元：起步票价为5站4区间以内（含5站）每人每张2元；乘坐5站4区间以上10站9区间以下（含10站），票价每人每张3元；乘坐10站9区间以上16站15区间以下（含16站），票价每人每张4元；乘坐16站15区间以上票价每人每张5元。乘客从进入付费区开始，须在180 min内搭乘完地铁，否则车票作超时处理。超时须按最高单程票价付费更新。目前最高票价封顶为11元（含9号线），1、2、3、9号线（天津站—中山门站）最高票价为5元。

地铁车资可使用单程票、储值票及城市一卡通付费，其中储值票包括普通储值票、学生优惠票、老人优惠票、地铁特惠票（仅限1、2、3号线）和乘次票（已停用）5种。

3. 客流情况

2013年天津市的运营数据如表2-6所示。

表2-6　天津市轨道交通2013年客流量

单位：万人次

线 路	全年客流总量	日均客流	日最高客流
1号线	8 963.09	24.56	36.4717
2号线	3 519.35	9.64	19.1415
3号线	7 504.01	20.56	32.8014

2.4.5　天津市城市轨道交通建设和运营管理模式

天津市地下铁道集团有限公司（以下简称“地铁集团”），前身为天津市地下铁道总公司，成立于2000年8月，2008年11月改制为天津市地下铁道集团有限公司。秉承市政府确立的“政府支持，企业化运作，专业化管理，多元化融资，特许经营”的工作方针，地铁集团全面履行城市轨道交通的建设、运营、资源开发等工作职能。地铁集团下设地铁建设公司、地铁运营公司、枢纽运营公司、资源投资公司4个全资子公司，现有员工约4 000人。

公司成立以来，坚持以服务天津经济社会发展、服务市民出行为己任，致力于创造安全、舒适、快捷、准时、环保的高品质公共交通服务，营造文明和谐的出行环境。已开通的地铁1、2、3号线，及天津站交通枢纽、天津西站交通枢纽，累计通车里程达78 km，城市轨道交通骨干网络基本搭建形成。在建的线路和枢纽包括地铁2号线机场延伸线、地铁5、6号线，天津滨海国际机场交通中心工程、文化中心交通枢纽工程。未来还将启动地铁4号线建设及1号线东延国家会展中心工程。

2.4.6 天津市轨道交通技术特点和创新项目简介

预溶模液体膨胀橡胶止水带技术

“预溶模液体膨胀橡胶止水带技术”是利用液体膨胀橡胶材料遇水反复膨胀，且无任何析出物的特性，通过在地下结构缝隙部位预先埋入设计好的苯板溶模及相应附件，等混凝土凝固、模板拆除后，通过预留的注浆管注入液体溶模剂将苯板溶模溶化，用水清洗干净，形成溶模后空腔。随后用“液体膨胀橡胶”浆料通过压力罐高压注入空腔内，关闭其他注浆管继续加压，使“液体膨胀橡胶”继续向裂缝、邻近的蜂窝、麻面及毛细孔等缺欠充实，注浆压力控制在0.2～0.4 MPa，当压力反映浆料已充满时，停止注浆。由于浆料中有一定量的遇水发泡反应材料，会使浆料在潮湿的环境下体积膨胀，使型腔内的压力进一步提高，产生很高的腔内压力，使成型浆料与型腔混凝土产生紧密粘接，最后成模材料才反应固化成与腔体形状完全相同的固定性密封止水带。

液体膨胀橡胶材料的性质与定型橡胶止水带或橡塑止水胶条有所不同，它遇水有一定的膨胀、自补堵漏的功能。定型止水胶条材料往往不能封堵微缝隙和微孔渗漏造成的渗漏，而且遇水膨胀胶条断面积小，周围渗漏绕流它都无法克服，因此这种被动防水方法不适于地连墙与底板之间的防水施工。而预溶模液体膨胀橡胶止水带是一种主动防水方法，它在注浆过程中迎水而上，遇水反应，弥补了砼内部存在的缺欠，杜绝了绕流渗漏的隐患。

该技术适用于地下工程中变形缝、施工缝等缝隙部位采用液体膨胀橡胶做止水带，达到防水密封或渗漏治理的目的。从工艺过程来看，由于这种制作止水带的过程是在混凝土凝固后的型腔内通过压力注浆完成的，所以它具有打浆堵漏密封和制作止水带一次完成的特点，最适于变形量大和难于安装定型止水带的情况使用。

2.4.7 天津市城市轨道交通发展历程

天津第一条地铁线于1970年动工，至1984年建成通车，是中国内地继北京之后第二个建设地铁的城市。开始时从新华南路至西南角，后延伸至天津西站，全长7.4 km，共设8座车站。

2003年，修编后的《天津市中心城区快速轨道交通线网规划》得到了天津市政府批准。从此，天津市拉开了大规模建设快速轨道交通的序幕，按照规划，快速轨道交通线网由9条线组成，呈环放式结构，线网总长234.7 km，设车站180座，换乘站30处，核心区线网密度0.938 km/km²，中心城区线网密度0.536 km/km²。

2003年天津市编制上报了《天津市城市快速轨道交通建设规划（2003—2012）》报告（以下简称《建设规划（2003—2012）》），提出在2012年前新建2、3、5、6号线共4条线路，线路全长115.2 km。2005年10月，经国务院批准，国家发改委批复天津市《建设规划（2003—2012）》。之后，天津市根据城市总体规划优化提升成果及近期重点建设项目情况，编制上报了《天津市城市快速轨道交通建设规划调整（2003—2015）》和《天津市城市快速轨道交通建设规划调整（2003—2015）补充报告》，分别于2012年1月和2013年11月获得国家发改委批复。调整后天津市城市轨道交通近期建设规划中项目包含地铁2、3、4、5、6、9号线，2号线机场延伸线，1号线东延项目。

天津地铁2号线于2006年开工建设，2012年7月1日开通试运营。地铁3号线于2007年开工建设，2012

年10月1日开通试运营。津滨轻轨西段工程（9号线）2011年开工，分两期施工。其中西段一期工程（中山门—十一经路）于2011年5月1日通车运营；西段二期工程（十一经路—天津站）于2012年10月15日通车运营。地铁2号线机场延伸线于2012年开工建设。地铁5、6号线于2012年全面开工建设。

2013年8月，天津市人民政府批复天津市轨道交通线网规划，批复明确天津市城市轨道交通线网规划远景控制规模为1 380 km，由4条市域线和24条城区线组成。其中，中心城区线网为环放式结构，由13条城区线（含津滨轻轨）组成；滨海新区核心区为中心放射式结构，由8条城区（含津滨轻轨）组成；海河中游地区由4条城区线组成。

目前天津地铁已经开通1、2、3号线及9号线4条线路。除在建的地铁5、6号线及2号线机场延伸线，还将启动地铁4号线建设及1号线东延国家会展中心工程。到2017年，天津市将拥有地铁1、2、3、4、5、6、9号线7条轨道交通线路，通车里程超过280 km。

2.5　深圳

2.5.1　深圳市2013年度城市轨道交通最新动态

截至2013年年底，深圳市城市轨道交通新增建设线路一条——梅林线（9号线），是三期工程中第三条开始建设的线路，32个工点（站、场、段、风井、竖井）至年底的开工率已达91%。在建线路方面，机场线（11号线）由机场站到机场北站的隧道于12月14日贯通，是三期工程中首个贯通的隧道；西丽线（7号线）土建工程稳步推进。

2

同年4月25日，深圳市现代有轨电车项目——《坪山新区现代有轨电车项目前期规划研究——线网规划》成果通过了专家评审，远期坪山新区将形成56.9 km铺轨里程的线网，共分三期建设。其中，有轨电车一期为坪山线（1号线），投资额约为23.28亿元。

2.5.2　深圳市城市轨道交通线网规划

1. 深圳市城市轨道交通线路规划

深圳市是珠江三角洲的核心城市之一，是香港与内地陆路联系的必经通道，具有区位上的独特优势。深圳全市总面积2 020 km^2，土地总面积1 952.84 km^2，截至2010年年底，深圳常住人口为1 035.79万，人口密度约5 201人/ km^2。

根据2010年获得国务院正式批复的深圳市城市总体规划（2010—2020）中编制的《深圳市城市轨道交通规划》，深圳市轨道交通线网远景规划方案由组团快线、城市干线、局域线三个层次共16条城市轨道交通线路组成，其中组团快线4条，城市干线6条、局域线6条。2012年11月，深圳市规划和国土资源委员会（市海洋局）组织编制了《深圳市轨道交通规划（修编）》，提出了全市远期轨道交通线网规划方案。根据《深圳市轨道交通规划（2007—2030）》，轨道网远期规划明确构建包含16条线的城市轨道交通网络，线路规模约597 km。深圳城市轨道交通各层次线路规划情况如下。

（1）组团快线：联系城市核心区与外围组团，或联络多个外围组团，以长距离出行客流为主；车站分布内稀外密，站距约2~3 km；以1小时运营目标定旅行速度，并考虑与小汽车交通的竞争，速度目标值一般在100~120 km/h。远景规划的4条组团快线分别为6号线、11号线、13号线、14号线，规划组团快线总长约187.2 km，设站67座。

（2）城市干线：联系城市主中心和主要发展轴的沿线片区，以中心区与相邻组团间的客流为主，站距约1 km，车辆最高速度一般在80~100 km/h，旅行速度不低于35 km/h。远景规划的6条城市干线分别为1号线、2号线、3号线、4号线、5号线、10号线，远景规划城市干线总长约239.2 km，设站173座。

（3）局域线：联系相邻组团或组团内部各片区，是城市干线的补充线路，车辆最高速度一般在80~100 km/h。远景规划的6条局域线分别为7号线、8号线、9号线、12号线、15号线、16号线，远景规划局域线总长约170.5 km，设站129座。

深圳城市轨道交通远景线网密度全市约0.3 km/km^2，按全市可建设用地计算，线网密度约0.56 km/km^2；中心城区线网密度约1.18 km/km^2。

根据2011年国家发改委关于《深圳市城市轨道交通近期建设规划（2011—2016年）》的批复，深圳市城市轨道交通近期建设规划包括机场线（11号线）、西丽线（7号线）、梅林线（9线）、光明线（6号线）、盐田线（8号线），合计总长度约169.6 km，新增车站数量为95座。近期规划实施后，深圳城市轨道交通线路将达到10条，通车里程将达到约348 km，其中，中心城区里程将达到194 km，线网密度为1.03 km/ km^2。预计到2016年，深圳市轨道交通承担客运量占公共交通承担客运量的比例将达到38%。

2. 深圳市城市轨道交通规划线路

深圳市城市轨道交通规划线路有3条，光明线（6号线）、盐田线（8号线）与16号线。

1）深圳地铁光明线（6号线）

光明线贯穿龙华新区、光明新区和宝安区三区，线路全长约37.654 km。全线共设车站20座（含换乘站6座），未来可与深圳轨道交通4、5、11、13、15号线，及东莞R1线形成换乘。

2）深圳地铁盐田线（8号线）

盐田线连接罗湖中心区与盐田沙头角、盐田港、大小梅沙等片区，沿途有仙湖、弘法寺、梧桐山、大小梅沙、东部华侨城等著名旅游景点，是集上下班通勤、游客输送、观光旅游和商圈联络线四项功能为一体的独特线路。全长约29.2 km。全线共设车站15座（含换乘站4座），未来可与市轨道交通1、2、5、9号线形成换乘。

3）深圳地铁16号线

深圳市轨道交通16号线经由福田中心城区，联系中部发展轴的坂雪岗片区、平湖片区，初、近期线路全长约30.39 km。全线共设车站23座（含换乘站7座），未来可与市轨道交通1、2、3、5、9、12、13号线形成换乘。

4）坪山新区现代有轨电车1号线

坪山新区现代有轨电车1号线（简称“坪山线”）起始于地铁永湖站，终止于高铁新城站，总长度约18.2 km，设站21座，包括与轨道交通接驳的换乘车站3座，预计全程旅行时间30 min。其中，坪山线在坪山境内长度为13.4 km，龙岗境内长度为4.8 km。其接驳于深圳地铁3号线、14号线、厦深铁路等重要交通线路，预计于2014年6月动工建设。

2.5.3　深圳市城市轨道交通建设情况

深圳市正在建设的城市轨道交通规划线路有3条，分别是机场线（11号线）、西丽线（7号线）和梅林线（9号线）。

1. 深圳地铁机场线（11号线）

深圳地铁机场线由南至北穿过深圳市福田区、南山区和宝安区，链接福田中心区、南山中心、前海中心、宝安中心、机场、福永、沙井和松岗等地，是城市核心区与西部滨海地区的组团快线，同时兼有机场快线的功能。线路起于福田中心区福田站，止于松岗碧头站。全长51.9 km，设18座车站，其中地下站14座，高架站4座。于2011年12月29日前期工程开工，计划2016年12月底投入试运营。

2. 深圳地铁西丽线（7号线）

深圳地铁西丽线连接布心、田贝、笋岗、华强北、福田南、车公庙、龙珠、西丽等片区，是联系原特区内主要居住区与就业区的局域线，线路布局呈“V”形。线路起自南山区丽水路，终至罗湖区太安路，线路全长约30.173 km，共设28座车站，均为地下站，其中13座为换乘站，设车辆段、停车场各1个。西丽线已于2012年10月23日开工，截至2013年底围挡结构施工完成率超过八成，计划于2016年12月底开通试运营。

3. 深圳地铁梅林线（9号线）

深圳地铁梅林线（文锦站—深湾站）连接深圳湾、车公庙、农园、景田、梅林、银湖、泥岗、红岭、人民南、文锦等片区，是中心城区内主要居住区与就业片区之间联系的局域线，主要服务通勤客流。线路全长约25.38 km，设站22座，于2013年5月全面开工建设，截至2013年底全线32个工点（站、场、段、风井、竖井）已开工29个工点，开工率为91%。预计于2016年12月试运营。

2.5.4　深圳市城市轨道交通运营现状

1. 深圳市城市轨道交通运营线路

深圳地铁已有5条线路开通运营，分为一期工程和二期工程。其中：

地铁一期工程包括罗宝线（罗湖—世界之窗）、龙华线（福田口岸—少年宫），于2004年12月28日开通运营。

地铁二期工程包括罗宝线续建工程（世界之窗—深圳大学，约3.3 km；深圳大学—机场东，约20.1 km）、蛇口线初期（世界之窗—赤湾，约15.13 km）、蛇口线东延线（世界之窗—新秀，约20.99 km）、龙岗线高架段（双龙—草埔，约24.35 km）、龙岗线西延线（草埔—益田，约17.2km）、龙华线二期工程（少年宫—清湖，约15.9 km），及环中线（黄贝岭—前海湾，约40.0 km）。

1）深圳地铁罗宝线（1号线）

深圳地铁罗宝线作为纵贯城市东西的交通大动脉，连接了罗湖、福田、南山、宝安四区。运营里程约40.8 km，其中高架线2.9 km，共设30座车站，其中地下站28座，高架站2座，共有前海、竹子林2座车辆段。

罗宝线一期工程（罗湖—世界之窗）于2004年12月28日开通运营。续建工程（世界之窗—机场东）总投资121.26亿，其中试验段世界之窗至深大3站3区间于2009年9月28日开通试运营。深大至机场东站，共有12座车站，于2011年6月15日开通试运营。车辆采用6辆编组A型车，最高运行速度为80 km/h，全程运行时间约68 min，全程票价9元。行车间隔高峰3.5 min，平峰6 min。

2）深圳地铁蛇口线（2号线）

深圳地铁蛇口线途径深圳市南山、福田、罗湖三个行政区，全线均为地下段。运营里程35.75 km，共设29座车站，全部为地下线，设蛇口西车辆段、后海停车场，概算总投资189.2亿。

蛇口线首期段（世界之窗—赤湾），于2010年12月28日开通试运营，东延段（世界之窗—新秀），于2011年6月28日开通试运营。车辆采用6辆编组A型车，最高运行速度为80 km/h，全程运行时间约62 min，全程票价8元，高峰行车间隔6 min，平峰8 min。

3）深圳地铁龙岗线（3号线）

深圳地铁龙岗线运营里程41.7 km，其中高架线21.73 km，共设30座车站，其中地下站15座，高架站15座，换乘站8座，设横岗车辆段，中心公园停车场，概算总投资171.05亿。

3号线一期工程线路总长32.85 km，3号线西延线工程线路总长8.7 km，其中高架段（草埔站—双龙站）于2010年12月28日开通试运营，地下段（草埔—益田）于2011年6月28日开通试运营。车辆采用6辆编组B型车，最高运行速度为100 km/h。全程运行时间约69 min，全程票价8元。工作日行车间隔低峰10 min，平峰8 min，高峰小交路3.5 min、大交路7 min；节假日行车间隔低峰10 min，平峰8 min，高峰5 min。

2

4）深圳地铁龙华线（4号线）

龙华线南起福田口岸站，北至清湖站，线路全长20.34 km，共设车站15座，设龙华车辆段，二期项目概算总投资60亿。途经深圳市福田、宝安两个行政区，是深圳城市轨道交通网络中南北走向的一条骨干线路。

一期工程（福田口岸—少年宫）于2004年12月28日开通运营。续建段（少年宫—清湖）长15.939 km，其中高架线10.336 km，设站10座，于2011年6月16日开通试运营。车辆采用4辆编组A型车，最高运行速度为80 km/h，全程运行时间约32 min，全程票价6元。行车间隔高峰2.5 min，平峰6 min。

5）深圳地铁环中线（5号线）

深圳地铁环中线运营里程约40 km，其中高架线3.42 km，共设27座车站，其中地下站25座，高架站2座，设塘朗车辆段、上水径停车场，概算总投资200.58亿，是深圳贯穿东西走廊、连接南北通道的轨道二期骨干线路。

环中线于2011年6月22日开通试运营，车辆采用6辆编组A型车，最高运行速度为80 km/h，全程运行时间约64 min，全程票价7元。高峰行车间隔6 min，平峰8 min。

2. 票价票制

深圳地铁的车票分为单程票、深圳通卡、一日票、计次票（一般为纪念票）四种。单程票是绿色或黄色的圆形射频识别（RFID）塑料硬币，而“深圳通”为非接触式智能卡，可多次使用，储值可以通过增值机完成。一日票是深圳地铁为方便来深旅游、探亲的游客发行的新型票种，此票通过闸机激活，乘客自激活起24小时内不限次数乘坐。地铁票价采用里程分段计价，票价=起步价+里程价（以1元为递进单位）。起步价为首4 km 2元，里程价4~12 km部分，每1元可乘坐4 km；12~24 km部分，每1元可乘坐6 km；超过24 km，每1元可乘坐8 km，最高收费11元，票价里程关系见表2-7。另外设“深圳通”学生卡(5折)和老年人免费乘车优惠。目前持深圳通卡乘坐地铁享受地铁票价9.5折优惠（深圳通优惠卡除外）。使用深圳通卡搭乘公交后的乘客，在公交刷卡90 min内换乘深圳地铁，享受地铁票价9.5折优惠同时，再优惠0.4元/次。

表2-7 票价里程关系表

里程/km	0~4	4~8	8~12	12~18	18~24	24~32	32~40	40~48	48~56	56以上
票价/元	2	3	4	5	6	7	8	9	10	11

2.5.5 深圳市城市轨道交通工程建设和运营模式

深圳市成立了以市长为指挥长的轨道交通建设指挥部，对全市轨道交通发展重大问题进行决策。指挥部下设轨道交通建设办公室（轨道办），承担指挥部的日常工作，负责全市轨道交通规划设计和建设运营中日常事务的协调管理，行使协调、服务、督促、检查的职责。

为形成政府主导、多家竞争的良性发展机制，深圳在轨道交通一、二期建设过程中同时成立了深圳市地铁集团有限公司、深圳市地铁三号线投资有限公司两家政府全资公司，引进了港铁（深圳）有限公司，形成了三家地铁建设运营主体相互竞争，互相促进的局面。2011年，为促进深圳市轨道交通投融资体制机制改革，深圳市地铁三号线投资有限公司80%股权划转入深圳市地铁集团有限公司，新的地铁集团成立，承担深圳市轨道交通建设投融资任务。

自深圳地铁一期工程开始，深圳市进行了多次轨道交通建设运营模式的创新。

1. 政府直接投资模式

深圳地铁1、2、3号线工程为传统的政府投资建设运营管理模式。其中1、2号线建设和运营单位为政府全资的深圳市地铁集团有限公司，3号线建设和运营单位为政府全资的深圳市地铁三号线投资有限公司，资金采用政府投资和企业贷款方式筹措。建设单位从可行性研究阶段开始介入，完成初步设计、施工图设计、招投标、工程施工和竣工验收、试运营和正式运营等全过程。

2. BOT模式

4号线二期工程（少年宫—清湖）由港铁轨道交通（深圳）有限公司（以下简称“港铁公司”）承担建设。2004年，市政府积极探索推进地铁投资、建设、运营市场化进程，引入港铁公司投资、建设、运营和管理地铁4号线，双方签署了涉及4号线市场化经营投资、建设、运营及沿线地块授权物业开发的一揽子BOT协议，后因国家土地政策的调整，要求将沿线土地开发权补偿运营亏损方式，修改为现金直接补偿运营亏损方式。自4号线二期通车之日始，全线将由港铁公司统一运营，该公司拥有30年的特许经营权，香港地铁公司绝对控股，自主经营、自负盈亏，运营期满，全部资产无偿移交深圳市政府。

3. BT模式

深圳于2007年首次在地铁二期工程5号线采用改良的BT建设模式，2011年，进一步创新建管模式和投融资模式，在三期工程7、9、11号线建设中采用三年期BT建设模式。

深圳地铁5号线工程通过招标和协议谈判方式引入了国有特大型企业中国中铁股份有限公司采用BT方式带资建设。BT范围包括环中线工程的土建工程、常规安装和装修工程，同时根据深圳地铁建设实际，对传统BT模式进行了改良，确定了“投融资—建设—回报”的创新BT模式，其中“建设”部分采用施工图设计+施工总承包模式。5号线既是深圳首例采用BT模式建设的特大型工程，也是当时国内最大的以BT模式建设的城市轨道交通项目，采用BT方式对探索在大型市政工程建设中引入设计施工总承包模式、总结国内外地铁建设过程中的经验教训、促进地铁建设事业健康发展都具有重要意义。

深圳地铁三期工程建设中，为充分利用中央企业的资源、技术和经验，有效缓解深圳市重大建设项目建设资金筹措问题，三期7、9、11号线采用三年期BT模式，通过邀请招标确定中国水电、中国建筑、中国中铁作为三条线的BT方展开建设工作。三期工程三年期BT模式的运用，有效地引入社会资本参与地铁建设，解决了地铁建设投资与地铁沿线物业开发回笼资金的时间差问题，缩短了招标时间，加快了建设速度，推动了深圳高质量轨道交通的建设。

2.5.6 深圳市轨道交通技术特点和创新项目简介

深圳地铁主要用自主创新的装备建成运营了178 km地铁线路，使深圳的城市轨道交通步入了网络化运营的新时代。深圳地铁装备国产化从零起步，到自主化、信息化创新，取得了举世瞩目的业绩，实现了以信息化技术为突破口的应用创新，所有装备系统均进行了不同程度的集成创新，拥有多项自主知识产权，其中关键的应用软件均自主研发，所采用的硬件和零部件的平均国产化率达到了70%以上，并在装备整体的信息化水平和功能方面实现了超越。通过运营验证的综合数据表明，信息化创新装备的效果体现在运营的安全性、可靠性、节能性、经济性等方面的领先优势明显，标志着我国地铁装备整体技术水平跃居国际先进行列。

深圳地铁主要的创新技术如下。

1. 综合节能技术创新应用

深圳地铁一期工程开始，在行业内第一次创新变频空调控制技术、全变频扶梯节能控制技术、LED节能照明工技术等，每年可节约电费5 000万元人民币以上，节能效果达到10%。

为了节约能源，节能减排，深圳地铁率先创新应用了信息化的变频节能控制技术于地铁空调通风系统。在保证车站温度、湿度、新风量和换气次数的情况下，最大限度地节能运行。通过创新采用变频控制技术，实现了地铁车站空调通风系统耗电的计量功能；深圳地铁通过同一车站使用与不使用变频控制技术的先后耗电数值的对比，采用变频技术比不采用变频技术一个车站的空调通风系统节能60%以上。

每个车站每年平均节电30多万千瓦时，按深圳的电价每年一个车站节约30万元人民币的电费。该技术获得了1项国家实用新型专利，填补了国内外应用的空白。与此同时，通过计量数据对比，首次发现了每个车站设了四台空调通风机组能力成倍超配与能力富裕的问题。实际使用只需要两台空调通风机组就可以满足需要，为在以后的地铁设计中将原来采用四台空调机组的设计改为两台提供了依据。深圳地铁二期工程均改为了两台空调机组，从而从设计中还节约了两台空调通风机组所占用的造价昂贵的地下面积和空间。每座地铁车站节省的设备和土木结构的投资至少60万元。目前，全国所有地铁的空调通风机组均采用变频自动控制节能技术，每座车站只用两台空调通风机组，节约了巨额建设和运营资金，引领了创新应用信息化技术实现地铁空调通风系统大幅度节能和减少造价与使用维护费用的方向。

深圳地铁首次在地铁交通型重载电扶梯系统采用信息化的全变频控制节能技术。电扶梯创新应用的全变频控制节能技术，妥善解决了扶梯在不同运行模式下的变速节能运行。通过采用全变频控制技术，实现了模式控制和速度调节等功能，并且使地铁的电扶梯系统具备了耗电的计量功能：通过同一车站使用与不使用全变频技术的先后耗电数值的对比，采用全变频技术比不采用变频技术一部电扶梯节电20%以上，平均每一台电扶梯年节电约1万千瓦时。该技术填补了国内的空白，其广泛推广应用，为国家节约了大量电能。

2. BT工程投资控制的关键技术及应用

随着城市轨道交通项目的建设需求日益增长，我国当前众多城市均积极发展城市轨道交通项目，BT模式因其特有的优势可望得到大力推行，但各地区的具体情况、项目特征、功能目标等到有其特殊性，对于BT模式的应用与优化调整必然存在较大的特殊性与多样性。深圳号线BT工程投资控制关键技术研究不仅体现了BT模式的创新路径，更提供了创新BT模式下针对性的投资控制技术支撑，具有明显的首创效应，且该研究成果在某种程度（5号线）实践中应用的有效性，又使其具有很强的示范性。

3. 深圳地铁列车安防系统

为了有效打击恐怖分子的破坏活动，确保人民生命财产和地铁运行安全，需要建设地铁列车安防系统以加强地铁整体防范能力。深圳地铁一期工程建设初期，无线通信系统受技术发展限制，不能提供高速宽带数据传输通道，建设列车安防系统的技术手段尚不成熟。目前，无线宽带双向传输等技术的飞速发展为地铁列车在电视监控基础上扩展安装“列车安防系统”提供了技术保证。深圳地铁集团有限公司自2004年底开始组织了多个厂家进行车地无线通信、双向图像传输等多项试验，取得了成功的经验，地铁列车安防系统的主要技术已经成熟，在深圳地铁列车加装列车安防系统在技术上是完全可行的。深圳市于2006年3月对列车安防系统的立项做出了批复（深发改[2006]219号）。在紧急状态时，列车车厢乘客情况可传送至市应急指挥部，便于指挥员安排调度救援工作。将行业内地铁列车的安全防范、反恐和乘客服务提高到新的水平。

4. 深圳地铁消防设计研究

深圳地铁消防设计研究（2010—2011年）由深圳市地铁集团、深圳市公安局消防局、中国科技大学火灾国家重点实验室三家协作完成。2009年7月正式立项，2010年7月通过专家评审，并通过研究编制了《地铁工程烟气控制与人员疏散系统设计导则》和《地铁车站消防安全系统验收评定规程》、开发了新型热烟测试装置。本项目通过研究，确定了深圳地铁典型火灾场景及功率，提出了对上盖物业的综合车辆段、地铁多线换乘站与综合交通枢纽的消防安全技术要求，提出了地铁列车火灾人员安全应急技术要求与策略，为地铁工程消防安全设计导则和地铁工程消防安全系统验收评定规程的补充完善提供技术支持。《地铁工程烟气控制与人员疏散系统设计导则》和《地铁车站消防安全系统验收评定规程》是深圳地铁二期工程建设重要的设计技术标准和消防验收标准，保障了广大人民群众的生命和财产安全，具有极其重要的社会效益。

5. 车场控制中心（DCC）

2号线车辆段/停车场创新建设车场控制中心（DCC），首次将传统的车辆段/停车场的行车调度控制、车辆检修管理和乘务出勤管理、通信、信号和轨行区（含试车线）电视监控、车载电视监控集成为统一的信息平台（DCC）。中心（DCC）设有DCC控制室、乘务出勤调度室、DCC设备室、交接班室等房间。配有智能化监控工作站、ATS工作站、信号联锁工作站、大显示屏、运营资产维护管理工作站、CCTV监视器、公务电话、调度电话、专用无线调度台、广播控制台、检修调度工作站、安防工作站、综合监控工作站等设备。可完成行车调度各功能、车辆检修调度各功能、乘务出勤调度各功能、大屏幕综合显示等功能。多专业共用一个控制中心，节约了土地和建筑费用，共用一个显示大屏，节约了大屏设备建设和运营使用费用；闭路电视视频信号集中共享，节约闭路电视建设和运营费用；其他系统设备、网络设备等接入大屏控制系统，资源和信息可以共享，避免设备重复设置，使协调沟通及时、准确，效率提高。不仅是车场运营管理中心，通过车地无线传输等技术，实现对在线车辆进行管理，也是全线车辆管理中心。通过车场及在线列车闭路电视监控、火灾自动报警系统及消防联动控制、广播系统、通信及应急通信系统、信号系统、大屏幕等，可成为应急指挥中心。DCC控制中心能实时监控行驶车辆内的信息，可及时发现安全隐患，并做出迅速反应，以保障乘客的生命财产安全；能够协助公安部门直接通过大屏幕调取视频信息，对取证、责任认定等起到协助作用，能有效提高列车安全防范、反恐水平。紧急情况时，在DCC控制中心能够及时全面地了解车辆信息，迅速制定相关决策，利于统一指挥，大幅度提高车辆安全技术水平。

6. 国产地铁自动售检票系统产品（简称AFC）

深圳地铁一期工程立项时，国内没有满足深圳地铁所需要的AFC系统，长期以来该项技术和产品一直被国外公司所垄断。深圳地铁决策在国内招标自主创造，投入工程资金约1.4亿元，组织国内企业自主研发了应用软件并进行系统集成创新。该系统的车票首次全部采用非接触式IC卡，系统可以兼容香港八达通，深圳城市通系统。该系统是迄今为止世界上唯一适用A、B、C三种芯片作为车票的系统，满足内地和香港两个技术标准。目前，深圳通的技术平台就是地铁主导开发的智能收费管理系统的技术平台。通过二期工程的持续创新，深圳通可以将A、B、C三种类型的卡并入目前手机内，实现了用手机作为深圳地铁车票和小额付费的增值功能。

国产地铁AFC系统打破了国外垄断的局面，填补了国内空白，是一个具有完全自主知识产权的领先技术和产品。该系统获得多项专利，2001年获国家科技部颁发的“国家火炬计划项目”证书、2002年获得国家科技部颁发的“2002年国家重点新产品”证书。经专家鉴定，该技术达到了国内首创、国际先进水平。

该系统部件国产化率达到70%以上，价格与国外同类产品相比至少降低50%以上，同时也降低了系统的投资和维护费用。

7. 信息化深度集成的地铁综合监控系统

1998年底，深圳地铁首次提出创建地铁综合监控系统的要求，将电力自动监控（SCADA）、机电设备监控（EMCS）和防灾报警（FAS）三大信息化控制系统集成创新为一体，形成了信息共享的设备系统监控平台。该系统将地铁车站、隧道区间、变电站等的各类机电设备系统完整地集成到同一网络平台和同一软件平台上，数据和信息在统一的数据库内共享，实现统一人机界面的全面监控和设备系统的联动高效运作，提高了运营安全性。

该系统与信号、AFC等若干系统互联实现设备自动联动，并且火灾报警系统与车站环控系统紧密结合，火灾自动报警在车站、隧道及电缆通道实现了全覆盖，同时，并将报警和救灾的两个过程实现自动联动功能，从而保证地铁发生火灾报警后，系统能自动启动火源部位的排风排烟系统，实现自动预防和控制火灾的效果，为避免地铁火灾带来的重大人员伤亡，提供系统的防火的本质化安全保障。

该系统拥有多项知识产权，系统国产化率100%，完全替代了进口产品，降低了投资和维护费用。

8. 高端A型车

深圳地铁一期工程第一批22列车中，第一列车为国外生产，为降低车辆采购成本，深圳地铁采取后续的21列车在国内合资企业生产，迈出了国产化重要的一步，改写了高端地铁车辆只能从国外进口的历史。

从第二批列车开始，深圳地铁决策车辆由国内企业研制，在标书中要求国内企业按高于同类进口车的技术规格自主设计和制造A型地铁车辆。在用户决策和组织下，国内企业首次成功自主研制、生产出了高端A型车，使我国彻底告别了不能生产设计A型车的历史，填补了国内空白。车辆价格从合资企业生产的每列6 144万元降低到4 500万元，每列车减少1 644万元，同比降低了26.8%的投资。

9. 屏蔽门系统

深圳地铁组织国内企业自主生产的第一批屏蔽门并用在了深圳地铁，提高了屏蔽门系统的自主化水平，扶持了民族企业。在深圳地铁二期工程中使用的自主设计和生产的屏蔽门系统的运行表现满足设计的要求。该系统的成功应用，降低了投资和维护费用，给自主创新的地铁屏蔽门系统增添了运营业绩，为国产屏蔽门系统的推广创造了条件。该屏蔽门系统已用于国内其他地铁并已批量出口。

10. 地铁通信系统

深圳地铁首次在地铁实现乘客的所有制式的手机能够在地铁中使用，为乘客开启了乘坐地铁方便使用中国移动、中国电信、中国联通等手机服务的新时代。2004年12月26日，在地铁开通运营伊始，深圳地铁通信系统开创了同步使用中国移动、中国电信、中国联通等手机的地铁运营的先河，极大地方便了乘客，提升了地铁的服务标准。该系统填补了国内的空白。该系统首创了集成创新应用地铁通信系统和产品、方便乘客、增加地铁收益、降低造价、降低维护费用五方面利益兼收的巨大效益。

11. 乘客信息咨询系统

为了提高对乘客的信息化服务水平，深圳地铁率先提出并决定创新自己的信息化乘客信息咨询系统，在国内地铁中诞生了第一个面对乘客的直观的列车和车站的电子媒体咨询系统，使乘客了解服务信息更加方便，提升了运营服务的信息服务水平。该系统填补了国内的空白。该系统在为乘客服务的同时，通过视频媒体分割的部分广告资源也给地铁创造了一定的收益。首创了不仅集成创新信息化乘客咨询系统和产品，方便了乘客，并且增加地铁的收益三方面共赢的新局面。

12. 智能司机驾驶培训系统

该系统在深圳地铁明确要求国内自主创新之前，全部依赖进口，为了降低投资和减少长期使用费用，深圳地铁率先主导研制了第一个国内具有完全自主知识产权的全功能、高水平的地铁司机智能培训系统。智能司机模拟驾驶培训系统的成功应用，填补了国内空白，对提高司机操作水平、提高司机和检修人员的故障处理能力具有显著作用。自主研发的司机模拟驾驶培训系统拥有多项知识产权。到目前为止，该系统已应用于国内7个城市地铁和高铁的司机培训。与国外进口系统的价格相比，每套节约资金2 100万元人民币以上，产出了巨大的经济效益。

13. 感温光纤预警系统

深圳地铁在国内第一个提出了要在隧道和电缆通道敷设感温光纤预警系统的需求，并主导创新应用了我国自主研制的感温光纤预警系统，实现了地铁火灾预警系统的全面覆盖。与综合监控系统互联后，使自动灭火控制系统首次在地铁中实现了覆盖地铁车站、隧道、电缆通道、设备房和工作间的火灾预警、报警和救灾的全自动监控。该系统的信息化创新应用，保证了动态监控地铁内部不因火灾而发生大规模群死群伤的事故。树立了创新应用信息化技术预防地铁火灾造成重大伤亡事故的样板。该系统填补了国内空白，并拥有多项知识产权。

14. 惰性气体灭火系统

为了将灭火系统覆盖地铁的设备房间和区域，并在灭火时不损坏电气设备，深圳地铁在国内第一个主导创新应用了我国自主研制的惰性气体灭火系统，且该系统与综合监控系统实现互联后，使自动灭火控制系统首次在地铁中实现了覆盖地铁车站、隧道、电缆通道、设备房和工作间的火灾预警、报警和救灾的全自动监控。该系统填补了国内地铁采用气体灭火的应用空白。引领了采用气体灭火和保护地铁信息化设备的方向。

15. 两用视频监控系统

深圳地铁为了实现在线监控、管理车站和重要区域人员的行为和突发事件并存储其影像，同时，结合公安部门的需要，首次将地铁的视频监控系统与公安部门的专用视频监控系统资源共享的创新建设，第一个创新应用了地铁和公安部门两用的信息化视频监控系统，并在地铁范围内实现了地铁重要区域的全覆盖。该系统在用户和公安部门的主导下，实现了地铁管理区域的在线全面监控和前端设备的资源共享。该系统的创新应用可以远程监控和追踪地铁和公安部门需要监控的对象；其录像资料可以作为处理日常发生争议事件、民事或刑事案件的证据；可以远程监视发生大客流等突发事件现场的情况；可以用作其他管理等用途。该系统的创新应用为地铁车站、重要部位的监控和管理提供了信息化视频监控手段，为维护地铁的正常秩序发挥了重要作用。利用该系统在威慑、高效、直观、识别、追踪、监控、证据等功能，为地铁和公安部门维护地铁的社会公共秩序提供了信息化资源。

16. DC1500V接触轨供电技术

深圳地铁3号线在原特区外均采用高架敷设，两边房屋密集，人口众多，沿线交通量大，对工程景观提出了较高的要求。本工程特别针对牵引供电受流方式进行了专题研究，并聘请了国内和香港多位知名专家和相应的政府官员对该专题进行评审和论证，最终确定全线（包括车辆段和停车场）统一采用DC1500V的接触轨受流方式为本工程的牵引供电制式，在国内城市轨道交通领域属首次。

和传统的DC750V接触轨牵引供电系统相比较，在线路条件、车辆型式、列车编组等条件相同的情况下，电压等级越高，负荷距和牵引变电所间距就越大，因此DC1500V接触轨系统可减少三分之一的牵引变电所数量，不仅大幅度节省了变电所的土建费用和牵引变电所的设备投资，而且更加有利于列车再生制动能量的吸收。同时，DC1500V接触轨系统可以有效地减少牵引整流机组损耗和牵引网损耗。

17. UPS后备电源集中供电

目前，在国内绝大部分地铁弱电各系统中，通信、信号、自动化集成（集成了防灾报警、设备监控等系统）、自动售检票等系统的UPS电源，均分别单独设置了UPS电源、蓄电池及设备房。在这种供电方式下，弱电各系统从自身电源需要出发，考虑一定的电源冗余，确定本系统的UPS电源设备、蓄电池容量及设备房的大小。深圳地铁3号线通过从网络构成、房屋面积、运营维护、资源共享性、监控系统的设置、备品备件、设备投资等方面进行对比分析，在确保对弱电各系统可靠供电的前提下，采用弱电各系统UPS电源集成化的设计思路，对弱电各系统实现UPS电源设备集中设置并统一供电的方式，具有UPS电源和蓄电池冗余容量得到合理的控制；UPS电源设备房面积得到合理的控制和有效的使用；有助于统一UPS电源、蓄电池、备品备件的设备型号，便于维护管理和使用；有利于实现资源共享，减少工程和运营维护费用等优点。

18. 全国首座双层车辆段

深圳地铁3号线横岗车辆段是全国首座建成并投入使用的双层车辆段，率先将“地下车站采用单活塞风亭”作为技术标准进行设计，同时将高架段敷设在深惠路中央绿化带内。通过采取上述新技术，节约了大量城市土地资源，横岗双层车辆段较国家标准节约40%土地。同时，横岗双层车辆段结合周边地块，合理利用地铁资源，进行了综合物业开发，提高了土地利用率，在有限的资源下创造出更大企业利润和社会价值。

2.5.7 深圳市城市轨道交通发展历程

早在特区建设初期，深圳已开始进行轨道交通筹划，1988年，深圳已有了轻轨交通的初步规划及研究报告；其后，又适时向国家提出了建设连接机场的轻轨项目建议书。

1992年7月，国务院立项批准深圳市政府上报的轻轨工程项目，同年10月，鉴于城市的迅速发展，深圳市委常委会议作出决定，将拟建的轻轨铁路改为建设地铁，同年底，成立深圳市城市铁路客运系统（地铁）领导小组及其办公室，开始地铁建设筹划，并于1994年组织编制完成《深圳地铁1号线一期工程罗湖火车站至南头联检站预可行性研究报告》、《深圳市客运轨道交通网络总体规划报告》、《深圳市客运轨道交通网络客流预测报告》等。国办发[1995]60号文暂停审批城市轨道交通项目后，结合香港回归深港客流衔接要求和设备国产化政策，经对项目作重大调整和材料修改补充，1996年5月，深圳市政府向原国家计委重新上报了《深港罗湖、皇岗／落马洲口岸旅客过境轨道接驳工程》项目建议书。

1998年5月原国家计委批准《深港罗湖、皇岗／落马洲口岸旅客过境轨道接驳工程》项目建议书，工程获得立项，并更名为“深圳地铁一期工程”。1999年10月深圳地铁一期工程初步设计完成，1999年12月，中心区三个工点土建先期开工。

2001年3月，深圳地铁一期工程全面开工。2002年4月，地铁 1 号线延长段侨城东至世界之窗初步设计评审通过，经批准纳入地铁一期工程，实施同步建设。2004年12月28日，深圳地铁一期工程全面建成开通。深圳地铁一期建设试运营于2006年6月30日结束，翌日起转入正式运营。龙华线福民—福田口岸站一段于2007年6月28日试运行，已投入运行的深圳地铁与香港的港铁东铁线均连接到罗湖口岸和福田口岸。

地铁一期工程建成通车，受规模限制，未形成网络，难以发挥轨道交通的优势，必须及时启动二期工程。2003年底，深圳市编制《深圳市城市轨道交通建设规划（2005—2010）》（即深圳市地铁二期工程）。2005年起，深圳市轨道交通进入二期工程建设。二期工程主要有地铁1、2、3、4、5号线的新建和续建工程，规划总里程156.6 km，设有111座车站、108个区间，总投资概算约750亿元。

2010年起，地铁二期工程先后进入竣工验收，2010年12月28日，地铁蛇口线首建段与地铁龙岗线高架段开通试运营，至2011年6月底，轨道交通二期工程全面竣工，5条地铁线路全部开通试运营。

2011年4月，《深圳市城市轨道交通建设规划（2011—2016）》得到国家发改委批复，深圳市城市轨道交通近期建设规划的11、7、9、6、8号线共5条线路正式获准立项，近期方案即深圳市轨道交通三期（2011—2016）建设项目，2011年12月底轨道交通三期机场线（11号线）前期工程开工，2012年10月，深圳轨道交通三期工程的西丽线（7号线）也开工建设。

2012年，在加快深圳地铁三期工程发展的同时，深圳地铁二期工程获得多项工程质量大奖，其中包含：深圳北站获中国建筑协会“鲁班奖”，“全国工程建设优秀质量管理一等奖”；3号线横岗双层车辆段获国家优质工程银奖。

随着深圳地铁的开通，深圳已成为中国继北京、香港、天津、上海及广州后第六个拥有地铁系统的城市。现已投入运行的有罗宝线、蛇口线、龙岗线、龙华线及环中线，随着地铁二期的建成开通，深圳已经拥有约178 km的地铁线网，线路里程居全国第四，仅次于上海、北京、广州。

2.6 南京

2.6.1 南京市2013年度城市轨道交通最新动态

2013年南京市城市轨道交通进入网络化建设的新阶段，在建线路共7条，各线总体进展顺利，质量、安全可控，3号线实现了江宁、江北段“轨通”；4号线实现了所有车站围护结构全部完工、3座车站主体结构封顶、15台盾构顺利始发的建设目标；10号线顺利实现了“6.30洞通、11.30轨通、12.26电通”的“三通”目标，车辆已顺利“热滑”；宁高城际一期顺利实现了“12.15洞通、12.18右线轨通、12.26右线电通”的关键节点，目前全线已实现电通，即将开展“冷、热滑”；宁天城际顺利实现了全线土建“洞通”的年度目标；宁和城际一期、宁高城际二期顺利实现了全线开工。

2.6.2 南京市城市轨道交通线网规划

1. 南京市城市轨道交通线路规划

南京是江苏省省会，2012年全市总面积6 600 km^2，建成区面积752.83 km^2。截至2011年末，全市总户籍人口636.36万人，常住人口总量为810.91万人。

南京轨道交通线网由城市轨道交通和城际轨道交通构成，共计22条线路，782 km，其中城市轨道交通14条、496 km，城际轨道交通8条、286 km。都市区轨道交通线网密度0.18 km/km^2，中心城区轨道交通线网密度0.62 km/ km^2，主城轨道交通线网密度0.90 km/km^2；老城区站点半径600 m覆盖率达75%，主城站点半径800 m覆盖率达70%。规划轨道交通车站286座（换乘站70座），控制中心5座，车辆段18处，停车场13处，主变电站26座（线路还在优化调整之中）。

2. 南京市城市轨道交通规划线路

南京市城市轨道交通规划线路有9条，包括5号线、6号线、7号线、8号线、9号线、11号线、12号线、13号线、14号线。

1）南京地铁5号线

5号线是贯穿主城东南和西北的加密线，分流1号线和市中心区的客流量。全长37.2 km，设有29座车站。

2）南京地铁6号线

6号线为南北向市域快线，平衡主城内轨道线网客流，并带动沿线一些主要地区再开发。线路全长32.1 km，设站16座。

3）南京地铁7号线

7号线是主城南北向加密线，分流南北向主干线的客流量，线路全长35.7 km，设有25座车站。

4）南京地铁8号线

8号线是部分利用原宁芜铁路线路的一条西北—东南方向市域快线，线路全长63.4 km，主要由现有宁芜铁路改建而成，设有27座车站。

5）南京地铁9号线

9号线是一条连接城北与河西的南北向加密线，线路全长18 km，设有15座车站。

6）南京地铁11号线

11号线起自浦口区桥林新城的滨江村站，终点到浦口区桥北地区的大桥北路站，线路全长26.3 km，共设13座车站。

7）南京地铁12号线

12号线沿线经过栖霞区、江宁区，为城市南北—东西向轨道线路，联系了仙林副城、麒麟、东山副城三大区域，对缩短沿线仙林、麒麟、东山组团与城市中心区的时空距离，实现城市中心区的辐射功能，促进沿线周边地区的快速发展起着重要作用，线路全长约23.8 km，共设18座车站。

8）南京地铁13号线

13号线起自河西北部，经清凉门大街、广州路、珠江路、明故宫路、后标营路、胜利村路，终于七桥瓮公园，线路全长16.0 km，共设15座车站。

9）南京地铁14号线

14号线位于南京市区北部，沿线经过新港开发区、六合区，线路全长约33.2 km，共设10座车站。

2.6.3 南京市城市轨道交通建设情况

为配合2014青奥会的举办，促进南京城市战略发展，为市民提供更便利的地铁出行，南京地铁以“规划前瞻、资源节约、可评可比、精品极品”为建设理念，克服地质条件复杂、融资难、拆迁难、工期紧张、施工组织难度大等诸多不利因素，积极推进地铁3号线、4号线一期、10号线一期、宁高城际一期、宁天城际一期、宁和城际一期工程、宁高城际二期等多条线路建设。

1. 南京地铁3号线

3号线是一条南北客流主干线，贯穿大江南北、连接主城江北新市区和东山新市区，连接禄口机场、南京南站、南京火车站及江北火车站最重要的对外交通枢纽。南京地铁3号线北起浦口林场，沿线经过江北浦口区，江南下关区、玄武区、白下区、秦淮区、雨花区和江宁区等重要片区，南至江宁九龙湖，线路全长约44 km。全线共设28座车站，除林场站为高架站外，其余27座车站全部为地下站。全线设滨江路和南京南站2座主变电站，同时在南京南站地区设1座控制中心，停车场、车辆段各1处。3号线已于2010年1月10日举行开工典礼，同年12月18日过江段正式开工建设，预计2014年建成通车。

2. 南京地铁4号线一期

4号线是一条东西向市域快线，贯穿主城、仙林新市区和江北新市区，全长43.1 km。具体走向为浦珠路—滨江—中保—省委—云南路—鼓楼—市政府—九华山—省经干院—樱花路—岔路口东—仙鹤门—金马路—仙林大学城。

4号线一期工程起始于中保村，止于仙林东站。线路全长33.8 km，共设车站18座，全线设青龙车辆段一处，设两座主变电站，分别位于紫金山北站和灵山站附近，设灵山控制中心一座。4号线一期工程已经于2011年12月27日举行开工仪式，预计2015年建成通车。

3. 南京地铁10号线一期

10号线一期由雨山路至安德门，线路总长21.6 km，共设车站14座，其中新建10座，全部为地下站，新建线路全长16.3 km；其中小行站为高架站，其余均为地下站。10号线一期工程已于2010年1月10日开工，预计2014年建成通车。

4. 宁高城际一期工程

宁高城际轨道交通一期工程（机场线）起点位于雨花区南京南站，途经雨花、江宁两个区，终点位于江宁区禄口机场，线路全长约35.8 km。全线共设车站8座，其中地下车站5座，高架车站3座。设禄口新城南车辆段，设南京南站控制中心，设南京南站、禄口新城南变电站。宁高城际轨道交通一期工程已于2011年12月27日开工，预计2014年建成通车。

5. 宁天城际一期工程

宁天城际轨道交通一期工程起点位于浦口区大桥北站，途径浦口、六合两区，终点位于六合区金牛湖站，线路全长45.2 km。全线共设车站17座，地下站6座，高架站11座。宁天城际一期工程已于2012年6月21日开工，计划于2014年建成通车。

6. 宁和城际一期工程

宁和城际轨道交通一期工程东起雨花区高铁南京南站，西至桥林黄里，途经铁心桥地区、汪家村地区、河西南部、大胜关大桥、规划桥林新城至桥林黄里地区，将来二期工程将延伸至安徽和县。一期工程线路全长37.6 km，共设18座车站，其中地下站10座，高架站8座。宁和城际轨道交通一期工程于2012

年12月27日开工建设，到2015年年底，实现全线联调，试运行并通车。

2.6.4　南京市城市轨道交通运营现状

南京市已经投入运营的线路有1号线、1号线南延线、2号线，线路总长度达85 km，共57座车站。

1. 南京市城市轨道交通运营线路

1）南京地铁1号线

南京地铁1号线全长21.72 km，地下线14.33 km，地面及高架线7.39 km。南起于奥体中心，北至迈皋桥，途经元通、中胜、小行、安德门、中华门、三山街、张府园、新街口、珠江路、鼓楼、玄武门、新模范马路、火车站、红山动物园，共16座站，平均站距1.4 km。16座车站开通出入口76个，其中地下车站11座，地面及高架车站5座。地铁1号线一期工程于2005年5月—8月进行了观光运行，8月12日开始载人模拟试运行，9月3日正式试运营。

2）南京地铁1号线南延线

南京地铁一号线南延工程由一号线安德门站向南延伸至东山新市区，经过建设中的京沪高速铁路南京站，穿越雨花台区和江宁区，止于中国药科大学站，车辆段设在江宁大学城内。线路全长25.08 km，共设车站15座（不含安德门站），分别为天隆寺站、软件大道站、花神庙站、南京南站、双龙大道站、河定桥站、胜太路站、1912•百家湖站、台湾广场•小龙湾站、竹山路站、天印大道站、龙眠大道站、南医大•江苏经贸学院站、江苏海院•南京交院站、中国药科大学站。其中地下车站8座，高架车站7座。南延工程采用与一号线相同的A型车6辆编组，在既有一号线的基础上于城东路新建停车场一座，在小龙湾新建主变电站一座，控制中心设在珠江路控制中心大楼内。工程于2006年底开工建设试验段，2010年5月28日开通运营。

3）南京地铁2号线

南京地铁2号线按建设启动时间分为一期工程和东延工程两段。2号线一期起于河西新区的油坊桥，止于紫金山麓的马群，线路贯穿南京主城区的东西向中轴线，连接河西新城区和城东地区，与地铁1号线分别在新街口和元通换乘。线路全长25.27 km，共设车站19座，分别为油坊桥站、雨润大街站、博览中心•元通站、奥体东站、永隆家居•兴隆大街站、集庆门大街站、云锦路站、莫愁湖站、汉中门站、省中医院•上海路站、德基广场•新街口站、宝庆银楼•大行宫站、军区总院•西安门站、明故宫站、苜蓿园站、下马坊站、孝陵卫站、钟灵街站、马群站。其中地下站18座，高架站1座，车辆采用A型车6辆编组，在油坊桥和马群分别设停车场和车辆段一处，控制中心设在珠江路。2号线一期于2005年12月全面开工，2010年5月28日开通运营。2号线东延段从马群站向东延伸至仙林新市区，东延段全长12.68 km，共设车站7座（不含马群站），分别为紫东创意园•金马路站、仙鹤门站、学则路站、仙林中心站、中医药大学•羊山公园站、南大仙林校区站、经天路站，均为高架和地面车站，与2号线一期贯通运营。2号线东延工程于2007年10月7日开工建设，2010年5月28日开通运营。

2. 票价情况

目前实行线网分段计站收费方式，起步价2元，乘坐1~8站（含上车车站，下同），3元乘坐9~12个站，4元乘坐13站以上。

车票种类有单程票、金陵通卡、纸质车票和限期计次卡。对离休干部、革命伤残军人、革命伤残警察、盲人实行免票。

3. 客流情况

2013年南京市的运营数据如表2-8所示。

表2-8　南京市轨道交通2013年客流量

单位：万人次

线 路	全年客流总量	日均客流	日最高客流
1号线	20 900	57.12	162.42
1号线南延线	7 100	19.54	
2号线	17 200	47.22	

2.6.5　南京市城市轨道交通建设和运营管理模式

南京地铁集团有限公司内设7个部门，包括办公室、组织宣传部、人力资源部、规划企划部、资产管理部、财务部、监察室；2个直属单位，分别是南京地铁土地储备分中心、南京地铁交通设施保护办公室；3家全资子公司，分别是南京地铁建设有限责任公司、南京地铁运营有限责任公司、南京地铁资源开发有限责任公司。集团定位为资金的平台、资产的平台、资源的平台，以资金、资产、资源为纽带，通过建立和完善公司治理机制、业务管控机制、财务监管机制、干部聘用机制、绩效考核机制、项目管理机制和资金平衡机制七大配套机制，协同好与建设、运营、资源开发三个子公司的关系，促使三家子公司集中精力完成好南京地铁自身建设、运营和资源开发任务。

南京地铁建设有限责任公司主要的职能是负责自筹资金项目初步设计、施工图设计，工程勘察，工程质量、安全、进度、投资、文明施工现场管理，工程报建报审、验收，设备选型、采购、监造、安装调试、验收，征地拆迁、建设用地、交通组织等各项施工准备，是承担南京地铁工程建设管理的任务部门。

南京地铁运营有限责任公司主要职能为营运服务公司，受南京地铁集团有限公司委托，负责现有85 km线路的运营管理、乘客服务及设施设备的维修保养，同时担负起网络化运营的筹备任务，2014年底前运营总里程将达到225 km。

南京地铁资源开发有限责任公司以服务南京城市轨道交通发展、加强地铁资源市场化经营为核心，主要负责政府赋予的南京地铁非票务资源的经营开发，通过多项经营活动的开展，确保国有资产的保值增值；同时通过土地整理与开发、上盖物业开发与管理、地铁资源经营收益，弥补地铁运营亏损，形成还本付息机制，以打造保证南京地铁健康可持续发展的地铁筹融资、资源开发与经营管理的专业化平台。

2.6.6　南京市轨道交通技术特点和创新项目简介

1. 浅埋暗挖穿越软流塑地层技术

依据南京地铁1号线珠江路站—鼓楼站—玄武门站区间工程完成的《南京地铁软流塑地层浅埋暗挖隧道和大跨度浅埋暗挖隧道群穿越旧建筑物群施工技术》科研课题获得2005年度江苏省科技进步二等奖；1号线鼓楼站—玄武门站区间工程获国家第六届詹天佑土木工程奖。主要新工艺和创新技术有：①管棚超前支护施工新技术；②软流塑状淤泥质黏土地层掌子面加固浆液研制；③饱和富含水淤泥质粉质黏土地层结构全包分区防水新技术。南京地铁1号线珠江路站—鼓楼站—玄武门站区间建成后，针对浅埋暗挖法穿越软流塑地层形成的新技术，被广泛应用于后续类似工程建设中。

2. 新型U梁的研究与应用

南京地铁2号线首次提出和应用U形梁系统综合技术，以精巧构造的U形载面为载体，集成了隔音降噪、建筑造型、显著的经济性、车辆运行安全防护、节能防护、施工便捷、工期缩短等诸多优势，构筑了环境友好型城市轨道高架系统，获得了国家发明专利一项，实用新型专利三项，并获得2012年华夏建设科学技术一等奖。

3. 大直径盾构机穿越长江

南京地铁3号线浦珠路站—滨江路区间隧道为下穿长江的过江区间隧道，采用单洞双线结构形式，隧道外径Φ11 200 mm，为国内第一条城市轨道交通最大直径的盾构隧道，也是穿越长江的第二条城市轨道交通隧道。主要技术创新点：①国内第一条针对城市轨道交通最大直径盾构隧道进行的圆断面设计；②针对特制的盾构机，对管片分块进行了最优化的设计，采取了5（标准环）+2（临近环）+1（封顶环）的分块方式；③在越江隧道高水压条件下采取双道密封垫的设计；④在地层变化处及沉降控制要求较高处，管片设置凹凸榫槽、剪力销、定位棒的措施，以此控制盾构管片的纵向变形，确保隧道的安全。该项技术可广泛应用在各大城市越江隧道项目中，推广前景广阔。

2.6.7 南京市城市轨道交通发展历程

南京地铁项目规划建设工作于1984年启动，先后历经多次调整修改。1999年4月15日，南京地铁南北线一期工程项目经国务院批准正式立项。同年10月，原国家计委批复了南京地铁南北线一期工程可行性研究报告，1号线工程于2000年12月12日开工建设，2005年9月3日正式试运营。2006年7月16日，国家发改委批复了南京地铁2号线一期工程可行性研究报告，2号线一期工程于2005年12月28日开工建设试验段，2010年5月28日通车试运营。2007年03月14日，南京地铁1号线南延线工程可行性研究报告通过国家发改委审批，1号线南延线工程于2006年11月20日开工建设试验段，2010年5月28日通车试运营。2008年1月28日，国家发改委批复了南京地铁2号线东延线工程可行性研究报告，2号线东延线工程于2007年10月7日开工建设，2010年5月28日通车试运营。2012年在建线路工程6条，南京地铁进入网络化建设的新阶段。

2

2005年12月31日，国务院批准《南京市城市快速轨道交通建设规划》（近期）。2010年12月17日，国家发改委批复了南京市城市轨道交通建设规划调整方案。2012年4月25日，国家发改委批复了包含南京都市圈、苏锡常都市圈及沪宁沿线地区8个城市在内的《江苏省沿江城市群城际轨道交通网规划（2012—2020）》，正式批准新建一批城际轨道交通线路的规划方案，包括南京—高淳、南京—和县、南京—天长、南京—句容、南京—仪征、无锡—江阴、无锡—宜兴、苏州—无锡硕放机场线，线路里程约375 km。该批复同时对近期实施方案给予了核准，明确了2012—2015年开工建设南京—高淳线（南京南站—禄口机场段）、南京—和县线（南京南站—黄里段）、南京—天长线（林场站—金牛湖段）4条共161 km线路，并由江苏省负责组织实施。

《规划》的批复为南京地铁完成青奥任务，实现“十二五”建设目标创造了条件，也为到2020年初步形成南京都市圈轨道交通放射状网络布局，完善综合运输体系，满足区域交通需求打下了良好基础。目前正在修编的南京轨道交通线网规划为22条线，总长度达到了782 km。

2.7 重庆

2.7.1 重庆市2013年度城市轨道交通最新动态

4月11日，由重庆（国际）单轨协会、加拿大庞巴迪公司、日本单轨协会共同发起的国际单轨交通（重庆）高峰论坛在重庆举行，来自10多个国家和地区200多名轨道交通行业专家围绕“绿色单轨交通应用与发展”进行了应用与技术交流，共同探讨单轨交通在世界范围内的发展形式和未来发展趋势，分享城市绿色轨道交通技术与应用的新思路、新经验、新做法。

4月23日，轨道交通6号线支线一期工程可行性研究报告获国家发展改革委正式批准。

5月15日，轨道交通6号线国博线（礼嘉—悦来）开通试运营，全线12 km，开通国博站和悦来站。

5月23日，重庆首届轨道交通与地产经济高峰论坛在南坪国际展览中心隆重举行，论坛以“发展轨道物业经济、建设美丽重庆”为主题进行深度研讨。

5月26日，重庆市轨道交通（集团）有限公司荣获全国五一劳动奖状，成为全国城市轨道交通建设运营行业唯一获此殊荣的企业。

6月4日，由中国城市轨道交通协会、中国国际工程咨询公司主办的“中国城市轨道交通高层论坛”暨“2013年第八届中国国际轨道交通展览会”在上海举行，由重庆国际单轨协会牵头，重庆单轨产业展团参加展览，大力向国内外同行宣传重庆单轨产业自主创新成果，推广重庆单轨交通技术。

7月3日，6号线控制性节点工程——蔡家嘉陵江大桥顺利合龙。大桥全长1 300 m，主桥640 m，引桥660 m，为主跨250 m双索面斜拉桥。成为国内第一、世界第二跨度的城市轨道交通专用斜拉桥。

7月15日，重庆市轨道交通院士专家工作站揭牌仪式在重庆隆重举行，院士专家工作站设置在重庆轨道交通（集团）有限公司，对重庆轨道交通技术创新与研发、增强企业自主创新能力和核心竞争力、聚集和培养高端创新人才将产生十分重要的作用。

7月17日，重庆市轨道交通三届一次专家委员会会议在渝召开，会议由中国工程院院士、重庆市轨道交通专家委员会主任施仲衡主持，第三届一次专家委员会11位专家全部出席。专家们充分肯定了近年来重庆轨道交通在规划、建设、运营、发展等各项工作中取得的成绩，并在跨座式单轨交通的推广应用、建设管理和投融资模式创新等方面提出了许多高层次、前瞻性的专家咨询意见及建议。

7月31日，轨道交通3号线北延伸段工程可行性研究报告获得重庆市发展和改革委员会正式批复。

8月10日，轨道交通环线工程可行性研究报告通过重庆市发改委主持的专家评审。

9月18日，轨道交通5号线一期工程可行性研究报告通过重庆市发改委主持的专家评审。

10月11日，重庆轨道交通环线一期工程初步设计通过重庆市城乡建设委员会主持的专家评审。

10月12日，由重庆市轨道交通（集团）有限公司主持完成的重庆市重点科研项目——《跨座式单轨交通装备关键技术研发及产业化》在2012年度重庆市科学技术奖励大会上荣获重庆市科技进步一等奖。

10月28日，轨道交通环线开工建设，拉开了重庆轨道交通第二轮建设规划的建设序幕。

11月24日，第八届全国交通运输企业文化建设高峰会在广州召开，重庆轨道交通（集团）有限公司荣获“全国交通运输企业文化建设优秀单位”称号。

12月12日，由国家主流媒体科技日报社主持的“创新驱动与城市轨道交通多制式协调发展座谈会”在重庆隆重召开。

12月19日，重庆市企业联合会、重庆市企业家协会召开了重庆市企业文化年会，重庆市轨道交通（集团）有限公司荣获“2013年重庆市企业文化建设先进单位”称号。

12月31日，轨道交通六号线二期（礼嘉—北碚段）开通试运营。

2.7.2 重庆市城市轨道交通线网规划

重庆市位于中国内陆西南部、长江上游，四川盆地东南部，是中国面积最大的直辖市，辖区总面积82 403 km²，其中主城建成区面积为647.78 km²。依据第六次全国人口普查，重庆市总人口2 884.62万人，占全国总人口的2.15%。

1. 重庆市城市轨道交通线路规划

《重庆市主城区轨道交通线网调整规划（2007—2020）》对重庆市远景线网规划做了扩展和优化。经过调整的线网规划为17线1环，共820 km。到2014年将形成由1、2、3、6号线组成的轨道交通骨干线网，线路总长198 km；第二轮建设规划项目共215 km，将于2013—2016年陆续开工建设。至2020年末，重庆市轨道交通运营里程将达到400 km以上。

2. 重庆市城市轨道交通规划线路

重庆轨道交通第二轮建设规划已获得国务院审批并于2013年开工建设，基本情况如下。

1）重庆轨道交通4号线一期工程

线路经重庆北站—唐家沱，线路总长约17.7 km。

2）重庆轨道交通5号线一期工程

线路经园博园—人和—冉家坝—歇台子—石桥铺—重庆西站—跳蹬，总长约39.7 km。

3）重庆轨道交通6号线支线

线路经礼嘉—会展中心—水土，线路总长约26 km。

4）重庆轨道交通9号线

线路经沙坪坝—红岩村—观音桥—江北城—回兴—两路，线路总长约45 km。

5）重庆轨道交通10号线

线路经兰花路—南坪—七星岗—重庆北站—江北机场—会展中心，线路总长约39 km。

6）重庆轨道交通环线

线路经四公里—谢家湾—奥体中心—陈家坪—重庆西站—沙坪坝—重庆北站—五里店—四公里，线路总长约51 km。

2.7.3　重庆市城市轨道交通建设情况

1. 重庆轨道交通1号线大学城至尖顶坡段

线路全线长2.0 km，设1座车站，采用钢轮钢轨B型车交通制式。全线已于2012年全面开工，2014年开通试运营。

2. 重庆轨道交通2号线延伸段（新山村—鱼洞）

线路全长12.0 km，设6座车站，采用跨座式单轨交通制式。全线已于2010年全面开工，预计2014年开通试运营。

3. 重庆轨道交通3号线北延伸段

线路全长9.9 km，设7座车站，采用跨座式单轨交通制式。全线已于2012年全面开工，预计2015年开通试运营。

4. 重庆轨道交通4号线一期

线路全长17.7 km，设10座车站，采用钢轮钢轨As型车交通制式。全线已于2013年12月开工，预计2017年开通试运营。

5. 重庆轨道交通5号线一期

线路全长39.7 km，设25座车站，采用钢轮钢轨As型车交通制式。全线已于2013年12月开工，预计2017年开通试运营。

6. 重庆轨道交通6号线茶园至上新街段

线路全长12.0 km，设4座车站，采用钢轮钢轨B型车交通制式。全线已于2010年全面开工，预计2014年开通试运营。

7. 重庆轨道交通6号线礼嘉至北碚段

线路全长26.2 km，设8座车站，采用钢轮钢轨B型车交通制式。全线已于2010年全面开工并于2013年12月31日开通试运营。

8. 重庆轨道交通6号线会展支线（礼嘉—悦来）

线路全长12.58 km，设5座车站，采用钢轮钢轨B型车交通制式。全线已于2010年全面开工并于2013年5月15日开通试运营。

9. 重庆轨道交通环线

环线全长51 km，设33座车站，采用钢轮钢轨As型车交通制式。全线已于2013年10月开工，预计2017年开通试运营。

2.7.4 重庆市城市轨道交通运营现状

1. 重庆市城市轨道交通运营线路

2013年重庆轨道交通已开通运营的线路有重庆轨道交通1号线、2号线、3号线、6号线（含国博线）。

1）重庆轨道交通1号线

重庆第一条钢轮钢轨线路，线路全线长37 km，设22座车站，小什字—沙坪坝段于2011年7月开通试运营，沙坪坝—大学城段于2012年12月开通试运营。

2）重庆轨道交通2号线

中国第一条跨座式单轨线路，西部地区第一条城市轨道交通线路，线路全长19.2 km，设18座车站，校场口—动物园段于2005年6月开通试运营，动物园—新山村段于2006年7月开通试运营。

3）重庆轨道交通3号线

世界最长的跨座式单轨线路，线路全长56.1 km，设39座车站，二塘—江北机场段于2011年12月开通试运营，鱼洞—二塘段于2012年12月开通试运营。

4）重庆轨道交通6号线

线路全长57.6 km，设19座车站，五里店—康庄段于2012年9月开通试运营，康庄—礼嘉段于2012年12月开通试运营，礼嘉—北碚段于2013年12月开通试运营，国博线（礼嘉—悦来）于2013年5月开通试运营。

2. 车辆情况

重庆轨道交通已建成或建设中的线路采用以下两种基本制式：一是跨座式单轨，应用线路为2号线、3号线；二是钢轮钢轨制式，应用线路为1号线、6号线。跨座式单轨线路使用跨座式单轨列车，6辆编组列车长为89.4 m、宽为2.9 m，列车最高行驶速度75 km/h，采用DC1500V刚性接触轨供电。钢制轮轨线路使用地铁B型车，6辆编组列车长为118.12 m、宽为2.8 m，列车最高行驶速度100 km/h，采用DC1500V刚性接触网供电。

3. 客流情况

2013年重庆市的运营数据如表2-9所示。

表2-9 重庆市轨道交通2013年客流量 单位：万人次

项 目	单 位	1号线	2号线	3号线	6号线	国博线
全年运量（2013年）	万乘次	11 833.75	7 456.71	17 783.07	2 898.73	77.08
最大日运量	万乘次	55.39	33.38	75.15	16.57	3.50
日均运量	万乘次	32.42	20.43	48.72	7.94	0.33
高峰小时最大断面流量	万人次/小时	1.97	1.51	2.56	0.82	0.46
客运强度	（日均）万乘次/km	0.88	1.06	0.87	0.42	0.03
平均运距	km/人	10.38	6.14	9.58	5.24	10.82

2.8 长春

2.8.1 长春市2013年度城市轨道交通最新动态

2013年，长春市城市轨道交通建设快速发展。截至2013年12月，总投资160亿元、全长18.5 km的地铁1号线工程进展顺利，长春站北广场站已经建成，卫星广场、人民广场等11座车站及区间全面进入实施土建工程阶段，计划2015年正式完工。总投资158亿元、全长20.8 km的地铁2号线启动建设，其中袁家店站已开工，南关站至烟厂站、文化广场站即将开工，其他标段正在推进前期工作，计划2016年年底通车。

2.8.2 长春市城市轨道交通线路规划

1. 长春市城市轨道交通线路规划现状

长春市是吉林省省会，全市土地总面积20 604 km^2，市区面积4 906 km^2，四环内建成区面积379.94 km^2。截至2010年第六次人口普查显示，长春市常住人口是767.71万。

根据城市总体规划，长春市对城市快速轨道交通线网也进行了相应的调整和修编。2002年8月由长春市规划设计院、北京市城市规划设计院、北京中城捷咨询公司完成了《长春市快速轨道交通线网规划》，2009年进行了再次修编，经市政府批准，纳入新修编的长春市城市总体规划和综合交通规划。最新的线网规划以远景年（2050）市区500 km^2为研究范围，长春市城市快速轨道交通线网规划由7条地铁和轻轨线路组成放射式的线网，与城市形态结构与发展方向相吻合。其中5条放射线为地铁线（1、2、5、6、7号线），2条半环线为轻轨线（3、4号线）。线网总长度为256.9 km，中心城区线网密度为0.38 km/km^2；核心城区线网密度为1.18 km/km^2。

规划中轨道交通建设分为三个阶段进行，最终形成以公共交通为主体、轨道交通为骨干的综合交通体系。

第一阶段为2003—2010年：完成轻轨3号、4号线工程，线路总长52.1 km。

第二阶段为2010—2020年：修建南北线（规划1号线）和东西线（规划2号线）两条地铁线路，建设里程为41.98 km，至2020年长春市快速轨道交通运营里程达到94.08 km。

第三阶段为2020—远景年（最快2030年左右）：修建东北至西南对角线（5号线、6号线、7号线）和其他线路的外围支线，根据线网规划建设交通里程达到256.9 km，实现线网规划。

《城市总体规划》和最新完成的《城市空间发展战略规划》都对长春城市中心区进行“解密外疏”设计，即向南、东南发展构造新的城市中心区，形成“双中心”格局，控制旧城市中心区规模和密度。由3号、4号线构成的轻轨网由于既服务于旧城市区（处于现城市核心区边缘位置），又向南、东南连通新城市中心区，与城市中心区“解密外疏”的区位和方向十分吻合。

2. 长春市城市轨道交通规划线路

长春市城市轨道交通规划线路有3条，包括5号线、6号线、7号线。

1）长春地铁5号线

5号线线路全长40.7 km，主城区内32.94 km。线路是东北至西南方向的放射线，贯穿高新区、朝阳区、南关区、二道区、宽城区。主要经过富锋团、高新团、南湖公园、东北师大、体育场、英俊团、兴隆团等客流集散点，是线网中大运量级骨干线。

2）长春地铁6号线

6号线线路全长约29.8 km，主城区内19.75 km，为配合西部城区的开发，长春市近期正在规划轨道交通6号线，呈西北—东南走向，自长春西站起，经创业大街、光谷大街、南环路、前进大街至净月终点。

3）长春地铁7号线

7号线线路全长46.6 km，主城区内34.64 km，自白龙驹起，经飞跃路、南湖广场、体育场、十三局、长春师范学院、兴华至太平山终点。

2.8.3 长春市城市轨道交通建设情况

长春市正在建设的线路有两条，即长春地铁1号线一期工程和长春地铁2号线一期工程。

1. 长春地铁1号线一期工程

1号线贯通城市南北方向，贯穿宽城区和朝阳区，通过长春火车站、人民广场、东北师大、长春明珠居住区、中央商务区（CBD）地区等大型客流集散点，是线网中大运量级骨干线。全长37.4 km，主城区内26.3 km，自兰家起，经长春站、人民广场、市政府至永春南终点。

1号线一期工程位于市区中部，全长18.5 km，共15座车站，起于北环路站至红咀子站。1号线一期工程已于2011年5月25日开工建设，建设工期为5年。预计2015年12月正式竣工通车。

2. 长春地铁2号线一期工程

长春地铁2号线于2011年11月17日全面展开初步岩土层勘测，线路全长24.6 km。地铁2号线是长春市轨道交通线网中一条贯穿主城东西的骨干线。线路连接着长春市西部新城区、红旗街商贸区、解放大路文化商贸区、亚泰商贸区、东部经济技术开发区及在建的长春西客站综合交通枢纽。

先行开工建设的是长春地铁2号线一期工程，线路西起长春西湖，终点为东方广场。线路全部为地下线路，一期工程22.8 km，总投资151.7367亿元。全线设19座地下车站，其中换乘站6座，设地铁综合检修基地1座，主变电所2座，列车拟使用6辆编组，2012年10月11日2号线一期工程正式开工，2016年计划通车。

2.8.4 长春市城市轨道交通运营现状

长春市已经投入运营的线路有长春轻轨3号线一期，长春轻轨3号线二期，长春轻轨4号线3条线路，总达75.46 km，共49座车站。

1. 长春市城市轨道交通运营线路

1）长春轻轨3号线

轻轨3号线一期工程是规划中的轻轨3号线中段，是经国家批准的我国第一批兴建的轻轨线路。该项工程于2000年5月开工建设，2002年10月30日，投入试运营。长春轻轨一期工程北起长春站，至卫光街终点，为一条半封闭的轻轨线路。线路全长14.6 km，设17座车站，1座指挥调度中心，1座车场，6座牵引变电所，计划配备电动客车32辆，工程概算14.7亿元。

轻轨3号线二期工程（简称净月线工程）是轻轨一期工程的延长线，是规划的轻轨3号线的南段，二期工程由人民大街卫星广场起，至长影世纪城终点，全长17.3 km，其中地下线1.5 km；高架桥11 km；其余为地面线路。全线设车站16座，设停车场1座，牵引变电所7座，配备国标C型轻轨电动客车42辆，为一条全封闭的轻轨线路。总投资18.02亿元，2006年12月投入试运营。轻轨3号线一、二期工程已于2007年6月实现了贯通运营。

2）长春轻轨4号线

轻轨4号线工程是规划中的轻轨4号线南段工程，线路起点由南部高速公路车场站至长春站北广场站，线路全长16.33 km，其中地下线长3.3 km，其余为高架线。全线设车站16座，其中地下车站3座，高架车站13座，设牵引变电所7座，车场1座，配备电动客车42辆/21列，工程概算总投资29.8亿元。于2008年10月份开工建设，2011年6月30日投入观光运营，2011年末投入试运营，并与轻轨3号线实现换乘。轻轨4号线与3号线构筑起长春市轨道交通的环状合围线，形成长春轻轨的基本线网。

3）长春有轨电车54路

2000年7月54路电车轨道正式开始改造。2002年10月恢复通车，全程为7.64 km，皆为地面站，54路电车始发站为红旗街（工农大路），终点站为西安大路站。

2. 票价情况

单程票长春轻轨采用阶梯票价，有2元、3元、4元3种票价，全程4元。对于轻轨的票价，目前选择的是“2元、3元、4元”的阶梯票价。3、4号线实现换乘后，继续实行“2元、3元、4元”的阶梯票价，票价的多少和乘客乘坐的距离成正比。0~14.5 km：2元；14.5~24.5 km：3元；24.5 km以上：4元。

54路有轨电车全程一票制票价为1元。

3. 客流数据

2013年长春市的运营数据如表2-10所示。

表2-10　长春市轨道交通2013年客流量　　单位：万人次

线　路	全年客流总量	日均客流	日最高客流
3号线	5 019.94万人次	13.75万人次	22.12万人次
4号线	1 648.71万人次	4.51万人次	9.10万人次

2.8.5　长春市城市轨道交通建设和运营模式

为了实施长春轻轨工程建设，1998年7月长春市政府批准成立了轻轨建设的项目法人单位长春市轨道交通有限责任公司，2009年更名为长春市轨道交通集团有限公司，企业性质为国有独资，下设房地产公司、广告公司、供热公司、物业公司、机电公司、建安公司、运营一公司、运营二公司8个分子公司。主要负责长春市轨道交通的建设、经营和管理。

2.8.6　长春市城市轨道交通技术特点和创新项目简介

1. 轻轨电动客车

轻轨电动客车为两动一拖三模块编组，铝合金车体；车辆间通过三自由度的铰接轴承连接；车顶端部采用变阻尼的油压减振器；转向架采用弹性车轮结构、动车转向架采用有摇枕结构及拖车转向架采用独立轮对结构；先进的液压制动系统；电动塞拉门；窗带式侧窗；玻璃钢头部造形；VVVF牵引控制；每车配有2×30 kW空调机组；内宽为1 650 mm贯通道；受电弓受流；车头前端设事故车钩；编组方式$Mc_1 \cdot Tp \cdot Mc_2$；车上装有隔音降噪材料；列车座席载员64人，额定载员245人。如表2-11所示。

表2-11　车辆主体技术参数

项　目	参　数
车体长度	28 320 mm
车体宽度	2 650 mm
车辆高度	3 600 mm
地板面高(低地板区)	380 mm
车辆定距	10 310 mm
轴距	1 850 mm
轴重	12 t
车辆自重	45 t
车辆最高运行速度	70 km/h
平均加速度（0~32km/h）	不小于1.0 m/s^2
紧急制动减速度	1.5 m/s^2

2. 供电系统

轻轨3号线供电系统采用了分散式供电系统，根据车辆牵引负荷计算及运营规划，沿线按平均3 km的间距设置牵引变电所，变电所分为牵引降压混合变电所和降压变电所两种。共计12座牵引降压混合变电所，一座降压变电所。

牵引降压混合变电所主要负荷为两部分，一部分为车辆牵引用电，一部分为通信、信号、站务设施、自动售检票系统，及办公生活用电。降压变电所主要负荷为朝阳桥办公楼用电与调度中心独立用电。

供电系统计算均按远期规划一次安装到位，每个牵引降压混合变电所安装两台800 kVA牵引变压器，另按不同需要，在沿线安装了2×100 kVA和2×200 kVA的箱式变电站。

为保证供电系统特别是牵引系统工作的可靠性，变电所直流设备全部采用国外最先进的设备，整流变压器和整流机组也应用了目前国内先进的单机组三相24路脉波桥式整流方式，最大程度限制了整流机组产生的谐波注入市属电网。

充分考虑可直流供电系统产生的杂散电流对地下及周边金属管网的腐蚀问题，在沿线全部做了防杂散电流措施，主要方式为防排相结合方式。

3. 电力监控系统（SCADA）

3号线一期电力监控综合自动化系统采用烟台东方电子监控平台，借助于一期通信系统，通过变电所综合自动化系统对一期牵引供电系统的各种电压、电流、交流、直流等设备的运行进行监控和管理。通过电力监控综合自动化系统，可以使调度中心及时掌握各个变电所的运行情况，直接对设备进行操作，及时了解故障情况，并迅速进行处理，使牵引供电系统的管理科学化、规范化，并且还可做到与其化自动化系统互换数据，进行全系统的信息综合管理。

SCADA系统具有如下功能：通信规约管理、数据采集、数据通信监视、通道配置、数据处理、数据计算、数据存储、调度员人机接口、模拟盘上盘、事项处理、SOE处理、事故追忆、系统校时。

目前3号线一期电力监控系统可实现对变电所进行通信管理、日常停、送电操作，数据采集。

4. 通信系统

轻轨一期工程（火车站至卫光街站）通信系统采用工程总包方式，2001年由上海贝尔公司承建。通信系统包括以下子系统：传输系统采用9500ATM，A4400程控交换机等设备组成的公务电话系统，设置了时钟系统、闭路电视监视系统、广播系统和450 Mbps无线集群通信系统。二期工程（卫星广场站至长影世纪城站）通信传输系统采用eci的MSTP，设置时钟系统、Avtrace编解码器和汉邦高科硬盘录像机等组成的闭路电视监视系统、天津北海提供的广播系统，优玛特提供的电源系统，北京通号设计院的旅客向导系统，无线通信系统采取租用铁通公司的800 Mbps数字集群系统的方式，二期对阿尔卡特A4400程控交换机进行了升级扩容以满足使用需求。

5. 信号系统

一期工程（火车站至卫光街站）信号系统采用工程总包方式，2001年由中国铁路通信信号总公司天津工程公司承建。信号系统包括以下子系统：上海卡斯柯信号公司的调度集中系统，车站、停车场采用6502继电联锁系统，区间采用由25 Hz微电子相敏轨道电路等设备组成站间闭塞系统，停车场轨道电路采用50 Hz微电子相敏轨道电路。二期工程（卫星广场站至长影世纪城站）信号系统采用工程总包方式，2006年由中国铁路通信信号总公司天津工程公司承建。信号系统组成：上海卡斯柯信号公司对原有调度集中系统中心设备进行扩容升级，增加了二期车站设备；车站采用北京通号设计院的DS6—11/F分布式计算机联锁系统；区间闭塞设备采用由北京通号设计院研发的数字轨道电路；车载设备采用北京通号设计院研发的ATP系统；扩容改造了一期停车场，采用DS6—11/F计算机联锁系统。

6. 自动售检票系统（AFC）

轻轨3号线自动售检票系统采用半自动人工售票方式，共设32个车站机房、1座线路中心、1座票务中心和1座维修培训中心。

自动售检票系统机房分线路中央机房、值班机房及车站机房，现各机房均实现无人值守，中央机房主要实现各层次参数、命令的下发及各类数据的接收、处理、统计整理等功能。值班机房设置报表工作站、管理工作站及监控工作站，用以实现报表打印、设备及参数管理及线路设备监控。车站机房设置车站服务器及车站工作站，实现车站设备管理及数据传输的任务。

检票机阻挡方式采用不落杆（非下落式）三杆，可处理单程票、储值票、交通卡等各类轨道交通使用票种，无票乘客通过能力≥35人次/min，有车票乘客过能力≥30人次/min。

半自动售票机可实现单程票及储值票的售、补退票功能，车票输出速度为100张/min。全线设PQST01型全自动售票机2台，可实现纸币识别、硬币识别、自动售票、自动硬币找零等相关功能。

3号线AFC系统车票采用了Mifareultra light卡（单程票）、Mifare M1 s50卡（储值票及员工票）、arm cpu卡（移动轻轨行卡、长白山IC卡）。

2.8.7　长春市城市轨道交通发展历程

1981年，全国第一次轻轨工作会议后，长春市政府开始着手快速轨道交通建设的准备工作，并于1985年组建了“长春市轻轨筹备办公室”。市政府于1986年向建设部申请实施“轻轨科研实验线路”，并获得建设部的批准。1994年，完成《长春市轨道交通线路走向方案》、《长春市快速轨道交通路网规划》、《长春市轨道交通一期工程简介》等最初文本的编制工作。

1998年7月，“长春市轨道交通有限责任公司”注册成立。1999年，长春轻轨一期工程经国家批准立项后，于2000年5月27日，长春轻轨一期工程正式开工建设，拉开了长春市快速轨道交通建设的序幕。2002年轻轨3号线一期开始试运营。然而随着城市的进一步发展，目前的轻轨线路已经不能满足需求。针对这种情况，长春市于2003年编制了长春市快速轨道交通建设规划，提出不仅要建设轻轨4号线，而且还要发展两条地铁线路。长春的城市人口规模和经济条件达到了申报建设城市轨道交通项目的条件，轨道交通的建设对加强长春市中型城市地位、构塑合理的城市布局具有重要的作用。

2006年6月，国务院批准《长春市快速轨道交通建设规划》。2010年6月，国家发改委向国务院报送了《长春市城市快速轨道交通建设规划（2010—2016年）》。同年10月国务院正式批准了《长春市城市轨道交通近期建设规划》。

截至2013年，长春轻轨3号线一期、二期工程、轻轨4号线已经贯通运营，正在建设地铁1号线一期工程、地铁2号线一期工程，长春市已经步入城市快速轨道交通建设的良性发展道路。预计2020年完成全长为41.98 km的南北、东西两条地铁线；到2050年，完成最后的外围支线5、6、7号地铁线路，届时长春市全长256.9 km的城市轨道交通网将全部建成。

2.9　武汉

2.9.1　武汉市2013年度城市轨道交通最新动态

4月12日，轨道交通8号线一期工程可行性研究报告获得国家发改委批复。

8月6日，轨道交通6号线一期工程全面开工建设。

8月27日，轨道交通7号线一期工程可行性研究报告获得国家发改委批复。

12月28日，轨道交通4号线一期开通试运营。

12月28日，轨道交通7号线一期（含三阳路越江隧道）、8号线一期工程，同时开工建设。至此，国家批准的《武汉市城市轨道交通近期建设规划（2010—2017）》中所有项目全部开建。

2.9.2 武汉市城市轨道交通规划

1. 武汉市城市轨道交通线路规划

武汉是中国湖北省的省会，人口约为970万，是华中地区最大的城市，中国内地七大中心城市之一。武汉位于江汉平原东部，长江中游与长江、汉水交汇处，全市面积8 467.11 km^2。

2012年，为构建全市域范围内多层次、多模式、城乡一体的轨道交通线网体系，落实“1+6”（主城+新城）城市发展战略，在稳定和保障主城区近期轨道交通建设的前提下，坚持科学发展观，贯彻统筹城乡发展的理念，借鉴国内外先进经验，武汉市规划完成了主城+新城区轨道交通线网规划，并获得市政府批复。

本次规划按照统筹城乡发展的基本原则，依据武汉市轨道交通线网规划和近期建设规划，结合“1+6”新城规划和工业倍增计划，通过轨道交通衔接主城与6个新城区及开发区。适当延伸加密、轴向放射覆盖各新城区的城关镇、新城中心和新型产业示范园，构建市域城际、主城轨道和新城轨道三网合一、覆盖三镇、城乡一体的轨道交通线网体系，全市域形成26条线路、总规模860 km的中长期轨道交通线网。

2013年武汉市启动第二轮线网规划修编工作。

2. 武汉市城市轨道交通近期建设规划

经国务院同意，2011年初国家发改委批准了武汉市轨道交通近期建设规划（2010—2017）。这是继国家2006年批准武汉市第一轮轨道交通建设规划后的新一轮轨道交通建设规划。

武汉市新一轮近期建设规划是2017年前陆续建成3号线一期、4号线二期、6号线一期、7号线一期、8号线一期等轨道交通项目，加上第一轮建设规划（2006—2012）已批准并已建成通车的1号线、2号线一期、4号线一期等，建成总长达215.3 km轨道交通线路，基本形成覆盖武汉三镇的轨道交通网络；其中6号线一期、7号线一期和8号线一期均已经于2013年下半年正式开建，即近期建设规划中的线路已经全部动工。

2013年武汉市启动第三轮建设规划修编工作。

2.9.3 武汉市城市轨道交通建设情况

1. 轨道交通3号线一期

3号线一期工程由东西湖宏图大道站至沌口开发区沌阳大道站，线路全长约30.1 km，全为地下线路，设站24座， 该工程于2012年3月开工建设，预计2015年底建成通车试运营。

2. 轨道交通4号线二期

4号线二期工程由汉阳黄金口站至武昌首义路站，线路全长约16.7 km，其中高架线3.35 km，设站13座。该工程于2011年12月开工建设，预计2014年底建成通车试运营。

3. 轨道交通6号线一期

6号线一期工程由沌口开发区体育中心南站至东西湖环湖西路站，线路全长约33.5 km，设站27座，全为地下线路， 2013年8月开工建设，预计2016年底建成通车试运营。

4. 轨道交通7号线一期

7号线一期工程由东西湖东方马城至洪山野芷湖，线路全长约30.85 km，全为地下线路，其中三阳路站—徐家棚站区间隧道穿越长江（公路合建），设站19座。2013年12月该工程（含三阳路越江隧道）开工建设，预计2017年底建成通车试运营。

5. 轨道交通8号线一期

8号线一期工程由东西湖三金潭至武昌东湖梨园，线路全长约16.7 km，设站12座，全为地下线路，2013年12月开工建设，预计2017年底建成通车试运营。

6. 汉口北地方铁路工程

汉口北地方铁路由江岸堤角至黄陂汉口北，线路全长约5.6 km，设站3座，全为高架线路，2011年5月开工建设，预计2014年年中建成通车试运营。

2.9.4 武汉市城市轨道交通运营现状

2013年武汉市轨道交通已运营线路是武汉轨道交通1号线、2号线一期和4号线一期。

1. 武汉市城市轨道交通运营线路

1）轨道交通1号线

轨道交通1号线工程由东吴大道至堤角，是武汉市第一条全高架线路。全长28.43 km，设站26座。一期工程10座车站于2004年7月28日通车试运营；二期工程于2010年7月28日通车试运营。

2）轨道交通2号线一期

轨道交通2号线一期工程由金银潭到光谷广场，全为地下线路，全长约27.73 km，设站21座，于2008年2月开工建设，2012年12月28日通车试运营。

3）轨道交通4号线一期

4号线一期由武昌火车站至武汉火车站，全为地下线路，全长约16.48 km，设站15座， 于2012年开工建设， 2013年12月28日通车试运营。

2. 票制票价

自2号线一期开通后，武汉地铁统一采用限时里程计价。起价2元，可乘坐9 km；3元可乘坐9～14 km；4元可乘坐14～21 km；5元可乘坐21～30 km；6元封顶，可乘坐30～41 km。入闸后乘客有180分钟出闸，超过180分钟后须按单程票最高票价补交。

2013年5月1日起，普通乘客持武汉通可享受9折优惠；2013年9月1日起，持学生卡可享受7折优惠。

3. 客流情况

武汉市城市轨道交通运营线路客流量如表2-12所示。

表2-12 武汉市轨道交通2013年客流量 单位：万人次

线 路	全年客流总量	日均客流	日最高客流
1号线	10 413.05	28.5289	42.58
2号线一期	16 881.62	46.251	78.22
4号线一期	48.63	12.1574	13.76

2.9.5 武汉市城市轨道交通建设和运营管理模式

武汉地铁集团有限公司在原武汉市轨道交通有限公司的基础上，于2007年5月15日经武汉市委、市政府批准成立的大型国有企业。公司注册资金10亿元，经政府授权负责武汉轨道交通的建设、运营、管理和融资。公司内设办公室、人力资源部、计划财务部、合约法规部、质量安全部、总工办（发展战略研究中心）、纪监审计室7个职能部门，同时下设建设事业总部、建设公司、土地事业总部及武汉地铁运营公司。

轨道交通建设由公司建设事业总部具体承担，运营由下属全资子公司武汉地铁运营有限公司独家运营管理，物业开发由建设公司具体承担。

2.9.6 武汉市轨道交通技术特点和创新项目简介

武汉市轨道交通技术难度大，地质条件和周边环境复杂，施工风险高，在多个领域中开展了专题技术研究，并取得了多项创新性科研成果，如冻结设计在含水砂层和淤泥质土层中关键技术应用、超深基坑（46 m）新型的复合围护结构设计及双轮铣接头工艺运用、汉青区间盾构瓦斯隧道专项研究、矩形盾构技术在王家墩东站Ⅳ号出入口应用，盾构隧道高性能同步注浆材料、车站出入口智能雨篷技术研发及应用，紧邻多孔交叠隧道设计和施工技术研究、施工安全监控预警系统和过江段隧道施工“五个国内第一”（第一个穿越长江，盾构独头掘进最长，埋深最大，水压最高，第一个在城市主城区设置46 m的超深基坑）关键技术研究、中山北路地下停车场设计中采用了自动化停车技术、光纤路自动切换保护系统、综合监控集成互联系统等一系列新技术、新工艺，制定了武汉市轨道交通线网导向标识系统设计标准、地铁上盖物业减振降噪及其标准研究、轨道交通车站出入口、风亭等地面附属构筑物标准、地铁地下工程混凝土技术标准及质量控制体系等一系列技术标准，为工程建设提供突破性技术和安全保障，节约了投资。

2.9.7 武汉市城市轨道交通发展历程

武汉轨道交通是指中国武汉市的城市轨道交通线网（2012版），全市域共26条线路、总规模860 km的中长期轨道交通线网。

2004年7月28日，轨道交通1号线一期开通黄浦路站至宗关站，总长约10.234 km。

2010年7月29日，轨道交通1号线二期开通东延伸段约6.99 km，西延伸段约11.26 km。

2012年12月28日，轨道交通2号线一期开通金银潭站至光谷广场站，总长约27.72 km。

2013年12月28日，轨道交通4号线一期开通武汉火车站至武昌火车站，总长约15.4 km。

2.10 大连

2.10.1 大连市2013年度城市轨道交通最新动态

截至2013年12月，大连地铁1、2号线全线48座车站，有28座车站主体结构完工；全线49个区间，设计总里程55.3 km，已有29个区间双线贯通，完成双线开挖进尺46.5 km，占总里程的84.1%；全线轨道铺架已完成15.4 km。

2.10.2 大连市城市轨道交通线网规划

1. 大连市城市轨道交通线路规划

大连市是我国最具开放色彩的城市之一，地处欧亚大陆东岸，中国东北辽东半岛最南端，是中国东北主要的对外门户。全市总面积12 574 km^2，总人口669.04万人。

大连市城市快速轨道交通线网规划限定在大连市中心城市（金州及其南部地区）范围。包括中山区、西岗区、沙河口区、甘井子区、旅顺口区、金港区、金州区，总面积约为2 568 km^2。大连市中心城市中的中心城区为城市快速轨道交通线网规划的重点研究区域，包括中山区、西岗区、沙河口区和甘井子区部分地区，总面积约为248 km^2。

城市快速轨道交通建设及线网规划分3个时段，具体如下。

2015年：在既有3号线连接中心城区与金港区的基础上，建设1号线、2号线、4号线中心城区段线路，尽快形成中心城区内部的线网基本骨架，以发挥其快速、高效、准时的优势，缓解中心城区的交通压力。同时，形成由中心城区向西辐射旅顺区方向的部分线路，为城市近期“西拓”提供支撑条件。

2020年：在中心城区基本骨架的基础上，建设5号线，全部建成1号线、2号线和4号线，形成中心城区线网，提高中心城区的服务水平，进一步减轻对交通造成的更大的压力；并尽快形成中心城区与旅顺口区轨道交通联系，加强城市组团和对外交通枢纽之间的联系，促进中心城市的协调发展。轨道交通线网规划方案实施后，中心城区内部轨道交通线路全部建设完成，组团间也实现了快速连接，可有力地支撑城市总体规划的实施和引导城市的发展。

2030年：在核心区轨道交通线网和组团间骨干线网的基础上，修建外围组团内部轨道交通及其他线路，形成整个中心城市线网，支持城市组团功能的完善。

规划目标是：以快速轨道交通为骨干网络，形成与大连市城市发展目标地位相匹配的轨道交通网络；以促进城市及组团空间布局结构的调整，引导城市合理发展；实现以轨道交通为公交主体的多模式交通体系，提高城市交通运输效率；实现轨道交通客运量占公交出行总量的比例达到50%以上；中心城区60%以上居民和就业岗位在500 m范围内到达轨道线路站点；中心城区内部到核心区的出行在30分钟内完成，各组团到中心城区出行时间控制在40~50分钟。

按照2007年12月编制完成的《大连市城市快速轨道交通建设及线网规划》，线网规划远景年为2030年，将最终建成9条线路，其中主城区骨干线3条，组团间快线5条，联络线1条。线路总长262.9 km，设车站127座，并在北部地区规划预留3条发展线。远景年中心城市线网密度达到0.10 km/km^2，中心城区内线网密度达到0.5 km/km^2。

根据大连市正在编制的第二轮轨道交通线网规划初步方案，大连轨道交通规划线路总长度达886.6 km，其中：核心区普线8条，总长度206 km；金州新区新增线路4条，总长150.6 km；普湾新区新增线路8条，总长达231.5 km。

2. 大连市城市轨道交通规划线路

大连市城市轨道交通规划线路有4条，包括4号线、5号线、6号线和9号线。

1）大连轨道交通4号线（旅顺北线）

4号线为中心城区与旅顺口区之间的组团间快速线。起于南关岭站，至终点旅顺口区，全长58.4 km，其中地下线长约14.6 km，地上线长约43.8 km。全线设车站24座，其中换乘站6座。4号线衔接1、2、3号线3条骨干线路，支持城市向西部拓展。

2）大连轨道交通5号线（虎滩线）

5号线是中心城区南北方向的中运量骨干线，线路西北至火车站站北广场，东南至虎滩新区，总长8.5 km，全部为地下线。全线设车站9座，其中换乘站2座。5号线加快旅游资源的开发，提升城市旅游价值。

3）大连轨道交通6号线（金州联络线）

6号线（金州联络线）东起东山路站，向西延伸至大连金州湾国际机场。线路全长约10 km，全部为高架线，设5座站。与7号线一起引导城市向北发展，实现金州区与金港区的合理分工，实现区域协调发展。

4）大连轨道交通9号线（金州西线）及机场支线

9号线（金州西线）及机场支线是金州区与金港区之间及开发区通往机场的组团间快速线。9号线为姚家至金州西站、机场线从毛茔至新机场，线路总长19.1 km，全部为高架线。全线设车站6座，其中换乘站1座。9号线带动金州区西部的发展。

2.10.3 大连市城市轨道交通建设情况

1. 大连轨道交通1号线一期工程

地铁1号线为贯穿城市南北方向的大运量骨干线路，线路全长28.6 km，设车站23座，其中换乘站4座。地铁1号线工程分二期建设，目前在建的是一期工程，该工程起于姚家站，终至会展中心站，线路长度18.3 km，全部为地下线路。途设车站16座，换乘站3座，平均站间距为1.173 km，全部为地下站。车辆段及综合基地设在南关岭。该工程试验工程于2009年7月25日开工，预计2014年开通。

2. 大连轨道交通1号线二期工程

工程北起沙河口区会展中心，南至高新园区河口，线路长10.628 km，共设7座车站：星海广场、医大二院、黑石礁、学苑广场、海事大学、高新园区、河口，全部为地下站。其中河口站为换乘车站，与规划建设的8号线换乘。线路段设计新建停车场一处，位于大连市软件园西部，旅顺南路南侧；承担1号线部分配属车辆的停放、运用、检查、整备等任务。工程于2013年1月开工建设，2016年12月底建成通车，工期48个月。

3. 大连轨道交通2号线一期工程

地铁2号线一期工程为贯穿东西方向的骨干线，西起辛寨子站，东至港湾广场，线路长20.6 km，主要经过辛寨子居住区、红旗镇居住区、马栏广场文化商业点、西安路商业街、中山广场、青泥洼桥、港湾广场、东港区、海之韵公园等客流集散点。设车站16座，平均站间距为1.175 km，全部为地下站。停车场设在张前路。

地铁车站的形式会根据周围情况的差别而建成地上站、地下站或半地上半地下站。该工程已于2011年开工，预计2014年开通。

4. 大连轨道交通2号线二期工程

本工程分东段工程和北段工程两部分，总长15.863 km，共设车站11 座，均为地下站。其中:东段工程由东海公园至港湾广场，线路长4.306 km，共设3座车站，分别为东港广场、东海新区、东海公园;北段工程由辛寨子至大连北站，线路长11.558 km，共设8座车站，分别为前革、中革、革镇堡、后革、体育中心、卫生中心、南关岭、大连北站。工程于2013年1月开工，2016年12月底建成通车，工期48个月。

5. 大连轨道交通8号线

大连轨道交通8号线线路起始于河口，沿旅顺南路、郭水路、春城路、柏杨路、大兴路、顺达路，至旅顺新港综合交通枢纽，包括32.38 km高架线路、9.11 km地面线路及1.18 km隧道，共8座车站，预计总投资42.2亿元。大连轨道交通8号线车辆段设于旅顺口区铁山街道，并在旅顺站设控制中心。

线路车辆采用与快轨3号线技术标准基本相同的轨道车辆，采取2动2拖4辆编组方式运行。8号线于2009年5月8日在旅顺口区东鸡冠山举行开工典礼。

6. 大连轨道交通10号线（金普城际铁路）

金普城际铁路全称“大连市金州新区至普湾新区城际铁路”，连接金州新区与普湾新区。金普城际铁路全长42.7 km，设11座车站及5座预留车站。金普城际铁路于2010年8月10日正式开工，计划于2014

年年底建成试通车。

2.10.4 大连市城市轨道交通运营现状

1. 大连市城市轨道交通运营线路

1）大连轨道交通3号线

2012年大连市轨道交通正在运营线路为大连轨道交通3号线，分为3号线主线及支线（又称7号线）。线路全长约63.45 km，其中主线长49.15 km，支线长14.3 km，共有20座运营车站。起点位于大连火车站，主线终点至金石滩，支线终点为九里，全线规划设20座车站，其中主线地面站6座，高架站8座，支线高架站6座。

3号线一期工程，由香炉礁至金石滩，全长约46.658 km，桥梁20座，总长13.89 km；隧道1座，长1.123 km；地面线31.39 km。途经泉水小区、开发区、保税区、双D港。全线设14座站，其中高架站6座，地面站4座（预留四座），于2000年9月开工建设，2002年10月1日试通车，11月8日投入试运营，2003年5月1日正式投入运营。二期工程由香炉礁至火车站全长2.38 km，2003年7月开工建设，2004年9月已投入运营。

2）有轨电车201

201路（合并了原来的203路）兴工街—海之韵公园，全程10.8 km，19个站点，运行车辆有两种："大连人"新型有轨电车和仿古电车。

3）有轨电车202

202路兴工街—小平岛前，全程12.6 km。

2. 票价票制

大连快轨3号线采用区间计价制阶梯式票价，相邻两站票价为1元。大连站到金石滩站全程票价为8元，开发区站到九里站全程票价为3元，大连站到九里站全程票价为7元。明珠卡执行9折优惠，快轨月票卡（IC卡）执行8折优惠。快轨3号线依据乘坐区间的不同有不同长度的时间限制，若超出时间限制则需补交与所乘坐区间票价相同的票款。

201路计费方式较为特殊：线路以位于线路中部的大连火车站车站为分段点，段内票价1元，跨段票价2元，刷卡票价1.3元。全程票价2元。

202路全程单一票制1元。

2.10.5 大连市城市轨道交通发展历程

1999年，大连市完成了《大连市轨道交通路网规划方案》。大连城市快轨交通一期工程于2000年9月开工建设。2003年5月初，快轨交通一期工程正式投入运营。2003年7月，快轨交通二期工程开工建设。大连市轨道交通线路3号线线路全长约49.15 km，于2004年09月29日全线建成通车。

2007年，《大连市城市快速轨道交通建设及线网规划环境影响报告书》通过国家环保总局审查。同年年底，大连市城市快速轨道交通建设及线网规划编制完成，详细描绘了未来大连城市轨道交通图。大连快轨7号线于2008年12月28建成通车，其他线路正在规划建设中。2009年7月，国家发改委正式批准《大连市轨道交通近期建设规划（2009—2016）》。2011年5月，国家发改委批复了《大连市地铁1号线一期工程可行性研究报告》。

2011年10月，大连地铁1号线105标段高河区间1号竖井和2号竖井之间的左线暗挖隧道贯通。2011年12月，由中铁十局承建的大连地铁盾构区间顺利贯通，成为大连地铁首条贯通的盾构隧道。2011年12月30日，国家发改委批复了《大连市地铁2号线一期工程可行性研究报告》。

2013年11月6日，大连市发改委批复了《大连市地铁1号线二期工程可行性研究报告》和《大连市地铁2号线二期工程可行性研究报告》。

截至2014年1月底，大连地铁一期工程区间全长37.1 km，初支开挖35.9 km，完成率97%；二衬施工29.2 km，完成率81%。34座车站已完成24座主体结构施工，完成率71%，其中：21座明挖车站已全部完成主体结构施工，完成率100%；13座暗挖车站中已完成5座车站主体结构施工，完成率38%。

二期工程区间全长18.2 km，开挖初支11.9 km，完成率65%；二衬施工2.4 km，完成率20%。14座车站已完成6座车站主体结构施工，完成率43%，其中：10座明挖车站中已完成6座车站主体结构施工，占车站总数60%；4座暗挖车站中2座车站已开始主体结构施工，其余2座车站正在进行初支开挖。

2.11 沈阳

2.11.1 沈阳市2013年度城市轨道交通最新动态

2013年3月22日，沈阳地铁9号线、10号线工程开工。2013年12月30日，沈铁城际铁路（松山路—道义）工程（首通段）开通试运营，并与地铁2号线实现无缝贯通运营，航空航天大学站、师范大学站、医学院站三座车站纳入2号线大交路运营。2013年10月11日，沈阳浑南现代有轨电车正式运营，同时进入收费阶段，单程线路票价为2元。

2.11.2 沈阳市轨道交通线网规划

1. 沈阳市城市轨道交通线路规划

沈阳市是辽宁省省会，市区面积3 495 km^2，总面积12 980 km^2，建成区面积793 km^2。沈阳总人口1 100万左右（包括外地来沈人员及各个区县），全市户籍人口819.6万人，市辖区户籍人口615.4万。

依据沈阳城市总体规划和综合交通规划，沈阳市快速轨道交通线网规划由“四横、四纵、两L、一弦线”共11条线路组成，总长约400 km。沈阳站、沈阳北站和新沈阳站都有三条线路经过，各新城与母城之间有两条以上的线路连接，通过两个L线构成环线。线网基本覆盖了城市大型客流集散点及主要客流走廊，一环内密度1.7 km/km^2，二环内站点覆盖率100%，二环外站点覆盖率60%。

2012年6月9日，《沈阳市城市轨道交通近期建设规划（2012—2018）》获得国务院批准，并由国家发改委正式批复。根据国家发改委批复，近期规划是由4号线一期、9、10号线作为近期建设项目，三条线路总长118 km，投资约610.38亿元，规划建设期为2012—2018年。该近期建设规划体现三大功能特点，一是在地铁1号线、2号线十字形骨架的基础上，通过导入两L一纵，形成网络化布局；二是加强金廊线、银带线的建设，以南北向为重点，侧重大浑南、沈北新区，优化城市空间结构，带动三大产业区发展；三是重点连接北站和桃仙空港，打造东北地区交通枢纽中心，合理衔接城际铁路和市域快线，推动沈抚、沈本、沈鞍、沈铁一体化进程。

2. 沈阳市城市轨道交通规划线路

沈阳市城市轨道交通近期建设规划（2012—2018）包括地铁4号线一期、9号线和10号线共3条线路组成，其中9号线一期工程、10号线工程丁香公园站至张沙布站段已正式开工建设；地铁10号线工程张沙布站至苏家屯西站段、地铁4号线一期工程，将根据沈阳市统筹安排适时开展。远期规划地铁线路6条，包括3号线、5号线、6号线、7号线、8号线、11号线。

近期建设规划（2012—2018）待建线路，具体包括以下内容。

1）沈阳地铁10号线南段工程

沈阳地铁10号线工程张沙布站至苏家屯西站段北起张沙布村南侧，沿规划道路经营城子、桑林子、航天路、运河路向西经过新沈阳南站后进入沈苏快速干道，沿雪松路进入苏家屯副城，过沈大高速后设终点站苏家屯西站。线路全长22.71 km，全部为地下线，设站16座，设停车场1处，主变电所1座。目前正在开展初步设计工作。

2）沈阳地铁4号线一期

沈阳地铁4号线一期工程南起航天南路，北至朱尔屯，由南向北依次经过浑南、和平、沈河、大东区四个行政区。途经新沈阳南站、沈阳北站等交通枢纽，太原街、沈阳北站等商贸区，长白岛、砂山、望花、虎石台、蒲河岛等居住区，以及浑南产业区、欧盟工业区等，沿沈苏路、南京街、北站路、联合路、北大营街等道路敷设。线路全长约32 km，均为地下线，共设车站23座。南部设停车场1处、北部设车辆段与综合基地1处。

城际铁路工程（2014—2020），共1条，即沈阳至铁岭城际铁路（松山路—道义）工程（即地铁2号线北延线），辽宁大学站至蒲田路段。沈阳至铁岭城际铁路（松山路—道义）工程（即地铁2号线北延线），起于地铁2号线一期起点三台子站后折返线，终点为蒲田路站。全长10.6 km，均为地下线路，共7座地下车站。根据沈北新区提供的车辆段选址，考虑到与高铁新北站换乘，继续向北延伸至车场站，支线工程全长5.045 km，设车站3座，建沈北车辆段一座，支线工程正在进行可行性研究工作。目前医学院站至航空航天大学站段已开通试运营，并与地铁2号线一期工程贯通。另外，同期建设的辽宁大学站也已经完工，暂未开通。后续线路从辽宁大学站向北继续包括人杰湖公园站、蒲河大道站、蒲田路站共3站4区间，线路经道义南大街、规划学子街等，共长约5.5 km，目前正在开展施工图设计，计划2014年开工建设。

远期规划线路（现在—2050），共6条。

3）沈阳地铁3号线

3号线西起张士开发区，东至沈抚连接带，途经张士开发区、于洪新城、滑翔居住区、砂山居住区、南湖地区、东北大学、青年公园、五爱市场、黎明地区、沈抚连接带等重要地区。走行西河路、西滨河路、热闹路、新立堡街。规划全长为33 km。

4）沈阳地铁5号线

5号线西起大工业区，东至浑南新区。途经大工业区、沈阳站、南湖地区、东北大学、南塔鞋城、方家栏地区、浑南新区等，走行304国道、北二路、文化路、祝科街。规划全长为37 km。

5）沈阳地铁6号线

6号线北起造化地区，南至桑林子区，途经平罗镇、造化地区、长江街商业区、北站商贸区、中街商业区、南塔鞋城、浑南居住区、桑林子等地区。走行西江街、长江街、朝阳街、大南街。规划全长为32 km。

6）沈阳地铁7号线

7号线西起沙岭，东至汽车城，途经张士开发区、长客西站、铁西居住区、滑翔居住区、西塔居住区、市府广场、白塔堡、新沈阳站、苏家屯等地区。走行沈辽路、市府大路、东北大马路。规划全长为26 km。

7）沈阳地铁8号线

8号线北起二台子，南至苏家屯，途经二台子地区、中街商业区、五爱市场、展览馆、三好街、浑南产业区、白塔堡、新沈阳站、苏家屯等地区，走行鸭绿江街、西顺城街、三好街、金阳大街。规划全长为28 km。

8）沈阳地铁11号线

地铁11号线是一条贯通沈北新区的东西向通道，连接张士开发区。起点为农业高新区，终点至沙岭。途经蒲河岛、沈北产业区、总部基地、大学城、造化地区、大工业区、沙岭地区。走行蒲河大道、

2

开发大道、西北联络线。规划全长为37 km。

2.11.3 沈阳市城市轨道交通建设情况

沈阳市正在建设的线路主要是地铁9、10号线工程，及市政府广场、新沈阳南站、桃仙机场等地铁配套工程。

1. 沈阳地铁9号线

地铁9号线一期工程北起怒江公园，终至建筑大学，全长29.2 km，均为地下线路。设车站23座，其中换乘站11座，设车辆段1处、主变电所3座。预计投资179.71亿元。线路经皇姑、铁西、于洪、和平、浑南五个行政区，途经塔湾地区、铁西广场、滑翔地区、长白岛、奥体中心、大学城等密集客流点。线路走行西江街、淮河街、兴华街、艳华街、腾飞二街，下穿揽军路公铁桥，在大堤路下穿浑河后沿浑南大道走行直至建筑大学站。远期根据浑南新区东部规划用地建设及发展情况，择机延伸至石庙子、沈抚连接带。2013年3月22日开工，地铁9号线土建工程主线21个施工标段首批4个开工标段已全面施工。其中，吉力湖街站管线改移完成约50%，准备进行车站围护结构施工；吉力湖街站至汪河路站暗挖区间正在进行区间竖井的施工；汪河路站已经开始进行土方开挖和车站底板施工；曹仲站主体围护结构全部完成，正在进行土方挖掘；沈苏西路站主体围护结构全部完成，土方开挖约20%，争取按照规划，2017年底通车试运营。

2. 沈阳地铁10号线

地铁10号线工程北起丁香湖公园，终至苏家屯副城，全长49.9 km，均为地下线，设车站37座，其中换乘站14座，设车辆综合基地1处、停车场2处、主变电所4 座，1处控制中心与4号线合建，预计投资297.1亿元。线路经于洪、皇姑、大东、沈河、浑南、苏家屯六个行政区，半环形串联起老城区和浑南新区，途经塔湾地区、长途客运站、龙之梦公交枢纽、万泉公园等密集客流点，连接浑南新城的莫子山、市民广场、沈阳南站等规划核心片区。线路走行沈马公路、向工街、崇山路、北海街、滂江街，至长青街、东方大街、航天路、运河路，过新沈阳站后进入雪松路至苏家屯副城。地铁10号线于2013年3月开工，截至12月份除理工大学外，丁香公园站、白山路站和长青桥站基本完成围护结构施工，争取按照规划，2017年底通车试运营。

3. 地铁2号线北延线

2号线北延线又称为沈阳至铁岭城际铁路工程，起于地铁2号线一期起点三台子站后折返线，终点为蒲田路站。全长10.6 km，均为地下线路，共7座地下车站。总投资约为53亿元。根据沈北新区提供的车辆段选址，考虑到与高铁新北站换乘，继续向北延伸至车场站，支线工程全长5.045 km，其中地下线为4 245 m，地面线800 m，设车站3座，其中地下车站2座，地面站1座，建沈北车辆段一座，总投资约为22.5亿元，本工程建成之后，与地铁2号线一期工程贯通运营。2号线北延线及其支线总长为15.6 km，目前在建线路为医学院站—辽宁大学站，4站4区间长约6.8 km，已于2010年4月正式开工。2013年12月30日，沈铁城际铁路（松山路—道义）工程（首通段）开通试运营，并与地铁2号线实现无缝贯通运营，航空航天大学站、师范大学站、医学院站三座车站将纳入2号线大交路运营。另外，同期建设的辽宁大学站也已经完工，暂未开通。沈阳地铁2号线北延线，即沈阳至铁岭城际铁路建设工程（松山路—道义），该线路从辽宁大学站向北继续为人杰湖公园站、蒲河大道站、蒲田路站，目前已获国家批复，预计2014年6月正式开工建设。

4. 地铁配套工程

（1）市府广场地铁配套工程：位于沈阳市府广场地下，包含地铁2号线及7号线换乘站，为纯地下建筑，地下室为四层，主要功能为：负一层为商业，负二层为地铁与商业，负三层为商业、地铁、停车场及设备用房，负四层为地铁及市府大路下穿路。总建筑面积136 434 m^2。总投资估算为9.58亿元，“十二五”期间完成全部投资。2013年7月8日正式开放，预计地下配套工程最快在2014年“十一”期间对市民开放。

（2）新沈阳南站地铁配套工程：包含地铁4号线和10号线两条线路，两线在铁路东广场的正下方形成“十”字形的换乘站，4号线平行于铁路车场，呈南北向布置在地下三层，10号线垂直于铁路车场，呈东西向布置在地下二层，区间从铁路站房的正下方穿越，总建筑面积5.2万m^2。总投资估算为6.2亿元，“十二五”期间完成全部投资。目前，沈阳南站东广场主体施工已经完成，站房也已初具规模，明年将开始进行西广场建设。

（3）桃仙机场地铁配套工程：作为地铁2号线南延线工程的一部分，主要包括规划航站楼站—桃仙机场站区间、桃仙机场站和桃仙机场站站后区间。沈阳桃仙国际机场地铁配套土建工程于2013年6月28日顺利竣工。

2.11.4　沈阳市城市轨道交通运营现状

沈阳市已经投入运营的地铁线路有1号线、2号线，两条线路总长达54.96 km，共44座车站，及有轨电车1号线、2号线、3号线、5号线。

沈阳市已经投入运营的地铁线路有1号线、2号线、沈阳至铁岭城际铁路（即2号线北延线）工程医学院站至航空航天大学站段，地铁运营里程总达55.07 km，共44个地铁车站。

1. 沈阳市城市轨道交通运营线路

1）沈阳地铁1号线

1号线经由沈阳经济技术开发区、于洪区、铁西区、和平区、沈河区、大东区，是沈阳东西向最大的交通走廊。线路长27.93 km，全部为地下线路，设车站22座，设主变电所2座、控制中心1个、车辆段与综合基地1个。工程概算为117.48亿元。该工程于2005年11月18日开工建设，2010年9月27日正式通车试运营。2011年11月7日，沈阳地铁1号线荣膺中国建筑业最高荣誉——中国建设工程鲁班奖。2013年7月9日，沈阳地铁1号线再获中国建筑业大奖——中国土木工程詹天佑奖。

2）沈阳地铁2号线

2号线是连接浑河南北的骨干线路，经于洪区、皇姑区、沈河区、和平区、东陵区及浑南高新技术开发区。线路全长21.86 km，全部为地下线路，设车站19座，设主变电所2座、车辆段1个，与沈阳地铁1号线合用一个控制中心。工程概算为95亿元。该工程于2006年11月18日开工建设，2011年12月30日正式通车试运营。

3）沈阳至铁岭城际铁路（松山路—道义）工程（即地铁2号线北延线）医学院站至航空航天大学站段

2013年12月30日，沈阳至铁岭城际铁路（松山路—道义）工程医学院站至航空航天大学站段开通试运营，并与地铁2号线实现无缝贯通运营，航空航天大学站、师范大学站、医学院站3座车站纳入2号线大交路运营，本段线路全长5.28 km。该工程于2010年8月开工建设，2013年12月30日正式通车试运营。

4）有轨电车1号线

从会展中心东侧设起点站，沿航天路—白塔大街—全运北路至桃仙大街，与2号线相连，线路长12 km，设车站19座。

5）有轨电车2号线

从机场T3航站楼前设起点站，沿机场路北侧绿化带—桃仙大街—天坛南街—浑南五路至地铁奥体中心。线路长14.8 km，设车站16座。

6）有轨电车3号线

起点位于1号线大学科技城站东侧，沿航天路—沈中大街—新隆街—世纪路至21世纪大厦。线路长11.3 km，设车站15座。

7）有轨电车5号线

从浑南四路设起点站，沿天坛南街—浑南三路—富民街—浑南大道至沈抚新城。线路长21.4 km，设车站23座。

2. 票价票制

沈阳地铁1号线和2号线统一执行阶梯式票价，即8站以内2元（不含起始站，下同）、9～12站3元、13站以上4元。两条地铁线路之间换乘，站位累计计算。由于沈阳地铁1、2号线都属于试运营期，所以地铁票价仍然为试行价格。车票种类包括单程票、普通储值票、老年人储值票、老年人免费票和免费单程票，储值票和免费票享受优惠。

有轨电车单程线路票价2元。

3. 客流情况

2013年沈阳市的运营数据如表2-13所示。

表2-13　沈阳市轨道交通2013年客流量

单位：万人次

线 路	全年客流总量	日均客流	日最高客流
1号线	13 992.90	38.37	58.69
2号线	8 376.30	22.95	33.01

2.11.5　沈阳市城市轨道交通建设和运营模式

2002年6月，经沈阳市委、市政府研究决定，“沈阳市轨道交通建设指挥部”更名为“沈阳市地铁建设指挥部”，为正局级事业单位，负责轨道交通建设和运营的实施工作。2004年4月，成立沈阳地铁有限公司，是地铁工程建设和运营的项目法人，与指挥部合署，一个机构、两块牌子。2011年4月，沈阳地铁有限公司正式更名为沈阳地铁集团有限公司，是承担沈阳市地铁工程建设、运营及相关产业多种经营的国有独资大型企业。集团公司设有办公室、监察处、党委办公室、工会、人力资源部、企业管理处、总工办、预算合同处、计划处、财务处、预算审核中心、工程一处、工程二处、设备处、前期工作处、质量监督管理处、安全生产监督管理处和保卫处等18个处室及拥有沈阳地铁集团有限公司运营分公司、沈阳地铁房地产开发有限公司、沈阳地铁物业管理有限公司、沈阳地铁巴士有限公司、沈阳国际展览中心管理有限公司、沈阳城市通有限公司6个所属公司，并与其他公司合作成立了沈阳地铁咨询公司、沈阳地铁报业传媒有限公司。其中，运营分公司于2010年4月21日注册成立，负责沈阳市地铁1号线、2号线的运营管理工作。

沈阳地铁集团有限公司以“安全地铁、人文地铁、科技地铁、绿色地铁”为理念，本着“团结进取、求真务实、甘于奉献、勇于担当”的地铁精神，坚持建设、运营、资源开发及多种经营“一体化”经营模式，以地铁工程建设、运营为主导，多种经营协调发展，高效整合各类资源，发挥协同效应，形成了强有力的多条线路建设、运营组织协调能力和资源整合集成能力。

2.11.6　沈阳市轨道交通技术特点和创新项目简介

1. 地铁1号线荣获中国建设工程鲁班奖

2011年11月7日，沈阳地铁1号线荣获2010—2011年度中国建设工程鲁班奖，这是继北京地铁五号线后，第二个全线获此殊荣的城市轨道交通工程，同时也是第一个获此殊荣的全地下城市轨道交通工程。

沈阳地铁1号线始终贯彻“百年大计，质量第一”的方针，坚持“安全地铁、人文地铁、科技地铁、绿色地铁”的建设理念，在总结国内外地铁建设经验的基础上，编制技术标准、验收标准，创建风险评估和施工监测体系，确立“争创鲁班奖”的质量目标。成立了创优委员会和创优工作小组，制定了创优规划，建立健全了质量管理体系和各项规章制度。通过开展“质量年”活动，开展日常巡检、专项检查、联合检查、质量专题会议、技术攻关等活动，落实创优方案和措施，取得了丰硕成果。

国内开创性地引入安全监理管理模式，创建地铁建设控制系统，保证了地铁施工安全；针对冬期长的特点，采用暖棚法、蓄热法等措施，保证了工程质量和施工进度；采用热风幕、暖风机组、电加热扶梯、座椅加热装置等保证了冬季设备的正常运行及乘客舒适度；在富水、高渗透性的砂砾地层中，采用“区域群井”降水和多方法综合动态控制措施，实现了施工全过程无水作业，保证了工程质量和安全。车辆和机电设备安全可靠，使用功能齐全完善，综合国产化率达到76.6%以上。

全线获辽宁省建设工程世纪杯奖；8站6区间获辽宁省建筑业新技术应用示范工程；运营控制中心获全国室内装饰优质工程；2站1区间获火车头优质工程。科研成果获国家级科技进步奖1项，省部级4项。获省部级工法5项，国家专利2项。

鲁班奖的获得，充分体现了沈阳市委、市政府对地铁工程的重视；体现了地铁公司和各参建单位贯彻落实质量方针，精心组织、规范管理、严格控制、遵规守法的工作精神；体现了沈阳地铁1号线的工程设计、工程质量、技术指标、经济效益和社会效益均达到了国内领先水平。鲁班奖的获得，对于促进沈阳地铁和参建单位努力提升管理水平、提高工作质量、提高工程质量，建设百年地铁工程，必将起到积极的推动作用。

2. 地铁2号线的技术创新

在地铁2号线工程建设中，成功地开发应用了多项新工法、新工艺和技术专利。

（1）新乐遗址站全国首次采用新管幕（NTR）工法。在国内率先引进了韩国NTR新工法，并在实际应用中，大胆进行了改革和创新，取得了良好的效果。该工法在韩国、日本、美国、新加坡等国都有成功应用的典型案例，它具有地面沉降小、施工周期短、不影响地面交通等特点。新管幕法适合在特别复杂的环境条件下使用，适用于各种复杂的水文、地质条件。主体结构站厅层的高空间、大跨度、无柱结构，视野开阔，在新乐遗址站施工中，创造了此工法顶管焊接的世界记录。

（2）研发并采用新技术、新工艺施工，获得专利。青年公园采用PBA工法（洞桩法）施工。在洞内人工挖孔桩施工中，施工单位发明了逆向引孔机，提高了施工效率，该工艺可广泛应用于地铁暗挖车站的人工挖孔桩中，适用于砂砾层、无水地质情况。有效解决了垂直出土问题，避免了传统工艺中因垂直提升设备带来的安全隐患，提高了施工的安全性。为解决市政排水管线内衬防护施工的难题，施工单位还发明了带水作业施工内衬管的新方法，无须对原有管线进行导流或截留，可带水作业，减少了市政管线因倒流或截留对其他管线的影响，同时具有降低内衬施工难度、施工速度快、可长距离修复、对工人的技术要求低、造价低等优点，填补了国内带水作业施工内衬技术的空白。这两项发明均获得了国家知识产权局颁发的“实用新型专利证书”。

（3）风水电专业合理采用新材料、新工艺。站内及区间的消防水管采用内外涂环氧复合消防管取代传统的球墨铸铁管，采用沟槽式卡箍连接，施工效率高，质量可靠，可避免传统焊接工艺焊缝易锈蚀弊端。管道支架采用热浸镀锌材料，螺栓采用优质化学锚栓，耐腐蚀性提高，抗拉拔强度获得提升。生产生活给水系统采用内外涂PE材料的复合钢管，外观整洁且防腐蚀能力强。区间照明灯具由原来的普通荧光灯更换为LED灯源，提高了照明亮度、延长了灯具的使用寿命、节省三分之一的电能。

（4）沈阳地铁二号线车辆为国内首条批量采用国产化牵引制动系统的地铁车辆。

2.11.7　沈阳市城市轨道交通发展历程

20世纪40年代，日本大阪市电气局高速铁道部曾编制过沈阳地铁建设规划，共规划4条线，全长54.1 km，沈阳因此成为中国首个进行地铁线路设计的城市，这说明这座城市已拥有地铁建设的基本需求。20世纪六七十年代，出于备战备荒需要，沈阳市开始筹建地铁工程，在赵家沟、陶瓷厂、冶金局各修建了千余米，后因种种原因工程停止。20世纪90年代起，沈阳市委、市政府重新将其提上日程，经过长期准备，于本世纪初进入实质操作阶段。

1994年，沈阳市结合城市交通规划编制了快速轨道交通线网规划。1998年根据城市总体规划的调整，对1994年的快速轨道交通线网进行了修编，编制完成《沈阳市快速轨道交通线网规划》。线网结构为环形加放射形，由5条线路和2条支线组成，线路全长182.5 km。该线网规划作为专项规划纳入《沈阳市城市总体规划》，于2000年初由国务院一并批复。

2003年10月，按照国务院办公厅《关于加强城市快速轨道交通建设管理通知》要求，沈阳市编制并上报《沈阳市快速轨道交通建设规划（2003—2010）》，规划近期建设地铁1号线一期工程（地下线路全长22.2 km，设18座地下车站）和地铁2号线一期工程（地下线路全长18.65 km，设17座地下车站），工程总投资171.8亿元。2005年8月14日经国务院同意由国家发改委正式批复。随后，国家发改委相继批准了两个项目的工程可行性研究报告。地铁1号线一期工程和地铁2号线一期工程分别于2005年底和2006年底开工建设。之后，根据沈阳市老工业基地振兴的需要和用地调整，国家发改委先后批准了地铁1号线延伸线工程（地下线路5.8 km，设4座地下车站）和地铁2号线延伸线工程（地下线路2.8 km，设2座地下车站），工程总投资40.85亿元。2010年9月27日，沈阳地铁1号线正式通车试运营。2011年12月30日，沈阳地铁2号线正式通车试运营。

2008年，为适应沈阳城市空间发展战略的新变化，沈阳市对原线网规划在规模和布局上进行了优化调整，并重新编制了《沈阳市快速轨道交通线网规划》。新线网规划由“四横、四纵、两L、一弦线”11条线组成，线网总长为400 km。随着1号线运营及2号线工程建设接近尾声，2010年沈阳市又编制了新一轮轨道交通近期建设规划，建设年限为2012—2018年，由4号线一期工程、9号线工程及10号线工程组成。线路总长118 km，全部为地下线路，工程总投资610亿元。此规划实施后，到2018年沈阳市地铁运营总里程达168 km。2012年6月9日，《沈阳市城市轨道交通近期建设规划（2012—2018）》获得国务院批准，并由国家发改委正式批复，沈阳市新一轮地铁建设进入实质性操作阶段。2013年12月30日，沈铁城际铁路（松山路—道义）工程（首通段）将开通试运营，并与地铁2号线实现无缝贯通运营，航空航天大学站、师范大学站、医学院站三座车站将纳入2号线大交路运营。

2.12 成都

2.12.1 成都市2013年度城市轨道交通最新动态

2013年成都地铁继续保持高速发展态势，共有6个项目同步建设，在建里程约106 km，2013年完成投资约104亿元。其中2号线西延线已于2013年6月8日正式开通试运营。

2013年2月16日，《成都市城市轨道交通近期建设规划（2013—2020年）》获国家发改委批复，成都市随后启动了新一轮建设规划项目的可行性研究工作。2013年9月16日，四川省发改委批复了《成都地铁7号线工程可行性研究报告》，2013年10月，7号线开工建设，成都市新一轮城市轨道交通建设工作正式启动。

2.12.2 成都市城市轨道交通远景线网规划

1. 成都市城市轨道交通线路规划

成都市是四川省省会，西南地区科技、金融、商贸中心和交通、通信枢纽，中国西部重要中心城市之一，新型工业基地，国家历史文化名城和旅游中心城市。

成都市城市总面积12 390 km^2，中心城面积约630 km^2。2013年末全市常住人口1 635万人，其中，户籍人口1 170万人，主城区常住人口约530万人。

为适应新的城市发展目标，依据《成都市城市总体规划（2011—2020）》和《成都市综合交通规划》，2010年成都市启动了城市快速轨道交通线网规划修编工作，2011年3月，《成都市城市快速轨道交通线网规划》（2010年版）获成都市人民政府批准。新一轮成都市城市快速轨道交通线网共包含24条轨道交通线路，线网总里程1 116.8 km，呈“环+放射”的结构形态。线网共分为四个层次：市区线、市域快线、区内预留线、市域铁路，具体如下。

市区线：1~8号线，375.9 km，其中1、2、3、4号线为骨干线、5、6、7、8号线为辅助线；

市域快线：9~18号线，538.6 km；

区内预留线：19~22号线，110.5 km；

市域铁路：成灌线、成彭线，91.8 km。

2. 成都市城市轨道交通规划线路

1）轨道交通1号线（大丰—天府新站）

1号线为南北向骨干线，北起大丰天回片区，串联火车北站、火车南站，南至天府新区。线路全长48.9 km，设车站39座。

2）轨道交通2号线（犀浦—龙泉）

2号线为东北—西南向骨干线，西北部起于郫县犀浦，串联了茶店子客运站和蜀汉路、黄忠大道、天府广场、锦江街及CBD地区，东南部达龙泉组团音乐广场。线路全长43.6 km，设车站33座。

3）轨道交通3号线（新都—东升）

3号线为东北—西南向骨干线，东北部起于新青新城，西南连红牌楼，并进入双流城区。起点为新都区红星，终点为城铁双流站，途经站点可与2、4、5、6、7号线换乘。线路全长50.2 km，设35座车站。

4）轨道交通4号线（温江—龙泉）

成都地铁4号线西起温江区城区（柳城街道），东至龙泉驿区西河镇（成都绕城高速东段外侧），全长50.4 km，全线共设32座车站。

5）轨道交通5号线（大丰镇—华阳镇）

5号线为中心城西部南北方向的外部填充线，北起新都北部商贸城，向南主要串联了商贸大道沿线大量的居住区、沙湾商区，并在一环路与6号线换乘，向南途经青羊宫、武侯祠后穿过永丰立交至神仙树片区；转向机场高速、三环路，沿元华路向南进入天府新城华阳组团西部，止于回龙路以北，线路全长49 km，设车站39座。

6）轨道交通6号线（郫县—华阳镇）

6号线为中心城东部南北向的外部填充线，起于郫县组团，向南串联西南交大犀浦校区、下穿交大立交，途经茶店子片区后与5号线在一环路换乘；沿一环路东半环向南途经白马寺、梁家巷、牛王庙、九眼桥片区后沿锦华路至天府新城华阳组团东部，向西与1号线、5号线相交，线路全长59.2 km，设车站45座。

7）轨道交通7号线（火车北站—火车南站—火车北站）

7号线为封闭环线，主要沿2.5环敷设，线路全长38.6 km，全线为地下线，沿线串联了火车北站、火车东站、火车南站三个重要的铁路交通枢纽。共设站31座，其中18座换乘站。

8）轨道交通8号线（龙潭—双流）

8号线是一条东北—西南向的预留控制线。北起龙潭乡，向西南方向串联十里店、万年场、倪家桥等居住集中片区后下穿永丰立交与5号线换乘，并向西南方向延伸至双流的大学园片区及空港经济区。线路全长36 km，设车站28 座。

9）轨道交通9号线（环线）

9号线是位于中心城3、4环间的市域快线环，串联了东部副中心、南部CBD及双楠片区。 线路全长64.8 km，设车站29座。

10）轨道交通10号线（红牌楼南—新津）

10号线是连接中心城区、双流机场、新津的市域快线。从中心城红牌楼附近始发，连接双流机场，衔接成绵乐城际双流西站后向南延伸至花源、花桥片区和新津主城区。线路全长37.5 km，设车站13座。

11）轨道交通11号线（华阳—新津，华阳—黄龙溪）

11号线全长67.5 km，设车站24座，连接华阳、黄龙溪、新津。

12）轨道交通12号线（双流—华阳—洛带古镇）

12号线主要连接龙泉、华阳、双流机场、东升。线路起于龙泉洛带古镇，止于东升燃灯村附近。线路全长57.1 km，设车站28座。

13）轨道交通13号线（四川大学—龙泉）

13号线是一条连接中心城区和龙泉驿的市域快线。线路起于九眼桥附近6号线的四川大学站，向南途经科教园开发区至龙泉驿组团。线路全长20.4 km，设车站9座。

14）轨道交通14号线（成都东客站—金堂）

14号线是连接金堂与中心城区的东西向市域快线。线路起于2、7号线换乘站成都东客站，途经西河、洛带组团至金堂。线路全长53.3 km，设车站7座。

15）轨道交通15号线（马鞍北路—金堂）

15号线是连接新青、金堂组团与中心城区的一条市域快线。线路起于一环路上的3、6号线换乘站马鞍北路站，向北达金堂主城区。线路全长54.6 km，设车站21座。

16）轨道交通16号线（光华村—邛崃）

16号线主要连接温江、崇州、大邑、邛崃。线路起于轨道交通7号线光华村站，止于邛崃县城区。线路全长70.8 km，设车站10座。

17）轨道交通17号线（大石西路—温江，大石西路—东升）

17号线是连接中心城区、温江、双流东升的市域快线。线路起于一环路的5号线大石西路站，沿成新快速路出四环后，线路分别延伸至温江区和双流县东升镇。线路全长49.6 km，设车站21座。

18）轨道交通18号线（火车南站—第二机场）

18号线是连接中心城与第二机场的市域快线，线路起于1、7号线换乘站火车南站，止于成都简阳第二机场，全长63 km，设车站9座。

19号线、20号线、21号线、22号线为区域预留线。19号线全长13.1 km，设车站12座，为龙泉驿区内部连接线。20号线全长28.6 km，设车站5座，为金堂老城和新区的连接线。21号线全长42.6 km，设车站20座，横向贯穿新都区内部，并延伸至彭州市。22号线全长26.2 km，设车站14座，串联郫县、温江。

2.12.3 成都市城市轨道交通建设情况

2013年成都市在建的城市轨道交通项目有6个，包括1号线南延线工程、2号线西延线工程、2号线东延线工程、3号线一期工程、4号线一期工程和7号线工程。

1. 成都地铁1号线南延线

地铁1号线南延线是连接中心城区与天府新区起步区（天府新城）的重要轨道交通骨干线。始于世纪城站，止于广都北站，全长5.42 km，共设车站5座。已于2012年9月全面开工建设，至2013年底，共有4个车站主体封顶，盾构累计掘进3 407 m，占盾构区间总里程的56%。计划2015年建成试运营。

2. 成都地铁2号线西延线

线路始于三环路北侧茶店子客运站，至郫县犀浦站，并在犀浦站与成都至都江堰快速铁路无缝对接，全长8.7 km，设6座车站， 2010年9月开工建设，已于2013年6月8日建成试运营。

3. 成都地铁2号线东延线

地铁2号线东延线始于行政学院站，止于龙泉东站，线路全长11.1 km，共设车站6 座，其中3座地面车站，3座地下车站，于2011年12月开工建设，至2013年底已完成所有土建施工和铺轨作业，正进行机电安装及装修施工，计划2014年下半年建成试运营。

4. 成都地铁3号线一期工程

地铁3号线为成都市城市轨道交通骨干线，一期工程起于红牌楼南站，止于天回镇南站，串联了成都市动物园、春熙路、成都市旅游集散中心和省体育馆，与1、2、4号线形成“米”字形网络覆盖中心城区，线路长约21 km，共设车站17座，全为地下线，已于2012年4月全面开工建设，至2013年底，共有14个车站主体封顶，盾构掘进17 681 m，占盾构区间总里程的50%，计划2015年建成试运营。

5. 成都地铁4号线一期工程

地铁4号线一期工程起于公平站，止于沙河站，线路长22.4 km，设车站16座，全为地下线，已于2011年11月开工建设，至2013年底，共有14个车站主体封顶，盾构掘进27 564 m，占盾构区间总里程的78%，计划2015年底建成试运营。

6. 成都地铁7号线工程

地铁7号线为环线，始于火车北站，沿顺时针方向主要途经公交路—驷马桥路—八里庄路—二仙桥路—建材路—锦绣大道—广和路—黄忠大道—青羊大道—同和路—一品天下大街—成灌路—二环路北一段—二环路北二段—公交路，止于火车北站，构成环形线路。线路全长38.61 km，正线全部为地下线，共设车站31座，其中换乘站18座，成都东客站、琉璃场站、红牌楼南站是三线换乘站。已于2013年10月开工建设，至2013年底，完成25个车站的打围施工，16个车站正进行围护结构施工，计划2017年上半年建成试运营。

2

2.12.4　成都市城市轨道交通运营现状

至2013年6月，成都市已经投入运营的地铁线路有1号线一期工程、2号线一期工程和2号线西延线工程，总运营里程约50 km，共43座车站。

1. 成都地铁1号线一期

地铁1号线一期工程北起升仙湖站，南止于世纪城站，全长18.5 km，设车站17座，一座车辆段，两座主变电站，一座控制中心。

地铁1号线一期工程于2005年底动工建设，2010年9月27日开通试运营。目前日均客流约32.7万人次，单日最高客流49.5万人次。

2. 成都地铁2号线（包括一期工程和西延线）

地铁2号线西起犀浦站，东止于行政学院站，全长31.4 km，设车站26座，1座车辆段，1座停车场，2座主变电站，与1号线合用控制中心。

2号线一期工程于2007年12月开工，2012年9月16日开通试运营；2号线西延线2010年9月开工建设，2013年6月8日开通试运营。目前2号线日均客流约33.5万人次，单日最高客流54.1万人次。

3. 票价情况

成都地铁1、2号线均采用计程计时票制。基本票价采用2元起价的区间计价制，起价2元可乘坐6个区间，乘车距离超过6个区间采用递远递减的方式计价，即3元可乘坐10个区间，4元可乘坐16个区间，5元可乘坐24个区间。1号线一期(共17个站)全程票价4元，2号线（共26个站）全程票价5元，考虑1、2号线（一期）之间换乘因素，最高单程票票价为5元。乘客单次乘车在车站付费区内可以停留的最长时间为2小时。

车票种类有单程票、天府通卡和纪念票。天府通卡、中小学生和军人、儿童享有优惠政策。义务兵、革命伤残军人、伤残人民警察、盲人凭相关有效证件免费乘坐地铁。

4. 客流情况

2013年成都市的运营数据如表2-14所示。

表2-14　成都市轨道交通2013年客流运营数据　　单位：万人次

线 路	全年客流总量	日均客流	日最高客流
1号线一期	11 953	32.7	49.5
2号线（包括一期和西延线）	12 227	33.5	54.1

2.12.5　成都市城市轨道交通建设和运营模式

成都地铁有限责任公司是负责成都市城市快速轨道交通投融资、建设、运营、开发的国有独资企业，成立于2004年10月。目前设11个部门（董事会办公室、总工程师办公室、综合管理部、质量安全部、计划合约部、财务部、土地事务部、党群工作部、人力资源部、法律事务部、信息中心）、3家全资子企业（成都地铁运营有限公司、成都地铁实业有限公司、成都特种门厂）、1家分公司（成都地铁建设管理有限公司）、1家控股子公司（成都地铁传媒有限公司）。

成都地铁建设管理有限公司负责成都市城市轨道交通项目从施工图开始的全过程建设管理工作；成都地铁运营有限公司独家承担成都市城市快速轨道交通运营线路管理和新线运营筹备。

2.12.6　成都市城市轨道交通创新项目简介

（1）成都地处川西平原，地铁盾构工程所处的基本地质条件是富水砂卵石地层，呈现“三高”特点：地下水位高、卵石含量高、地层强度高。为解决富水砂卵石地质条件下盾构施工的相关技术问题，成都地铁公司会同有关单位研究和提出了针对性的工程应对方案，包括刀具刀盘布局的协调性、刀具类型的优化、螺旋出土器改进、掘进参数的调整、带压换刀保压等多方面的技术，并且树立并坚持了富水砂卵石地层的“排出为主、破碎为辅”处置理念。经过多次试验，最终有效解决了刀盘刀具磨损问题，实现了盾构的较长距离连续掘进和砂卵石地层的带压换刀，降低了成本，提高了盾构掘进效率。

（2）成都地铁在盾构施工中还遭遇另外一种特殊地层——膨胀土（岩）复合地层。针对膨胀土（岩）特殊的地质条件，成都地铁公司组织有关专家和技术人员广泛地开展了盾构工法的适应性研究，重点地研究了在膨胀土（岩）地层中盾构法施工的关键技术，提出了采用盾构法的相关技术条件，为在膨胀土（岩）地层中实施盾构法隧道施工技术提供了技术支撑，并为成都地铁其他线路和国内其他城市具有相似地质条件的地铁工程建设提供了重要的参考。

（3）在国内地铁施工中，成都地铁首创了在全线盾构区间所有进出洞端头井围护桩采用玻璃纤维筋的做法，与传统的先人工破除洞门端墙附近钢筋混凝土围护桩相比，既可以提高盾构进出洞的安全性，又可节省材料，缩短施工时间，具有明显的经济效益。同时由于工期的缩短和安全性的提高，减少了对地面和环境的干扰，改善了施工环境，具有长远的社会效益。

（4）成都地铁1号线高新站到世纪城站之间的浅埋式区间隧道自然通风方式，区间隧道排热及火灾排烟具有较明显的节能效果，降低区间隧道通风系统的初期投资和运行费用，在技术和经济上都具有较大优势。

（5）成都地铁在1号线中还采用了“冰蓄冷”技术。“冰蓄冷”系统按照分量蓄冰、融冰优先的模式设计，为国内轨道交通首创。

2.12.7 成都市城市轨道交通发展历程

20世纪80年代，成都市便开始制定城市轨道交通系统规划。随着十余年的发展，成都城市规模迅速膨胀，加之成都拥有全国第3的私家车保有量，在交通高峰期，穿越城区需要2个多小时。90年代末开始，成都加大了在交通基础设施建设领域的投入，并开始重视快速城市公共交通网络的建设。2002年、2003年、2004年成都媒体都曾报道过地铁即将获批开工的消息，但从南京地铁获批之后，中央政府便冻结了对地铁项目的审批，直到2005年才有所松动。

2005年10月，国务院批准了第一轮成都市城市快速轨道交通建设规划；2005年11月21日，成都地铁1号线一期工程项目可行性研究报告获国家发改委批复；2005年12月，1号线一期工程开工建设，至此成都地铁建设正式启动。2010年9月27日地铁1号线一期工程开通试运营，成都市正式进入地铁时代。随后，2号线一期工程和2号线西延线工程相继于2012年9月16日和2013年6月8日正式开通试运营。至2012年第一轮成都市城市快速轨道交通近期建设规划项目已全部开工建设或建成运营。

2011年，成都市启动了新一轮城市轨道交通建设规划的编制工作。2013年2月16日，《成都市城市轨道交通近期建设规划（2013—2020年）》获国家发改委批复，同年9月，新一轮建设规划中的7号线可行性研究报告获四川省发改委批复，并于2013年10月开工建设，这标志着新一轮成都市城市快速轨道交通项目全面启动。成都市城市轨道交通进入网络化的运营时代。

2.13 佛山

2.13.1 佛山市2013年度城市轨道交通最新动态

2013年，广佛线二期工程进展顺利，全线车站进入主体结构施工，并陆续进入区间作业；到年底，魁奇路站—澜石站区间已完成盾构施工。

2013年，佛山市委、市政府探索采用BOT+TOD+EPC模式建设轨道交通2号线一期工程。9月，佛山市交通运输局启动2号线一期工程BOT特许经营项目投资人招标工作。12月，由中国交通建设股份有限公司、佛山市轨道交通发展有限公司、南车青岛四方机车车辆股份有限公司组成的联合体中标。

2.13.2 佛山市城市轨道交通线网规划

1. 佛山市城市轨道交通线网规划

2012年《佛山市城市轨道交通近期建设规划（2011—2018年）》通过国务院批复，规划至2018年将新建佛山市轨道交通2号线一期和3号线工程，线路总长102.2 km，总投资498.1亿元。与已建成通车运营的1号线（广佛线佛山段）形成佛山市城市轨道交通基本骨架网。

2. 佛山市城市轨道交通规划线路

根据《佛山市城市轨道交通近期建设规划（2011—2018年）》，近期规划建设线路2条，分别是轨道交通2号线一期和轨道交通3号线。

1）佛山轨道交通2号线一期

2号线一期呈东西走向，西起南庄，东至广州南站。线路长约32.2 km，其中，地下线24.1 km，设车站17座。其中，高架线路7.4 km，过渡段长0.7 km；车站地下14座，高架3座，其中换乘站7座。规划建设期为2014—2018年。设林岳综合维修基地1座，湖涌停车场1座、花卉世界和石湾2座主变电所。

2）佛山轨道交通3号线

3号线（容桂—狮山）为贯通中心组团南北的主干线，经佛山顺德区、禅城区、南海区，联系大良容桂组团、中心组团、狮山组团，也是佛山市中心组团与大良容桂组团、狮山组团的联系线。线路全长约74.0 km，其中地下线62.4 km，高架线路11.6 km。共设车站35座（地下30座，高架5座），其中换乘站7座。全线设狮山车辆段和容桂、荔村停车场，设大良、水口、火车站3座主变电所。

2.13.3 佛山市城市轨道交通建设情况

佛山市正在建设的是广佛线二期工程。二期工程线路呈L形走向，全长6.678 km，共设置4座车站，均为地下站，其中换乘站1座，为东平站，与佛山3号线、广佛环线、广佛江珠城际线换乘，是佛山新城强中心战略实施的重要交通支撑，它的建成开通将进一步推动广佛同城化深入发展。2012年9月28日，广佛线二期工程正式开工建设。预计在2016年底建成通车。

二期工程起点位于佛山新城裕和路北侧的新城东站，沿裕和路向西北行进，于裕和路和文华南路交叉口设东平站；出站后继续沿裕和路向西行进，于世纪莲体育中心西南侧、规划影城南侧、规划书城北侧裕和路和华康路交叉口西侧设世纪莲站；出站后折向北，同建设中的汾江路南延线共用沉管隧道下穿东平水道，沿汾江路向北行进，在汾江南路于澜石二路交叉口南侧设澜石站，到达一期工程魁奇路站后折返线，与广佛线一期工程贯通。

2013年二期工程建设全面展开，整个工程建设稳步有序推进。下半年进入了车站主体结构施工阶段，到年底1个区间完成盾构掘进。截至2013年12月31日，二期工程完成产值64 499万元。

2.13.4 佛山市城市轨道交通运营现状

佛山市目前投入运营的线路为轨道交通1号线，即广佛线首通段。

1. 广佛线首通段

广佛线首通段由佛山魁奇路至广州西朗，于2010年11月3日通车，运营里程约20.7 km，设有14个车站。佛山段约14.8 km，设有11个车站。

2. 票价票制

广佛地铁分为单程票、储值票（广佛通、羊城通）、学生储值票、地铁老年人储值票、地铁老年人免费票、残疾人票。

票价按里程计算：0~4 km，票价2元；4~12 km之间，每增加4 km加收1元；12~24 km之间，每增加6 km加收1元；24 km以上，每增加8 km加收1元。凡在机场南站或机场北站进出的乘客在按原里程收费票价基础上加收5元；机场南站—机场北站区间按2元计算，不加收。

3. 客流情况

2013年佛山市的运营数据如表2-15所示。

表2-15 佛山市轨道交通2013年客流量　　单位：万人次

线 路	全年客流总量	日均客流	日最高客流
广佛线首通段	4 898.38万人次	13.42万人次	25.17万人次

2.13.5 佛山市城市轨道交通建设和运营管理模式

广佛线一期工程由广州和佛山两市共同出资建设，业主单位为广东广佛轨道交通有限公司。由于当时佛山无地铁建设、运营的条件和经验，广佛线一期工程全部委托广州地铁总公司建设和运营。广佛线二期工程的4站4区间全部位于佛山境内，由佛山独立承担建设任务，建成后将纳入广佛线运营。

2.13.6　佛山市轨道交通技术特点和创新项目简介

广佛线二期工程的技术特点：一是广佛线二期工程将在澜石至世纪莲区间拆解成为6号线和广佛线三期；二是下穿东平水道的公铁合建过江隧道是目前国内最大断面的公铁合建沉管隧道。

2013年，佛山市委、市政府探索佛山城市轨道交通建设的新模式，决定在2号线一期工程采用BOT+EPC+TOD模式建设。它的基本理念是通过引入具有综合工程资质的大型企业以EPC（设计施工总承包）方式直接实施轨道工程建设，通过TOD模式以轨道沿线土地开发收益平衡工程建设资金及运营亏损资金，并通过佛山铁投集团有力配合、监督外部投资人，以形成一种合作多赢的城市轨道交通发展模式。

2.13.7　佛山市城市轨道交通发展历程

2002年12月8日，国务院批复同意广东省调整佛山市行政区划。2004年，佛山市编制城市发展概念规划，提出了建设“2+5”组团城市的战略构想，并启动城市轨道交通线网规划编制，2007年，佛山市政府批准《佛山市城市快速轨道交通线网规划》。

2002年10月11日，佛山地铁1号线（广佛线）试验段建设启动。2010年11月，广佛线首通段通车，佛山成为全国第一个拥有地铁的地级市。

2011年3月，广东省发改委批复广佛线二期工程可行性研究报告。同年10月，启动广佛线二期勘察设计工作。2012年5月24日，省发改委正式批复广佛线二期工程初步设计；9月28日，广佛线二期工程正式动工。

2012年9月，《佛山市城市快速轨道交通建设规划（2011—2018年）》获国务院批准。12月，市政府决定全面启动佛山城市轨道交通2、3号线建设前期工作。

2013年4月，广东省《加快推进全省重要基础设施建设工作方案（2013—2015年）》（粤府[2013]30号）将佛山城市轨道交通2、3号线列为“城市地铁类”重大建设项目，要求尽快完成前期工作，加快推进建设工作。

2013年7月，佛山城市轨道交通2号线一期工程可行性主报告通过了广东省发改委组织的专家评审。

2013年12月3日，由中国交通建设股份有限公司、佛山市轨道交通发展有限公司、南车青岛四方机车车辆股份有限公司组成的联合体中标佛山城市轨道交通2号线一期项目投资人招标项目。

2013年12月9日，佛山城市轨道交通 2号线一期工程初步设计工作正式启动。

2.14　西安

2.14.1　西安市2013年度城市轨道交通最新动态

2013年9月15日，西安地铁1号线通车试运营。

2013年12月16日，国家发展和改革委员会正式批复西安城市轨道交通近期建设规划（2013—2018年）。西安规划远景城市轨道交通线网为“放射型”网络结构，由6条线路组成，总长约252 km，其中中心城区线路长54.4 km，线网密度0.72 km/km^2。线网中，骨干线3条，辅助线3条。

2.14.2 西安市城市轨道交通线网规划

1. 西安市城市轨道交通线路规划

西安，是陕西省政治、经济、文化中心，辖9区4县，总面积10108 km^2，城市建成区面积369 km^2，根据第六次人口普查，西安市全市常住人口843.46万人，户籍人口781.67万人。

按照国务院批准的《西安市城市快速轨道交通建设规划》，西安市共建设6条城市轨道交通线路，总长252 km。共设150座车站，其中16座换乘站，13座车辆段及停车场，2处控制中心。服务范围覆盖52个主要客流集散点。

轨道线网形成“棋盘+放射”式网状结构布局，线网中1号线，2号线和3号线为骨干线，既满足了城市东西向、南北向主轴线上的客运交通需求，又向外拓展了城市发展空间；4号线、5号线、6号线是轨道交通网的辅助线，主要满足城市功能组团之间的交通需求，对线网进行加密完善。

2. 西安市城市轨道交通规划线路

1） 西安地铁4号线

4号线工程自航天东路至北客站，线路长33.3 km，全部为地下线，设站28座，设航天城车辆段和草滩停车场，投资203.27亿元，规划建设期为2013—2017年。

2） 西安地铁5号线

5号线一期工程自和平村至纺织城火车站，线路长25.7 km，其中地下线24.3 km，设站20座，设阿房宫车辆段和雁鸣湖停车场，投资153.38亿元，规划建设期为2014—2018年。

3） 西安地铁6号线

6号线一期工程自南客站至劳动南路站，线路长19.9 km，全部为地下线，设站15座，设侧坡车辆段，投资118.37亿元，规划建设期为2013—2017年，二期工程劳动南路至纺织城站，结合2号线运营振动监测情况，进一步优化完善线路方案，经文物部门同意后开展相关工作。

2.14.3 西安市城市轨道交通建设情况

西安市正在建设的城市轨道交通规划线路有3条，包括2号线南段、3号线一期和4号线试验段。

1. 西安地铁2号线南段

2号线南段于2009年开工，从会展中心站南至韦曲南站，线路全长6 km，共设车站4座，停车场1处。2013年7月“长轨”贯通，2013年年底完成安装装修任务，目前正在进行综合联调，计划2014年6月通车试运营。

2. 西安地铁3号线一期

3号线是国家已批复西安地铁建设规划中线路长度最长的一条线。3号线一期工程（鱼化寨至国际港务区段），线路全长39.15 km，其中地下线28.13 km，高架线11.02 km。共设车站26座，其中19座地下站，7座高架站，平均站间距1.64 km。2013年12月底10座地下车站、5座高架车站已封顶。

3. 西安地铁4号线试验段

4号线试验段共4个标段，5站6区间，全长6.71 km。试验段于2012年6月25日开工建设，2013年12月底后村站封顶。

2.14.4 西安市城市轨道交通运营现状

1. 西安市城市轨道交通运营线路

1）西安地铁2号线（北客站—会展中心段）

2011年9月16日，西安市首条轨道交通——2号线一期工程正式通车，这标志着西安市成为全国第十个开通地铁的城市。2号线一期工程北起北客站，南至会展中心，全长20.5 km，沿线共设车站17座，车辆段和控制中心各1座，工程总投资约100.53亿元。其中，换乘车站4座：北客站与国铁线北站相衔接，实现“零换乘”；行政中心站、北大街站和小寨站分别与地铁4号线、1号线和3号线十字相交。

2）西安地铁1号线

1号线一期工程2008年10月正式开工，由西向东敷设，依次途经西咸共建区、未央区、莲湖区、碑林区、新城区、灞桥区，线路全长25.4 km，设19座车站，车辆段、停车场各1处，主变电站2座，控制中心与2号线合用，总投资122.7亿元。

2012年8月，地铁1号线实现“长轨通”，2012年12月实现全线“电通”和通信系统“三通”，2013年9月15日通车试运营。1号线开通试运营后，地铁客流量大幅度增加，初步网络化运营效应明显。

2. 票价票制

西安地铁采用区间计价制，相邻两站之间为1个区间。起步价2元可乘坐6个区间，乘坐7~10个区间3元，11~16个区间4元，17个及以上区间5元。2号线北客站至会展中心段共16个区间，全程票价4元，1号线全线共18个区间，全程票价5元。

3. 客流情况

2013年西安市的运营数据如表2-16所示。

表2-16 西安市轨道交通2013年客流量

单位：万人次

线 路	全年客流总量	日均客流	日最高客流
2号线	9 532.66	38.1	50.75
1号线	2 608.55	24.2	31.98

2.14.5 西安市城市轨道交通建设和运营管理模式

西安地铁采取建设、运营、开发三位一体，自筹自建的管理模式，2号线40%资本金由政府财政拨款，1号线和3号线25%资本金由政府财政拨款，其余由政府担保进行贷款。

2.14.6 西安市轨道交通技术特点和创新项目简介

西安作为历史文化古城，地铁2号线是其发展史上迄今最大的基础设施建设工程，建设过程中存在很多困难。参建各方全面创新，攻坚克难，成功解决了三大技术难题。

1. 成功保护文物古迹

2号线主要涉及的文物古迹为明城墙和钟楼，从设计方面将线路施工确定在15 m以下以避让地下8 m的“文化层”和降低振动对文物的影响，在隧道掘进中选择了先进的盾构法施工，并对钟楼、城墙及城门洞进行了密实桩基围护和钢结构支护的高强度加固处理。线路走向沿钟楼两侧绕行及沿城门瓮城两侧下穿城门洞。同时为长远考虑，地铁轨道采用国际最先进的钢弹簧浮置板减振道床，铺设无缝线路，把振动对沿线文物、建筑的影响减少到最低限度。

2. 湿陷性黄土地质条件下完成盾构隧道作业

西安地下湿陷性黄土遇水后极易发生塌陷，在全国范围内，这种地质条件下的盾构隧道作业尚属空白，毫无经验可循。西安地铁不断创新施工工艺，在实践中逐步摸索总结湿陷性黄土地质条件下盾构隧道作业方法。2008年7月6日，实现首条盾构隧道双线贯通，并接连创造了全国地铁盾构单班掘进21 m、日掘进40.5 m和月掘进727.5 m的全国同行业最高记录。2009年10月25日地铁2号线主城区段隧道贯通，标志着湿陷性黄土地质条件下地铁隧道施工的首战告捷。

3. 顺利完成地裂缝处理

地裂缝是西安特有的地质现象，西安地下分布着大小14条地裂缝，地铁2号线要通过其中的10条。确保地铁安全通过地裂缝路段并能在设计寿命内适应地裂缝变形，保证结构的使用功能正常发挥是工程难点和重点。西安地铁先后成功完成F2、F3、F8、F9等地裂缝特殊处理段施工共计1 435 m，为西安地铁建设积累了宝贵的施工经验。

2.14.7 西安市城市轨道交通发展历程

2008年5月6日，国务院正式批复了《西安城市总体规划（2008—2020年）》，该规划为西安市民描绘了一幅宏伟蓝图：“九宫格局、棋盘路网、轴线突出、一城多心”将使城市布局更具特色；“一高、一绕、两轴、三环、六纵、七横、八射线加旅游环线”的道路网格局使城市交通更加高效；八水绕城和秦岭绿色屏障形成的山水城市格局将使生态环境更加优美。

城市布局“九宫格局、虚实相当”：优化主城区布局结构，把不适合在主城区发展的城市功能逐步向外围地区疏散，主城区与外围组团、新城之间以交通轴、大遗址、生态林带、楔形绿地等为间隔，形成功能各异、虚实相当的“九宫格局”布局模式。重点建设设施完善、环境优美、功能各异的城市新区，包括未央新城、北客站地区、曲江国际会展产业园等，大兴新城、大明宫地区、纺织城地区等，完善基础设施建设，改善人居环境，提升城市品质。

地铁2号线北客站至会展中心段工程于2011年9月16日提前开通试运营，地铁1号线于2013年9月15日开通试运营，标志着西安城市轨道交通建设取得了重大的进展。目前，西安地铁公司承担的3号线和4号线也在加快建设。西安地铁公司本着“不辱使命、追求卓越、不留遗憾、铸造精品”的精神，坚持改革创新、科学管理、加强企业文化建设，为建设“人文西安、活力西安、和谐西安”做出了应有贡献。

2013年12月16日，国家发展和改革委员会正式批复《西安城市轨道交通近期建设规划（2013—2018年）》。

2.15 苏州

2.15.1 苏州市2013年度城市轨道交通发展最新动态

线网规划方面，2013年1月《苏州市城市轨道交通线网规划（2020）》正式获得市政府的批复，将在2020年形成“四横三纵”285 km规模的规划线网，远景城区范围内将形成9条轨道交通线路405 km规模的规划线网。2013年3月，开始编制《苏州市城市轨道交通近期建设规划（2015—2020年）》，综合国家发改委的意见，将5号线纳入第二轮建设规划，按调整第二轮建设规划的方式实现3、5号线换位后同期建设。

地铁建设和运营方面，2013年12月28日轨道交通2号线正式开通试运营，与1号线形成了“十字相交”的线网格局，开启了网络化运营新时代。截至2013年底，2号线延伸线车站均已完成围护结构施工，大部分车站进行主体结构施工；4号线及支线大部分车站已完成维护结构施工，正在进行主体结构施工。

现代有轨电车建设和运营方面，苏州高新有轨电车有限公司运营分公司于2013年6月7日注册成立，有轨电车1号线处于稳步推进的建设过程中。

2.15.2　苏州市城市轨道交通线网规划

1. 苏州市城市轨道交通线路规划

苏州是江苏省东南部的一个地级市，位于长江三角洲和太湖平原的中心地带，著名的鱼米之乡、状元之乡、经济重镇、历史文化名城，自古享有“人间天堂”的美誉。全市面积8 488 km^2，其中市区面积1 650 km^2。全市总人口653.8万人，其中市区户籍人口252万人。

根据《苏州市城市轨道交通近期建设规划（2015—2020年）》，苏州市近期轨道交通线网由1号线、2号线（含延伸线）、3号线、4号线及支线、5号线、6号线、7号线组成，形成“四横三纵”骨架网络，线网建成后将充分发挥绿色公交的主导作用，便捷民众出行，同时将进一步优化苏州“一核四城”的规划格局。

现代有轨电车方面，2010年9月苏州市高新区开始对其进行规划，并于2011年1月21日通过《苏州高新区有轨电车线网规划》专家评审会。《规划》提出未来高新区将建设6条总计80 km的有轨电车线路，近期建设有轨电车1号线，增加东西向联系，引导科技城、生态城开发建设。高新有轨电车被定位为高新区内部公交骨干系统，是轨道交通的延伸、过渡和补充；是满足客流需求，适应并引导城市发展，展示高新区特色风貌的生态公交系统。

2. 苏州市城市轨道交通规划线路

根据《苏州市城市轨道交通近期建设规划（2015—2020年）》，规划线路如下。

（1）轨道交通3号线：为提升轨道交通运输能力，优化线网换乘，原轨道交通3号线与轨道交通5号线进行了东段线路调整，新3号线由新区城铁站至阳澄湖站，线路全长46 km，设站35座。

（2）轨道交通5号线：从第三轮建设规划调整至第二轮建设规划中，由集散中心到夷亭路，线路全长42.9 km，设站34座。

（3）轨道交通6号线：由苏州新区站到星华街，线路全长34.2 km，设站29座。

（4）轨道交通7号线：主要由北段和南段组成，北段从相城大道北至红庄，线路全长27 km，设站23座；南段从龙翔路到泾南路，线路全长6.4 km，设站4座。

2.15.3　苏州市城市轨道交通建设情况

1. 苏州轨道交通2号线延伸线

轨道交通2号线延伸线分东延和北延，东延接2号线宝带桥南站，串联了吴中区尹山湖片区、园区月亮湾商业区、园区科教创新区，与通苏嘉城际铁路衔接换乘，长约13.8 km，共设站11座，全部为地下线，于2012年9月27日开工建设，预计于2016年通车运营。

2号线北延段呈南北走向，起点位于相城区太平车辆段以西太东路站，向南与2号线苏州北站相连，共设站2座，全长1.8 km，于2012年9月27日开工建设，预计于2016年通车运营。

2. 苏州轨道交通3号线

轨道交通3号线部分线站调整后，2013年12月28日已举办工程启动仪式，前期管线迁移、拆迁等工作正有序开展，预计将于2014年中期开工建设。

3. 苏州轨道交通4号线

苏州轨道交通4号线是一条交通疏导兼具开发引导的线路，总体呈南北走向，由苏虞张路站至同津大道，连接了相城区、姑苏区、吴中区和吴江区，是苏州城市发展的一条骨干线路。线路全长约42 km，共设站31座，设车辆段和综合基地一座，停车场两处，主车辆段位于吴江松陵；设主变电所3座，控制中心与1、2、3号线共用。车辆计划采用B型车，6辆编组。4号线于2012年9月27日开工建设，计划于2017年通车运营。

4. 苏州轨道交通4号线支线

轨道交通4号线支线在吴中开发区红庄站从4号线正线引出，经过吴中滨湖新城、国际教育园、越溪副中心等地区，止于龙翔路。4号线支线全长约11.1 km，设站7座，全部为地下线。4号线支线于2012年9月27日开工建设，计划于2017年通车运营。

5. 苏州高新有轨电车1号线

高新有轨电车1号线（苏州乐园—龙安路）连接高新区中心城区与西部湖滨片区苏州科技城、生态城，全长18 km，设22个站点，车辆段一座，站间距0.8 km，总投资31.5亿元。其中，初期开通11个站点，站间距1.7 km。其于2012年9月11日全面开工建设，截至2013年底已完成15亿元的投资额。其中，正线基本完成，正进行站台施工；车辆基地的“联合检修库及停车库”完成了40%建设。

2.15.4 苏州市城市轨道交通运营现状

截至2013年底，苏州市城市轨道交通运营线路2条，为轨道交通1号线和2号线。

1. 苏州市城市轨道运营线路

1）苏州轨道交通1号线

苏州轨道交通1号线是一条东西走向线路，起点位于吴中区木渎镇北侧的金山路，终点位于中南街。线路全长25.739 km，平均站间距为1.094 km，全部为地下线，设车站24座，其中换乘站为4座，设天平车辆段与综合基地1处。1号线于2012年4月28日正式开通运营，线路标志色为绿色。

1号线采用B型（加宽型）车4节编组，计划速度为35 km/h，设计最高速度为80 km/h，VVVF交流电机传动。

2）苏州轨道交通2号线

苏州轨道交通2号线总体呈南北走向，线路起于相城区京沪高速铁路苏州北站，经平江新城、石路商业区、沧浪新城，终于吴中区迎春南路，线路全长26.386 km，设站22座，其中高架车站5座，地下车站17座。2号线于2013年12月28日开通营运，线路标志色为红色。

2. 票价票制

1、2号线票价按里程长短分为2~6元不等，计价标准如表2-17所示，全程6元。

表2-17　苏州城市轨道交通计价标准

区间/km		0~6	6~16	16~30	>30
票价/元	1、2号线	2	每5 km加收1元	每7 km加收1元	每9 km加收1元

票种方面，苏州轨道交通1、2号线使用IC卡车票，苏州市民普遍使用的“苏州通/市民卡”也可用于轨道交通1、2号线，普通“苏州通/市民卡”享受9.5折优惠，而老年卡、学生卡在年审有效期内享受5折优惠。

3. 客流情况

2013年苏州市轨道交通的运营数据如表2-18所示。

表2-18　苏州市城市轨道交通2013年客运量

单位：万人次

线 路	日最高客流	日均客流	全年客流
1号线	24.4	13.36	4 875.98
2号线	7.57	—	—

2.15.5　苏州市城市轨道工程建设和运营管理模式

实施建设、运营一体化的管理模式，由苏州市轨道交通集团有限公司负责苏州市城市轨道交通工程规划设计、工程建设、轨道交通运输服务、轨道交通项目投资与开发等工作。

建设方面，下辖苏州轨道交通建设分公司，已建设完成1号线、2号线，正在建设2号线延伸线、4号线及支线，已经开展3号线开工前准备工作。

运营管理方面，下辖苏州轨道交通运营分公司，对已营运的轨道交通1号线、2号线进行安全运营、设施维护、运营管理等工作。

2.15.6　苏州市轨道交通技术特点和创新项目简介

1. 路网设施整体化

苏州轨道交通1号线控制中心的设计考虑了全网的整体功能，车辆段与综合基地可以承担1、2号线的车辆厂修和架修任务，以实现土地节约、资源共享。

2. 停车线采用对称道岔设计

苏州轨道交通1号线的停车线采用对称道岔设计，这在国内还尚属首次。1号线在广济南路站、星海广场站的停车线上（采用双停车线长度），分别采用了两组对称道岔，其中广济南路站采用对称道岔后车站长度缩短了67.245 m，有效节约投资2 500万元左右。

3. 新型人防防淹门的研制

苏州轨道交通1号线设置于滨河路站—西环路站区间两端的电控葫芦防淹防护密闭门，是国内轨道交通工程第一座具有真正意义的防水防淹、防护密闭功能为一体的区间防淹防护密闭隔断门，由总参四所研制。新型人防防淹门满足30 m深的设计水头压力，同时也符合人防防护单元相邻隔墙区间防护密闭隔断门1.2 MPa的双向受力要求和密闭要求。

4. 车辆段整体基础

苏州轨道交通1号线采用固定式架车机进行整列车的架落车作业，以提高检修作业的工作效率。固定架车机基础采用新型钢筋混凝土整体箱式基础，地下整体基础尺寸达100 m×20 m×5 m。整体箱式基础部分区域做成空腔形式，极大地减少了基础的质量，降低了工程造价，同时也很好地解决了基础的抗浮问题。

2.15.7　苏州市城市轨道交通发展历程

1999年，苏州市建委委托苏州中咨公司和上海隧道院完成了预可研报告，提出了“十”字相交的初始轨道交通线网。2002年，苏州市完成了《苏州轨道交通线网研究与规划》，提出了总长540 km、总投资1 360亿元、由11条线路组成的线网规模，包括3条市域线，2条市区线，6条有轨电车线。苏州市于2004年4月编制了《苏州市城市快速轨道交通建设规划》，并上报国家发改委和建设部。规划的4

条线路形成两纵两横“井”字形总体布局，线路长135.3 km，设站105座。其中，近期建成1、2号线长52.3 km，设站46座。

2007年2月5日，国务院正式批复《苏州市城市快速轨道交通建设规划》，同意建设其中的1号线和2号线。2007年12月26日，苏州轨道交通1号线工程开工，这标志着苏州市成为国内第一个建设城市轨道交通的地级市。

2009年，开展并完成了新一轮线网规划和近期建设规划编制。2009年12月25日，苏州轨道交通2号线也开工建设。2010年5月，《苏州市城市轨道交通建设规划（2010—2015年）》通过国家发改委审查，2010年10月通过住建部的审查。2011年4月，国家住建部完成会签。2012年1月，该建设规划获得国家批准。

2012年4月28日，苏州轨道交通1号线正式开通运营，这意味着苏州跨入了轨道交通运营城市的行列。

2012年9月27日，苏州轨道交通4号线及支线、2号线延伸线开工。

2013年12月28日，苏州轨道交通2号线正式开通试运营，3号线工程正式启动，苏州开启了网络化运营新时代。

2.16 杭州

2.16.1 杭州市2013年度城市轨道交通最新动态

3月7日至8日，受住房和城乡建设部委托，浙江省住房和城乡建设厅在杭州组织召开《杭州市城市轨道交通建设规划（2012—2018年）》审查会。

6月17日，杭州地铁2号线人民路站—杭发厂站区间左线隧道贯通，至此，2号线一期工程东南段全线“洞通”。

6月20日，经国务院批准，国家发展和改革委员会批复《杭州市城市轨道交通近期建设规划（2013—2019年）》。

8月30日，杭州地铁2号线东南段实现全线“轨通”。

9月6日，杭州市人民政府批复同意了杭州地铁2号线一期工程24座车站的命名方案。

9月26日，杭州地铁2号线首列车辆抵达蜀山车辆段。

11月8日，杭州地铁4号线一期工程可行性研究报告获省发展改革委批复。

11月28日，杭州地铁2号线东南段工程实现全线“电通”。

2.16.2 杭州市城市轨道交通线网规划

杭州市是浙江省省会，位于浙江省北部，辖8个市辖区、2个县，代管3个县级市，全市面积1.66 万km²，其中市辖区3 068 km²，常住人口为884.4万人，其中，居住在城镇的人口为662.42万人，占74.9%。

1. 杭州市城市轨道交通线网规划（2050）

杭州市城市轨道交通线网规划远景为“放射型”的网络结构，由13条线路组成，总长约561.8 km。

2. 杭州市城市轨道交通近期建设规划（2013—2019）

杭州市城市轨道交通近期建设规划（2013—2019），建设2号线二期工程，4号线一期工程，5号线一期工程，6号线一期工程4个项目，全长约106.6 km，到2019年，形成5条运营线路、总长190 km的轨道交通基本网络。

2号线二期工程自丰潭路至新良路站，线路长11.2 km，设站8座。

4号线一期工程自东冠路至彭埠站，线路长20.8 km，设站18座。

5号线一期工程自香樟路至科技岛路站，线路长48.1 km，设站36座。

6号线一期工程自双浦镇路至内环西路站，线路长26.5 km，设站20座。

2.16.3 杭州市城市轨道交通建设情况

1. 杭州地铁1号线下沙延伸段

杭州地铁1号线下沙延伸段位于下沙副城的东南部，起自文泽路站，长5.45 km，全部为地下线，共设文海南路站、云水站、下沙江滨站3座车站。

2. 杭州地铁2号线

2号线全长48 km，设有36个车站，2号线位于城市最主要的客流走廊之上，是轨道线网中的骨干线。连接了两个城市中心和西湖区、上城区、江南城和良渚组团，远期预留延伸到临浦组团条件。

2号线一期工程丰潭路站至朝阳村站，长29.885 km，全部为地下线，共设车站22座，在萧山区南端的蜀山设车辆段及综合基地1座。其中东南段钱江路站（含新塘路站）至朝阳村站，长18.565 km，设车站12座，车辆段及综合基地1座。2号线东南段站名为钱江世纪城站、内环路站、外环路站、振宁路站、建设三路站、建设一路站、人民广场站、杭发厂站、人民路站、潘水路站、南部卧城站、朝阳村站。西北段丰潭路站至钱江路站，长11.32 km，设车站10座。

2号线一期工程东南段于2008年9月28日开工建设，2013年6月17日，地铁2号线一期工程东南段全线“洞通”，计划在2014年6月，正式建成地铁2号线东南段。2号线西北段已于2011年9月底开工建设，预计2017年通车。

2

2.16.4 杭州市城市轨道交通运营现状

杭州市已经投入运营的线路目前只有1号线。根据杭州地铁1号线成“Y”形的线路特点，试运营初期，全线分为大小交路运行，大交路为湘湖站—文泽路站，小交路为客运中心站—临平站。6月1日起，实行大交路运行，即湘湖站—文泽路站和湘湖站—临平站两个交路的列车交替运行。

1. 杭州地铁1号线

杭州地铁1号线建设长度约为53 km，设有34座车站。其中47.97 km已经于2012年11月24日通车试运营；1号线下沙延伸段3座站共5.45 km仍在建设中。1号线在东端分成Y形临平和下沙支线。下沙支线东起下沙二号大街，途经下沙城公交中心，再到九堡组团中心；临平支线北起临平城区，途经临平城市复合中心，沿迎宾路连接临平特色商贸区，经杭海路连接规划中的高速铁路车站。两条支线在九堡客运中心和主线形成单向同站台换乘后，继续向西至火车东站，在火车东站与4号线形成双向同站台换乘，然后沿天城路和文晖路向西，之后向南转，在延安路把武林门广场一带的购物中心连接起来，在武林广场与3号线形成双向同站台换乘，继续沿延安路往南，在西湖大道经城站火车站，再沿吴江路过江，过江后沿金陵路，往南至西兴镇，终点至湘湖旅游度假区。

地铁1号线位于城市最主要的客流走廊之上，是轨道线网中的骨干线，沿途经过了湖滨—武林广场地区—旅游商业文化服务中心和主要的商贸区，连接了一主三副，服务于临平、下沙、江南城、江干区、西湖区、下城区和上城区等城区向城市中心的客流，经过“一主一副”两个火车站及汽车南站，并经过九堡客运中心，利于城际客流和城市内部客流之间的集散。

杭州地铁1号线（临平方向）路线从湘湖站到临平站。

杭州地铁1号线（下沙方向）路线从湘湖站到文泽路站。

1号线于2007年3月28日开工建设，2010年10月18日开始铺轨，2012年3月8日全线洞通，2012年4月10日实现轨通，2012年11月24日开通试运营。

2. 票制票价

2012年10月18日，杭州市政府公布地铁票价采用里程分段计价，起步价2元可乘4 km，4至12 km每1元可乘4 km，12至24 km每1元可乘6 km，24 km以上每1元可乘8 km，目前单程最低2元，最高8元。

3. 客流情况

2013年杭州市的运营数据如表2-19所示。

表2-19　杭州市轨道交通2013年客流量

单位：万人次

线 路	全年客流总量	日均客流	日最高客流
1号线	92371.41	25.31	61.06

2.16.5　杭州市城市轨道交通建设和运营管理模式

杭州市地铁集团有限责任公司成立于2002年6月，主要从事轨道交通工程建设、营运与管理，房屋拆迁服务，房地产开发等。公司性质为杭州市政府直属企业，由杭州市本级、萧山区、余杭区、滨江区、钱江新城管委会、杭州经济技术开发区6个投资主体共同出资。

杭州地铁运营分公司于2010年8月18日成立，为杭州市地铁集团下属单位，主要负责杭州市轨道交通地铁运营与管理。

由杭州市地铁集团有限责任公司全资拥有的杭州地铁一号线投资有限公司（占51%股份）和香港铁路有限公司全资拥有的港铁地铁一号线投资有限公司（占49%股份），合资组建杭州杭港地铁有限公司，通过与市政府或其授权机构签署《特许协议》，获取自地铁1号线开始试运营日起25年的特许经营权。

2.16.6　杭州市城市轨道交通发展历程

20世纪80年代中期，杭州市即着手研究轨道交通建设，开展轨道交通线网规划工作。2002年4月，杭州市向国家上报杭州地铁1号线项目建议书，未获批准。2003年底，杭州市上报《杭州市城市快速轨道交通建设规划》。2005年6月6日，经国务院批准，国家发改委批复杭州市城市快速轨道交通建设规划。

2006年4月19日，国家发改委批复杭州地铁1号线工程可行性研究报告。2007年2月9日，浙江省发改委批复杭州地铁1号线工程初步设计。2007年3月28日，杭州地铁一期工程开工建设。

2008年5月14日，国家发改委批复杭州地铁2号线一期工程可行性研究报告。2008年7月14日，浙江省发改委批复杭州地铁2号线一期工程初步设计。2008年9月28日，杭州地铁2号线一期工程开工建设，2011年9月底2号线西北段开建。

杭州地铁1号线于2012年11月24日通车试运营。

2013年6月20日，经国务院批准，国家发展和改革委员会批复《杭州市城市轨道交通近期建设规划（2013—2019年）》。

2.17 昆明

2.17.1 昆明市2013年度城市轨道交通最新动态

2013年4月，国家发改委批准了昆明市城市轨道交通近期建设规划（2013—2019年）。2013年5月20日，连通呈贡新城和主城的地铁首期南段正式开通运营。9月16日，地铁6号线二期工程建设项目用地预审意见获云南省国土资源厅批复。10月9日，地铁1、2号线首期工程北段实现全线“轨通”。 10月11日机场示范线（6号线）工程获得云南省发改委的正式批复。同时，为了加快推进昆明轨道交通成网运营，在近期建设规划批复后积极启动了部分线路的前期相关工作。

2013年10月16日，昆明轨道交通集团有限公司举行成立动员大会暨揭牌仪式。

2.17.2 昆明市城市轨道交通规划

昆明市位于云南省中部，市区面积330 km^2，全市常住人口643.22万人，聚居着26个民族，各少数民族人口占全市常住人口的13.84%。

2013年4月，经国务院同意，国家发展改革委批准了昆明市城市轨道交通近期建设规划（2013—2019年）。

依据城市总体规划和综合交通规划，昆明市规划远景年城市轨道交通线网由9条线路组成，总长约372.2 km。线网中，1~5号线、7~9号线是沿城市主客流走廊布置的市区线路，6号线是连接东风路CBD与昆明新机场之间的地铁线路。

4月份国家发改委批复的近期建设规划（2013—2019年）包括1号线西北延、支线和南延工程，2号线二期工程，3号线二期工程，4号线、5号线和6号线工程，到2019年，形成6条运营线路、总长187.6 km的轨道交通基本网络。

1号线西北延工程自环城南路至省政法学校，线路长7.9 km，设站7座，投资55.71亿元，规划建设期为2014—2016年。支线工程自呈贡北站至昆明火车南站，线路长5.2 km，设站4座，投资33.06亿元，规划建设期为2013—2015年。南延工程自广电大学至公园北路，线路长7.3 km，设站3座，投资23.95亿元，规划建设期为2013—2015年。

2号线二期工程自环城南路至苏王村，线路长9.2 km，设站8座，投资53.26亿元，规划建设期为2014—2016年。

3号线二期工程自石咀至西山公园，线路长4 km，设站3座，投资22.67亿元，规划建设期为2016—2018年。

4号线工程自陈家营至昆明火车南站，线路长43.5 km，设站26座，投资215.64亿元，规划建设期为2016—2019年。

5号线工程自世博园站至苏王村，线路长24 km，设站20座，投资129.11亿元，规划建设期为2015—2018年。

6号线工程自塘子巷至机场中心站，线路长25.4 km，设站6座，投资101.51亿元，规划建设期为2013—2015年。其中，航空港南站—东部客运站段（长约18 km）已建成。

2.17.3 昆明市城市轨道交通建设情况

昆明市正在建设的城市轨道交通线路有首期工程和3号线工程。

1. 昆明轨道交通首期工程

昆明轨道交通首期工程由2号线一期工程（环城南路—北部汽车客运站）、1号线一期和二期工程组成。线路主要经过了盘龙区、官渡区和呈贡新区。其中轨道交通2号线一期工程起自盘龙区规划的汽车客运北站，沿北京路向南，在环城南路站站后通过单渡线进入轨道交通1号线，之后线路从昆明火车站东侧斜穿铁路及南二环，沿着春城路向南，穿过巫家坝机场后沿规划春城路延长线至晓东村附近，右拐进彩云路后转为路中高架，于五腊村站站前拐至路侧高架布置，此后一直向南，跨昆玉高速后转为地下，穿过呈黄立交后进入彩云南路路中布置，沿彩云南路南行，再西拐沿龙潭街路中布置至终点广电大学站。

首期工程线路全长41.2 km，其中高架段长11.5 km，地下段长29.6 km，路基0.3 km，高架与地下过渡段长0.6 km。全线设站31座，其中高架车站6座，地下车站25座，平均站间距1.38 km。地铁首期工程试验段于2009年8月开工建设，全线于2010年5月1日开工建设。

昆明地铁1、2号线首期工程南段于2013年5月20日建成投运，南段从大学城站至晓东村站，长22.144 km，含车站12座。2013年10月9日，北段实现全线“轨通”，北段起点为北部汽车站，终点为晓东村站，长20.564 km，含车站19座。

2. 昆明轨道交通3号线一期

昆明轨道交通3号线线路总长23.1 km，分初期和近期两期建设。初期工程由石咀站至东部客运站，线路长19.1 km，其中地下线和过渡段为17.9 km，高架段为1.2 km，平均站间距1.15 km，在石咀设车辆段，在放马桥设停车场。3号线一期工程于2010年8月启动建设，预计2016年通车运营。

2.17.4 昆明市城市轨道交通运营现状

1. 昆明市城市轨道交通运营线路

2013年昆明市轨道交通运营线路有轨道交通6号线（机场线）和地铁首期南段。

1）轨道交通6号线（机场线）

轨道交通6号线（机场线）建设全长约25.4 km，其中地下线14.18 km，高架线9.54 km，地面线1.68 km，含车站6座。目前运营的为一期工程，长约为18 km；共设车站4座。 6号线是连接主城和航空港的专线，主要服务于主城区与长水机场之间的客流，为乘坐航班的旅客提供方便、快捷、经济的一种交通方式。

2）轨道交通1、2号线首期南段

轨道交通1、2号线首期工程南段从晓东村站至大学城南站试运营里程22.144 km，全线设置车站12座及大梨园车辆段1座。

1、2号线首期工程是昆明市南北向公共交通骨干轴线。首期工程南段2013年5月20日开通试运营，试运营期间全段将运用列车12列，其中正线运行10列，备车2列，每日的运营时间为7:00～19:00，行车间隔8 min，中间站停站40 s，终端站停站60 s，运行速度39.3 km/h，最高80 km/h。

2. 票价票制

昆明地铁票价采用里程计价、递远递减的计价模式。起步价为2元，南段最高票价为5元。具体如表2-20所示。

表2-20　昆明地铁里程—票价对应情况

里程/km	票价/元	里程/km	票价/元
0~4	2	36~49	7
4~9	3	49~64	8
9~16	4	64~81	9
16~25	5	81~100	10
25~36	6		

3. 客流情况

2013年昆明市的运营数据如表2-21所示。

表2-21　昆明市轨道交通2013年客流量

单位：万人次

线 路	全年客流总量	日均客流	日最高客流
6号线	128.66	0.35	0.75
1、2号线首期南段	262.57	1.16	2.41

2.17.5　昆明市城市轨道交通建设和运营模式

昆明市的城市轨道交通线路由昆明轨道交通集团有限公司负责投资、建设、运营和管理，为了确保项目实施的可持续性，昆明市借鉴外地成功经验，按照“配资源、赋政策、公司化、市场化”的原则，分别解决建设资金和运营亏损补贴来源问题。

2.17.6　昆明市轨道交通技术特点和创新项目简介

昆明轨道交通建设结合昆明市的区域优势，气候优势，在经济节约、环境友好等方面均作了大量的探索和尝试，取得了较好的效果，一方面充分利用昆明的日照和气候优势，在太阳能利用及空调设置方面做出了一些突破和创新，另一方面因为昆明的特殊地质构造，在盾构穿越泥炭质土和岩溶地层方面也取得了一定的工程经验。

2.17.7　昆明市城市轨道交通发展历程

早在1994年，昆明建设城市快速轨道交通的设想就已提出，随着昆明市经济社会快速发展，主城区人口急剧增长，城市规模日益扩大，人口与交通资源、机动车辆与道路交通设施的矛盾严重影响人民群众经济活动。为贯彻落实科学发展观和建设节约型社会，坚持走城市可持续发展道路，根据国内先行城市的经验，昆明市大力发展以轨道交通为骨干的公共交通。

2004年昆明市政府正式组织开展轨道交通系列规划，昆明市轨道交通第一轮远景线网由6条线路组成，呈三主三辅的放射状结构，总长162.6 km。经过几年的发展，在2008年11月昆明轨道交通项目规划环评获得国家环保部批准，并最终在2009年6月17日，国家发改委正式下文批准昆明市城市快速轨道交通第一轮建设规划。目前，各项建设正在有条不紊的发展建设中。

在党中央和国务院把云南定位为国家面向西南开放的“桥头堡”战略的推动下，昆明定位为“面向南亚、东南亚区域性国际大都市”，城市化进程进一步加快，城市交通紧张局面进一步加重，亟需加强轨道交通网络建设，提升全市的公共交通服务水平，原规划线网已不适应新战略条件下的社会经济发展要求，为此，市委、市政府于2011年2月决定超前启动新一轮线网规划和建设规划修编及项目报批工作，新一轮的线网规划于2011年6月获得市政府的批复，新一轮的建设规划（2013—2019年）于2013年4月正式获得国家发改委的批复。

为了进一步完善管理机制，提高管理效率，2013年10月16日，昆明轨道交通集团有限公司举行成立动员大会暨揭牌仪式，逐渐形成投资、融资、建设和管理相对独立的集团管理模式。

2.18 哈尔滨

2.18.1 哈尔滨市2013年度城市轨道交通最新发展动态

2013年9月26日，我国首条耐寒地铁线—哈尔滨地铁1号线开始载客试运营。哈尔滨地铁1号线设18座车站，列车的设计充分考虑安全性和舒适性，可在零下38度低温环境中持续运行。

2.18.2 哈尔滨市城市总体规划和城市轨道交通线网规划

1. 哈尔滨市城市轨道交通线网规划

哈尔滨是黑龙江省省会，全市总面积5.31万km^2，市区面积7 086 km^2，是全国省辖市中面积最大的城市，总人口1 063.6万人，其中市区人口587.9万人。

哈尔滨市远期线网规划为“九线一环”，线路规模为340 km，10条线路计划分3个阶段建设完成：第一阶段从2008—2017年，完成1号线一、二期工程，3号环线，2号线一期工程建设，形成“十字加环线”的轨道交通网络基本框架。第二阶段从2018—2027年，完成4、5、6、7号线工程建设，进一步扩大中心城区轨道交通网络覆盖面和线网密度。第三阶段再利用10年左右时间，完成网络规划中其他线路建设，形成哈尔滨市以轨道交通为主体的现代化立体交通格局。

2012年6月，国家发展改革委批准了哈尔滨市城市轨道交通近期建设规划（2008—2018年）调整方案。新增1号线三期工程，自哈尔滨站南站至新疆大街站，线路长8 km，估算投资49亿元，规划建设期为2012—2016年；新增2号线一期工程，自哈尔滨北站至金山路站，线路长26.5 km，估算投资164.9亿元，规划建设期为2013—2018年；3号线作为环线的范围扩大，自汽车齿轮厂站至太平桥站至汽车齿轮厂站，线路长37.6 km，估算投资244.4亿元，规划建设期为2012—2018年。

调整后哈尔滨市城市轨道交通近期建设规划（2008—2018年）由1、2和3号线组成，形成“十字+环线”的骨架线路，线路总长89.58 km，总投资562.2亿元。资金来源为：资本金229.3亿元，占总投资的比例为40.8%，由哈尔滨市财政资金解决；资本金以外的资金利用国内银行贷款解决。

2. 哈尔滨市城市轨道交通规划线路

哈尔滨市城市轨道交通规划线路有8条，包括2号线、4号线、5号线、6号线、7号线、8号线、9号线、10号线。

1）哈尔滨轨道交通2号线

2号线是沿城市西北—东南向设置的跨江线路，北起利民开发区，南至香坊成高子镇，全长45 km，设29座车站。该线路也是网络规划中的骨干线路，联系南北两岸交通，拉动松北地区发展，沟通道里和南岗两个中心城区，连接哈北站和哈火车站两个铁路枢纽，极大地改善了城市中心区的交通环境。

2）哈尔滨轨道交通4号线

4号线是沿城市正西—正南向设置的跨江线路，西起松北前沙站，南至东平房，全长42 km，设26座车站。该线路是4条跨江轨道线路之一，在松北可以有效联系前进、松浦两个副中心，在江南与2号线大致平行布置，增加了中心城区轨道交通线网密度，进一步加强中心区与平房的交通联系。

3）哈尔滨轨道交通5号线

5号线是沿城市正北—东南向设置的跨江线路，北起利民开发区，南至哈阿路，全长43 km，设28座车站。该线路贯穿松北的利民开发区、前进新区和江南的道里、南岗、香坊三个中心区，增加了南北两岸交通通道。

4）哈尔滨轨道交通6号线

6号线是沿城市东西向设置的直径线，西起群力新区，东至化工路，全长33 km，设23座车站。该线路东西贯穿中心城区，连接哈火车站和西客站两大铁路枢纽，有效拉动群力、哈西、团结等新区的经济发展。

5）哈尔滨轨道交通7号线

7号线是平房区的内部线路，东起平房南站，西至平房东部，全长24 km，设16座车站。该线路主要服务于平房地区，为“南拓”发展战略的实施提供交通支撑。

6）哈尔滨轨道交通8号线

8号线是主要服务江北地区的直径线，北起呼兰区，南至松浦，全长27 km，设11座车站。该线路在松浦预留越江条件，未来视客流需求，将越江南延，与7号线连接。该线路主要服务于松北区和呼兰区，为“北越”发展战略的实施提供交通支撑。

7）哈尔滨轨道交通9号线

9号线是东西向直径线，西起太平国际机场，东至哈西客站，全长28 km，设12座车站。该线路连接机场和哈西客站，为空港和铁路枢纽提供联系通道。

8）哈尔滨轨道交通10号线

10号线是连接中心城区与阿城区的西北—东南向直径线，北起进乡街，南至阿城新区，全长22 km，设7座车站。该线路将有利于阿城区与城市中心区的交通联系。

2.18.3　哈尔滨市城市轨道交通建设情况

哈尔滨轨道交通3号线

3号线是哈尔滨市网络规划中唯一的环线，全长37 km，设32座车站。该线路与1、2号线构成“十字加环线”的轨道交通基本框架，贯穿道里、道外、南岗、香坊四个中心区，连接群力新区、哈西新区、经济开发区、高新开发区四个政策区，与网络中其他6条线路换乘，对疏散中心区客流、减轻中心区交通压力作用显著。2011年4月，哈尔滨市地铁3号线也已开工。

2.18.4　哈尔滨市2013年城市轨道交通运营现状

哈尔滨轨道交通1号线

1号线一、二期工程全长17.55 km，工程共有18座车站。哈市地铁1号线西起哈尔滨南站、东至哈尔滨东站，共设18座车站、1座控制中心、1处车辆段、1处停车场、2座变电所。

一期工程总长14.4 km，东起哈尔滨东站，西端终点至哈医大二院。二期工程为1号线延长段，从医大二院站向南延伸至哈尔滨南站，设2站，路线全长3.15 km，为地下线。一期工程于2008年9月开建，2012年12月30日试通车，2013年9月26日正式运营。

2.18.5　哈尔滨市轨道交通建设管理模式

哈尔滨市的城市轨道交通投融资、建设、运营管理均由哈尔滨地铁集团有限公司负责。公司接受哈尔滨市政府委托，在授权范围内行使资产所有权能，开展投融资和资本运营，从事地铁建设、运营、管理活动，负责地铁关联用地整理、开发及经营，负责地铁项目地上地下资源开发使用。公司下设哈尔滨地铁集团有限公司建设分公司、哈尔滨地铁集团有限公司运营分公司、哈尔滨地铁集团物业管理有限公司、哈尔滨市地铁物资设备有限公司、哈尔滨市地铁置业开发有限公司。

2.18.6 哈尔滨市城市轨道交通发展历程

2005年2月7日，国家发改委领导“哈尔滨轨道交通实施建设已经进入成熟期”的评语，开启了哈尔滨地铁建设的新纪元。9月8日，《哈尔滨轨道交通一期工程项目投资建设经营框架协议》的签订，解决了政府在建设资金方面的燃眉之急。

历经6年申报之路的哈尔滨地铁，经政府的多年努力，在工大集团的积极参与下，终于以“建设”、“经营”、“移交”的“BOT”投融资方式，进入实施阶段。2005年12月5日，对于哈尔滨来说将是一个具有里程碑意义的日子。在大直街与清滨路的交汇处，哈尔滨地铁1号线一期试点工程建设投下第一铲，哈尔滨地铁1号线控制中心和电表厂车站建设就此启动，哈尔滨人的地铁梦踏上现实之旅。随后，哈尔滨地铁1号线一期和二期分别于2008年和2009年开通建设。2011年4月，哈尔滨市地铁3号线也已开工。

2012年6月，国家发展改革委批准了哈尔滨市城市轨道交通近期建设规划（2008—2018年）调整方案。2012年12月30日，哈尔滨地铁1号线通车试运行。

2013年9月26日哈尔滨地铁1号线开始载客试运营。

2.19 郑州

2.19.1 郑州市2013年度城市轨道交通最新动态

3月26日，1号线一期工程实现电通，4月1日六站五区间车辆动态调试，7月实现全线接触网热滑，车通全线。9月16日，比计划提前半个月开始试运行。12月5日完成综合联调联试。12月19日通过安全、消防等10项专项验收和试运营验收评估。

12月23日，1号线二期工程河南工业大学站、5号线西站街站开工建设。

12月28日，1号线一期工程实现开通试运营。

2.19.2 郑州市城市轨道交通线网规划

1. 郑州市城市轨道交通线路规划

郑州市是河南省省会，现辖6区5县级市1县，建成区面积329 km^2。

郑州地铁是中国河南省省会郑州市第一个轨道运输系统，郑州市城市轨道交通线网规划由17条线路组成，分为骨架线网构建阶段、主体线网的形成阶段、整体线网的完善阶段3个建设阶段。2009年2月，国务院批准《郑州市城市快速轨道交通近期建设规划（2008—2015）》，郑州轨道交通建设正式开始。2012年郑州市城市轨道交通第二阶段（2013—2019年）建设规划提交国家批准。

2. 郑州市城市轨道交通规划线路

城市轨道交通远景年线网规划由都市区快线网和市区普线网两个层次共17条线组成。

3. 远景年中心城区线网方案

远景中心城区规划8条线路。

1）1号线

1号线东西贯穿中心城区，连接二七广场商业中心、CBD商务中心、郑州东站综合交通枢纽3个区域级城市中心和须水市级行政中心、碧沙岗综合服务中心2个市级城市中心，及郑州火车站、郑州东站2个区域性综合交通枢纽，是1条支持东西向城市发展主轴、引导城市多中心空间结构形成、覆盖城市最主要客流走廊的市区骨干轨道交通线路。1号线起自河工大，止于龙子湖高校园区北部的河南大学，线路全长41.6 km，设站30座，其中换乘站8座，全线平均站间距1.4 km。

2）2号线

2号线南北纵贯中心城区，衔接省级行政文化中心和惠济、紫荆山、农业路、管城等片区级中心，是1条覆盖南北向城市发展轴、服务于城区中部花园路—紫荆山路南北向客流走廊的一条南北向骨干轨道交通线路。2号线起自惠济片区天山路，止于龙湖镇中间东部边缘。线路全长30.1 km，设站22座，其中换乘站7座，线站距平均为1.4 km。

郑州市南四环至郑州南站城郊铁路工程与2号线一期工程终点南四环站相衔接，而南端将接入新郑机场，该线路具体走向为，沿龙湖镇内的老107国道、泰山路、华南城大道及航空港区内的郑港三路、郑港四街敷设，南至郑州南站。线路全长约41.2 km，设车站18座，地下站11座，高架站7座，停车场、车辆段各1座，平均站间距为2.27 km。其中，高架线长约15.7 km，地下线长约23.56 km。

3）3号线

3号线是中心城区一条由西北至东南的斜向径向线路。它联系北部片区、老城区、郑东新区和经济技术开发区，与轨道交通1号线共同担负起支撑城市东西向空间拓展和功能布局的任务，满足东西向客流走廊的运输需求，是市区除1号线外最重要的一条东西向轨道交通线路。3号线全长31.4 km，设站25座，其中9座换乘车站。沿途串联二七广场商业中心、经开区片区中心等各级城市功能中心，平均站间距为1.3 km。

4）4号线

4号线是一条沿中心城区外围走行的“L”形线路，4号线起自北部片区安顺路，止于东南部晨阳路，沿途串联了北部片区中心、龙湖休闲中心、CBD商务中心、南部片区中心等多个区域级、城市级及片区级城市功能中心。可强化北部片区、南部片区等外围片区与郑东新区及CBD商务中心之间的轨道交通联系，对推动郑东新区的发展和CBD商务中心的功能完善具有重要的作用。线路全长30.1 km，设站24座（包括换乘站11座），平均站间距为1.3 km。

5）5号线

5号线为沿城市核心区外围走行的一条轨道交通环线，通过将老城区内由铁路分隔的四个象限区域紧密联系在一起，使老城的经济社会功能得以发挥，对于缓解跨铁路道路通道的供需紧张状况也具有举足轻重的作用。除郑州东站外，该线连接的主要客流源点和城市功能中心还包括CBD商务中心、碧沙岗综合服务中心、二七区政府、经开区中心等。5号线主要沿黄河路、桐柏北路、桐柏南路、航海路、经开第八大街等道路走行。线路全长40.7 km，设站32座，其中包括15座换乘站，全线站间距平均为1.3 km。

6）6号线

6号线是中心城区内由东北方向联系西南方向的一条斜向径向线路，具有支持郑东新区建设、加强铁路西南象限与东北象限之间的跨铁路联系、加密核心区轨道线网密度等作用。线路起自中心城西南部的马寨镇附近，止于柳林镇冯湾，主要行经道路包括郑少高速、淮河路、大学南路、幸福路、操场街、货栈站、未来大道、众意路等。线路全长34.0 km，设站21座，其中换乘站9座，平均站间距1.6 km。

7）7号线

7号线起自惠济片区，止于中心城南部外围的侯寨，沿线主要途经文化路和大学路，串联惠济片区服务中心、二七广场等城市功能中心，它的规划对于组织二七广场城市中心巨大的向心交通、缓解跨京广铁路交通压力及分流轨道交通2号线客流都具有非常重要的意义。线路起自东赵北，止于侯寨，主要行经文化路、金水路、大学路。7号线全长26.3 km，设站19座，其中换乘站9座，全线平均站间距为1.5 km。

8）8号线

8号线是中心城北部一条东西向的横线，串联高新区、北部片区和郑东新区，对缓解轨道交通1号线压力、支持城市东西向轴向发展、拉开框架及弥补城区北部轨道交通线路不足均具有比较重要的意义。

该线起自高新区梧桐街，终止于龙子湖高校园区龙子湖东，全长33.6 km，设站24座，其中换乘站10座，平均站间距1.5 km。沿途主要行经科技大道、东风路、祭城路等。

4. 远景年都市区线网方案

远景年都市区线网共9条线路，包括都市区快线7条和普线2条。

1）9号线

都市区快线9号线由中心城区出发，向东贯穿郑州新区、覆盖市域东西向城镇发展主轴东半轴。它将郑州新区内部的郑东新区、白沙、刘集、中牟等组团紧密联系在一起，通过在郑州东站与市区轨道5号线（环线）和1号线的衔接换乘，组织郑州新区与中心城区之间的公共交通出行。该线起自郑州东站，止于中牟县城东端，在轨道交通服务区内主要行经郑汴路、新城大道等道路，联系郑州东站综合交通枢纽、中牟县城中心等区域级和片区级城市功能中心。线路全长30.1 km，设站17座，其中换乘站8座。线路的平均站间距为1.9 km。

2）10号线

都市区快线10号线贯穿市域东西向城镇发展主轴西半轴。它由中心城区沿该轴向中原路、郑上路等主要客流走廊向西辐射，提供上街、荥阳等卫星城镇与中心城区之间的快速联系，串联上街城区中心、荥阳城区中心、须水市级行政中心、碧沙岗综合服务中心、郑州火车站等重要的城市功能点，是该轴向市域城镇空间发展的重要交通导向设施和功能支持。10号线起自上街区郑州铝厂南侧，止于郑州火车站东广场，沿途行经济源路、郑上路、中原路等道路。线路全长40.7 km，设站21座，其中换乘站4座。线路的平均站间距为2.0 km。该线在中原路与1号线有长约1.5 km左右的共线段。

3）11号线

都市区快线11号线主要走行于郑州新区内部的“L”形线路，该线具有较强的新区内部各组团之间轨道交通联系的功能。11号线起自嵩山路与南三环路的交汇处，沿佛岗路、南三环路向东，再接经南八路、烘云路、泉河路、广惠路等道路，止于自刘集组团北端。线路全长44.1 km，设站19座，其中换乘站10座。全线的平均站间距为2.5 km。

4）12号线

都市区快线12号线服务于郑州新区南北向产业发展轴。提供该轴向上白沙、九龙等组团之间的快速公交联系。该线在龙子湖与市区轨道1号线衔接换乘，辅助9号线组织中心城区与郑州新区之间的快速公交服务。12号线起自祭城东路，止于九龙南组团边缘。沿线行经的道路主要为前程路。全长27.9 km，设站15座，其中换乘站5座。线路的平均站间距为2.0 km。

5）13号线

都市区快线13号线贯穿城市南北向发展轴，连接中心城区与龙湖镇和新郑，加强郑东新区的向南辐射，通过与机场—新密—洛阳城际轨道客站的衔接，还可组织中心城与新密、登封之间的一体化轨道交通运输。该线衔接1号线、5号线、2号线、11号线，全长47.5 km，设站21座，平均站间距2.4 km。

6）14号线

都市区普线14号线是刘集、中牟、官渡地区内部一条“U”形的轨道交通线路，通过将刘集、中牟、官渡三个组团依次串联，达到强化组团联系、促进整合发展的目的。该线全长29.7 km，设站17座，平均站间距1.9 km，沿途串联刘集组团中心、中牟组团中心、中牟客运站等重要城市功能点和交通枢纽，并通过与9号线的换乘，形成与中心城轨道交通网络的有机衔接。

7）15号线

都市区普线15号线服务于荥阳内部南北向的轨道交通线路，支撑荥阳城区发展框架的南北向拉开。该线从荥阳城区南部出发，沿唐王路北行，穿过陇海铁路以后折向东与市区轨道8号线进行衔接，并保留贯通运营条件。这样，既在荥阳城区形成“十”字形的轨道交通骨架，支撑城市发展，同时又增加了从中心城区北部接入荥阳城区的一条快速公交廊道，有效分流轨道10号线压力，强化中心城对荥阳、上街等的服务和辐射。该线全长13.5 km，设站7座，平均站间距2.3 km。

8）16号线

都市区快线16号线加强中心城区与新密的直接联系。该线从新密城区西侧出发，沿郑密公路北行，穿过侯寨镇后沿嵩山路进入中心城区并继续向北，并最终在高新区截至于轨道交通8号线上。线路长51.7 km，车站18座，平均站间距3 km。该线经过地区除中心城区和新密市区外，沿线土地利用强度较低，系统制式选择可做专题研究。

9）17号线

都市区快线17号线是一条连接新区内部各组团并能直捷到达机场的快速轨道交通线路，经机场继续南延至新郑，形成郑州新区与新郑的直接联系。该线起自官渡组团东侧，沿中央大道向西，然后在白沙组团折向南，沿杨桥路贯穿白沙、九龙、航空港北等组团后接入新郑国际机场，并继续南延，止于新郑城区南部。该线还应预留进一步延伸至开封城区的条件。全长74.5 km，设站26座，平均站间距3.0 km。

2.19.3 郑州市城市轨道交通建设情况

郑州市正在建设的城市轨道交通线路为地铁2号线一期、1号线二期、5号线。

1. 郑州地铁2号线一期

郑州地铁2号线全长30.1 km，全线设22座站点，分两期实施。2号线一期工程为南北向，起于连霍高速北侧的广播台站，止于南四环站，一期线路长20.7 km，均为地下线，设16个站点。该工程2010年12月28日在紫荆山公园举行了开工仪式，计划2015年年底建成通车。2013年2号线一期工程已实现16个车站全部开工建设，其中广播台站、东风路站、帆布厂街站、向阳路站、长江路站、南四环站6个车站主体结构已完工；新龙路站、紫荆山站、陇海路站、航海东路站、南环路站5个车站正进行主体结构施工；国基路站、北环路站、农业路站、黄河路站、东大街站5个车站正进行围护结构施工；广播台站、长江路站、南环路站已开始附属结构施工。15个区间已实现南环路站—向阳路站、向阳路站—南四环站2个区间双线贯通；航海东路站—长江路站区间右线单线贯通；帆布厂街站—航海东路站区间明挖段左线主体结构封闭。

2. 郑州地铁1号线二期

1号线二期工程线路分东西两段，全长15.4 km，共设车站10座。西段线路全长9.9 km，共设车站7座，换乘车站1座。起于长椿路和莲花街交叉路口的河工大站，线路向南沿长椿路、规划站前大道、郑上路布设，止于一期工程起点西流湖站；东段线路全长5.5 km，共设车站3座，换乘车站1座，起于一期工程起点市体育中心站，沿明理路向北，止于连霍高速以南的河南大学站。

1号线二期工程总体设计已通过专家评审，初步设计已完成，等待工可批复后评审。以市政配套工程开工建设的3个控制性站点（河南工业大学站、新郑州大学站、梧桐街站）已完成土建施工及监理招标工作，河南工业大学站已于2013年12月23日开工建设。三个站点的站位及围护结构设计已稳定，已完成管线普查工作和交通疏解方案，正在编制管线迁改方案。

3. 郑州地铁5号线

5号线为环线，线路全长40.7 km，共设车站32座，换乘车站15座。线路沿黄河路、黄河东路、龙湖外环路、盛和街、中兴路、经开第十大街、航海路、桐柏路和西站路布设。覆盖城市东北半环客流走廊和西南半环客流走廊，联系新客站片区、郑东片区、金水中原片区、西北片区、西部服务片区、中原二七片区、管城片区、经开片区，为核心区外围各功能片区间提供联系，同时与线网中的1、2、3、4、6、7、9、10、13、16号线衔接换乘。

5号线已完成全线管线、建（构）筑物调查，正进行全线地质勘察；总体设计已通过专家评审；以市政配套工程开工建设的4个控制性站点（西站街站、花园路站、紫荆山路站、陇海西路站）已完成土建施工和监理招标，西站街站已于2013年12月23日开工建设。目前，正在和陇海高架项目对接陇海西路站工程建设安排，陇海西路站管线迁改方案已确定。

2.19.4 郑州市城市轨道交通运营现状

郑州市已经投入运营的线路目前只有2013年12月28日开通试运营的1号线一期工程。

1. 郑州市轨道交通1号线

1号线一期工程自西流湖站至市体育中心站，途经站点有西流湖、西三环、秦岭路、桐柏路、碧沙岗、绿城广场、医学院、郑州火车站、二七广场、人民路、紫荆山、燕庄、民航路、会展中心、黄河南路、农业南路、东风南路、郑州东站、博学路、市体育中心共20个站点。线路长度26.2 km。

1号线一期工程在2009年6月6日正式开工，2012年12月28日实现全线轨通，2013年12月28日开通试运营。

2. 票价票制

郑州地铁票价实行分段计价收费票制。起步2元可坐6 km（含6 km），超过6 km实行“递远递减”原则，6~13 km里程内每递增7 km加1元，13~21 km里程内每递增8 km加1元，21 km里程以上每递增9 km加1元。

票价优惠政策：60周岁以上有郑州市户口的老人在工作日非高峰期和节假日全天可免费乘车，每月免费限乘80次；革命伤残军人、因公致残的人民警察、盲人分别凭中华人民共和国伤残军人证、中华人民共和国伤残人民警察证及盲人乘车证可免费乘坐地铁；郑州市全日制中小学校学生凭相关证件购买相应票卡，可享受5折优惠。

3. 客流情况

2013年郑州市的运营数据如表2-22所示。（2013年12月28日—2013年12月31日，共4日）

表2-22 郑州市轨道交通2013年客流量

单位：万人次

线 路	全年客流总量	日均客流	日最高客流
1号线	65.27	16.32	20.18

2.19.5 郑州市城市轨道交通建设和运营模式

郑州市轨道交通有限公司是2008年2月22日经郑州市人民政府批准成立的国有独资公司，公司注册资本金10亿元，经政府授权负责轨道交通项目的工程投资、建设、运营，轨道交通的广告、通信、周边的土地开发利用及其他特许经营权的经营、投融资业务等。

目前公司内设综合管理部、政治部、财务投资部、人力资源部、企业发展部、总工程师办公室、质量安全监察部、合约法规部、纪监审计部、设备物资部、资源经营管理事业部、造价中心、信息中心、工程建设项目管理一部、工程建设项目管理二部、工程建设项目管理三部、工程建设项目管理四部、机电工程部18个部门；运营分公司1个分公司；郑州市轨道交通置业有限公司1个子公司；郑州市轨道交通设计研究院1个控股单位。公司现有员工1 936人，平均年龄27岁。本部员工本科及以上学历占90%；运营分公司员工大专及以上学历占98%。

2.19.6 郑州市城市轨道交通技术特点和创新项目简介

1. 技术特点

河南省科技厅在围绕省政府打造产业集群的战略部署，并根据我国轨道交通产业快速发展的难得历史机遇和河南省轨道交通产业现状，结合联盟成员单位的共同意愿的前提下，于2010年10月12日成立了河南省轨道交通产业技术创新战略联盟。该联盟汇集了河南省轨道交通骨干企业和省内科研院所及相关高校，成员单位之间关联度高，互补性强，有利于集中优势创新资源，以自主创新为中心开展全面合作。

为促进“科技地铁”建设目标，科研紧紧围绕提升轨道交通建设、运营服务、节能环保、安全等目的开展，根据郑州市轨道交通建设现状，已经立项科研项目如下。

1）施工验收与综合质量评价系统

研究内容要点：①编制郑州轨道土建施工验收标准；②统一管理流程，实时跟踪项目质量；③软件开发：施工质量验收信息管理系统。

2）郑州轨道网轨检测标准研究

3）轨道交通运营综合节能

研究内容要点：①车站通风空调节能等；②综合节能体系（车辆、车站设备、牵引供电）；③节能低碳，降低运营成本。

4）地铁列车运行的振动控制实验研究

研究内容要点：①结合地质条件，不同轨道结构减震降噪措施，模型与实际结合；②解决噪声振动的环境和社会问题。

5）智能化地铁信号系统维护

研究内容要点：①国内信号维护的优缺点、故障自动定位等重点难点，仿真分析；②试用样机；③提高信号维护质量，降低运维成本。

6）我国城市轨道交通技术发展战略研究

研究内容要点：①梳理当前轨道交通技术发展的问题；②提出城市轨道交通技术分类和发展原则，指导城市轨道交通的建设和装备制造；③研究制定有关轨道交通发展政策。

7）地铁再生制动能量吸收装置研究与应用

研究内容要点：①地铁再生制动能量吸收装置研发，将地铁再生制动能量反馈至中压环网；②地铁再生制动能量吸收装置正线测试及实验。

2. 创新应用

在郑州市轨道交通1号线一期工程的建设过程中，设计单位通过充分总结国内外已建及在建轨道交通工程的设计及施工经验，结合郑州市的具体条件和特点，本着系统安全可靠、使用功能完善的前提下，通过优先采用技术成熟、性能可靠的新技术、新工艺、新材料等措施，降低了工程造价及建成后的营运成本，减少了建设期间对城市环境的不利影响，加强了人性化的设计内容，充分实现了“精品地铁、人文地铁、环保地铁、科技地铁、平安地铁”的设计理念。

以下为新技术、新工艺、新材料、新理念在郑州市轨道交通1号线一期工程中的应用情况。

1）土建工程

①盖挖法施工工艺；②矩形顶管施工工艺；③玻璃纤维筋的应用；④三轴搅拌桩的应用；⑤混凝土腰梁与结构墙合一工法的应用；⑥自平衡法桩基检测的应用。

2）供电系统

①制动电阻地面化方案；②大分区环网保护方案。

3）车站通风空调给排水设备

通风空调设备：①风机变频控制技术；②水泵变频控制应用研究。

4）低压配电与照明设备

①LED 灯具；②智能低压系统；③矿物绝缘电缆。

5）轨道设备

①扣件垫板采用热塑聚酯新材料代替普通橡胶；②浮置板道床施工采用预制钢筋笼新工艺；③轨道设计采用耦合动力学新技术；④采用新型60 kg/m钢轨9号道岔。

6）通信信号及综合监控系统

①软交换技术的应用；②TD—LTE技术的应用；③信号系统；④综合监控系统。

7）车辆设备工艺

①车辆轻量化设计；②选择合理的牵引参数及控制方式；③合理选用列车运行方式；④合理选用辅助电源系统；⑤合理选用车辆制动系统。

8）装修装饰

①搪瓷钢板的运用；②镂空吊顶材料的运用；③中原文化特色的表现。

2.19.7 郑州市城市轨道交通发展历程

早在2001年，郑州市规划局在城市总体规划修编时，就提出了建设地铁的设想。2003年10月下旬，郑州轻轨1号线一期工程“预可行性研究方案”，正式通过国内城市轨道交通专家论证，郑州市轨道交通建设正式提上了日程。2006年年初，郑州将原来设想的“轻轨线”调整为“地铁线”，规划了郑州地铁“三横两纵一环”的框架性方案。

随后的两年，《郑州市城市快速轨道交通近期建设规划（2008—2015）》通过了国家发改委、国家文物局、国家环保部等部委的审批。

2008年年底，郑州市地铁规划经国家发改委、住房和城乡建设部的联合会审后，呈报至国务院。在国家拉动内需政策的大背景下，2009年2月6日，郑州市地铁规划获得国务院同意，终于有了国家的政策支持。

郑州地铁1号线一期工程在2009年6月6日正式开工，2013年12月28日通车试运营，郑州成为中原地区第一个拥有轨道交通的城市。

郑州地铁2号线一期工程于2010年12月28日在紫荆山公园举行了开工仪式，现已处于全面建设阶段。

郑州地铁南四环站至郑州南站城郊铁路工程已完成初勘、详勘和初步设计；线站位、车辆段、主变电站选址已稳定；一期工程首次定界、放线、普查工作已结束；全线涉及的27个施工用电点的临电设计已完成，其中，20个供电点供电方案已通过电力部门审查。土建施工招标文件已编制完成，正在进行工程量清单编制。

5号线以市政配套工程开工建设的4个控制性站点（西站街站、花园路站、紫荆山路站、陇海西路站）于2013年12月16日完成了土建施工和监理招标，西站街站于12月23日开工建设。

1号线二期以市政配套工程开工建设的3个控制性站点（河南工业大学站、新郑州大学站、梧桐街站）已完成土建施工和监理招标，河南工业大学站于12月23日实现开工建设。

第3章
其他在建城市轨道交通的城市发展情况

3.1 宁波

3.1.1 宁波市2013年度城市轨道交通最新动态

2月2日，1号线二期首个盾构区间东环南路站—邱隘站右线实现贯通。

4月12日，1号线一期工程首个单位工程樱花主变电所通过验收，并于4月27日完成送电，标志着浙江省首座地下主变电所顺利投运。

5月1日，2号线一期工程首个盾构区间鄞—黄区间双向贯通。

5月21日，2号线一期高架段首个区间宁波大学站—清水浦站开工。

5月30日，指挥控制中心±0.00以上工程主体结构全部结顶。

7月22日，1号线一期工程地下段电通。

7月29日，1号线二期工程育王岭隧道首次成功爆破。

8月19日，1号线一期工程首列列车完成整车编组入驻天童庄车辆基地。

9月12日，1号线一期首个实现运营入驻。

9月29日，《宁波市轨道交通运营管理办法》发布，将于2014年1月1日起正式实施。

10月31日，1号线一期U形槽明挖段结构工程顺利完工。

11月5日，《宁波市城市轨道交通近期建设规划（2013—2020年）》获得国家批准，这是继2008年宁波市第一轮轨道交通建设规划获批后的第二轮建设规划。

11月30日，1号线一期高架段跨甬金高速连接线合拢，该桥为中国轨道交通同类桥梁跨径较大的提篮拱桥。

12月3日，2号线一期18座地下车站主体结构全部封顶。

12月10日，1号线二期工程东环南路站—邱隘站盾构区间双向贯通。

12月13日，1号线二期高架段首个车站霞浦站主体工程封顶。

3.1.2 宁波市城市总体规划和城市轨道交通线网规划

宁波市位于浙江省东部，长江三角洲南翼，北临杭州湾，西接绍兴，南靠台州，东北与舟山隔海相望，是我国东南沿海重要的港口城市，全市总面积约9 816 km^2，常住人口为760.57万。

1. 宁波市城市轨道交通线路规划

宁波是全国第二批申报中首个获国务院批复城市，也是全国第16个开工建设城市。宁波轨道交通线网以三江片为核心，跨越甬江、姚江和奉化江，把三江片、镇海片和北仑片连为一体，并沿着商业轴、水轴和公建轴形成三主三辅6条线、放射状的轨道交通线网，线网全长247.5 km，共设换乘站20座。6条线路分别为1号线，高桥至北仑，是东西向骨干线，贯穿三江片和北仑片；2号线，栎社机场至镇海，是西南至东北方向骨干线，沿甬江、奉化江城市发展轴布置，贯穿镇海片和三江片；3号线，姜山至澥浦，是南北向骨干线；4号线为西北—东南走向的内部填充线，加强西北到东南方向的线网密度；5号线为联系东部新城与鄞州的内部填充线，主要作用是加强东部新城与鄞州之间的联系；6号线为东西方向的内部填充线，加强城市东西向的联系。线网规划还预留了向市域方向延伸的条件。规划线网建成后，对缓解城市交通拥堵、方便居民出行、引导城市按规划方向拓展、促进社会经济发展、提高城市综合竞争力都将发挥重要作用。

根据国家发改委批复的《宁波市城市快速轨道交通建设规划（2008—2015）》，第一轮建设规划的周期是2008年至2015年，宁波市将先后建成轨道交通1号线全线、2号线一期工程，至2015年形成轨道交通“十”字骨架，线路总长72.1 km，车站45座。第一轮建设规划覆盖了市六区，并衔接栎社机场、火车南站及段塘客运站等宁波城区对外的主要交通枢纽。

2. 宁波市城市轨道交通规划线路

2013年11月5日，国家发改委正式批复《宁波市城市轨道交通近期建设规划（2013—2020年）》。根据批复，宁波市轨道交通第二轮建设规划年限为2013至2020年，将建设轨道交通2号线二期、3号线、4号线、5号线一期工程，总规模约100.1 km，到2020年基本形成城市轨道交通网络，通达市六区，覆盖“两带三片双心”，连接火车站、机场、主要客运场站等交通枢纽及城市主要的活动中心、居住区、高新技术开发区、文教区、旅游区等。线路规划如下。

1）宁波轨道交通2号线二期

2号线二期工程从东外环路至长山村站，线路长10.1 km、设站6座，是联系市中心区与临江片区、镇海老城、小港地区及对外交通的快速客运通道，它的建设将大大缩短至城市中心区及小港与镇海老城之间的出行时间，有效改善市民出行条件。

2）宁波轨道交通3号线

3号线南至陈婆渡，北到骆驼北，贯穿鄞州区、江东区、江北区、镇海区，是南北向的基本骨干线，与1、2号线共同构成宁波市骨干线网。线路贯穿城市南北，可为沿线南部新城、江北片区、镇海新城等外围组团与城市中心区的联系提供快速客运通道。该线路将分两期实施，一期从陈婆渡至宝成路站，线路长17.8 km、设站15座；二期从宝成路站至骆驼北站，线路长8 km、设站5座。

3）宁波轨道交通4号线

4号线由慈城至东钱湖，线路长36.6 km、设站25座，是轨道交通骨干线网西北—东南向的内部填充线，是贯穿中心城区、连接慈城和东钱湖两个规划新城，并与对外交通衔接的快速客运通道。

4）宁波轨道交通5号线一期

5号线一期工程从布政至兴庄路站，线路长27.6 km，设站22座。线路北起镇海新城南区（北高教园区），经过宁波国家高新区、东部新城、鄞州工业区、南部高教园区、鄞州南部新城等。该线的建设将解决沿线交通需求，特别是加强东部新城、鄞州南部新城及工业区等地区之间的交通联系，填补城市外围东西向、南北向快速客运通道的空白。

3.1.3 宁波市城市轨道交通建设情况

目前，宁波市正在建设的是轨道交通1号线一期、2号线一期和1号线二期工程两条线路3个项目。

1. 宁波轨道交通1号线

1号线为线网规划中的东西向主干线，是西连鄞州高桥镇、东连北仑中心区，贯穿海曙老城区、三江口、江东区及规划的东部新城的交通骨干线，主要解决城市东西向客流并满足商业发展的客流需求。1号线全长44.6 km，分两期实施。

1号线一期工程西起鄞州区高桥镇，沿中山路敷设，东至东环南路站止，全长20.878 km。全线设车辆基地1座、停车场1座、控制中心1座、车站20座。其中，高架站5座、地下站15座，计划2014年通车试运营。

截至2013年，1号线一期工程20个车站主体结构全部完成，地下段实现洞通、轨通、电通，地下车站主体结构装修和设备安装调试基本完成，18列列车到货，高架段除提篮拱桥外铺轨全部完成。控制中心南楼、天童庄车辆段与综合基地实现运营入驻，江南停车场工程建设有序推进。

1号线二期工程西起东环南路站，止于长江路站。线路全长23.5 km，其中地下线1.95 km，穿山隧道1.3 km，高架线19.8 km，过渡段0.4 km。设车站8座，其中地下站1座，高架站7座。截至2013年，1号线二期工程东环南路站—邱隘站区间盾构双线贯通，邱隘站—U形槽区间盾构单线始发，高架段8座车站、10个区间全部开工建设，工程计划于2015年12月底投入试运营。

2. 宁波轨道交通2号线一期

2号线一期工程是宁波市轨道交通线网中西南—东北向的骨干线，贯穿三江片，串联机场、客运中心、火车站等大型客流集散点，全长为28.350 km，其中地下线21.604 km（机场站至孔浦站），高架线约6.392 km，过渡段为0.354 km，全线设车辆段1座、停车场1座、主变电站2座、控制中心1处（与1号线合建、共享）、车站22座，其中地下站18座，计划于2015年12月进行通车试运营。

截至2013年，2号线一期工程18个地下车站结构全部封顶，地下车站开始附属结构施工，地下段隧道除石碶站—轻纺城站区间右线、宁波火车站—城隍庙站区间外全部贯通，高架段4个车站桩基完成。黄隘车辆段、东外环停车场工程建设稳步推进。

3.1.4 宁波市城市轨道交通建设管理模式

宁波轨道交通组织架构包括宁波市轨道交通工程建设指挥部和宁波市轨道交通集团有限公司，二者统分结合、统筹运作。

指挥部于2007年底正式成立，为市政府直属正局级事业单位，集团公司于2006年底注册成立，为市国资委出资的国有独资企业，统一指挥轨道交通建设的各项工作，并承担法定主体责任，履行轨道交通工程的投资、运营和物业投资开发等职能。

集团公司下设宁波市轨道交通集团有限公司运营分公司和宁波市轨道交通物产置业有限公司，运营分公司负责全市所有轨道交通线路的运营，物产置业公司负责全市轨道交通地块等相关产业的开发与经营。

3.1.5 宁波市城市轨道交通发展历程

2003年宁波市编制完成《宁波市快速轨道交通线网规划》，开始规划筹备轨道交通的建设，并成立了轨道交通规划与建设领导小组。2005年12月，编制完成《宁波市城市快速轨道交通建设规划(2008—2015)》，宁波轨道交通1号线、2号线的近期建设规划上报国家发改委。2006年2月《宁波市快速轨道交通线网规划》获得宁波市政府批复；同年底宁波市轨道交通集团有限公司成立。2007年宁波市轨道交通工程建设指挥部成立。

2008年8月，宁波市轨道交通近期建设规划获得国家批准，成为第二批10个城市中首个建设规划获国家批准的城市。同年12月，《宁波市轨道交通1号线一期工程可行性研究报告》获得国家发改委批复。2009年6月，宁波轨道交通1号线一期工程全面开工建设，标志着宁波迈入了轨道交通建设时代。2010年3月，《宁波轨道交通2号线一期工程可行性研究报告》获得国家发改委批复同意；同年12月，2号线一期工程开工建设。2012年确定了宁波市轨道交通3、4、5号线的基本走向。2012年7月，《宁波轨道交通1号线二期工程可行性研究》报告获得国家发改委批复同意，并于同年实现开工建设。2012年8月26日，宁波市轨道交通集团有限公司运营分公司挂牌成立。

2013年，2号线一期工程、1号线二期工程加快推进建设，1号线一期工程正为2014年通车试运营作各方面的准备。

2013年11月5日，《宁波市轨道交通近期建设规划（2013—2020年）》获国家发改委批复。

3.2 青岛

3.2.1 青岛市2013年度城市轨道交通最新动态

2013年2月正式组建青岛地铁集团有限公司，与地铁办合署办公，综合行使指挥协调、监督考核、组织房屋征收与补偿、审核线网规划与站点布局、引导扶持地铁装备制造产业发展及相关产业培育等职能，承担青岛市轨道交通建设、投融资、运营、资源开发等各项职责。集团下设建设、运营、资源开发三个分公司。

2013年，青岛地铁3号线、2号线同时在建，运营筹备、资源开发工作同步推进。2013年11月18日，经国务院同意，国家发展改革委批准了《青岛市城市轨道交通近期建设规划（2013—2018年）》。至2018年，建设1号线工程，4号线工程，6号线一期工程3个项目，全长约109.1 km，目前地铁1、4号线可研报告已完成评审。实施该规划，对强化中心城区网络、改善交通状况、加强城市重点区域的交通基础设施建设具有重要的意义。 城际轨道交通快线蓝色硅谷R1线、西海岸新区R3线已列入《环渤海地区山东省城际铁路网规划补充报告》，2014年4月份获批。地铁8号线已经启动机场段规划和过海专题研究等前期准备工作。

2013年12月30日，青岛市人民政府令第229号出台了《青岛市轨道交通建设管理办法》，办法分八章，重点对青岛市轨道交通规划建设、建设资金来源、安全与应急、轨道交通保护区管理及违反本办法的法律责任等进行了规定，为青岛市轨道交通建设管理奠定了坚实的法规保障，填补了青岛市轨道交通建设立法空白。

3.2.2 青岛市城市轨道交通线网规划

1. 青岛市城市轨道交通线路规划

青岛市位于山东半岛东南部，市域面积11 282 km^2，其中市区面积1 471 km^2，全市常住人口为871.51万人，其中，市区人口为371.88万人。

2012年11月2日，市政府批复《青岛市轨道交通线网规划（2012）》，根据该规划，远景年轨道线网由市区轨道交通和轨道交通快线组成，全长814.5 km。其中市区轨道交通线路由10条线路组成，全长353.7 km；轨道交通快线由9条线路组成，全长475.8 km。

青岛将构建以港口为中心，海陆空一体化的综合交通体系，实现市域内一小时、与半岛都市群主要城市之间两小时、与省内主要城市之间三小时的通行目标。按照规划，烟台和威海之间将直接轻轨相连，并有望成为国内为数不多的城际轻轨线路；青岛的轻轨则主要是连接中心市区与卫星城。最终，烟威、青岛两大轻轨系统将与蓝烟线、桃威线电气化铁路和青岛地铁连成一片，共同构成胶东半岛的高速轨道交通网络。

2008年2月青岛市正式启动轨道交通建设规划编制、报批工作。9月25日，《青岛市城市快速轨道交通建设规划》及相关附件正式上报国家发改委。2009年8月13日，青岛市轨道交通建设规划获得国家批准。到2016年，青岛市将实施地铁3号线及2号线的建设，总建设里程约54.5 km，总投资约292亿元。

青岛市二期轨道交通建设规划（2013—2018）于2011年12月编制完成并上报国家发改委，于2012年6月底通过中咨公司组织的专家评估，该建设规划包括地铁1、4、6号线，建设总规模为109.1 km，其中地上线25 km，共设车站73座，换乘站10座，新建车辆段2处、停车场2处，扩建车辆段1处。届时，至2018年底青岛市中心城区轨道交通网络将初步形成，总规模159.1 km。

2013年11月，经国务院同意，国家发展改革委批准了青岛市城市轨道交通近期建设规划（2013—2018年）。至2018年，建设1号线工程、4号线工程、6号线一期工程3个项目，全长约109.1 km，全市形成5条运营线路、总长159.1 km的轨道交通基本网络。实施该规划，对强化中心城区网络、改善交通状况、加强城市重点区域的交通基础设施建设具有重要的意义。如表3-1所示。

表3-1　一、二期建设规划项目一览表

线　路		长度/km	实施长度/km	车站/座	起　点	终　点	投资/亿元	建设年限
已批建设项目（2009—2016）（50 km）	M3	25.1	24.8	22	火车站	火车北站	321.0	2010—2014
	M2一期	29.6	25.2	22	泰山路	李村公园		2012—2016
	小计	54.7	50	44	—	—		—
近期建设项目（2013—2018）（109.1 km）	M1	59.3		37	长江路	东郭庄	330.2	2013—2017
	M4	26.6		21	人民会堂	沙子口	173.5	2014—2018
	M6一期	23.2		15	井冈山路	中日韩园区	109.4	2015—2018
	小计	109.1		73	—	—	613.1	—
合计		159.1		117	—	—	934.1	—

2. 青岛市城市轨道交通规划线路

青岛市轨道交通远景年线网由市区轨道交通和轨道交通快线组成，全长710 km。其中市区轨道交通线路由9条线路组成，全长316.4 km；轨道交通快线由6条线路组成，全长393.6 km。

1）市区轨道交通

M1线：线路起自黄岛峨眉山路与长江路交叉口，沿长江中路、长江东路、滨海大道、跨海向北进入青岛主城区，线路进入主城区后沿费县路向东左转穿过青岛火车站广场，沿即墨路北侧、胶州路、和兴路、人民路、四流南路、胶济铁路东侧、沧安路、兴华路、重庆路、凤岗路、中城路、209省道至东郭庄（S209和青新高速交叉处西南处）。线路全长60.11 km，共设车站39座，其中地下站38座，高架站1座，平均站间距1569 m。

M2线：市区待建线路。线路起自黄岛区柳花泊，沿黄河路向东经辛安至黄岛码头，过海连接小港、大港，沿泰山路、辽宁路、台东一路、延安三路，向东进入香港路至市政府，沿深圳路向北进入枣山东路，夏庄路、308国道，终点为城阳区仙山路。线路全长58.1 km。

M3线：东岸城区内市区在建线路。线路起自青岛火车站，经广西路、文登路等沿海一线向东进入香港中路，经湛山、市政府，后进入南京路向北，过浮山所、错埠岭后沿308国道至李村，后沿京口路、振华路至终点青岛北站。线路全长24.9 km。

M4线：线路是中国青岛市轨道交通规划中的一条地铁线路，该线是主城区沟通崂山区的东西向线路。线路自人民会堂起，向北经伏龙山、泰山路、诸城路、内蒙古路至海泊桥，再向东沿鞍山路、辽阳路到达汽车东站，过青银高速、午山村到达松岭路，再向东南延伸到达沙子口。全长26.6 km，拟设站19座。

M5线：东岸城区内南北向市区线路。自麦岛起，经辛家庄，沿江西路、山东路、瑞昌路至终点湖岛。线路全长13.6 km。

M6线：西岸城区内南北向复合骨干线路。自黄岛区长江路起，沿井冈山路、香江路、江山路向北，后向西沿团结路到达终点胶南王台。线路全长约29.7 km。

M7线：东岸城区内南北向市区线路。线路自奥帆中心起，沿燕儿岛路向北，经银川西路、劲松三路至浮山后，沿南昌路、周口路，穿越李村河至沧口机场，沿金水路向东，终点为天水路。线路全长27.5 km。

M8线：南北向复合型骨干线路。线路自松岭路起，向西沿九水路、青山路经沧口机场至火车北站，西北方向过海沿岙东路经红岛、上马、棘洪滩，终点即墨南泉。线路全长45.7 km。已经启动机场段规划和过海专题研究等前期准备工作。

M9线：南北向市区线路。线路自苗岭路起，沿苗岭路、松岭路、合川路穿越李沧东部，沿青银高速、308国道、青威路向北，终点为正阳路。线路全长28 km。

2）轨道交通快线

R1线：全称青岛蓝色硅谷城际轨道交通工程，是位于东岸城区东部的一条南北向轨道交通快线，线路全长58.44 km，设置车站22座。线路起于苗岭路站，止于规划的王村新城，将青岛啤酒城及金家岭金融商务区、青岛黄金海岸沿海一带、青岛规划崂山科技城、崂山风景保护区、王哥庄组团、蓝色硅谷核心区、即墨市王村新城紧密联系起来。2012年11月，完成蓝色硅谷城际轨道交通工程可行性研究报告，2013年4月完成初步设计预评审。

R2线：环湾轨道交通快线。线路自黄岛区红石崖起，向北经胶州产业新区，沿双积路经高新区，沿仙山路经夏庄、惜福镇，自王沙路向东，终点为崂山区土寨河。线路全长69.6 km。

R3线：董家口港城轨道交通快线。线路自黄岛区长江路起，沿长江路、泰山路、经胶南长途汽车站、胶南市区、沿上海路、G204、S293至董家口港城，预留延伸至日照的条件。线路全长74.6 km。

R4线：连接胶州、平度的轨道交通快线，线路自胶州产业新区起，沿广州路至胶州市区，沿S219向北，终点为平度市，预留延伸至潍坊的条件。线路全长约73.1 km。

R5线：连接即墨、莱西的轨道交通快线。线路自正阳路起，沿烟青路经即墨市区，沿G204至莱西市，预留延伸至莱州的条件。线路全长67 km。

R6线：北岸城区内东西向轨道交通快线。线路自胶州市城区起，向东经少海新城、大沽河生态保护区，沿正阳路向东，终点为城阳区王沙路，起点预留延伸至高密的条件。线路全长约50 km。

R7线：连接即墨、蓝色硅谷的轨道交通快线。线路自即墨南泉镇起，向东沿S309、蓝鳌路、鹤山路至即墨市区，沿鹤山路继续向东至蓝色硅谷。线路全长39 km。

R8线：环胶州湾东岸轨道交通快线。线路自东岸城区小港起，经邮轮母港、大港、四方区欢乐滨海城，沿胶州湾高速向北过李村河至火车北站，继续向北沿胶州湾高速、过白沙河经白沙湾大型居住区，至城阳高新区。线路全长32.3 km。

R9线：连接西岸城区、胶州的轨道交通快线。线路自黄岛区嘉陵江路起，向西沿嘉陵江路、向北沿昆仑山路，经中德生态园、胶州产业新区至胶州少海新城，向北沿广州路至胶州市区，向北沿S219至规划新机场胶州选址。线路全长63 km。

3.2.3　青岛市城市轨道交通建设情况

青岛市正在建设的城市轨道交通规划线路有2条，包括3号线、2号线。

1. 青岛地铁3号线

青岛地铁3号线是青岛市首条地铁线路，起自青岛火车站至铁路青岛北站，线路全长约25 km，全部为地下线，设车站22座，其中换乘站6座，设车辆段和综合基地1座，控制中心1座，总投资175亿元，2009年6月开工建设试验段，2010年6月进入全线施工阶段，预计将于2015年正式通车运营。截至目前，洞通里程已达23 km，其中10个明挖车站主体结构封顶，16个区间隧道贯通，轨道及机电安装工程陆续进场。

2. 青岛地铁2号线

青岛地铁2号线，线路总长约25 km，设车站22 座，设车辆段1座，总投资185.3亿元，采取施工总承包管理模式，招标引进中国中铁、中国铁建两家中央企业实施大标段管理模式，2012年11月开工建设，计划2017年9月空载试运行。截至目前，2号线房屋征收、管迁、绿迁、调流等前期工作已全面开展，开工工点34个，其中17个车站进入实体施工，10个区间进入正线开挖。

截至2013年10月16日，青岛地铁2号线一期工程全线共40个工点，其中五四广场站及李村站与3号线合建。目前已有29个工点（含与3号线合建的两个）进入实体开工，约占工点总数的72.5%。预计2017年正式通车。

3.2.4 青岛市城市轨道交通建设管理模式

2009年，青岛市成立市地铁工程建设工程指挥部及其办公室。为进一步理顺地铁建设和管理体制，2012年11月，青岛市委、市政府对地铁建设管理体制进行了调整：将青岛市地铁公司重组为青岛市地铁集团，列为市直企业。青岛市地铁工程建设指挥部办公室与青岛市地铁集团一套机构、两块牌子，体制高度融合，指挥部办公室（地铁集团）综合行使指挥部交办的指挥协调、监督考核、组织房屋征收与补偿、审核线网规划与站点布局、引导扶持地铁装备制造产业发展及相关产业培育等工作，同时承担投融资、招投标、规划建设、资源开发与运营等市场职能及企业主体责任。由青岛市国资委代表青岛市政府履行地铁集团国有资产出资人职责。随着地铁开通运营及市场化程度的提高，逐步实现“政企分开”。

新的地铁建设管理体制更加符合青岛市实际工作需要，也必将对青岛市地铁建设起到积极的促进作用。

3.2.5 青岛市轨道交通技术特点和创新项目简介

为推进青岛市公共领域科技支撑计划项目，以青岛市地下铁道公司为第一完成单位的实用新型专利《约束阻尼结构的减振降噪整体道床》（专利号：ZL201220019831.X）已获得国家知识产权局授权。

部分研究成果已经在工程中得到应用，并取得了良好的效果。敦化路车站，以独特的塔柱式建筑型式，构建了独特、灵活、新颖的地下空间建筑，还大大降低工程造价及运营费用；中山公园暗挖车站地质上软下硬、刚度差异较大，研究采用了拱盖法施工，最大程度地控制地面沉降，保证施工安全，同时还节约投资、缩短了工期；人民会堂站至汇泉广场站区间下穿小鱼山，地层以中风化—微风化花岗岩为主，借鉴国外挪威法隧道的经验，充分发挥硬质岩层的优势，创新地采用了单层喷锚衬砌永久支护方式，填补了本行业的国内空白，这是青岛地铁乃至全国地铁最具特色的区间隧道之一，实现了节能、环保、低碳、绿色的工程效果，取得了良好的经济效益和社会效益。

在融资创新上成功签订了蓝硅线车辆融资租赁合同，该项目作为青岛市目前最大的融资租赁项目，为地铁建设节省融资成本近4 400万元，并积极探索发行永续债、上市融资模式，以进一步拓宽融资渠道。在工程技术创新上研发出“改良型双护盾TBM”新机型、地铁车站新工法、爆破施工振动控制新技术等达到国际先进水平的技术成果，对降低造价、缩短工期、提高安全、减少扰民等都具有重要作用。在设备技术创新方面，地铁3号线首列车2013年9月30日已正式下线，车辆设计中采用了“无油空气压缩机”“水性油漆”“酚醛玻璃钢材料”等在国内尚属首次采用的先进技术，在维护、环保及安全性能上显著提高。

3.2.6 青岛市城市轨道交通发展历程

青岛市作为国内较早筹建轨道交通的城市，最初于1989年形成“二线一环”线网，1991年，一期工程获国家计委立项。1994年扩充为“四线一环”，1998年对“四线一环”线网进行了深化和完善，达到了规划用地控制深度。该线网于1999年经市政府批准。2001年市政府颁发《青岛市城市快速轨道交通线网规划用地控制管理办法》，为线网规划用地控制提供了依据。2004年，完成了连接主城区与五个县级市的市域轨道交通线网规划，并对主城区线网进行了补充完善（增加了城阳、崂山、黄岛区线路），与市域线网衔接整合，形成了覆盖全行政区划范围的线网规划，于2005年11月通过专家评审，于2007年1月19日完成《青岛市快速轨道交通线网规划（修编）》的审批工作。期间结合火车站改造建成了火车站地铁车站，2000年完成了包括一座车站和1.2 km区间隧道的试验段工程。

2008年，市十四届人大一次会议将“关于加快推进发展轨道交通的议案”作为大会唯一议案并获得通过，使青岛市轨道交通建设进入议事日程。市政府于2008年9月23日批准了《青岛市轨道交通线网规划修编》。根据规划，青岛市轨道交通线网线路总长519.4 km，包括中心城区线网和市域线网两个层次。中心城区线网由8条线路组成，线网总长231.5 km。2009年8月13日，《青岛市城市快速轨道交通建设规划》获得国家批准。

2010年3月26日，地铁一期工程（3号线）可研报告获得国家发改委批复，并于同年6月份进入正式开工阶段。2012年8月16日，国家发改委批复了《青岛地铁2号线一期工程可行性研究报告》。2012年11月2日，青岛第二条地铁线——地铁2号线一期工程土建施工正式开工。2012年在建线路为3号线一期工程和2号线一期工程两条线路。

2012年6月底《青岛市轨道交通近期建设规划（2013—2018）》通过中咨公司组织的专家评估，该建设规划包括地铁1、4、6号线，建设规模为109 km。2012年11月2日获得市政府批复，新的线网规划共19条线路，全长814.5 km。

2013年8月31日，成立了青岛地铁产业协会，并开展了相关工作，促进了青岛市企业间有效整合，为实现青岛市千亿级地铁产业链战略目标贡献了力量。

2013年9月30日，青岛地铁首列车正式下线，车辆设计中采用了“无油空气压缩机”“水性油漆”“酚醛玻璃钢材料”等在国内尚属首次采用的先进技术，在维护、环保及安全性能上显著提高。

2013年11月18日，经国务院同意，国家发展改革委批准了青岛市城市轨道交通近期建设规划（2013—2018年）。至2018年，建设1号线工程、4号线工程、6号线一期工程3个项目，全长约109.1 km，全市形成5条运营线路、总长159.1 km的轨道交通基本网络。

2013年12月30日，青岛市人民政府令第229号出台了《青岛市轨道交通建设管理办法》，办法分八章，重点对青岛市轨道交通规划建设、建设资金来源、安全与应急、轨道交通保护区管理及违反本办法的法律责任等进行了规定，为青岛市轨道交通建设管理奠定了坚实的法规保障，填补了青岛市轨道交通建设立法空白。

3.3 东莞

3.3.1 东莞市2013年度城市轨道交通最新动态

2013年12月，经国务院同意，国家发改委正式印发《东莞市城市轨道交通近期建设规划（2013—2019年）》，提出近期建设1号线一期工程、2号线三期工程和3号线一期工程，全长126.9 km。到2019年，东莞市将形成3条运营线路、总长164.6 km的轨道交通网络。

2013年，东莞市加快推进城市轨道交通2号线一二期工程建设，积极开展运营筹备工作。2013年7月，东莞市城市轨道交通线网控制中心动工。2013年9月29日，东莞市轨道公司运营分公司正式成立。2013年12月26日，2号线首列车辆在南车南京浦镇车辆有限公司下线，标志着2号线建设迈向新的台阶。

3.3.2 东莞市城市总体规划和城市轨道交通线网规划

1. 东莞市城市轨道交通线路规划

东莞市是中国广东省下辖的一个地级市，西临珠江口，与广州市、深圳市、惠州市接壤。东莞为“广东四小虎”之一，更是国际加工业的重要一员。东莞市户籍人口为187.02万人，全市常住人口829.23万人。

随着《珠三角区域城际轨道交通线网规划（调整）》的提出，及东莞相邻各城市轨道交通线网方案和东莞各镇区规划的调整，2011年东莞市提出了轨道交通网络规划调整方案。

根据2011年实施的《东莞市轨道交通网络规划（调整）》，东莞市城市轨道交通线网由东莞轨道交通1、2、3、4号线构成，线路总长218.3 km，共设车站76座，其中城市轨道间换乘枢纽车站4座。线路贯穿市属22个镇街（园区），连接6个片区，对接省市多条交通干道，总投资达1 075.38亿元。其中，1号线连接西北片区、中部片区和东部片区，为发展相对薄弱的东南部片区与其他片区的联系提供了基础，加强了与广州和深圳的连接；2号线连接西部城镇密集带，加强城区与石龙、厚街、虎门、长安之间的联系；3号线连接东西部地区，加强松山湖与长安、常平的联系；4号线连接塘厦片区与其他片区，增加城市凝聚力，培育新的增长点。

根据珠三角城际轨道规划建设情况及沿线镇街有关意见，该规划对原有的2号线虎门至长安段、3号线常平以东段进行了局部调整，以更好地满足客流需求，合理布局轨道交通线网。

结合东莞市城市发展及东莞市轨道交通2号线的建设情况，东莞市积极推进新一轮城市轨道交通建设规划，编制完成了《东莞市城市轨道交通建设规划（2012—2018）》，并经国务院同意，由国家发改委于2013年12月18日以《东莞市城市轨道交通近期建设规划（2013—2019年）》正式印发。根据规划，东莞市近期将新增建设1号线一期工程、2号线三期工程和3号线一期工程，全长126.9 km。到2019年，东莞市将形成3条运营线路、总长164.6 km的轨道交通网络。

轨道交通建成后，东莞将通过城市轨道交通与区域交通枢纽的合理衔接，加强城市主要区域中心、主要城镇与珠三角的快速联系，承担对外交通的集散功能，通过在望洪站、东莞站（经铁路部门批准，石龙站于2013年6月20日起正式更名为东莞站，原东莞站更名为常平站）、常平站、东莞东站、虎门站这几处区域换乘枢纽与铁路及珠三角区域轨道交通衔接，增强与广州、深圳等周边城市的联系，使东莞更好地融入珠三角区域经济发展，连接相邻城市广州、深圳的城市轨道交通线路，满足东莞与两市之间相邻区域的交通需求，承担由于“同城效应”产生的区域客流。

2. 东莞市城市轨道交通规划线路

东莞市城市轨道交通规划线路有4条，包括东莞轨道交通1号线、2号线、3号线和4号线。

1）东莞轨道交通1号线

东莞轨道交通1号线呈西北至东南走向，途经麻涌、望牛墩、洪梅、道滘、万江、南城、东城、大岭山、松山湖、大朗、黄江，共11个镇街（园区），全长约69.6 km，设站24座，5座换乘站。该线是4条市内轨道交通线路中最长的一条，并预留与广州地铁5号线、深圳地铁6号线的衔接条件。

1号线一期由望洪城际站至黄江中心站，沿线途经西部干道、万江大道、鸿福路、八一路、莞长路（G107）、建设路、新城大道、松佛路、富民大道、公常路。线路全长58.3 km，其中地下线路28 km，地面线及过渡段2.5 km，高架线路27.8 km，共设21座车站，其中地下站12座，高架及地面站9座，5个为换乘站，投资346.4亿元。规划建设期为2013—2017年。

1号线二期由望洪城际站至麻涌西站，线路长度约9.6 km，全部为高架线路，设站2座。

1号线三期由黄江中心站至黄江南站，线路长度约1.7 km，全部为高架线路，设站1座。

2）东莞轨道交通2号线

东莞轨道交通2号线是一条由北部至西南方向的市域快速干线，是连接东莞西部城镇密集带的客运交通走廊。线路呈北至西南走向，起于石龙镇的东莞火车站，经石龙、茶山、东城、南城、厚街、虎门、长安和长安新区8个镇街（园区），止于长安新区东站，并预留远期向南延伸，实现未来与深圳市轨道交通网络接驳换乘的条件；线路经过东莞中心城区和东莞西部经济最为发达的地区，居住人口密集、交通繁忙、城镇间客运交通量较大，是东莞轨道交通网络的骨干线路之一。

2号线全长约55.7 km，地下线占约50.6 km，计划设站23个，其中5个为换乘站。2号线分期建设，一二期（东莞火车站至虎门火车站段）长约37.8 km，其中地下线路33.6 km，地面线路0.4 km，高架线路3.8 km，设站15座，地下车站14座，高架车站1座，已于2010年动工，计划2015年完工；三期（虎门火车站至长安新区站）长约16.5 km，其中地下线路16 km，地面线路0.2 km，高架线路0.3 km，设站7座，全部为地下站，规划建设期为2014—2018年；南延段（长安新区站至长安新区东站）全长约1.4 km，全部为地下线路，预留与深圳延伸衔接的条件。

3）东莞轨道交通3号线

东莞轨道交通3号线途经长安、大岭山、松山湖、大朗、东坑、常平、桥头和企石8个镇街（园区），是一条西南至东北走向的路线，全长66.2 km，设站24座，其中地下站14座，高架车站10座，换乘站6座，分一期、二期建设。

3号线一期由常平的长安新区南站至东莞东站，沿线途经新沙西路、靖海中路、S358、长青西路、德政中路、莞长路（G107）、新城大道、常平北环路、口岸大道。全长52.1 km，其中地下线路长约34.3 km，地面线路及过渡段长约1.2 km，高架线路长约16.6 km，设站19座，地下车站14座，高架车站5座，规划建设期为2015—2019年。

3号线二期项目是3号线一期项目的延伸线，3号线二期由东莞东站至企石博厦站，沿线途经常东路、大东路、东平大道。全长14.2km，其中地下线路长约0.8 km，地面线路及过渡段长约0.3 km，高架线路长约13.1 km，设站5座，全部为高架车站。

4）东莞轨道交通4号线

东莞轨道交通4号线位于东莞东南部，呈东西走向，由黄江中心站至清溪汽车站，途经清龙路、塘龙路、清塘路、清凤大道、聚富路、康怡路，全长26.8 km，全部为高架线路，设站9座，其中换乘站1座，在黄江中心站与1号线换乘。

3.3.3　东莞市城市轨道交通建设情况

截至2013年12月，2号线完成车辆设备、信号系统、不落轮镟床、固定架车机、车辆段±0.00以上工程、主变电所工程等56个机电设备招标工作；车辆设备、信号系统、不落轮镟床、固定架车机等机电设备正在进行设计联络和制造；车辆段±0.00以上工程进行桩基施工，主变电所工程进行施工筹备工作；正在进行消防设备、供电系统施工安装工程、车站设备安装装修等机电设备招标工作。

2号线15座车站中有12座车站完成主体结构封顶；有7个区间完成双线盾构隧道贯通；有2座车站进行土方开挖和主体结构施工；有1座车站进行桩基施工；有4个区间进行盾构掘进施工；有2个区间进行矿山法隧道施工；有1个高架区间进行桩基、承台、桥墩、节段梁拼装架设施工。

矿山法隧道初支开累完成5 551双延米，占设计总量的96%；盾构掘进开累完成20 145双延米，占设计总量的89%；桥梁架设（浇筑）开累完成3 024延长米，占设计总量的83%（含虎门火车站站后折返线）。

3.3.4　东莞市城市轨道交通建设管理模式

东莞市于2009年7月21日成立东莞市轨道交通有限公司，负责东莞市城市轨道交通的建设、管理和运营等工作。为筹集轨道交通建设资金，2012年底，东莞市成立东莞实业投资控股集团有限公司，负责轨道交通类项目建设资金的投入。作为市政府重大投融资平台，东莞实业投资控股集团有限公司通过归集优质市属国有资产和统筹开发轨道交通沿线土地，为轨道交通的健康、快速发展提供坚实的资金保障。为进一步理顺东莞市轨道交通的投融资和建设管理关系，加快推进轨道交通项目建设，东莞市将东莞市轨道交通有限公司并入东莞实业投资控股集团有限公司作为其子公司，具体负责城市轨道交通建设项目的设计、建设和运营，从而构建了城市轨道交通投融资、建设、运营一体化的管理架构。

东莞市轨道交通有限公司实行“建设、运营一体化”和“小业主、大社会”的管理模式，主要负责东莞市轨道交通建设项目设计、建设、运营等工作，对整个工程的资金筹措、进度、投资、质量、安全和风险及建成后的运营、管理承担全部责任。

目前在建2号线一二期工程市财政投资占40%，银团贷款占60%，截至2013年开累完成投资86.66亿元，占2号线工程总概算180.12亿元的48.2% 。

3.3.5 东莞市轨道交通技术特点和创新项目简介

东莞市轨道交通的功能定位有“外联”的作用，是东莞与广州、深圳等城市的快速联络线。根据网线规划，东莞轨道交通1号线通过麻涌镇可与广州地铁5号线衔接，通过黄江镇可与深圳地铁4号线衔接。东莞轨道交通2号线南部通过长安后，连接深圳的机场站。综合考虑东莞市组团式发展的特点，东莞轨道交通2号线采用城市轨道交通快线制式，线路最高设计时速120 km，对东莞市全面、快速融入到珠三角1小时生活圈起到了良好作用。将人口最密集、经济最发达和交通最繁忙的主城中心区和中心镇街联络为一个整体，具有重要的城市“内聚”功能。

东莞轨道交通2号线首期工程的主要技术特点如下。

（1）快线车辆技术。针对常规地铁车辆相关设计参数不能满足速度120 km/h的快线车辆运行需求的问题，开展相关专题研究，对列车外形、列车气密性指标、提高列车气密性的相应措施、车辆站立定员标准、座席布置、车门数量和车辆部件选型等相关问题进行了深入研究，并利用有关研究成果指导车辆设计、制造等工作，目前2号线首列车已经下线。

（2）空气动力效应控制技术。根据120 km/h快线所引起的运营条件变化，开展了通风与列车隧道阻力、舒适度分析研究。研究表明，长大区间隧道有中间风井时，隧道断面直径建议选用φ6.0 m，该直径解决了空气动力学舒适度问题，而在全周期成本方面没有明显增加。

（3）减振降噪技术。轨道交通引起的结构振动，通过周围地层、结构或空气介质向外传播，进一步诱发附近结构及临近建筑物的二次振动和噪声，对建筑物特别是古旧建筑物的结构安全及其中的居民、工作人员的日常生活和工作产生很大的影响。市域快线作为新型轨道交通系统，国内除香港西北铁路及马鞍山铁路外，尚无较成功的减振降噪实践经验。根据相关研究和实践经验，轨道交通的运行振动、噪声的影响，与车辆、轨道、土建结构及环保措施等密切相关，采取综合、系统的措施才能达到较好的减振降噪效果。为实现轨道交通120 km/h快线的减振降噪，开展了轨道快线运营振动和噪声综合治理技术调研专题，对国内外城市轨道交通的各类减振降噪技术进行调研，研究适合于市域快线的减振降噪技术措施，该减振降噪技术研究成果已经落实在施工图设计中。

3.3.6 东莞市城市轨道交通发展历程

至2005年底，有关东莞轨道交通技术文件的准备工作已经基本完成，《东莞市轨道交通建设规划》亦已报送到广东省发改委和建设厅以待审批。2006年9月25至26日，《东莞市城市快速轨道交通建设规划》通过了专家评审。2007年2月，东莞轨道交通获省政府的批准。2007年3月，东莞市被中国国家发改委和建设部列为“轨道交通第二批待批城市”中的首位。2008年5月和12月，《东莞市城市快速轨道交通建设规划》分别通过国家发展和改革委员会、住房和城乡建设部城市建设司的评估和审查。2009年7

月经国务院同意，获国家发改委批复。

2009年7月21日，东莞市轨道交通有限公司正式成立。2010年3月，2号线首建线路试验段（天宝站—东城站）率先开工建设。2010年12月，东莞市轨道交通2号线（东莞火车站—东莞虎门站段）工程可行性研究报告获得国家发改委批复。2011年2月，东莞市城市快速轨道交通2号线（东莞火车站—东莞虎门站段）工程初步设计获广东省住房和城乡建设厅批复；同年，东莞市编制完成了《东莞市轨道交通网络规划（调整）》和《东莞市轨道交通建设规划（2012—2016）》。2011年9月15日，《东莞市轨道交通建设规划（2012—2016）》通过省级专家评审。按照专家评审意见，本轮建设规划年限调整为2012—2018。2012年，《东莞市城市轨道交通建设规划（2012—2018）》正式上报国家发改委和住建部。2013年1月和9月，《东莞市城市轨道交通建设规划（2012—2018）》分别通过国家发改委和住建部的评估和审查，经国务院同意，于12月18日获得国家发改委批复，规划年限调整为（2013—2019）。同年12月26日，2号线首列车辆在南车南京浦镇车辆有限公司下线。

为做好2号线运营筹备工作，东莞市轨道交通有限公司成立运营分公司，2013年9月29日，运营分公司揭牌仪式在西平动漫城隆重举行，运营分公司下设车务部、车辆部、维修工程部、技术安全部和综合部5个部门。为了加强沟通、服务市民、树立品牌，及时发布公司管理和工程建设信息，宣扬东莞轨道交通企业文化，推动工程建设又好又快发展，经过认真筹备，公司官方微博“东莞轨道交通”于2013年8月22日在新浪网微博上线。

3.4 无锡

3.4.1 无锡市2013年度城市轨道交通最新动态

3月11日，1号线轨道02标南禅寺站至雪浪停车场全线铺轨完成，实现短轨通。

3月31日，无锡地铁2号线友谊路站最后一块顶板完成浇铸，顺利为车站“盖帽”。这标志着无锡地铁2号线车站已全部封顶，2号线正式转入“串珠成链”阶段。

4月20日，1号线土建工程08标胜利门站至火车站区间隧道完成，进入轨道铺设阶段。

7月3日，无锡地铁迎来了首批批量车。

8月14日，无锡地铁2号线工程自动售检票（AFC）系统集成项目的自动售票机、自动检票机样机通过验收。

9月11日，1号线专用无线通信系统顺利开通，实现了全线车站、隧道区间、车辆段、控制中心之间的无线通信。

9月24日，经过前期紧张筹备，地铁1号线电客车全线冷热滑工作全面启动。

11月30日，2号线轨道工程01标实现短轨通，也标志着无锡地铁2号线全线短轨贯通。

12月14日，2号线轨道安装工程提前6天顺利实现全线轨通。

3.4.2 无锡市城市总体规划和城市轨道交通线网规划

无锡市位于江苏省东南部，东经119° 33′ ~120° 38′，北纬31° 7′ ~32° 2′，辖7个区，代管宜兴、江阴2市，全市面积4 627.47 km^2，市区面积1 622.64 km^2，其中建成区面积190 km^2，全市常住人口为643.22万人，其中市区人口357.21万人。

“太湖明珠”无锡是一座具有三千年历史的江南名城，自古就是我国著名的鱼米之乡、中国四大米市之一。无锡也是一座现代化城市，是我国民族工业的发源地之一，素有“小上海”、“布码头”之称，是全国15个经济中心城市之一。

1. 无锡市城市轨道交通线路规划

依据2006年获批的《无锡市快速轨道交通线网规划》，无锡市轨道交通线网由5条线组成，其中1、2、3号线为骨架线路，三线呈放射状，与“北展南拓，东联西优”的城市战略相呼应。1号线南北走向，2号线贯通东西，3号线从西北斜插东南，4号、5号线为辅助线，起到衔接各新城板块的作用。

2. 无锡市城市轨道交通规划线路

无锡市城市轨道交通规划线路3条，包括3号线、4号线和5号线。

1）无锡地铁3号线一期

无锡地铁3号线一期为西北－东南走向，西北起苏庙站，东南至硕放机场，正线全长28.8 km，全部为地下线路。共设有车站21座。3号线一期工程全线一次建成，计划2014年6月开工建设，2018年6月建成通车。

2）无锡地铁4号线

无锡地铁4号线为无锡轨道交通线网中的环线，其主要功能是加强城市中心城与太湖新城、太湖新城与新区、锡东新城之间的交通联系，与1、2、3号骨架线搭建一个较完整的轨道线网。4号线线路全长43.34 km，车站30座，车辆段一座位于查桥、停车场一座位于天河，控制中心位于1号线金城路站附近。

3）无锡地铁5号线

无锡地铁5号线起于东北塘站，经由颐家庄、小庄里、东亭、新区中心、钢铁厂、人民医院、新联、中桥、体育中心、蠡园中学，最后到达终点站蠡湖站，全长21.8 km，设站17座。

3.4.3 无锡市城市轨道交通建设情况

无锡市正在建设的城市轨道交通规划线路有2条，包括1号线、2号线。

1. 无锡地铁1号线

1号线正线全长29.42 km，共设车站24座，其中高架站5座，地下站19座。该线路为南北向交通骨干线，北起堰桥，南至雪浪。线路连接中心城和南北部的城市重要地区，贯穿城市最重要的交通和商业发展轴，串联了北部惠山区行政中心、无锡火车站、三阳广场核心商业区及南部太湖新城无锡市新行政中心。不仅承担南北方向的大量交通需求，缓解现状交通问题，支援重要城市功能建设，并能促进无锡近期重要发展目标“南拓”的实现。1号线于2009年11月7日全面开工，计划总工期五年，预计2014年6月通车。

2. 无锡地铁2号线

无锡地铁2号线为东西向交通骨干线，西起梅园，东至安镇，线路全长26.3 km，设车站22座，估算投资174.87亿元。线路连接中心城和西部地区及锡东新城，沿无锡东西向发展轴布置，串联了西部滨湖区行政中心、东部锡山区行政中心、京沪高铁无锡站，并与1号线在三阳广场站形成换乘。主要承担中心城区和新区、蠡湖新城及对外交通枢纽的东西向交通，使中心城的功能得到进一步提高。该线路于2011年1月16日开工建设，预计2014年年底建成运营。

3.4.4 无锡市城市轨道交通建设管理模式

在加快推进地铁工程建设、运营筹备的同时，积极探索无锡地铁品质化管理体系。工程管理从“一模两化”（大监理小业主、施工规范化、标准化）向“三铁四化”转变。在“一模两化”的基础上，总结归纳了“三铁四化”全新管理理念（“三铁”：“安全地铁”、“品质地铁”和“幸福地铁”；“四化”：“系统化”、“规范化”、“标准化”和“信息化”），实现从单一的工程管理向工程、运营和企业管理的全方位管控模式转变。

3.4.5　无锡市轨道交通技术特点和创新项目简介

1. 土建方面技术特点

（1）无锡地铁车站建筑设计主要分为标准站设计和非标准站设计，对于标准站，公共区采用统一的建筑布局，设备区采用略有差异的建筑布局，通过车站设备管理用房建筑标准化布置控制车站规模。

（2）车站主体围护结构主要采用地下连续墙，附属围护结构主要采用工法桩。

（3）区间施工主要采用软土盾构法施工。

2. 土建方面创新项目

（1）盾构穿越砂岩、石英砂岩与泥质粉砂岩与黏土层，硬岩段盾构掘进难度大，采用矿山法开挖并施工初期支护，后拼装管片空推通过矿山法隧道，管片与矿山法初期支护间空隙采用豆粒石填充技术。

（2）盾构端头井邻近河流，位于粉砂层和粉土层，含微承压水，采取盾构水中进洞技术。

（3）盾构井端头加固在隧道内采用二重管无收缩双液WSS工法注浆技术。

（4）软土地层周边场地空旷，采用了全放坡围护型式，成功实践了软土地区全放坡法施工深基坑。

（5）就深基坑开挖、盾构施工对周边环境影响，盾构隧道衬砌，盾构端头加固，联络通道设计等重大问题，引入高校联合研究应对措施，确保了施工安全及质量。

3. 机电设备技术特点和创新项目

（1）供电系统采用直流1 500 V三轨供电。

（2）自动灭火系统采用高压细水雾系统。

（3）地铁卫生间采用真空排污系统。

（4）警用通信系统采用350 MB数字无线集群系统。

（5）地铁隧道区间照明采用LED照明系统。

（6）通信系统采用软交换技术。

（7）警用CCTV系统采用2.5GMSTP数字传输系统，警用视频与警用计算机网络物理隔离。

4. 轨道方面技术特点

（1）轨道结构采用60 kg/m钢轨、弹性分开式扣件。

（2）全线铺设长枕埋入式整体道床、双侧水沟，其结构整体稳定性好，安全性好。

（3）结合沿线建筑特点，铺设减振扣件、梯形轨枕及钢弹簧浮置板轨道结构，确保地铁运营绿色环保。

3.4.6　无锡市城市轨道交通发展历程

早在2002年，无锡就提出了加快城市轨道交通规划工作设想，2003年起就着手开展《无锡市轨道交通线网规划》的编制工作，2004年5月，无锡市规划局委托日本中央复建工程咨询株式会社编制完成了《无锡市轨道交通线网规划设计》，2005年10月，又委托铁道第四勘察设计院对无锡市轨道交通线网规划进行深化研究，江苏省城市规划设计研究院也同步完成了《无锡市轨道交通线网规划客流预测报告》，通过对上述两份报告的整合，编制完成了《无锡市快速轨道交通线网规划》，并于2006年6月得到了市政府的正式批准。

2006年7月，编制完成《无锡市城市快速轨道交通建设规划》， 2008年4月，国务院批准同意启动第二批城市快速轨道交通建设规划审批工作，无锡被列入近期审批工作城市名单。经过多方努力，2008

年12月《无锡市城市快速轨道交通近期建设规划》获国家发改委正式批准，这标志着无锡市城市快速轨道交通项目正式得到了国家立项批准。

2009年11月，无锡地铁1号线正式开工建设；2011年1月，无锡地铁2号线正式开工建设。目前无锡地铁3号线、4号线前期工作正紧密推进，新一轮建设规划同步展开研究。

3.5 合肥

3.5.1 合肥市2013年度城市轨道交通最新动态

2013年，《合肥市城市轨道交通近期建设规划》上报，其中规划了3号线、4号线和5号线的相关工程。

截至2013年12月，合肥市地铁1号线全线进入区间盾构工程建设阶段；地铁2号线实现全线开工建设目标，工程横穿城市中心地带。

3.5.2 合肥市城市轨道交通规划

1. 合肥市轨道交通线网规划

合肥是安徽省省会，位于中国中部，长江淮河之间、巢湖之滨，2011年合肥区划调整，合肥面积达到11 408.48 km^2，常住人口746万人，其中市区常住人口457万人，流动人口127.9万人。

根据合肥市城市轨道交通线网规划，合肥轨道交通建设分为远景、远期和近期。轨道交通远景线网总长322.5 km，其中市区线路7条，全长215.3 km；市域线5条（含1条机场专用线），全长107.2 km。远期中心城区城市轨道交通远期规划方案由6条城市轨道交通线路组成，共设置了15个轨道交通枢纽，全长181.1 km。

总体规划分为四个阶段建设，第一阶段：2009—2016年，建设1号线、2号线，形成“十”字形的基本骨架；第二阶段：2016—2020年，建设3、4号线，与1、2号线共同形成以主城区为中心向外围组团放射的基本骨架网络，基本覆盖了中心城区的主要客流走廊；第三阶段：2020—2025年，在骨架网络基础上，建设5、6号线和远景7号线，在中心城区范围内形成完善的城市轨道交通线网；第四阶段：2025年后，建设远景8号线及扩展延伸线，实现线网规划的远景目标。

2. 合肥市城市轨道交通线路规划

根据《合肥市城市快速轨道交通近期建设规划（2014—2020）》，本轮建设规划包含3条轨道交通线路，即3号线、4号线、5号线，共计约114 km，项目总投资约778亿元。

3.5.3 合肥市2013年轨道交通建设情况

合肥城市轨道交通在建线路为轨道交通1、2号线。

1. 轨道交通1号线工程

2013年，1号线建设平稳推进。轨道工程除主体结构已基本完成的8站8区间外，其余10个标段（15座车站16个区间）车站全部进入主体结构施工阶段，主体结构完成30%，区间工程7台盾构机下井，滨湖车辆段开展场平施工；系统设备采购进展顺利，牵引、信号、车辆及车辆段进口设备等系统设备国际招标采购已先后完成，机电设备、通信供电、综合监控、人防、消防等设备系统招标工作正加紧进行。胜利路畅通工程明光路跨线桥预制梁、寿春路下穿桥北半幅主体结构、长江路桥下部结构等全部完成，长江路桥西侧便桥搭设完毕，春节前站前路至临泉路西侧机非车道、临泉路至寿春路两侧辅道等均已放行。

合肥轨道交通1号线是一条南北方向的骨干线，北起天水路站，南至徽州大道站。1号线覆盖主要客流走廊，1号线一、二期北起合肥站，南至徽州大道站，线路全长24.58 km，全地下线，设23座车站，最大站间距2 462 m，最小站间距714.5 m，平均站间距1 106 m，换乘站6座，设滨湖车辆段及综合维修基地1座和大连路停车场1座，控制中心1座，胜利路主变电所和庐州大道主变电所各1座。

1号线计划2016年12月31日开通试运营，总工期4年零7个月。其中土建主体工程工期33个月，洞通后铺轨及设备安装、调试期22个月。

2. 轨道交通2号线工程

合肥轨道交通2号线工程西起长江西路与长宁大道交叉口的长宁大道站，东至长江东路与大众路交叉口的大众路站。全线沿着长江西路、长江中路和长江东路敷设，是一条横贯主城区的骨干线。线路全长27.764 km，全为地下线，共设站24座，其中换乘站6座。在线路西端设蜀山车辆段及综合维修基地1座，在线路东端设龙岗停车场1座，在创新大道站附近设1座主变电所，在大东门站设1座电源开闭所。在大东门站附近设控制中心，与1号线共址。2号线工程估算投资总额约190亿元。建设工期为2012年底至2017年6月。

2013年，2号线工程实现全线开工建设目标。全线12个标段（24座车站25个区间）分4批开工。首批控制性节点工程1标潜山路站在2013年2月19日开工，第二批2—4标（潜山路站至铜陵路站的7站8区间）6月16日开工，第三批8—12标（潜山路站至长宁大道站的9站10区间）10月16日正式开工，第四批（铜陵路站至大众路站的6站6区间）于12月完成开标和施工单位进场，顺利实现2号线全线开工的年度目标。此外，先期开工潜山路站已进入车站主体结构施工阶段，其他在建车站均在进行主体围护结构施工。

3.5.4　合肥市城市轨道交通建设管理模式

合肥市城市轨道交通建设在合肥大建设模式基础上，实行“建设、运营”一体化管理模式。项目建设采用“指挥部+项目公司”的管理模式，即市政府成立由分管副市长任指挥长，市政府相关部门负责人为成员的轨道交通建设指挥部，负责项目统一领导、决策和指挥。指挥部办公室设在轨道办（轨道公司），办公室主任由轨道办主任（轨道公司总经理）兼任。

3.5.5　合肥市轨道交通技术特点和创新项目简介

2013年，合肥城市轨道交通项目着力加强工程建设管理。

管理结构上，构建了“专业化+扁平化”的新模式。将协调、技术和现场按照专业分工管理。施工点、面以业主代表为核心，实行“四顶帽子、四大员”管理，各方人员“每早一碰头、每晚一调度”，面对面沟通、点对点衔接，确保了各类现场问题发现快、会商快、解决快。

开工准备上，前期管理服务变串联为并联。将交通导改、管线迁建、绿化移植、临电施工、施工企业进场等串联环节总体考虑，统筹排出节点任务及实施计划，提前安排并强化衔接，有效提高开工准备效率。例如，2号线二、三标施工单位接到中标通知书后16天就完成施工围挡、第一台钻机开钻，创造了业内新纪录。

交通导改上，始终强调便民。在2号线开工工作中与交警部门强化联动，对交通影响超前预判、总体预测，细化研究交通组织方案与措施，经多次现场踏勘验证，拟订具体交通疏解方案，其中交通导改次数最多的三孝口节点达到9次。同时为保障春运和改善区域交通，自我加压、加快工点，争取春节前放行胜利路畅通工程部分节点及区段，半幅放行锦绣大道，全面放行云谷路。

标准化建设上，全程规范促生产。在前期工作及开工中，制定交通导改、管线迁改、绿化移植、大临供电四大重点工作流程，印发施行《参建单位进场工作指南》及《分部分项工程划分标准》，引导各方力量有序、高效进场；施工推进中，针对不同阶段细分内容和步序，深化研究生产要素合理配置，制定人、机、材保障指标，如作业队伍要求每个标准站主体结构施工不少于150人、每个换乘站不少于500人；提出“主通道、隔离栏、泥浆池、钢筋棚、电缆槽、标养室”六标准推进标准化工地建设，着力打造轨道工程样板工地。

施工协调上，全面“解放项目经理”。要求每个标段施工项目部成立综合保障组，专门处理各种对外日常协调事务，努力将项目经理从日常烦琐的大会小会中“解放”出来，专抓施工、质量、安全等工程重大事务。轨道公司综合协调处与各个标段综合保障组保持互动对接，统筹考虑全线综合协调，有效形成了“大协调”的服务格局。

进度控制上，确保关键节点工期。8月份针对1号线部分标段之前进度滞后的情况，仔细梳理了存在问题并进行原因分析，把关键盾构始发作为控制重点，通过优化工序、加大机械和劳动力投入、增加工作面、保障土方外运等措施，将合肥站至大东门站区间工程盾构机提前2个月始发，有效抢回了滞后工期。

系统设备合同谈判上，以创新提效率。在1号线车辆及牵引系统合同谈判中，学习借鉴其他城市成功经验并根据合肥轨道项目实际，精心策划分解任务、对比分析招投标方案、带问题考察设备生产过程工艺，制定技术规格书等7大流程，构建了合肥轨道设备系统合同谈判模式，仅用35天就完成了业内约需2至4个月时间才能完成的谈判任务量，不仅提升了工作效能，也为未来系统设备建设提供了宝贵经验。

综合管理上，强化月度考评。建立参建单位月度综合考评考核制度，考评结果直接通报各参建单位所属集团公司，同步约谈成绩较差单位主要负责人并督促整改，年终综合月度考评结果进行评级，奖优罚差，积极营造良性竞争环境。

3.5.6 合肥市城市轨道交通发展历程

20世纪90年代末，合肥市启动城市快速轨道交通筹划和研究工作。为适应城市建设和发展需要，2007年6月，启动《合肥市城市快速轨道交通建设规划》编制工作。2008年11月，建设规划及其相关文件，正式上报国家发改委和建设部。2009年6月，合肥城市轨道交通有限公司正式成立。2009年8月，合肥市轨道交通1号线试验段开工建设。2010年7月，建设规划获得国务院批复。2011年4月，合肥市轨道交通1号线一期工程可行性研究报告获国家发改委批复；2012年1月，合肥市轨道交通1号线二期工程可行性研究报告获得国家发改委批复。2012年6月，合肥市轨道交通1号线全面开工建设。2012年12月，合肥市轨道交通2号线可行性研究报告获国家发改委批复。2012年12月，合肥市轨道交通2号线开工建设。2013年9月，合肥城市轨道交通有限公司（简称“合肥轨道公司”）与上海申通地铁集团有限公司（简称“上海申通”）签订协议，建立战略合作伙伴关系。此次建立战略合作伙伴关系后，合肥轨道公司与上海申通将在城市轨道交通项目规划设计、建设管理、运营管理、资产开发、公司内控、员工培训等诸多领域展开全方位的战略合作。2013年，《合肥市城市快速轨道交通近期建设规划（2014—2020）》主报告已上报国家发改委、住建部、环保部等中央部委审查。2013年，合肥城市轨道交通有限公司正式纳入合肥市国资委监管，2014年2月11日，合肥城市轨道交通有限公司党委正式成立。

3.6 南昌

3.6.1 南昌市2013年度城市轨道交通最新动态

2013年，南昌市城市轨道交通项目逐步推进。在建设方面，南昌轨道交通1号线盾构区间累计掘进

36.74 km，完成总量的64%，并预计于2014年8月实现区间洞通；2号线一期于2013年10月25日全线开工建设，至2013年底已完成2座车站的主体结构施工。在规划方面，新增2号线南延段，争取于2014年开工建设，现积极筹备上报的前期工作中。

3.6.2　南昌市总体规划和城市轨道交通线网规划

1. 南昌市城市轨道交通线路规划

南昌市地处江西省中部偏北，赣江、抚河尾闾，鄱阳湖南岸，是江西省省会城市、鄱阳湖生态经济区的核心城市。辖区总面积7 402.36 km²，其中水域面积达2 204.37 km²，占29.78%；市区面积617.07 km²，城市建成区面积85 km²。根据2011年全国第六次人口普查数据，南昌市常住人口504.26万，其中15~64岁人口为372.25万，65岁及以上人口为38.89万，分别占总人口的73.82%和7.71%。2012年，南昌市完成地区生产总值3 000.52亿元，同比增长12.5%。南昌轨道交通是江西省首条地下轨道（地铁）交通营运系统，也是中国第二批轨道交通（地铁、轻轨）申报城市建设项目，南昌市城市轨道交通线网规划分为近期规划和远期规划。

根据《南昌轨道交通线网规划》，南昌市轨道交通线网为“网格+放射”状结构，轨道交通线网由三主、两辅共5条线路构成，设置四条过赣江通道。1、2、3号线为三主，4、5线为两辅，全网线路总长168 km，共设置车站128座，包括换乘站15座。主城区线网密度0.35 km/ km²。为配合九龙湖片区的发展，2013年，南昌市规划局委托深圳市城市交通规划设计研究中心编制了《2号线延长线选线方案》，确定了长约7.9 km的2号线南延段工程，新设6站。

远期规划（2050年前）分为两个阶段：第一阶段为1、2、3号线一期组成的轨道交通骨架网；第二阶段为2020年之后至远景年逐步建成全线网，4号线、5号线、1号线二期、2号线二期、3号线二期，形成完整的轨道交通线网，实现线网规划的总体目标。全网线路总长168 km，全网共设置车站128座，换乘站15座。

根据《南昌市城市快速轨道交通建设规划（2009—2016）》，南昌市将在2016年前先后建设1号线一期工程、2号线一期工程，总长约50.6 km，该建设规划于2009年7月29日获得国家发改委正式批复。2号线南延段被建议列入二期工程优先实施，争取于2014年开工建设，现积极筹备上报的前期工作中。

2. 南昌市城市轨道交通规划线路

南昌市城市轨道交通规划线路有4条，包括南昌轨道交通2号线南延段，以及3、4、5号线。

1）南昌轨道交通2号线南延段

南昌轨道交通2号线南延段起点为南路村站，终点为站前南大道站（不含该站），线路全长约7.9 km，全部采用地下形式敷设，共设6座车站，平均站间距约1.37 km，最大站间距为2.23 km（九龙湖南站—九龙湖北站），最小站间距为0.89 km（南路村站—生米南站）。6座车站均采用明挖法施工，项目总投资44.54亿元。其计划于2014年开工建设，2017年建成通车。

2）南昌轨道交通3号线

南昌轨道交通3号线覆盖昌东地区，起于瑶北湖，在八一大道站与2号线交汇，经象山南路、绳金塔街等地，最终到达莲塘，线路长约31 km，车站数目24个（一期）。规划到2020年形成由1、2、3号线一期组成的规定交通骨架网。

3）南昌轨道交通4号线

南昌轨道交通4号线横跨赣江，主要作为老城区到新区南昌西客站（高铁站）的连通，西起于高速客运西站，途经朝阳洲南、抚生路、洪城路、洪都大道、南京东路、上海路、国威路、火炬大道，线路全长23 km，拟设车站数目19个，具体方案还有待进一步优化设置。

4）南昌轨道交通5号线

南昌轨道交通5号线横跨赣江，经下罗地区、长堎大道、学府大道、红谷南大道、学府大道、朝阳大道、江铃西路、高新大道，线路全长约34.2 km，共设车站19座，平均站距1.42 km。该线路串联了长堎、朝阳、城南、城东、瑶湖等六大外围片区，连接产业园区中心和大学园区中心，对引导外围片区和城镇组团的发展具有重要作用。

3.6.3 南昌市城市轨道交通建设情况

截至2013年底，南昌市城市轨道交通建设线路有2条，分别是南昌轨道交通1号、2号线一期。

1. 南昌轨道交通1号线

南昌轨道交通1号线（双港大道—奥体中心）覆盖了蛟桥、红谷滩中心区、旧城中心区、城东和瑶湖五大片区，线路全长约28.737 km，均为地下线，共设车站24座，包括换乘车站5座，全部为地下站，平均站间距1.233 km，工程总投资约为181.1亿元。

1号线于2009年12月正式开工，截至2013年底，盾构区间累计掘进36.74 km，完成总量的64%，预计于2014年8月实现区间洞通，2015年12月通车运营。

2. 南昌轨道交通2号线一期

南昌轨道交通2号线连通新老两城核心区域，覆盖昌西新城九龙湖、红角洲、红谷滩三大片区和昌东老城核心区、城南片区。长度41.6 km，设站34座。其中，一期工程（站前南大道—辛家庵）起于南昌西站，止于辛家庵站，全长约23.3 km，均为地下线，设站21座，设红角洲综合基地一座。

2013年10月25日，2号线一期工程全线开工建设，截至2013年底已完成两座车站的主体结构封顶，6座车站正进行主体结构施工，预计于2017年12月31日通车运营。

3.6.4 南昌市城市轨道交通建设管理模式

南昌市城市轨道交通实施建设、运营一体化的模式，由南昌轨道交通有限公司负责城市轨道交通的融资、建设、营运和管理等工作，承担国有资产的保值增值责任。公司下设四个分公司，分别为运营分公司、建设管理分公司、轨道交通地产公司和地铁置业分公司。

3.6.5 南昌市轨道交通技术特点和创新项目简介

南昌在借鉴国内外地铁盈利经验的基础上，提出了“地铁+社区”综合运营的新模式，将在保障地铁正常运营的同时，为普通百姓带来更大实惠。

“地铁+社区”综合运营模式是通过对地铁车站、上盖空间及沿线周边有效资源进行合理规划、综合开发，使其形成以地铁站点为中心的集交通、居住、餐饮、购物、娱乐、文化于一体的综合服务性社区。该模式通过对地铁物业及附属资源进行深度挖掘，有效满足辐射半径内社区居民绝大部分需求，构建出“地下一个站、地上一大片、片片都相连”的格局，形成人气、商气、财气商业黄金链条，创出“吃住生活在地铁、购物娱乐在地铁、幸福享受在地铁”的生活新方式，从而实现地铁“自我投资、自我开发、自我建设、自我发展”的良性循环。

3.6.6 南昌市城市轨道交通发展历程

南昌市城市快速轨道交通筹划起步于本世纪初。2007年，成立了南昌市快速轨道交通建设领导小组，并做了大量细致扎实的基础性工作。2008年7月中旬，经国家发改委、国务院办公厅同意，南昌市已被列为第二批轨道交通项目建设申报城市。

2009年6月，国务院批准《南昌市城市轨道交通近期建设规划（2009—2016年）》。根据规划，在2009年至2016年间建设1号线一期工程和2号线一期工程，线路总长度50.6 km。2009年12月南昌地铁1号线一期工程正式动工。2012年10月26日，国家发改委批准了《南昌市轨道交通2号线一期工程可行性研究报告》，同意建设南昌市轨道交通2号线一期工程。2013年10月25日，2号线一期工程全线开工建设。

3.7　南宁

3.7.1　南宁市2013年度城市轨道交通最新动态

4月11日，经前期大量的准备工作，1号线埌东客运站北侧山体削坡作业全面展开。

5月14日，南宁地铁1号线南湖站主体结构施工拉开序幕。

6月7日，南宁地铁1号线01标顺利通过了深基坑开挖的条件验收。

9月20日，由南宁轨道交通责任有限公司作为项目业主建设的南宁东站综合交通枢纽一期工程（地下空间）公共服务工程顺利动土开工。

11月17日，南宁地铁1号线南职院站土方开挖作业全部完成。

12月30日，鹏飞路站车站主体的顺利封顶，标志着南宁地铁1号线施工建设取得突破性进展。

12月31日，南宁轨道交通2号线在安吉大道西津站项目现场正式开工。

3.7.2　南宁市城市总体规划和城市轨道交通线网规划

南宁市是广西壮族自治区的首府，位于广西南部，地处亚热带，坐落在南宁盆地中部邕江两岸。全市土地面积22 112 km^2，市区面积6 559 km^2，其中建成区面积约170 km^2。全市常住人口666.16万人，有壮、苗、瑶等50个少数民族。其中壮族339.04万人，占50.9%；汉族312.50万人，占46.91%；其他少数民族瑶族、苗族等人口为14.62万人，占2.19%。

1. 南宁市城市轨道交通线路规划

根据《南宁市城市轨道交通近期建设规划（2009—2015）》，截至2015年，南宁市将建成南宁轨道交通1号线一期、2号线一期，为南宁市东西向和南北向的“十”字形轨道交通网络骨架，线路总长约53.1 km，总投资约211亿元。

2009年南宁市首次提出建设南宁东站的方案，南宁市铁路枢纽发生重大调整，城市总体规划与综合交通规划也进行了相应调整。在《南宁市城市轨道交通线网规划（2009—2015）》中确定的近期建设线路的前提下，根据条件的变化和发展的需要，结合城市总体规划及综合交通规划的调整情况，对线网规划进行了系统梳理和修编完善，编制了《南宁市城市轨道交通建设规划修编》（以下简称《线网修编》）。轨道交通线网规划由原来的6条增加到8条，修编后的轨道交通，线路全长252.1 km，共设车站160座，其中换乘站23座。

根据《线网修编》，南宁轨道交通建设的时间进度将分三步走。

第一步（2010—2015），建立骨架线网，修建1号线一期和2号线一期，建设线网“十字”骨架线，奠定线网的基础，提供快速过江通道，联系城市东西、南北的主要发展轴线。

第二步（2016—2020），加强城市三大中心的联系，支持五象新区发展，带动邕江南岸的发展，修建2号线二期，3号线、4号线，到了2020年，线网在1、2、3、4号线组成的“井”字基本形态的基础上，构建5号线与7号线，形成“三横三纵”的线网布局。该线网基本形成网络规模，覆盖邕江南、北两个发展带，连通城市“三大中心”，提升对南宁东站的服务水平，可以很好地促进城市发展，发挥轨道交通的骨干作用。

第三步（2021—2050），增加网络覆盖，修建6号线、2号线延长线、3号线延长线、5号线延长线、7号线延长线和8号线。进一步扩大线网规模结构，充实市中心内部及向外交通联系，加大线网覆盖范围和密度，提高轨道交通系统服务水平。

2. 南宁市城市轨道交通规划线路

南宁市城市轨道交通规划线路有6条，包括南宁轨道交通3～8号线。

1）南宁轨道交通3号线

南宁轨道交通3号线为远期规划线路，起始于城南保税中心南站，终止于科园东站，联系了良庆组团、青秀组团和城北组团的西北—东南向交通，途经科园东规划路、长湖路、金湖路、青山路、平乐大道，连接安吉客运站、江北居住区、五象广场、中国—东盟物流基地等主要区域。线路全长约31.3 km，设车站23座。

2）南宁轨道交通4号线

南宁轨道交通4号线是邕江南岸的东西方向的骨干线，联系了江南组团、良庆组团、龙岗组团、仙湖组团，途经南宁南站、五象大道、五象火车站、邕宁等主要区域。线路全长约25.5 km，设车站20座。

3）南宁轨道交通5号线

南宁轨道交通5号线呈南北走向，南起那洪站，北止于三塘站，联系了江南、中心城区等区域。线路途经壮锦大道、明秀路、南梧路；连接江南片区、江北片区、金桥客运站、三塘客运站等主要区域，联系了江南组团、城西组团、城北组团、昆仑大道南、北组团的西南—东北方向的交通线。线路全长约32 km，设置车站25座。

4）南宁轨道交通6号线

南宁轨道交通6号线呈东西走向，西起西乡塘区石埠南，东至青秀区六律，途经华南城、淡村、江北大道、埌东客运站等，为南宁市的东、西方向连接了一条快速通道。线路全长约38.3 km，共设车站27座，其中高架站10座，地下站17座。

5）南宁轨道交通7号线

南宁轨道交通7号线西起邕津，东至六村，线路连接了江南组团、城西组团、中心组团、城北组团、青秀组团、昆仑大道南组团。线路途经江南片区、新阳路、人民路、朝阳广场、民主路、佛子岭路、南宁东站、三塘。线路全长约31.3 km，设车站22座。

6）南宁轨道交通8号线

南宁轨道交通8号线南起邕宁区那莲，北至兴宁区那井，途径龙岗、颜村、邕宁区政府、嘉和城南等地。主要承担城市东部组团的南北向直接联系，并与线网形成多次换乘，便于邕宁区域与昆仑大道区域的客流入城，能够支持邕宁地区及昆仑大道区域的发展。线路全长约24.3 km，共设车站16座，其中高架站4座，地下站12座。

3.7.3 南宁市城市轨道交通建设情况

1. 南宁轨道交通1号线

南宁轨道交通1号线一期工程，起自石埠站，经大学路、衡阳西路、朝阳路、民族大道、高坡岭路、佛子岭路、凤岭北路、吉祥路，止于南宁东站，是连接南宁东西方向的骨干线。线路长约32.1 km，其中地下线26.0 km，高架线5.8 km，地面线及过渡段0.3 km。设车站25座，其中地下站21座，高架站4座，换乘车站7座，分别与铁路、其他城市轨道交通线路换乘。设屯里车辆段和西乡塘停车场。总投资约198.89亿元。

南宁轨道交通1号线一期于2011年12月29日上午举行开工仪式，全线开工建设，预计2016年开通运营。

2. 南宁轨道交通2号线

南宁轨道交通2号线南起邕宁区蒲庙附近六晚，北至西津，沿南宁市南北方向布设，为南宁市“十”字形骨架网线的纵线，该线路走一个“L”形，横跨邕江。全长约37.3 km，设车站26座。

2号线一期南起玉洞，北至西津，主要沿银海大道、星光大道、朝阳路、友爱路、安吉大道等南北向市政骨干道路敷设，是南宁市城市轨道交通南北走向的骨干线。线路全长约21 km，拟设16座车站，其中换乘站6座；设主变电站2座，安吉综合维修基地1座。线路建成后将串联良庆组团、江南组团、中心组团、城北组团，达到拉动城市向南、北两带发展的目的，而且更加有力地支持了城市总体规划中“一轴两带多中心”的发展模式。

南宁轨道交通2号线可行性研究报告于2012年12月26日获得国家发展改革委正式批复，正在开展具体的设计工作，已于2013年12月31日正式开工，预计2017年底建成。

3.7.4 南宁市城市轨道交通建设管理模式

实施建设、运营一体化的管理模式，由南宁轨道交通有限责任公司全面负责南宁市轨道交通项目的投资、建设、营运管理和综合资源开发。公司的经营范围是南宁市轨道交通项目的投资、建设、营运管理和综合资源开发；相关广告设计、制作及发布；相关物业开发、管理和租赁；市政工程项目的投资、规划和建设。

3.7.5 南宁市城市轨道交通发展历程

南宁市于1999年就开始了建设轨道交通的探索工作，在2001年编制的《南宁市综合交通规划》中，正式提出了建设轨道交通的初步方案内容。2005年，南宁市轨道办成立，整合试启动南宁市城市轨道交通项目的前期工作。2006年，南宁市城市轨道交通项目线网规划的初步编制完成。2007年5月，南宁市轨道交通线网规划向社会公示，规划轨道交通线路6条，总长达到178 km。2008年12月23日 南宁轨道交通有限责任公司工商注册完毕。2010年7月2日，《南宁市城市轨道交通近期建设规划（2009—2015）》获得国务院批准。根据规划中确定的近期建设线路，对原有的线网规划进行了系统梳理和修编完善，编制了《南宁市城市轨道交通建设规划修编》，城市轨道交通线路由6条增加到8条，总长达到252.1 km。

2011年6月15日，国家发改委批复了《南宁市轨道交通1号线一期工程可行性研究报告》；同年12月29日，南宁轨道交通1号线一期正式开工建设，是南宁市建设的第一条城市轨道线。

2012年 11月26日至27日，《南宁市轨道交通2号线工程（玉洞—西津）总体设计》通过专家评审，于2013年12月31日举行开工仪式。

3.8 长沙

3.8.1 长沙市2013年度城市轨道交通最新动态

2013年，长沙市城市轨道交通项目进展顺利，稳步推进。长沙轨道交通2号线一期工程于2013年12月30日开通试运行，为长沙首条开通试运行的城市轨道交通线路，计划于2014年中旬试运营。

在建设方面，长沙轨道交通1号线一期工程向全线贯通稳步推进。在规划线路的前期筹备方面，长沙轨道交通3号线一期工程项目可行性研究报告于2013年6月24日获国家发改委批复，具备开工条件；2号线西延线一期与4号线一期均完成了工程环评第二次公示。3条规划线路均计划于2014年开工建设。

3.8.2 长沙市总体规划和城市轨道交通线网规划

1. 长沙市城市轨道交通线路规划

长沙市是湖南省省会，位于湖南省中部，地处湘江下游，京广铁路线。长沙市土地总面积11 819.5 km^2，其中市区面积1 938 km^2；总人口704.4万人，其中户籍人口为651.2万人，市区人口363万。2013年，长沙市实现地区生产总值达到7 153.13亿元，同比增长12%。

2012年12月，经国务院同意，国家发展改革委印发了《长沙市城市轨道交通近期建设规划（2012—2018年）》。至2018年，规划建成2号线西延一期工程、3号线一期工程、4号线一期工程和5号线一期工程，长约96.3 km，形成“米字形构架、双十字拓展”轨道交通网络主骨架。据此规划，到2018年，长沙规划形成142.13 km的地铁线网，其中1、2、3、4号线的一期工程将搭建成“米”字形骨架线网，沿万家丽路敷设的5号线一期工程将作为服务于城东的南北向通道，延伸入梅溪湖片区的2号线西延线则为该片区的发展提供支撑。

依据长沙市城市总体规划和综合交通规划，长沙市规划远景年（至2050年）城市轨道交通线网由12条线路组成，总长约456 km，设车站333座，其中换乘车站45座，中心城区线网密度0.6 km/ km^2，形成“米字形构架，双十字拓展”的线网构架。线网中，1～6号线是沿城市主客流走廊布置的骨干线路，7～10号线是市区补充线，11、12号线为市域快线。其中，7号线进一步加密城市核心区线网服务，8号线将根据城市空间的拓展进程形成副中心和外围组团间的联络线，9号线加强河西CBD与主城南部的联系，10号线加强中心城区北部跨河通道联系，11号线、12号线衔接中心城区与外围城镇发展组团。

预计2020年，长沙市区公共交通出行占全方式出行量的35%，轨道交通占公共交通出行量的40%。

2. 长沙市城市轨道交通规划线路

长沙市轨道交通规划线路7条，包括长沙轨道交通2～8号线。

1）长沙轨道交通2号线西延一期

长沙轨道交通2号线西延一期工程从梅溪湖西站（含）至望城坡站（不含），呈东西走向，与轨道交通2号线一期工程相连，线路长约4.449 km，共4站4区间，均为地下线路和地下车站。其利用2号线一期工程西湖公园主变电站通过35 kV环网延伸供电，不需新建主变电站；2号线一期工程在建的黄兴车辆综合基地及车站配线满足初期列车停放需求，不新建车辆综合基地和停车场；控制中心共用杜花路运营控制中心。

2号线西延一期工程计划于2015年12月底通车试运营，总工期3年3个月。工程总投资约29.27亿元。截至2013年底，已完成工程环评第二次公示。

2）长沙轨道交通3号线一期

长沙轨道交通3号线一期工程总体呈西南—东北走向，从河古坪塘莲坪大道出发，跨湘江，经侯家塘至星沙龙角路。线路全长36.5 km，设站25座，总投资238.1亿元。

2013年6月24日，国家发改委以[发改基础(2013)1206号]文批复了长沙轨道交通3号线一期工程项目可行性研究报告。3号线一期工程已具备了开工条件，计划于2014年初开工建设。

3）长沙轨道交通4号线一期

长沙轨道交通4号线一期工程自普瑞大道站至桂花大道站，总体呈东西走向。线路全长33.5 km，设车站24座，均为地下车站，其中换乘站13座。工程设车辆段1处，设主变电站两座，控制中心一座，均与2号线共享。投资219.38亿元。截至2013年底，4号线一期已完成工程环评第二次公示，预计于2014年开工建设，2017年建成通车。

4）长沙轨道交通5号线一期

长沙轨道交通5号线一期工程自蟠龙路站至时代大道站，呈南北走向。线路长度约22.7 km，设站18座，投资156.63亿元，规划建设期为2014—2018年。

5）长沙轨道交通6号线

长沙轨道交通6号线呈东西走向，西端起自麓云路站，沿桐梓坡路、湘雅路、迎宾路、人民路，东至黄花机场。

6）长沙轨道交通7号线

新增7号线北段位于老城东交通拥堵地区，解决芙蓉路与万家丽路之间的线路空白问题（注：与长株潭城铁长沙段无重叠问题），南段既加强了南城与老城区的联系，又增加了过江通道。

7）长沙轨道交通8号线

新增8号线目的在于加强大河西、大城北、大城东的联系。

3.8.3 长沙市城市轨道交通建设情况

1. 长沙轨道交通1号线一期

长沙市轨道交通1号线一期工程（汽车北—万家丽路）为南北向的轨道交通骨干线，与东西向在建的2号线于五一广场交汇，形成长沙市轨道交通十字形核心构架，同时与长株潭城际线分别在开福寺站与中信新城站二次交汇。线路全长23.55 km，共设车站20座，其中地下站19座，高架站1座。采用B型车六辆编组。在杜花路站附近设控制中心，在南端设尚双塘车辆段与综合基地。其于2010年12月26日开工，计划于2014年3月电通，2014年12月开始试运营。

2. 长沙轨道交通2号线一期

长沙市轨道交通2号线一期工程（望城坡—光达）呈东西走向，在长沙南站与武广高速铁路对接，旅客出行可以做到“零换乘”。线路全长21.926 km，均为地下线。全线共设19座车站，其中换乘站6座。采用B型车六辆编组。在杜花路站附近设控制中心，在东端设黄兴车辆段与综合基地。其于2009年9月28日开工建设，至2012年底已全线贯通。2013年12月20日，2号线一期接触网工程顺利通过竣工验收，为2号线中第一个完成单位工程验收工作的工程。于2013年12月30日开通试运行，计划为期4个月，前三个月不载客。

3.8.4 长沙市城市轨道交通建设管理模式

长沙市城市轨道交通的规划与建设遵循“统一规划”、“多元投资”、“配套建设”、“集中管理”的原则。长沙市轨道交通集团有限公司成立于2009年4月29日，该公司是经长沙市委、市政府批准成立的国有全资公司，注册资金50亿元，全面负责长沙市轨道项目的投资、建设、经营、管理工作。

根据《长沙市城市轨道交通近期建设规划（2012—2018年）》，近期建设项目总投资为636.95亿元，其中资本金比例44.5%，计283.65亿元，由长沙市财政资金解决。资本金以外的资金采用国内银行贷款等融资方式解决。

3.8.5 长沙市城市轨道交通发展历程

长沙市自2000年开始城市快速轨道交通规划研究，2006年1月在2003年版城市总体规划和综合交通规划基础上，编制完成《长沙市城市快速轨道交通线网规划》，2006年3月由市政府进行了批复。在2006版线网规划基础上，于2006年8月编制完成《长沙市城市快速轨道交通建设规划（2008—2015）》，即第一轮建设规划，于2009年1月获国家发改委正式批准。规划在2008—2015年建成轨道交通1号线一期工程、2号线一期工程，线路总长度45.83 km。2009年9月28日，长沙轨道交通2号线一期工程正式开工建设；次年12月26日，长沙轨道交通1号线一期工程正式开工建设，标志着长沙市轨道交通集团有限公司再次迎来城市轨道建设的高潮。

2010年，为适应长沙市发展的重大变化，与城市总体规划修订同步，长沙市启动了轨道交通线网规划修编工作，2011年7月，长沙市人民政府以（长政函［2011］50号）对长沙市轨道交通线网规划修编进行了批复。轨道交通线网规划修编提出的远景线网方案由原来的8条增至12。线网全长456 km，呈“米”字形构架、双“十”字拓展、中心轴带放射形态。

2012年12月，经国务院同意，国家发展改革委印发了《长沙市城市轨道交通近期建设规划（2012—2018年）》。规划提出在已开建的1、2号线一期工程共45.83 km的基础上，再新建约96.3 km的地铁线网，涉及的线路为3号线一期工程、4号线一期工程、2号线西延线和5号线一期工程。2013年6月24日，3号线一期工程项目可行性研究报告获国家发改委批复。同年12月底，2号线一期工程开通试运行。

3.9 福州

3.9.1 福州市城市轨道交通2013年度最新动态

2013年1月12日，《福州市城市轨道交通线网规划（2012年修编）》（送审稿）专家咨询会在福州召开。修编后的福州市城市轨道交通远景线网中，规划线路从此前的7条扩至10条，总长324.72 km，设计车站215座，其中换乘站32座。

2013年4月26日，福州地铁2号线21站点位置初步拟定。2013年9月10日，福州市地铁1号线斗门站至树兜站区间实现双线贯通。

3.9.2 福州市城市总体规划和城市轨道交通线网规划

1. 福州市城市轨道交通线路规划

福州市是福建省省会，位于福建省东部、闽江下游。全市土地总面积12 154 km^2，其中市区面积1 786 km^2，建成区面积220.22 km^2。全市常住人口约711.5万人，其中，城镇人口为440.81万人，占61.95%。

根据福州市总体规划年限并结合城市轨道交通特点，《福州市城市快速轨道交通近期建设规划（2009—2016年）》明确到2016年，建成轨道交通1号线和2号线，两条线路形成城市快速轨道交通“十”字形构架骨架网，与正在建设中的温福、福厦铁路等铁路相交叉，适应福州主城区南北向、东西向主客流通道的交通需求及近期发展重点地区的交通需求。

根据《福州市轨道交通网络规划（修编）》，福州市轨道交通线网规划以中心城区为核心，远景线网由7条轨道交通线路组成。总体结构为“有环放射式”。线网总长184.6 km，其中设置5条轨道交通过闽江通道和4条过乌龙江通道，设车站134座，其中换乘车站16座。都市区线网密度0.05 km/km^2，中心城区线网密度为0.13 km/km^2。线网连接中心城区主要客流集散点，并通过与火车站、长途客运站、机场等交通枢纽的连接，有效地加强城市对外交通的联系。

4号线在线网中的重要性仅次于1号线和2号线，连接鼓台核心区和东部新城，与1、2号线一起构成“十”字加“L”形的骨架网络，解决中心城区交通紧张问题，支持城市“东扩、南进”发展战略的实施，1、2、4号线是线网中的骨干线路，4号线预计于2020年年底建成通车。其他3、5、6、7号线为加密线和组团间的联络线路，形成线网必要的补充，预计2050年前建造完成，实现网络规划的远景目标。

2. 福州市城市轨道交通规划线路

福州市城市轨道交通规划线路有6条，包括福州轨道交通2～7号线。

1）福州轨道交通2号线

福州轨道交通2号线位于东西向城市发展副轴，与1号线共同形成“十”字放射形态的骨架线网。2号线由沙堤至鼓山，向西连接上街大学城和金山区，向东延伸到晋安区鼓山镇，途经闽侯县、仓山区、台江区、鼓楼区、晋安区四个行政区。线路全长约26.3 km，全部为地下线，设地下车站22座，其中换乘车站4座。2号线工程的最大站间距为2.856 km，最小站间距为0.704 km，平均站间距为1.215 km，全线设竹岐定修段和下院停车场。

2）福州轨道交通3号线

福州轨道交通3号线是老城区加密线，服务南北向客流走廊，串连新店、鼓台、仓山、科学城。远期线路规划长约17.1 km。到远景年，3号线继续向西南延伸约10.1 km，经东岭、跨乌龙江至南屿镇，全线总长约27.2 km，共22座车站。

3）福州轨道交通4号线

福州轨道交通4号线西起汽车西站，沿杨桥路东行，在东街口与1号线换乘，经东街、东大路、塔头路（在锅炉厂站与3号线换乘）、化工路东行，在前横路折向南行至闽江北岸，跨闽江后经金浦小区，与5号线在仓山科技园换乘，之后继续东行，经规划东部新城会展中心等至海峡中心，与1号线及6号线形成三线换乘。线路全长约25.2 km，共22座车站。

4）福州轨道交通5号线

福州轨道交通5号线西起洪山桥，经新厝里、阵板、西山，沿金洲路行走，与2号线换乘，经建中、杨宅、黎升至白湖亭，沿上三路（在三叉街站与1号线换乘）、三高路，至金浦站，起终点均与4号线相连。线路全长约15 km，共12座车站。

5）福州轨道交通6号线

福州轨道交通6号线起自南台岛规划东部新城中心，自东部新城过闽江至马尾，至下洋跨越乌龙江，过江后经营前镇、吴航镇，穿滨海新区至长乐国际机场，是连接中心城区与滨海新城（长乐国际机场）的线路。线路长约32.4 km，设16座车站。

6）福州轨道交通7号线

福州轨道交通7号线起自于金峰镇，经陈店、漳港镇、文武砂镇至江田镇，主要沿规划的滨海新城交通干道布设，全长约29.1 km，共16座车站。7号线是为滨海新城预留发展的一条线路。

3.9.3　福州市城市轨道交通建设情况

2013年，福州尚处在建设阶段的城市轨道交通线路为福州轨道交通1号线。

福州轨道交通1号线起于新店北部秀峰路的象峰站，最终到达东部新城站。线路全长约29.2 km，全为地下线，最大站间距为1.896 km，最小站间距为0.801 km，平均站间距1.237 km。1号线设站24座，设新店车辆基地1座，清凉山停车场1座；设控制中心1座，与2、4号线控制中心合建于达道路与广达路交叉口；设主变电站2座，牵引变电所13座，降压变电所26座，3座跟随变电所及配套机电系统工程。

1号线于2009年12月正式开工建设，截至2013年底，1号线斗门站至树兜站区间已实现双线贯通，预计2014年底通车运营。

3.9.4　福州市城市轨道交通建设管理模式

福州市城市轨道交通实施建设、运营一体化的模式，由福州市城市地铁有限责任公司全面负责全市地铁项目的投资、规划、建设、运营、管理、沿线地下空间资源的开发利用及房地产开发管理等工作。

3.9.5 福州市城市轨道交通发展历程

1995年，福州开始轨道交通规划的具体运作，在城区规划了6条主线和2条支线。2002年7月，福州市规划局和上海综合交通研究所共同编制了《福州市轨道交通网络规划》，围绕建设“1中心，6组团”的城市布局结构，初步提出远景形成“两纵一横一环（4条线）”网络架构，总长约136.2 km。2007年，福州市编制完成《福州市轨道交通网络规划》和《福州市城市快速轨道交通建设规划》，并于2007年底上报国家发改委。

2008年1月，国家发改委上报国务院的文件，将福州列入第二批审批建设城市快速轨道交通项目城市名单。2008年下半年福州地铁试验段开始实施，2009年6月3日国家发改委批复《福州市城市快速轨道交通近期建设规划（2009—2016年）》。2009年12月27日举行“福州市地铁1号线”动工仪式，标志着福州城市轨道交通建设正式拉开序幕。2010年地铁1号线正式开工建设，到2012年底21座车站中有19座车站的主体结构开工建设。

3.10 贵阳

3.10.1 贵阳市2013年度城市轨道交通最新动态

2013年4月23日，国家发改委下发《1号线可行性研究报告的批复》。2013年10月19日上午，市轨道交通公司召开贵阳市轨道交通1号线全线开工建设动员大会，对轨道交通1号线开工建设进行安排部署。

另外根据线网规划，各线路的建设时序为：2020年建成1号线及2号线一期，形成主城区基本骨架；2025年建成2号线二期及3号线，形成中心城区骨架线网；2030年建成4号线，形成全部线网。

3.10.2 贵阳市城市总体规划和城市轨道交通线网规划

1. 贵阳市城市轨道交通线路规划

贵阳市是贵州省省会，市域总面积8 034 km^2，市区面积2 403 km^2，城区建设面积220.31 km^2。全市常住人口为432.46万人，其中居住在城镇的人口为294.63万人。

2010年9月3日，《贵阳市城市快速轨道交通建设规划（2010—2020）》经国务院批准，国家发改委正式下达批复。该规划对贵阳市城市轨道交通建设时机及建设安排进行分析研究，同时通过远景规划（2030年），贵阳市轨道交通建设分为以下三个阶段。

（1）起步阶段（2009—2020年）：在主城区形成基本骨架结构。这一阶段贵阳市的轨道交通将经历从无到有的过程，选择规划线网方案中的1号线和2号线一期工程作为起步阶段轨道交通建设线路，在主城区形成骨架结构。其线网规模为轨道交通线网58.7 km；其中1号线长31.9 km，2号线一期工程长26.8 km。

（2）发展阶段（2025年）：形成中心城区骨架线网。该阶段为贵阳市轨道交通骨架线网的发展形成阶段。在起步阶段1号线、2号线一期工程骨干线路的基础上，加强中心区和金阳新区的辐射作用，连接花溪组团和新天组团，在中心城区形成轨道交通骨架线网。其发展阶段新增线网规模为3号线、2号线二期，长47.6 km；发展阶段轨道交通线网总规模达到106.3 km。

（3）成熟完善阶段（2030年）：形成全部线网。该阶段为轨道交通线网的扩展完善阶段。在骨架线网形成后，结合城市空间结构，连接中心区与龙洞堡组团、中心区与金阳新区，加强城市双中心的联系，形成全部线网。线网构成：在骨架线网基础上新增4号线，全长35.7 km。轨道交通线网总规模达到142 km。

2. 贵阳市城市轨道交通规划线路

1）贵阳轨道交通2号线

2号线一期工程线路全长27.0 km，均为地下线，共设23座车站。其中共4座换乘站。在起点七机路口站附近设高架车辆段。

2号线二期穿越图云关森林公园至贵阳龙洞堡国际机场，经小碧到达多彩贵州城（规划待建）。

2）贵阳轨道交通3、4号线

3号线、4号线为后期项目，规划还在不断修改当中。其中，规划的3号线贯穿中心城区，覆盖外围组团；4号线是完善线网的交通线路，暂计划线路全长35.7 km。

3.10.3　贵阳市城市轨道交通建设情况

轨道交通1号线起于观山湖区下麦西站，经林城路、210国道、贵阳北站、雅关、蛮坡、安云路、公园路、贵阳火车站、朝阳洞路、珠江路，止于经开区场坝村站，线路全长33.6 km，其中地下线27 km，占全线的80.2%，高架及地面线6.6 km，占全线的19.8%。全线共设车站23座，其中地下站18座，地面及高架站5座。

2013年4月23日，国家发改委下发《1号线可行性研究报告的批复》，确定了轨道交通1号线建设周期为4年6个月，2015年底完成土建结构工程，2016年完成机电设备安装及系统联调，力争2017年初投入试运行。建成后，车辆将采用B型车，最高运营时速80 km。

2013年6月1日至7月30日，轨道交通1号线进行了岩土工程详勘工作，分别在安云路、环城北路、合群路、公园路、遵义路、朝阳洞路等道路的部分车行道和人行道实施岩土工程详勘工作，两城区地勘钻孔470个、小河片区220个。

3.10.4　贵阳市城市轨道交通建设管理模式

2009年3月26日、27日，贵阳市城市轨道交通建设规划评估会在贵阳召开，国家发改委正式委托中国国际咨询公司进行审查，并获得通过。随着贵阳市轨道交通建设如火如荼的建设，2009年4月贵阳市城市轨道交通有限公司正式成立，它是贵阳市委、市政府批准成立的国有独资有限责任公司，注册资金1亿元，也是贵阳市十大投融资公司之一。2012年6月6日，贵阳市城市轨道交通有限公司与国家开发银行贵州省分行、华能贵诚信托有限公司签订5亿元信托贷款合同，5亿元信托资金当日顺利到位。

3.10.5　贵阳市城市轨道交通发展历程

2006年贵阳市召开城市轨道交通规划的专家组评审会，肯定了《贵阳市轨道交通网络规划》、《贵阳市轨道交通建设规划》。贵阳市拟规划的近期轨道交通线网形状为“X”形，涉及7个区，全长70～100 km。贵阳市的轨道交通线网分为规划年（2030年）和远景年（2050年）两期规划，规划年将基本形成轨道网络，涉及金阳新区、云岩区、南明区、小河区、花溪区、乌当区、白云区7个区；至远景年，贵阳市的轨道交通网络将得到完善。经过两年的努力，2008年3月，贵阳市建设局委托中国城市规划设计研究院编制完成《贵阳市轨道交通线网规划》；2009年3月，贵阳市建设局委托中国城市规划设计研究院编制完成《贵阳市城市快速轨道交通建设规划（2010—2020）》；2010年2月25日，《贵阳市城市快速轨道交通建设规划（2010—2020）》通过国家发改委住房与城乡建设部审批；2010年9月3日，《贵阳市城市快速轨道交通建设规划（2010—2020）》经国务院批准，国家发改委正式下达批复，这标志着贵阳城市轨道交通建设正式启动。2013年4月23日，国家发改委下发《1号线可行性研究报告的批复》，1号线的建设正在进行中。

3.11 厦门

3.11.1 厦门市2013年度城市轨道交通最新动态

2013年11月，厦门轨道交通1号线各工点陆续开工建设，这是厦门市首条开工建设的城市轨道交通线路。

3.11.2 厦门市总体规划和城市轨道交通线网规划

1. 厦门市城市轨道交通线路规划

厦门市地处我国东南沿海、福建省东南部、九龙江入海处。厦门由厦门岛、鼓浪屿、同安、集美、海沧、翔安等及其众多小岛屿组成，陆地面积约1 699.39 km^2，海域面积超过300 km^2，属于亚热带季风气候，年平均气温在21℃左右，是一个国际性的海港风景城市。厦门主体——厦门岛南北长13.7 km，东西宽12.5 km，面积约128.14 km^2，是福建省第四大岛屿。根据2011年6月10日公布的《厦门市2010年第六次全国人口普查主要数据公报》显示，截至2010年11月1日，厦门市常住人口为3 531 347人，其中，男性人口为1 832 194人，占51.88%；女性人口为1 699 153人，占48.12%，居住在城镇的人口为3 119 413人，占88.33%；居住在乡村的人口为411 934人，占11.67%，具有本省外市户籍的迁入人口为821 517人，占23.26%，具有外省户籍的迁入人口为1 023 769人，占29%，而本市户籍的只占47.75%，不到常住人口的一半。

依据厦门城市总体规划和综合交通规划，厦门市规划远景年城市轨道交通线网由6条线路组成，总长约246.2 km，设车站 138座，其中换乘车站19座，线网密度厦门本岛0.65 km/km^2，岛外0.29 km/km^2。线网中，1、2、3号线分别为本岛沿北、东、西方向的放射状骨干线路（含1号线支线），主要承担本岛与环湾组团间跨海交通联系功能，兼顾岛内及岛外组团内部公共交通骨干功能；4、5、6号线作为辅助线，支持本岛与周边组团、环湾组团发展。预计2020年，厦门市公共交通分担率为40%，轨道交通占公共交通的比例达30%～35%，力争承担60%的跨海出行量。

2012年5月，国家发展改革委批准了《厦门市城市轨道交通近期建设规划（2011—2020年）》。规划至2020年，厦门建成轨道交通1、2、3号线一期工程3条线，长约75.3 km，形成放射状的轨道交通基本骨架。其主要承担本岛与环湾组团间跨海交通联系功能，兼顾岛内及岛外组团内部公共交通骨干功能；4、5、6号线作为辅助线，支持本岛与周边组团、环湾组团发展。

2. 厦门市城市轨道交通规划线路

根据《厦门市城市轨道交通近期建设规划（2011—2020年）》，厦门近期规划建设轨道交通2号线一期、3号线一期。

1）厦门轨道交通2号线一期

2号线一期工程（五缘湾—卢坑）总体呈东西走向，沿环岛干线向南至何厝后，沿吕岭路经江头由湖滨北路向西跨海，经海沧后止于马青路北侧。其接厦门岛东部五缘湾商务区、厦门软件园、吕岭住宅区、海沧中心区等已开发区域，构建了厦门岛与海沧区快速跨海连接通道。线路长约25.2 km，设站19座，建设卢坑车辆段、浦东停车场。计划投资176.2亿元，规划建设期为2013—2018年。

2）厦门轨道交通3号线一期

3号线一期工程（厦门大学站—五缘湾）呈西南—东北向走向，连接着厦门岛的传统核心区、市级行政中心、湖里区、翔安区等成熟功能区及规划开发区，构建了厦门岛与翔安片区快速跨海连接通道，线路南端预留向南延伸至漳州的条件。线路长约18.6 km，设站16座，建设五缘湾车辆段。计划投资123.6亿元，规划建设期为2015—2020年。

3.11.3　厦门市城市轨道交通建设情况

截至2013年底，厦门市城市轨道交通建设线路1条，为厦门轨道交通1号线（镇海路—厦门北站），全长30.3 km，全程设24座车站，起点在镇海路，途经文园路、湖滨中路、湖滨南路、嘉禾路出岛，沿杏锦路、诚毅大街、规划中的珩山路，终点在厦门北站北广场。于2013年11月13日陆续开工建设，预计于2017年建成投入试运行。根据设计，厦门轨道交通1号线选用标准B型空调车辆，六辆编组，可载客约1 400人，全程通行时间约为50 min。

3.11.4　厦门市城市轨道交通建设管理模式

厦门轨道交通集团有限公司成立于2011年11月，注册资金为50亿元，是厦门市政府国有资产监督管理委员会履行出资人职责的国有独资有限责任公司，是经厦门市政府授权国有资产投资的资产经营一体化公司。公司经营范围为：承担轨道交通的投资、融资、开发建设、运营、维护和经营管理工作；从事轨道交通沿线土地综合开发、建设与经营管理工作；从事轨道交通沿线土地使用权收购、储备与出（转）让工作；从事轨道交通沿线房地产及相配套的综合开发和经营管理工作；从事轨道交通的招标、咨询及技术服务等工作；从事轨道交通沿线及周边广告、通信、停车场等附属资源的开发建设和经营管理工作。

3.11.5　厦门市城市轨道交通发展历程

2010年，厦门市全面启动城市轨道交通规划建设工作，成立市轨道交通规划建设工作领导小组及工作机构。2010年12月24日，《厦门市城市轨道交通建设规划》编制完成并上报国家发改委。2011年3月11日，厦门市轨道办召开新闻发布会，公布厦门轨道交通线网规划及前期工作进展情况。同年5月14—15日，中国国际工程咨询公司受国家发改委委托，组织北京、上海、广州等地8位专家，对《厦门市城市轨道交通建设规划（2011—2020年）》进行全面评审。这标志着，厦门市城市轨道交通建设规划正式进入国家评审阶段。经过一年的评审时间，于2012年5月11日《厦门市城市轨道交通近期建设规划（2011—2020年）》获国家批准。2012年6月6日，《厦门市轨道交通1号线一期工程可行性研究报告》正式上报国家发改委；7月19日至21日，国家发改委委托中咨公司组织专家对其进行审评，进入国家评审阶段。2013年11月，厦门市城市轨道交通1号线全线各工点陆续开工建设，为厦门首条建设的城市轨道交通项目。

3.12　太原

3.12.1　太原市2013年度城市轨道交通最新动态

2013年8月，太原市轨道交通2号线一期工程可行性研究报告获省发改委批复。2013年9月13日，太原市轨道交通2号线一期工程首开段（中心街西站及中心街西站至南中环街区间）初步设计获得山西省发展和改革委员会的批复，2013年11月2日正式开工建设。

3.12.2 太原市城市总体规划和城市轨道交通线网规划

1. 太原市城市轨道交通线路规划

太原是山西省省会，地处黄土高原东部，汾河流域中部，西、北、东三面环山，南部为开阔的河谷盆地，汾河纵贯全市。太原是山西省的政治、经济、文化、教育、科技、交通和信息中心，是中国22个特大城市之一，在全国对外开放和经济发展布局中，具有承东启西、连接南北的双向支撑作用。全市总面积6 959 km^2，其中市区面积1 460 km^2，现辖6区（小店区、迎泽区、杏花岭区、尖草坪区、万柏林区、晋源区）、3县（清徐县、阳曲县、娄烦县）、1市（古交市）和2个国家级开发区（太原市经济技术开发区、太原市高新技术开发区）、2个省级开发区（太原工业园区、太原不锈钢生态工业园区）。

2009年4月6日，太原市规划委员会2009年第一次全体会议上，全票审议通过《太原市城市总体规划》（2008—2020），新一轮的城市建设将一步步从蓝图“搬”到现实中。太原市总体规划以城市现状空间结构为基础，结合城市空间拓展方向和模式，构筑“三横三纵”的城市轴线网络。三条南北向纵轴为城市拓展轴，分布于汾河两岸，联系主城和新城，并向外延伸至清徐、阳曲等市区外围组团，引导老城服务职能的疏解和产业职能的外迁，推动新城和外围组团的建设。三条东西向横轴为城市联系轴，旨在优化汾河两岸的联系，加强城区内部的整合，组织各级城市中心，塑造有序的城市景观，实现城市内部的协调发展。通过都市区资源整合，推进太原城镇一体化，构建山西省发展的核心空间，提升太原区域核心竞争力，带动省域经济发展。

依据太原城市总体规划和综合交通规划，太原市规划远景城市轨道交通线网由7条线路组成，其中5条市区线、2条市域线，总长约233.6 km，共设车站150座，其中换乘车站21座，中心城区线网密度0.44 km/km^2。线网中，1号线为东西向跨汾河，衔接迎泽和武宿两个市级中心及太原站、太原南站两个铁路枢纽的骨干线；2号线为南北向穿越主城组团，联系主城和新城组团及太原客运站与南站两个公路客运枢纽的骨干线；3号线为东西向骨干线，强化主城区南部汾河两岸各片区的骨干线；4号线为南北向穿越汾河西侧片区，东西向跨越汾河联系汾河两岸片区的骨干线；5号线为联系主城组团汾河两岸片区，南北向覆盖城市主要客流走廊的骨干线；6号线为市域线，加强中心城区与清徐组团联系；7号线为市域线，加强太原与阳曲的联系。

建设将分为三个阶段，具体如下。

第一阶段将规划建设地铁1号线、2号线的一期工程，形成“力”字形的基本骨架，覆盖城市东西向和南北向的主要客流走廊，支持城市向南发展，引导并促进新区的开发及城中村的改造，同时带动太原南站和武宿市级中心的发展。建设时间为2012年至2018年，通车里程为49.2 km。

第二阶段为2015—2020年，是建设发展阶段，在中心城区内形成比较完善的城市轨道交通线网的骨干网络，规划建设3号线、4号线和2号线二期工程，共同形成中心城区的骨干轨道交通网络，基本覆盖中心城区内的主要客流走廊。通车里程为116.2 km。

第三阶段为2018—2030年，在第二阶段形成的城市轨道交通骨架网络的基础上，先后建成5号线、1号线二期工程、6号线和7号线，形成完善的城市轨道交通线网，通车里程为233.6 km。

近期先行建设1号线一期工程和2号线一期工程，形成“力”字形轨道交通基本骨架，线路总长约49.2 km。预计2020年，太原市区公共交通出行占全方式出行量的25%～30%，轨道交通占公交出行量的40%。

2. 太原市城市轨道交通规划线路

太原市远景城市轨道交通线网规划有7条线路，线路总长为233.6 km，其中5条市区线，总长157.9 km，2条市域线，总长75.7 km。

1）太原轨道交通1号线

1号线为一条东西向跨越汾河的骨干线路，其快速联系主城和新城两个组团，以及迎泽、武宿两个市级中心。同时，1号线还连接太原站和太原南站两个铁路客运枢纽，汽车客运西站、太原客运站和太原南站（北营）客运站三个公路客运枢纽，加强了城市轨道交通系统与铁路、公路对外交通枢纽的一体化衔接。

途经道路迎泽大街、朝阳街、太行路、马练营路。线路长32.0 km，共设26座车站，其中有城市轨道换乘站6座。

2）太原轨道交通2号线

2号线为一条南北向穿越主城组团，联系主城和新城组团的骨干线路，覆盖中心城区南北向的主要客流走廊，联系了主城和新城两个组团，同时快速联系了迎泽、长风两个市级中心和龙城、小店南两个市级副中心。

2号线途经道路新兰路、恒山路、解放路、长治路、人民路，与太原客运北站、太原客运南站相衔接，实现公路对外客运与城市轨道交通的一体化衔接。线路长37.6 km，共设31座车站，其中有城市轨道交通换乘站5座。

3）太原轨道交通3号线

3号线为一条东西向骨干线，主要加强了主城区南部汾河两岸各片区的联系，线路途经道路南内环西街、长风街，与太原西站（义井站）、太原客运西站衔接，实现了城市轨道交通与铁路、公路对外交通系统的一体化衔接。

线路长22.5 km，共设20座车站，其中有城市轨道交通换乘车站6座。

4）太原轨道交通4号线

4号线为一条南北向穿越汾河西侧片区，东西向跨越汾河，联系汾河两岸片区的骨干线路，线路途经汾西路、和平路、市府北街、新晋祠路、龙城大街，南北向联系汾河西岸各片区，东西向联系汾河两岸各片区，加强了汾河西岸各片区与长风片区、龙城市级副中心的联系。

线路长32 km，共设27座车站，其中有城市轨道交通换乘车站7座。

5）太原轨道交通5号线

5号线为一条联系主城组团汾河两岸各片区，南北向覆盖城市主要客流走廊的骨干线路，线路途经道路兴华街、五一路、并州南路、坞城路、大运路，与太原客运站、太原客运南站衔接，实现了城市轨道交通与公路对外客运交通的一体化衔接。

线路长33.8 km，共设29座车站，其中有城市轨道交通换乘车站6座。

6）太原轨道交通6号线

6号线为一条市域快线，加强了中心城区与清徐组团之间的联系，线路长48.1 km，共设23座车站，其中有城市轨道交通换乘车站4座。主要途经道路为G307、迎宾路、滨河西路、南中环街。

7）太原轨道交通7号线

7号线为一条联系太原、阳曲的快线，主要加强了太原与阳曲的快速联系，线路长27.6 km，共设15座车站，其中有城市轨道交通换乘车站2座。主要途经道路为G208、迎新南三巷、大同路、中钢街。

太原市城市轨道交通线路介绍如表3-2所示。

表3-2 太原市城市轨道交通线路介绍

线路名称	线路走向	涉及区县	线路长度/km			站点/座	换乘车站/座	功能
			长度	地下线	地上线			
1号线	迎泽大街 朝阳街 太行路 马练营路	万柏林区 迎泽区 小店区	32.0	32.0	0	26	7	覆盖东西向主要客流走廊，联系主城区汾河两岸，同时跨越同蒲铁路，联系铁路东西两侧片区。快速联系主城和新城两个组团，同时联系迎泽、武宿两个市级中心和太原站、太原南站
2号线	新兰路 恒山路 解放路 长治路 人民路	尖草坪区 杏花岭区 迎泽区 小店区	37.6	37.6	0	31	5	覆盖中心城区南北向的主要客流走廊，联系主城和新城两个组团，同时快速联系迎泽、长风两个市级中心和龙城、小店南两个市级副中心
3号线	南内环西街 长风街	万柏林区 小店区	22.5	22.5	0	20	6	加强主城区南部汾河两岸各片区之间的联系
4号线	汾西路 和平路 市府北街 新晋祠路 龙城大街	尖草坪区 万柏林区 晋源区 小店区	32.0	32.0	0	27	6	南北向联系汾河西岸各片区，东西向联系汾河两岸各片区，加强汾河西岸各片区与长风片区、龙城市级副中心的联系
5号线	兴华街 五一路 并州南路 坞城路 大运路	万柏林区 杏花岭区 迎泽区 小店区	33.8	33.8	0	29	6	加强主城组团北部汾河两岸各片区的联系，同时联系了主城与新城组团
6号线	G307 迎宾路 滨河西路 南中环街	小店区 晋源区 清徐县	48.1	25.6	22.5	23	4	加强了中心城区与清徐组团之间的联系
7号线	G208 迎新南三巷 大同路 中钢街	尖草坪区 阳曲县	27.6	16.2	11.4	15	2	联系太原和阳曲的快线，加强太原与阳曲的快速联系
合计			233.6	199.7	33.9	150	21	

3.12.3 太原市城市轨道交通建设情况

2013年太原市正在建设的轨道交通有2号线一期工程。

2号线一期工程南起人民南路站，北至终点西涧河站，全程23.38 km，共设21个车站，其中5座换乘站，先后在龙城大街西、南中环街、长风街、迎泽大街、北大街分别与4、6、3、1、5号线形成换乘。一期工程设小店南车辆段，在龙城大街和长治路交叉口东北方向设置指挥控制中心，在龙城大街站、北大街站设立2个主变电站。

2013年9月13日，太原市轨道交通2号线一期工程首开段（中心街西站及中心街西站至南中环街区间）初步设计获得山西省发展和改革委员会的批复。2013年11月2日正式开工建设，预计2018年12月30日建成通车。首开段位于太原市高新区，包括中心街西站、中心街西站—南中环街站区间，沿长治路下铺设。其中，中心街西站为二层车站，车站总建筑面积12 744.58 m^2。车站采用明挖法施工；区间采用盾构法施工，长1 148.909双延米，区间设置联络通道兼泵房一座。

3.12.4　太原市轨道交通技术特点和创新项目简介

太原地铁2号线一期工程线路走行于汾河东岸漫滩及一级阶地，广泛分布有饱和的粉土和粉砂，工程性质差，对振动和扰动敏感，且具有地震液化现象；液化土层埋深6~12 m，部分段达到20 m，液化等级中等~严重。在地震作用下，液化土层极易发生涌水涌砂、地基承载力丧失、土层滑塌等现象，对埋深较浅的地铁结构会产生严重破坏作用，目前国内地铁工程尚未遇到穿越大范围液化砂层的工程实例。

基于地震液化的作用机理，参考国内外相关的地震液化研究成果，借鉴地下工程中相类似的地震液化处理工程案例，并结合2号线沿线的工程地质自身特点，分别针对地铁车站、盾构区间、暗挖区间提出多种方式的地震液化解决方案，解决方案中包括合理控制地铁结构埋深，液化土围封处理、换填处理、加固处理等多种方式，以控制各种情况下地震液化的不利影响。同时，在地铁结构设计中，综合考虑地震液化引起的附加内力和变形，空隙水压力增加引起的水浮力增加等多种不利因素，确定地铁结构安全，整体方案经济合理，工程实施安全可靠。

3.12.5　太原市城市轨道交通发展历程

2009年，正值国际金融危机，太原市出台了一揽子振兴经济的计划，其中正式提出启动轨道交通前期建设，2009年11月，太原市轨道交通建设筹备处挂牌成立，开始轨道交通建设规划编制及前期筹备工作。

经过将近一年的筹备，2010年12月，太原市规划委员会审议通过《太原市城市轨道交通线网规划》及《太原市城市轨道交通建设规划》。确定太原轨道交通建设分为近期、远期、远景（共7条线路）。2011年3月，太原市城市轨道交通列入《中华人民共和国国民经济和社会发展第十二个五年规划纲要》。同年5月，中国国际工程咨询公司组织专家评估太原市轨道交通建设规划，形成了长达23页13 700多字的《专家组评估意见》，这也标志着太原市城市轨道交通建设项目正式步入国家审批程序。2011年9月，国家环保部环评司组织专家和相关部门对《太原市城市轨道交通建设规划及线网规划环境影响报告》进行了审查。

2012年6月18日，《国家发改委关于印发太原市城市轨道交通近期建设规划（2012—2018）的通知》（发改基础[2012]1819号文），太原市城市轨道交通建设得到了“准生”。

2013年8月、9月，省发改委分别审批通过了《太原市城市轨道交通2号线一期工程可行性研究报告》、《太原市城市轨道交通2号线一期工程首开段初步设计》，2013年11月2日2号线一期工程首开段正式开工建设。

3.13　兰州

3.13.1　兰州市2013年度城市轨道交通最新动态

2013年4月，甘肃省建设厅对《关于上报兰州市城市轨道交通1号线一期工程（陈家营—东岗段）建设项目选址报告的请示》予以批复，日后轨道交通1号线可顺利开工。同年6月，1号线全面开工。

3.13.2 兰州市城市总体规划和城市轨道交通线网规划

1. 兰州市城市轨道交通线路规划

兰州是甘肃省省会，是中国西北区域中心城市，位于中国陆域版图的几何中心，市区南北群山环抱，东西黄河穿城而过，具有带状盆地城市的特征，是黄河流域唯一的一座黄河穿城而过的省会城市，市区依山傍水，山静水动，形成了独特而美丽的城市景观。

兰州市总体规划是根据省委、省政府提出的“兰白一体”的思路，在城市空间战略取向上提出了“北拓东进双城两团”战略构想。其中双城指兰州和白银，两团指秦王川和榆中。并提出了“兰白一体区域协调”的战略方案，通过区域协调实现兰州与白银跨越式组团发展。归纳起来，即以“一河、两岸、五城、五带、六片区”的规划打造独具特色的山水城市。

兰州市轨道交通建设项目是兰州市投资规模最大、建设周期最长、涉及面最广的综合性城市基础设施工程。其网络体系由6条线路组成，分为中心城区线网和市域线网两个层次，总长约207 km。中心城区线网由1、2、3号线组成，总长约90 km；市域线网由中川线、榆中线、青什线3条线组成，总长约117 km。

兰州市轨道交通建设项目按统一规划、分步实施原则，网络体系分三个阶段建设：第一阶段（2011—2020年）主要修建1号线和2号线一期工程。第二阶段(2021—2030年)主要修建1号线和2号线二期工程和3号线。第三阶段（2031—2050年）主要修建中川线、榆中线和青什线。

2. 兰州市城市轨道交通规划线路

兰州市中心城区轨道交通线网由3条线路组成，线网总长约82 km，其中地面及高架线路约35 km，地下线约47 km，全线网共设车站64座，其中高架站25座，地下站39座。

1）兰州轨道交通2号线

2号线西起安宁区元台子，途经西客站、理工大学、沿庆阳路经东方红广场，再沿平凉路经过火车站，线路过公交五公司站后转向北沿瑞德大道直至雁北路。2号线线路全长约32 km，其中地下段17 km，地面及高架段15 km，设车站27座，高架站12座，地下站15座。2号线主要是连接整个安宁组团、七里河组团与雁滩组团，并在城市蜂腰地段形成东西第二通道的一条轨道交通线路，线路在东、西两端基本走向沿既有主客流走廊布设，连接城市副中心与城市核心区，把安宁组团和七里河组团与雁滩组团及既有火车站联系在一起，实现贯通运营。2号线一期工程计划2015年开建，2020年建成通车。

2）兰州轨道交通3号线

3号线起于五泉山广场，由火车站西路向西转向白银路，经中山路与1、2号线形成换乘后下穿过黄河至盐场堡，而后线路又东转穿过黄河沿着雁滩组团的雁北路布设，最终到达和平镇，线路全长约24 km，其中地下段7 km，地面及高架段17 km，共设车站16座，高架站10座，地下站6座。3号线是沟通城关区黄河两岸的一条轨道交通线路，连接了城关组团、盐场堡组团和雁滩组团。

3）市域线网

市域线由3条线路组成，总长约120 km。

（1）中川线：该线是兰州—中川—张掖城际铁路的组成部分，目前甘肃省和铁道部已签署相关建设协议，中川线起自兰州市铁路西客站，沿既有铁路通道途径秀川、陈官营、福利区、西固城，出城区后过黄河、经沙中片区沿机场高速路至中川机场，线路全长约63 km。

（2）榆中线：该线起自3号线末端和平东站，向东经定连片区，至榆中县城后向东北转至夏官营大学城，线路长约40 km。

（3）青什线：该线起自3号线联合大学站，向北越过黄河，经青白石开发区向北终止于什川，线路长约17 km。

3.13.3 兰州市城市轨道交通建设情况

兰州市正在建设的城市轨道交通规划线路为轨道交通1号线。

1. 兰州轨道交通1号线

1号线西起陈官营站，途经崔家大滩、营门滩、马滩、西客站、西关十字、东方红广场、东岗镇，线路全长约26 km，其中地下段约23 km，高架及地面段约3 km，共设车站21座，高架站3座，地下站18座。1号线是兰州市从西向东的一条主干轨道交通线路，东西向贯通了兰州市一条东西大通道，线路基本走向沿既有主客流走廊布设，连接了西固组团、七里河组团、东岗组团等主要功能区块及西客站和五里铺批发市场等大型客流集散点。1号线与线网中的其他各线均有换乘，主城区内各方向的客流可通过1号线实现快速便捷的疏散沟通，在主城区范围内均以地下线敷设。2013年6月，1号线开工。

3.13.4 兰州市城市轨道交通发展历程

2010年兰州市快速轨道交通建设项目正式启动，完成第一条线路开工前科研报告的编制及上报国家发改委批准目标。2011年，兰州市又成立了兰州市轨道交通建设管理办公室，负责研究制定轨道交通建设、运营政策和管理措施等，并同有关部门编制轨道交通建设发展规划和建设计划，督促落实兰州市政府轨道交通建设目标等。2011年4月，《兰州市城市快速轨道交通建设规划(2011—2020)》通过审查，同年8月，2011年8月，兰州市1号地铁线一期工程(陈官营—东岗段)岩土工程勘察报告（地勘）近日通过了专家评审。2012年6月9日，国家发展改革委批准了兰州市城市轨道交通近期建设规划。2013年4月，兰州市轨道交通1号线一期建设项目选址获批。2013年6月，轨道交通1号线开始建设。

3.14 乌鲁木齐市

3.14.1 乌鲁木齐市2013年度城市轨道交通最新动态

2013年1月22日，乌鲁木齐市轨道交通1号线工程可行性研究报告正式上报国家发改委；2013年3月17日至19日，1号线工程可行性研究报告通过国家发改委委托中国国际工程咨询公司组织的专家审查。2013年7月根据《国务院关于取消和下放一批行政审批项目等事项的决定》，国家发展改革委将轨道交通项目审批权限下放至省级发展改革部门。根据此政策性调整，新疆维吾尔自治区发展改革委第一时间受理了1号线工程可行性研究报告申请批复的相关事宜。2013年9月26至28日，自治区发改委委托北京工程咨询公司组织了1号线工程初步设计的专家审查会；10月27日，自治区发展改革委正式批复乌鲁木齐市轨道交通一号线工程可行性研究报告。

2013年8月20日，为进一步加强乌鲁木齐轨道交通工程建设工作的组织领导，乌鲁木齐市委、市政府决定成立乌鲁木齐市轨道交通工程建设指挥部，下设5个分指挥部和7个专项组，共同承担乌鲁木齐轨道交通工程的建设管理工作。

3.14.2 乌鲁木齐市城市总体规划和城市轨道交通线网规划

1. 乌鲁木齐市城市轨道交通线路规划

乌鲁木齐城市轨道交通线网形态与城市总体规划所确定的主城区发展方向一致，即南控北扩、东延西进，加强中心城区与米东区、头屯河区两个城市副中心的联系；控制中心城区的规模。主城区是线网规划的重点，骨架线网既要符合城区发展的三条轴线、追求客流主导方向，同时沟通外围区与核心区、中心城区之间的交通联系。

通过对区域中心城市的远景规模、空间结构和用地分布研究，按照“组团式多中心”、“一轴带两翼”的城市格局，结合沿城市发展轴向所形成的向心交通出行特征，乌鲁木齐轨道交通远景线网共由7条放射形线路组成，全长211.4 km。其中，1、2、5号线为基本骨架线，3、4、6、7号线为辅助加密线，填补基本骨架线在城市中心区内的覆盖空缺，提高线网覆盖范围。主城核心区线网密度1.24 km/ km^2，主城中心区线网密度0.52 km/ km^2，主城外围区线网密度0.24 km/ km^2。目的是解决长期以来南北向交通供需矛盾，串联高铁片区、新市区中心和红光山会展中心，解决东西向的交通供需矛盾；连接主城区和规划中的城市新区，提高外围组团进入中心城区的便捷性，加强米东区与主城区的交通联系和南北向覆盖，线路南端连接西山片区。

2. 乌鲁木齐市城市轨道交通规划线路

乌鲁木齐市城市轨道交通共规划有7条线路，近期建设1号线及2号线一期工程。

1）轨道交通2号线

2号线的线路全长44.4 km，共设车站26座，为中心城区主轴方向的骨干线，2号线为L形线路，贯穿了老城区最繁华、客流最集中的黑龙江路、人民路，为老城区东西向的联系提供了较好的交通方式。2号线一期工程线路长约21.4 km，设站17座，线路南起边防局，沿中环路、幸福路、人民路、黑龙江路、南昌南路、南昌路、西过境路、高铁站、喀什西路南延线、泰山路布设，线路南端设八户梁停车场，西北端设棉麻车辆段。

2）轨道交通3号线

3号线全长23.5 km，共设车站20座。3号线为主城南北向辅助线，南起仓房沟，沿仓房沟路、西过境路、火车南站、扬子江路、友好路、鲤鱼山、长春路布设，沿线经过火车站、友好路商圈、人民会堂、长春路等现状及未来客流密集区。

3）轨道交通4号线

4号线全长20.7 km，共设车站14座。4号线为主城东西向辅助线，西起高铁片区，沿新医路西延线、河南路、七道湾路布设，沿线经过高铁片区、新市区中心河南路、会展中心、七道湾、芦草沟等现状及未来客流密集区。

4）轨道交通5号线

5号线全长28.4 km，共设车站17座。5号线为中心城东南—西北向骨干线，东起车管所，沿乌奇路、喀什路、迎宾路、机场、乌昌路布设，沿线经过新疆师大、民族师范、植物园、机场、三坪新区等现状及未来客流密集区。

5）轨道交通6号线

6号线全长26.9 km，共设车站17座。6号线为中心城东北—西南方向的辅助线。线路西起宣仁墩，沿城北干道、四平路、新区横十四路、振兴路、古牧地路、乌奇路布设，沿线经过宣仁墩、三工、上沙河、古牧地、东山、米东石化等现状及未来客流密集区。

6）轨道交通7号线

7号线全长41 km，共设车站25座。7号线为中心城西南—东北方向的辅助线，连接西山农场、主城中部、主城北部。沿西山农场规划主干道、西山公路、西虹路、南湖路、文光路布设，沿线经过西山农场、老满城、市政府、自治区政协、八家户、新疆师大、上沙河等现状及未来客流密集区。

3.14.3 乌鲁木齐市城市轨道交通建设情况

乌鲁木齐市正在建设的城市轨道交通为轨道交通1号线。

1号线起点位于主城区南部的三屯碑、南郊客运站，以地下线方式沿胜利路、解放路、新民路、南湖路、昆仑路、新医路、北京路，城北主干道，终点止于乌鲁木齐地窝堡国际机场。线路全长27.6 km，设站21座，线路南端设南郊停车场，北端设中营宫车辆段。

3.14.4　乌鲁木齐市城市轨道交通建设管理模式

2011年8月26日，乌鲁木齐市人民政府批准成立了“乌鲁木齐城轨集团有限责任公司”。公司主要负责乌鲁木齐市轨道交通项目的融资、建设、运营管理和综合资源开发。

乌鲁木齐轨道交通1号线工程采用乌鲁木齐城轨集团与北京轨道交通建设管理公司合作共建的方式实施。乌鲁木齐城轨集团主要负责前期规划、项目融资、征地拆迁、管线迁移、树木伐移等前期工作；北京轨道交通建管公司主要负责项目管理工作。

3.14.5　乌鲁木齐市轨道交通技术特点和创新项目简介

1号线作为乌鲁木齐建设的首条轨道交通线路，因受特殊的城市形态影响，在工程技术上存在横穿4条地震断裂带，穿越煤层采空区，和线路单向连续长大下坡的技术难点；在社会稳定上存在确定较高级别的安全防范标准问题。

3.14.6　乌鲁木齐市城市轨道交通发展历程

2003年11月成立了乌市轻型轨道筹建协调领导小组，负责轨道交通的规划、建设与运营。到2005年11月乌市批准了《乌鲁木齐市城市轨道交通网络规划》，并成立了前期工作小组。

2006年7月，轨道交通前期领导小组邀请广州、上海、北京等地国内顶级的轨道交通专家对乌市和乌昌地区的轨道交通工作做了考察和指导，并通过严谨的招标程序筛选，确定了轨道交通编制候选单位。2006年12月乌鲁木齐轨道交通建设规划编制工作正式启动，2007年10月，《乌鲁木齐市城市快速轨道交通线网规划修编》通过了中国国际工程咨询公司组织的专家咨询，并于2008年1月得到了乌鲁木齐市人民政府的批准。结合乌鲁木齐城市总体规划的修编。

2010年6月，乌鲁木齐轨道交通建设规划进行再次修编，2010年12月19日，乌鲁木齐市委2010年第16次常委会议决定成立“乌鲁木齐市轨道交通项目建设执行办公室”这一专门机构，同时启动了城轨集团公司的筹备工作。自治区领导召开专题会议，听取了乌鲁木齐市轨道交通建设规划汇报，并作出重要指示。

2011年9月，《乌鲁木齐城市轨道交通建设规划》获得自治区批准；10月14日，《乌鲁木齐城市轨道交通建设规划》正式上报国家发改委。

2011年12月27—28日,国家发改委委托中国国际工程咨询公司，对乌鲁木齐轨道交通建设规划进行了正式评估。

2012年11月，国家发改委批复了《乌鲁木齐市城市轨道交通近期建设规划（2012—2019年）》。

2013年1月22日，乌鲁木齐市轨道交通1号线工程可行性研究报告正式上报国家发改委。

2013年3月17—19日，1号线工程可行性研究报告通过国家发改委委托中国国际工程咨询公司组织的专家审查。

2013年8月20日，为进一步加强乌鲁木齐轨道交通工程建设工作的组织领导，加快推进工程建设实施，乌鲁木齐市委、市政府决定成立乌鲁木齐市轨道交通工程建设指挥部。

2013年9月26—28日，自治区发改委委托北京工程咨询公司组织了1号线工程初步设计的专家审查会。

2013年10月27日，自治区发改委正式批复乌鲁木齐市轨道交通1号线工程可行性研究报告。

3.15 温州

3.15.1 温州市2013年度城市轨道交通最新发展动态

2013年8月8日，《温州市域铁路S2线一期工程可行性研究客流预测专题报告》通过专家评审。11月23日，温州市域铁路S2线一期工程可行性研究报告顺利通过专家评审。2013年11月25日，市域铁路S1线一期工程顺利取得建设用地规划许可证。

3.15.2 温州市城市总体规划和城市轨道交通线网规划

温州市位于中国东南部，是浙江省下属的地级市。全市陆域面积11 784 km^2，海域面积约11 000 km^2。其中市区面积1 187 km^2。

温州市辖鹿城、龙湾、瓯海3区，永嘉、洞头、平阳、苍南、文成、泰顺6县，代管瑞安、乐清2市（县级）。共有60个街道、65个镇、6个乡（其中5个民族乡），324个社区、208个居民区、5 405个行政村。温州市是浙江省人口最多的地区，根据《温州市2010年第六次全国人口普查主要数据公报》，全市常住人口为912.21万人。

到2020年末，都市区人口为440万人左右，城市建设用地为416.6 km^2。为了促进温州沿海工业化地区的形成，加快产业结构调整、完善工业体系建设，提升城市竞争能力与水平。温州市将加强中心、扩展两翼，形成“一带、一核、二中心”的经济发展格局。温州都市区形成“一主二辅五组团”的空间结构。其中“一主”为中心城市（含主城区、永强副城区）；“二辅”为瑞云、乐柳两个辅城区；“五组团”为上塘组团、洞头组团、半岛组团、藤泽组团、桐浦组团。各组团间以绿化相隔离，城市组团中城市公园按市、区、小区级分级配置，形成“环绕绿心（大罗山、三垟湿地），绿带分隔，绿地成网，绿满视野”的三维立体化网络绿地系统，河湖水系融入绿地之中。

为将温州建设成为国际性轻工城及我国东南沿海重要的工业、商贸、金融、港口、旅游城市，温州市实施“一港三城”发展战略，加快从“滨江城市”向“滨海城市”的发展步伐，促进经济社会全面、协调、可持续发展，进一步加强生态城市建设，为提前实现现代化奠定基础。形成现代化温州都市区基础设施的构架，到规划期末，建成现代化的城市综合交通、公用设施、环境保护、抗灾防灾等基础设施系统，在数量和质量上满足城市综合功能的发挥和人民生活的需要。

1. 温州市城市轨道交通线路规划

温州轨道交通目前共规划建设3条市区线（M1、M2、M3），4条市域铁路（S1、S2、S3、S4）。根据城市最新规划需要，M1、M2、M3工程前期工作被暂缓执行。根据国家和浙江省发改委的批准，2012—2018年，温州市开工建设3条轨道交通市域铁路，即S1线一期、S2线一期和S3线一期工程，线路总长140.7 km，总投资约为432.3亿元。

2. 温州市城市轨道交通规划线路

温州市城市轨道交通规划的线路有5条，包括M1、M2、M3、S2和S3。

1）温州轨道交通M1线

M1线为西南—东北骨架线，构建中心城区、瓯海中心区、乐清辅城间快速连接通道，承担中心城内部骨干交通、中心城与东北部都市区组团间快速交通联系，并服务高铁车站。

线路在远期线网方案规模基础上由七都岛继续向东北沿乐清规划路铺设，经北白象、柳市，于乐成镇终止，并在乐成镇南增设停车场。线路长度57.3 km，设车站32座，平均站间距1.85 km。

2）温州轨道交通M2线

M2线为西北—东南骨架线，在远期方案基础上随温州机场远景改扩建增设一座车站，构建中心城区、龙湾中心区快速连接通道，并服务机场。线路长度为40 km，设车站28座，平均站间距1.48 km。

3）温州轨道交通M3线

M3线为南北向骨架线，构建中心城区与瓯北、瑞安辅城间快速连接通道，承担中心城内部骨干交通、中心城与南部都市区组团间快速交通联系，并服务永嘉高铁站。预留向上塘延伸条件。

线路连接永嘉高铁站、三江口、瓯北住宅区、旧城核心区、温州火车站、高教园区、瑞安开发区、瑞安老城区等重要客流集散点和规划开发区域。线路长度为51.3 km，设车站32座，平均站间距1.65 km。

4）温州轨道交通S2线

S2线为南北走向，承担都市区范围内沿海地带南北向组团间快速交通联系，由乐清雁荡镇起，沿沿海规划道路向南，经翁垟、黄华、半岛、龙湾，穿过瑞安沿海到达瑞安万松路总长87.6 km。

5）温州轨道交通S3线

S3线为南北走向，是构建温州市中心城区与永嘉、瑞安、平阳、苍南副中心的快速连接通道，线路全长约89.55 km。

3.15.3　温州市城市轨道交通建设情况

温州市在建的线路只有S1线一期工程。

S1线为东西走向都市快线，构建未来温州大都市核心区两大中心——中心城和瓯江口新城的快速联系通道，承担都市区范围内东西向组团间快速交通联系，串联瓯海中心区、中心城区、龙湾中心区与半岛，并服务动车站。

该线西起桐岭，沿旧有金温铁路通道敷设，在龙湾区以东沿机场大道到达半岛地区，于洞头县以西终止，全长77 km。预留向洞头延伸条件。该线预留了空间，今后还可与城际铁路对接。

一期工程为桐岭—温州火车南站—温州火车西站—温州火车站—温州机场—灵昆（瓯江口新区），全长51.9 km，其中地下线12.6 km。温州市域铁路S1线一期工程共设车站20座，其中预留站两座，设计时速120 km/h。建成后，从温州站到机场最快19 min，从温州站到温州南站最快30 min。投资估算152.3亿元。一期工程于2011年11月11日开工建设，预计2016年建成通车。

3.15.4　温州市城市轨道交通发展历程

温州轨道交通，是中国浙江省温州市计划、实施中的城市轨道交通系统，其规划起始于2001年，温州市域铁路S1线于2011年11月11日开工建设。其间，温州轨道交通规划历经多个版本，大致可以分为温州市域铁路和温州城市快速轨道交通两部分。

温州轨道交通规划从2007年的“4条快轨线路和一条市郊铁路”到2010年的“以核心城区为中心的放射状市区普线网、以大都市区为范围的弓箭形都市快线网、以远景用地为基础的填充式弹性化轨道网”，再到“5条轨道交通线路，其中M1、M2、M3为市区普线，S1和S2为都市区快线”，历经多年，有多个版本。其最新规划为由S1、S2、S3和S4共4条线组成的温州市域铁路线网。M1、M2、M3工程前期工作被暂缓执行。2012年9月24日国家发改委正式批复《（2012—2018年）温州市域铁路建设规划》，同意温州市建设S1、S2、S3三条市域铁路一期工程，总长140.7 km，总投资约432.3亿元。2013年8月8日，《温州市域铁路S2线一期工程可行性研究客流预测专题报告》通过专家评审。11月23日，温州市域铁路S2线一期工可报告顺利通过专家评审。

第4章
尚在规划城市轨道交通的城市发展情况

4.1 济南

4.1.1 济南市2013年度城市轨道交通最新动态

2013年1月8日，山东省政府听取济南市城市轨道交通前期工作情况汇报，最终确定了济南市轨道交通近期建设规划方案，同意济南市正式启动轨道交通报批程序。

2013年3月2日，《济南市城市轨道交通近期建设规划（2014－2018）》经第22次市政府常务会议审议通过。

2013年3月8日，山东省发展和改革委员会将《济南市城市轨道交通近期建设规划（2014－2018）》呈报国家发展和改革委员会履行审批程序。

2013年5月18日，济南市城市轨道交通近期建设规划环境影响评价第一次公示。

2013年6月14日，济南市政府批复《济南市轨道交通线网规划》。

2013年7月27日，济南市城市园林绿化局在北京组织召开《济南市轨道交通线网规划对泉水影响研究》评审会。

2013年9月3日至5日，中国国际工程咨询公司在济南召开《济南市城市轨道交通建设规划（2014－2018）》专家评估会。

2013年12月29日，济南市举行轨道交通R线建设启动仪式，启动试验段的地质勘探工作。

4.1.2 济南市城市总体规划和城市轨道交通线网规划

1. 济南市城市概况

济南南依泰山，北跨黄河，地势南高北低，是中国东部沿海经济大省山东省的省会。济南地处山东省中西部，是我国环渤海地区南翼和黄河中下游地区的中心城市，是国家批准的沿海开放城市和十五个副省级城市之一，是国务院公布的国家历史文化名城、中国软件名城、国家创新型城市之一。济南是山东的政治、经济、科技、文化、教育、旅游中心，区域性金融中心，北连京津，南接沪宁，东西连通山东半岛与华中地区，是环渤海经济区和京沪经济发展轴上的重要交汇点，是全国重要的交通枢纽和物流中心，是中华文明中闻名世界的史前文化——龙山文化的发祥地，是第11届全国运动会和第7届中国国际园林花卉博览会的主办城市。

济南市下辖6区、3县、1市，总面积8 227 km^2，2013年年末全市常住人口699.9万人，2013年全市生产总值5 230.2 亿元。

2. 济南城市总体规划

济南市的城市发展目标为按照“实现新跨越，建设新泉城”的总要求，发挥省城优势，发展省会经济，提升省会形象，到2020年把济南建成具有独特自然风貌、悠久历史文化底蕴、浓郁现代化气息、代表山东形象的区域中心城市和“繁荣、和谐、宜居、魅力”的泉城。

在产业布局上按照“提升中心区、做强近郊区、突破远郊区”的总体思路，积极推进区域产业分工和协同发展，加快市域产业布局调整，改变中心城功能过于聚集的状况，积极引导传统产业向中心城周围县（市）转移，带动县（市）经济的全面发展和提升，在全市形成“布局合理、分工明确、功能突出、优势互补”的产业发展空间格局。围绕“东拓、西进、南控、北跨、中疏”的城市空间发展战略，市域产业发展规划实施两翼展开、跨河发展的总体战略，形成主城区产业聚集区和沿交通走廊向东、向西、向北的三条产业聚集带。

按照统筹区域发展、统筹产业布局的要求，加强区域协作，构建以省会济南为中心，与周边的淄博、莱芜、泰安、聊城、德州、滨州6个城市共同组成济南都市圈，增强省会城市的集聚辐射能力，提升济南区域性中心城市的地位。

3. 济南城市轨道交通线网规划和近期建设规划

济南市城市轨道交通线网规划由9条线组成，总长331.5 km，包含市域网和市区网2个层次，其中：市域网由3条线（R1～R3）组成，总长150.5 km；市区网由6条线（M1～M6）组成，长度181 km。此外，为应对城市将来发展的不确定性，远景规划预留了2条M线路（M7～M8）。

济南市城市轨道交通近期建设规划（2014—2018）由R1线、R2线一期和R3线一期三条线组成，总长95.6 km，其中：

R1线线路长26.4 km（其中地下线9.3 km，高架线17.1 km），车站9座（其中高架站5座，地下站4座），平均站间距3.3 km；中部设综合基地1座，占地50公顷；南端设停车场1座，占地17公顷。

R2线一期（小高庄站至郭店站）线路长35.2 km（其中地下线11.24 km，高架线2.5 km，地面线21.46 km），车站14座（其中地下站6座，地面站7座，高架站1座），平均站间距2.93 km；地下西端设车辆段1座，占地50公顷；东部设停车场1座，占地12公顷。

R3线一期（龙洞站至机场站）线路长34 km（其中地下线21.8 km，高架线12.2 km），近期设车站14座（其中高架站5座，地下站4座），平均站间距2.83 km；远期预留车站2座；中部设车辆段1座，占地33公顷；南端设停车场1座，占地8公顷。

4.1.3　济南市城市轨道交通发展历程

2009年2月6日，济南市轨道交通规划建设工作领导小组成立。2009年6月20日，济南市轨道交通规划建设工作领导小组办公室与北京城建设计研究总院、济南市规划设计院等单位签订了《济南市轨道交通规划技术咨询合同》，开展济南市轨道交通建设对泉水影响研究、线网规划、建设规划等前期工作，标志着济南市轨道交通规划编制等前期工作正式启动。

2010年3月，《济南市轨道交通建设对泉水影响研究报告（线网规划阶段）》通过专家评审，为编制轨道交通线网规划奠定了坚实基础。2010年7月，《济南市核心都市区远景规划研究》科技成果鉴定会召开，该研究成果为城市远景发展、服务轨道交通建设提供了科学依据。2010年8月底，《济南市轨道交通线网规划（中间报告）》通过专家评审，初步确定了济南市轨道交通线网架构。2011年1月18日，济南市轨道交通规划建设工作领导小组办公室与中国地铁工程咨询公司、中国城市规划设计研究院和济南市规划设计研究院等单位签订了轨道交通控制性详细规划、轨道交通沿线用地控制性规划、轨道交通与其他交通方式衔接规划等配套规划的技术咨询合同，正式启动轨道交通配套规划的编制工作。

2011年1月25日，济南市轨道办和规划局组织召开《济南市轨道交通线网规划（最终报告）》评审会暨市城规委专家委员会审查会，轨道交通线网规划顺利通过专家评审。2011年3月，济南市轨道办与中铁二院工程集团公司、山东省地矿工程勘察院、济南市考古研究所签订了轨道交通环境影响评价报告、地质灾害危险性评估报告和文物保护专题报告的技术咨询合同，启动轨道交通配套报告的编制工作。

2012年12月，经过长期论证、反复研究，济南市基本确定了“一横两纵、地上为主”的轨道交通近期建设规划方案。

2013年1月，山东省政府听取济南市城市轨道交通前期工作情况汇报，最终确定了济南市轨道交通近期建设规划方案，同意济南市正式启动轨道交通报批程序。

2013年3月，山东省发展和改革委员会将《济南市城市轨道交通近期建设规划（2014－2018）》呈报国家发展和改革委员会履行审批程序。

2013年5月，济南市城市轨道交通近期建设规划环境影响评价第一次公示。

2013年6月，济南市政府批复《济南市轨道交通线网规划》。

2013年7月，济南市城市园林绿化局在北京组织召开《济南市轨道交通线网规划对泉水影响研究》评审会。

2013年9月，中国国际工程咨询公司在济南召开《济南市城市轨道交通建设规划（2014－2018）》专家评估会。

2013年12月底，济南市举行轨道交通R线建设启动仪式，启动试验段的地质勘探工作。

4.2 石家庄

4.2.1 石家庄市2013年城市轨道交通最新动态

继2012年获得国家批复建设规划后，2013年4月和6月，《石家庄市城市轨道交通1、3号线一期工程可研报告》相继获得国家发改委批复。

2013年，《石家庄市轨道交通建设管理办法》顺利出台，为轨道交通建设提供了法律保障。

2013年10月，河北省发展改革委在石家庄市主持召开了《石家庄市城市轨道交通1号线一期工程初步设计》审查会。专家组认为：该工程初步设计文件内容完整、资料翔实，设计（工程）范围、技术标准、工程规模、系统制式符合国家审批的《可研报告》，达到了初步设计文件编制深度要求，根据专家组评审意见，经修改、完善后，可作为下阶段工作的依据。

2013年12月，河北省发展改革委在石家庄市主持召开了《石家庄市城市轨道交通3号线一期工程初步设计》审查会。专家组认为：该工程初步设计文件内容全面，设计原则和主要技术标准符合相关规范及标准；线位、站位及敷设方式基本稳定；线路、运营组织、土建工程、机电设备系统和车站设备配置符合运营要求，根据专家组评审意见，经修改、完善后，可作为下阶段工作的依据。

2013年7月17日，轨道交通3号线中山广场站开工仪式如期举行。中山广场站为1、3号线换乘车站，总建筑面积约5.8万m^2，是线网规划的6条轨道交通线路中建筑规模最大、造价最高、结构最复杂的车站。

截至2013年12月底，整个一期工程的前期绿植迁移、房屋征收、管线迁改、交通导改等准备工作已基本完成，主体工程有33个工点实现进点施工。

4.2.2 石家庄市城市总体规划和城市轨道交通线网规划

1. 石家庄市概况

石家庄市是河北省省会，全省的政治、经济、科技、金融、文化和信息中心，是国务院批准实行沿海开放政策和金融对外开放的城市。石家庄市地处华北平原腹地，北靠京津，东临渤海，西倚太行山，是首都的南大门。现辖6个区、12个县、5个县级市和1个国家级高新技术开发区，总面积1.58万 km^2，常住人口1 049.98万人。

2. 石家庄市城市轨道交通线路规划

《石家庄市城市快速轨道交通线网规划（最终报告）》已经石家庄市规委会审查通过，根据该“规划”，石家庄市未来将修建6条城市轨道交通线，以解决现状中心城区与外围组团及中心城内部的中长距离交通出行问题，支持正定新区、正定和东部开发区等重点地区的发展，为远景实现“一河两岸三组团”的城市发展新格局的空间形态提供轨道交通支撑，建立了满足城市长远发展的骨干客运交通系统。

6条轨道交通线将形成“三主三辅，大放射、小方格”的轨道交通网络架构，线网总长241.7 km。其中，1、2、3线为骨干线，将形成中心城线网的基本骨架，所有的外围组团与中心城的轨道交通连接都通过骨干线实现，将有力地支持外围组团的发展；4、5号线为外围辅助填充线，两条L形线路，在中心区边缘居住用地集中的区域扣成环线，既避免了环线的弊端，又起到了环线的作用，沟通了2、3环之间高密度居住用地之间的横向联系，提高了主城区线网密度；6号线为内部填充线，穿过主城核心区，在核心区内形成了三横两纵的方格状线网，提高了线网密度。

在线路敷设方式上，石家庄市城市轨道交通初步定为主城二环路以内线路基本以地下线方式敷设，二环路以外的线路优先考虑采用地上线方式敷设。

4.2.3　石家庄市城市轨道交通规划线路

目前，石家庄市城市轨道交通线网共计6条线路，包括1号线、2号线、3号线三条骨干线及4号线、5号线和6号线三条辅助线。

1. 石家庄市轨道交通1号线

轨道交通1号线为东西向连接中心城区、高新区、正定新区的L形骨架线。西起鹿泉市上庄镇，在中心城内沿中山路一直向东敷设，穿过京港澳高速后，向南转至高新区长江大道向东，至秦岭大街转向北，通过滹沱河到达正定新区。

1号线全长约40 km，全线共设车站29座，平均站间距1.40 km。其中，1号线一期工程西起西王站，东至洨河大道站，全长约23.9 km，设地下车站20座（含换乘站6座），平均站间距1.21 km，西端设张营停车场，东端设西兆通综合维修基地，规划建设年限为2012—2017年。

2. 石家庄市轨道交通2号线

轨道交通2号线为南北向连接正定组团、中心城区、栾城组团的骨架线。北起正定新区只都村，由北向南穿过中心城区后转向东，直到终点站栾城东。

2号线全长60.4 km，其中地下线长约16.8 km，地上线长约43.6 km。全线共设车站37座（包括地下车站21座，地上车站16座），平均站间距1.62 km。其中，2号线一期工程北起西古城站，南至嘉华站，全长约16.2 km，设地下站15座（含换乘站5座），北端设西古城车辆段，南端设嘉华停车场，规划建设年限为2015—2020年。

3. 石家庄市轨道交通3号线

轨道交通3号线为连接鹿泉、中心城区和藁城的东西向骨干线。西延鹿泉，东连藁城，在中心城段，西起西三环，沿联盟路向东，至中华大街转向南，沿中华大街南行至新客站西广场，转向东，下穿新客站站房后，沿塔北路向东，经由金沙江道、海南路，预留向藁城的延伸条件。

3号线全长62.3 km，共设车站34座（包括地下车站18座，地上车站16座），平均站间距1.82 km。其中，3号线一期工程西起西三庄，沿联盟路向东，至中华大街转向南，下穿新石家庄站站房后沿规划塔北路向东，终点站为三教堂站；一期工程线路全长约19.5 km，全部为地下线；共设地下车站17座，平均站距1.137 km；规划建设期为2013—2018年。

4. 石家庄市轨道交通4号线

轨道交通4号线为中心城区南北走向，并连接裕华、南部片区的L形辅助线。线路西起碧水蓝湾小区，与5号线在中心区外围形成环线，起到环线的作用，在十里铺到达终点，全长23.3 km，全部为地下线；全线共设地下车站19座，平均站间距1.25 km。

5. 石家庄市轨道交通5号线

轨道交通5号线为中心城区内先南北、后东西走向的L形辅助填充线，南起永壁新村，在东五女抵达终点，串联了桥西区、新华区南部、桥东区及长安区，与4号线相扣成环；线路全长28.9 km，其中地下线长约21.5 km，地上线长约7.4 km；全线共设车站21座，其中地下车站17座，地上车站4座，平均站间距1.41 km。

6. 石家庄市轨道交通6号线

6号线为中心城区内东西走向，向南延伸至裕华片区的内部填充线，西起西岗头村，最后到达终点东佐。它串联了桥西区、桥东区、裕华区南部。线路全长26.8 km，其中地下线长约19.4 km，地上线长约7.4 km；共设车站20座，其中地下车站15座，地上车站5座，平均站间距1.37 km。

按照国家批准的《石家庄市城市轨道交通建设规划（2012－2020年）》要求，石家庄市将于2020年前建设轨道交通1、2、3号线一期工程，线路总长59.6 km，共建设地下车站52座，总投资达421.9亿元。

4.2.4 石家庄市城市轨道交通发展历程

2001年石家庄市轨道交通项目建设领导小组成立，下设办公室，具体负责做好石家庄市轨道交通项目建设的各项准备工作。

2004年，石家庄城市快速轨道交通项目列入了《石家庄市“十一五”战略性支撑项目》。

2006年，石家庄市政府立项的科研课题——《石家庄城市快速轨道交通项目研究》通过了施仲衡院士主持的国家级专家评审，并获得了国家优秀咨询成果三等奖。

2009年7月，《石家庄轨道交通线网规划》（中间报告）通过了国家级专家评审。

2011年8月，《石家庄市城市轨道交通建设规划环境影响评价报告书》获环保部批复。

2012年7月，《石家庄市城市轨道交通建设规划（2012—2020）》获国务院批准。

2012年12月，1、3号线一期工程等两个项目通过了国土资源部用地预审。

2012年12月，《石家庄市城市轨道交通1、3号线一期工程安全预评价报告》评审会在北京召开。

2013年1月，1、3号线一期工程环评报告书获得国家环保部的批复；安全预评价报告通过了国家安全生产监督管理总局备案。

2013年4月，1号线一期工程可行性研究报告获得国家发改委批复。

2013年6月，3号线一期工程可行性研究报告获得国家发改委批复。

2013年10月，《石家庄市城市轨道交通1号线一期工程初步设计》审查会在石家庄市召开并通过专家组审查。

2013年12月，《石家庄市城市轨道交通3号线一期工程初步设计》审查会在石家庄市召开并通过专家组审查。

4.3 西宁

4.3.1 西宁市2013年度城市轨道交通最新动态

西宁市的城市轨道交通仍在规划当中，暂无进展。

4.3.2 西宁市城市总体规划和城市轨道交通线网规划

1. 西宁市概况

西宁市是青海省省会，是全省政治、经济、科技、文化、交通中心，主要工业基地。

西宁市辖城东、城中、城西、城北四个区，大通、湟中、湟源三个县，以及正在建设的西宁（国家级）经济技术开发区和城南新区（属城中区）、高新技术开发区（生物科技产业园区）、海湖新区，总面积7 649 km^2，其中市辖区面积380 km^2。

2. 西宁市城市总体规划

西宁市总体规划立足于区域发展的视角，与相关专业部门多次沟通，提出“建设西宁到张掖铁路，形成西宁市第二条外出铁路通道”的设想，并得到了有关领导的认可。这条第二通道不仅大大提升了西宁的区域地位，也起到了加强青海省的对外交通联系、完善欧亚大陆桥铁路通道功能的作用。规划形成西宁市—总寨—鲁沙尔—甘河滩—多巴环状综合经济区。这种“大西宁”的结构有利于消除主城区“十”字结构的缺陷，加强城镇间的有机联系和良性互动，促进各自职能的充分发挥。在“生态环境”专题的研究基础之上，确定西宁市的生态绿地网络模式，为城市发展的空间格局提供指引。“城市交通专题”开展了小样本居民出行典型特征调查，提出了西宁市交通的现状评价及存在问题，对西宁交通发展趋势及影响因素进行分析，提出了西宁市交通发展战略，对未来交通需求进行了预测。通过交通流量分析和交通难点研究，对于确定城市路网格局，解决“错位十字”形态带来的交通瓶颈具有重要的作用。青海省有许多大型工矿企业深处高原腹地。作为青藏高原最适宜人居住的城市，西宁是他们重要的后勤补给和生活服务基地，因此规划适当提高居住用地的比例，以体现西宁作为高原生活基地的功能。青海的特殊城镇体系特征，使西宁成为唯一辐射全省的中心城市。规划着重加强西宁在科教、医疗、文化、体育等公共服务设施领域的效能，将各类公共服务设施分级配置，适当提高人均指标，以满足全省对西宁服务职能的需求。针对西宁特殊的自然条件，“总规”着重进行了建设用地适宜性的评价。一方面对不宜进行城市建设的地段进行严格控制。另一方面结合城市用地的拓展，巩固原有南北山绿化工程的成果，进一步完善山体绿化的布局。通过治理水土流失控制地质灾害的发生。

3. 西宁市城市轨道交通线路规划

为了缓解西宁市的交通拥堵和提高交通安全性，市政府在2009年全面启动了畅通工程，分近期、远期实施该工程，其中近期分三个阶段实施。畅通工程远期目标还以“十”字形发展轴线为骨架，拓展城市空间布局，合理规划路网和建设时序，发展以城市高架为主、轨道交通为骨干的城市客运交通体系。今后，西宁市还将尽快建成西宁西过境高速公路，推动南凤凰山环绕城国家高速公路项目尽快开工建设；有计划地加大对全市“断头路”、十字路口大转盘、公铁平交道口的改造力度，建设一批公交场站、调度枢纽、社会停车场等，努力达到“近期显著缓解、中远期基本解决”的目的；完善客运场站布局，修编完善《西宁市轻轨交通规划》，进行轻轨空间整体布局并预留停车场用地，远期形成以轻轨交通为主、公交车为辅、出租车为补充的城市客运综合交通体系；科学规划城市路网，近期构建微循环路网、小循环（内环）路网及一、二环路网和“十”字形三环路网，近、中期修建城市高架路，中、远期构建高速立交桥，远期构建外环路网，推行轨道交通建设，最终达到通畅、安全、公平、绿色综合交通体系的目的。西宁市快速轨道交通线网规划初步方案由三条轨道交通线路组成，在主城核心区形成“井”字形构架方案，主城区全线网长约65 km，共设58座车站，其中换乘站3座。

西宁市轨道交通线网远景规划由3条城区线和3条市域线组成，全长168.1 km。其中1、2、3号线为城区线，总长89.10 km；甘河线、大通线、平安线组成市域线，总长79 km。

4.4　徐州

4.4.1　徐州市2013年度城市轨道交通最新动态

2013年2月22日，经国务院批准，徐州市轨道交通建设规划经国家发改委正式批复。

4.4.2 徐州市城市总体规划和城市轨道交通线网规划

1. 徐州市城市概况

徐州是中国历史文化名城，位于江苏省西北部，微山湖南岸，位于东经116° 22′ ～118° 40′ 、北纬33° 43′ ～34° 58′ 之间。东西长约210 km，南北宽约140 km，总面积11 258 km^2，占江苏省总面积的11%。徐州市市区面积3 037.3 km^2。第六次人口普查中，全市共登记常住人口858.05万人，市辖区人口305.38万，是江苏省委、省政府确立的徐州都市圈的核心。属于华北平原的东南部，域内除中部和东部存在少数丘岗外，大部皆为平原。

徐州“东襟淮海，西接中原，南屏江淮，北扼齐鲁”，素有“五省通衢”之称。京沪铁路、陇海铁路、京沪高铁、徐兰客运专线在此交汇，京杭大运河傍城而过，贯穿徐州南北，北滨微山湖。公路四通八达，北通京津，南达沪宁，西接兰新，东抵海滨，为我国重要水陆交通枢纽和东西、南北经济联系的重要“十字路口”，是全国重要的交通和铁路枢纽及能源基地和工业基地。

2. 徐州城市总体规划

2007年国务院批复的《徐州市城市总体规划（2007—2020）》指出：徐州城市规划区（即徐州都市区）是以主城为核心，以中心城及外围城镇为主体，以绿色生态空间相隔离，以便捷的交通相联系的高度城市化地区。地域包括徐州市区行政管辖范围、铜山县行政管辖范围及睢宁县双沟镇。总面积3 126 km^2。

以中心城市、重点中心镇为节点，快速交通体系为依托，市域城镇空间总体上形成：“一个都市区、一条城镇发展轴和三条城镇联系通道的“K”字形区域城镇空间结构。”一个都市区指徐州市区和铜山县，城镇发展轴指徐连城镇聚合轴徐州段，城镇联系通道指徐丰、徐沛、徐睢城镇联系通道。以徐州都市区为核心，构成徐州都市区、邳州市区、新沂市区、丰县城区、沛县城区、睢宁县城区六个中心城市发展区，形成徐州都市区—五县（市）城区—重点中心镇—一般镇的四级城镇体系结构。到2020年，全市形成1个特大城市，5个中等城市，65个小城镇（含徐州都市区内10个2.5万人左右的小城镇）。

城市总体规划布局了“米”字形高速公路网、“丁”字形高速铁路网及以快速干道、轨道交通为支撑的城市道路网，为城市社会经济各项事业的发展提供了一个高效、便捷的综合交通网络。城市总体规划还在科学研究、充分挖掘城市历史文化和生态资源的基础上，提出了“两湖、四区、五山、八水”的生态总格局及“具有丰富历史文化内涵、南北交融的文化氛围、高品质文化气息的现代化大都市”的城市特色。

3. 徐州市城市轨道交通规划

根据轨道交通建设规划，《徐州市城市轨道交通建设及线网规划》（2011年版）拟定的远期线网由4条线路组成，线路全长117.9 km，远景在此基础上，新增5号线及4号线西延段，线网全长达151.9 km。规划年限立足近期2020年，面向远景规划期为2050年。《徐州市城市轨道交通建设及线网规划》由1号线一期工程、2号线一期工程和3号线南段工程构成，线路总长59.6 km，其中地下线50.92 km、地上线8.65 km。共设车站46座、车辆基地1处、车辆段1处、停车场2处、主变电站4座和控制中心1处。

4.4.3 徐州市城市轨道交通规划线路

徐州市城市轨道交通规划线路5条，包括徐州轨道交通1号线、2号线、3号线、4号线、5号线。

1. 徐州轨道交通1号线

1号线是徐州主城区东西向的骨干线路，线路起点位于城市西部的杏山子工业园，沿淮海路经彭城广场、徐州火车站，穿越坝山片区中心和高速铁路站，向东到达城东片区北部，终点站位于城东的安然片区，形成主城区东西向主轴线。连接老城3个商业中心（彭城广场、人民广场、淮海广场）和2个铁路枢纽（徐州火车站、高铁客运东站）及1个片区中心（坝山片区中心）和沿线重要地区(医疗，教育等)；在1号线西端设置一处停车场，在1号线高速铁路车站东侧适当延伸线路设置一处车辆段，并利用既有地方铁路支线与国铁系统沟通。

1号线全长31.9 km，地下线12.8 km，高架线约19.1 km，地下线比例约为32%。1号线预计2013年开建，2016年建成。

2. 徐州轨道交通2号线

2号线建设区间从霸王山南侧到新城区东，将连接2个市级中心（老城中心和徐州新区中心）、3个公路客运枢纽（客运北站、客运南站、新区客运站）及市场群、医疗、体育、展览公共服务设施、区政府。城市“双心”组团将形成直达轨道联系，促进新区发展；主城区形成“十”字形骨架轨道线网，发挥线网的整体效益；带动沿线土地开发，特别是引导新区开发，促进老城区改造，发挥轨道交通的引导作用。2号线全长27.3 km，地下段10.1 km，高架段17.2 km。2号线一期工程预计2015年开建。

3. 徐州轨道交通3号线

3号线是主城区南北向的辅助线路，线路起点位于金山桥片区的桃山路附近，沿下淀路经徐州火车站后，顺复兴南路到达淮塔东路，然后沿解放南路，北京路到达铜山新区南部地区，终点位于铜山新区的二堡附近。3号线位于老城区部分路段，大致与京沪铁路平行，地面铁路线路情况复杂，用地开发较早，因此考虑采用地下线，两端线路采用高架线。3号线全长18 km，其中地下线6.3 km，高架线11.7 km。3号线一期工程预计2017年开建。

4. 徐州轨道交通4、5号线

徐州轨道交通4、5号线为徐州市城市轨道远景规划线路，其中4号线计划走向为起于驮蓝山路，止于矿大新校区。5号线计划起于徐矿城，止于三堡。

4.4.4　徐州市城市轨道交通发展历程

2009年徐州轨道线网建设规划已经启动，为落实城市总体规划的内容，保持城市交通的可持续发展，徐州市政府决定在各片区进行控制性详细规划的同时同步开展道路交通系统的研究，以形成良性的互动和反馈。2011年6月29—30日，江苏省发展和改革委员会在徐州市主持召开《徐州市城市快速轨道交通建设规划（2012—2020）》评估会并进行实地勘察，为近期轨道交通建设做好充分准备。

2012年3月8日，国家环保部在《关于〈徐州市城市轨道交通建设及线网规划环境影响报告书〉的审查意见》中明确，徐州市轨道交通规划通过国家环评，为开展下阶段的项目环评奠定了良好的基础。

徐州市城市轨道交通有限责任公司于2012年7月30日正式注册成立，这标志着徐州市轨道交通项目建设各项准备工作进入实际运作阶段。徐州市城市轨道交通有限责任公司是由徐州市国有资产投资经营集团公司（简称“市国投集团”）、徐州市新城区国有资产经营有限责任公司、徐州经济技术开发区国有资产经营有限责任公司、徐州市铜山区国有资产经营有限责任公司四家公司按照现代企业制度投资设立的有限责任公司。公司主要从事徐州市城市轨道交通项目建设、运营及沿线相关资源开发等业务。

2013年2月22日，经国务院批准，徐州市轨道交通建设规划经国家发改委正式批复。

4.5 珠海

4.5.1 珠海市2013年度城市轨道交通最新动态

2013年珠海市进行《珠海市城市轨道交通线网规划》修编工作，城市轨道交通项目仍在筹备规划中。

4.5.2 珠海市城市总体规划和城市轨道交通线网规划

1. 珠海市城市概况

珠海市是珠三角西岸的一个重要城市，地理坐标处于北纬21°48′～22°27′、东经113°03′～114°19′之间。水连香港（距香港36海里），地接澳门，也是中国的经济特区之一。珠海市包括了香洲区、金湾区、斗门区。珠海市面积有1 701 km^2，常住人口156万（2010年末统计数据)。珠海市的北面是中山市，东北和东面皆与香港特别行政区隔海相望，东南面是澳门特别行政区，西面是台山市，西北面是江门市。珠海市区内陆部分地势由西北向东南倾斜，地形多样，以平原（占25.5%）、丘陵（占58.68%）为主，兼有低山、滩涂等。地势平缓，倚山临海，海域辽阔，百岛蹲伏，有奇峰异石和秀美的海湾、沙滩。珠海市辖3个市辖区，8个街道、15个镇。

2. 珠海城市总体规划

根据修编后的《珠海市城市总体规划（2001—2020年）》。城市发展结构将建立由“主城区—次中心城—外围新城—中心镇”构成的多层次、组团型的城市空间体系。城市各组团规模与职能结构：各城市组团间形成既有分工、又有协作的互动式发展格局。

主城区：包括由新老香洲、吉大、拱北、前山等组成的中心城区和由南屏、湾仔、洪湾组成的南湾城区。中心城区是城市经济、文化和行政中心，全面承担中心城市的各项职能；南湾城区承担以第二产业为主的生产职能。区内前山、南屏、湾仔等镇转为城市型行政体制。

金湾次中心城：包括红旗、小林与原西湖片区。城市副中心之一，应强化发展的地区，承担生活服务、教育、旅游等职能。

斗门次中心城：包括井岸、白蕉镇（部分）、新青工业园、白藤湖度假区等。城市副中心之一，应整合发展的地区；承担生产、生活、旅游度假等综合性职能。

唐家湾新城：包括金鼎、唐家与淇澳。承担高等教育、高新技术产业与新型服务业等职能。

横琴新城：发展过程中具有一定的不确定性，规划承担大型旅游、度假、游乐等职能；同时也是与澳门合作发展的主要地区。

三灶新城：包括三灶、航空港。承担空港运输、空港产业、高新技术产业和教育等职能；是区域性的专业功能区之一。

港区新城：包括南水、临港工业区和珠海港高栏港区。承担以海洋运输为主的大型储运、化工等临海产业职能；是区域性的专业功能区之一。

陆域中心镇：包括平沙镇、白蕉镇、斗门镇、五山乾务镇、上横莲溪镇，为综合性发展的中心镇。

在规划期末，主城区的城市建设用地规模控制在85 km^2；金湾次中心城的城市建设用地规模控制在15.6 km^2；斗门次中心城的城市建设用地规模控制在23 km^2；唐家湾新城的城市建设用地规模控制在28.6 km^2；横琴新城的城市建设用地规模控制在5 km^2；三灶新城的城市建设用地规模控制在21 km^2；港区新城的城市建设用地规模控制在12 km^2。

3. 珠海市城市轨道交通线路规划

根据2011年编制完成的《珠海市轨道交通线网规划》，珠海全市或建设4条轨道交通线，连接市区、横琴和西部中心城区，轨道交通网络规模达到240～320 km。

至2050年，珠海将建全长达约300 km的轨道交通网，共设65座车站，其中10座车站为换乘站。其中2条城市轨道交通线拟以地下通道、换乘等方式与港珠澳大桥及澳门衔接，这2条城市轨道交通线总造价将达人民币128亿元。

2011年4月12日，珠海市七届181次市政府常务会议审议并原则通过了《珠海市轨道交通线网规划》这一规划。规划中的轨道交通线网将由呈放射状的6条城际轨道线和3条城市轨道线组成。3条城市轨道则由承担香洲、拱北、前山、吉大间的城市轨道1号线、承担梅华至拱北的城市轨道2号线和承担金湾中心区、平沙和珠港新城之间交通的轨道3号线组成。

根据规划，珠海轨道交通1号线和2号线在2020年前动工。此外，城市轨道还包括1条陆上轻轨3号线，即珠海与斗门城际线中的珠海支线，在2050年前动工。

4.5.3　珠海市城市轨道交通规划线路

珠海市城市轨道交通规划线路3条，包括珠海轨道交通1号线、2号线、3号线。

1. 珠海轨道交通1号线

珠海轨道交通1号线起点在人民西路，向东前行到市政府，然后往南经吉大，一直到拱北湾的人工岛与港珠澳大桥连接，然后向西经粤海路，到达翠前路后往北到人民西，整条地铁呈一个四方形的结构。线路全长18.3 km，设站14座，平均站间距1.4 km，途中与2号线在迎宾北路、粤海路站换乘。

2. 珠海轨道交通2号线

珠海轨道交通2号线起于梅华路，在迎宾北与1号线交会，然后沿着迎宾路一直往南，在粤海路与1号线路再次交会，最后到达拱北站。2号线贯穿珠海中心城区，全长7.3 km，设站6座，平均站间距1.4 km。途中，与广佛江珠城际在梅华路换乘，与1号线在迎宾北路、粤海路换乘，在珠海站与广珠城际、珠海机场城际换乘。

3. 珠海轨道交通3号线（珠斗支线）

珠海轨道交通3号线全长31.4 km，设站8座，平均站间距4.4 km，途中，在红旗站和江珠城际换乘，终点站与珠海城际在白蕉站换乘。

4.5.4　珠海市城市轨道交通发展历程

2010年9月10日，《珠海市轨道交通线网规划》接受专家评审。2011年4月12日，珠海市七届181次市政府常务会议审议并原则通过了这一规划。珠海市城对规划中的四个备选方案，经过与城市协调发展、线网结构、运营效果、可实施性、社会效益等多方面进行综合研究比较后，珠海市轨道网络构架最终确定D方案，即到2050年，珠海市要建立9条轨道交通线，包括5条城际轨道线和4条城市轨道线，轨道交通网络规模由原来的240 km达到约320 km。2013年，珠海市城市轨道交通项目仍在筹备规划中。

4.6 惠州

4.6.1 惠州市2013年度城市轨道交通最新动态

2013年，惠州市轨道交通项目仍在规划筹备中。

4.6.2 惠州市城市总体规划和城市轨道交通线网规划

1. 惠州市城市概况

惠州市位于广东省东南部，珠江三角洲东北端，南临南海大亚湾，与深圳、香港毗邻，是中国大陆除深圳市外距离香港最近的城市，是客家人的主要聚居地之一。惠州市属珠三角经济区，现辖2个市辖区、3个县，即惠城区、惠阳区两区和博罗县、惠东县、龙门县三县，设有大亚湾经济技术开发区和仲恺高新技术产业开发区两个国家级开发区。陆地面积1.12 万km^2，占珠三角经济区面积的1/4。海域面积4 520 km^2，海岸线长223.6 km，是广东省的海洋大市之一。

2. 惠州城市总体规划

惠州市南部新城具有良好的区位条件：广东省区域空间的资源结构性变化，使得惠州市成为区域发展的重点地区之一。在中海壳牌南海石化项目建成投产、大亚湾经济技术开发区发展迅猛的条件下，惠州市域经济发展重点正向南调整，这也使得南部新城成为惠城区及惠阳区（包括大亚湾经济技术开发区），东西向连接陈江仲恺地区惠东的重要节点。在惠州城市总体规划平面图中，南部新城正好处在惠州的中心位置。

根据惠州城市总体规划，惠州主要由四大城市次区域组成，即分为惠城、惠阳—大亚湾、陈江—仲恺和北部山区四个主要组成部分。新规划的南部新城，属于惠城次区域的一部分。南部新城的发展，将承担起疏导老城区城市功能的作用，包括居住、城市商务和公共服务等。南部新城规划是市政府历年来首次对惠城区和惠阳区的中间地带进行详细规划。惠城区和惠阳区两大主城区存在很多优势互补的方面，两个主城区的发展呈现出“向心力”。南部新城规划的出台，将有利于整个惠州城市资源的整合和升级。此外，南部新城将成为惠州城市发展南北走廊的重要衔接点，是惠州城市“南进北拓”的重要跳板。

3. 惠州市城市轨道交通线路规划

根据《惠州市轨道交通网络规划（草案）》，7条线路被列入规划内容，其中5、7号线为城市线；1、2、3、4、6号线为城际线，分别为广惠城际、惠深城际、莞惠城际、惠城—惠东城际、惠阳—惠东城际，主要枢纽站点有惠州南站、市政府站、惠东站等。总长271.2 km，共设站85座，换乘站9座。据介绍，有关部门将综合分析客流规模形成的难易程度、交通走廊适应性、城市空间结构吻合程度及惠州市财力等因素，2020年前建成轨道交通1号线，2030年前建成轨道交通2、3号线，其他线路在2050年前建成。

4.6.3 惠州市城市轨道交通规划线路

惠州市城市轨道交通规划线路7条，包括轨道交通1号线、2号线、3号线、4号线、5号线、6号线、7号线。

1. 惠州轨道交通1号线

惠州轨道交通1号线联系惠州火车站、江北、惠城老城区、三栋、数码园、淡水湖、惠阳、惠州南火车站等片区，是联系惠州市主要居住区、就业区、商业区和重要交通枢纽的市域组团快线。线路由惠州火车站至惠州南站，全长46.4 km，设站27座，其中换乘站4座；其中北三环至南岸路、深汕高速公路至惠州南火车站段采用地下敷设方式，其余为地上线方式。

2. 惠州轨道交通2号线

惠州轨道交通2号线位于东西向东莞—惠城—惠东县城—汕头发展轴，沿途经过沥林、陈江、南部新城、东部远景规划建设区（马安、水口）等片区，是惠州联系东莞的区域城际快线。线路由荔枝城站至惠莞分界，全长44.9 km，设站15座，其中换乘站2座，采用地上线敷设方式。

3. 惠州轨道交通3号线

惠州轨道交通3号线联系大亚湾开发区、惠阳淡水、秋长等片区，并向深圳方向延伸，是惠州联系深圳的区域城际快线。线路由大东亚商业城站至惠深分界，全长20.4 km，设站10座，其中换乘站1座；其中惠阳中心城区采用地下线敷设方式，其余为地上线方式。

4. 惠州轨道交通4号线

惠州轨道交通4号线联系惠州火车站、小金口、博罗、龙华、福田等片区，并向广州方向延伸，是惠州联系广州的区域城际干线。线路由惠州火车站至惠广分界，全长59.8 km，设站8座，其中换乘站1座；采用地上线敷设方式。

4

5. 惠州轨道交通5号线

惠州轨道交通5号线连接惠城与惠东，沿线主要经过河南岸、金山湖、淡水湖地区，是惠州联系惠东的市域组团快线。线路由新汽车南站至惠东站，全长约37.4 km，设站12座，其中换乘站3座；其中惠城中心区采用地下线敷设方式，其余为地上线方式。在5号线新安站以北至惠州机场规划预留5A支线通道位置，新安站预留5A支线（机场线）接轨条件。

6. 惠州轨道交通6号线

惠州轨道交通6号线连接惠阳与惠东，位于深圳（香港）—大亚湾—稔平半岛—汕尾发展轴上，沿线经沙田、白花等片区，是惠阳联系惠东的市域组团快线。线路由惠州南站至惠东站，全长35.9 km，设站11座，其中换乘站2座；其中惠州南站附近采用地下线敷设方式，其余为地上线方式。

7. 惠州轨道交通7号线

惠州轨道交通7号线始于水口荔枝城站，止于1号线数码工业园站；线路全长23.7 km，沿途共设车站11座，平均站间距离2.33 km。

4.6.4 惠州市城市轨道交通发展历程

2008年6月，惠州市规划建设局在其官方网站公布《惠州市轨道交通网络规划（草案）》，2009年9月3日，惠州轨道交通1号线项目正式启动。该规划将惠州与周边城市如广州、深圳、东莞之间轨道交通的连接考虑在内，分近期、中期、远景三个规划年限执行，规划区域为除龙门县以外的惠城区、惠阳区、惠东县和博罗县，规划区域面积达9 089 km^2，共规划7条线路总长271.2 km。截至2013年底，惠州市轨道交通项目仍在规划筹备中。

4.7 常州

4.7.1 常州市2013年度城市轨道交通最新动态

2013年常州市重点筹备常州轨道交通1号线一期工程的建设前期工作，其可行性研究报告于2013年12月通过江苏省发改委批准。

4.7.2 常州市城市总体规划和城市轨道交通线网规划

1. 常州市城市概况

常州位于长江三角洲中心地带，地处江苏省南部，市中心位于北纬31°09′～32°04′、东经119°08′～120°12′。北携长江，南衔太湖，与上海、南京等距相望，沪宁铁路、沪宁高速公路、京杭大运河均穿城而过。常州市共辖7区2市，5个市辖区，2个新区和2个县级市；另有6个省级经济开发区（武进西太湖经济开发区、钟楼经济开发区、天宁经济开发区、戚墅堰经济开发区、金坛经济开发区、溧阳昆仑经济开发区）；市区共37个镇，25个街道；武进区、天宁区、钟楼区、新北区、戚墅堰区、常州高新区、武进高新区、金坛市、溧阳市。全市总面积4 385 km^2，总人口约500万，市区常住人口330万，市辖区面积1 864 km^2；其中太湖水域面积约33 km^2，太湖湖岸线长约7 km；2010年城市建成区面积为307 km^2。

2. 常州城市总体规划

由《常州市城市总体规划（2011—2020）》可知，统筹区域发展，市区形成“一城、七片”的结构形态。一城，即常州中心城区；七片，即中心城区外围七个片区——孟河、奔牛、邹区、湟里、雪堰、洛阳和横山桥片区。

中心城区结构形态将为“一主两副多组团”的空间结构。

“一主”即主城区，范围为北起沪蓉高速公路，南至常合高速公路，西起常泰高速公路，东至常合高速公路，为常州城市的本体；包括中心、高新、城西、湖塘、城东五个组团；其主要功能为生活居住、公共服务、商业金融、文化旅游、科技研发和高新技术产业等；重点规划建设“两圈”（市河和京杭大运河文化景观圈）、“五区”（三片历史文化街区和城北现代旅游休闲区、淹城遗址公园和西太湖生态休闲区）、“一城”（以职教科研为特色的科教城）、“三园”（常州国家高新技术产业开发区、城西工业园区、城东工业园区）、“三中心”（行政中心、商贸中心、文化中心）。

“两副”即中心城区的南北两个新区。南部新区以常州西太湖生态休闲区和武进高新技术产业开发区为主体，主要功能为高新技术产业、现代物流、生活居住和休闲度假产业；北部新区以高铁新城为核心，主要功能为商务商贸、生活居住、港口和先进制造业。

“多组团”即中心组团、高新组团、城西组团、湖塘组团、城东组团、新龙组团、新港组团、武南组团、空港组团和西太湖组团。

3. 常州市城市轨道交通线路规划

根据《常州市城市快速轨道交通建设规划(2011—2018年)》规定，常州市远期建设4条轨道交通线路，分别为常州轨道交通1、2、3、4号线，形成总计129 km的城市轨道交通线网。近期建设常州轨道交通1号线一期和2号线一期工程，形成“十”字形的轨道交通基本骨架。

4.7.3　常州市城市轨道交通规划线路

常州市城市轨道交通近期规划线路2条，包括常州轨道交通1号线一期、2号线一期；远期规划线路4条，包括常州轨道交通1号线、2号线、3号线、4号线。

1. 常州轨道交通1号线一期

常州轨道交通1号线一期工程是《常州市城市快速轨道交通建设规划（2011—2018年）》中，近期筹备建设的一条线路。线路自北海路至南夏墅，连接了京沪高铁站，高新区组团，市级公共服务中心，大型居住区，沪宁城际铁路站，中心商贸、金融区，湖塘组团，武进区公共服务中心，高职教育基地和规划武南生活组团，贯穿常州市南北方向。

1号线一期是沿城市发展主轴的南北向骨架线路。全长约33.837 km，设站29座，初、近、远期均采用B型车6辆编组，最高运营时速80 km/h。

2. 常州轨道交通2号线一期

常州轨道交通2号线一期工程是《常州市城市快速轨道交通建设规划（2011—2018年）》中，近期筹备建设的一条线路。线路自城西中心至颜家，连接勤业片大型居住区，延陵路商贸区，天宁风景名胜区，城东居住区直至戚墅堰区公共服务中心，横贯常州市东西方向。

2号线一期全长约19.86 km，其中地下线约18.86 km，高架线约1 km；设车站13座，其中地下站12座，高架站1座；建设城东车辆段（定修），占地约240 km^2；建设主变电站1座及配套机电系统工程。投资123.2亿元，规划建设期为2014—2018年，预计2016年上半年开工建设。

3. 常州轨道交通3号线

常州轨道交通3号线为远期规划线路，线路呈L形，由高速铁路常州站至常州高等职教基地，串联了城市北部高新技术产业园区、飞龙和五星居住区、淹城遗址公园等，线路全长约28 km。

4. 常州轨道交通4号线

常州轨道交通4号线为远期规划线路，线路呈L形线路，由新龙组团次中心区至戚墅堰站，全长约34 km；南段沿城市既有东西向交通轴，连接规划的中心组团和城西组团南部大型居住区、城东工业区，北段连接新港、新龙、高新组团。

4.7.4　常州市城市轨道交通发展历程

2003年常州市规划局开始组织编制《常州市规划交通线网规划》，2006年2月，常州市政府批准了《常州市轨道交通线网规划》并通过了省建设厅初审及国家环保总局的环境影响评价。同年9月，常州市轨道交通建设工作领导小组正式成立。随后，市建设局组织编制了《轨道交通建设规划》。2010年7月14—16日，受国家发展和改革委员会委托，中国国际工程咨询公司在常州市主持召开了《常州市城市快速轨道交通建设规划（2010—2018）》评估会并通过国家发改委专家评估。

2011年1月13日，国家住建部和国家发改委完成了对常州地铁的最终审批工作，确认常州地铁项目已经获得部委的通过，其程序报送国务院。2012年5月11日，《常州市城市快速轨道交通建设规划（2011—2018年）》获得国家批准，这意味着常州市成为江苏省第四个获准建设城市轨道交通的城市。2013年12月，常州轨道交通1号线一期工程可行性研究报告获江苏省发改委批准。

4.8 鞍山

4.8.1 鞍山市2013年度城市轨道交通最新动态

2013年以来，全市多个与交通有关的大项目正按计划推进，鞍山城市轨道交通各项工作也在按计划进行当中，“大鞍山”的蓝图越来越清晰。

4.8.2 鞍山市城市总体规划和城市轨道交通线网规划

1. 鞍山市城市概况

鞍山市，是中国辽宁省第三大城市，距省会沈阳89 km，距海滨城市大连308 km。现辖海城市、台安县、岫岩满族自治县和铁东、铁西、立山、千山（汤岗子新城）、鞍山高新区、达道湾6个城区，城区面积797 km^2，总面积9 252 km^2。总人口364.59万（2010年），长（春）大（连）铁路、沈（阳）大（连）高速公路纵贯南北；海（城）沟（帮子）铁路、海（城）岫（岩）铁路连接东西。大庆至大连的输油管道经过境内。公路成网，遍布乡镇，交通十分方便。

2. 鞍山市城市总体规划

《鞍山市城市总体规划》确定的624.29 km^2的城市规划区范围，在城市规划区内，实行城乡统一规划管理。合理利用自然山体等分隔，形成由市中心区及汪家峪、营城子大孤山、齐大山、汤岗子、千山等组团组成的“组团式”结构布局。以鞍山市为中心，以海城市、台安镇、岫岩镇为次中心，沿哈大铁路、沈大高速公路等构成城镇发展轴，形成层次分明、规模适度、功能合理、基础设施完善的市域城镇体系。在市域城镇体系规划指导下，做好县（市）域城镇体系规划，促进城乡经济、社会协调发展。

依据《鞍山城市发展战略规划》，城市道路交通网络要打破原有的“十”字加环结构模式，“化环为轴”呈放射状发展，最终形成“十横八纵五环十射”的道路交通系统。

加强城市基础设施规划和建设。优先发展公共交通，形成公共汽车、郊区铁路及其他交通方式相互协调、换乘方便的综合公共交通体系，进一步完善城市道路网系统，改善城市交通拥挤状况。要结合城市布局，完善供水、排水系统，抓紧落实各项节水措施，防止地下水的过度开采。加强防震抗灾工作，尽快完成沙河整治工程，提高抗洪能力，确保城市安全。

3. 鞍山市城市轨道交通规划

为完善鞍山道路网系统，满足日益增长的城市道路交通需求，根据《鞍山城市发展战略规划》及《鞍山轨道交通网规划》，鞍山市将规划建设三条轨道交通线路。

4.8.3 鞍山市城市轨道交通规划线路

鞍山市城市轨道交通规划线路3条，包括鞍山轻轨1号线、2号线、3号线。

1. 鞍山轻轨1号线

鞍山轻轨1号线北起灵山，沿东环路、陈台路、建国东路、胜利路、前进路、建国南路至杨柳河，向南沿规划的建国南路、建设大道至海城牛庄，总长68 km，其中杨柳河以北市区段19 km为地下敷设，其余49 km将建成高架轻轨。

2. 鞍山轻轨2号线

轻轨2号线北起胜利湖，沿万水河南路经陈家台、魏家屯、新一中至七号桥，沿千山东路北侧经七岭子、倪家台至千山正门，全长19 km。

3. 鞍山轻轨3号线

鞍山市环城有轨3号线工程计划新建一条全长53 km的环城轻轨，北起灵山，沿建设大道、四达路、南四环路、鞍南大道、东环路至七号桥，呈环状规划。

4.9 洛阳

4.9.1 洛阳市2013年度城市轨道交通最新动态

2013年8月洛阳地铁1号线、2号线建设规划已经完成，目前已提交省发改委审核。根据洛阳市轨道交通建设规划，1号线计划于2014年开工，2号线于2019年开工，两条线路建设周期均为5年，分别于2019年、2024年建成。

4.9.2 洛阳市城市总体规划和城市轨道交通线网规划

1. 洛阳市城市概况

洛阳市位于河南省西部，辖8个区、1个县级市、8个县。总面积15 208 km^2，其中市区面积694 km^2、建成区面积170 km^2。

2. 洛阳城市总体规划

2008年4月审查通过《洛阳市城市总体规划（2008—2020）》，规划年限为近期2008—2010年，远期2011—2020年，远景2020年以后。

本次规划分为两大工作层次，即市域和中心城区。市域规划范围：市域行政辖区面积15 209 km^2。包括所辖的市区、偃师市、孟津县、新安县、洛宁县、宜阳县、伊川县、嵩县、栾川县、汝阳县一市八县范围。中心城区规划范围为洛阳市区行政辖区所辖的涧西、西工、老城、瀍河、洛龙、吉利六个城市区，面积为544 km^2，纳入诸葛、李村两乡镇，共计694 km^2。

城镇空间结构：中心城区建成中原城市群重要的增长极核；以交通设施建设为先导，优化调整圈层结构；市区工业适度向外疏散，促进周边卫星城镇发展；培育栾川作为南部新的增长点，带动南部地区发展。市域城镇空间结构形成“一心、两轴、三区”。“一心”：洛阳中心城区。强化中心城区经济规模和人口规模，提升功能，带动周边城镇发展，提高区域辐射力；“两轴”：依托东西向和南北向综合运输通道形成的城镇集聚带，是城镇发展的重要地区，应优先发展；“三区”：东北部城镇密集区，是推进城镇化的重点地带、洛阳未来经济增长最具发展潜力和活力的地带。中西部产业集聚区，大力推动工业化进程。西南部山区生态保护区，应注重生态环境保护。

3. 洛阳市城市轨道交通规划

2012年11月10日举行的洛阳市城市轨道交通近期建设规划专家咨询会上，经专家多方论证、修订，洛阳市城市轨道交通线网方案基本确定。

洛阳市城市轨道交通线网由4条线路组成，规划总长102.7 km，其中伊滨区片区以北线路以地下线为主。全线工程将分三个阶段实施，包含1号线和2号线大部分线路的第一阶段工程，目前正在开展前期准备工作。

根据规划，洛阳市城市轨道交通线网建设将分三个阶段实施。

第一阶段：修建1号线全部线路及2号线大部分线路（不含伊滨区远景预留部分），形成“十”字形线网骨架，修建规模总长43.8 km。

第二阶段：修建3号线北段（孟津县麻屯镇宋岭村至开元大道东段）和4号线，形成中心市区“一横、两纵、一L”线网，修建规模总长39.5 km。

第三阶段：修建2号线南段（高铁龙门站至伊滨区段）和3号线南段（开元大道东至伊滨区段），规模总长19.4 km。

在线路敷设形式上，4条线路均将采用以地下线为主、地上和地下相结合的方式，在城市中心地区采用地下线，城市周边外围部分采用高架线，地下线将占线网的70%以上。

4.9.3 洛阳市城市轨道交通规划线路

洛阳市城市轨道交通规划线路4条，包括洛阳轨道交通1号线、2号线、3号线、4号线。

1. 洛阳轨道交通1号线

洛阳轨道交通1号线西起谷水西，经中州西路、武汉路、西苑路、牡丹广场、延安路、中州中路、中州东路至瀍东（中州东路与二广高速交叉口东），全长20.3 km。该线沿途规划设车站17座，其中换乘站3座，高峰流量预测值3.21万人次/h。

1号线与洛阳市城区东西方向的直径线基本重合，覆盖了洛河以北东西向的主要客流走廊，沿途经过涧西区、西工区、老城区和瀍河回族区。它将主要解决洛河以北城区东西向客流运输的问题，以加强洛河以北各区之间的联系。

2. 洛阳轨道交通2号线

洛阳轨道交通2号线大致为“Z”字形，起点位于北环路红山乡杨家村，终点在伊滨区，全长33.8 km。按照规划，2号线伊河以北段长约22.7 km，设车站19座，其中换乘站4座，高峰流量预测值3.1万人次/h；伊滨区段11.1 km，为远景预留。

2号线的主要作用是连接洛阳站和高铁龙门站两大交通枢纽，以加强洛北主城区和洛阳新区之间的联系。

3. 洛阳轨道交通3号线

洛阳轨道交通3号线大体为“L”字形，起点位于新规划的310国道与华山路交叉口，沿华山路向南到中州西路，经开元大道向东进入伊滨区（终点），全长31.2 km。其伊河以北段长约23 km，沿途设18个车站，其中4个为换乘站，高峰流量预测值3.07万人次/h；伊滨区段规划8.2 km，为远景预留。

3号线贯穿了洛阳市老工业区和洛阳新区主轴线，覆盖了涧西区、高新区和新区东西方向的主要客流走廊，加强了老工业区和高新区、洛阳新区的联系。

4. 洛阳轨道交通4号线

洛阳轨道交通4号线起点位于现310国道与洛孟公路交叉口，终点位于龙门石窟，全长17.4 km。按照规划，4号线沿途设车站12个，其中3个为换乘站，高峰流量预测值2.55万人次/h。

4号线大体与洛阳市目前城区南北方向的直径线重合，途经老城区、洛龙区，覆盖洛阳城市北部和南部的主要客流走廊，重在加强洛河以北城区和洛阳新区之间的联系。

4.9.4 洛阳市城市轨道交通发展历程

2009年初，国家同意洛阳市开展市区轨道交通项目的前期工作，洛阳市具备了开展轨道交通前期研究的条件。随后，洛阳市组建了轨道交通项目建设筹建处，全力开展相关工作。2009年7月3日，洛阳市轨道交通项目建设筹建处与铁道第三勘察设计院签订了洛阳市城市轨道交通线网规划合同，规划合同的签订，标志着洛阳市备受关注的城市轨道交通工作迈出了第一步。

2010年3月15日至17日，中国国际工程咨询公司对《洛阳市城市轨道交通线网规划》进行评审，与会专家对该规划给予积极肯定，并对进一步完善规划提出若干意见和建议。2011年9月26日，洛阳市发改委、洛阳市轨道交通项目筹建处组织召开轨道交通项目文物保护规划研讨会。2012年9月30日，线网规划已完成，近期建设规划及1号、2号线预可研报告已基本完成，土地利用控制性详规初步方案已确定，这为轨道交通的建设做好准备条件。2013年8月洛阳地铁1号线、2号线建设规划已经完成，目前已提交省发改委审核。

4.10　邯郸市

4.10.1　邯郸市2013年度城市轨道交通最新动态

3月27日，市政府决定启动建设城市轨道交通项目。市轨道交通规划建设领导小组成立并召开第一次会议，研究项目建设前期工作及主要任务。

11月24日上午，受省长张庆伟委托，省发改委主任陈永久一行来邯，专题调研邯郸城市轨道交通项目前期工作情况，研究加快项目推进具体事宜。

4.10.2　邯郸市城市总体规划和城市轨道交通线网规划

1. 邯郸市概况

邯郸市位于河北省南端，全市自西向东大致可分为五级阶梯：西北部中山区、西部低山区、中部低山丘陵区、中部盆地区、东部冲积平原。

邯郸市辖4区、1市、14县，总面积1.2万 km^2，其中市区面积457 km^2，全市总人口896.4万。

2. 邯郸市城市总体规划

《邯郸市城市总体规划（2008－2020）》提出市域城镇空间结构。“一个都市区”：构筑环城30 km半径的卫星城圈，形成中心城区为核心，卫星城为不同功能载体的组团式都市区。规划结合行政区划调整，进一步增强中心城区对周边区域的辐射力和吸引力。“二条城镇发展主轴线”：为沿南北向京广铁路、京珠高速铁路和东西向青红高速公路、邯长、邯济铁路及309国道沿线的城镇发展轴线。“四个主要节点”：涉县、馆陶、大名、曲周。

邯郸市谋划打造以主城区为核心，以峰峰、武安、磁县、临漳、成安、肥乡、永年等半径30 km内8个卫星城为重点的城市群，将从规划起步，实现邯郸市都市区空间结构大变样。

8个卫星城的功能定位已经明确，具体如下。

武安市区以发展冶金、装备制造、煤化工、新型建材、现代服务、房地产、旅游业为主；峰峰城区以发展煤化工、陶瓷、新型建材、文化旅游业、现代服务业为主；磁县城区以发展纺织服装、煤化工、现代物流、生态特色观光农业、文化旅游业为主；临漳城区以发展特色农业、农副产品加工业、生物化工、文化旅游业为主；成安城区以发展装备制造、纺织、新型建材、食品加工业为主；肥乡城区以发展装备制造、农副产品加工、商贸物流业为主；永年城区以发展装备制造、机械加工、食品加工、商贸物流业为主；广府城区以发展生态旅游、新材料、文化产业为主。新城市空间布局已经开始从交通构架上得到充分体现。

3. 邯郸市城市轨道交通线路规划

邯郸市城市总体规划（2008—2020）确定，都市区轨道交通规划两条市际轨道交通线路，记1号线和2号线。

该项目可以促进由主城区、武安市、峰峰矿区构成的邯郸市“金三角”经济发展区的区域经济发展，带动都市区发展，加快邯郸大城区一体化发展步伐，实现各种交通方式的有机连接，达到飞机、火车、高速公路、高速客运火车等多种交通方式的零距离换乘与快速连接。

该项目计划2015年竣工投运一条线路。项目建成投运后，将大大提升邯郸区域经济发展空间，有利于邯郸大城区发展，全面提升城市品位，提高人民群众生活水平。

4.10.3 邯郸市城市轨道交通规划线路

邯郸市城市轨道交通规划线路2条，包括邯郸轨道交通1号线和2号线。

1. 邯郸轨道交通1号线

1号线东起新城区高速客运火车站、贯通人民路全线向西沿邯武快速路至武安市区，线路全长约38 km。其中，人民路段长16 km，推荐采用地铁形式。

2. 邯郸轨道交通2号线

2号线邯峰轻轨从邯郸高速铁路邯郸站向南、马头机场至马头后再接通峰峰矿区。规划峰峰矿区—马头镇区—中心城区新区，利用原有邯峰铁路改建，在马头出线向北经邯郸南站，沿快速路和高速铁路布线，线路长50 km。

4.10.4 邯郸市城市轨道交通发展历程

2009年邯郸市（2008—2020）城市总体规划确定，都市区轨道交通规划两条市际轨道交通线路。

2011年邯郸市城乡规划局召开了《邯郸市轨道交通线网规划方案》征求意见会。

2013年市政府决定启动建设城市轨道交通项目。市轨道交通规划建设领导小组成立并召开第一次会议，研究项目建设前期工作及主要任务。

4.11 济宁

4.11.1 济宁市2013年度城市轨道交通最新动态

2013年济宁市城市轨道交通各项工作已经逐步按计划进行，共有三条线路，其中1号线已经进入倒计时，正在布置各项前期基本工作。

4.11.2 济宁市城市总体规划和城市轨道交通线网规划

1. 济宁市城市概况

济宁，孔孟之乡、运河之都，位于山东省的西南部，是中国优秀旅游城市、山东省鲁南城市带中心城市。现济宁市辖二区三市七县，即市中区、任城区、曲阜市、兖州市、邹城市、微山县、鱼台县、金乡县、嘉祥县、汶上县、泗水县、梁山县。济宁市总土地面积10 684.9 km^2。2010年末济宁市总人口

843.03万人，其中农业人口576.89万人，非农业人口266.14万人。济宁是一个多民族的地区，除汉族外还有38个少数民族，人口约为5万人。

2. 济宁城市总体规划

《济宁市城市总体规划（2008—2030年）》城镇等级结构分为四级，即一级为中心城市济宁—曲阜都市区（济宁市区、曲阜、兖州、邹城）；二级为次中心城市微山、鱼台、金乡、嘉祥、汶上、泗水、梁山7个县城；三级为22个中心镇；四级为其他一般建制镇。在发展实施的过程中，《规划》注重优先构建复合中心城市，加强都市区一体化建设；着力培植次中心城市，积极发展中心镇，适度发展一般镇，适时合并行政村；统筹安排城乡居民点、各类产业、重大基础设施和公共服务设施，努力构建分工有序、布局合理的城镇体系。

在未来的发展中，济宁市城市建设发展方向将以向东为主，控制北部，优化西部，适当发展南部，形成“一湖两城，双心三轴”的布局结构。“一湖”指南外环以南的北湖及其周边的湿地保护区。该区以保护为主，主要是搞好生态环境保护和修复，适当发展旅游度假等设施。“两城”指西城区和东城区。西城区以发展商业贸易、文化娱乐、生活居住等为主，适度发展低污染、高附加值、高就业的一类工业；东城区以发展新型制造业、高新技术产业、仓储物流业为主。“双心”指西城区城市商贸中心和东城区商务中心。西城区城市商贸中心重点发展传统商贸、金融、文化娱乐、餐饮服务等产业；东城区商务中心重点发展商贸咨询、文化娱乐、金融保险、体育休闲等产业。“三轴”指历史文化轴、现代文明轴和时代发展轴三条轴线。沿古槐路—樱花路—王母阁路—北湖路形成体现济宁运河文化、历史文脉的历史文化轴；沿东城区海川路建设集商务、文化、娱乐、休闲、绿地广场为一体，展示新世纪都市风貌的现代文明轴；沿太白楼路—诗仙路形成贯通东西、融汇古今，展现时代发展脉搏的时代发展轴口。

3. 济宁市城市轨道交通规划

近年来，随着济宁城市建设快速发展，主城区人口急剧膨胀，城市发展空间明显不足。2010年初，市城乡规划局委托中国城市规划设计院和济宁市规划设计研究院联合编制了《济宁市城市轨道交通线网规划》，并于2011年4月27日通过了专家评审。

济宁市城市轨道交通共规划3条主线、1条支线，线网总长187.70 km。车站总数为65个，其中换乘车站5座，线网密度0.36 km/km^2。其中地下线72.86 km，地上线114.84 km，地下线比例达到39%。

济宁市城市轨道交通线网规划以协调与支持都市去发展为首要目标，提升中心城区首位度，加快济宁—曲阜都市区一体化发展，逐步建立以轨道交通为骨干的骨干交通出行模式，创造良好的城市环境。通过以下三个阶段，形成符合城市发展要求的线网建设时序。

4. 起步阶段（2011—2020年）

近期建设轨道交通1号线，形成覆盖济宁、兖州、曲阜的主要客流走廊，同时加强与曲阜高铁站的联系，线网规模64.05 km，设站23座。

5. 发展阶段（2021—2030年）

远期建设轨道交通2、3号线，结合于嘉祥—济宁—邹城—曲阜的轨道交通联系，完成都市区内骨架线网的2、3号线，全程96.87 km。轨道交通线网总规模达到160.92 km。

6. 完善阶段（2030年以后）

在3条骨架线网的基础上延伸扩展，促进济宁市都市区空间体系的形成，加强济宁市区与运河片区和机场的交通联系。新增轨道交通2号线支线，全长26.78 km，轨道交通线网总规模达到187.70 km。

4.12 阜新

4.12.1 阜新市城市轨道交通2013年度最新发展动态

截至2013年，阜新市轨道交通还处在规划阶段，各项前期工作也在按计划逐步进行。

4.12.2 阜新市城市总体规划和城市轨道交通线网规划

1. 阜新市概况

阜新市是内蒙古高原和辽河平原的中间过渡带，属辽宁西部的低山丘陵区。阜新是辽宁省的地级市，下辖五区两县：海州区、太平区、细河区、新邱区、清河门区、阜新蒙古族自治县、彰武县。阜新交通便利，自然资源丰富，阜新被称为“中国玛瑙之都”，玛瑙储量占全国50%以上，玛瑙制品产量占全国90%以上。

2. 阜新市城市总体规划

《阜新市城市总体规划（2001—2020年）》确定的674.02 km^2城市规划区范围。在城市规划区内，必须实行统一的规划管理。结合采煤沉陷区的治理，调整和优化城市用地结构，逐步形成由主城区、清河门区、新邱区等组成的组团式布局。

阜新市是辽宁省西北部地区的中心城市。阜新市要继续加大经济转型的力度，搞好产业结构调整，重点向现代农业转型，发展现代服务业。城市建设和发展要坚持经济、社会、人口、资源和环境相协调的可持续发展战略，改善基础设施条件，完善城市功能和布局，逐步把阜新市建设成为经济繁荣、社会文明、环境优美的现代城市。

到2010年，主城区实际居住人口要控制在63万人以内，建设用地控制在59.5 km^2以内。到2020年，主城区实际居住人口要控制在71万人以内，建设用地控制在65.5 km^2以内。

划定保护范围，制定保护措施并严格实施。结合对细河的治理，逐步形成细河水系景观轴线。加强对解放大街、迎宾大街、中华路、人民大街等主要交通干道两侧和城市主要出入口等重要地段的规划控制和设计。

3. 阜新市城市轨道交通线路规划

阜新市依托阜矿集团部分铁路设施，规划建设新邱至清河门城市轨道公共交通项目。该条城市轨道干线长约50 km，线路多处与城市公交站衔接，集客、货运输为一体。其中，新邱至东梁段29 km为一期工程，利用现有矿铁线路进行改造；二期工程新建东梁至清河门路段，全长21 km。该项目建成后，预计年货运能力将达6 000万吨以上，年客运能力将达500万人次以上，将对改善阜矿集团运输现状、缓解阜新市公交压力、加快城市化进程等方面发挥重要作用。

4.12.3 阜新市城市轨道交通发展历程

2009年2月24日，阜新市正式启动城市轨道交通项目。为进一步提高公共交通水平，发挥阜矿集团部分铁路设施的最大效能，阜新市依托阜矿集团部分铁路设施，规划建设新邱至清河门城市轨道公共交通项目。

4.13 银川

4.13.1 银川市2013年度城市轨道交通最新动态

银川市城市轨道交通尚在规划阶段，暂无最新动态。

4.13.2 银川市城市总体规划和城市轨道交通线网规划

1. 银川市概况

银川是宁夏回族自治区区辖市，自治区首府。现辖兴庆区、金凤区、灵武市、永宁县、贺兰县等三区二县和银川经济技术开发区。全市常住人口199.31万人。银川是多民族聚居区，有汉、回、蒙古、朝鲜等26个民族，少数名族人口占24.52%，其中回族15.93万人，占总人口的18.1%。

2. 银川市城市总体规划

通过对银川城市社会经济发展的优势条件和主要制约因素的分析，结合国家对西部地区城市发展的宏观政策和银川市的特点，本次规划制定了银川城市社会经济和城镇发展的策略、目标及城市性质和功能。银川市城市性质确定为：宁夏回族自治区首府；全区政治、经济、文化中心；国家历史文化名城；西北地区东部重要的区域中心城市。

规划确定银川市城市总体空间布局的原则为 “一城两区，空间间隔，功能互补，协调发展。”城市布局按照南进北拓、西优东控的原则，即近期向南发展，优先推进城市核心区与金凤区的建设。

旧城区以商贸和居住为主，产业发展以“退二进三”为原则。新市区以文教科研、工业和居住为主，产业发展以“优二兴三”为原则。空间间隔部分严格控制城区的蔓延，并作为基本农田保护区和城市居民休闲旅游绿化地带予以控制，再创一个具有宜人工作和居住环境的“塞上江南”。

根据规划，银川市区域城镇规划等级机构共分为4个等级：多于100万人的城市1个，银川中心城（130万人）；5万人至20万人的城市6个，包括灵武东塔、贺兰习岗、永宁杨和、宁东组团、德胜组团、望远组团；1万人至5万人的城镇10个，包括机场组团、掌政、大新、镇北堡、李俊、闽宁、洪广、马家滩、崇兴、丰登；小于1万人等级的城镇12个。

城市规划区面积达2 286.5 km^2。本次规划期限确定为2007—2020年，近期为2007—2010年，远期为2011—2020年，远景为2020年以后。根据《规划》，本次划定的城市规划区面积为2 286.5 km^2，包括兴庆区、金凤区、西夏区3个市辖区1 773.5 km^2，德胜工业园区及商住区17 km^2，望远工业园区22 km^2，河东机场控制区80 km^{2}及宁东能源化工基地控制区394 km^2。本次规划确定的中心城范围包括环城高速以内地区，面积约400 km^2。

规划期内的城市发展方向为南进、北拓、西优、东控。近期向南发展，优先推进城市核心区和金凤区南部的建设，同时在银川经济技术开发区和兴庆区北部区域进行适度的建设与开发。远景中心城区重点向南北方向扩展，与德胜组团、望远组团和贺兰县城、永宁县城形成区域一体化的空间格局。

3. 银川市城市轨道交通线路规划

“十二五”期间，银川市将形成市际轨道和城市轨道相互衔接的轨道交通系统。市际轨道连接主要城市、经济区和交通枢纽，城市轨道覆盖主要城区和商业区，连接重点区域。

银川市将规划建设银川—永宁—灵武—吴忠、银川—河东机场—宁东和银川—石嘴山三条市际轨道，以及灵武—宁东轻轨连接线，先行建设银川—永宁段和银川—机场段轨道。三条市际轨道和连接线建设完成后，银川周边80 km内的主要城市和重要经济区均能用轻轨连接起来。

规划的城市轨道包括一条环城轨道、两条支线。其中，南支线通往客运枢纽，西支线连接西夏区。环城轻轨是银川市主要的城市轻轨，从银川火车站开出，沿线有货运专线向南、向西行进至丽景街（胜利广场），再沿丽景街向北至贺兰山路，向西转沿贺兰山路至包兰铁路，向南回到银川火车站，全长27 km。这条线环绕了银川市区主要区域，连接重要的商业区和行政、文化区。“十二五”期间，将先行建设火车站至胜利广场段，利用城市既有铁路货运专用线，将其改造为城市轻轨，并向东延伸。“十二五”期间先行建设的还有南支线，南支线是银川轻轨的重要路段，将连通火车站与城市客运枢纽站。西支线是从环城轻轨西段引出，沿北京路向西连接西夏区的重要路段，全长7.5 km，“十二五”以后开工建设。

4.13.3 银川市城市轨道交通规划线路

银川远景年建造4条地铁线路，总长126 km。

1. 银川轨道交通1号线

1号线全长44 km，共设28站，是连接老城及新城最主要的干线轨道线。1号线依次串联了西南部工业区，东北部大学城区，银川火车站，会展中心，行政中心区，老城区商业中心区，河东机场等大量重点区域，是最优建设的地铁线路。

其中1号线1期全长共24 km，共设21站，投资大约100亿元左右。预计2013年开工，于2017年建成通车，建成后，预计日均运送旅客可达10万~15万人次。

2. 银川轨道交通2号线

2号线全长24 km，共设20站，为城市东部南北向的轨道线路。主要连接北部的贺兰县，德胜工业区及南部的望远工业区和市区的联系，2号线南段未来可继续延长至永宁县。

其中2号线1期全长18 km，共设15站，预计2016年开工，2020年建成通车。

3. 银川轨道交通3号线

3号线全长25 km，共设21站，为与1号线平行的东西向轨道线路。3号线在城西和城中两次与1号线换乘，在城东和2号线换乘，能够较好地和其他线路充分交换客流，有效提高整个网络的客流聚集能力。

4. 银川轨道交通4号线

4号线全长33 km，共设26站，为一条开口向下的敞开式环状轨道线路。4号线共有7个换乘站，是所有线路中最多的。4号线较好地加大了网络的覆盖范围，和网络的其他线路起到了很好的客流相互补给作用。

4.13.4 银川市城市轨道交通发展历程

银川的轨道交通从2009年开始酝酿，最初的计划是将银川市的农村干线公路新小线改造为轨道交通，但是经过前期调研及分析，此举造价高昂且得不偿失。2010年，为解决宁东基地10万员工的出行问题，满足首府日益增长的公务及商务出行需求，自治区计划开通从迎宾广场到宁东镇的轨道交通。经过专家论证，资金和客源成为两大难点。2011年8月8日银川市发改委计划在“十二五”期间开通银川市城市轨道交通，但具体的开通线路及是否选择轻轨均在规划之中。

4.14　包头

4.14.1　包头市城市轨道交通2013年度最新发展动态

截至2013年，包头市轨道交通还处在规划阶段，各项前期工作也在按计划逐步进行。

4.14.2　包头市城市总体规划和城市轨道交通线网规划

1. 包头市概况

包头蒙语“包克图”，原意为“有鹿的地方”，因此，包头也称鹿城。包头地处内蒙古自治区西部，北靠蒙古国，南临黄河，东西接沃野千里的土默川平原和河套平原，阴山山脉横贯中部。包头境内有阴山山脉的大青山、乌拉山（以昆都仑河为界），山峰平均海拔2 000 m，最高峰海拔2 324 m。全市由中部山岳地带、山北高原草地和山南平原三部分组成，呈中间高，南北低，西高东低的地势。

包头城市建成区面积360 km^2，市中心区面积315 km^2，辖9个旗县区，即昆都仑区、青山区、东河区、九原区、石拐区、白云矿区、固阳县、土默特右旗、达尔罕茂明安联合旗。有蒙、汉、回、满等43个民族。据全国第六次人口普查数据显示包头全市常住人口265.0364万人，市区人口209.4996万人。

包头市矿产资源蕴藏量丰富，享有“富饶的宝山”美誉的白云鄂博大型铁矿是世界罕见的以铁、稀土、铌为主的多金属共生矿，其稀土储量居世界首位，铌储量居全国首位，世界第二位。

4

2. 包头城市总体规划

根据《包头市城市总体规划（2008—2020）》确定的城市规划区面积由885 km^2增加至1 901 km^2。到2020年规划末期，市域总人口为340万人，城镇人口320万人，城市人口300万人（其中中心城区人口270万人，辅城人口30万人），城镇化率达到94.1%。中心城区城市建设用地总规模为321.4 km^2，人均建设用地指标为119.04 m^2。地区生产总值达到4 800亿元以上，建成全国经济强市，基本实现现代化，成为经济发达、文化繁荣、环境优美、社会和谐的现代化城市。规划强化了“一市两城、多组团、多中心”的城市布局，突出山、城、河、绿的城市格局特色。

3. 包头市城市轨道交通规划

从2010年开始，包头市全面启动城市轨道交通规划建设前期工作，开展城市轨道交通建设规划、线网规划、综合交通规划等的编制、咨询和评审工作，线网规划远景5条线路，近期规划建设3条线路，形成“两纵两横”、四个枢纽点的轨道交通线网。远期增加4号线和5号线，形成双中心放射格局。同时研究BRT改造升级的时机与方案。通过城市轨道交通，可有力解决包头市中心城区的交通拥堵问题，改善城市的空间结构、生态条件，提高城市的自然和环境承载能力。

4.15　唐山

4.15.1　唐山市2013年城市轨道交通最新动态

唐山市轨道交通还处在规划阶段，暂无最新动态。

4.15.2 唐山市城市总体规划和城市轨道交通线网规划

1. 唐山市概况

唐山市位于河北省东部，地处环渤海湾中心地带（南部为著名的唐山湾），南临渤海，北依燕山，东与秦皇岛市接壤，西与北京、天津毗邻，是连接华北、东北两大地区的咽喉要地和极其重要的走廊。唐山市辖六区六县并代管两个县级市，其中六区为路北区、路南区、古冶区、开平区、丰润区和丰南区，六县为唐海县、滦县、滦南县、玉田县、乐亭县和迁西县，代管的两市为遵化市与迁安市。

唐山市总面积17 040 km^2。其中陆地总面积13 472 km^2，唐山海域面积达3 568 km^2。唐山市人口近760万（其中市区人口420万）。

2. 唐山市城市总体规划

根据《唐山市城市总体规划（2011—2020年）》（以下简称《总体规划》）。《总体规划》确定6 918 km^2城市规划区，规划区范围内实行城乡统一规划管理。要合理确定唐山中心城区与曹妃甸城区的功能定位，优化空间布局，合理开发利用地下空间资源，重点发展基础条件好、发展潜力大县镇城和基础条件好、发展潜力大的建制镇。坚持可持续发展，要妥善处理开发与保护的关系，合理控制城市规模。到2020年，中心城区城市人口控制在220万人以内，城市建设用地控制在210 km^2以内。根据《总体规划》确定的城市空间布局，引导人口合理分布。

规划期内，唐山市域城镇将创建区域开放的发展格局，实施向沿海推进的战略，实施点轴开发的发展模式，形成一个城市密集区、两条城镇发展轴和四条一级城镇发展轴的局面。在轨道交通工程方面，2011年，石家庄、唐山市完成方案设计和论证；2012年，完成国家发改委、住建部报批工作；2013年，落实建设资金，完成开工前各项准备工作并开工建设。污水垃圾处理专项提升行动工作方案提出。

3. 唐山市城市轨道交通线路规划

2010年6月9日召开的“十二五”规划编制工作调度会计划将轻轨建设列入唐山“十二五”规划，曹妃甸有望最先开工建设。

唐山城市总体规划已将轻轨建设列入市域综合交通规划，提出利用城市废旧铁路路基发展成为城市轻轨交通线路，可节约用地、节省投资，使修建轻轨交通减少地区动迁量。轻轨建设将由唐山市交通运输局牵头规划，并列为“十二五”唐山交通规划的重要组成部分。曹妃甸工业区至曹妃甸生态城段有望最先开工建设。

唐山市现有京山线和唐遵线均在城市腹地通过，可规划在此基础上修建轻轨。具体线路走向为：旧京山线部分，中心区—丰南区（18 km），中心区—古冶区（25 km）；唐遵线，中心区—丰润区（25 km），同时考虑唐遵线和旧京山线交汇处引支线至唐山火车站。

4.15.3 唐山市城市轨道交通规划线路

暂无具体线路信息。

4.15.4 唐山市城市轨道交通发展历程

2010年6月9日，唐山轻轨建设列入“十二五”计划；

2012年6月唐山市城市轨道交通线网规划（2012—2020年）项目公开招标。

4.16 芜湖

4.16.1 芜湖市2013年城市轨道交通最新动态

2013年度芜湖轨道交通规划情况没有实质性进展。

4.16.2 芜湖市城市总体规划和城市轨道交通线网规划

1. 芜湖市概况

芜湖市位于安徽省东南部，下属三县（芜湖、繁昌、南陵），四区（镜湖、弋江、鸠江、三山）。全市面积3 317 km^2，其中市区面积720 km^2，全市常住人口2 263 123人。

2. 芜湖市城市总体规划

2012年芜湖规划局公布的《芜湖市城市总体规划（2012—2030年）》中提出，按照国家、安徽省经济社会发展战略目标的总体部署，把芜湖建设成为经济实力雄厚、创新活力迸发、生态环境优美、城市功能完善、文化繁荣发展、社会和谐有序的现代化大都市。到2030年左右城乡经济社会发展一体化机制完全建立，全面实现现代化。

芜湖市规划按照市域一体、城乡统筹的思路，坚持“三个集中”、“两个延伸”、“六个一体化”，着力打造生态城市，建设美丽乡村。市域空间结构规划为“两带两轴”，“两带”为北沿江城镇发展带和南沿江城镇发展带；“两轴”为合芜宣城镇发展主轴和滁黄城镇发展次轴。构建“1、4、7”组团式市域空间架构，以市区为主城，四个县城为副城（无城、湾沚、繁阳和籍山），打造七个新市镇（白茆、石涧、襄安、许镇、弋江、荻港和六郎）。

芜湖市将逐步形成四条客运专线（宁安、京福、商合杭、皖赣）和五条普速铁路（淮南、宁芜、芜铜、皖赣、芜宣杭）构成的铁路网格局。高等级航道网将以长江和芜申运河、合裕航道形成水运“十”字交叉。市域高速公路网形成“一环多射”格局。全力推进芜湖军用机场搬迁和民用机场选址建设。建成由快速路、主干路、次干路和支路组成的级配合理、路权明晰、安全生态的城市道路网体系；重点加强“四纵两横一环”快速路体系与关键通道（如跨江通道）的建设，加强组团之间的交通联系。建立以轨道交通为骨干、城市路面公交为主体、出租车为补充的多层次一体化协调发展的公共客运交通体系，打造公交优先城市；近期着手轨道建设前期研究工作，2020年前建成轨道1号线。到2030年，中心城区公共交通出行分担率超过35%。

3. 芜湖市城市轨道交通线路规划

根据芜湖市城市发展目标，结合交通需求、线网密度、经济承受能力及建设能力，芜湖市城市快速轨道交通规划（2016—2030）方案由2条干线和1条局域线组成，总长约75.1 km；设车辆段及停车场4座、主变电所4座、控制中心1座。敷设原则为中心城区范围内采用地下方式，其余路段结合地形和技术要求尽可能采用地上和高架方式。

根据《芜湖市城市总体规划（2012—2030）》，2016—2020年芜湖市将建成轨道交通1号线主线，新建车站24座，新建车辆段及停车场2处、主变电所1座。2021—2030年芜湖市将建成轨道交通1号线支线和3号线一期，争取建设2号线一期；新建车站30座，新建车辆段2处、主变电所3座。

4.16.3 芜湖市城市轨道交通规划线路

芜湖市城市轨道交通规划线路有3条，包括1号线、2号线和3号线。

1. 芜湖轨道交通1号线

芜湖轨道交通1号线主线途经龙山、湾里、赭山、北门、弋江桥和火龙等片区，为联系城北、城中和城南组团的城市干线；北段及跨青弋江段采用高架敷设方式，其余地段采用地下敷设方式。1号线主线一期由塔桥至会展中心，全长约21.2 km（地下段7.5 km、过渡段0.6 km、高架段13.1 km），设18座车站，其中3座换乘站，预留北延条件，设塔桥车辆段。二期南沿至八里湾，全长约9.6 km（地下段9.0 km、过渡段0.3 km、高架段0.3 km），设6座地下车站，其中2座换乘站，设金山路停车场。

1号线支线途经赭麓、荆山和清水等片区，为联系城市核心区和城东新区的城市干线，全长约8.0 km；西段采用地下敷设方式，东段采用高架敷设方式。1号线支线由长宁街至清水西，全长约8.0 km（地下段5.3 km、过渡段0.3 km、高架段2.4 km），设6座车站，其中2座换乘站。1号线支线为东西向骨干线，建成后与主线贯通运营，终点至北京路与徽州路交叉口东南侧。

2. 芜湖轨道交通2号线

2号线由新市口至祠山，途经镜湖、赭麓、官陡、万春等片区，为联系城市核心区和城东新区的局域线；西段采用地下敷设方式，东段采用高架敷设方式。2号线一期由新市口至二道桥，全长约13.3 km（地下段6.1 km、过渡段0.3 km、高架段6.9 km），设11座车站，其中3座换乘站；设二道桥车辆段。

3. 芜湖轨道交通3号线

3号线由雍南至新义，途经江北、天门山、官陡、荆山、火龙、白马等片区，为联系江北、城中和城东组团的城市干线兼市域快线；北段及穿长江段采用地下敷设方式，其余地段（华侣大道西段和中江大道等）采用高架敷设方式。3号线一期由雍南至冯屋基，全长约23.0 km（地下段12.8 km、过渡段0.6 km、高架段9.6 km），设16座车站，其中4座换乘站；设农场车辆段。

4.17 保定

4.17.1 保定市2013年度城市轨道交通最新动态

尚在规划阶段，暂无最新动态。

4.17.2 保定市城市总体规划和城市轨道交通线网规划

1. 保定市概况

保定市位于华北平原中部，辖5区、4市、18县，与北京、天津构成黄金三角，市中心距北京140 km，天津145 km，石家庄125 km，是国务院批准的历史文化名城和对外开放城市，是河北省第一大市，全国第三大人口城市，总面积2.21万 km^2，市区建成区面积380 km^2，总人口近1 100万，市区人口近240万。

2. 保定市城市总体规划

保定市是京津冀地区南部的区域性中心城市、先进制造业和现代服务业基地。《保定市城市总体规划（2008—2020年）纲要》确定市域行政区划范围面积22 109 km^2。规划区范围为“一城三星”（含保定市区、清苑、徐水、满城县域范围），面积3 127 km^2。《总规》确定保定市域“一主三次”的城镇发展轴结构：一主是保定核心都市区，三次分别是涿州、定州和白沟·白洋淀温泉城。一主三次的城镇空间结构是对保定市域宏观经济布局与市域城镇发展战略的落实。中心城区规划布局为“两带两区三组团”的城市结构，其城市路网骨架由“井”字形快速路和“九纵九横”主干路构成。

围绕着全面提升城市品位的核心，保定市主城区以加快推进“大水系、大交通、大城市”建设和统筹“一城三星一淀”区域同城化管理为重点，培育打造一批标志性城市景观和精品工程，实现“规划体系基本健全、规划水平显著提高、规划执法力明显增强”。

规划期内空间发展战略为北跨、南进、东拓、西优、中提。规划2020年市域总人口为1 242万人，其中城镇人口达到700万人，城镇化水平为57%，2020年建设用地规模180 km^2。

3. 保定市城市轨道交通线路规划

《保定市城市轨道交通专项规划（2011—2030）》确定规划范围包括市区及“三星一淀”，即为“一城三星一淀”。市区内规划了4条轨道线路，与各卫星城市之间规划了地面轨道线，并对线路及站场周边用地提出了控制要求，为保定市发展轨道交通，确保低碳和公交优先城市的实施提供了规划支撑。

4.17.3　保定市城市轨道交通规划线路

保定市城市轨道交通规划暂无具体线路信息。

4.17.4　保定市城市轨道交通发展历程

2011年7月，保定市第一个城市轨道交通专项规划《保定市城市轨道交通专项规划（2011—2030）》通过专家评审。

4

4.18　柳州

4.18.1　柳州市2013年度城市轨道交通最新动态

柳州市轨道交通还处在规划阶段。2013年度柳州轨道交通规划情况没有实质性进展。

4.18.2　柳州市城市总体规划和城市轨道交通线网规划

1. 柳州市概况

柳州市下辖4区6县2新区和3个开发区。4区为柳南区、鱼峰区、城中区、柳北区。6县包括柳城县、柳江县、鹿寨县、融安县、融水苗族自治县和三江侗族自治县。新区和开发区为柳东新区、柳州市阳和工业新区、柳州高新技术产业开发区、旧机场开发区、基隆开发区。全地区总面积为18 707.25 km^2，其中市区面积为658.31 km^2。全市总人口375.87万人。

2. 柳州市城市总体规划

《柳州市城市总体规划（2010—2020年）概要》中指出，柳州市要以西部大开发为契机，发挥铁路交通枢纽及工业基础的优势进行发展和规划。城市规划区范围包括柳州市市区及市区外围紧密相连的邻县的部分区域，分别为拉堡镇、进德镇的部分用地、雒容镇的部分用地和古亭山开发区，总面积约为882.2 km^2。规划期内城市围绕现有城区由内向外有序拓展、延伸，紧凑发展，形成中心城区＋外围组团的城市整体结构格局。

3. 柳州市城市轨道交通线路规划

“十二五”规划建议利用闲置铁路运营城市轨道交通，届时可形成柳江－柳州－鹿寨的城市轻轨交通系统。该轻轨将贯穿市中心和连接未来柳州两个中心市区（即现市中心区和柳东新区），为居民的出行提供多种出行选择。

规划第一期，利用目前运营率很低的柳江县城－柳州火车站铁路；第二期，在新湘桂铁路建成通车后，利用柳州火车站－鹿寨县城闲置铁路运营城市轨道交通。两期的运营路径为：柳江县城—柳州火车东站－柳州火车站（一期）－鸬鹚江－雒容（官塘）－鹿寨县城（二期），并在途中的雒容连接拟规划的柳东新区轻轨线，从而形成城市轨道交通系统。

“十二五”规划还建议，轻轨营运列车，可选用类似加拿大渥太华轨道交通每列3节车厢内燃机动力车组，因为100万人口的渥太华与柳州城市规模相近，因此该内燃机动力车组较适合柳州运营城市轨道交通，并可利用柳州火车东站、柳州火车站、柳州火车北站等现有车站，作为上下客和双向会车车站。

4.19 大理

4.19.1 大理市2013年度城市轨道交通最新动态

2013年度大理市轨道交通规划情况没有进展。

4.19.2 大理市城市总体规划和城市轨道交通线网规划

1. 大理市概况

大理白族自治州地处云南省中部偏西，辖8个县及3个少数民族自治县，是中国西南边疆开发较早的地区之一，也是一个居住着汉、白、彝、回、傈僳、藏、纳西等26个民族的地区。自治州国土总面积29 459 km^2。山区面积占总面积的83.7%，坝区面积占16.3%。东西最大横距超过320 km，南北最大纵距超过270 km。

2. 大理市城市总体规划

大理城市发展总体目标为努力将大理建设成辐射面广、带动力强、吸引力大的滇西中心城市，我国著名的文化、旅游特色浓郁的现代城市，世界上最适宜人居的城市之一。产业发展总体目标是“两保护、两开发”的思路框架下，大力发展循环经济、低碳经济、打造云南省“三中心”（旅游休闲中心、商贸物流中心、现代服务中心）、“两基地”（先进制造业基地、现代农业基地），构建现代产业体系，建设滇西经济中心。规划市域村镇空间结构为“一海（洱海）、两线（洱海西线和东线）、一城（中心城区，大理、下关、凤仪、海东四个组团）、七镇（喜洲、银桥、湾桥、上关、双廊、挖色、太邑七个镇乡）”，大理市中心城区用地布局空间结构为“一主、一次、两轴、四组团”的组团式布局。

按照《大理滇西中心城市总体规划》，大理建设滇西中心城市的方向，即牢牢抓住桥头堡建设的重大战略机遇，强力推进大理滇西中心城市建设，实现构建中国面向西南开放的区域性中心。按规划，滇西中心城市范围为“1+6”，即大理市为中心城市核心区，发展周边的祥云、宾川、弥渡、巍山、漾濞、洱源为副城。从发展构想来看，6个副城的城市定位和发展方向已然明确，按规划，祥云县是大理滇西中心城市副中心，着力发展现代物流业、高新技术产业、生物制药、机械制造业等；宾川县发展旅游休闲度假产业、房地产业、太阳能发电等；弥渡县重点发展生态民族旅游业、房地产业、生态农业、有色金属采选冶等；巍山重点发展房地产业、文化创意产业、文化旅游业；漾濞重点发展生态林业、物流业、食品加工工业；洱源重点发展房地产业、温泉度假休闲、商务休闲等。到2015年，滇西中心城市群总人口将达260万人，城镇人口达130万人，城镇化率达50%以上。

发展“1+6”滇西中心城市，交通被摆在了发展首位，大理市与6个副城之间，以构建半小时城市经济圈为目标，实现大理市与祥云、宾川等6个副城隧道、轨道相连接的快速交通网，以“交通圈”拓展“城市圈”。

到2020年，滇西中心城市的规模将由大理市目前的39 km^2，扩展至152 km^2，国土面积达到1.5万 km^2。届时，大理将建成独具特色、辐射广泛的区域性中心。

3. 大理市城市轨道交通线路规划

《大理轨道交通概念规划》从大理滇西中心城市建设需求出发，确定了洱海旅游观光客车线、主城轨道交通线及连接6个副城市和鸡足山佛教文化旅游胜地的市域轨道交通8条线，共10条轨道交通线。

规划中的环洱海旅游观光客车线，起点为大理古城东侧，途经大丽路、南经庄、洱滨村、环湖公路，再经大丽路后回返大理古城东侧原点，全长109.5 km，设车站42座，均为地面站，平均站距为2.5 km。

主城轨道交通起点为新世纪中学，途经人民北路、美登大桥、苍山路、红山大道、环湖路。线路全长14.7 km，全为地下线，设车站13座。该线支线接轨站龙山东站，平行换乘，后沿苍山路、祥龙大道、滇源大道、大凤路，终点在白桥地附近，全长9.7 km，共设车站8座。

4.19.3　大理市城市轨道交通发展历程

近年来，从大理滇西中心城市建设需求出发，中铁二院昆明勘察设计研究院有限责任公司设计了《大理轨道交通概念规划》，该规划于2011年11月通过了来自昆明和大理州、市组成的专家评审组的评审。

4.20　南通

4.20.1　南通市2013年度城市轨道交通最新动态

2013年4月17日，《南通市城市轨道交通建设规划（2014—2018年）》通过专家评估。

4.20.2　南通市城市总体规划和城市轨道交通线网规划

1. 南通市城市概况

南通是江苏省地级市之一，位于苏中，长江三角洲北翼。南通辖3个区（崇川、港闸、通州）、2个县（海安、如东）、2个开发区（南通经济技术开发区、南通滨海园区）、1个功能区（苏通科技产业园），代管3个县级市（启东、如皋、海门）。全市总面积8 001 km^2。

2. 南通城市总体规划

根据《南通市城市总体规划（2011—2020）》，南通市将构建“一主三副多点”的空间发展格局。

“一主”即以南通中心城区及其辐射影响下的海门城区和如皋长江镇为中心的地区，是南通市最主要的城市化地区和产业聚集地区，应重点做好基础设施的对接和产业布局的协调，强化市政公用设施的共建共享，共同促进南通中心城区的功能提升。

“三副”指“掘港—长沙”城镇组群、“汇龙—吕四”城镇组群、“如皋—海安”城镇组群。“掘港—长沙”城镇组群应依托洋口港的开发建设，大力发展临港产业，协调洋口港与掘港镇之间的港城关系，并加快推进冷家沙海域的研究；“汇龙—吕四”城镇组群应协调好临港工业与海洋渔业的发展，依托滨海风光资源，发展海景、滩涂旅游业；“如皋—海安”城镇组群应充分发挥海安苏中交通枢纽地位，大力发展物流业，深入挖掘如皋的人文资源和特色资源，大力发展旅游业，同时要加强城镇基础设施的共建共享。

“多点”指市域范围内的多个重点镇。包括长沙镇、吕四港镇、长江镇、搬经镇、近海镇、寅阳镇、三星镇、包场镇、二甲镇、石港镇、曲塘镇、李堡镇、岔河镇、洋口镇、三余镇等15 个城镇，其中，洋口镇、三余镇、近海镇、寅阳镇是为加强沿海开发而新增的重点镇，规划应重点加强基础设施建设和人居环境建设，引导人口和产业向镇区集聚，成为市域空间新的增长极。

3. 南通市城市轨道交通线路规划

根据《南通市城市快速轨道交通建设规划（2014—2018）》，规划中的南通市轨道交通线网呈“T”形放射结构，线网由4条线路构成，总长170.8 km。1号线途经铁路西站地区、市北高新（南通）科技城、老城区、新城区、能达商务区、苏通科技产业园；2号线途经南通火车站、市北新城、老城区、观音山新城、南通高新区、通州城区；3号线途经港闸开发区、市北新城、观音山新城、新城区、能达商务区、锡通产业园区南区；4号线途经通州城区、南通家纺城、锡通产业园、苏通科技产业园。

4.20.3 南通市城市轨道交通发展历程

2013年4月16日至17日，受国家发展改革委委托，中国国际工程咨询公司在南通主持召开《南通市城市快速轨道交通建设规划（2014—2018）》评估会，通过了专家评审。评估通过后，按照程序，建设规划还须经国家发改委、住建部审查，最终报国务院审批。

第5章
城市轨道交通行业部分主要单位介绍

5.1 年度报告主办和协办单位

5.1.1 《都市快轨交通》杂志社

《都市快轨交通》杂志前身是《地铁与轻轨》，创办于1988年1月，是我国最早的地铁与轻轨行业综合性技术刊物，由北京交通大学和北京城建设计发展集团股份有限公司联合主办，中国地铁工程咨询有限责任公司及广州市地下铁道总公司、重庆市轨道交通（集团）有限公司、香港铁路有限公司等共同协办，施仲衡院士亲任主编。现为“中国科技论文统计源期刊”（中国科技核心期刊）和“中文核心期刊”。

《都市快轨交通》继承《地铁与轻轨》的办刊宗旨，宣传国家关于城市轨道交通的各项方针、政策、法规，介绍国内外地铁与轻轨建设、运营经验，实时报道国内外城市轨道交通建设相关创新技术和高新技术成果、以及有关城市轨道交通建设方面的重要信息，促进同行间的学术研讨和技术交流，引领我国城市轨道交通事业的发展。

《都市快轨交通》全年6期，双月刊，大16开，100页全彩印刷。国内统一刊号CN 11－5144/U，国际标准刊号ISSN 1672－6073。

除发行纸质期刊外，还通过网络、检索刊物向国内外传播，包括CNKI“中国知网”、万方数据、台湾CEPS中文电子期刊服务、维普资讯网、《中国学术期刊文摘》（中、英文）、美国《剑桥科学文摘》、英国《科学文摘》等。目前以中国内地发行为主，同时覆盖香港、台湾、新加坡等华语地区和国家；海外发行由中国国际图书贸易总公司进行推广。发行语言以中文为主，摘要、目录和作者信息有英文版。发行对象为：全国各城市地铁和轻轨运营单位的技术和管理人员；城市轨道交通行业科研、设计、咨询单位的技术人员；城市轨道交通相关政府管理部门；相关专业技术学会和协会；城市轨道交通行业建设施工单位；国内外相关设备供应商；相关高校师生；其他关心城市轨道交通的社会人士。

《都市快轨交通》杂志社由编辑部和综合部组成，同时拥有包括国内外数十名知名专家的《都市快轨交通》编委会，包括行业内近百家知名单位的《都市快轨交通》理事会。

《都市快轨交通》杂志社是《中国城市轨道交通年度报告2013》的主办单位。

联系方式如下。

单位名称：《都市快轨交通》杂志社

单位地址：北京市海淀区北京交通大学7公寓　　邮编：100044

单位网址：http://www.urt.cn　电话：010-51688553　传真：010-51683783

5.1.2 中国土木工程学会城市轨道交通技术工作委员会

“中国土木工程学会城市轨道交通技术工作委员会”（以下简称“委员会”）是中国土木工程学会的分支机构，是全国各城市轨道交通行业单位自愿组合并经民政部批准成立的非营利、全国性的行业学术团体。

委员会的前身“中国土木工程学会隧道及地下工程学会地下铁道专业委员会”成立于1979年。2005年12月经中国土木工程学会批准成立城市轨道交通技术推广委员会，2010年5月21日经民政部批准更名为“中国土木工程学会城市轨道交通技术工作委员会”。

三十多年来，几代委员致力于城市轨道交通行业的学术交流和技术推广，设计、施工设备的新技术在推广应用中得到创新和发展。轨道交通工程建设结合实际创造的“浅埋暗挖”、“平顶直墙暗挖”、“多跨暗挖”、“冻结法施工”、“盖挖施工技术”及“监控量测”、“防水施工”、“施工防水”、“盾构”等先进技术，确保了工程质量和施工进度。车辆、供电、通信、信号、机电、AFC、综合监控等技术的引进、消化、吸收及创新全面提升了轨道交通的技术水平。近年来的学术交流活动中更是涌现了一批高水平的论文，从管理和技术的角度提出了城市轨道交通建设标准化、系列化的方向。这些对城市轨道交通行业人才聚集和事业的发展起到了重要的推动作用。

截至2012年12月，委员会成功举办了大型国内学术交流活动22届；正式出版了论文集16本；出版专著4本；创办了“中国城市轨道交通关键技术论坛”；开展城市轨道交通专项技术的评审和推广，评选出49项新技术；组织完成了“十一五”国家科技支撑计划重点项目“新型城市轨道交通技术”的研究工作；编制了国家标准《城市轨道交通项目管理规范》、学会标准《城市轨道交通运营管理指南》和企业标准《城市轨道交通资源开发规范》，正在编写《城市轨道交通技术发展纲要》。参与了多项政府部门规章制度的制定工作。

委员会把促进中国城市轨道交通规划、设计、施工、运营等方面的技术进步、推广及发展作为行动目标和宗旨，业务范围主要包括以下几项。

（1）开展对我国城市轨道交通领域规划、设计、施工、运营管理的调查研究，掌握城市轨道交通国内外动态，并就本领域重大科技发展规划及相关产业政策等问题向政府部门提出咨询建议。

（2）组织或承担城市轨道交通相关技术规范、标准的编制和审定工作。

（3）开展城市轨道交通创新技术项目评审、鉴定和推广工作。

（4）组织城市轨道交通领域中国土木工程詹天佑土木工程奖的推选工作。

（5）组织建立城市轨道交通领域专家库。

（6）开展行业内有关技术咨询、技术培训和技术服务工作。

（7）组织开展国内外学术交流和专题研讨活动，促进国际合作。

委员会设常务理事会，由理事长、副理事长、常务理事、秘书长组成。城市轨道交通规划设计、建设、施工、运营、科研、大专院校等单位提出申请，并推荐人选，经常务理事会批准，可成为委员会理事。目前，委员会共有会员单位80余家，涵盖了全国城市轨道交通行业的大多数规划设计、施工、运营、科研机构、大专院校等单位。

委员会将继续致力于建设我国城市轨道交通行业的技术交流平台，引领本领域的技术发展和创新，形成联系政府、规划设计单位、建设单位、运营单位、施工单位、科研机构、大专院校、设备制造商等社会各界人士的纽带。在这里，分享同行的经验成果，交流学术见解，共同为中国城市轨道交通的技术发展做出贡献。

委员会是《中国城市轨道交通年度报告2013》的联合主办单位。

委员会挂靠单位：北京城建设计研究总院有限责任公司

理事长：宋敏华

秘书长：冯爱军

联系方式如下。

单位地址：北京市阜成门北大街5号　邮编：100037

秘书处联系电话：010-88336169　传真：010-88336467

邮箱：urtc1979@gmail.com

5.1.3　中国城市轨道交通协会

中国城市轨道交通协会是我国城市轨道交通领域的国家一级协会，由国家发展和改革委员会作为业务主管单位，同时接受住房和城乡建设部、交通运输部的行业指导，是具有独立法人资格的全国性、行业性、非营利性社会组织。

2011年10月14日中国城市轨道交通协会在北京举行了成立大会暨第一次会员代表大会。原机械工业部部长、原国家计委副主任包叙定同志当选为会长。

协会现有单位会员170家,涵盖了中国城市轨道交通行业中的地铁运营、建设施工、装备制造、咨询研究、院校媒体等各种类型的企事业单位，协会宗旨:遵守法规加强自律，发挥桥梁纽带作用，热诚为政府企业服务，推动行业科学发展。

在城市轨道交通快速发展的新阶段，中国城市轨道交通协会将积极发挥提供服务、反映诉求、规范行为的作用，在政府与会员之间搭建交流平台，发挥桥梁、纽带作用，竭诚为政府、为企业、为城市、为行业服务，业务范围主要涵盖以下几个方面。

（1）开展对我国城市轨道交通领域规划、建设、运营管理、生产的调查研究，总结经验，提出问题，研究有关政策、措施，为政府有关部门决策和政策制订提出咨询建议。

（2）交通发展中的经验教训；规范行业行为，充分发挥各方面的优势，共同推进城市轨道交通的技术进步。

（3）加强与有关国际组织、技术机构等方面的交流，开展技术合作，沟通信息，跟踪国外轨道交通的发展动态，帮助引进国外先进技术和管理经验。

（4）开展专业性的研究工作，加强基础理论和技术标准的研究，为项目建设、管理和产品生产开发服务，组织专业人员的培训工作，建立专业人才库和行业专家库。

（5）受政府有关部门委托，组织开展相关的资格认证、安全评估等工作。

（6）接受委托，在项目规划、建设、管理、设备国产化等方面开展专题研究，提供咨询服务。

（7）举办轨道交通展览，为参与轨道交通的有关各方提供沟通、交流及展示的平台。

（8）宣传、贯彻国家有关政策，编辑、出版有关信息和资料，搭建传递信息、交流经验和发表意见的平台，向政府反映行业意见和要求，维护企业合法权益。

（9）承担有关部门委托的其他事项。

中国城市轨道交通协会是《中国城市轨道交通年度报告2013》的支持单位。

会长：包叙定

秘书长：马季华

联系方式如下。

单位地址：北京市西城区莲花池东路甲五号院白云时代大厦A座20层 邮编：100038

联系电话：010-51289099转830 传真：010-63377663

单位网址：http://www.camet.org.cn

5.1.4 北京卓越信通电子股份有限公司

1. 关于卓越

北京卓越信通电子股份有限公司（简称卓越信通）成立于2006年，注册资金2 800万元，总部位于中关村国家高新技术产业开发区。卓越信通为智能交通、电力、冶金、能源等行业提供高可靠性工业网络产品。卓越信通立足于自主创新、自行研发，依托雄厚的技术实力、完善的营销网络，在高可靠性工业网络产品的研制领域取得了领先地位。

卓越信通工业网络产品已获得铁路、国家电网、航天部等国家权威行业认证及UL、cUL、CE、FCC等多项国际高端产品认证。在高可靠性工业网络系列产品的设计和研发领域拥有20多项专利及30多项软件著作权。卓越信通高可靠性工业以太网产品为国家轨道交通、高速铁路、智能电网等领域提供了坚固的智能传输平台。在智能交通领域，卓越信通已经为北京、上海、天津、广州、重庆、南京、成都、武汉、深圳等50多条地铁及京沪、武广、石太等30多条高铁线路提供了高可靠性的工业以太网产品及服务保障。在电力领域，卓越产品已经广泛应用于智能变电站的综合监控系统、在线监测系统、配电自动化网络系统、核电及火电厂的DCS及MIS系统及风电的场内监控系统和风机监控系统。卓越信通的高可靠性工业以太网产品已远销北美、欧洲、大洋洲及南美洲的多个国家与地区。

卓越信通在2008年被评为“中关村最具发展潜力十佳高新技术企业”，2008年、2011年两次获得国家科技部科技创新基金支持，2010年获得“中关村新兴产业50强”，2012年获得“中关村百家最具发展潜力信用企业”，2012年获得首批中关村国家自主创新示范区创新产品称号及国家重点新产品证书。2012年、2013年连续两年荣获“中关村高成长企业TOP100”荣誉称号。

卓越信通将长期专注于工业网络领域的研发与市场开拓，不断推出符合工业客户需求的产品和服务，致力于将“卓越信通TSC”打造成为全球工业网络的国际知名品牌。

1）TSC系列工业网络产品

工业以太网交换机
- 网管型工业以太网交换机
- 非网管型工业以太网交换机
- 模块化工业以太网交换机
- 工业以太网交换机配件

工业设备联网产品
- 光电介质转换
- 串口设备联网
- 现场总线网关

工业无线产品
- AP/CPE/MESH/网桥
- 工业无线路由器
- 工业蜂窝数传
- 工业ZigBee数传

工业视频产品
- 模拟信号传输产品
- 数字信号传输产品
- 数字视频光端机

工控信息安全产品
- 工业防火墙
- 入侵防御系统
- 工控隔离网关
- 安全型交换机

工业网络管理软件
- 工业网络管理及配置软件
- 网络扫描监控软件

5

2）工业以太网系列

卓越信通在工业以太网领域具备15年的设计和应用经验，拥有完整的产品线，可为各种工业应用场合提供整套的通信方案；可根据用户的特殊应用定制各种产品，满足用户的个性化需求。

产品特点

- 完整的接入层、汇聚层、核心层产品线，给用户提供灵活选择。
- 支持从几个端口到几百个端口的光电组合 。
- 支持百/千/万兆多种端口带宽及其组合。
- 支持非网管/2层/3层多种层次网络管理。
- 支持标准化产品和客户定制化的产品。
- 支持固定结构和模块化组合结构形式。
- 支持普通标准电口和POE接口。
- 支持工业导轨安装、标准机架式安装和用户定制的特殊形式安装。
- 工业级的可靠性。

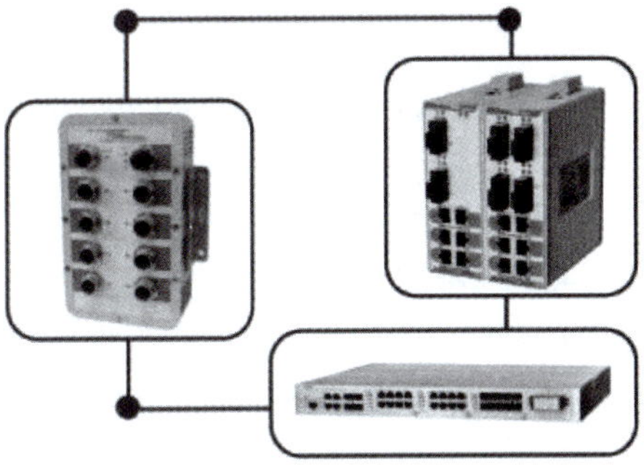

3）工业设备联网产品

TSC 工业设备联网产品系列在满足常用工业总线的转换联网需求的同时又能适应工业应用场合严酷的环境需求，在轨道交通、电力、冶金、钢铁等场合得到广泛应用。

产品特点

- 以太网光电转发和Profibus/Modbus/CAN等现场总线转发等多种产品系列。
- 产品支持非网管、网管。

- 可选择机架式和卡轨式安装。
- 满足工业级的电磁兼容认证标准。
- 工业级的防护等级。
- 无风扇，高平均无故障时间。
- 电源冗余、宽范围电压输入。
- 宽工作温度范围。

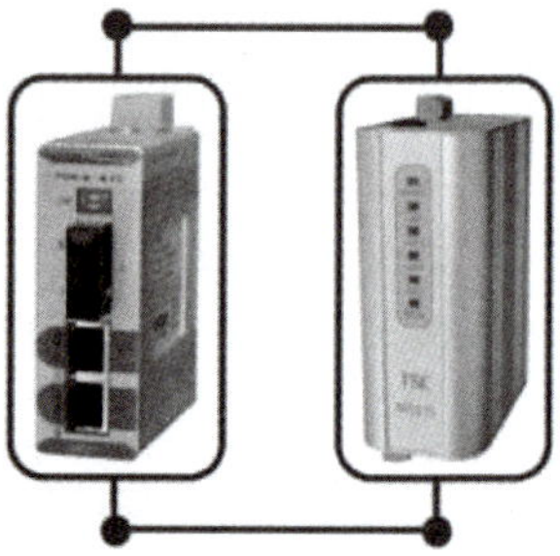

4）工业无线产品

TSC工业无线产品包括WIFI/ZIGBEE/GPRS产品，产品根据工业环境设计，满足严酷等级需要；同时，结合WIFI、ZIGBEE、GPRS产品的各自特点，灵活组网，完成远程、高速、快速漫游、低功耗等不同应用方案需求。产品应用在平安中国、平安城市之“全球眼”、车载移动、远程电力监控等场合取得了良好的使用效果。

产品特点

- 提供WIFI/ZIGBEE/GPRS 多种无线产品解决方案。
- 支持802.11 a/b/g/n等国际标准化协议。
- 100 km/h移动中快速切换及无限制漫游, 切换时间50 ms。
- 室内/室外安装方式。
- 工业级的防护等级。
- 无风扇，高平均无故障时间。
- 宽工作温度范围。

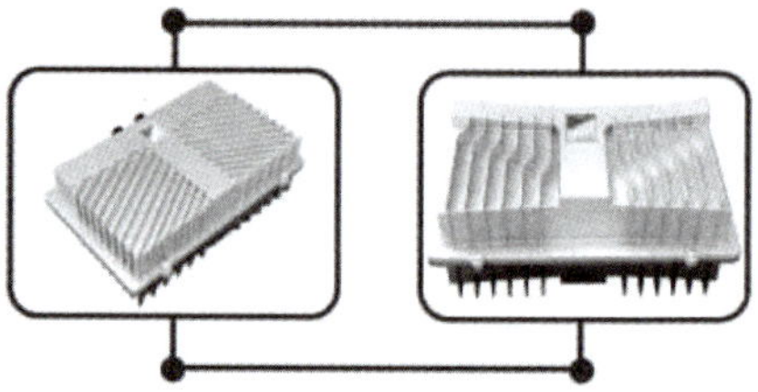

5）工业视频产品

卓越信通凭借强大的研发实力，拥有自主品牌的视频服务器、视频编解码器、高清视频光端机、双绞线视频传输和各种视频分配器产品，为客户提供高可靠、高速、高清晰视频解决方案。在地铁PIS系统、交通监控系统、平安城市的“全球眼”、港口监控等系统中得到广泛应用。

产品特点

- 完善的VGA/DVI/HDMI 视频编解码及传输产品线。
- 支持1对多路的视频传输。
- 支持视频转换以光、电介质输出形式。
- 工业级的防护等级。
- 高平均无故障时间。
- 宽工作温度范围。
- 展厅PIS 系统。

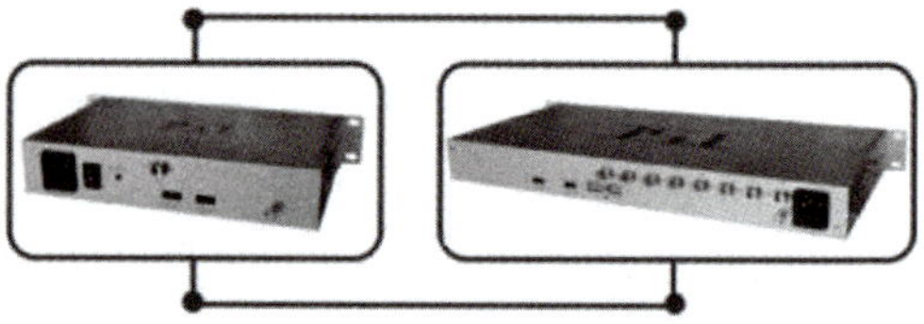

6）工控信息安全产品

TSC网络安全产品,不仅实现了交换和路由的一体化，产品还拥有完整的安全防护和管理功能。在银行、证券、学校的网络安全项目取得良好的应用业绩。

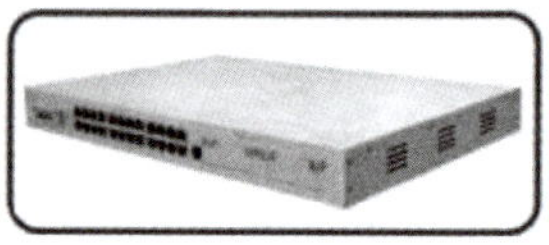

产品特点

- 交换和路由一体，实现三层数据包的高速转发。
- 具备端口BYPASS功能和电源冗余，保证设备的可靠工作。

• 可检测防护3 000种以上的网络攻击行为，支持DDOS防御等高级安全功能。
• 支持全状态检测防火墙，对每一用户、每一连接进行检测、监控和控制，并形成日志。
• 强大的安全策略管理，可根据接口、域、IP、协议、时间等因素对用户流量进行管控。
• 丰富的HTTP、URL、垃圾邮件的防护和过滤。
• 对IPSec和SSL VPN等连接方式的完整支持，为用户提供具有高保密安全性、低成本、配置简单等特性的VPN服务。
• 支持基于用户的带宽资源分配策略、连接数管理和行为管理。

7）工业网络管理软件

TSC工业网络管理软件拥有良好的兼容性，实现对不同厂家设备的统一管理；产品还提供管理、报警和记录报表功能，可满足用户对历史数据的查询，完成网络的高效管理。

产品特点

• 自动发现网络中不同厂家、不同地理位置和不同网关中的设备，以图形化方式展现网络拓扑。
• 对于网络运行中的异常状况可自动发送声音、颜色、寻呼等告警通知。
• 全面支持SNMP、RMON1.2 和ICMP等协议，允许用户以设备面板图形式远程操作。
• 可实时监测路由器、交换机和服务器的核心参数。
• 可进行网络流量分析，并可进行分类管理。
• 通过SNMP协议帮助网络管理人员了解实时的网络连接、配置和运行情况。
• 提供网络运行日志等历史记录，支持强大的报表和图形展示功能。

2. 轨道交通乘客综合信息服务系统 ——完整解决方案

1）综合信息广播系统 —— 解决方案

卓越信通为客户提供采用完全独立产权的综合信息广播系统管理平台软件、控制系统设备、工业级以太网络等构成的综合信息广播系统完整解决方案。该系统采用数字处理模式，运用数字均衡，数字动态压缩和等响线技术克服模拟技术中启控电压、启控时间、拐点斜率调整非常困难的问题，可简化电路、提高可靠性、方便操作，同时通过与系统软件的配合实现智能化的配置语音播放内容、时间、区域，并有完善的监控机制，有效地查看系统的使用状况和乘客的接收情况，并可以通过开放接口到其他轨道交通专业子系统实现系统联动，提高系统的契合度，为客户提供更加直观、简易、灵活、强大的应用。轨道交通广播系统(PA)向乘客通告列车运行、安全及导向等语音服务信息，可播放背景音乐，发布公告信息广播、通知、寻人启事或推广其他的业务，在紧急情况下能发出警报及语音广播至特定区域或全部区域，使乘客能够通过正确的语音信息提示，安全、快捷地乘坐轨道交通。

2）地面信息服务系统 —— 解决方案

卓越信通为客户提供地面信息服务系统的全面解决方案。在该解决方案中，采用了完全独立自主知识产权的地面信息服务系统、管理平台系统、工业级媒体播放控制系统、工业级以太网有线网络系统及工业级无线网络传输系统。系统采用电子化的媒体发布形式，支持车站、列车的信息全方位覆盖。除了出入口、换乘通道、站台及站厅的传统数字动态及静态导向牌外，也可兼容轨旁大尺寸刷屏、电子梯牌、隧道媒体及乘客信息查询终端等电子媒体，在为乘客提供乘务信息及增值资讯的同时提供了除传统电视以外的多媒体视频平台。并可实现对列车车厢乘客乘车情况的监视功能，通过摄像机采集的运营中列车车厢内旅客乘车情况视频信息在司机室记录、显示并能实时上传至控制中心，其上传信息可作为管理部门安全决策支持信息。

3）车载信息播控系统 ——解决方案

卓越信通车载信息播控系统依托多媒体网络技术，以工业级计算机系统为核心，以车载显示终端为媒介向乘客提供信息服务。在整体设计与规划中，充分考虑系统的先进性、操作简单方便性、可扩展性、兼容性、实用性等方面，系统设计过程中遵循方便实用性、系统安全性、技术先进性、扩展兼容性、节能环保性、稳定可靠性等设计思路，具备以下系统优势。

- 一体式模块化工业级设计，节约空间，提高设备可维护性。
- 完备的冗余设计，保证系统的稳定可靠。
- 采用国际、国内规范的标准设计，提高系统的通用性。
- 具备多种通信接口，增强系统的扩展及升级能力。
- 人性化设计方案，提高系统灵活性。
- 采用便捷、易控的控制单元，操作简捷、方便。

3. 轨道交通应用

卓越信通致力于为轨道交通领域提供完善的网络服务，产品广泛应用于自动售检票系统(AFC)、综合监控系统（ISCS）、乘客信息系统(PIS)、办公自动化系统(OA)、轨道交通控制系统（OCC）、电力监控系统（PSCADA）、环境与设备监控系统（BAS）、火灾自动报警系统（FAS）、闭路电视系统（CCTV）等项目。卓越信通TSC系列产品已经成为轨道交通领域的国产领军品牌，打破了国外同行在该领域的垄断，为我国城市轨道交通网络系统国产化和自主创新做出了突出贡献。

4. 轨道交通业绩

综合监控系统（ISCS）
北京地铁5号线、北京地铁6号线、北京地铁9号线、北京地铁16号线、北京地铁机场线、北京调度所运营调度系统、北京铁路局运调中心、天津地铁2号线、天津地铁3号线、天津站交通枢纽、天津西站交通枢纽、成都地铁2号线、成都地铁3号线、成都地铁4号线、新建霍尔果斯口岸站、伊朗地铁
自动售检票系统（AFC）
北京地铁6号线、北京地铁7号线、北京地铁14号线、北京地铁15号线、北京地铁16号线、南京地铁3号线、天津地铁2号线 、成都地铁1号线、广州珠海有轨电车武广线高铁、沪宁线高铁、温福线高铁、石太线高铁、合蚌线高铁、京沪线高铁、广深港高铁
电力监控系统（PSCADA）
北京地铁1号线、北京地铁2号线、北京地铁5号线、北京地铁机场线、天津地铁2号线、天津地铁3号线、天津塘沽线轻轨、天津站交通枢纽、天津西站交通枢纽、成都地铁2号线、武汉地铁4号线、大连地铁1号线、大连地铁2号线、无锡地铁1号线、无锡地铁2号线、广州地铁5号线
环境监控系统（BAS）
北京地铁4号线、北京地铁5号线、北京地铁6号线、北京地铁机场线、天津地铁2号线、天津地铁3号线、天津西站交通枢纽、天津站交通枢纽、广州地铁2号线、广州4号线、广州地铁8号线、南京地铁1号线、南京地铁10号线、成都地铁2号线
门禁系统（ACS）
北京地铁8号线、北京地铁10号线、北京地铁大兴线、北京地铁昌平线、北京地铁亦庄线、南京地铁1号线、昆明地铁1号线、昆明地铁2号线、昆地地铁6号线
乘客信息系统（PIS）
北京地铁6号线、北京地铁7号线、北京地铁8号线、北京地铁14号线、北京地铁昌八线、上海地铁3号线、上海地铁8号线、上海地铁9号线、天津地铁2号线、天津地铁3号线、宁波地铁1号线、广州地铁6号线、郑州地铁1号线、武汉地铁2号线、青岛地铁3号线、南京地铁2号线、南昌地铁4号线、长沙地铁2号线、无锡地铁2号线、澳大利亚昆士兰洲铁路、伊朗地铁
屏蔽门系统（PSD）：北京地铁4号线、北京地铁八通线
办公自动化系统（OA）：北京地铁15号线

高铁客票系统
武广线高铁、沪宁线高铁、温福线高铁、石太线高铁、合蚌线高铁、京沪线高铁、京石线高铁、哈大线高铁、胶济线高铁、广深港高铁、津秦线高铁、哈西线高铁、长吉线高铁、成灌线高铁、厦深线高铁、湘桂线高铁、郑西线高铁
高铁客服系统
龙厦线高铁、福州到江阴港、向蒲线高铁、衡茶吉线高铁、郑西线高铁、宁波站改造、广西沿海线高铁、玉铁线高铁
通信系统：北京地铁8号线、北京地铁昌八线、无锡地铁2号线、青岛地铁3号线
网络监控系统：重庆市轨道交通、西班牙轨道工程
集成平台：北京地铁通信信号基础网络建设、合蚌高速铁路

北京卓越信通电子股份有限公司是《中国城市轨道交通年度报告2013》的协办单位。

联系方式如下。

单位名称：北京卓越信通电子股份有限公司

单位地址：北京市海淀区后厂村路55号卓越科技楼 邮编100094

单位网址：http://www.transcend.com.cn

单位电话：010-51285116 传真：010-62985667

5.1.5 北京市地铁运营有限公司地铁运营技术研发中心

北京市地铁运营有限公司地铁运营技术研发中心（以下简称研发中心）以北京市地铁运营有限公司（以下简称北京地铁公司）的专业技术力量为依托，成立于2011年9月，是北京地铁公司下属的专业科研机构，主要负责地铁运营管理、车辆设备技术的科学研究工作。

1. 业务范围

研发中心包括三大业务板块，分别为技术研发、技术输出和试验培训。

研发中心的主体业务，以紧密贴合运营生产实际需求的研究和网络化运营中基础性、前瞻性研究为主攻方向。从事行车组织管理、客运服务管理、运营安全管理、路网综合管理、轨道交通车辆应用、轨道交通车辆维护维修、轨道交通设备应用、轨道交通设备维护维修、进口设备国产化、节能减排等方面的研究工作。

技术输出业务，主要从事轨道交通运营技术研究咨询，（轨道交通）领域内的技术开发、技术转让、技术咨询和技术服务，工程项目咨询，企业管理咨询等。

试验培训业务，主要依托于试验基地，进行城市轨道交通车辆、供电系统、铁道设施、通信信号、机电设备系统等专业的可靠性试验、功能性试验、联调试验，城市轨道交通系统相关设备准入认证；以及应急演练、员工实操培训等工作。目前试验基地建设项目正在进行项目审批。

2. 现有业务情况

研发中心自2011年9月6日成立至今，已开展了《机场线车辆零部件国产化研究》、《既有线提高运输能力综合方案研究》及北京市地方标准《北京城市轨道交通运营设备更新改造技术要求》等项目的研究工作，获批了关于信号系统关键部件国产化、全路网通行能力与智能决策、限流管理、道岔磨耗、限界检测、设备在线检测及诊断、纸币识别传感器国产化、AFC数据监测等方面的科研课题60余项；同时，正在筹备搭建运营管理仿真、通信信号仿真、机械力学仿真等试验室。

研发中心的奋斗目标是：经过三至五年的努力，完成国家级企业技术中心的认定，成为公司技术创新体系的核心，公司技术进步和技术创新的主要技术依托，公司科技体系的重要组成部分。

经过五至十年的努力，将中心建设成北京市交通行政部门和地铁运营公司信得过的“满意”单位，北京市乃至全国科研成果卓著的“领先”单位，国内乃至世界轨道交通行业较为认可、有一定影响作用的“知名”单位。

3. 开展咨询业务情况

研发中心自成立以来与多个兄弟城市开展合作咨询业务，主要包括以下几方面。

（1）与天津地铁开展“天津地铁2号线运营筹备安全隐患及运营风险排查咨询”业务。由研发中心组织选派地铁公司客运组织、行车组织、调度指挥、安全监察、车辆、线路、供电、机电、通信信号、AFC、土建、人力资源等专业专家15人，结合北京地铁新线开通运营经验及天津地铁2号线实际情况，开展天津地铁2号线运营筹备安全隐患及运营风险排查。

（2）与成都地铁开展“成都地铁运营培训考试体系评估咨询”业务。该项评估工作主要包括：运营培训考试体系评估、现场培训、题库建设需求三大块主要内容。

4. 研发中心取得的资质与参与的行业会员组织情况

取得北京科技研究开发机构认定

获得北京市科委认定的“轨道交通运营技术北京市国际科技合作基地”

已经获得质量管理体系ISO9001认证

中国城市轨道交通年度报告协办单位

机车车辆工艺理事会成员

铁道行业内燃机车标准化技术委员会成员

内燃机车理事会成员

5. 主要研究项目介绍

目前研发中心紧紧围绕车辆设备系统国产化、设备设施在线监测、保障地铁运营安全、节能减排、新技术新产品应用研究、网络化客流分布、企业精细化管理等几个方面开展科研项目研究，在研项目60余项。

（1）车辆设备系统国产化。北京地铁公司折子工程“机场线车辆零部件国产化研究”项目，是对机场线车辆相关零部件进行国产化试制、装车试验、运行考核，满足机场线车辆维修、大修的备品备件需要。目前已完成2012年计划研发的全部零部件研制，有84种零部件完成装车试验并运行超过10万公里。

（2）设备设施在线监测。在研项目包括信号系统设备运行状态在线监测系统研究、2012年北京地铁环境质量报告等。其中“信号系统设备运行状态在线监测系统研究”项目，是开发一套适用于北京地铁信号系统的在线检测系统，及时预判故障，为信号设备的状态维修提供技术支持，确保行车安全和效率。

（3）保障地铁运营安全。“超载模式下城市轨道交通车辆走行部安全性分析及维修辅助决策”项目为北京地铁公司博士后科研项目，该项目是对超载模式下走行部进行安全性能分析，修改走行部修程，确保行车安全的同时挖掘潜能，进行超载模式下走行部的磨损及疲劳分析，为走行部设计及运营维护提供辅助支持。

（4）节能减排。“地铁能源计量与管理系统开发与示范”项目是在机场线搭建集实时分布式在线计量能耗统计及能源质量监测、能耗分析、系统报警等功能于一体的地铁能源计量与管理系统。以机场线为示范线路，解决能源管理基础薄弱、与生产脱节、成效难以保持、考核措施不完善、缺少能源数据监控分析等现实问题。

（5）新技术新产品应用研究。“电气集尘空气净化系统在北京地铁的应用研究与示范工程”项目是结合王府井站环控通风系统的结构特点，开发一套可有效去除风道内PM 2.5及其他粒径悬浮颗粒物的空气净化设备。大幅降低站内悬浮颗粒物的浓度，净化空气质量，有效降低PM 2.5含量。

（6）网络化客流分布。“北京地铁路网日客流分布特征数据分析系统研究”项目针对北京地铁路网日客流分布特征开展研究，对北京地铁客流数据进行收集整理，通过研究数据分析模型，建立客流数据库及数据分析系统，为实现客流数据系统化、规模化管理，为优化运营组织提供依据。该项目在2012年九月开题，目前已完成软件初步框架，正在编写软件功能模块。

（7）企业精细化管理。其中“基于国际地铁协会（CoMET）指标建立地铁集团内部对标评价体系”项目，是研究建立适合北京地铁运营分公司之间、设备分公司之间的内部对标机制，提升北京地铁服务质量，实现北京地铁服务质量的标杆化管理。

6. 主要技术人员简介

张元，北京交通大学内燃机车专业硕士，北京市智能交通协会副会长，北京地铁公司副总工程师，北京地铁研发中心主任，国家综合评标专家库评标专家，轨道交通车辆专业专家。

2007年起，曾先后以项目技术指导和实施负责人的身份承担多项科研项目，包括国家863项目“地铁车厢和船舶半导体照明关键技术研究及产业化”、国家科技部项目“地铁试运营风险控制关键技术应用示范”、北京市交通委项目“地铁照明新光源及节能应用技术研究及示范”、北京市科委项目“面向乘客的地铁动态信息服务及突发事件应急处置系统研究及示范应用”、国家标准“城市轨道交通钢铝复合导电轨技术要求”、北京市地方标准“城市轨道交通运营车辆维修管理规范”、北京市地方标准“北京城市轨道交通运营设备更新改造技术要求”，并于2011年作为项目负责人参与北京市科委配套项目“地铁信号系统升级（ATP、ATO）改造应用试验研究”、2012作为项目技术和实施负责人完成北京地铁公司折子工程“机场线车辆零部件国产化研究”项目。

获奖履历：北京市科学技术奖两项，实用新型专利2项，发表学术论文十余篇。

北京市地铁运营有限公司地铁运营技术研发中心是《中国城市轨道交通年度报告2013》的协办单位。联系方式如下。

单位名称：北京市地铁运营有限公司地铁运营技术研发中心

单位地址：北京市昌平区东小口镇城铁车辆段　邮编：102208

电话：010-82225713(15/16)-8018　传真：010-82225713(15/16)-8013

5.1.6　北车建设工程有限责任公司

中国北车股份有限公司（简称中国北车）前身为中国铁路机车车辆工业总公司，于2008年6月26日经国务院同意、国资委批准设立股份有限公司，2009年末在上海证券交易所上市，2014年5月在香港证券交易所上市。中国北车是中国轨道交通装备制造行业的领军企业。主要经营铁路机车车辆（含动车组）、城市轨道车辆、工程机械机电设备、电子设备及相关部件等产品的研发、设计、制造、维修及服务；工程总承包；相关产品销售、技术服务及设备租赁业务；进出口业务，与以上业务相关的实业投资；资产管理；信息咨询业务。目前公司注册资本83亿元，总部设在北京。中国北车致力于以“接轨世界，牵引未来”为使命，以三步走发展战略为统领，以轨道交通装备为核心，努力提高企业竞争力，布局未来，充分发挥自身城轨、现代有轨电车领域产业链的优势，以构建智慧公共交通体系为主线，拓展联动，助力现代城市建设，为未来城市提供系统解决方案和全寿命周期服务，努力将中国北车全面建设为以轨道交通装备为核心、为未来城市提供系统解决方案、具有国际竞争力的世界一流企业。

北车建设工程有限责任公司（简称北车建工）是中国北车股份有限公司于2012年年初在北京成立的以工程建设为主营业务的全资子公司。目前公司注册资本3亿元，总部设在北京，为国家高新技术企业，其下设两个全资子公司——沈阳北车建设工程有限公司和重庆北车建设工程有限公司，注册资本分别为2亿元和5亿元。公司主营业务包括施工总承包；专业承包；技术开发；销售机械设备、建筑材料；机械设备租赁；货物进出口；工程勘察设计；建设工程项目管理等。

北车建工以“为未来城市提供系统解决方案”为企业使命，秉承中国北车“诚信为本，创新为魂，崇尚行动，勇于进取”的企业核心价值观，致力于努力构建和充分发挥中国北车产业链核心竞争力，广泛开展BT、EPC、专业承包等多种建设合作模式，开放联合，全面整合规划、设计、施工、技术开发、车辆、轨道装备、金融等多方力量，打造城市轨道交通精品工程。北车建工以BT模式承建了沈阳浑南新区现代有轨电车项目和重庆轨道交通4号线一期工程。

1. 总经理致辞

北车建工的成立，承载着中国北车打造工程总承包业务为第二大主业的重大战略部署，拉开了我国有轨电车复兴建设的序幕。

传承中国北车百年积淀，全面整合轨道交通领域内外部优势资源，北车建工顺利完成了全国首个现代有轨电车线网——沈阳浑南现代有轨电车一期工程的成功建设。2013年8月，沈阳有轨电车正式载客试运营；2013年10月，重庆地铁4号线一期工程BT总承包项目成功中标。引领有轨电车的中国复兴之路，全面涉足轨道交通领域工程项目建设，兼容并蓄谋企业发展，开放联合促行业进步，北车建工将以更开放的姿态寻求深入合作，广泛开展多种建设合作模式，打造城市轨道交通精品工程，为未来城市提供系统解决方案。

成立第二年，即实现销售收入三十余亿元，签约额近百亿，北车建工迎来了事业跨越式发展的新阶段。北车建工发展目标是：力争于2015年实现销售收入100亿以上，签约额300亿以上；到2020年实现销售收入再翻一番，力争达到200亿元。北车建工拥有一支具有较强工程建设管理能力和丰富建设管理经验，同时又充满激情和热情的专业化团队，其中中级职称以上占46%，本科以上学历占80%，35岁以下年轻干部占76%。汇聚五湖四海业界精英，北车建工开放包容的企业文化，正在为企业的快速发展集聚人才。北车建工的伟大事业为人才的快速成长和全面发展提供了广阔的发展空间。

2. 中国北车城市轨道交通产业链

北车建工	长客股份	大连机辆	唐车公司
• 系统解决方案	• 车辆设计与制造	• 地面供电技术	• 车辆设计与制造
• BT、工程总承包	• 咨询、技术支持	• 车辆设计与制造	• 车辆出口土耳其
• 投融资、建设管理	• 运营培训、维保升级	• 珠海项目工程总承包	• 武夷山项目BT承包
大连电牵公司	四方所公司	上海轨发	北车投资公司
• 变流产品	• 制动系统	• 车辆与设备制造	• 基金、贷款
• 列车网络控制	•牵引传动系统	• 机电设备系统	• 项目投融资
• 电传统系统集成	•电气、减振、钩缓	• 工艺设备集成	• 产业基金、产业园
南机公司	北车地产	清软英泰	其他企业
• 道岔	• 上盖物业开发	• 智慧城市	• 维检修、培训
• 齿轮箱	• 沿线TOD开发	• 项目管理系统	• 工艺设备、特种车辆
• 轨道扣配件集成	• 一站一城综合体	• 企业管理系统	• 工程机械、关键零部件

3. 中国北车城市轨道交通产品

中国北车2013年正式迈进千亿企业大关，连续三年轨道交通装备行业全球排名第一。攻克了列车牵引及制动系统、网络控制系统、高低速及独立轮转向架、轻量化车体、无弓受流、超级电容、整车系统集成等关键技术。中国北车目前旗下的长客股份、唐车公司、大连机辆、上海轨发等公司及其重庆基地、珠海基地、泉州基地等均具备城轨车辆的生产能力。

中国北车具备研发并批量生产铝合金、不锈钢、碳钢等不同材质，米轨、准轨、宽轨等不同轨道制式，单轨、双轨等不同轨道运行方式，旋转电机、直线电机等不同牵引方式，A、B、C、L不同车型的城市轨道车辆的能力。中国北车是我国第一辆地铁车辆、第一辆有轨电车的缔造者。其城轨地铁产品种类齐全，研发和制造实力强大，能够提供满足各种城轨运输需求的200多种地铁、轻轨、城际列车和有轨电车产品。具备动车组研发生产能力，包括时速介于70km至140km的电力动车组及内燃动车组，具备开发及制造磁悬浮列车的能力。

中国北车旗下北车建设工程有限责任公司以BT模式成功建设了国内首个现代有轨电车线网——沈阳浑南现代有轨电车一期工程，又承建了重庆地铁4号线一期工程，具备了以多种投融资——建设合作模式承建大型城市轨道交通工程的能力，可有效为未来城市提供系统解决方案。

类　型	产品型号	产品描述
地铁车辆	A、B、C型及L型地铁车辆（直线电机车辆）	非直线电机车辆具有时速快、载客多、效率高、能耗低及污染少等优点；直线电机车辆具有噪声小、爬坡能力强及维护成本低等优点
轻轨车辆	DK32型车辆、FG型车辆、B型铝合金车辆、低地板车辆、跨座式单轨车	专为行驶于市区地面上而设计的轻轨车辆
城际列车	DLK型车辆、里约动车组、TSKDMU、双流供电市域车	专为临近城市及组团之间地面交通设计的城际列车
有轨电车	70%和100%低地板现代有轨电车	专为地面交通设计的有轨电车，接触网、超级电容、动力电池、地面供电技术等多种供电制式

4. 为未来城市提供系统解决方案

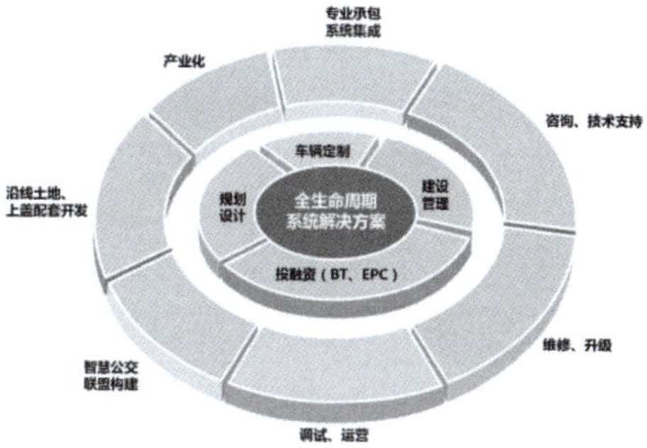

广泛开展多样化建设合作模式，为客户提供包括投融资、规划设计、建设管理、车辆设备、调试运营、维修培训等在内的全生命周期综合服务。通过发挥自身产业链的优势，以构建智慧公共交通体系为主线，拓展联动，为未来城市提供系统解决方案。

- BT、基金+EPC、专业承包、系统集成等多样化的建设合作模式。
- 专业化的工程建设管理团队、丰富的建设管理经验。
- 强大的轨道交通高端装备制造业背景、完善的中国北车轨道交通产业链。

5. 中国北车近期工程总承包项目及城轨产品输出案例

1）重庆市轨道交通4号线一期工程

2013年末，中国北车旗下北车建工公司以BT方式承接了投资近百亿的重庆轨道交通4号线一期工程，涉足地铁领域。重庆轨道交通4号线一期工程起于渝北区新牌坊，终点至江北区唐家沱，全长约19.5 km，共设车站11座，其中地下站8座，高架站3座，设有唐家沱车辆段1座。轨道交通4号线一期工程于2013年12月开工建设，2017年12月载客试运营，建设工期约4年。

2）珠海基地及珠海现代有轨电车项目

中国北车旗下大连机车有限公司与意大利安萨尔多百瑞达有限公司签约，首度将风靡欧洲的“无辫”现代有轨电车地面供电技术引入中国，并在珠海兴建了有轨电车和地面供电系统生产基地。“无辫”有轨电车，依靠磁吸附式（TramWave）地面供电系统，空中无吊挂电力网。列车采用嵌入式轨道，无需专用道，可与其他车辆路桥共享，且零排放，对环境无污染。

珠海市规划了总长约140 km的有轨电车线网，其中包括7条市区线长94 km、1条市域线长25 km、1条组团线长21 km，计划2016年将建设4条线路长30.8 km形成环网。近期建设的首期工程线路全长约8.722 km，共设车站14座，工程于2013年10月开工建设，由中国北车负责实施，计划2014年珠海航展前通车。

目前，该车已中标了北京有轨电车西郊线的31列100%低地板现代有轨电车，采用“接触网+地面供电”系统进行供电。

3）泉州基地及武夷山现代有轨电车工程

中国北车唐车公司北车泉州公司一期工程现已开工建设，建成后规模将达到年组装城轨地铁车辆300辆的生产能力，二期工程建成后，将具备新型城轨地铁车辆、100%低地板轻轨车、中低速磁悬浮列车、城际列车、高速车等多种轨道装备产品的研发和生产能力。

中国北车已和南平市签订武夷新区现代有轨电车旅游专线BT建设合同。该条线路起于合福高铁武夷山东站，终于武夷山景区公馆大桥，总投资27.8亿元，全长约25.6 km，沿线设置9个停靠站。该项目由中国北车旗下唐车公司负责具体建设，现已全线开工建设。

4）中国北车城轨产品出口案例

中国北车城轨地铁车辆于2009年已形成出口巴西里约热内卢，2010年出口泰国曼谷；轻轨车辆于2010年出口伊朗马莎德；现代有轨电车产品于2010年出口马来西亚马六甲市（针对性特殊设计，采用天然气混合动力驱动），于2010年出口伊朗，于2013年11月出口土耳其，于2014年3月出口埃塞俄比亚。

5）中国北车现代有轨电车工程总承包及产品输出业绩

项目名称	项目简介	合作模式	车辆情况	供电制式
沈阳浑南现代有轨电车一期工程	全国首个现代有轨电车线网。创造了多项国内第一，拉开了我国有轨电车复兴建设热潮的序幕。其中，100%低地板现代有轨电车为全国首列。4条线60 km一次成网建设。项目概算总额48.2亿，单km造价8 000余万元。2012.04.28开工，2013.08.15开通试运营。现有纯高能超级电容供电有轨电车一列	BT项目承建+车辆供应	初期：70%低地板20列、100%低地板10列；现增购30列	接触网供电+超级电容供电
珠海基地、现代有轨电车1号线一期	大连机辆公司引进意大利安萨尔多百瑞达公司“无辫”现代有轨电车及地面供电技术，兴建珠海基地。首次实现了“无辫”有轨电车系统解决方案。首期工程8.7 km，概算总额15.8亿，2013年9月开工	代建制施工总承包+车辆供应	列数未定，采用北车珠海基地生产的地面供电现代有轨电车	TramWave磁吸附式地面供电技术
泉州基地、武夷新区旅游观光线	该项目为武夷山旅游专线，全长25.6 km，投资估算27.8亿元，设车站9座，设车辆段一座。由中国北车旗下唐车公司负责具体建设。车辆由北车唐车公司泉州基地提供	BT项目承建+车辆供应	100%低地板现代有轨电车	接触网供电为主

续表

项目名称	项目简介	合作模式	车辆情况	供电制式
北京西郊线有轨电车	为服务于香山等地区的旅游专线，长9.4 km，投资估算35亿元，设站7座。预计将于2015年底通车。北车大连机辆公司供车	车辆供应	30列，100%低地板磁吸附式地面供电有轨电车	接触网+磁吸附式地面供电
土耳其萨姆松市有轨电车	为我国此类产品首次出口传统欧洲市场	车辆供应	4辆编组、100%低地板现代有轨电车	接触网供电
伊朗有轨电车	由北车长客股份生产，于2010年出口	车辆供应	60列70%低地板现代有轨电车	—
埃塞俄比亚有轨电车	由北车长客股份生产，2014年3月出口	车辆供应	41列70%低地板现代有轨电车	—

6. 中国北车沈阳浑南现代有轨电车工程总承包项目

沈阳现代有轨电车项目为第十二届全运会配套工程，一期工程共设4条线路、72个车站，车辆段、停车场、综合交通枢纽各1座，线路总长约60 km，工程总投资额约50亿元。由北车建工以BT方式承建，工程于2012年4月28日动工，2013年8月15日载客运营。

- 59R2槽型轨、槽型轨道岔
- 大部分采用路中敷设无缝线路
- 750 V接触网+路口车载超级电容供电
- 控制中心调度指挥、司机人工驾驶
- 一卡通、手机支付等多种售检票方式
- 半独立路权、公交化运营、部分信号优先
- 简易站台，多处预留设计，一次成网运营
- 全国一次性建设规模最大
- 全国城市轨道交通建设速度第一
- 国产100%低地板、弹性车轮现代有轨电车
- 国内首次大规模采用59R2型槽型钢轨
- 国内第一次采用全绿色整体道床
- 国内最先进的有轨电车信号控制系统
- 超级电容技术在轨道交通工程首次应用

1）“有轨电车的中国复兴之路——现代有轨电车在浑南”研讨会

2013年8月6日，由北车建工和北京城建院联合主办的主题为“有轨电车的中国复兴之路——现代有轨电车在浑南”研讨会在沈顺利召开。

中国城市轨道交通协会包叙定会长、施仲衡院士、国家发改委郭小碚所长、中咨公司周晓勤主任、住建部秦国栋主任、宋敏华副秘书长、沈景炎院长等十余名专家学者，与沈阳市、中国北车相关领导共同参加了研讨会。王梦恕院士发来贺信：“祝贺现代有轨电车国内第一条以BT模式建设的有轨电车轨道交通网开通在即，成功建成！”

包叙定会长指出：“沈阳浑南有轨电车，是我国第一条拥有完全自主知识产权的100%、70%的低地板现代有轨电车项目，是我国第一个一次性建成一定规模的现代有轨电车网络系统，是我国第一个作为区域骨干公共交通的现代有轨电车工程。这三个第一，无疑使浑南电车工程承载了我国有轨电车复兴的光荣和梦想，其必将成为我国有轨电车复兴里程中的里程碑。”他表示，“城市轨道交通的快速发展和结构性需求，为现代有轨电车的广泛应用提供了现实的空间，而现代有轨电车在城市轨道交通多制式协调发展中也将大有作为。沈阳浑南新区现代有轨电车作为我国现代有轨电车自主创新、规模建设和区域骨干线路的先行者，将为制定和完善我国现代有轨电车的标准规范和管理政策提供借鉴。”

2）2013沈阳浑南新区现代有轨电车现场交流会

2013年12月27日，由中国城市轨道交通协会主办、北车建设工程有限责任公司和北京城建设计发展集团股份有限公司承办的“2013沈阳浑南新区现代有轨电车现场交流会”在沈顺利召开，来自全国40余个城市总计约200人出席了上午的试乘参观和下午的交流会。

活动主要由上午现场乘车观摩和下午学术交流会两部分组成。下午学术交流主题演讲有：《沈阳市浑南新区现代有轨电车项目投资与建设管理》——北车建设工程有限责任公司副总经理迟兴国；《沈阳浑南新区现代有轨电车规划设计》——北京城建设计发展集团股份有限公司副总工程师毛励良；《沈阳浑南现代有轨电车运营管理实践》——沈阳市浑南新区有轨交通管理中心主任从延峰；《城市轨道交通低地板有轨电车的发展》——长春轨道客车股份有限公司副总工程师于青松；《有轨电车的概念、特征应用》—— 中国城市规划设计研究院轨道所所长池利兵。

北车建设工程有限责任公司是《中国城市轨道交通年度报告2013》的协办单位。

联系方式如下。

地址：北京市丰台区芳城园一区15号楼中国北车大厦（100078）
网址：http://bcjg.chinacnr.com
电话：010-52608489　传真：010-52608497
E-mail：bcjg@beichejiangong.com

5.1.7　瑞斯康达科技发展股份有限公司

1. 公司介绍

瑞斯康达科技发展股份有限公司（以下简称“瑞斯康达”）成立于1999年，与华为、中兴和烽火通信一起名列国内光纤通信设备制造厂商前四强，进入国际通信接入市场前三名。经过10多年的不断进取和积累，瑞斯康达在运营商行业已经被国内所有运营商（中国电信、中国移动、中国联通、广电、多个驻地网运营商）广泛接受，成为我国通信行业翘楚。此外，瑞斯康达在通信领域已经成为国际性的知名品牌，公司在海外建立了多个驻外机构，覆盖北美区、拉美区、欧洲区、独联体地区、东南亚地区（东盟国家）及南亚与中东区，为当地客户提供本地化服务。通信业务覆盖全世界60多个国家和地区。

除运营商业务之外，瑞斯康达自2007年开始致力于为行业专网客户提供网络接入层通信传输解决方案和技术服务，范围涵盖电力、交通（铁路、轨道交通、高速公路、电子警察、卡口监控）、智慧城市、安防视频传输等多个领域，积累了较多专网行业客户资源及行业知识，形成了契合客户需求、具有差异化的的专网产品线。

遵从“综合接入，全面网管”的技术理念，瑞斯康达不断提升研发的创新和应变能力，持续开发出贴近客户需求的产品。从最早的光纤收发器发展到今天，已具有PTN/IPRAN、MSTP、XPON、3G/4G路由器、波分、MSON、工业级交换机/协转、企业网关、OCP/OLP、综合网管平台等20多条产品线，形成了完整的综合接入及光纤传输解决方案，完全有能力为各类行业客户提供一站式解决方案。近年来，瑞斯康达携通信行业的丰富经验，成功地进入工业级通信领域，逐步将现有通信产品工业化，已开发出多款获国际国内权威认证的工业级通信产品，正广泛应用于专网市场，受到广大客户和合作伙伴的一致好评。

瑞斯康达的产品和技术研发坚持走国际化道路，参照的国际标准包括CE（欧洲安全标准+EMC标准）、UL（美国安全标准）、FCC（美国EMC标准）、CUL（北美UL安全标准）、CSA（加拿大安全标准）、ROHS（欧洲环保标准）认证 。瑞斯康达工业级交换机系列还通过了国际权威的KEMA认证。

瑞斯康达在北京、深圳两地分别建有生产制造基地，采用简单、高效和以客户为中心的管理模式，为全球市场提供了强有力的支持。生产制造基地总占地面积达到10 000余平方米，具有先进的表面贴装生产线和先进的生产管理体系，年交付能力达到240万台套。 瑞斯康达公司在全国27个省、市、自治区建立了本地化服务机构，建立了三级服务响应机制，为当地客户提供7×24小时客户服务。

所获荣誉：北京市海淀区国家税务局纳税百强企业；中国光通信最具竞争力企业10强第4名；中国信息产业影响力企业；中关村自主创新型百强企业；福布斯“中国潜力100强”；中国AAA级信用企业；亚太地区高技术、高成长500强企业；中关村知识产权保护重点联系企业等等。

2. 轨道交通适用产品

瑞斯康达工业网络产品采用高质量的工业级元器件和完备的软硬件设计，大大提高了设备的防护能力，并且内置智能报警设计，实现网络运行状况全面监控，具有优异的工业现场严苛环境适应性（包含机械稳定性、气候环境适应性、电磁环境适应性），能够保证网络在恶劣危险工业环境中的畅通运行，完全满足工业现场的通信需求。

工业以太网交换机

- IP67千兆网管紧固型工业以太网交换机
- 模块化网管型二层工业以太网交换机
- 非网管型工业以太网交换机
- 工业级SFP光模块
- 模块化网管型三层工业以太网交换机
- 卡轨式网管型二层工业以太网交换机
- POE馈电型工业以太网交换机

工业无线路由器

- 工业3G路由器
- 工业4G路由器

1）工业以太网交换机

瑞斯康达工业级以太网交换机产品线完整，具有丰富的产品形态，包含卡轨、壁挂及机架多种形式，可以根据现场需求的不同而灵活组网。产品层次明确，完整覆盖二层和三层以太网功能。具备优良的工业级特性，满足工业现场对通信设备防尘、防水、耐腐蚀、抗冲击振动、抗电磁干扰等工业指标的要求。

产品特点

- 支持千兆或万兆上行、线速交换，满足接入、汇聚、骨干组网需求
- 丰富的光口、电口组合产品形态，满足复杂组网需求
- 完备的安全控制策略，提高工业通信的网络安全性
- 快速自愈以太环网，优化网络可靠性
- 强大的网管系统，实现全网无缝管理，降低运维成本

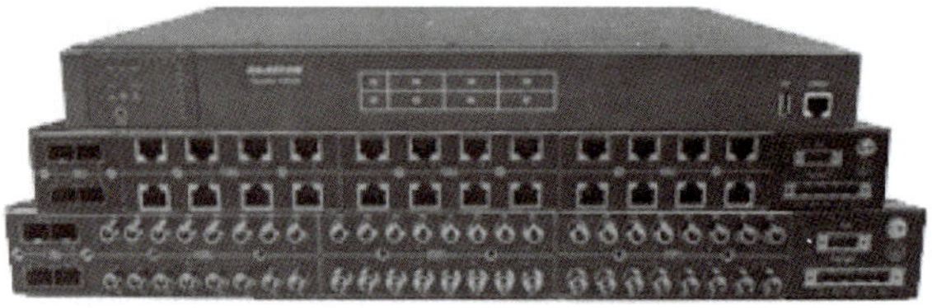

2）工业路由器

瑞斯康达工业3G/4G路由器适用于各种不利于有线网络覆盖环境下的数据回传业务。采用3G/4G高速无线网络作为数据承载网络，为远程设备和站点之间的联网提供安全高速的无线连接。全面支持WCDMA、CDMA2000、TD-SCDMA、TD-LTE、FDD-LTE 网络制式，无论身在何处，设备都可以借助遍布全球的3G/4G网络快速接入互联网或企业专用网络。产品还支持利用 3G/4G网络作为链路备份应用，实现有线网络和无线网络的无缝融合，保证数据传输的可靠运行。

产品特点

- 高可靠性、高安全性的网络功能
- 支持短信等多种控制手段，易用性强
- 强大的网管软件，复杂网络环境全面管理体积小巧，安装方便，低功耗
- 高防护等级，宽温宽电压，工业级设计

3. 轨道交通行业应用概况

瑞斯康达作为通信设备厂商，虽然进入轨道交通行业相对较晚，但由于其资深的通信行业背景、完整的产品系列、优质的产品质量及强大的研发、生产和服务能力，很快被轨道交通行业客户及合作伙伴认可，其工业级通信传输产品在国际国内多个轨道交通建设项目中已经或正在被客户采用。现从诸多案例中举两个例子，分别介绍一个国内和国际上的成功案例——苏州地铁2号线门禁系统和俄罗斯莫斯科—

圣彼得堡铁路安全监控系统。

1）苏州地铁2号线门禁系统

（1）项目概况。门禁系统（以下简称ACS）是实现员工进出管理的自动化系统，主要由中央级门禁系统和车站级门禁系统构成。通过ACS可实现自动识别员工身份；自动根据系统设定开启门锁；自动记录交易；自动采集数据，自动统计、产生报表；通过系统设定实现人员权限、区域管理和时间控制；并可实现员工考勤管理等功能。本工程门禁系统中央级系统独立设置，车站级系统与综合监控系统互联，中央级系统与车站级系统通过综合监控骨干传输网连接。

（2）项目需求。

① 门禁系统采用由综合监控系统提供的主干网络，完成中央级系统和车站级系统之间的通信。

② 车站内部网络线路要求具有容错和监测能力。要求采用具有双向通信能力的环形通道结构，当某一点遭到破坏或其他原因发生短路或断路时，立即向车站计算机系统报告线路故障，并确保在线路抢修的同时，不影响系统的正常运行和通信。

③ 属于大型门禁系统，具有控制点数多、数据通信量大、数据传输距离远、联动设备多、安全性能要求高等特点。

（3）解决方案。中央级门禁系统设在线路控制中心，在线路控制中心和车站均部署三层工业以太网交换机，并通过综合监控系统的骨干通信网络实现互联，每个车站门禁主控制器采用热备方式接入车站三层工业交换机，门禁主控制器与就地控制器之间通过RS485总线方式接入，实现中央级监控系统对全线22个车站和1个停车场门禁设备进行监控，对各个车站门禁设备进行监视或控制。

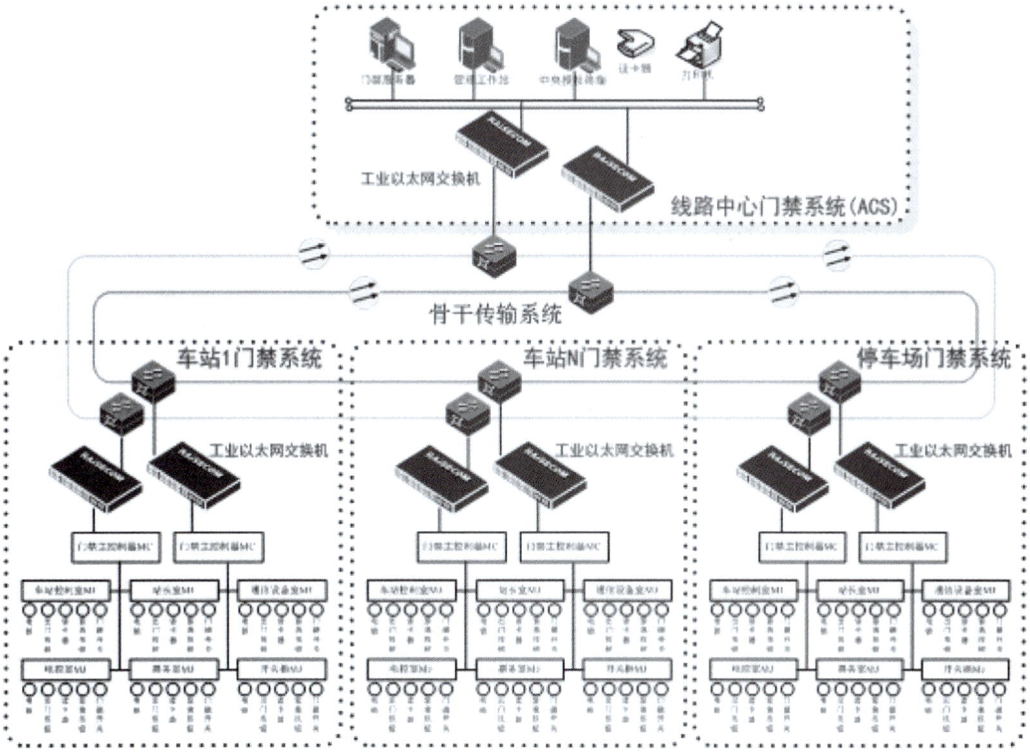

总结

- 瑞斯康达工业以太网交换机型号：Gazelle S3028i（三层）。
- AC220V供电、机架式安装。
- 承载业务：门禁业务。
- 现场主要干扰因素：地铁列车进出站台时产生的强电磁干扰。
- 供货时间：2013年2月。

（4）优势特点。

- 采用三层路由+VLAN隔离的方式提高通信可靠性。
- 工业四级电磁兼容性能，适应现场强电磁干扰环境。
- 工业以太网交换机具有高实时性，支持故障自诊断功能。

2）俄罗斯莫斯科—圣彼得堡铁路安全监控系统

（1）项目概况。莫斯科、圣彼得堡属于温带大陆性气候，反常气象十分频繁，冬季降雪量大，平均年积雪期长达146天（11月初—4月中），每年从9月底开始进入寒冷时期直到第二年的5月中旬，冬季寒冷漫长而天气阴暗，1月平均气温－10.2℃（最低－42℃），最低气温曾达－43℃。为了保障莫斯科至圣彼得堡之间700 km的铁路线在每年积雪期的安全运行，需要对铁路沿线实施视频监控，全线视频在莫斯科中央监控中心实现统一监控、统一调度。

（2）项目需求。

① 前端设备应能承受高温、低温、雨淋、粉尘等各种气候环境。

② 各类设备防护箱体具有一定的机械强度，长期使用不应有严重锈蚀，设备内部不应有大量积尘。

③ 在静电放电、浪涌、电源短时中断等电磁干扰环境下允许通信设备暂时降低性能指标，但不应出现电气故障。

④ 相邻视频监控点通过以太网接口进行汇聚，上行光链路具备冗余保护机制。

（3）解决方案。全线200个节点的视频监控采用H.264编码方式接入工业以太网交换机，视频业务通过工业级光纤环网回传至沿线车站监控室。在莫斯科中央车站监控中心部署三层工业以太网交换机，并通过工业万兆骨干通信网络实现与沿线车站的互联，为提高整个系统的可靠性，骨干网络的万兆环网与各个车站的接入环网组成相切环网。

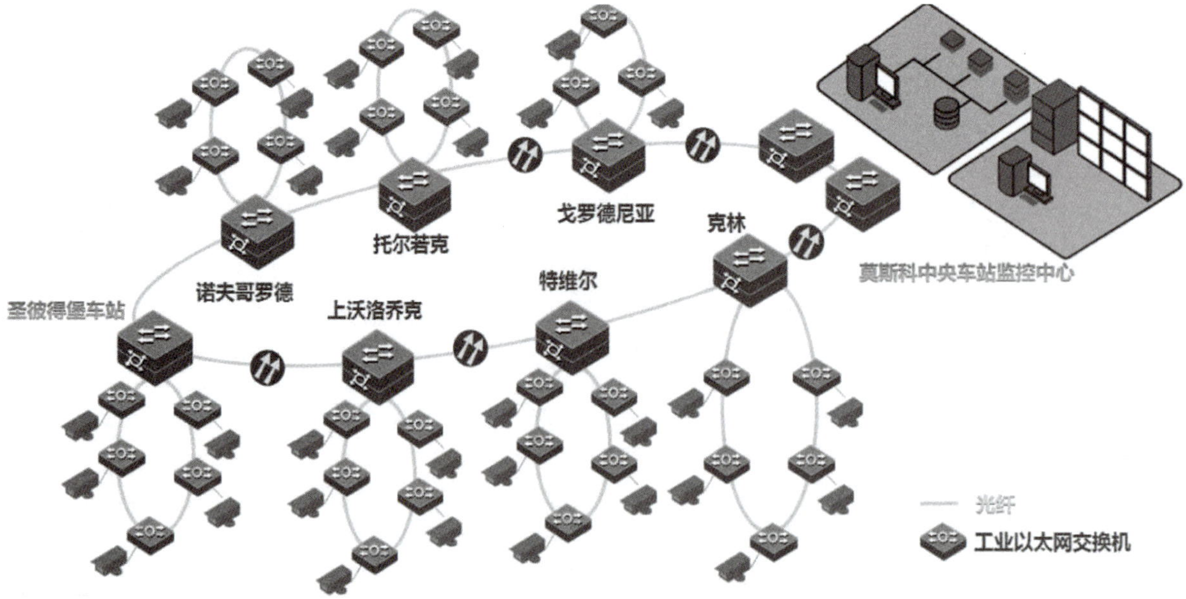

基于ITU-T　G.8032以太网环路保护（Ethernet Ring Protection Switching）协议的工业级环网技术，具备高效率的以太网自动保护切换机制，真正解决了多环保护、任意拓扑、多域保护、多协议互通的问题

总结

- 瑞斯康达工业以太网交换机型号：ISCOM2110-I（二层）、Gazelle S6028i（核心万兆）。
- AC220V供电、接入卡轨式安装、核心机架安装。
- 承载业务：视频业务、环境监控。
- 现场主要干扰因素：俄罗斯冬季积雪期极端低温环境。
- 供货时间：2011年10月。

（4）优势特点。

- 采用工业冗余环网+相切环网的保护方式，网络具备抗多点失效能力。
- 真正工业级产品，适应俄罗斯冬季极端低温天气通信环境。
- 工业级冗余环网，倒换时间小于50 ms。
- 强大的网管系统，便于远程维护管理，降低运维成本。

瑞斯康达科技发展股份有限公司是《中国城市轨道交通年度报告2013》的协办单位。

联系方式如下。

总部地址：北京市海淀区西北旺东路10号院（中关村软件园）东区11号

邮政编码：100094

电话号码：010-58963999

传真号码：010-58963100

网　　址：http://www.raisecom.com

渠道加盟：channel@raisecom.com

5.1.8　中国通用咨询投资有限公司

1. 公司简介

中国通用咨询投资有限公司是中央直属重要骨干企业——中国通用技术集团的全资子公司，以咨询业务、商务服务、项目管理和投融资管理等智力和资金支持，为客户提供整体解决方案和增值服务。公司历经60余年的发展，累计参与国家重大项目10 000余个，具备完善的经营资质、健全的国内外市场支撑体系、资深的专家团队、丰富的资本运作经验、良好的政府关系及成熟的商务集成能力，在国内拥有30个分支机构，业务支撑体系遍布全球50余个国家和地区并与70余个国家和地区保持业务往来。

2. 业务介绍（见下图）

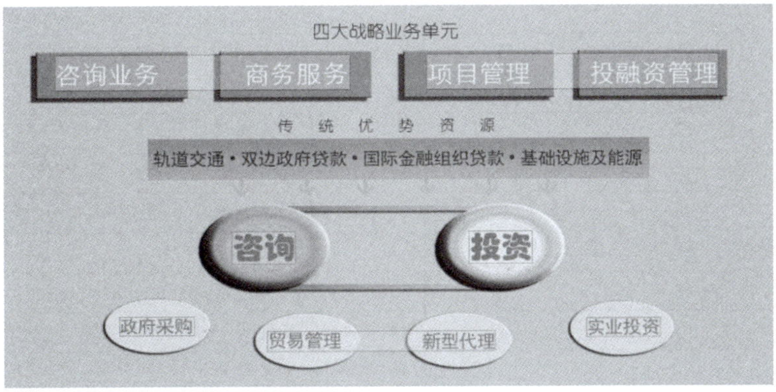

1）咨询业务

通用咨询投资利用中国通用技术集团广泛的国际网络、政府资源、专家体系及金融资源，致力于在技术、政策、投融资及运营管理方面为客户提供高度定制化、契合市场的全过程咨询服务，经营范围涵盖政策及机制建设、园区及产业规划、招商及投融资策划、战略规划及管理咨询、国外工程咨询及会展培训等众多领域。

【案例】通用咨询投资自2008年4月成为北京城市铁路股份有限公司战略合作伙伴以来，承担了该公司30多个咨询项目。包括北京地铁4号线地下空间商业项目、北京地铁10号线站前广场报刊亭投资及收益咨询项目等。通用咨询投资为国内轨道交通资源的开发利用提供高度定制化、契合市场需求的全过程咨询服务，通过对轨道交通有形资产和无形资产的市场化运作，最大限度地利用和开发好其自身资源及其衍生资源，努力实现轨道交通社会效益与经济效益两个最大化。

2）商务服务

通用咨询投资旗下拥有我国规模最大、实力最强、资质最全的国际化招标机构，是国家最早从事招标代理采购的专业化公司，也是国内最早承办国际招标采购业务的中央商贸企业。多年来，公司承担了众多国家重大投资建设项目的重点设备与技术引进和招标采购工作，凭借雄厚的实力和优质的服务赢得了国内外客户的广泛赞誉，见下表。公司充分利用自身深厚的市场体系，通过整合销售渠道、优化市场战略、财务杠杆支持等系列工具帮助产品或技术进行市场推广，进而促进企业快速发展。

轨道及交通业绩一览表

序　号	项目名称	序　号	项目名称
1	北京市	7	兰州市
1.1	北京地铁1号线建设工程	7.1	兰州市城市轨道交通1号线工程
1.2	北京地铁1号线一期工程	8	宁波市
1.3	北京地铁1号线二期工程	8.1	宁波市轨道交通2号线一期工程
1.4	北京城市铁路建设项目	9	重庆市
1.5	北京站至北京西站地下直径线工程	9.1	重庆轨道交通3号线改扩建工程
1.6	北京站至北京西站地下直径线工程	9.2	重庆轨道交通2号线延伸段工程
1.7	北京地铁5号线	9.3	重庆轨道交通3号线一期工程
1.8	北京地铁14号线	9.4	重庆市轨道交通3号线南延伸段工程
1.9	北京地铁西郊线现代有轨电车	9.5	重庆轨道交通6号线一期工程
1.10	北京地铁大兴线工程	10	长春市
1.11	北京地铁10号线工程	10.1	长春地铁2号线一期工程
1.12	北京地铁既有线控制中心改移工程	10.2	长春市轻轨环线一期工程
1.13	北京地铁1号线信号系统改造工程	10.3	长春市快速轨道交通净月线工程
1.14	北京地铁2号线信号系统改造工程	11	郑州市
2	上海市	11.1	郑州市轨道交通1号线一期工程
2.1	上海地铁8号线车辆和设备项目	11.2	郑州市轨道交通2号线机电设备项目
2.2	上海地铁8号线土建项目	12	西安市
2.3	上海地铁2号线一期工程	12.1	西安市地铁2号线一期工程
2.4	上海轨道交通明珠线一期工程	12.2	西安市地铁1号线一期工程
3	广州市	12.3	西安市地铁3号线一期工程
3.1	广州地铁1号线盾构工程	13	南京市
3.2	铁道部遂道局2台盾构设备	13.1	南京地铁南北线一期工程
3.3	广州地铁1号线一期工程	14	宁波市
3.4	广州地下高速缆车项目	14.1	宁波市轨道交通1号线一期工程

续表

序 号	项目名称	序 号	项目名称
4	天津市	14.2	宁波市轨道交通1号线二期工程
4.1	天津地铁1号线车辆项目	14.3	宁波市轨道交通2号线一期工程
4.2	天津地铁1号线工程	15	南昌市
4.3	天津地铁1号线信号工程	15.1	南昌地铁1号线一期工程
4.4	天津地铁1号线工程	16	昆明市
4.5	天津滨海轻轨建设项目	16.1	昆明市轨道交通6号线一期工程
5	苏州市	16.2	昆明市轨道交通6号线二期工程
5.1	苏州高新区有轨电车1号线	17	厦门市
5.2	高速综合检测列车项目	17.1	厦门市轨道交通1号线一期工程
6	武汉市	18	铁路
6.1	武汉市轨道交通2号线一期工程	18.1	京津城际轨道客服系统集成项目
6.2	武汉市轨道交通3号线工程	18.2	武广等客运专线客服系统集成项目
6.3	武汉市轨道交通4号线一期工程	18.3	广深港客专四电集成总承包项目
6.4	武汉市轨道交通4号线二期工程	18.4	武广客专四电集成总承包项目
6.5	武汉轨道交通1号线一期工程	18.5	郑西客专四电集成总承包项目
6.6	武汉轨道交通1号线二期工程	18.6	铁路动车组技术引进及国产化项目
6.7	武汉轨道交通2号线一期工程	18.7	铁路大型养路机械设备国产化项目
6.8	武汉轨道交通3号线一期工程		
6.9	武汉轨道交通4号线一期工程		
6.10	武汉轨道交通4号线二期工程		

3）项目管理

通用咨询投资具有雄厚的资金实力、良好的银行资信、丰富的融资渠道。凭借这些优势，公司可在传统的贸易交易结构中进一步提供融资服务，开展贸易管理业务。通过贸易管理业务为资金短缺方提供资金支持，为资金融出方的富余资金找到安全的出路，使交易双方更易获取贸易机会，实现互利共赢。

【案例】中国高速铁路项目是一个全面实施项目管理的成功案例，跨越了发达国家近半世纪的发展历程，占据了世界高速铁路发展的技术前沿，引领着世界高速铁路的发展方向。中国高速铁路的项目管理分为项目的启动、项目的计划、项目的实施及过程控制、项目的收尾四个阶段。项目启动阶段，依托公司数十年丰富的技术引进经验，通过与客户的反复交流，深度发掘并及时响应项目需求，在深入了解项目规划和深刻理解项目需求基础上，创造性地策划了招标采购模式，将技术转让与采购过程进行了捆绑，协助国内装备制造企业成功打破国外企业的技术封锁；项目计划阶段，通用咨询投资率先与铁道部的管理和技术团队共同搭建了联合办公室，突破传统管理方式，在轨道交通领域率先引入项目管理理念，通过强化项目计划控制，模块化组织结构，极大地提高了沟通效率，实现了项目资源集中调配，不但实现了采购与技术引进的有机结合，而且拉动了部件供应体系和相关行业的发展，打造了我国重大装备和技术引进领域的“动车组模式”；项目实施及过程控制阶段，针对中国的高速铁路作为全新产品，技术引进、国产化、技术再创新，以及产品的设计、生产是一个复杂的系统工程的特性，公司实践项目管理理念，全方位实施了项目的过程控制，在进度安排、成本核算、文件管理、法律、税务、物流接运及政策咨询等方面积极发挥商务集成作用，并在项目统筹、重大决策、对外沟通、技术引进和国产化管理等方面，与技术专家密切合作，为业主提供了全方位、全过程、深层次的服务；项目的收尾阶段，项目管理团队根据执行中收集到的信息，形成项目统计，对重要的中国的高速铁路项目事件及其对项目的影响进行分析和说明，对项目执行情况进行考核，形成项目总结报告，并不断跟踪客户长期和短期的方针与政策，围绕建立起的产业网络，大力发展延伸性服务，指导后续项目开展。“动车组模式”的项目管理是一种过程控制，在有限资源约束下对项目涉及的全部工作进行有效的管理，从项目的投资决策开始到项目结束的全过程进行计划、组织、指挥、协调、控制和评价，以实现项目的目标，运用知识、技能、工具和技术，满足和超过客户对项目的需求和期望。它有效地帮助客户处理需要跨领域解决的复杂问题，实现更高的运营效率,在我国高速铁路现代化装备引进、消化、吸收和再创新中起到了示范作用，成为后续其他项目实施的重要参考和依照。

4）投融资

通用咨询投资积极投身国家重点关注的战略性新兴产业投融资改革实践，通过成立专业化股权基金管理机构，努力为战略性新兴产业发展打造全新的投融资平台，构建沟通相关产业与资本市场的桥梁。通用咨询投资立足于自身在节能环保、装备制造及医药等相关领域的深厚背景，积极引入投资工具，为各级政府及合作伙伴提供资金支持，进一步拓展与广大客户的合作空间，共同创造价值。公司已发起成立通用环境产业基金、通用成长型投资基金、通用合同能源管理投资基金共三只基金，并于2014年4月1日获得中国证券投资基金业协会颁发的“私募投资基金管理人登记证书”。

【案例】重庆轨道交通集团是公司的长期合伙伙伴，通过在传统招标业务中的交流与沟通，了解到重轨集团资金的需求情况，并成立了咨询项目小组对重庆轨道交通6号线工程进行了深入的分析和探讨。公司根据重轨集团的融资需求和项目特点制订了融资方案，该方案符合客户的融资需求，得到了客户的赞赏和认可。2010年，公司与重庆轨道交通集团正式签署了融资咨询协议。

公司利用长期积累和培育的金融资源与金融能力，先后向包括商业银行、保险公司、机构投资人在内的10余家潜在投资人进行了推介，通过多轮沟通、谈判、比较，最后将资金提供方选定为保险公司，将保险资金引入到重庆市基础设施建设中，实现了保险资金进入重庆基础设施建设零的突破。作为融资顾问和交易安排人，公司针对重轨集团作为地方企业不具备高信用等级的条件且地铁项目公益属性特征鲜明，也不具有很强盈利能力的特点，为重轨集团量身设计了由重庆市交通开发投资公司担保、设立地铁专项基金优先还款的二级增信措施。该增信措施既保证了投资人关切的项目方还款能力，又使得融资成本大大降低，最终达成的融资成本比同期贷款利率下浮并低于重轨集团母公司（重庆交通开发投资公司）同期发行的债券利率。公司还利用集团综合优势，协调重庆市金融办、重庆市保监局及重庆市有关主管部门直接与保监会沟通，最终促成了该项目的顺利通过。

重庆轨道交通集团融资咨询项目为重庆轨道交通建设融资30亿元，不仅解决了重轨集团的资金缺口，对改善重轨集团资金结构，西部地区基础设施建设引进多种融资模式也有非常重大的意义。

中国通用咨询投资有限公司是《中国城市轨道交通年度报告2013》的协办单位。

协办单位代表简介：

李敢

李敢，中国通用咨询投资有限公司副总经理，工程师，招标师。毕业于北京交通大学运输管理工程系，对外经济贸易大学高级管理人员工商管理硕士。负责项目的累计合同额将近3 000亿元，涉及铁路、公路、城市轨道交通、市政基础设施、能源电力、教育、农业、水利等多个领域，具有丰富的招标采购、技术进口、国际贸易和合同管理经验。尤其在中国高速铁路建设期间，作为商务负责人，是中国高铁技术引进和国产化“动车组模式”的主要策划人和管理者之一，为中国铁路的技术进步和轨道交通装备的产业升级做出了重要贡献。

联系方式如下。

单位名称：中国通用咨询投资有限公司
单位地址：北京市西三环中路90号通用技术大厦　邮编：100055
单位网址：http://www.gtconsulting.com.cn　电话：010-63348668
传真：010-6334866

5.2　地铁公司

5.2.1　北京市轨道交通建设管理有限公司

北京市轨道交通建设管理有限公司是经市委、市政府批准，于2003年11月由北京市国资委出资设立的国有独资公司，主要担负首都轨道交通建设管理任务。

按照市委、市政府确定的公司职能定位，公司作为轨道交通建设管理的专业公司，具体负责轨道交通新建线路的初步设计；施工设计、施工队伍、车辆设备的招标、评标和决标；组织轨道交通新建线路的土建结构、建筑装修、设备安装工程及相应市政配套工程的实施；组织轨道交通新建线路的系统调试、开通、验收直至交付试运营全过程的建设管理；降低建设成本，确保优质、安全、按期完成建设任务。

公司秉承“发展轨道交通，建设精品工程”的理念，按照“安全、质量、进度、功能、成本”五统一的建设要求，坚持以人为本，注重科技创新，确立了“两保两抓”的工作方针和“统分结合、重心下移”的管理思路，精心筹划，科学组织，克服规模大、矛盾多、工期紧等诸多困难，圆满完成了地铁八通线、5号线、10号线一期、机场线、8号线一期、4号线、大兴线、亦庄线、昌平线一期、房山线、6号线一期、8号线二期、9号线、10号线二期、14号线西段15条线路的建设管理任务，使北京市轨道交通运营总里程达到465 km。为北京奥运会、国庆60周年庆典、北京园博会等活动的成功举办做出了巨大贡献。

目前，公司承担着6号线二期、7号线、14号线东段、14号线中段、西郊线、昌平线二期、6号线西延、8号线三期、燕房线、玉泉路线、东四环线、丰台河西线、亦庄T1线、3号线、12号线、17号线、新机场线、房山线延伸线18条线路的建设管理任务，同时代建乌鲁木齐地铁1号线。

公司将按照市委、市政府的部署，以“人文交通、科技交通、绿色交通”为主线，根据首都“十二五”轨道交通建设发展规划，依托主业发展趋势，抓住首都和行业大发展机遇，以提升第一核心主业，开拓第二业务，培育“三个能力”，实现四个目标为己任，勇担重任，攻坚克难，努力把公司建设成为主业优、核心强，延伸有力、拓展有效，立足北京、面向全国，具有长远发展能力和活力的一流企业，为实现首都轨道交通建设又好又快发展贡献力量。

北京市轨道交通建设管理有限公司是《都市快轨交通》理事会常务理事单位。

《都市快轨交通》理事会常务理事代表介绍如下。

罗富荣：现任北京市轨道交通建设管理有限公司副总经理兼总工程师，是北京市轨道交通建设指挥部专家委员会副主任委员。

罗富荣副总经理是国内隧道及地下工程领域有突出贡献、技术和管理经验丰富的专家。在二十多年的隧道及地下工程的设计、施工与建设管理工作中，主持完成了多项重点工程建设和科研课题；多项成果取得了显著的经济效益和社会效益；多次荣获省部级科技进步奖励，如第五届詹天佑铁道科学技术奖青年奖，2002年度中国铁道学会科学技术奖二等奖，北京市科学技术奖一等奖、二等奖，教育部科技进步奖一等奖，铁道部科技进步奖二等奖，2008年中国岩石力学与工程学会青年科学技术奖银奖等；2002年当选为铁道部有突出贡献的中青年专家，享受国务院特殊津贴，是新世纪百千万人才工程北京市级人选，2006年被评为“北京市有突出贡献的科学、技术、管理专家”。罗富荣在多个学术团体兼职，是中国岩石力学与工程学会工程安全与防护分会副理事长、中国土木工程学会隧道及地下工程分会常务理事、北京建筑工程学院兼职教授及硕士研究生导师，《都市快轨交通》杂志编委和常务理事、《现代隧道技术》杂志编委。

联系方式如下。

单位名称：北京市轨道交通建设管理有限公司

单位地址：北京市西城区百万庄大街甲2号 邮编：100037
电话：010-88376703 传真：010-88376703

5.2.2 北京京港地铁有限公司

北京京港地铁有限公司（以下简称“京港地铁”）是国内城市轨道交通领域首个引入外资的合作经营企业。京港地铁成立于2006年1月16日，由北京市基础设施投资有限公司出资2%，北京首都创业集团有限公司和香港铁路有限公司各出资49%组建。目前，负责运营北京地铁4号线、大兴线及14号线。

根据与北京市人民政府签订的《北京地铁4号线项目特许协议》，京港地铁以PPP模式参与北京地铁4号线的投资、建设和运营，特许经营期限为30年。京港地铁负责北京地铁4号线项目B部分（车辆、信号、自动售检票机等）。北京地铁4号线已于2009年9月28日开通试运营。目前，4号线实际早高峰最小行车间隔达到1分43秒，成为北京地铁路网中发车间隔最短的线路。

2009年12月30日，《北京轨道交通大兴线委托运营协议》正式签署，京港地铁取得了北京轨道交通大兴线的委托运营权，负责大兴线资产运营管理和养护维修，并提供客运服务。2010年12月30日，大兴线在开通当天即实现与4号线全线贯通。

2012年11月6日，京港地铁与北京市政府在香港草签《北京地铁十四号线项目特许协议》，京港地铁采用PPP模式参与14号线的投资、建设和运营，并获得北京地铁14号线30年运营权。西段从张郭庄站至西局站于2013年5月5日开通试运营。在北京首次使用A型车，有效地提高了运输能力。

北京京港地铁有限公司是《都市快轨交通》理事会常务理事单位。

《都市快轨交通》理事会常务理事代表介绍如下。

王绍基，北京京港地铁有限公司总经理。

联系方式如下。

单位名称：北京京港地铁有限公司
单位地址：北京市丰台区嘉园路地铁4号线车辆段 邮编：100068
单位网址：http://www.mtr.bj.cn
电话：010-88641188 传真：010-88641000

5.2.3 长春市轨道交通集团有限公司

长春市从20世纪80年代就开始规划和筹建城市快速轨道交通建设，由于长春市的经济实力和建设条件不成熟，直到1998年长春轻轨筹建工作才有了实质性的进展。长春与重庆、武汉、大连等一批城市成为国家批准建设轻轨的首批城市。

为了实施长春轻轨工程建设，1998年7月长春市政府批准成立了轻轨建设的项目法人单位——长春市轨道交通有限责任公司，2009年更名为长春市轨道交通集团有限公司，企业性质为国有独资，注册资本为28.9623亿元（同时成立了长春市地铁有限责任公司，注册资本为25.3亿元）。经营范围为轨道交通建设、经营和管理。

长春轻轨一期工程在1999年经国家批准立项后，于2000年5月27日正式开工建设，拉开了长春市快速轨道交通建设的序幕。2002年轻轨3号线一期开始试运营。然而随着城市的进一步发展，目前的轻轨线路已经不能满足需求。针对这种情况，长春市于2003年编制了长春市快速轨道交通建设规划，提出不仅要建设轻轨4号线，而且还要发展两条地铁线路。长春的城市人口规模和经济条件达到了申报建设城市轨道交通项目的条件，轨道交通的建设对加强长春市中型城市地位、构塑合理的城市布局具有重要作用。截至2011年，长春市已完成轻轨3、4号线工程；2017年完成全长为41.98 km的南北、东西地铁1、2号线一期工程；到2050年，完成最后的外围支线5、6、7号及各条线的延长线路，届时长春市全长256.9 km的城市轨道交通网将全部建成。

目前，长春轻轨3号线一期、二期工程已经贯通运营，轻轨4号线已经实现全线贯通运行，正在建设地铁1号线、2号线一期工程，长春市已经步入城市快速轨道交通建设的良性发展道路。

长春市轨道交通集团有限公司是《都市快轨交通》理事会理事单位。

联系方式如下。

单位名称：长春市轨道交通集团有限公司

单位地址：吉林省长春市朝阳区开运街2855号 邮编：130012

5.2.4 重庆市轨道交通（集团）有限公司

重庆市轨道交通（集团）有限公司创建于1992年，是重庆市唯一承担城市轨道交通建设、运营和沿线资源开发一体化的大型国有控股轨道交通客运企业。轨道集团现有资产600多亿元，职工上万人，具有甲级轨道交通设计资质，甲级工程管理资质，甲级设备监理资质，甲级工程咨询资质，二级房地产开发资质；拥有一批长期从事轨道交通技术研究与工程建设管理的技术骨干，以及接受过国内外大型地铁公司系统培训的轨道交通专业技术人才和运营管理队伍；具有承担城市轨道交通规划、建设和运营管理及轨道交通技术咨询的能力，为实现重庆轨道交通的规划目标提供了技术和人才保障。

成功建成并运营了国内首条跨座式单轨交通线路——重庆市轨道交通2号线。目前运营线路已有4条，运营里程达到170 km。到2015年，将建成208 km轨道交通线路；2020年，将建成轨道交通线网300多km，日客运量达到600万人次。

将以“为了山城有坦途”为使命，为“达到国内先进水平、位居西部一流地位，体现重庆特色文化”的企业奋斗目标而不懈努力，构建一个安全、快捷、舒适、环保的城市现代化客运骨干交通系统，为城市社会和经济发展做出更大的贡献。

重庆市轨道交通（集团）有限公司是《都市快轨交通》理事会常务理事单位。

《都市快轨交通》理事会常务理事代表介绍如下。

仲建华：男，1956年出生，现任重庆市轨道交通（集团）有限公司董事长、党委委员、教授级高级工程师，城市轨道交通中青年专家，住房和城乡建设部轨道交通专家，国家发改委城市轨道交通国产化专家委员会委员，中国交通运输协会城市轨道交通专业委员会副主任，中国城市轨道交通协会专家委员会副主任及工程建设专业委员会副主任，中国城市轨道交通协会技术装备专业委员会理事，中国土木工程学会城市轨道交通技术工作委员会副理事长，全国城市轨道交通标准化技术委员会委员，中国工程建设标准化协会城市交通专业委员会委员，住房和城乡建设部城市轨道交通工程质量安全专家委员会、城市轨道交通标准化技术委员会委员，重庆市科学技术协会副主席，重庆市建设科技委员会委员，重庆市设计大师，重庆国际单轨协会会长，重庆轨道交通产业技术创新战略联盟理事长，重庆市工业经济联合会、重庆市企业联合会、重庆市企业家协会副会长，重庆市桥梁协会副会长，重庆市工程师协会常务理事，重庆市公路学会轨道交通专委会常务理事，重庆市经济管理学会常务理事，中国轨道交通专业杂志《都市快轨交通》、《现代城市轨道交通》、《电力机车》编委会编委。先后荣获国务院政府特殊津贴专家、“全国劳动模范”、“全国建设系统劳动模范”、“国企贡献奖”科技进步带头人、住房和建设部建设科技先进个人、重庆市设计大师、重庆市杰出专业技术人才、重庆市建设科技先进个人、重庆市卓越工程师等荣誉称号，荣获国家发改委、国务院国资委、国家科技部、中国科协2011—2012年度全国“讲理想、比奉献”活动科技标兵及重庆市委、市政府授予的“重庆市优秀专业技术人才”等荣誉称号。

主持建设的重庆轨道交通2号线工程先后荣获2005年全国十大建设科技成就奖、2006年全国公共交通文明线路称号、2006年国家市政工程金杯奖、2007年国家优质工程银奖、2008年国家环境友好工程奖、2009年国家十大环境友好示范工程奖、2010年国家级管理创新成果奖、第八届中国土木工程詹天佑大奖及重庆市“三峡杯”和“巴渝杯”优质结构工程奖等多项荣誉。主编完成了国家标准《跨座式单轨交通设计规范》、《跨座式单轨交通施工及验收规范》及建设部行业标准《跨座式单轨交通车辆通用技术条件》的编制工作，填补了国家及行业标准的空白。同时，围绕城市轨道交通建设、运营工作主持完成了30余项重点科研工作，分别荣获重庆市科技进步一等奖1项、二等奖4项，三等奖5项。

联系方式如下。

单位名称：重庆市轨道交通（集团）有限公司

单位地址：重庆市渝北区金开大道西段210号 邮编：401120

单位网址：http://www.cqmetro.cn

电话：023-68002123 传真：023-68808355

5.2.5 杭州市地铁集团有限责任公司

杭州市地铁集团有限责任公司成立于2002年6月，主要从事轨道交通工程建设、营运与管理，房屋拆迁服务，房地产开发等。公司性质为杭州市政府直属企业，由杭州市本级、萧山区、余杭区、滨江区、钱江新城管委会、杭州经济技术开发区6个投资主体共同出资。

杭州市城市轨道交通线网规划远景为“放射型”的网络结构，由13条线路组成，总长约561.8 km。

杭州市城市轨道交通近期建设规划（2013—2019），建设2号线二期工程，4号线一期工程，5号线一期工程，6号线一期工程等4个项目，全长约106.6 km，到2019年，形成5条运营线路、总长190 km的轨道交通基本网络。

2007年3月28日，杭州地铁1号线开工建设。2012年11月24日，杭州地铁1号线通车试运营。

2008年9月28日，地铁2号线东南段开工建设。地铁2号线西北段于2011年9月开工建设。

杭州市地铁集团有限责任公司是《都市快轨交通》理事会理事单位。

《都市快轨交通》理事会常务理事代表介绍如下。

沈林冲：1959年12月生，祖籍浙江慈溪。1982年1月毕业于浙江大学。教授级高级工程师。2002年至今先后任杭州市地铁集团有限责任公司总工程师、副总经理。多年来一直从事轨道交通建设管理和运营管理工作，组织编制了杭州城市快速轨道交通建设规划、杭州地铁多条线路工程可行性研究报告、初步设计等重大技术方案，主持杭州地铁1号线运营筹备，是杭州市轨道交通线网规划的重要参与者。积极开展轨道交通建设技术研究工作，主持开展了《杭州轨道交通线网车辆段（停车场）布局规划与资源共享的研究》、《杭州地铁1号线部分地段地下有害气体危害性及对策研究》等多个课题研究，其中《杭州地铁1号线钱塘江隧道河段最大冲刷深度研究》已获得浙江省科技进步二等奖。

联系方式如下。

单位名称：杭州市地铁集团有限责任公司

单位地址：杭州市江干区九和路516号（杭州地铁1号线七堡站B口） 邮编：310017

单位网址：http://www.hzmetro.com

电话：0571-86001666 传真：0571-87239653

5.2.6 昆明轨道交通集团有限公司

昆明轨道交通集团有限公司是昆明市人民政府批准成立的国有独资公司，注册资本金为10亿元人民币，负责昆明城市轨道交通项目的投资、建设、运营和管理；城市轨道交通项目投融资业务；城市轨道交通项目沿线土地综合开发；城市轨道交通综合配套开发及物业管理；城市轨道交通沿线广告制作、代理、发布；国内贸易物资供销；房地产开发和经营；货物及技术进出口业务（以上经营范围中涉及国家法律、行政法规规定的专项审批，按审批的项目和时限开展经营活动）。

公司不设股东会，由昆明市人民政府国有资产监督管理委员会行使股东会职权。公司设立有董事会、监事会，昆明市人民政府何波副市长兼任公司董事长，并作为公司法定代表人；昆明市国有资产监督管理委员会派驻监事会主席及监事会成员。公司设总经理、党委副书记、副总经理、财务总监为高级管理层人员。集团公司总部下设十四个部（室）及四个子公司，集团总部十四个部（室）为党群工作部、集团办公室、综合管理部、人力资源部、财务管理部、审计法务部、融资部、企业管理部、投资管理部、土地储备部、质量安全监察室、纪检监察室、项目前期部和总工程师室，集团下辖四个子公司分别为昆明地铁建设管理有限公司、昆明地铁运营有限公司、昆明道恒房地产开发有限公司、昆明地铁资源经营管理有限公司。

公司按照昆明市政府提出的“赋政策、配资源、公司化、市场化”的模式，负责地铁建设、融资、运营、管理，并通过土地一级开发增值及收益筹集建设资金，以地铁站周边上盖物业开发收益弥补地铁运营亏损模式进行建设和运营。

昆明轨道交通集团有限公司是《都市快轨交通》理事会理事单位。

《都市快轨交通》理事会常务理事代表介绍如下。

宗庆生：男，1962年10月生，汉族，籍贯云南，中共党员，大学学历，现任昆明轨道交通集团有限公司董事长、党委副书记、总经理。曾任昆明市计委区划办副主任，昆明市计委国土区划办公室主任，昆明市计委地区经济发展处处长，昆明市人民政府北京联络处副主任，昆明市轨道交通规划建设办公室副主任，昆明轨道交通有限公司常务副总经理，昆明轨道交通有限公司党委副书记、常务副总经理，昆明轨道交通有限公司党委副书记、总经理。

联系方式如下。

单位名称：昆明轨道交通集团有限公司

单位地址：昆明市官渡区永安路41号　邮编：650011

单位网址：http://www.kmgdgs.com

电话：0871-63644999　传真：0871-63517507

5.2.7　南京地铁集团有限公司

南京地铁集团有限公司内设7个部门，包括办公室、组织宣传部、人力资源部、规划企划部、资产管理部、财务部、监察室；2个直属单位即南京地铁土地储备分中心、南京地铁交通设施保护办公室；3家全资子公司，南京地铁建设有限责任公司、南京地铁运营有限责任公司、南京地铁资源开发有限责任公司。集团定位为资金的平台、资产的平台、资源的平台，以资金、资产、资源为纽带，通过建立和完善公司治理机制、业务管控机制、财务监管机制、干部聘用机制、绩效考核机制、项目管理机制和资金平衡机制等七大配套机制，协同好与建设、运营、资源开发三个子公司的关系，促使三家子公司集中精力完成好南京地铁自身建设、运营和资源开发任务。

南京地铁建设有限责任公司主要职能是负责自筹资金项目初步设计、施工图设计，工程勘察，工程质量、安全、进度、投资、文明施工现场管理，工程报建、报审、验收，设备选型、采购、监造、安装调试、验收，征地拆迁、建设用地、交通组织等各项施工准备，是承担南京地铁工程建设管理的任务部门。

南京地铁运营有限责任公司为营运服务公司，受南京地铁集团有限公司委托，负责现有85 km线路的运营管理、乘客服务及设施设备的维修保养，同时担负起网络化运营的筹备任务，2014年底前运营总里程将达到225 km。

南京地铁资源开发有限责任公司以服务南京城市轨道交通发展、加强地铁资源市场化经营为核心，主要负责政府赋予的南京地铁非票务资源的经营开发，通过多项经营活动的开展，确保国有资产的保值增值；同时通过土地整理与开发、上盖物业开发与管理、地铁资源经营收益，弥补地铁运营亏损，形成还本付息机制，以打造保证南京地铁健康可持续发展的地铁筹融资、资源开发与经营管理的专业化平台。

南京地铁集团有限公司是《都市快轨交通》理事会常务理事单位。

联系方式如下。

单位名称：南京地铁集团有限公司

单位地址：南京市玄武区中山路228号地铁大厦 邮编：210008

单位网址：http://www.njmetro.com.cn

电话：025-51892486 传真：025-51892487

5.2.8 青岛地铁集团有限公司

青岛地铁项目自1987年开始筹建，1989年成立地铁筹建处，1991年更名为地铁工程办公室，属自收自支事业单位，核定编制50人。1993年底成立地下铁道公司，主要承担青岛市轨道交通项目规划设计、资金筹措、建设运营管理及沿线相关物业开发经营项目等任务，与地铁办“一套班子两块牌子”。2009年，青岛市成立市地铁工程建设工程指挥部及其办公室。2012年12月10日，青岛市委、市政府对地铁建设管理体制进行了调整：将青岛市地铁公司重组为青岛地铁集团有限责任公司，列为市直企业。青岛市地铁工程建设指挥部办公室与地铁集团“一套机构、两块牌子”，体制高度融合，地铁集团对地铁工程建设负全责，统筹负责青岛轨道交通投融资、建设、运营和资源开发各环节工作，随着地铁开通运营及市场化程度的提高，逐步实现“政企分开”。

青岛地铁集团有限公司是《都市快轨交通》理事会理事单位。

联系方式如下。

单位名称：青岛地铁集团有限公司

单位地址：青岛市香港中路30号甲伟东国际 邮编：266071

单位网址：http://www.qd-metro.com

电话：0532-67708600 传真：0532-83641482

5.2.9 上海申通地铁集团有限公司

上海申通地铁集团有限公司于2004年6月重组成立，是一家融轨道交通投资、建设和运营管理为一体的大型企业集团，是上海轨道交通投资建设和运营管理的责任主体。同时，作为上海轨道交通建设指挥部的常设机构，承担指挥部办公室的组织协调职能。目前，集团公司组织机构主要由集团总部19个部门、5家项目公司和7家运营维护单位、7家其他直属单位组成，员工总数约29 000人。

目前，由集团公司投资建设并已投入运营的地铁线路有14条、运营线路总长度达538 km，磁浮线1条、运营线路长度29 km，路网规模在世界地铁城市中居于首位。一直以来，集团公司坚持把确保网络运营安全作为核心任务，努力提升运营安全质量管理水平，保持网络运行安全总体受控。2013年，全路网运营行车正点率99.4%、运行图兑现率99.7%，继续保持较高水平。全路网运送乘客25亿人次，日均客流达686万人次，占全市公共交通客运总量的比重超过40%。

2013年，集团公司荣获上海市质量管理奖、6项上海市科技进步奖、17项上海市优质工程咨询奖。

上海申通地铁集团有限公司是《都市快轨交通》理事会常务理事单位。

《都市快轨交通》理事会常务理事代表介绍如下。

白廷辉：男，回族，中共党员，生于1967年12月；2000年3月毕业于同济大学岩土工程专业，工学博士。

现任上海申通地铁集团有限公司副总裁，教授级高级工程师；上海市土木工程学会第十届理事会地下工程专业委员会副主任委员；上海城市管理职业技术学院“城市轨道交通工程技术”专业指导委员会专家成员；《上海安全生产 》杂志理事会常任理事；《都市快轨交通》第一、第二届编辑委员会委员。

在轨道建设管理和科技研究工作方面，主持完成了多条线路建成，并投入试运营。先后荣获“上海市重点工程建设科技明星”提名奖、“上海市建设系统青年岗位实践成才奖”、“上海市建设功臣”等市、局、公司级多项荣誉。他还利用工程实践优势，先后发表多篇高专业水准的论文和技术规程，并取得“上海市科学技术进步奖”一等奖一项、二等奖一项、三等奖五项。在轨道交通的建设管理过程中基本上是一个技术方案研究、制订者。同时通过与国内外同行和前辈学习、交流，既了解轨道交通工程国内外最新技术状况及科技发展趋势，又积累了较丰富的实践经验。

联系方式如下。

单位名称：上海申通地铁集团有限公司

单位地址：上海市桂林路909号 邮编：201103

单位网址：http://www.shmetro.com

电话：021-63189188 传真：021-64696500

5.2.10 深圳市地铁集团有限公司

深圳市地铁集团有限公司前身为深圳市地铁有限公司，成立于1998年7月31日，2009年更名为深圳市地铁集团有限公司。2011年4月份深圳市地铁三号线投资有限公司80%股权划转入地铁集团，新的深圳市地铁集团有限公司正式成立，同时，地铁集团作为深圳市轨道交通投融资平台正式挂牌。

地铁集团作为深圳市国有资产监督管理委员会授权经营的国有独资大型企业，是承担深圳市城市轨道交通投融资、建设、运营和国有资产保值增值的独立法人实体；经营范围为城市轨道交通项目的建设运营、开发和综合利用，投资兴办实业、国内商业、物资供销业、经营广告业务及自有物业管理、轨道交通相关业务设计、咨询及教育培训等，现已形成集地铁“投融资、建设、运营、资源经营与物业开发”四位一体的产业链。

截至2013年底，注册资本金72.13亿，总资产1 484.38亿，净资产680.47亿，资产负债率54.16%。共有员工10 575人，其中建设板块445人，运营板块8 275人。

目前，地铁集团承担着深圳地铁一、二期工程1、2、3、5号线约158 km线路的运营任务，2013年日均客运量212.8万人次，全年客流7.77亿人次以上。同时，地铁集团承担着深圳轨道交通三期工程7、9、11号线的建设工作，前海综合交通枢纽、车公庙枢纽等重大枢纽及各项市政道路、配套工程的建设工作，并在加快推进6、8、10号线的各项前期准备。此外，地铁集团还代表市政府承担着广深港、厦深2条国家铁路的市政府出资代表工作，并积极承担社会责任，承担了近100万平方米保障性住房的建设工作。

2013年，地铁集团2项工程（深圳北站综合交通枢纽工程、地铁3号线工程）获国家工程建筑领域最高奖项詹天佑奖，5项课题获第23届广东省企业管理现代化创新成果二等奖。

地铁集团大力倡导和塑造以“共同承担责任、共同创造价值、共同分享成果”为核心价值观的企业文化，致力于打造学习型企业、创建严格纪律和人文管理、和谐平衡的“铁魂”企业精神，坚持以人为本的原则，在企业发展中兼顾员工利益，为员工提供良好的事业发展平台，实现员工与企业共同发展。

深圳市地铁集团有限公司是《都市快轨交通》理事会常务理事单位。

《都市快轨交通》理事会常务理事代表介绍如下。

林茂德，男，1956年10月出生，汉族，祖籍贵州省遵义市，中共党员，大学本科学历，学士学位，正高职高级经济师，1973年9月参加工作，简历如下：

1973.09—1979.09 贵州省遵义万里铸造厂 工人，会计

1979.09—1983.08 西南财经大学 学生

1983.08—1992.02 西南财经大学金融学院 讲师

1992.12—1998.06 深圳市振业股份有限公司 总经理助理、总经济师

1998.06—2005.03 深圳市振业（集团）股份有限公司 总经济师

2003.11—2005.03 兼任深圳市振业物业管理有限公司 董事长、总经理
2005.03—2006.09 深圳市振业（集团）股份有限公司 副总经理
2006.09—2007.05 深圳市地铁有限公司 副总经理（主持经营工作）
2007.06—2012.04 深圳市地铁有限公司 总经理、党委副书记、董事
2012.04 深圳市地铁集团有限公司 党委书记、董事长
2007.01—2011.11 兼任深圳市深圳通公司 董事长
2007.01—2012.11 兼任深圳市远为房地产开发有限公司 董事长

林茂德在企业管理、资本经营、股份制运作方面有专长，2011年12月被深圳市轨道交通建设指挥部评为深圳市轨道交通二期工程建设先进个人一等奖。

联系方式如下。

单位名称：深圳市地铁集团有限公司

单位地址：深圳市福田区福中一路1016号地铁大厦27~31层 邮编：518026

电话：0755-23992600 传真：0755-23992555

5.2.11 沈阳地铁集团有限公司

2002年6月，经沈阳市委、市政府研究决定，“沈阳市轨道交通建设指挥部”更名为“沈阳市地铁建设指挥部”，为正局级事业单位，负责轨道交通建设和运营的实施工作。2004年4月，成立沈阳地铁有限公司，是地铁工程建设和运营的项目法人，与指挥部合署，一个机构、两块牌子。2011年4月，沈阳地铁有限公司正式更名为沈阳地铁集团有限公司，是承担沈阳市地铁工程建设、运营及相关产业多种经营的国有独资大型企业。集团公司设有办公室、监察处、党委办公室、服务质量管理办公室、团委、工会、人力资源部、企业管理处、总工办、预算合同处、计划处、财务处、预算审核中心、资源开发部、工程一处、工程二处、工程三处、设备处、前期工作处、质量监督管理处、安全生产监督管理处和保卫处等22个处室及拥有沈阳地铁集团有限公司运营分公司、沈阳地铁房地产开发有限公司、沈阳地铁物业管理有限公司、沈阳地铁巴士有限公司、沈阳国际展览中心管理有限公司、沈阳城市通有限公司等所属单位，在编员工8 000多人。其中，运营分公司于2010年4月21日注册成立，负责沈阳市地铁1号线、2号线的运营管理工作。

沈阳地铁集团有限公司以“安全地铁、人文地铁、科技地铁、绿色地铁”为理念，本着“团结进取、求真务实、甘于奉献、勇于担当”的地铁精神，坚持建设、运营、资源开发及多种经营“一体化”经营模式，以地铁工程建设、运营为主导，多种经营协调发展，高效整合各类资源，发挥协同效应，形成了强有力的多条线路建设、运营组织协调能力和资源整合集成能力。目前，集团公司及各所属公司经营范围包括地铁、轻轨工程建设，地铁、轻轨运营管理，物业管理服务，地铁、轻轨综合技术开发，产业投资及投资管理，机械设备租赁，房屋场地租赁，设计、制作、发布、代理国内外各类广告，机电设备安装、调试，房地产开发，商品房销售，智能卡开发制造及运营管理，电子设备维修，代理意外伤害保险，展览展示服务，会议服务，商业展具租赁，城市公共交通运输，旅游包车客运、出租客运，公共自行车租赁项目。

集团公司成立以来，坚持改革创新、科学管理，加强企业文化建设，在地铁建设、运营管理和多种经营等方面取得了令人瞩目的成就。2008年地铁公司在国内地铁建设单位率先通过GB/T 19001/ISO9001质量管理体系认证，2009年又通过了GB/T 24001/ISO14001环境管理体系和GB/T 28001职业健康安全管理体系认证。沈阳地铁1号线工程荣膺中国建设工程领域最高奖项——鲁班奖。集团公司先后荣获国家科技进步二等奖、“全国五一劳动奖状”，被确定为中纪委廉政风险防控体系建设试点单位，沈阳地铁团队当选2010年度“感动沈阳”人物。

沈阳地铁目前运营里程为55.07 km，包括地铁1号线、2号线一期、2号线北延线医学院站至航空航

天大学站段。至2018年，计划建设完成地铁9号线一期工程（28.996 km）、10号线工程丁香公园站至张沙布站段（27.21 km）、2号线北延线工程辽宁大学站至蒲田路站段（5.5 km）合计61.7 km，形成“十字”加“环线”的地铁骨干网络，届时地铁总运营里程达到117 km。同时，将根据沈阳市统筹安排，适时开展地铁10号线工程张沙布站至苏家屯西站段、地铁4号线一期等线路建设工作。

沈阳地铁有限公司是《都市快轨交通》理事会常务理事单位。

《都市快轨交通》理事会常务理事代表介绍如下。

高云胜：男，1966年9月生人，1989年7月毕业于同济大学城市道路专业，教授级高级工程师，现任沈阳市地铁建设指挥部总工程师，主要负责9、10号线工程建设、安全方面工作和乒乓协会工作，分管工程一处、工程二处和安全生产监督管理处。

2001年调入市地铁建设指挥部至今，参与编制了沈阳地铁线网规划、地铁建设规划、地铁多条线路客流预测、预可行性研究及可行性研究报告的编制工作，在确定地铁建设方案上起到了重要的指导作用。作为总工办主任和副总工程师期间，负责沈阳地铁建设的所有设计和技术管理工作，组织30余家设计单位完成了地铁1、2号线初步设计和施工图设计任务，目前顺利通车运营。参编的沈阳市地方规范《地铁混凝土技术规范》（DB2101/TJ 05—2008）于2008年6月正式发布，在沈阳地铁建设中起到了规范和指导作用。并组织进行了沈阳浅层地铁工程地震响应及减灾研究、沈阳地铁浅埋暗挖施工法、新管幕法设计与施工关键技术研究等多项科研工作，为工程设计施工起到了一定的指导作用。在兼任工程二处处长期间，不但组织进行地铁2号线、2号线北延线、沈阳南站地铁配套工程、桃仙机场地铁配套工程及市府广场项目等多个工程的施工管理，并且还对地铁9、10号线的设计工作出谋献策。目前，地铁9、10号线正式开工，所有在建工程进展顺利，质量和安全状况良好。

作为国内地铁方面较知名专家，多次参加沈阳、北京、哈尔滨、宁波、南京、大连、西安、广州等各地铁城市设计评审会议、研讨会和评标工作，并在《北方交通》、《现代城市轨道交通》、《混凝土》等国内知名期刊发表多篇专业论文。现为辽宁省评标专家库、陕西省专家库、宁波市评标专家库等专家。兼任《都市快轨交通》常务理事、沈阳地铁咨询公司董事、沈阳市沈河区政协委员等职。

联系方式如下。

单位名称：沈阳地铁集团有限公司

单位地址：沈阳市沈河区东滨河路28-3号　邮编：110011

单位网址：http://www.symtc.com

电话：024-24085101　传真：024-24084166

5.2.12　苏州市轨道交通集团有限公司

苏州市轨道交通集团有限公司前身为2002年5月成立的苏州轨道交通有限公司，集团于2013年完成合并。现已形成轨道交通规划、建设、运营、资源开发及物业管理“五位一体”格局。集团下设7个处室，7家分（子）公司、中心，4家对外投资公司，共有职工3 000多人。

苏州轨道交通紧跟苏州经济社会发展的步伐，按照市委市政府统一部署，全力推进轨道交通工程的规划建设。2007年2月，我市轨道交通首轮建设规划获得国务院批复。2012年4月28日，经过4年4个月的建设，轨道交通1号线提前开通，苏州也因此成为国内首个建设并投运轨道交通的地级市。2013年12月28日，轨道交通2号线较计划工筹提前半年开通投运，苏州轨道交通正式迈入网络化运营时代。2012年9月2号线延伸线、4号线及支线全面动工，开启了第二轮建设规划。已获批的3号线正按计划有序推进各项工作，2014年下半年将开工建设。着眼于轨道交通可持续发展需求，苏州轨道交通完成了包含5、6、7号线共109.6 km的第三轮《建设规划（2015—2020）》的编制。预计到2020年，整个苏州轨道交通线路将呈现“三纵四横”的网络模式。

苏州轨道交通始终坚持“锐志求新，稳健高效”的发展理念和“精工细作，精益求精”的质量理念，矢志打造轨道交通百年精品工程。立足实际、探索创新。经过六年多的建设实践，苏州轨道交通总结出“三管三控”的安全管理思路，全面推广现场管控“三项核心制度”，提炼出土建施工“四大法宝”等“苏州经验”。自2007年12月开工以来，轨道交通工程始终处于安全平稳受控状态，没有发生一起重大质量安全事故。

苏州轨道交通时刻铭记“快乐启程，温馨到达”的服务理念，以乘客满意作为不懈追求的目标。自1号线开通以来，积极开展“温馨”、“爱心”服务品牌建设。主题活动，贴近乘客；服务热线，全年无休；官方微博，资讯互动，全力打造社会广泛认同的服务品牌。

苏州轨道交通始终以高标准、高规格开展各项工作，争创“民心工程”、“文明工程”。先后荣获全国“安康杯”竞赛活动优胜单位、全国交通建设系统“工人先锋号”、江苏省“十一五”劳动竞赛先进集体等荣誉，并蝉联七届“苏州十大民心工程”。工程各建设标段多次获得“全国AAA级安全文明标准化工地”、“江苏省建筑施工文明工地”等称号。

苏州轨道交通致力于构建一个安全、快捷、舒适、环保的城市现代化轨道交通网络系统。牢记“为苏州加速，让城市精彩”的时代使命，秉持“坚韧不拔，勇往直前”的企业精神，苏州轨道交通克难奋进，砥砺前行，为改善城市交通结构、促进地区经济发展、提升市民出行质量贡献力量。

苏州市轨道交通集团有限公司是《都市快轨交通》理事会理事单位。

联系方式如下。

单位名称：苏州市轨道交通集团有限公司

单位地址：苏州市金阊区干将西路668号 邮编：215004

单位网址：http://www.sz-mtr.com

电话：0512-69899028 传真：0512-69899030

5.2.13 乌鲁木齐市轨道交通项目建设执行办公室

根据市委2006年第18次常委会的部署和要求，2006年底成立了乌鲁木齐市轨道交通建设领导小组；乌鲁木齐市轨道交通建设领导小组下设前期工作小组，负责乌市轨道交通建设规划工作及前期立项等工作。领导小组全面领导乌市轨道交通及乌昌快轨交通建设项目，负责解决乌鲁木齐地区轨道交通建设项目和建设中的重大问题。

2010年12月19日，乌鲁木齐市委2010年第16次常委会议决定成立乌鲁木齐市轨道交通项目建设执行办公室，下设综合计划科、总工办、项目前期科、规划研究室，负责轨道交通前期工作及建设、运营、管理工作。

2011年8月26日，乌鲁木齐市人民政府批准成立了“乌鲁木齐城轨集团有限责任公司”。主要负责乌鲁木齐市轨道交通项目的融资、建设、运营管理和综合资源开发。2011年9月，《乌鲁木齐城市轨道交通建设规划》获得自治区批准。2011年10月14日，《乌鲁木齐城市轨道交通建设规划》正式上报国家发改委，2012年11月16日建设规划获得国家发改委的批复立项。2013年1月22日，轨道交通1号线工程可行性研究报告正式上报国家发改委，待批复后，计划2013年完成部分管线迁移、征地拆迁及车站土建施工。

乌鲁木齐市轨道交通建设领导小组办公室是《都市快轨交通》理事会理事单位。

联系方式如下。

单位名称：乌鲁木齐市轨道交通建设领导小组办公室

单位地址：新疆乌鲁木齐市经济开发区嵩山街396号 邮编：830026

5.2.14 武汉地铁集团有限公司

武汉地铁集团有限公司是经政府授权，负责武汉轨道交通的建设、运营、管理和融资的大型国有独资企业。公司内设办公室、人力资源部、财务部、计划合约部、质量安全部、总工办、企业管理部、资产管理部、纪监审计室等职能部门，同时下设建设事业总部、土地开发事业总部、武汉地铁运营公司及武汉轨道交通建设公司。

目前武汉轨道交通已建成运营1号线、2号线一期和4号线一期工程，轨道交通1号线自吴家山至堤角，全长28.8 km，共设站26座，全线高架，一期于2004年7月28日开通，二期于2010年7月29日开通；轨道交通2号线一期工程由常青花园至光谷广场，全长27.73 km，设车站21座，全线地铁，是我国首条穿越长江的轨道交通线路，于2012年12月28日开通试运营；轨道交通4号线一期工程由武汉火车站至武昌火车站，全长16.48 km，共设15座车站，全线地铁，于2013年12月28日开通试运营。

按照武汉市轨道交通建设规划，至2017年，武汉市还将陆续建成4号线二期、3号线一期、6号线一期、7号线一期、8号线一期等轨道交通项目，建成总长达215.3 km的轨道交通线路，基本形成覆盖武汉三镇的轨道交通网络。在建项目基本情况如下：1号线汉口北延长线，由堤角至汉口北，全长5.6 km，设站3座，预计2014年开通； 4号线二期工程，由武昌火车站至汉阳火车站，全长16.7 km，设站13座，预计2014年开通；3号线一期工程，由三金潭至沌阳大道，全长30.1 km，设站24座，预计2015年开通；6号线一期工程，由体育中心至金银湖，全长36 km，设站27座，预计2016年开通；7号线一期工程，由野芷湖至金银湖，线路全长30.85 km，设站18座，预计2017年开通；8号线一期工程由三金潭至梨园，全长16.7 km，设站12座，预计2017年开通。

在轨道交通建设和运营的同时，公司积极实施“地铁+物业”的发展战略，充分依托轨道交通建设和运营，以市场化为原则，大力开展衍生商业资源开发和土地综合开发。目前已完成地铁物业开发30余万平方米，开发收益一定程度上弥补了运营亏损。

公司遵循现代企业制度，以人为本、崇尚创新，本着“诚信、敬业、高效、奉献”的企业精神，以发展武汉轨道交通为主线，综合开发相关资源，改善武汉市的投资环境和生活环境，努力提升和改善城市功能，为大武汉复兴和国家中心城市建设积极努力。

武汉地铁集团有限公司是《都市快轨交通》理事会常务理事单位。

《都市快轨交通》理事会常务理事代表介绍如下。

刘玉华：男，中共党员，硕士学位，高级经济师，正高职高级工程师，现任武汉地铁集团有限公司党委书记、董事长，中国公共交通协会轨道交通专业委员会副主任委员。

主持建设的武汉市轨道交通1号线一期工程获得 “武汉市市政工程金奖”、“湖北省市政示范工程金奖”及中国市政金杯示范工程。主持完成武汉市轨道交通1号线二期、2号线一期、4号线一期工程的建设任务并统筹组织运营管理工作，正在组织推进轨道交通3号线一期、4号线二期、6号线一期、7号线一期、8号线一期工程及1号线汉口北延长线的建设，在推动武汉轨道交通建设和运营的同时，积极推动轨道交通土地储备和综合开发工作，建成地铁物业30多万平方米。

主持完成《数字轨道交通工程集成建设关键技术及应用》，分别获得国家科技进步二等奖，湖北省科技进步一等奖及湖北省重点科学技术成果奖。发表《城市基础设施建设数字化技术研究——武汉市轨道建设项目控制系统研究与开发》、《高架桥箱梁结构振动与噪声测试与分析》及《武汉轻轨箱形梁的有限元模态分析》等论文。

曾荣获“武汉市重点工程建设先进工程者”、“武汉市五一劳动奖章”、“武汉市有突出贡献中青年专家”及“武汉市轨道交通2号线一期工程建设特殊贡献个人”等奖项。

联系方式如下。

单位名称：武汉地铁集团有限公司

单位地址：武汉市武昌欢乐大道77号　邮编：430070

单位网址：http://www.whrt.gov.cn

电话：027-83481077　传真：027-83481055

5.2.15 西安市地下铁道有限责任公司

西安市地下铁道有限责任公司组建于2005年11月，为西安市政府直属国有独资企业，与市地铁办合署办公，担负着西安城市快速轨道交通建设、运营和管理的重任，同时经营以城市轨道交通相关资源开发为主的多元化产业。公司成立以来，坚持改革创新，科学管理，加强企业文化建设，形成了地铁建设、运营、开发三位一体的良好发展局面，现有员工近4 000人。

西安市轨道交通线网规划为“棋盘加放射型”网状结构，由6条线组成，全长251.8 km，总投资1 000亿元。六条线路全部建设完成，公司将成为拥有资产超过1 000亿，员工上万人的特大型企业。

2013年，地铁1号线按期建成通车试运营；2号线南段顺利实现“轨通”、“电通”，设备安装基本完成，步入系统联调阶段；3号线实现车站封顶、盾构始发双过半；4号线试验段1座车站已封顶，隧道施工全面展开；新一轮建设规划通过国家审批。1、2号线运营平稳有序，总客流量分别达2 608万人次和9 532万人次。

西安地铁公司成立以来，本着“不辱使命、追求卓越、不留遗憾、铸造精品”的精神，坚持改革创新，科学管理，加强企业文化建设。在西安城市轨道交通系统线网规划、建设规划、地铁工程建设、运营管理、物业开发等方面取得了重大进展，为建设“人文西安、活力西安、和谐西安”做出了应有贡献。

- 企业使命：建设精品地铁、提供优质服务、造福古城人民。
- 企业愿景：承载人文、畅通古城。
- 企业精神：不辱使命、追求卓越，不留遗憾、铸造精品。
- 核心价值观：服务社会、发展企业、成就人生。
- 企业服务理念：地铁所至、爱心相随。
- 管理理念：以人为本、和谐有序。

西安市地下铁道有限责任公司是《都市快轨交通》理事会常务理事单位。

《都市快轨交通》理事会常务理事代表介绍如下。

陈东山：男，1954年5月出生，汉族，中共党员，大学学历，高级经济师，现任西安市地下铁道有限责任公司党委副书记、总经理；西安市人大代表；中国城市轨道交通协会常务理事；中国交通运输协会城市轨道交通专业委员会委员；陕西省项目建设管理协会理事；《西安社会科学》理事会副理事长；《都市快轨交通》理事会常务理事；《城市轨道交通研究》理事会理事；《现代企业》理事会理事。荣获“轨道交通产业榜2008科技创新十大人物”称号。

联系方式如下。

单位名称：西安市地下铁道有限责任公司
单位地址：西安市未央路132号经发大厦21层 邮编：710018
单位网址：http://www.xametro.gov.cn/
电话：029-86516968 传真：029-86515126

5.2.16 香港铁路有限公司

香港铁路有限公司被公认为全球首屈一指的铁路系统，以其安全、可靠程度、卓越顾客服务及高成本效率见称，平均每周工作日的载客量逾525万人次。

1975年成立时，当时的地铁公司使命是为香港建造及经营一个铁路系统，采取审慎商业原则运作，配合本地的公共交通运输需求。当时香港政府是唯一的股东。

香港特区政府在2000年6月透过公开招股，出售地铁23%的股份，公司成为地铁有限公司，并于2000年10月5日在香港联合交易所上市。

2007年12月2日，九广铁路公司（由政府全资拥有）所经营的网络合并由公司营运。地铁有限公司的中文名称改为香港铁路有限公司（港铁公司）。这也标志着香港铁路发展的一个新里程。

合并不仅为乘客带来更高效率、票价更具吸引力的铁路服务，更为公司带来在本地和海外业务增长的机会。

合并后的港铁共有九条铁路线，网络覆盖香港岛、九龙及新界。同时，公司在屯门及元朗为当地小区提供轻铁及接驳巴士服务。

公司设有机场快线，为旅客提供高速铁路专线，连接市中心和香港国际机场及香港最新的展览及会议中心——亚洲国际博览馆。公司的城际客运服务，为往返广东省、北京及上海的旅客提供方便的铁路运输。

1. 车务资料

港铁公司被公认为世界级的公共交通运输机构，无论在可靠性、安全及效率方面，均一直保持在国际级最高水平。港铁乘客的99%的旅程均会准时到达目的地，是乘客往返香港各区甚至境外的最快捷便利网络。

目前港铁营运九条铁路线：观塘线、荃湾线、港岛线、东涌线、将军澳线、迪斯尼线、东铁线、马鞍山线及西铁线，并在新界西北提供轻铁服务。此外，港铁亦提供往返香港国际机场的机场快线，以及往返北京、上海和广东省的城际客运服务。

港铁的系统采用自动化列车运作，列车服务的安全和可靠性维持国际最高水平。所有列车营运、信号、维修及车站环境均透过四个车务控制中心中央监察和管理。

港铁设有九个维修车厂，分别位于九龙湾、荃湾、柴湾、将军澳、小濠湾、何东楼、大围、八乡及屯门，确保列车可以提供优质服务。公司亦在屯门及火炭设有巴士车厂。

港铁采用的八达通卡自动收费系统，为全球技术最先进和最具效率的票务系统，令乘客旅程更方便。

2. 中国及国际业务

为中国及国际市场引进铁路发展和物业管理专业知识，是港铁公司持续增长策略的核心元素。

中国内地是港铁公司的铁路营运、物业管理及相关业务顾问服务的重要市场。港铁公司在香港以外的业务发展策略的重点，是集中在内地城市铁路网络的开发投资。

公司与北京市基础设施投资有限公司和北京首都创业集团有限公司以公私合营的方式，参与投资建造全长29 km的北京地铁4号线（特许经营期为30年），全长47.3 km的北京地铁14号线（特许经营期为30年），此外还获得了北京地铁大兴线的运营及维修专营权（特许经营期为10+10年）。

公司在深圳接管了龙华线一期4.5 km，并负责投资、建设和运营二期15.9 km，特许经营期为30年。

公司与杭州地铁以公私合营的方式，参与投资建造全长48 km的杭州地铁1号线，特许经营期为25年。

中国内地的物业租赁及物业管理业务于2013年的收入增加7.4%至1.46亿港币。公司在北京的商场银座Mall于2013年年底的出租率接近100%。公司在中国内地管理的商用及住宅总楼面面积保持平稳，达25 600 m^2。

在欧洲方面，公司采用低投资额的发展策略，竞投各地铁路营运服务合约。

2007年11月，港铁公司的联营公司开始按所取得的专营权合约在英国伦敦运营。该网络由五条铁路组成，总长107.2 km， 网络覆盖伦敦西部、北部及东部，为2012年奥运会的主要运输干线。此合营企业将管理整个网络内78个车站中的55个车站。

2009年11月，港铁公司的独资子公司按照运营及维修专营权的合约开始了瑞典斯德哥尔摩地铁108 km的运营。与此同时，港铁公司的联营公司也按照运营及维修专营权开始了墨尔本铁路372 km的运营。

基于港铁在“地铁+物业”方面的成功经验，2011年，港铁成功投得深圳4号线龙华车辆段一期地块以进行住宅及商务物业开发。公司于2012年12月经国家商务部批准，成立港铁物业发展（深圳）有限公司，该项目于2013年12月动工，总发展成本预计为40亿元人民币，可供发展的总楼面面积为206 167 m²，项目完成可提供约1 700个单位。

2013年8月5日，港铁公司由其全资子公司及天津市地下铁道集团有限公司合组的天津城铁港铁建设有限公司以人民币20.75亿元竞得天津地铁6号线北运河站上盖土地使用权，项目总建筑面积为278 650 m²。

公司提供的专业顾问服务，范围包括铁路策划、建造及营运、物业发展和其它非车费收入的顾问服务。现在，公司的业务已扩展至中国、亚洲、澳洲、中东及欧洲的铁路项目，其中包括上海地铁九号线（申松线）、台湾高铁及高雄捷运。为期最长的顾问服务是香港国际机场旅客捷运系统的维修合约。顾问服务合计为公司带来每年约两亿港元的收入。

香港铁路有限公司是《都市快轨交通》理事会副理事长单位。

联系方式如下。

单位名称：香港铁路有限公司

单位地址：香港九龙湾伟业街33号德福广场港铁总部大楼

单位网址：http://www.mtr.com.hk

电话：00852-2993 3564 传真：00852-2993 7771

5.3 设计研究单位

5.3.1 北京城建设计发展集团股份有限公司

北京城建设计发展集团股份有限公司（原北京城建设计研究总院有限责任公司，以下简称北京城建设计总院）前身是北京市城建设计研究院，成立于1958年，是专门为中国第一条地铁北京地铁1号线勘察设计而成立的，与共和国地铁建设事业相伴而生、共同成长！经过50多年的发展和积累，业已成长为以城市轨道交通、综合交通枢纽、地下空间开发为特色，具备为工业与民用建筑、市政、桥梁、道路提供全方位服务的综合型勘察设计咨询单位。曾承担过大量国内城市轨道交通勘察设计总体总包项目及国外工程咨询项目，是国内第一家城市轨道交通勘察设计总体总包单位。凭借着雄厚的技术实力、强大的专家阵容，以及品牌优势和行业影响力引领着中国城市轨道交通业的发展，在国内外赢得了良好声誉。

北京城建设计总院按业务领域下设轨道交通院、建筑院、市政院、勘测院4个专业设计院，11个职能部门， 在国内外设27个分支机构（分院），10家参股或控股投资公司。现持有工程设计综合甲级资质及工程咨询、工程造价、工程勘察综合类、工程测量、地质灾害评估及施工图审查等多项甲级资质，城市规划编制乙级资质，并具有对外承包工程、社会投资咨询评估等资格。

在城市轨道交通领域，北京城建设计总院作为全国第一家城市轨道交通设计的勘察设计单位， 50多年来，从中国第一条地铁线开始，承接了北京地铁1、2、5、10、13号线和南京地铁1、2、3号线、上海、广州、深圳、重庆、杭州、天津、青岛、沈阳、大连、武汉等国内三十多个城市的城市轨道交通线路的研究、咨询、勘测与设计工作，以及朝鲜、伊朗、越南等国外工程的设计工作，规模约1400 km。目前，北京城建设计总院承担的轨道交通设计总体总包线路中，已有二十多条、500多km的线路通车运营，还有30多条线路正在开展设计工作。

在工业与民用建筑领域，北京城建设计总院广泛涉足居住区规划与住宅、体育场馆、学院建筑、商业办公及交通枢纽、控制中心、地下空间开发等领域，代表工程有国家体育馆、奥林匹克运动员村、五棵松奥林匹克文化体育中心、北京中关村地下空间开发及综合管廊、北京城建大厦、北京动物园公交枢纽等，安哥拉社会住宅项目正在开展大规模施工和现场管理工作。

在市政工程领域，北京城建设计总院轨道交通高架桥梁体系技术领先、隧道过轨工程与风险检测评估技术先进、快速公交工程经验丰富、交通规划分析日臻完善、大型市政给排水工程设计能力较强。先后承担了北京、南京、深圳等城市道路、交通、过轨、桥梁、BRT、给水厂、污水处理厂等工程。

在勘察测绘领域，北京城建设计总院是新中国成立后最早的甲级岩土工程勘察、测绘单位之一，是全国第一家从事地下铁道勘察、测绘的大型企业，从事各类工程的勘察、测绘、监测检测、地质灾害危险性评估、岩土工程设计与施工等，超大型工程精密施工测量技术全国领先。先后承担了国家体育场（鸟巢）、国家体育馆、奥运村、国家大剧院、毛主席纪念堂、国家博物馆、首都机场T3航站楼、北京正负电子对撞机工程、京沪高铁等工程勘测及地基基础施工工程。

在其他工程领域，北京城建设计总院在工程总包、项目管理、投资咨询、风险评估、施工图审查等方面具有丰富经验。

北京城建设计总院一直以科技创新促技术发展，具有较强的研发能力，并取得了突出的业绩，历年来取得各类科技进步奖一百多项，省部级、市级以上优秀设计、咨询奖近百项，主编和参编了几十项国家、行业和地方标准，拥有几十项技术的自主知识产权。

北京城建设计发展集团股份有限公司是《都市快轨交通》理事会副理事长单位

企业法定代表人、董事长：王丽萍

院长：王汉军　党委书记：李国庆

地址：北京市西城区阜成门北大街五号　邮编：100037

电话：010-88336666　　传真：010-68300793

网址：http://www.buedri.com

5.3.2　北京城建勘测设计研究院有限责任公司

北京城建勘测设计研究院有限责任公司（简称城勘院）创建于1958年，为全国第一家从事地下铁道勘察、测绘企业。该院经过50多年的辛勤磨砺，经营管理体制实现了从计划经济向市场经济的跨越，2000年由全民所有制改为有限责任公司。在军旅与校园文化充分融合的发展背景下，该院依托雄厚的技术力量、一流的专家队伍、丰富的工程经验、密集的知识网络和精良的仪器设备，目前已发展成为我国现代轨道交通领域具有强大竞争实力的大型综合勘测设计企业。

城勘院在技术发展领域始终追求专业化、领先化、一体化发展，可在国内外承接轨道交通、市政、房建项目的勘察、测绘、监测、检测、监理、咨询、审图、岩土工程设计与施工、地质灾害危险性评估等多项工程任务。该院在同行中率先持有工程勘察综合类甲级资质、测绘甲级资质、CMA计量认证资质、工程桩动测资质，工程咨询甲级资质，地质勘查资质，地基与基础工程施工二级资质，施工图设计文件审查机构认定，地质灾害危险性评估资质等多项资质证书，并且于1997年在同行业中率先通过ISO9001国际质量体系认证，2001年通过国家技术监督局计量认证，2005年分别获得北京市安全生产管理局和北京市建委颁发的安全生产许可证。2011年城勘院又一次性通过了ISO14001环境和GB/T 28001职业安全健康管理体系认证，在企业运作管理中实现了质量、环境、安全三体系保障。

城勘院先后主编了《城市轨道交通岩土工程勘察规范》、《城市轨道交通工程测量规范》、《城市轨道交通工程监测技术规范》三部国家标准。同时，该院还参编了《北京地区建筑地基基础勘察设计规范》、《建筑工程施工测量规程》、《建筑与市政降水工程技术规范》、《简明岩土工程勘察设计手册》、《中国综合运输体系发展全书》等多项规范和手册，还编写了各种行业施工工艺20多项。

城勘院拥有精良的人才储备和设备仪器，目前已有工程技术人员300 多名，其中教授级及高级工程师80多名，工程师上百余名，各类注册工程师60多名。企业配备有国内外先进的莱卡全站仪、陀螺仪、三维激光扫描仪、天宝GPS全球定位系统、测量机器人及地基基础检测等几千万元的仪器设备。城勘院在组织结构上精心打造，设有勘察专业院、测量专业院、测试专业院、岩土专业院四个专业院，在外埠设有广东分院、天津分院、华东分院、南宁分院、昆明分院、安哥拉分院及多个项目部，并且城勘院还投资设立了北京环安工程检测有限责任公司。

半个世纪以来，城勘院本着“立足地铁、面向社会；立足国内，面向世界” 的战略布局，经营领域不断巩固和发展。多年来，城勘院依托着难以枚举的众多第一，逐渐铸就出在轨道交通勘测领域首屈一指的技术品牌，先后承揽了大部分的北京地铁勘测项目，同时还承担了广州、深圳、东莞、上海、杭州、苏州、无锡、宁波、南京、天津、沈阳、郑州、西安、昆明、南宁、长春、大连、青岛、济南、南昌、武汉等国内二十几个城市的轨道交通勘测项目，目前，企业已建和在建地铁线路里程已达2000多km。城勘院依靠“轨道交通创立品牌，通过市政工程巩固品牌，凭借奥运工程提升品牌”，先后完成了以“鸟巢”为核心的多个奥运场馆、国家大剧院、国家博物馆、数字北京大厦、毛主席纪念堂、中国第一历史档案馆，京承、京包、京开等多条高速公路及北京50多个小区的工程勘测及岩土设计、施工项目，实现了企业在国内外行业市场领域全方位迅猛发展。

城勘院积极实施“走出去战略”，承担了多项境外项目的勘测任务，如安哥拉社会住房工程、伊朗德黑兰地铁1、2号线、越南河内城市轨道吉灵—河东线、朝鲜平壤地铁等，实现了海外市场的不断开拓。

质量是企业生存之本，创新是企业活力之源。2010年城勘院通过了北京市高新技术企业认定，成为同行业率先获此特殊荣誉的企业。近年来城勘院先后已有几十项工程项目获国家、建设部及北京市奖励。其中特大异型工程精密测量与重构技术研究及应用项目获得由中华人民共和国国务院颁布的国家科学技术进步二等奖，该奖项是该院有史以来在科技成果上获得的最高奖励，也是迄今为止全国工程测量界科技成果颁发的最高奖项。院研发的《地基的处理方法》和《土建监测系统》分别于2002年和2010年获得国家知识产权局授予的发明专利证书和实用新型专利证书。

管理是企业发展之法，诚信是企业经营之道。城勘院始终坚持以“为客户增值”的“共赢”理念，立足市场，重合同、守信用，不断改进工作方法，提高服务水平。城勘院在1992年就被建设部授予“全国工程勘察先进单位称号”，自1994年起连续每年都获得北京市“重合同守信用”称号，2006年又被北京质量协会认定为“质量AAA级单位”和“质量卓越单位”，2008年被中国勘察设计协会评为“全国首批工程勘察与岩土行业诚信单位”，2012年被中国质量评价协会评为“全国重质量守信用企业”。

在全球经济一体化的时代背景下，城勘院把追求全面、协调、可持续发展作为强院之路的战略取向，始终贯彻 “以质量求生存，以科技促发展，向管理要效益”的服务宗旨，并遵照“精心勘测，顾客满意；安全发展，员工健康；绿色施工，社会认可；管理科学，持续改进”的质量方针，继续为广大建设单位提供优质的服务，继续为城市建设和发展做出企业的贡献，以良好的品质回报社会，以卓越的业绩再创辉煌！

北京城建勘测设计研究院有限责任公司是《都市快轨交通》理事会常务理事单位。

《都市快轨交通》理事会常务理事代表介绍如下。

马海志：男，1967年出生，2008年7月获清华大学高级工商管理硕士学位。现任北京城建勘测设计研究院有限责任公司院长、党委副书记，教授级高工。

马海志同志长期工作在城市轨道交通勘测设计领域，工作25年来先后完成的工程测量工作项目有：北京地铁复—八线工程测量、北京城市铁路西直门至东直门线工程测量、北京地铁五号线工程测量、广州地铁二号线赤岗至客村区间盾构施工测量、珠江三角洲城际快速轨道交通广佛线精密导线网测量、北京地铁十号线（含奥运直线）施工控制网测量、伊朗德黑兰地铁路2号线（M2-X2）断面和铺轨基标测量工程、国家大剧院施工测量、国家体育场精密施工测量等。该同志有很扎实的专业理论素养和实践经验，参与了国标《城市轨道交通工程测量规范》和地标《北京市地下管线探测技术规程》两部规范的编写工作。著有《城市轨道交通工程测量》、《地下铁道既有线工程测量技术及应用》等专著，在国内多家核心期刊发表多篇论文，曾获中国优秀职业经理人、2006中国建设行业百名管理英才、北京市第八届工程勘察一等奖、全国城市勘察测量优秀工程一等奖、北京奥运会和残奥会个人贡献奖、北京市人民政府国有资产监督监理委员会优秀共产党员等省部级以上奖励。

马海志同志在社会上兼任中国城市规划协会理事、北京测绘学会第十一届理事会副理事长、《都市快轨交通》理事会常务理事和编辑委员会委员、《城市勘测》理事会副理事长等职务。

联系方式如下。

单位名称：北京城建勘测设计研究院有限责任公司

单位地址：北京市朝阳区安慧里五区6号　邮编：100101

单位网址：http://www.cki.com.cn

电话：010-64922389　传真：010-64921259

5.3.3　北京全路通信信号研究设计院有限公司

北京全路通信信号研究设计院有限公司成立于1953年，是中国铁路通信信号股份有限公司下属全资企业。公司目前设有上海、广州、成都、武汉、西安和沈阳共6个分公司，全资子公司北京国铁信通科技发展有限公司和合资公司北京泰雷兹交通自动化控制系统有限公司。60年来，公司以市场需求为导向，以技术创新为驱动，以质量安全为根本，成为中国轨道交通安全控制和信息技术领域的领先企业。

公司主要业务包括工程设计、工程咨询、应用科研、标准制定、工程勘测、工程总承包和系统集成七大类几十项产品，并主办有《铁路通信信号工程技术》学术期刊；拥有甲级工程咨询资质、甲级勘察设计资质、工程造价咨询甲级资质和计算机信息系统集成企业一级资质；通过IRIS体系认证，ISO9001：2008质量管理体系认证，ISO14001：2004环境管理体系认证，GB/T 28001—2001职业健康安全管理体系认证；2008年被首批重新审定为北京市高新技术企业，并连续7年获得企业信用评级3A证书。

公司现有从业人员近1 500人，其中硕士及以上学历近500人；拥有中级以上专业技术职称的员工800余人，其中拥有高级及以上专业技术职务的人数超过300人。在吸引高素质人才的同时，积极打造“产、学、研”结合的技术创新平台，2003年和2006年与清华大学联合，先后建立硕士培养工作站和清华—通号轨道交通自动化研究所，2013年与北京交通大学联合成立轨道交通自动化研究所、与华为公司建立了联合创新中心。为进一步提高企业科技创新能力，实现可持续发展奠定基础。2013年11月28日，成立院士专家工作站，引进中国科学院张钹院士进站工作。通过院士专家工作站充分利用外部科技资源，建立开放合作的产学研机制，开展轨道交通相关基础技术的研究和国家相关重大科技项目的合作，从而实现公司科技创新更快的发展。

公司成立以来完成7 000余项通信、信号、电力及自动化工程设计，承担了一批国务院试点项目和国家重点工程设计；70余项自主创新的系统技术首次应用于铁路和城市轨道交通领域，推广新技术百余项。荣获国家科技进步奖、多项国家优秀工程设计奖和省部级奖；拥有51个计算机软件著作权登记证书，获得授权专利78项，其中发明专利47项。

在科研方面，2009年至今，公司相继承担“十一五”国家科技支撑计划项目“中国高速列车关键技术研究及装备研制——高速列车运行控制系统技术及装备研制”科研项目，“十二五”国家科技支撑计划课题“智能高速列车系统关键技术及样车研制——全息化运行环境感知系统”科研项目，国家重大专项“基于TD-LTE的高速铁路宽带通信的关键技术研究与应用验证”科研项目。

近年来，公司相继承接国家高速铁路和客运专线通信信号系统集成的建设任务，已经完成了北京—上海、哈尔滨—大连、北京—石家庄—武汉、北京—天津、武汉—广州、上海—南京、上海—杭州、温州—福州、宁波—台州—温州、合肥—武汉、广州—深圳—香港、海南东环线、天津—秦皇岛、南京—杭州、厦门—深圳等高速铁路和客运专线通信信号系统集成建设项目，正在开展合肥—福州、杭州—长沙等高速铁路和客运专线通信信号系统集成建设项目。由公司自行研发并成功实施，拥有完全自主知识产权的大型编组站自动化控制系统（CIPS）处于世界领先水平，并已经在成都北、贵阳南、武汉北、沈阳南等地投入使用。

作为第一家从事城市轨道交通工程弱电系统设计的单位，经历了我国城市轨道交通从无到有、不断发展的过程，已先后完成了近30余条国内外地铁轻轨线路的设计及技术服务工作，目前正在承担的城市轨道交通工程设计任务遍布国内外多个城市，共计50余项，专业领域涉及通信、信号、自动售检票

（AFC）、综合监控、FAS/BAS等弱电控制系统。同时公司还承担了轨道交通行业通信信号部分的国家或行业标准编制。从1990年开始至今，公司先后参与编制了《地铁设计规范》、《城市轨道交通信号系统通用技术条件》、《城市轨道交通技术规范》、《城市轨道交通工程项目建设标准》、《城市轨道交通工程投资估算指标》、《城市轨道交通工程预算定额》、《城市轨道交通综合监控系统工程设计规范》、《地铁与轻轨运营管理规范》等标准和规范。

公司致力于开发具有完全自主知识产权并同步通过欧标SIL4级安全认证的城市轨道交通列车自动控制系统（ATC），已经形成了基于数字轨道电路、交叉感应环线和无线通信3种不同制式和技术水平的ATC系统，能够为城市轻轨、地铁、市郊铁路、单轨等制式提供全套的信号系统解决方案。目前，该系列产品已在长春轻轨3、4号线、北京地铁8号线、北京轨道交通S1线、伊朗库姆单轨、阿根廷S&M线改造工程等项目上应用。其中FZL300 型列车自动控制（ATC）系统设备于2011年12月31日在北京地铁8号线二期开通运营，至今运行稳定，反应良好。2013年完成基于无线通信的列车自动控制系统（CBTC）的安全认证及上道试验。标志着公司在拥有自主知识产权的城市轨道交通ATC系统的研发和产品化方面迈上了新台阶。

公司的战略定位：在轨道交通安全控制和信息技术领域，以市场需求为导向，以技术创新为驱动，以质量安全为根本，成为国内领先、国际一流的集应用基础研究、标准制定、设计咨询、产品研发、试验验证和系统集成为一体的高新技术企业，构建产业技术平台，引领技术进步，促进产业发展，参与国际竞争。

北京全路通信信号研究设计院有限公司是《都市快轨交通》理事会理事单位。

联系方式如下。

单位名称：北京全路通信信号研究设计院有限公司

单位地址：北京市丰台区华源一里18号楼 邮编：100073

单位网址：http://www.crscd.com.cn

电话：010-51865951 传真：010-51871473

5.3.4 北京市市政工程设计研究总院有限公司

北京市市政工程设计研究总院有限公司创建于1955年，2013年完成转企改制，隶属于北京市国资委。是以咨询设计为主业、为工程建设项目全过程提供综合性服务的科技创新型企业，是全国最具实力的市政工程设计研究单位之一。50多年来，公司出色地完成了万余项国内外工程咨询、设计、工程总包等项目，主编、参编了百余项国家和行业技术规范、标准和设计手册，为城市基础设施建设做出了突出贡献。积极履行社会责任，高质量圆满完成了北京奥运、国庆60周年、灾区援建等工程项目及服务保障工作，在践行奥运“三大理念”，建设“人文北京、科技北京、绿色北京”的行动中彰显了社会形象和技术实力。目前，公司在城市道路系统、高速公路系统、城市轨道交通系统、快速公共汽车交通系统、城市给水系统、城市排水系统、再生水系统、固体废弃物处理系统等专业设计及研究方面处于国内领先地位，其中部分领域已接近或达到国际先进水平。近三十年来，公司获得国家级、部、市级优秀咨询设计和科技进步等奖项600余项，包括土木工程詹天佑奖13项，全国优秀设计金奖8项、银奖18项，国家优质工程奖15项等。公司先后获得“国家高新技术企业”、“中关村国家自主创新示范区十百千工程企业”、“全国工程勘察设计先进企业”等称号，15次位列“全国勘察设计行业百强单位”，连续11次被评为“北京市守信企业”，连续10年被评为“信用等级AAA级单位”和“纳税信用A级企业”。

公司具有工程设计综合资质甲级，可承接各行业、各等级的建设工程涉及业务，以及从事许可范围内相应的建设工程总承包业务、项目管理和相关的技术与管理服务；具有工程咨询甲级资质，可从事相应专业的规划咨询、编制项目建议书、编制项目可行性研究报告、项目申请报告、资金申请报告、评估咨询、工程设计、招标代理、工程项目管理的咨询工作；工程造价咨询单位甲级资质；工程勘察专业类工程测量甲级及工程勘察专业类（岩土工程）乙级资质；工程招标代理机构资格暂定资质；施工图设计文件审查机构一类证书，可从事市政基础设施工程的施工图审查业务；具有对外承包工程资格证书。

公司是以专业技术人员为主体的知识密集型团队，从业人员规模1 400人左右。公司拥有全国工程勘察设计大师6名，享受政府特殊津贴42人，享受突出贡献专家待遇8人，各类执业及注册人员250余人，是一支以设计大师为代表，以国内市政行业知名学科带头人为骨干，结构合理、专业配套、技术精湛、作风过硬的人才队伍。

公司轨道交通业务服务范围包括城市轨道交通线网规划、项目建议书、可行性研究、总体设计、总包管理、土建和设备工程设计等多方面。拥有主要设计专业14项，专业配套、工种齐全、设备先进，可为轨道工程建设项目提供全过程的咨询设计服务。在轨道交通各个领域特别是线路、运营、轨道、限界、车站建筑、结构、区间、通风空调、动力照明、给排水、AFC、FAS/BAS、技经等专业具有丰富的设计经验和设计成果。至今，公司担任总体总包设计的工程有北京首都机场线、北京地铁4号线、7号线、北京轨道交通亦庄线、15号线、16号线、海淀山后线、东四环轨道交通。同时还承担了北京地铁5号线、6号线、9号线、13号线、大兴线、昌平线、燕房线等大量土建、设备工点设计工作。受投资方委托，公司还承担了多条地铁线路的前期工作。为实现北京轨道交通建设的宏伟目标，做出了突出贡献。

北京市市政工程设计研究总院有限公司是《都市快轨交通》理事会常务理事单位。

《都市快轨交通》理事会常务理事代表介绍如下。

刘勇：北京市市政工程设计研究总院有限公司副总经理，教授级高工，分管公司轨道交通和交通研究业务。现任中国城市轨道交通协会理事、北京交通工程学会常务理事副秘书长、北京土木建筑学会理事、道路工程执业注册工程师专业委员会委员、中国城市公共交通协会快速公交专业委员会第一届理事会副理事长、中国工程建设标准化协会常务理事、市政专委会主任。

刘勇从事市政工程设计及科研工作近30年，具有深厚的理论功底和丰富的工作经验，先后从事过城市专项规划、道路交通、桥梁工程、软件开发、经济评估、轨道交通等多专业咨询设计和管理工作，主持和参加了近百项工程设计研究，并多次获得国家、部、市级优秀设计奖和科技进步奖。曾被授予北京市爱国立功竞赛标兵、首都劳动奖章、北京市先进工作者称号，2001年起享受国务院政府特殊津贴。担任第十、十一、十二届全国政协委员。

联系方式如下。

单位名称：北京市市政工程设计研究总院有限公司

单位地址：北京市西直门北大街32号3号楼（市政总院大厦） 邮编：100082

单位网址：http://www.bmedi.cn

电话：010-82216888 传真：010-82216700

5.3.5 重庆市轨道交通设计研究院有限责任公司

重庆市轨道交通设计研究院有限责任公司成立于2003年10月。致力于城市轨道交通工程的设计、咨询、监理和科研工作，为轨道交通规划、轨道交通工程建设、城市建设等提供科学、系统的技术服务。是同时拥有城市轨道交通甲级设计、咨询和监理资质的三甲设计研究院。

该院技术力量雄厚，拥有一批具有丰富轨道交通建设经验的中高级技术人才，掌握跨座式单轨交通核心技术。能承担城市轨道交通工程的总体总包设计、咨询、监理和科研工作。该院拥有重庆市城市单轨交通工程技术研究中心，致力于产、学、研深度结合，成为我国自己的单轨交通创新、成果转化基地和人才培训基地。

该院以轨道交通事业为依托，以科技创新为先导，积极参与城市轨道交通建设，取得了骄人的成绩。先后获得国家建设部“十五”全国建设科技先进集体、全国实施用户满意工程先进单位、中国设备监理协会“贯标优秀单位”、首批重庆市“高新技术企业”和重庆市国企贡献奖“科技创新团队”等荣誉称号。编制了多项国家标准、行业标准和地方标准，同时还拥有多项发明和实用新型专利。该院管理机构健全、管理制度完善。该院全体员工将秉承“科学管理、质量兴业、积极发展、顾客满意”的服务理念，凭借特有的跨座式单轨交通核心技术优势竭诚为社会各界服务。

《都市快轨交通》理事会常务理事代表介绍如下。

林莉：女，重庆市轨道交通设计研究院有限责任公司院长，国家一级注册结构工程师，正高级工程师。从事设计及管理工作二十余年，先后主持并圆满完成了重庆市轨道交通1、2、3、6号线工程前期咨询、工程设计和系统设备监理工作，承担了重庆市轨道交通环线、5号线、4号线及9、10号线的勘察设计总承包工作；主持并参与了《重庆轻轨较新线一期工程主体结构混凝土耐久性研究》、《重庆市轨道交通2号线临江门浅埋暗挖车站修建技术》、《跨座式单轨交通装备关键技术研发及产业化》等二十余项国家科技支撑项目、重庆市重大科技攻关项目，多次获得省部级科技进步表彰；作为主要起草人参与编写了国家标准《跨座式单轨交通设计规范》、《跨座式单轨交通施工及验收规范》、《城市轨道交通工程测量规范》及建设部行业标准《单轨交通车辆通用技术条件》等十余项国家标准及行业规范，填补了国内空白。带领设计院技术骨干掌握跨座式单轨核心技术，成功攻克了跨座式单轨PC梁三维设计软件、应急救援、道岔国产化等多项技术难关，形成了多项具有自主知识产权的专利及软件，“CBTC信号系统”、“实时移动视频监控”等技术已应用于市内单轨线路运营中，部分技术经专家鉴定已达到国际领先水平。2013年林莉同志荣获中国勘察设计协会颁发的“全国杰出最美女院长”荣誉称号。

联系方式如下。

单位名称：重庆市轨道交通设计研究院有限责任公司

单位地址：重庆市北部新区金童路轻轨童家院子综合基地科技楼 邮编：401122

单位网址：http://www.crtdri.com

电话：023-63358808 传真：023-63358801

5.3.6 广州地铁设计研究院有限公司

广州地铁设计研究院有限公司（以下简称“广州地铁设计院”），成立于1993年6月，主要从事城市轨道交通、市政、人防、建筑和环境工程的规划、勘测、设计、咨询、科研及总承包等业务。秉承“提升城市品质，设计美好未来”的企业使命，经过多年发展，广州地铁设计院已成为一家实力雄厚、经验丰富、信誉良好、享誉全国的行业甲级设计研究院。下设广州地铁设计院施工图咨询有限公司、广州南车时代电气技术有限公司、南昌轨道交通设计研究院有限公司等子公司。

资质：广州地铁设计院具备城市规划、勘察、设计（市政、建筑）、咨询等甲级资质，具备施工图审查资格，并通过了质量管理体系、环境管理体系、职业健康安全管理体系认证。先后获得“中国建设系统企业信用AAA级单位”、“守合同重信用单位”等称号。

资源：广州地铁设计院共有员工人数918人（含子公司），其中具备高级、中级以上专业技术职称员工超过450人，具备国家注册专业资格员工近120人，专业门类齐全。目前建成了包含项目管理系统、办公自动化系统在内的信息管理系统，配备了众多专业软件，具备强大的远程设计和技术支持能力。

业绩：广州地铁设计院先后承担了广州、深圳、佛山、南宁、西安、南昌、长沙、福州、南京、苏州、无锡、宁波12个城市共40多条城市轨道交通线路的总体总包工作。近年来业务范围已遍及广州、深圳、佛山、东莞、南宁、成都、西安、北京、天津、沈阳、南京、苏州、无锡、常州、宁波、福州、厦门、南昌、长沙、武汉、郑州、江门22个大中城市，完成了260多座轨道交通车站、420多 km区间隧道的施工图设计业绩，机电与系统设计涵盖了整个轨道交通工程。广州地铁设计院还完成了大量的岩土工程勘察、轨道交通线网资源共享、线路沿线物业开发、轨道交通与其他交通接驳、地下空间利用、市政公用工程、综合交通枢纽等咨询和设计。

科研：广州地铁设计院始终坚持科技创新，成功研发了许多新技术并拥有近30项国家专利，是广东省高新技术企业，下设盾构技术研究所、广东省土木建筑学会地下工程专业委员会等学术研究机构。先后主编或参编《地铁设计规范》、《盾构隧道工程设计规范》、《城市轨道交通采暖通风与空气调节设计规范》、《城市轨道交通直线电机牵引系统设计规范》、《城市轨道交通结构安全保护技术规范》、《盾构法开仓及气压作业技术规范》等30多项轨道交通的国家或行业标准，主编出版著作10部。

荣誉：广州地铁设计院先后荣获国家、建设部、广东省、广州市颁发的科技进步和优秀规划、勘察、设计、咨询成果等各类奖励和荣誉称号240多项，包括了“国家科学技术进步奖”、“国家环境友好工程环境保护设计优秀奖”、“国家优质工程奖”、“全国优秀工程设计奖”、“全国优秀工程咨询成果奖”等奖项。

广州地铁设计院将继续致力于安全、节能、经济、环保的城市轨道交通的设计与建设，为改善城市交通、提高出行质量、促进城市发展做出卓越贡献。

广州地铁设计研究院有限公司是《都市快轨交通》理事会常务理事单位。

《都市快轨交通》理事会常务理事代表介绍如下。

农兴中：1970年3月生，现任广州地铁设计研究院有限公司院长，1992年7月毕业于清华大学，教授级高级工程师，一级注册结构工程师，中国城市轨道交通协会常务理事，中国城市轨道交通协会工程咨询专业委员会副主任委员，广州市工程勘察设计行业协会副会长。长期从事轨道交通设计与研究工作，曾主持多项国家重点工程的设计与研究，工程经验丰富，业绩显著。先后担任广州地铁3号线工程设计总体，广州市中山大道快速公交（BRT）试验线工程、佛山市南海区地铁金融城项目主持人，以及广州南车城市轨道车辆维修组装基地项目总负责人等，所承担项目荣获“国家科技进步二等奖”、“全国优秀勘察设计行业一等奖”等奖项，主编出版了《广州地铁三号线工程设计研究与实践》等3本著作，是我国城市轨道交通领域的中青年专家。

联系方式如下。

单位名称：广州地铁设计研究院有限公司

单位地址：广州市越秀区环市西路204号 邮编：510010

单位网址：http://www.dtsjy.com

电话：020-83202600 传真：020-86692750

5.3.7 上海市城市建设设计研究总院

上海市城市建设设计研究总院创建于1963年，是以从事城市基础设施勘察设计为主的综合性设计咨询研究单位，具有国家工程设计甲级、国家工程勘察综合甲级、工程测绘、工程咨询、工程造价、工程监理甲级资质，可以为工程建设全过程提供服务。业已通过质量、环境、职业健康安全三项管理体系认证、上海市高新技术企业认证。

城建院现有13个专业院和总承包部，6个职能部门，拥有独资子公司3家、外省市分院和驻外机构3家，并建有上海市企业技术中心、博士后工作站等（研发）机构，职工总数近1 200人。

上海城建总院在近50年的专业历程中屡创精品，在公路与城市道路、交通工程、桥梁工程、给水排水与环境工程、隧道与地下工程、轨道交通、工业与民用建筑、园林景观、电气自动化、工程造价及勘察、测量、监测、监理等领域中硕果累累。荣获国家、部和市级优秀设计奖、优秀咨询奖和科技进步奖等420多项。拥有各类专利173项，其中发明专利26项。主编和参编各类标准、规范、通用图20项。

自1997年以来，城建总院始终位于上海市勘察设计单位综合考评前十名，全国百强之列，并跻身于中国工程设计企业60强；首批被授予上海市优秀公司，并连续荣膺此光荣称号。近年获得全国五一劳动奖状、上海市文明单位、金杯公司、质量管理奖、实施卓越绩效模式先进企业、职工最满意企业、专利试点企业、创新型企业等多项荣誉称号。

在激烈的市场竞争中，继城建总院担任轨道交通设计总体的上海市轨道交通7号线及北延伸段工程、11号线北段一期工程顺利通车运营后，11号线北段二期、16号线、迪斯尼线工程正在如火如荼建设中。至2013年6月底上海拟建成轨道线路总长为527 km，其中城建总院承担总体设计的线路达185 km。

城建总院还参与了天津6号线、Z4线、北京6号、14号线、苏州地铁1号线、南京地铁4号线等诸多轨道交通设计、审图工作，并再次打开海外市场，承接了印度新德里地铁设计任务。城建总院在有轨电车领域的发展也走在了全国的前列，继上海张江有轨电车运营后，又承担了苏州高新区有轨电车1号线、珠海有规电车1号线、天津生态城有轨电车、上海临港新城有轨电车规划、设计等。

城建总院以锐意进取、精心设计、持续创新、优质服务的企业精神、张张图纸精心设计、项项工程顾客满意、节能环保、健康安全、持续改进、永创一流的质量方针，为上海及全国各地的城市建设做出了卓越的贡献。

上海市城市建设设计研究总院是《都市快轨交通》理事会常务理事单位。

《都市快轨交通》理事会常务理事代表介绍如下。

徐正良：上海市城市建设设计研究总院专业总工程师，教授级高级工程师。从事市政工程设计近30年，在轨道交通、有轨电车、地下空间、综合交通枢纽、排水工程等方面具有丰富的工程经验，负责承担了上海轨道交通7、11、16号线的总体设计、南京地铁4号线审图、打浦路隧道复线工程、上海崇明越江工程、上海站北广场综合交通枢纽及配套地下空间工程、天津于家堡金融中心地下空间等重大项目的设计、咨询工作。

自2003年以来，徐正良以广博扎实的专业知识、工程实际经验和“再坚持五分钟”的毅力，作为3条轨道交通线路的总体设计负责人，主持了上海170余km轨道交通的总体设计和科研工作，其中轨道交通7号线和11号线北段一期已于2009年底建成通车。徐正良同志在设计中注重工程的全寿命成本和科技创新，在全部为地下线的上海轨道交通7号线工程中通过精心设计和多项新技术的应用，工程平均造价仅5.5亿元/km，被评为国家市政工程金奖。轨道交通11号线工程中首次在国内采用最高运行速度为100 km/h的A型车；目前正在建设的轨道交通16号线首次采用直流1 500 V三轨供电的最高运营速度为120 km/h的舒适型A型车，快慢车组合的运营模式。在上海轨道交通网络中唯一的三条市域线换乘枢纽——徐家汇枢纽的设计中，应用利用既有地下空间改建为轨道交通车站和地下空间暗挖向下加层专利技术，很好地解决了商业中心地区建造车站的交通、环境和社会正常运行的矛盾。

由于杰出的专业水平和敬业精神，被首批授予上海市重点工程立功竞赛“杰出人物”称号、上海市劳模及上海市十大青年咨询精英等荣誉。多次获得部、市级优秀勘察设计奖、科技进步奖、优秀咨询奖，多项成果申请了专利并得到应用。

联系方式如下。

单位名称：上海市城市建设设计研究总院
单位地址：上海市东方路3447号城建设计大厦 邮编：200125
单位网址：http://www.sucdri.com
电话：021-50891688 传真：021-63760994

5.3.8 深圳市城市交通规划设计研究中心有限公司

深圳市城市交通规划设计研究中心（以下简称“该中心”）成立于1996年，具备城乡规划甲级、工程咨询甲级、工程设计乙级资质，是全国第一个取得城乡规划甲级资质的交通规划专业机构。依托人才和专业优势，经多年积累和发展，我中心人员规模、专业配备、技术力量、业务类别、软硬件设施居国内同类机构前列，是具备国内一流设计水平的交通规划研究专业机构。

该中心拥有一支多学科、高学历、高素质、技术力量雄厚、业务经验丰富的专业团队，配有交通规划、轨道交通、道路工程、交通工程、城市公交、智能交通、交通模型等10余个专业。现有员工209

人，具有高级职称及以上者52人，具有中级职称者42人；拥有博士学位者7人，硕士学位者98人，博士、硕士约占总人数的50%。拥有注册城市规划师12人，注册咨询工程师16人，注册造价工程师2人。

该中心业务范围覆盖交通规划、设计、研究、咨询等领域，从宏观、中观、微观层面，全面开展政策研究、规划编制、工程设计实施等各层次规划设计研究，主要包括城市交通发展战略与政策研究；区域交通规划和城市综合交通规划；轨道交通、公共交通、干线道路网、停车、慢行交通、智能交通、交通模型等专项交通规划；枢纽、轨道、道路等重大交通基础设施建设项目的详细规划；城市交通综合治理改善规划；交通影响分析；道路交通工程设计等多方向多层次的交通规划设计与咨询工作。

该中心参与了深圳市政府历年来所有重大交通政策和规划的编制与决策，为深圳市城市交通规划建设工作做出了重要贡献，并在立足深圳的同时，面向全国逐步有序推广深圳交通规划建设经验，先后承担了香港、澳门、珠三角地区、福建、江西、广西、江苏、浙江、山东、湖南、湖北、安徽等主要大中城市的交通规划设计咨询项目。随着深圳社会经济和城市建设的迅速发展，以及深港一体化进程的加快，轨道交通建设已成为深圳城市基础设施建设的重中之重。近年来，该中心承担了大量的轨道交通规划设计项目，主要包括以下各项。

（1）深圳市轨道交通规划（2011—2030）；深圳市城市轨道交通建设规划（2005—2010；2010—2020）。

（2）深圳轨道交通工程1号、2号、3号、4号、5号、6号、7号、8号、9号、10号11号线交通详细规划及交通设计。

（3）新深圳站、前海枢纽、福田枢纽、布吉枢纽、龙岗枢纽、机场枢纽综合规划及交通设计。

（4）珠三角城际轨道深圳地区布局规划；国家铁路深圳地区布局规划。

（5）港深机场轨道联络线前期研究；穗莞深城际线交通详细规划；广深港客运专线龙华—皇岗段交通详细规划；厦深铁路交通详细规划。

（6）宜昌市轨道交通线网规划；淄博市现代有轨电车线网规划；义乌市城市轨道交通线网规划。

中心坚持开拓创新、与时俱进、持续发展的精神，竭诚为社会各界提供优质服务。

深圳市城市交通规划设计研究中心是《都市快轨交通》理事会常务理事单位。

联系方式如下。

单位名称：深圳市城市交通规划设计研究中心有限公司

单位地址：深圳市罗湖区爱国路3046号惠名大厦7楼 邮编：518021

单位网址：http://www.sutpc.com

电话：0755-83949392 传真：0755-83949389

5.3.9 中铁第一勘察设计院集团有限公司

中铁第一勘察设计院集团有限公司（以下简称“铁一院”），成立于1953年，总部设在陕西省西安市，是国家大型综合性勘察设计单位，是陕西省首批认证的“高新技术企业”，国家火炬计划高新技术企业，拥有国家批准设立的博士后工作站。铁一院在行业内具有人才领先优势，现有员工3 900余人，包括中国工程院院士1名，全国工程勘察设计大师3名，十八届中央候补委员1名，享受政府特殊津贴专家20名，教授级高级工程师200余人，高、中级专业技术人员2 400余人，获国家各类注册执业资格人员近970人次。铁一院拥有国家首批颁发的工程设计综合资质，拥有国家甲级勘察设计、工程咨询、环境评价、工程总包、施工监理等16项专业甲级资质证书。1995年在全国大型甲级设计院中第一家通过覆盖工程勘察、设计，工程咨询、监理、总承包诸领域的ISO 9001质量体系认证。2009年又通过了质量、环境和职业健康安全管理三体系认证，同时获得了英国皇家UKAS质量体系认证。

铁一院拥有一流的科技实力，先后荣获国家和省部级科技进步、优秀工程勘察设计、优秀软件、优秀标准设计奖400余项。其中，国家科技进步特等奖3项，一等奖2项，全国优秀工程勘察设计金奖7项。仅轨道交通项目，“十一五”期间就获得国家、省部级科技进步奖11项，国家、省部级“四优”奖21项。

作为交通运输行业的大型综合性勘察设计单位，铁一院在铁路、公路、城市道路及城市轨道交通领域均有良好建树。在铁路领域，先后设计了我国第一条电气化铁路、第一条沙漠铁路、第一条盐湖铁路，世界第一条高原冻土铁路、第一条修建在湿陷性黄土地区的高速铁路。

在城市轨道交通领域，铁一院先后参与了北京、上海、广州、西安、重庆、兰州、青岛、太原、乌鲁木齐、南京、天津、石家庄等二十多个城市的轨道交通设计、咨询及监理工作，涵盖了全国主要的轨道交通建设地区。承担了西安、兰州、上海、太原、重庆、南京、沈阳、成都、青岛、西宁、银川等十多个城市轨道交通的前期工作；承担了西安地铁1、2、3号线一期、重庆地铁6号线一期、二期、上海地铁1号线南延伸段、沙特阿拉伯麦加轻轨、兰州地铁1号线工程、太原地铁2号线一期工程、乌鲁木齐地铁1号线工程等总体总包项目；承担了广州地铁5号线、6号线、7号线、13号线、青岛地铁2号线、长沙地铁3号线一期、珠江三角洲城际快速轨道交通广州至佛山段等工程设计总体咨询。承担了广东、山东、陕西、甘肃、四川、宁夏等地区城际轨道交通的前期工作；承担了莞惠城际轨道交通项目、珠三角城际铁路广州至清远设计、珠三角城际铁路惠莞深设计、珠三角城际铁路莞惠线设计咨询。在国际市场，参加了曼谷、阿根廷、伊朗、沙特等国家和地区地铁项目的咨询和策划，承担了世界上设计运能最大、运营模式最复杂的沙特阿拉伯麦加轻轨的设计管理工作。近年来，铁一院将城市轨道交通作为三大战略性支柱产业之一，成立了以中国工程院士为顾问、全国设计大师为首席专家的铁一院轨道交通专业技术委员会，为城市轨道交通设计提供强大的技术支撑。

铁一院拥有充足的城市轨道交通综合设计能力，形成了以城市轨道交通设计研究院为主体，各专业设计处、分院、子公司全方位参与的强大的设计力量，专业设置涵盖了城市轨道交通设计的所有领域。成为国内为数不多的、具有轨道交通涉及的全部专业、掌握轨道交通的全套勘察设计技术的城市轨道交通设计综合性强院。

中铁第一勘察设计院集团有限公司是《都市快轨交通》理事会常务理事单位。

《都市快轨交通》理事会常务理事代表介绍如下。

安光保：中铁第一勘察设计院集团有限责任公司副院长，分管城市轨道交通、公路、市政等市场项目的营销和生产组织。现任城市轨道交通研究常务理事；西南交通大学地质工程系顾问教授。

作为分管城市轨道交通业务领域的领导，具有丰富的生产组织和管理经验。对城市轨道交通领域的发展前景、项目管理和技术发展方向有自己独到的见解，具有坚实的理论功底和丰富的实践经验。在工作中，充分发挥自己的管理经验，带领专业技术人员参与了北京、天津、广州、上海、重庆、杭州、南京、西安、青岛、成都、哈尔滨、南宁等城市的轨道交通建设任务，组织参加了西安地铁1、2、3号线，重庆地铁6号线一期、二期工程的总体总包设计，广佛江珠及广佛环城际轨道交通设计及乌鲁木齐、兰州、太原、银川、西宁等城市的轨道交通前期研究工作。在工作中，他以技术支撑经营理念为基点，注重城市轨道交通复合型人才培养，强化城市轨道交通技术管理和技术总结，为我国方兴未艾的城市轨道交通建设、尤其是西部城市轨道交通建设做出了较大贡献。

联系方式如下。

单位名称：中铁第一勘察设计院集团有限公司
单位地址：陕西省西安市雁塔区西影路2号 邮编：710043
单位网址：http://www.fsdi.com.cn
电话：029-82365023 传真：029-82365020

5.3.10　中铁二院工程集团有限责任公司

中铁二院工程集团有限责任公司（以下简称“中铁二院”），原名铁道第二勘察设计院，成立于1952年9月。现隶属于世界500强企业——中国中铁股份有限公司。2000年至今，公司获科技进步奖国家级5项，省部级46项；获优秀工程咨询成果奖国家级12项，省部级34项；获优秀工程勘察奖国家级4项，省部级15项；获优秀工程设计奖国家级10项，省部级92项。其中勘察设计的成（都）昆（明）铁路荣获国家科技进步特等奖，南（宁）昆（明）铁路荣获国家科技进步最高奖项一等奖，是国内唯一两次荣获国家最高科技进步奖项的大型勘察设计企业。2012年住房和城乡建设部发布信息，在2012年全国勘察设计企业收入前50名排序中，中铁二院以工程勘察设计收入390 805万元高居第一，自2005年以来，中铁二院勘察设计收入连续8年排名全国第一。

中铁二院是全国大型综合性勘察设计咨询企业，近几年连续在国内勘察设计企业排名中位列前茅。公司持有国家甲级勘察、设计、咨询、监理、环境评价等资质证书和对外经营资格证书，中铁二院是国内首批获得设计综合资质甲级的八家单位之一，同时也是国内唯一一家同时具有国家发改委批准的铁路和城市轨道交通咨询评估资质的勘察设计单位。公司设有线路、轨道、地质、路基、桥梁、隧道、站场、建筑、环保、通信、信号、电力及航测等近四十个专业。业务范围涉及铁路、公路、城市轨道交通、市政工程、工程总承包、工程监理等各类工程建设领域及房地产、金融证券、矿产开发、技术产业化等多元化领域。

中铁二院集团公司下辖22个全资子公司、17个生产院，并在全国各地设有20个外埠经营分院。公司现有职工6000余人。其中全国工程设计大师1人，四川省工程设计大师8人，教授级高级工程师及高级工程师1 385人、工程师2 049人，其他各类专业技术人员1 296人。国家人事部、全国博士后管理委员会在中铁二院设有“博士后科研工作站”。

汇聚设计精英，尽展勘察风采。半个多世纪以来，中铁二院伴随着共和国前进的步伐，先后勘察设计了包括新中国第一条铁路成（都）渝（重庆）铁路在内的铁路干线、支线上百条，累计60 000多km；城市轨道交通30余条；高速公路1 000多km；市政道路200余km，大型立交枢纽30余处。在铁路工程、城市轨道交通工程设计领域保持国内领先地位，在公路市政工程设计领域进入行业一流队伍。

展望未来，中铁二院将始终坚持以人为本，构建和谐企业，坚持以效益为中心，以质量、科技、人才服务求发展，依法经营，诚实守信，不断推进理念创新、体制创新、机制创新、科技创新，为国家的现代化建设做出更大贡献。

中铁二院工程集团有限责任公司是《都市快轨交通》 理事会常务理事单位。

《都市快轨交通》理事会常务理事代表介绍如下。

郑建伟：现任中国中铁二院工程集团有限责任公司副总经理、总法律顾问、教授级高级工程师。2003年至今，主管集团公司国内城市轨道交通项目。参加和主持过青岛经济技术开发区供热工程、广州地铁1号线、广州地铁2号线、黎南线、重庆轻轨、贵阳枢纽、襄渝线扩能、粤海通道、福厦线、深圳地铁1号线、成都地铁一期工程等项目的勘察设计和咨询工作，主持的广州地铁1号线芳村车辆段获铁道部优秀工程设计一等奖，担任机务专业技术负责人主持的重庆轻轨获2005年全国十大建设科技成就奖。翻译了2万余字的外文资料，发表了《机务段运用检修信息化管理系统工程设计的研究》、《城市轨道交通工程设计中车辆选型的研究》等4篇对实际工作有指导价值的文章，2003年被国家发改委认定为注册咨询师（投资）。

联系方式如下。

单位名称：中铁二院工程集团有限责任公司

单位地址：四川省成都市通锦路3号　邮编：610031

单位网址：http://www.creegc.com

电话：028-87668866　传真：028-87664569

5.3.11 中铁工程设计咨询集团有限公司城市轨道交通设计研究院

中铁工程设计咨询集团有限公司（以下简称“中铁咨询”）始建于1953年2月，前身是铁道部专业设计院，2004年7月1日改制重组，注册为现名。中铁咨询是集工程勘察、设计、咨询、监理、总承包、产品和科研开发于一体的大型综合勘察设计咨询企业，是世界500强企业——中国中铁股份有限公司的全资子公司，持有国家颁发的工程勘察综合类甲级、涵盖21个行业的工程设计综合甲级等12项甲级资质，拥有商务部批准的对外工程承包经营权，取得了ISO9001质量管理体系认证证书。

中铁咨询在北京设有十五个专业分公司，在济南、郑州、太原设有三个综合分公司，拥有从事工程监理、岩土工程、工程检测等业务的四家全资子公司，控股山西中铁北车建设工程有限公司，五家子公司与母公司一同登记注册设立企业集团——中铁工程设计咨询集团。参股北京北车中铁轨道交通装备有限公司，北京国信中铁新型轨道交通技术有限公司。在全国16个省、市设有经营性质的驻外分院。

中铁咨询及所属子公司现有在岗员工2 300余人，专业技术人员有2 100余人，其中勘察大师1人，教授级高级工程师78人，享受国家政府津贴人员、省部级专家和拔尖人才95人，高级工程师580人，取得国家各类注册执业资格人员550余人。

六十年来，中铁咨询在铁路、城市轨道交通、公路、市政工程等领域承担并完成了一大批国家重点建设项目的综合勘察设计和咨询任务，可以承担我国所有等级铁路的勘察设计，是铁路设计的第一梯队。在铁路标准设计、航测遥感特别是客运专线桥梁、高速铁路道岔、城市轨道交通轨道系统等方面一直保持着领先的技术优势。近年来先后承担了北京至张家口、张家口至呼和浩特、南宁至广州、长春至吉林、吉林至珲春等高速铁路和客运专线综合勘察设计任务；承担了国内第一条30吨轴重、也是线路最长的重载铁路——山西中南部铁路通道的勘察设计；承担了广东珠三角城际轨道交通网东莞至惠州、广州至清远、新塘至广州北线广州北至白云机场段和中原城市群客运系统郑州至焦作、郑州至新郑机场等城际铁路的勘察设计任务；参加了京津城际、京沪高速及武广、郑西、京石、温福、哈大等铁路客运专线项目的设计、咨询和工程监理；完成了国家发改委委托的呼包鄂榆、中原、太原三个城市群综合交通体系规划研究。在北京、上海、广州、深圳、沈阳、长春、成都等20多个城市承担了大批城市轨道交通工程勘察设计咨询项目，承担了成都地铁1号线南延线工程和长春轻轨3号线东延线工程总体总包设计；在北京、四川、河南、山东、山西等省市承担了一批高速公路、大型桥梁、建筑和地下工程等勘察设计项目。中铁咨询立足国内，拓展海外，先后在委内瑞拉、越南、刚果（金）、利比里亚、乌克兰、蒙古、柬埔寨、沙特、澳大利亚等国家承担了铁路、公路、市政道路、建筑、矿产资源等领域的工程勘察设计项目。2006年，中铁咨询被中国勘察设计协会评为“全国优秀勘察设计企业”，总经理李寿兵被评为“中国勘察设计优秀企业家”。

中铁咨询注重科技创新，是北京市科学技术委员会认定的高新技术企业，持有有效专利40项，累计主编和参编工程建设国家标准16项、行业标准规范96项，累计编制铁路标准图近7 000项；所承担的勘察、设计、咨询、科研等项目中获国家级奖项125项，省部级奖项696项。

中铁咨询以“致力于建设工程的技术和管理服务，回报股东，成就员工，造福社会”为企业使命，秉承 “专业、务实、包容、创新”的企业核心价值观，践行“铸就精品，奉献至诚”的企业经营理念，弘扬“唯新、唯勤、唯诚、唯实”的企业精神，诚信守誉，开拓创新，建立更为广泛的战略合作伙伴关系，与客户共同实现科学发展，为实现“立足铁路、城市轨道交通领域，覆盖多元业务，成为一流的国际工程咨询公司”的企业愿景而不懈努力。

中铁工程设计咨询集团有限公司城市轨道交通设计研究院是《都市快轨交通》理事会常务理事单位。

联系方式如下。

单位名称：中铁工程设计咨询集团有限公司

单位地址：北京市丰台区广安路15号 邮编：100055

单位网址：http://www.cec-cn.com.cn

电话：010-51835097 传真：010-52696111

5.4 施工单位

5.4.1 广东华隧建设股份有限公司

广东华隧建设股份有限公司是经广东省国有资产监督管理委员会批准、广东省建筑工程集团有限公司整合集团内部城市轨道交通工程板块优质资源控股成立的一家企业，注册资本金为3.135亿元。公司以城市轨道交通工程为主业，具有城市轨道交通工程专业承包、市政公用工程施工总承包壹级、地基与基础工程专业承包壹级、隧道工程专业承包壹级、管道工程专业承包叁级、城市及道路照明工程专业承包叁级、城市园林绿化企业贰级等资质，下辖六个常建制项目部和一个全资子公司，现有员工近千人，是一家资金和技术密集型的总承包施工企业。公司发展起点高，实力强，规模迅速扩张，年承接任务量达30多亿元，整体获利水平和人均创利水平一直居行业前沿，并跃升为“中国轨道交通施工企业50强”。

公司具有雄厚的设备实力和领先的施工技术，现拥有最先进的泥水平衡盾构机和土压平衡盾构机15台，其中2台为直径8.8 m的大型盾构机，1台为自主研发的直径4.35 m小型盾构机，是华南地区拥有盾构机数量最多的企业，也是华南地区同时拥有泥水平衡盾构机和土压平衡盾构机，同时掌握泥水盾构和土压盾构施工技术的企业。公司在吸收传统的地基与基础工程施工技术的基础上，不断提升城市轨道交通施工技术，泥水盾构施工技术处于国内同行领先水平，土压盾构施工技术在国内同行中达到先进水平，尤其在盾构施工技术的创新、盾构设备的改进等方面成果显著，已独立研发出复杂地质条件下的泥水盾构施工技术、盾构平衡始发及到达技术、大批量泥浆的泥水分离设备及其工法等多种施工方法和装置，并对进口设备进行结构改进和国产化改造，实现了盾构机及配套设备的自主研发、组装和生产。公司成立有广东省省级企业技术中心，先后获得数十项国家级工法、省级工法、发明专利、省级科技进步奖等奖项，备受业内同行的瞩目。被认定为“国家高新技术企业”、“中国最具创新性轨道交通施工企业”、“广东省优势传统产业转型升级示范企业”、“广东省创新型试点企业”、“广东省自主创新标杆企业”。

公司坚持建设精品工程，造福社会。先后承建了广州地铁3号线、5号线、6号线、7号线、8号线、9号线、13号线、14号线、21号线；深圳地铁2号线、5号线；珠江三角洲城际快速轨道交通广佛线、莞惠城际轨道、广佛环线；成都地铁2号线；南宁地铁1号线和广州市西江引水工程、广州深隧东濠涌试验段等多项盾构、地铁车站及市政公用工程的建设。各项工程均优质、高效、安全，在业界享有盛誉，多次获得中国土木工程詹天佑奖、中国市政金杯示范工程、广东省及广州市市政优良样板工程、安全生产文明施工优良样板工地及多项国家级优秀QC成果奖。公司在广州市企业诚信综合评价体系排名中位列前茅，获得多家银行3A级授信，并被评为“广东十大诚信企业”，“全国建筑业AAA级诚信企业”。同时公司积极履行社会责任，热衷公益慈善活动，荣获“广东省住房和城乡建设系统精神文明建设先进单位”、“广州市外来务工人员工作先进集体”等称号。

“穿越无界、创建未来”。公司将以饱满的热情、先进的技术、科学的管理、优质的服务致力于城市建设，竭诚希望与社会各界携手合作，共创辉煌。

广东华隧建设股份有限公司是《都市快轨交通》理事会理事单位。

《都市快轨交通》理事会理事代表介绍如下。

赵晖：男，45周岁，中南财经政法大学工商管理硕士，教授级高级工程师。担任公司总经理以来，他带领全体员工开拓创新，勇于拼搏，短短五年时间就将公司发展成华南地区轨道交通施工行业的龙头企业，经济效益居广东省建筑工程集团下属单位前列。赵晖同志以敏锐的眼光抓住国家轨道交通行业难得的发展机遇，认真谋划经营策略，发挥公司盾构施工领域的技术和经营优势，积极拓展国内市场，形成了“立足省内、辐射全国”的经营格局。同时，公司成功延伸上下游产业链，下属全资子公司广州华隧威预制件有限公司是广东省现有规模最大、设备最先进、产能最高的盾构管片生产厂家之一；下属隧道管养分公司则填补了珠三角地区的市场空白点。赵晖同志严抓工程质量、安全、文明施工工作，经常到各项目部检查，公司5年来实现安全“六无”目标，做到竣工即优秀，受到社会各界的好评。在他的重视下，公司科技创新硕果累累，具备盾构设备自主研制能力，荣膺“国家高新技术企业”称号。目前在他的部署下，公司上市筹备工作正有条不紊地开展。

联系方式如下。

单位名称：广东华隧建设股份有限公司

单位地址：广州市天河区天河路101号兴业银行大厦9层 邮编：510620

单位网址：http://www.ctc-cngd.com

电话：020-38105588 传真：020-85272530

5.4.2 上海城建（集团）公司

上海城建（集团）公司于1996年10月经上海市委、市政府批准成立。历经17年的发展，上海城建已成为城市基础设施投资建设、工程项目设计咨询、地下装备研发制造、房地产开发经营、新材料制造供应等多产业齐头并进，年综合营业额突破500亿元，“市外、海外”市场规模超过总营业额60%，并积极致力于成为“设计施工一体化、投资带动一体化”总承包、总集成能力的国内领先、国际一流的城市大型基础设施建设运营综合服务商。

上海城建拥有国家最高等级施工总承包特级资质及所属2家特级子公司、5家一级施工总承包企业和5家甲级设计勘察企业。十多年来，承建了近500项重大工程项目，包括越江隧道、轨道交通、高架立交、公路桥梁、燃气工程和污水治理工程等。同时，积极参加长三角、珠三角、环渤海等区域的20多个城市的基础设施建设，承建了新加坡、泰国、安哥拉、印度等国家的海外工程。

上海城建连续17年蝉联中国市政企业榜首，2013 年进入“中国承包商和工程设计企业双60强”、《财富》中国500强，首摘“2013最具效益承包商、中国建筑业行业标杆”桂冠，集团财务信用评级成功跃升“3A”级，达到国内最好水平。承建的工程中获得国家优质工程奖、鲁班奖、詹天佑大奖、中国市政工程金杯奖等50余项，上海市政工程金奖、白玉兰奖等200余项，科技进步及成果奖200余项。同时还获得中国建设系统最具影响力品牌企业、全国优秀施工企业、全国用户满意施工企业、全国建筑业诚信企业、全国“五一”劳动奖状、国家科技进步一等奖等荣誉。

2013年，上海城建承建的上海长江西路隧道、虹梅南路隧道、江阴澄江西路通道、杭州钱江通道等超大直径隧道相继贯通；集团首个轨道交通总集成项目——南京机场线BT工程顺利实现全轨通；上海轨道交通11号线、16号线、12号线等集中交付投运；上海338 km燃气隐患管网改造顺利过半；新加坡、印度新德里、钦奈国产复合盾构在海外复杂地层掘进顺利。同时，上海城建担负着上海全市所有425 km已建成轨道交通的日常维护工作。282个车站、590吨聚氨酯、8 000余次“微扰动”注浆、30 877 m堵漏，上海城建破解了一个又一个地下密码，成为名副其实的“地铁守护神”。上海城建在“服务先行”的战略理念下，将这一专长运用于杭州、南京、无锡、宁波等多地轨道交通，并在南昌区域市场成立地铁应急抢险队，负责南昌所有在建及建成轨道交通项目的应急抢险工作，实现了效益、口碑双丰收。

上海城建在为社会创造巨大财富的同时，也在不遗余力地献身公益事业，为社会的发展做出积极贡献。上海城建正秉承“大气谦和、协作共进”的精神，以齐全的产业链条、高技术的隧道、桥梁、道路技术和先进的现代化项目管理体系，全力打造设计施工总承包及运营管理、基础设施投资建设、房地产开发经营“三大主业”联动发展，为客户提供从“设计咨询—项目投资—施工建设—运营管理”全方位“一站式”服务。

上海城建（集团）公司是《都市快轨交通》理事会常务理事单位。

《都市快轨交通》理事会常务理事代表介绍如下。

周文波：上海城建（集团）公司副总裁兼总工程师，工学博士，享受政府特殊津贴专家。在他的领导下上海城建成功建成了中国首条双圆隧道，成功研制了中国首台拥有完全自主知识产权的国产盾构机，上海城建成功地走出中国，迈向国际市场。

周文波本人相继在上海延安东路隧道、上海外滩观光隧道、上海轨道交通网络化建设、上海世博配套基础设施建设等重大工程项目中担任技术和管理的领导者。“十五”和“十一五”期间，他担任了国家“863”计划“盾构地层适应性设计理论、方法和模拟试验平台”和“泥水平衡盾构关键技术与样机研制”等重点课题的项目负责人，并成功通过了国家科技部的验收。他所领衔研制的具有完全自主知识产权的国产盾构机覆盖了国内主要城市，并出口新加坡。2010年，作为项目负责人又承担了国家科技支撑计划“住宅建筑工业化生产关键技术及产业化研究”课题。在他的带领下研发的“盾构法隧道施工智能辅助决策系统”、“STEC盾构法隧道远程信息智能管理系统”分别在盾构法隧道施工中得到了广泛的应用，并取得了多项发明专利和软件著作权。

周文波本人曾获得全国十大杰出青年提名、全国劳动模范、上海市企业领军人才、上海实施发明成果优秀企业家、优秀共产党员等荣誉称号。

联系方式如下。

单位名称：上海城建（集团）公司

单位地址：上海市浦东新区福山路500号　邮编：200122

单位网址：http://www.sucg.com.cn

电话：021-58301000　传真：021-58307000

5.4.3　中铁电气化局集团有限公司城铁公司

中铁电气化局集团有限公司成立于1958年，至今已走过56年的辉煌历程。是世界企业和世界品牌双500强——中国中铁股份公司的成员企业。公司具有国家铁路工程施工总承包特级资质，可承担各类铁路线、桥、隧综合工程及通信、信号、电力工程、房屋建筑施工；机电安装工程施工总承包一级资质和城市轨道交通、铁路电气工程、电务工程、公路交通工程等多个专业承包一级资质及对外经济合作经营资质，通过了质量、环境、职业健康体系认证，连年被授予AAA银行信用等级。“中铁电化”品牌已成为“中国行业龙头品牌”。

城铁公司是中铁电气化局集团整合优良资源组建的专门以城市轨道交通建设为主业的直属公司，总部设在北京，下辖北京、上海、广州、西南、沈阳、昆明、青岛、通号和机电9个分公司，主要承担城市轨道交通牵引供电、接触网、通信、信号、综合监控、旅客信息、屏蔽门、售检票、联调联试和常规机电等多个专业领域项目总承包和系统集成建设任务。

公司先后参加了北京、上海、广州、重庆、南京、长春、沈阳、深圳、杭州、大连、哈尔滨、昆明、宁波等10多个城市地铁、轻轨建设和运营保障，累计建成、开通线路总里程达1 000 km。所承建的项目荣获“鲁班奖”、“詹天佑奖”等全国优质工程奖11项、国家科学技术二等奖1项、省部级以上优质工程奖33项，拥有14项专利，形成了城市轨道交通领域“大服务、多系统、深集成、专施工、精联调”的独有优势及核心竞争力，在我国城市轨道交通领域建设史上承担了10多项首创：

首条采用DC1500V柔性悬挂接触网供电的上海地铁1号线；

首条采用DC1500V刚性悬挂接触网供电的广州地铁2号线；

首条采用跨座式单轨制式和设备系统总承包模式管理的重庆轻轨较新线；

首条采用直线电机运载系统及DC1500V三轨供电模式的广州地铁4号线；

首条采用BOT模式建设的北京首都机场线；

首条采用BT模式建设的北京地铁奥运支线；

首条采用PPP模式建设的南京地铁1号线南延线；

首条实现车载地面信号ATP系统同步投入运营的北京地铁5号线；

首条采用CBTC信号系统的北京地铁2号线改造工程……

2013年，公司坚持“专、精、强、广”的发展思路，深入开展党的群众路线教育实践活动，狠抓管理提升，生产经营取得新佳绩，按期建成开通了重庆、广州、沈阳、哈尔滨等5个城铁项目；科技创新取得新成就，取得国家级专利2项，新研制的地铁综合检测车、隧道冲洗车等新成果已投入现场使用并取得了显著成效，编制的《整体夹持T型汇流排铆接施工工法》获得部级工法，出版了《城市轨道交通系统集成管理》专著；连续实现安全年，再次荣获全国“安康杯”竞赛优胜单位称号。

在党的十八届三中全会精神指引下，中铁电气化局城铁公司秉承“促创干，争一流”的电气化精神，一如既往坚持“为您服务、让您满意”的企业核心价值观，诚信为本，创新为魂，质量至上，着力打造“中国中铁电化城铁”品牌，竭诚在城市轨道交通建设领域谱写辉煌的新篇章，为社会提供时代精品。

中铁电气化局集团有限公司城铁公司是《都市快轨交通》理事会理事单位。

联系方式如下。

单位名称：中铁电气化局集团有限公司城铁公司

单位地址：北京万寿路南口金家村1号院中铁电气化局城铁公司 邮编：100036

单位网址：http://www.eebur.cn

电话：010-51871890 传真：010-51848190

5.4.4 中铁二局股份有限公司

中铁二局股份有限公司成立于1999年，是由中铁二局集团有限公司作为主发起人，联合中铁宝鸡桥梁厂、成都铁路局、铁道第二勘察设计院、西南交通大学四家发起人，共同发起设立的股份有限公司。于2001年在上交所上市，是中国铁路建筑行业第一家上市公司。

公司注册资本14.59亿元，总资产319亿元，年生产能力超过600亿元，员工近2万人，其中有专业技术职称和取得技术等级的1.6万余人。公司拥有控股及参股子公司24家，在全国各地设有分公司（办事处）、指挥部（经理部）70余个。公司主营业务为项目投融资、项目建设管理、工程施工、商业物业开发、装饰装修、物流产业等。拥有铁路工程、房建工程施工总承包特级资质，公路、市政公用工程总承包壹级资质，桥梁、隧道、公路路面和路基工程专业承包壹级资质及城市轨道交通工程专业承包资质。公司已通过ISO9001质量管理体系、ISO14001环境管理体系和OSHM18000职业健康安全管理体系认证，被认定为国家高新技术企业，先后被评为“创鲁班奖工程特别荣誉企业”、“全国建筑先进企业”、“上市公司投资者管理关系百强”企业、全国20家“最具影响力企业”之一、位居“中国国有上市企业社会责任榜”第52位。中铁二局自20世纪90年代率先进入城市轨道交通建设领域以来，在20多年时间里，先后参与了北京、上海、广州、深圳、南京、天津、重庆、西安、苏州、杭州、宁波、成都、武汉、长沙、大连、青岛、东莞、昆明等近20个城市轨道交通建设，涉及土建、轨道、接触网、通信信号、机电设备安装、装饰装修等全部专业。公司拥有适应不同地质地层掘进的盾构机22台、其他施工设备共计3 891台（套），设备原值32.4亿元。公司始终坚持“科技先导、质量为本，重誉守约、用户至上”的质量理念，立足施工重、难点，组织开展多种形式的科技攻关，在土建、轨道铺设、“四电”及站后系统工程施工方面积累了丰富的施工管理经验，形成了一套系统的城市地下空间施工的综合技术体系。在城市轨道交通领域，先后创国家企业新纪录19项，荣获“中国建设工程鲁班奖”2项、“詹天佑土木工程奖”2项、“全国市政示范工程”1项、“中国市政工程金杯奖”1项、“国家优质工程银质奖”2项，公司拥有城市轨道交通施工领域国家专利10项，省部级工法7项，创各类科技进步奖28项。

目前，公司在全国近20个城市在建轨道交通项目安全、质量、进度处于可控和良性循环状态。

中铁二局股份有限公司是《都市快轨交通》理事会理事单位。

《都市快轨交通》理事会理事代表介绍如下。

邓元发：中铁二局股份有限公司总经理、教授级高级工程师，自2001年担任总经理以来，团结带领全体员工，紧紧抓住历史发展机遇，转变观念，求实创新，扎实推进企业各项工作，保持了企业生产经营、改革管理工作稳步推进。在10几年时间里，企业营业收入从38亿元增加到796亿元，经营额从28亿元增加到751亿元，企业取得了连续12年的跨越式发展，先后被评为“全国优秀施工企业家”、“四川省优秀创业企业家”、“创鲁班奖工程项目经理”等荣誉称号。

联系方式如下。

单位名称：中铁二局股份有限公司

单位地址：成都市马家花园路10号　邮编：610031

单位网址：http://www.crec.com.cn

电话：028-86442199　传真：028-66752885

5.4.5　中铁六局集团北京铁路建设有限公司

中铁六局集团北京铁路建设有限公司（以下简称“公司”），是通过整合北京地区公司资源，调整资产和资质结构，于2004年3月成功改制重组的大型施工企业。

公司始建于1953年，是以铁路既有线施工、新线建设、房屋建筑、顶桥及各式桥梁、隧道、公路施工为主要核心业务，集工程开发、施工、科研、物业管理等于一体的大型国有企业。企业注册资本金19 500万元，资产总额29.6亿元。具有铁路、房建、市政施工总承包一级，公路施工总承包二级，钢结构、地基与基础、装饰装修及土石方工程专业承包一级等资质。

公司按照现代企业制度建立了较完善的法人管理结构，公司下设2个分公司，14个行政职能部室，4个附属机构，30个项目部。企业现有员工2 632人，各类经济技术人员1 060人，其中工程技术人员962人。具有注册一级建造师59人，二级建造师91人。拥有各类施工机械设备，设备总功率30 016 kw。具有先进的检测手段，设有国家一级试验室和计量检测中心。

半个多世纪以来，公司先后参加了数十条重要铁路干线建设和重大枢纽建设，为中国铁路事业发展做出了重要贡献。特别是近年来，参建了我国首条时速350 km高速铁路——京津城际轨道交通工程、京沪高速铁路、北京南站、北京北站、天津站、天津西站及南仓特大桥、石家庄货迁、津秦客专工程；修建了我国首条具有独立知识产权的长沙磁悬浮列车试验线、唐山试验线；承建了北京市标志性工程——京新高速公路上地分离式立交桥工程、地铁10号线、14号线；多次承担高层建筑、高速公路、水利、城铁等工程建设。公司积累了一整套铁路新线建设、旧线改造、隧道施工、各式桥梁建设、机械化铺轨架桥、高层住宅、城市铁路、高速铁路的施工经验。

公司推行企业规范化管理，具有完善的规章制度、质量保证体系和安全监督体系，在建筑施工行业一直保持着良好的信誉和经营业绩，各类工程验交合格率达到100%，优良率始终保持在90%以上。创鲁班奖2项，国家优质工程奖10项，省部级优质工程23项，北京市长城杯工程18项；获得局级以上科技进步奖18项，省部级以上工法23项；授权专利35项，国家级QC成果18项。企业荣获“全国优秀施工企业”、“全国用户满意企业”、“首都文明单位”等称号。近年来，公司连续六年荣获集团公司“先进单位”，连续四年荣获集团公司“四好班子”等多项荣誉。

中铁六局集团北京铁路建设有限公司是《都市快轨交通》理事会理事单位。

联系方式如下。

单位名称：中铁六局集团北京铁路建设有限公司

单位地址：北京市海淀区万寿路2号　邮编：100036

单位网址：http://www.brec.com.cn

电话：010-51822257　传真：010-51825517

5.4.6 中铁三局集团有限公司

中铁三局集团有限公司是在山西省注册的国有大型企业，是建设部批准的铁路工程施工总承包特级、公路工程施工总承包壹级、市政公用工程施工总承包壹级、房屋建筑工程施工总承包壹级企业，成立于1952年。主要从事新（改、扩）建铁路，电气化铁路、临管运营及公路、桥梁、隧道、市政、城市轻轨、地下铁道、工民建筑等土木工程的施工及勘测设计。公司注册资本221 068.95万元，各类机械设备5 933台（套），机械设备净值20亿元，年最大施工能力600亿元。

中铁三局集团有限公司1999年12月通过ISO 9002标准质量体系认证；2002年10月通过ISO 9001标准质量体系认证；2003年9月通过ISO 14001标准环境管理体系认证及GB/T 28001标准职业安全健康管理体系认证。1994年以来连续18年被建行山西省分行企业信用等级评定委员会评为AAA级企业。2003年来连续9年被认定为高新技术企业，全国“安康杯”竞赛活动“优胜企业”、山西省安全生产工作先进单位。连续25年被山西省及太原市工商行政管理局评为“守合同重信用”单位，并于2004年度以来连续8年荣获全国守合同重信用企业。2007年荣获山西省合同信用AAA级企业。2008年荣获中华全国总工会“全国五一劳动奖状”、山西省首届百家信用示范企业。2009年荣获山西省优秀建筑企业。2010年荣获山西省省城十大“诚信企业”。2011年荣获国家安监总厅“落实企业安全生产主体责任知识竞赛活动优胜单位”、山西省安全生产先进单位。

中铁三局集团有限公司作为城市轨道交通工程专业承包资质企业，有丰富的地铁施工经验，雄厚的技术力量，过硬的施工队伍及配套的机械设备。自1985年底参加上海地铁试验段工程以来，几乎参加了所有已开工城市的城市轨道交通工程建设，先后获得中国市政工程金杯奖，中国土工工程（詹天佑）大奖、中国建筑工程鲁班奖及各地设立的多种奖项。目前正在北京、天津、广州、南京、沈阳、成都、杭州、西安、宁波、青岛、郑州、福州、长沙、南昌、东莞、佛山等多个城市参与城市轨道交通工程的施工。

中铁三局集团有限公司北京地铁指挥部是《都市快轨交通》理事会理事单位。

《都市快轨交通》理事会理事代表介绍如下。

高令旗：1956年1月生，汉族，籍贯山东肥城，高级政工师，中铁三局集团有限公司董事长，具有丰富的项目管理和企业管理经验。秉承“知行合一、永争第一”的管理理念，坚持“诚信守约，服务用户，开拓创新，共创未来”的经营理念和“品质成就企业”的质量理念，发扬“忠诚立信义，品质赢市场”的企业精神，以一流的管理、一流的服务、一流的质量和良好的信誉，铸就了一座座不朽的历史丰碑。几年来，带领中铁三局勇闯市场，实现了在城市轨道交通领域营销额、营业额的逐年连续递增和各专业的均衡发展。

联系方式如下。

单位名称：中铁三局集团有限公司

单位地址：山西省太原市迎泽大街269号 邮编：030001

单位网址：http://www.ztsj.com.cn/

电话：0351-4041076 传真：0351-4041893

5.4.7 中铁十八局集团有限公司北京地铁工程指挥部

中铁十八局集团有限公司，作为世界500强企业中国铁建的核心企业，其前身是铁道兵第八师，组建于1958年10月，系全国首批工程施工总承包特级企业，并具有对外承包工程资质和对外经营权，可承担铁路工程施工总承包特级；公路、水利水电、市政公用、房屋建筑工程施工总承包一级；隧道、桥梁、城市轨道交通、机场场道、公路路面工程专业承包一级、地质灾害防治工程施工甲级资质、建筑行业甲级设计资质经营范围的施工和设计项目。

集团现有职工1.8万余人，其中有职称的各类专业技术人员8 000余人，中、高级工程技术人员3 300余人，有资质项目经理（建造师）600余人。全集团注册资本金23.2亿元，年营业收入超过200亿元，多年被评为AAA级信用企业和诚信纳税企业，在国内建筑施工企业中具备较大的经济规模，拥有较强的经济实力。集团公司拥有TBM全断面隧道掘进机、盾构机10台（套），以及900吨架桥机等生产机械设备共6 000多台（套），总功率约70万千瓦，综合机械化程度达到90%以上，年施工能力达到300亿元以上。

集团公司相继获得中国土木工程詹天佑奖10项、鲁班奖15项、国家优质工程金奖4项、国家优质工程银奖32项、全国用户满意工程7项、全国市政金杯示范工程奖9项。荣获国家科技进步奖8项、国家级工法12项，被评为全国管理创新二等奖、国家施工企业管理优秀奖、技术进步先进企业，2010年集团公司获批高新技术企业。

中铁十八局集团参与建设了北京、天津、沈阳、深圳、西安、东莞、昆明、无锡、重庆、南京、南昌、长春、青岛、石家庄等城市的地铁项目，特别是在北京轨道交通建设市场实现了多年滚动发展。该集团2008年6月成立北京地铁工程指挥部以来，先后中标北京地铁大兴线、8号线、15号线、7号线、6号线、昌平线、16号线等工程，中标额达46亿多元，参建项目获得全国市政金杯示范工程1项，市政基础设施竣工长城杯3项，省部级工法1项，专利2项。

该集团将继续发扬“不畏艰险、勇攀高峰、领先行业、创誉中外”的企业精神，贯彻实施大市场战略，名牌精品战略，科技兴企战略，人才开发战略，管理创新战略等五项战略，强化经营管理，科技开发，向智力密集型、技术密集型和管理密集型企业发展，推动企业向跨地区、跨行业和跨国经营的大型企业集团发展目标迈进。

中铁十八局集团有限公司北京地铁指挥部是《都市快轨交通》理事会理事单位。

《都市快轨交通》理事会理事代表介绍如下。

童顺军：男，汉族，山东高唐人，1967年8月生，1988年7月参加工作，中共党员，硕士研究生文化，高级工程师。历任中铁十八局五处处长、中铁十八局大都公司董事长、中铁十八局北京办事处主任等职，现任中铁十八局集团总经理助理兼北京地铁工程指挥部指挥长。曾参与天津滨海大桥、北京地铁八通线、机场线、大兴线、8号线、10号线、13号线、15号线等工程施工，目前指挥着北京地铁6号线、7号线、16号线、昌平线、16号线等重点工程的建设任务。他见证了北京市轨道交通的发展，在多年的工作中积累了丰富的施工及组织经验，发表各级各类论文数十篇，参建的项目相继获得国家鲁班奖工程、国家优质工程、全国市政金杯示范工程、市政基础设施长城杯金质奖等。

联系方式如下。

单位名称：中铁十八局集团有限公司北京地铁工程指挥部

单位地址：北京市海淀区西翠路17号院24号楼3层　邮编：100036

单位网址：http://www.cr18g.com

电话：010-64207907　传真：010-64207907

5.4.8　中铁十六局集团北京轨道交通工程建设有限公司

中国铁建十六局集团北京轨道交通工程建设有限公司始建于1989年7月，所属集团公司前身是中国人民解放军铁道兵第十一师和第十三师，1984年集体兵改工，2002年改制成为有限公司。在车站、盾构、暗挖、顶管、磁悬浮、超深竖井、PCCP管道、机场APM捷运系统等各类高精尖工程技术方面享誉建筑行业，成为地铁行业的王牌军、城际铁路的排头兵、水利市政的国家队、高精尖新工程的开拓者。

企业施工资质为：市政工程施工总承包一级、房屋建筑工程总承包二级、地基与基础处理专业承包一级、起重设备安装工程专业承包一级、建筑防水工程专业承包二级、城市轨道交通工程专业承包和隧道工程专业承包一级资质。可承担城市地铁、铁路、公路、房建、市政、水利水电等各类工程的施工及各类设备安装、加工制造等，年施工能力达33亿元以上。1998年通过了质量、环境、职业健康安全管理体系认证，2010年通过“北京市高新技术企业”认证。企业信用等级为AAA级，总资产26亿元，注册资本金3.008亿元。

公司现有职工1 567人，人才结构合理，工种配套齐全，机械设备精良，综合机械化施工水平达到90%，自有盾构机23台套。施工技术领先，掌握了车站、盾构、顶管、磁悬浮、超深竖井、PCCP管道、机场APM捷运系统等各类高精尖工程的施工技术，拥有岩土地质、软土地质、砂卵石地层等不同地质条件下的盾构掘进经验和先进技术，成功解决了一系列世界性施工技术难题。施工业绩优秀，先后在全国15个城市承建城市轨道交通工程。近年来，大力延伸地铁产业链，在机电安装、装修、车辆段等市场业绩显著，开拓人防、顶管、电力隧道市场，组建了三个管片加工厂。

已建成的工程中，40多项获得国家和省部级优质工程，60多项被建设单位评为优质样板工程，研究开发新技术、新工法50余项、国家专利34项，6次荣获“中国企业新纪录奖”，创造了14项全国第一，获中国建筑工程鲁班奖3项，中国土木工程詹天佑奖3项，国家和省部级科技进步奖20余项， 32项QC成果荣获全国嘉奖。公司荣获“2012年、2013年全国质量管理先进集体”、“2012年度全国优秀施工企业”，蝉联北京市、全国“安康杯”竞赛优胜企业，荣获“北京市优秀建筑企业”、“北京市质量AAA级单位、质量卓越单位”、“北京市国资委先进基层党组织”、“首都劳动奖状”、“首都文明单位”等称号；先后有90余项被团中央、国家和省市授予“青年文明号”、“安全文明样板工地”、“文明示范工地”等称号；50余人次获得全国企业优秀党委书记、全国五四青年奖章等省部级以上荣誉。

中国铁建十六局集团北京轨道交通工程建设有限公司是《都市快轨交通》理事会常务理事单位。

《都市快轨交通》理事会常务理事代表介绍如下。

高宪民：男，锡伯族，籍贯辽宁开原，1970年6月生，1996年7月参加工作，1995年12月加入中国共产党，硕士学历，教授级高级工程师，现任中国铁建十六局集团北京轨道交通工程建设有限公司执行董事、总经理。主持或参与的科技成果获评省部级科技进步奖4项，获评第十一届中国土木工程詹天佑奖创新集体，先后获评“全国质量管理优秀企业家”、“全国优秀科技工作者”、中华全国铁路总工会“火车头”奖章、中国铁建“劳动模范”等荣誉。

高宪民同志身为公司执行董事、总经理，把舵领航，抢抓机遇，夯实基础，追求卓越，为提升企业综合管理水平、专项施工能力、市场竞争力和社会影响力做出了突出贡献。结合公司实际情况，制定了“地铁为主、相关多元、支柱经营、科学发展”的发展战略，推行经营的“三个转型”，成功打造 “五大优势”，形成了以“城市地铁及地下工程”为主营业务，以“长三角、珠三角、中原地区”为三大区域的经营和经济格局。紧紧抓住城镇化建设的历史机遇，生产经营规模逐年扩大，现场施工全面创优，经济运行态势良好，综合实力大幅提升。该公司目前已发展成为以城市地铁建设为龙头，以地铁、城际铁路、水利市政、高精尖工新工程为支柱领域的大型施工企业。

联系方式如下。

单位名称：中铁十六局集团北京轨道交通工程建设有限公司

单位地址：北京市通州区新华西街26号 邮编：101100

单位网址：http://www.cr16gd.cn

电话：010-80882932 传真：010-69526115

5.4.9 中铁十一局集团城市轨道工程有限公司

中铁十一局集团城市轨道工程有限公司2007年11月成立，总部在湖北省武汉市东湖开发区，注册资本金3亿元，职工957人，其中中、高级职称人员200余人，拥有德国、日本进口的土压平衡盾构机22台，各类施工机械设备300余台套，年施工生产能力达20亿元以上。主要从事城市地铁、轻轨、城际等轨道交通工程，市政公用工程、隧道工程、各类地基与基础工程、房屋建筑工程的施工和各种强度等级的混凝土和特种混凝土的生产。五年来，城轨公司在激烈的市场竞争中始终致力于打造核心竞争力，打造地铁施工专业品牌，各项事业取得了突飞猛进的发展。

当前，公司发展势头强劲。在市场开发上，公司以诚信制胜，推行项目二次经营，以干促揽，承揽任务屡创新高，立足广州、沈阳市场，相继开发了武汉、杭州、苏州、西安、成都、无锡、郑州、昆明、苏州、北京、东莞、宁波、福州、南京、佛山、南宁等地铁和城际轨道建设市场，已构建以武汉为中心、辐射全国各大城市的经营格局。在安全质量上，公司致力于精细化管理，确保安全质量全面受控，取得了连续安全“零事故”的良好业绩。在施工生产上，公司重点围绕盾构掘进，创新项目管理，综合施工能力逐年显著提升，形成了三大竞争优势：一是擅长各种地质条件下的盾构法施工；二是擅长复杂地质条件下的矿山法隧道和明、暗挖地铁车站施工；三是擅长地铁管片预制和安装。在全面建设上，以建设现代企业和专业化公司为目标，聚集专业资源，革新项管理方式，优化资源配置，建立高效、精干的现代化、专业化管理团队，培育具有时代特色的企业文化。

科技领先，是城轨公司取得巨大成就的依托；质量一流，是城轨公司市场取胜的砝码。公司先后参建了重庆轻轨较新线一期工程，武汉市轨道交通1号线，上海市轨道交通2号线、6号线，广州市轨道交通3号线、4号线、6号线，沈阳市地铁1号线，苏州市轨道交通1号线，杭州市地铁1号线，成都市地铁1号线，西安市地铁1号线及莞惠城际、无锡地铁等工程。其中重庆轻轨大坪车站为亚洲跨度最大的暗挖车站，重庆轻轨PC梁架设、广州地铁4号线直线电机车辆段综合技术、盾构穿越复杂地层和盾构穿越珠江等技术处于世界领先水平；复合式土压平衡盾构机过浅埋富水砂层施工技术2009年9月获得发明专利授权，2009年12月公司获得高新技术企业资质证书。2011年度中国铁建工程公司20强，沈阳地铁1号线获2010—2011年度中国建设工程鲁班奖（国家优质工程奖），还先后获得安康杯竞赛优胜单位、湖北省五一劳动奖状、湖北省总工会学习型组织标兵等一系列国家级、省部级荣誉。

中铁十一局集团城市轨道工程有限公司是《都市快轨交通》理事会理事单位。

《都市快轨交通》理事会理事代表介绍如下。

徐加兵：男，汉族，1970年9月生于湖北省天门市，中共党员，本科学历，高级工程师。先后担任过工程公司的项目总工程师、项目经理，集团公司的经营部副部长，城轨公司副总经理兼杭州地铁项目经理部经理，现任城轨公司总经理。在担任集团公司经营部副部长期间，多次参与集团公司各地铁工程项目投标方案的编制、工程施工方案的审定等工作，对地下工程施工组织设计和各施工工序方案的编制和审定有着丰富的经验。在担任公司副总经理兼杭州地铁项目经理部经理期间，在全面主管公司施工生产的同时兼管杭州地铁项目的项目管理，在盾构穿越上软下硬地层、浅埋地层、溶洞区、珠江及管线林立地层、房屋密集区地层等方面具有独到的见解和施工组织方式，其负责的杭州地铁项目先后荣获全国总工会、中国铁建股份有限公司、杭州市等各级奖励和荣誉近20项，为公司树立了良好的信誉。在担任公司总经理期间，他牢固树立科学发展观，积极倡导以人为本的管理思想，致力各种资源的优化配置，承受住生产规模不断扩张与资源要素相对不足带来的各种考验，在安全、质量、施工产值、任务承揽、全面建设等方面均取得了历史性最好成绩，实现了健康快速发展的预期目标。荣获2009年度湖北省优秀建筑业企业经理，2010年度湖北省五一劳动奖章，2012年中国工程建设优秀职业经理人等荣誉。

联系方式如下。

单位名称：中铁十一局集团城市轨道工程有限公司

单位地址：湖北省武汉市东湖开发区华光大道23号 邮编：430074

单位网址：http://www.cr11csgd.com

电话：027-87201501 传真：027-87785221

5.4.10 中铁隧道集团有限公司华南指挥部

中铁隧道集团有限公司集设计、施工、科研、制造为一体，现有近万名专业技术人员、10多万从业技术工人，拥有隧道专用机械设备5 000多台（套），其中盾构、TBM达60台套，是国内拥有盾构、

TBM设备数量最多、年隧道施工能力最强、隧道与地下工程市场份额最高的企业，创造并保持着多项全国隧道施工速度纪录。先后荣获鲁班奖、詹天佑大奖、国优金、银奖40多项，省部优工程70多项。集团公司被授予“全国优秀施工企业”、“中国优秀企业”、“全国五一劳动奖状”等荣誉。中铁隧道集团长期致力于隧道与地下工程领域新技术、新工艺、新方法、新设备的研究、开发与运用，长期同德国、法国、瑞典、荷兰、日本等10多个国家与地区开展技术交流与合作，盾构及掘进技术国家重点实验室、中国土木工程学会隧道与地下工程分会都设在中铁隧道集团。迄今，有150项科研成果达国际国内先进水平，获国家科技进步奖9项、创国家级工法20项，编制国家及行业标准21项。全面掌握了隧道和地下工程领域及相关工程领域的200多种施工方法，对各种工法都有成熟的配套技术、精湛的施工工艺和丰富的施工经验，拥有专业“绝活”，能适应各种复杂地质情况，被誉为“隧道与地下工程领域的国家队”。

中铁隧道集团有限公司华南指挥部是《都市快轨交通》理事会理事单位。

《都市快轨交通》理事会理事代表介绍如下。

郭卫社：1994年毕业于长沙铁道学院铁道工程专业，2008年获石家庄铁道学院隧道与地下工程专业工程硕士学位。现任中铁隧道集团有限公司广州指挥部总工程师、副指挥长，教授级高级工程师。历任中铁隧道集团有限公司工程部施工科科长、工程师；中铁隧道集团有限公司广州地铁3号线厦窖—大石区间工程项目总工程师，高级工程师；广州地铁5号线小北站项目总工程师，高级工程师；中铁隧道集团有限公司深圳指挥部副指挥长，高级工程师。2000 年被评为中国铁路工程总公司青年岗位能手；2009年荣获中铁隧道集团科技拔尖人才称号。作为科研课题组主要负责人，带领团队成功攻克了广州地铁5号线小北站暗挖隧道近距离下穿摩擦桩建筑物、超近距离（24 cm）过高架桥桩基及超浅埋大跨隧道过含水砂层等技术难题。科研成果获中国铁路工程总公司科学技术一等奖和中铁隧道集团2008年度科技进步特等奖。

联系方式如下。

单位名称：中铁隧道集团有限公司华南指挥部

单位地址：广州市农林下路81-3隧道大厦7楼 邮编：510080

单位网址：http://www.ctg.ha.cn

电话：020-61326483 传真：020-87760004

5.4.11 中铁一局集团新运工程有限公司

中铁一局集团新运工程有限公司成立于1951年，是以铁路铺轨架桥、城市轨道、承包运输和综合工程“四大经营板块”为主业的大型专业化铁路施工企业，具有铁路工程施工总承包一级资质和城市轨道交通工程专业承包资质。公司现有在岗员工4 096人，其中各类专业技术管理人员1 504人，高中级技术人员441人。公司总资产33.17亿元。公司拥有先进施工设备483台套，设备总功率达64 441千瓦，拥有各型机车123台，具有参建高速铁路施工的综合实力和同时在50条铁路及城市轨道项目上施工、运输的能力，企业年营业额70亿元以上。

中铁一局集团新运工程有限公司是一个有着60年光荣传统的国有铁路施工企业。60年来，公司始终坚持“以人为本，创新唯美，服务社会”的原则，先后参建了包括青藏线在内的260余条铁路的铺轨架桥、机械化养路、承包运输，以及北京、天津、上海、大连、广州、深圳、杭州、哈尔滨等城市轨道交通工程建设，参加了坦赞铁路援建工程、菲律宾铁路铺架工程、委内瑞拉北部平原铁路项目轨道工程及沙特铁路机养工程。各类工程遍及我国大多数省、市、自治区及海外，公司参建的各项工程多次获得各级奖励，参建的青藏线格拉段轨道工程荣获新中国成立60年来“百项经典工程奖”，其中有多项工程获得国家建筑工程鲁班奖、詹天佑土木工程奖、国家质量金、银奖和省部级优质工程奖。公司在施工过程中多次创出铺轨架梁全国新纪录，有23项施工业绩入编《中国企业新纪录》。60年来，公司累计铺轨近

20 000 km，架梁约34 200孔，临管或承包运输线路12 000多 km，机械化养路近38 163 km。铺轨里程占新中国建成铁路总里程的六分之一，享有“开路先锋”和“铺架铁军”的美誉。

2013年公司面临的营销形势格外严峻，竞争对手的大量涌现、国铁招标办法的改变、集团公司营销战略的调整使公司遭遇了极为严峻的考验。但公司上下坚定信心，积极调整区域营销布局，紧紧把握市场变化，通过不懈努力，在下半年逐步扭转了营销颓势，并实现了城轨市场的拓展，成功进入青岛、东莞、宁波、武汉、郑州（维保）等新市场，全年依然取得了较好成绩。目前在北京、广州、上海、南京、杭州、宁波、西安、长沙、青岛、郑州、武汉等多个城市参与城市轨道交通工程施工，彰显了公司雄厚的施工实力。

中铁一局集团新运工程有限公司是《都市快轨交通》理事会常务理事单位。

《都市快轨交通》理事会常务理事代表介绍如下。

贺庆：教授级高级工程师，1990年参加工作，主要参与了西延铁路、兰新复线、京九复线、朔黄铁路等工程，历任京九工程指挥技术室主任、朔黄铁路工程指挥部运技部部长、朔黄运输公司副经理、朔黄运输公司经理，公司副总经理兼朔黄运输公司经理，2007年9月任公司党委书记，2010年12月起任公司总经理。

参与的朔黄铁路工程获中国建筑工程鲁班奖；担任朔黄运输公司经理期间，朔黄运输公司2003年度被集团公司命名为“安全标准工地”，2004年被中国铁路工程总公司命名为“安全标准工地”；2005年度荣获“全国学习型组织先进单位”，并连续三年被集团公司命名为“模范职工之家”。

获得的主要荣誉有中国铁路工程总公司支持青年工作奖、中国铁路工程总公司“劳动模范”、中铁一局集团“优秀管理者”、“全国建筑业企业优秀项目经理”等。

联系方式如下。

单位名称：中铁一局集团新运工程有限公司

单位地址：陕西省咸阳市人民东路111号　邮编：712000

单位网址：http://www.ztxygs.com.cn

电话：029-33777751　传真：029-33777777

5.5　服务咨询

5.5.1　奥雅纳工程顾问

奥雅纳（Arup）于1946年在英国伦敦成立，是一家集设计、工程、规划和业务咨询为一体的全球性公司，为世界各地的客户提供多样化的专业顾问服务，通过创新和高度整合的方法，运用全面的专业技术和知识来解决任何设计难题，对建筑环境产生深远的影响。公司是世界上众多最具创新性和可持续性设计背后的创造性力量之一。公司拥有11 000多名员工，分布在全球逾38个国家的90多个分支机构。

奥雅纳在中国已有40年的发展历史，香港为东亚地区总部。自1974年以来，公司在中国的业务持续增长，不断扩大。目前，公司在中国的分支机构遍布香港、上海、北京、深圳、澳门、广州、武汉、天津、重庆和台北，员工总数超过了3 500名。

公司在中国从事了众多大型项目，涉及体育场馆、摩天大楼、机场、桥梁、高速公路和铁路等领域。其中最具影响力的项目包括2008年北京奥运会场馆（北京国家体育场“鸟巢”、国家游泳中心“水立方”）、2010年上海世博会展馆、港珠澳大桥、北京长辛店低碳社区、广州塔和台北艺术中心等。

奥雅纳拥有丰富的铁路及相关项目设计经验，在中国参与的项目包括香港多条地铁线、机场快线及车站、广深港高速铁路香港段、深圳地铁4号线二期、北京新南站、天津于家堡交通枢纽、广州火车站、深圳福田交通枢纽、安顺火车站、哈尔滨地铁1号线、杭州地铁1号线、北京地铁 8 号线平西府车辆段、北京地铁 9 号线郭公庄站与车辆段等。

奥雅纳轨道事业部秉承“一体设计”精神，在铁路及相关工程项目方面拥有丰富经验和骄人成绩。完成项目包括重型轨道、地铁、轻轨、轨道交通、重载运输、导轨公交、单轨铁路及自动人员输送车辆等；相关的经验包括铁路网络规划、轨道交通系统，车站和临近物业开发，车站地下空间与隧道段整体设计等，涵盖所有阶段的多种专业服务。

获奖情况如下。

- 北京新南站荣获2009年英国皇家建筑师学会国际建筑大奖。
- 奥雅纳在《北京地铁9号线郭公庄站及车辆段的规划设计方案征集》中获得一等奖。

奥雅纳工程顾问（香港）是《都市快轨交通》理事会常务理事单位。

《都市快轨交通》理事会常务理事代表介绍如下。

孙启祥：奥雅纳院士（Arup Fellow）、董事、香港铁路组负责人，主管奥雅纳在亚洲的铁路业务。他拥有逾33年的铁路项目管理经验，并专精于相关的工程建设，包括车站、车辆段、隧道及上盖物业发展等。

孙先生与承包商和其他顾问公司紧密合作，善于与政府部门沟通和与铁路上盖物业发展商在规划上统一设计。他谙熟香港的法规和设计要求，也熟悉内地的工作方式，为本地区的铁路基础设施建设做出了卓越的贡献。

孙先生拥有丰富的铁路项目管理经验，并在香港与亚洲其他国家的铁路基建项目中做出重大的贡献。在过去12 年间孙先生是奥雅纳香港铁路工项的首席技术审核工程师，负责保证铁路项目技术优质设计。他在处理与政府部门和公用专业公司及香港法定审批程度等方面有丰富经验。

孙先生早期参与香港观塘线、荃湾线及港岛线的建设和设计，其后带领大型、多领域设计团队完成了许多亚洲知名的铁路项目，包括香港机场快线、将军澳支线、东铁支线、西铁线、曼谷地铁蓝线北段、深圳地铁4号线二期，以及新加坡武吉士地铁站工程等。孙先生现为奥雅纳香港五条新建铁路中多个设计合约的项目总监，负责完成各项目的详细设计。

联系方式如下。

单位名称：奥雅纳工程顾问

单位地址：香港九龙九龙塘达之路80号又一城五楼

单位网址：http://www.arup.com

电话：00852-25283031 传真：00852-28656493

5.5.2 栢诚（亚洲）有限公司

栢诚成立于1885年，是一家全球性的专业工程顾问公司，在全球超过150间办事处，拥有14 000名员工。

作为全球社区的一部分，公司承诺提供巩固可持续发展和宜居社区的基础设施和服务。

栢诚早于20世纪80年代初期已活跃于大中华市场，致力推动该地区的基础设施及楼宇发展。公司在大中华区拥有超过1 800名专业工程师及后勤人员，同时为公共与私人客户提供服务，并提供战略性咨询、规划、工程设计、项目与施工管理、运营与维护方面的技能与资源。

公司能够在不同市场，为最复杂和最具挑战性的项目提供综合的解决方案，包括：

- 楼宇建筑
- 交通运输
- 项目管理与施工管理
- 规划
- 城市基础设施

- 电力
- 矿业
- 电讯
- 技术与可持续发展方案

自一百多年前纽约市首条地铁工程以来，公司已经规划、设计和管理了一万多公里的铁路系统。公司以“客户至上”为宗旨，为客户提供顶尖的技术和管理服务。在亚洲地区各主要城市，栢诚在铁路运输及轨道交通系统的规划、设计和交付中继续担演着重要角色。公司的办事处专门提供以下服务：

- 路线和轨道设计
- 核心系统工程
- 环境、土木、结构、地质、机电和铁路系统工程
- 消防工程
- 运营和维护
- 项目和施工管
- 安全可靠性和系统保障
- 信号和通信系统
- 站点和车厂系统工程
- 测试及调试
- 售票及收费系统工程
- 轨道交通建筑
- 隧道通风和地铁环控系统
- 车辆检验及采购
- 栢诚近年在城轨领域取得的业绩包括：
- 石家庄至太原客运专线施工监理
- 郑州至西安客运专线项目管理咨询
- 长沙至昆明客运专线，贵州至湖南段施工监理
- 合肥至福州铁路客运专线一期施工监理
- 杭州地铁1号线工程总顾问
- 深圳地铁一期工程总联调咨询
- 深圳地铁3号线项目管理及联调咨询
- 澳门轻轨一期高架段及车辆段设计
- 澳门轻轨系统第二期可行性研究
- 澳门轻轨系统马会站公交换乘站设计顾问
- 广深港高速铁路瞬间压力研究顾问
- 香港铁路南港岛线隧道段、高架段及轨旁设备设计
- 香港铁路沙中线显径站、红磡站、东铁线改造及轨旁设备设计
- 新加坡地铁甘泉车厂设计
- 新加坡地铁滨海市区线第二及第三期机电设计
- 新加坡地铁汤臣线北段及车辆段机电设计
- 新加坡地铁环线四期和五期工程建筑和工程顾问
- 台湾高速铁路方案管理、规划、设计和施工顾问
- 台湾台北木栅(棕)线延长线系统集成顾问
- 印度德里铁路第一、二期总机电顾问
- 越南胡志明市铁路1号线

- 韩国首尔地铁9号线一期独立工程顾问、贷方工程师
- 斯里兰卡南部铁路伸延工

栢诚（亚洲）有限公司是《都市快轨交通》理事会常务理事单位。

《都市快轨交通》理事会常务理事代表介绍如下。

陈厚荣：机械工程学学士、屋宇设备工程硕士、澳洲工程师学会会员、英国机械工程师学会会员、香港工程师学会会员、香港工程师学会认可之工程师培训监督、美国供暖制冷及空调工程师学会会员。现任栢诚（亚洲）有限公司执行董事、栢诚公司认可项目经理、栢诚公司认可专业人员（隧道及轨道通风）。陈先生在铁路及轨道交通系统、机电及屋宇设备领域上拥有超过20多年的丰富经验。在亚太平洋地区的大型项目中担任隧道通风及火灾工程的专家，工作遍及香港、上海、北京、新加坡、韩国、悉尼、墨尔本、柏斯等地。

联系方式如下。

单位名称：栢诚（亚洲）有限公司

单位地址：香港九龙湾宏远街一号[一号九龙]七楼

单位网址：http://www.pbworld.com

电话：852-25798899 传真：852-28569902

5.5.3 北京安捷工程咨询有限公司

北京安捷工程咨询有限公司成立于2007年1月25日，由北京城建设计发展集团股份有限公司、香港国际亚新工程顾问有限公司、北京城市轨道交通咨询有限公司、北京城建勘测设计研究院有限责任公司共同出资组建，是专门从事城市轨道交通领域安全风险评估、风险管理、计算机信息系统集成和相关基础技术推广、安全风险管理体系构建、诊断与评估及相关科学研究的合资企业。

目前，公司作为高新技术企业拥有城市轨道交通咨询甲级、评估乙级及计算机信息系统集成三级资质，服务于轨道交通建设安全风险管理新领域，可在全国范围内承接安全风险评估与管理、安全风险体系诊断与评估、安全隐患排查与治理、应急管理、第三方监测数据与管理、计算机系统研发、集成及系统服务、工程安全监理、安全风险相关的专题研究、技术研发与推广及安全风险相关的工程咨询和管理等业务。公司充分利用股东各方的强大技术优势和丰富的工程咨询与管理经验，运用先进的风险管理理念和技术，对工程建设实施标准化、规范化、信息化管理，采取科学、经济、有效的手段协助工程参建各方把各类安全质量风险、隐患降到尽可能低的水平，促进工程建设安全、快速和稳步发展。

公司现有员工140余名，高级职称人员占30%以上，博士、硕士学历人员占70%以上，常聘专家30余名，分别在北京、广州、合肥、西安、大连、昆明、长春、郑州、东莞、南宁等地设立了项目部。相信凭借公司强大的技术优势与丰富的管理经验，以及公司的核心经营理念与服务热忱，必定可以为业主及工程建设各方提供专业的优质服务。

北京安捷工程咨询有限公司是《都市快轨交通》理事会常务理事单位。

《都市快轨交通》理事会常务理事代表介绍如下。

吕培印：男，1964年10月出生，汉族，中共党员，博士后，教授级高工，现任北京安捷工程咨询有限公司总经理。多年来负责完成了北京、广州、深圳、西安等地铁工程建设的安全风险评估与管理工作，参与编写国家、行业标准6部。获省部级科技进步奖3项，在国内外核心期刊发表学术论文50余篇。学术团体兼职：中国土木工程学会工程风险与保险研究分会理事，北京市危险性较大分部分项工程岩土工程专家库成员、地铁分库专家，《都市快轨交通》编委，《城市轨道交通研究》理事会常务理事，北京航空航天大学、北方工业大学兼职教授与硕士生导师。

联系方式如下。

单位名称：北京安捷工程咨询有限公司

单位地址：北京市西城区阜成门北大街5号 邮编：100037
单位电话：010-68356785、68356585 传真：010-68357855-888

5.5.4 广州轨道交通建设监理有限公司

广州轨道交通建设监理有限公司是广州市地下铁道总公司的全资子公司，是一家业务清晰、战略明确、法人治理、结构规范、资产管理合理、技术力量强大、管理科学的新型国有监理企业。目前，公司共有各类专业技术人员520余名，各类注册人员180余名，其中注册监理工程师120名。年完成工程建设产值近70亿元。

广州轨道交通监理有限公司源自成立于1997年的广州市地铁工程建设监理有限公司，2002年并入广州地铁设计院，于2006年12月成为设计院下属国有独立法人企业，2011年3月通过股权变更，成为广州市地下铁道总公司的全资子公司。现拥有市政公用工程监理甲级、房屋建筑工程监理甲级（及开展相应类别建设工程的项目管理、技术咨询等业务）、招标代理、工程咨询资质。

十多年来，面临激烈的市场竞争，公司积极参与监理投标，承担了各类监理业务百余项，涉及地铁、市政、房建、交通等领域。单位监理实践经验丰富，城市轨道交通工程建设监理实力雄厚。公司先后承接了包括广州、深圳、东莞、南京、苏州、无锡、宁波、昆明、南宁、西安等十多个城市的地铁工程建设监理项目，涉及土建专业监理、机电专业监理、地铁铺轨监理及设备采购集成项目管理等业务。同时成功进入工程项目总承包、项目管理、工程造价咨询、招标代理、技术咨询等领域。承接了220 kV奥林变电站电缆隧道、厚德及犀牛变电站电缆隧道、航云变电站电缆隧道工程项目管理、太古汇人行隧道工程项目管理，梓元岗地下停车场及人防工程项目管理等业务。

公司先后有70多个工程获国家、省（行业）、市级和相关业主的表彰。其中，作为参建单位的广州地铁2号线获得国家科技进步二等奖，成为中国城市轨道交通监理企业首个获奖单位；广州地铁2号线赤鹭区间盾构工程获2005年度国家优质工程银质奖、南京地铁1号线一期工程获2007年度国家优质工程银质奖；广州地铁2号线越三区间盾构工程获国家第四届“詹天佑”土木工程大奖；广州市轨道交通3号线北延段施工8标土建工程被评为2010年度国家市政金杯示范工程；多年连续被评为广东省监理行业先进工程监理企业。在长期的监理实践过程中，全司重视相关工程技术总结，积极开展各项科研项目的研究。曾出版《复合地层中的盾构施工技术》、《广州地铁三号线盾构隧道工程施工技术研究》、《盾构施工监理指南》、《地铁盾构施工风险源及典型事故的研究》、《广州地铁二/八号线拆解段盾构隧道工程施工技术研究》、《广州地铁三号线北延段盾构隧道工程施工技术研究》、《珠江三角洲城际快速交通广州至佛山段（首通段）盾构隧道工程施工技术研究》等。其中《广州地铁三号线盾构隧道工程施工技术研究》列为国家“十一五”图书出版规划项目、《广州地铁二/八号线拆解段盾构隧道工程施工技术研究》、《广州地铁三号线北延段盾构隧道工程施工技术研究》、《珠江三角洲城际快速交通广州至佛山段（首通段）盾构隧道工程施工技术研究》等丛书被列为国家“十二五”重点图书出版规划项目。其中的《复合地层盾构施工理论和技术创新的研究》科研项目获得2009年广州市科技进步一等奖，2011年广东省科学技术奖励二等奖。

广州轨道交通建设监理有限公司是《都市快轨交通》理事会常务理事单位。

《都市快轨交通》理事会常务理事代表介绍如下。

叶建兴：广州轨道交通建设监理有限公司董事长，副研究员、高级工程师。曾担任铁道科学研究院科研副研究员、广州地铁监理公司副总工、广州地铁设计研究院副总工、副院长等职。2002年被中国交通运输协会城市轨道交通专业委员会授予首届城市轨道交通中青年专家。现担任中国土木工程学会隧道及地下工程分会隧道掘进机（盾构、TBM）专业委员会副主任委员。

曾参与广州至深圳高速公路工程、珠海机场站坪隧道工程、广州地铁2号线海珠广场站、江海盾构区间、越三盾构区间、南京地铁1号线新街口站、三新盾构区间、玄武门—南京火车站盾构区间等工程监理，以及广州地铁4号线高架桥、东晓南高架桥、黄埔大道黄村跨线桥、南京地铁2号线东延线高架桥、广州地铁5号线区杨盾构区间、广州地铁6号线天长盾构区间、广州地铁8号线广州新客站—昌岗盾构区间、广州地铁3号线北延线广州东站—南方医院及人和—新机场南盾构区间、广州珠江新城集运系统盾构区间、广佛线祖庙—菊树盾构区间、武汉地铁2号线盾构区间、西安地铁2号线盾构区间、深圳地铁2号线东延线盾构区间等设计。参建的项目中，广州地铁2号线越三区间盾构工程获国家第四届“詹天佑”土木工程大奖、广州地铁2号线获得国家科技进步二等奖、广州市轨道交通3号线北延段施工8标土建工程被评为2010年度国家市政金杯示范工程。

叶先生自担任董事长以来，团结带领全体员工，紧紧抓住发展机遇，转变观念，求实创新，扎实推进公司各项工作，使公司的生产经营、改革管理工作稳步推进。公司多年连续被评为广东省监理行业先进工程监理企业。

联系方式如下。

单位名称：广州轨道交通建设监理有限公司

单位地址：广州市环市西路204号龙飞大厦205房 邮编：510010

单位网址：http://www.gzdtjl.com

电话：020-83202146 传真：020-83202129

5.5.5 广州中咨城轨工程咨询有限公司

广州中咨城轨工程咨询有限公司成立于2009年9月, 2013年3月中国国际工程咨询公司与广州市地下铁道总公司确定战略合作关系，通过增资扩股，确定中国国际工程咨询公司为第一大股东，广州市地下铁道总公司为公司第二大股东，共同将公司打造成为面向全国、放眼世界的轨道交通咨询行业的领先企业。

广州中咨得益于中国国际工程咨询公司独特的咨询服务理论、方法和专家团队支持，秉承“广州地铁”的品牌优势，以广州地铁总公司累积二十多年轨道交通设计、建设、运营、经营和企业管理的经验和专业人才为依托，为各地轨道交通项目业主提供全方位的咨询服务。已开展的业务范围包括：

- 项目管理、设备监理、运营筹备、运营联调、运营保障等工程项目管理全过程服务；
- 项目立项、可行性研究、规划设计、工程设计及设计咨询等服务；
- 政策咨询、投融资咨询、评估咨询、企业管理、人员培训等服务；
- 信息化总体规划和项目实施、安全风险控制、社会风险评估服务；
- 新型轨道交通、有轨电车有关咨询服务。

广州中咨充分发挥了中国国际工程咨询公司的行业优势和广州市地下铁道总公司的品牌优势，咨询服务深得委托方的好评。先后承担了国内（如东莞、昆明、贵阳、西安、苏州、青岛、长沙、南宁、温州、包头、徐州等）、国际（如澳门轻轨）等地轨道交通的管理、设计、投资、建设、运营等咨询服务和设备监理、企业管理、公司筹建项目。其中：

《城市轨道交通开通前机电系统综合联调及运营演练技术研究与应用》获得2012年度全国优秀工程咨询成果二等奖及2010—2011年度广东省工程咨询一等奖；

《南宁轨道交通有限责任公司运营组织架构及薪酬体系研究》获得2010—2011年度广东省工程咨询二等奖。

公司先后被评为广州市“重合同、守信誉单位”（2011—2012年）、广州市“银行信用等级AA级单位”（2012年）等。经过近五年的快速发展，广州中咨业务日趋成熟、人才队伍日渐壮大、专业技术能力日益完备，积极推进轨道建设全覆盖的战略理念，形成了强大的行业影响力。

目前，广州中咨在双方股东的支持下，正进一步整合优势资源，积极广泛参与城市轨道交通行业政策规划及标准的研究与制定，已初步形成集规划设计咨询、工程项目管理咨询、运营筹备及联调演练咨询、信息化规划及实施服务等“四大板块”为一体的业务结构，并迅速扩大业绩规模，构建行业领先的咨询服务产品和发展模式，竭诚为全国各个城市提供“业主满意、政府满意、乘客满意”的轨道交通项目全过程的咨询服务，促进中国城市轨道交通建设的发展，打造成为国内轨道交通咨询行业的领先企业。

广州市地下铁道总公司是《都市快轨交通》理事会常务理事单位。

联系方式如下。

单位名称：广州中咨城轨工程咨询有限公司

单位地址：广州市越秀区中山五路193-215百汇大厦8楼 邮编：510030

单位网址：http://www.gz-ciecc.com/

电话：（8620）83155001 传真：（8620）83649479

5.5.6 北京市中伦律师事务所

北京市中伦律师事务所是中国规模最大的综合性律师事务所，在北京、上海、深圳、广州、武汉、成都、东京、香港、伦敦和纽约设有办公室，拥有近180名合伙人和近700名专业人员。2014年，中伦荣获钱伯斯亚太地区“最佳中国律师事务所”，中伦尤其在基础设施及工程地产领域的业务表现卓越：连续荣获钱伯斯2012年、2013年、2014年房地产年度最佳中国律师事务所、《亚洲法律杂志》ALB 2012年和2013年房地产年度最佳律师事务所、《商法》2014“卓越综合实力律所”及“建筑及房地产”、“并购”、“争议解决”等8项大奖、《商法》2013年度基础设施杰出交易大奖、《中国法律商务》China Law & Practice 2013年度最佳房地产与建设工程律师事务所、《亚洲法律顾问》ASIAN-MENA COUNSEL 2013年度最佳房地产与建设工程中国律师事务所等奖项。

中伦的基础设施与项目融资业务处于市场领先地位，拥有一支成熟的对基础设施投融资项目架构设计、文件起草和合同谈判、项目实施有着丰富经验的专业团队，先后代表国内外投资者、政府部门、项目公司、银行、保险公司等国内外金融机构，境内外基金等财务投资人、开发商、承包商及项目其他参与方，成功为一批大型基础设施项目提供项目融资、建设、运营、并购及行政许可等全方面法律支持。中伦在工程性基础设施方面（如能源动力、供排水、交通运输、通信信息等）、社会基础设施方面（如行政管理、体育运动、医疗卫生、金融保险、商业服务等），为众多客户提供法律服务。中伦尤其在BT、BOT、TOT等特许经营融资方式的项目中拥有高效专业的服务品质和丰富的实务经验，深得客户信赖与赞同。

中伦成功深入地参与包括收费公路、铁路、地铁、水务和污水、电力、新能源、管道、通信、矿产在内的各类基础设施项目，并积极协助各类项目参与者（包括开发商、项目赞助人、特许权人、施工承包商及服务提供商等）与政府机构进行协商和谈判，为客户提供最优质的专业法律服务。中伦律师服务的交通项目包括北京地铁（5号线）、深圳地铁（4号线）、京沪高铁、嘉南铁路（铁道部首条BT投资项目，总投资约20亿）、重庆朝天门长江大桥（BT，总投资约32亿）、吉林江湾大桥（BT，总投资约3亿）、重庆梁忠高速公路（BOT ,总投资约80亿）、重庆渝广高速公路（BOT ,总投资约75亿）、郑州市三环路快速化工程项目（BT,总投资约50亿）、京石高速公路北京段股权转让项目（BOT）、山西阳侯高速公路（山西首条BOT高速公路,总投资约18亿）、福建武邵高速公路（BOT ,总投资约70亿）、福州绕城高速公路东南段项目（BOT ,总投资约126亿）、四川成铭高速公路（BOT ,总投资约50亿）、四川成简快速路项目（BT ,总投资约20亿）等。

北京市中伦律师事务所是《都市快轨交通》理事会常务理事单位。

《都市快轨交通》理事会常务理事代表介绍如下。

张学兵：北京市中伦律师事务所创始合伙人，北京市律师协会会长、中华全国律师协会副会长、全国律协仲裁业务委员会主任、中国电信集团公司外部董事、中国政法大学董事会董事。

张学兵律师主要负责中伦律师事务所建设工程及房地产业务，先后担任国内外众多企业、金融机构、政府机构的法律顾问。从业二十余年来，他先后为逾百家部门和企业提供专业法律服务。张律师主持完成了多宗在业内有重大影响的不动产交易，并长期为许多国际级客户提供房地产方面的全程法律顾问服务，积累了丰富的房地产、建设工程及公司实务经验，能够为业主及工程承包商、设备供应商等在工程及设备招投标、合同谈判、工程管理、变更处理及洽商、工程结算、纠纷调解及处理及涉及房地产开发、房地产销售、纠纷调解及处理等领域提供专业、全面的法律服务。作为首批获得证券从业资格的律师，曾参与过延边公路建设股份有限公司A股、重庆钢铁股份有限公司H股和A股、SOHO中国房地产有限公司H股等项目。

联系方式如下。

单位名称：北京市中伦律师事务所

单位地址：北京市朝阳区建国门外大街甲6号SK大厦36/37层 邮编：100022

单位网址：http://www.zhonglun.com

电话：010-59572288 传真：010-65681022

5.5.7 林同棪国际工程咨询（中国）有限公司

林同棪国际（TYLI）是世界著名工程咨询集团，在桥梁和交通基础设施领域处于世界领先水平，以创新精神、设计精良和成本效益合理而闻名于世。集团始建于1954年，总部设在美国旧金山，主要机构遍布美国、东南亚和中国等地。

林同棪国际是全球十强工程咨询集团达尔集团（Dar group）旗下重要一员，集团拥有超过13 000人的多学科、多语种专业资深员工队伍。

林同棪国际工程咨询（中国）有限公司1994年成立于重庆，是中国政府批准的第一批中外合资甲级设计企业。2009年林同棪国际将中国总部设于重庆，在北京、上海、广州、南宁、成都、宁波、武汉、沈阳等城市已设立分支机构，主要从事桥梁、道路、轨道交通等基础设施工程设计咨询和研发，目前在中国员工600余人，其中院士1名，设计大师及享受国务院特殊津贴2人，外籍专家17人，高级工程师百余人。

近十年来，林同棪国际工程咨询（中国）有限公司整合全球工程设计智力资源，参与到重庆、沈阳、广州、南宁、兰州、武汉等诸多大中城市的大桥、路网规划设计、交通枢纽、轨道交通等交通基础设施建设之中，已承揽完成了各类跨江大桥设计24座（其中长江大桥4座），完成近300 km^2城市道路交通基础设施设计，各类道路近2 100 km， 重庆、大连、新加坡等多个城市轨道交通工程设计及咨询。

历年来设计项目共获得国际大奖4项、国家级奖项8次、省部级奖20余项。其中重庆菜园坝长江大桥、重庆石坂坡大桥复线桥双双荣获2009年度第九届詹天佑奖，天津大沽桥和沈阳浑河三好桥分别获国际桥梁大会尤金•菲戈奖。

林同棪国际工程咨询（中国）有限公司是《都市快轨交通》理事会理事单位。

《都市快轨交通》理事会理事代表介绍如下。

俞兆磊：高级工程师，林同棪国际工程咨询（中国）有限公司轨道交通事业部总经理。十多年来主持及参与国内多条地铁设计，包括上海地铁1、2、7号线、南京地铁1号线、深圳地铁1、5号线、杭州地铁1、2、4号线、宁波地铁1、2号线、北京地铁八通线、北京地铁6、13号线、北京有轨电车西郊线，重庆轻轨2号线、地铁6号线；同时参与及负责国内多条轨道交通前期研究，包括宁波地铁1号线、杭州地铁1、3、4号线、厦门地铁1号线、昆明地铁1号线、北京地铁6号线，北京有轨电车西郊线等，并参与宁波、昆明、厦门、成都等多个城市的线网规划、控规性规划的研究与编制。具有丰富土建工程、前期研究及设计管理经验。

联系方式如下。

单位名称：林同棪国际工程咨询（中国）有限公司

单位地址：重庆市北部新区高新园芙蓉路6号 邮编：401121

单位网址：http://www.tylin.com.cn
电话：023-67033072 传真：023-67033072

5.5.8　陆路交通管理局（新加坡）

MSI环球有限公司是新加坡陆路交通管理局（陆交局）隶属的咨询服务公司。基于多年广泛的实践经验和卓越的成绩鉴定，MSI环球在陆路交通管理咨询领域享有盛誉并理解客户特别需要建造现代化的陆路交通的需求。

陆交局超过两千名专业工程人员，有多年的陆路交通网络开展与建设实践经验，为顾客提供理想的一站式的陆路交通顾问与咨询服务。

MSI环球的服务领域在交通管理方面，包括交通规划、全过程工程项目管理、地铁机电系统工程、自动收费系统、陆路基础设施管理、智能交通系统和交通需求管理（包括电子收费）。

MSI环球的服务分布在世界各国区域，主要服务业绩在亚洲邻国，包括马来西亚、菲律宾、泰国、中国、印度、澳洲、中东、欧洲等国家和地区。

新加坡陆路交通管理局是《都市快轨交通》理事会理事单位。

《都市快轨交通》理事会理事代表介绍如下。

沈伟明：现任新加坡陆路管理局（陆交局）轨道交通总署长。负责陆交局地铁与轻轨全过程建设包括策划、设计要求管理、建造、机电系统测试和调试。曾参与新加坡1990年一二期东西线、南北线地铁建设。1999年完成武吉班让轻捷运工程，并于1999年后升任为东北地铁线机电工程总监。东北地铁线在2003年中顺利通车，成为世界第一条成功投入运营的无人驾驶重轨地铁系统。同时，分别于2002—2004年期间完成另两条轻轨系统。同时在2001年，新加坡地铁环线开始动工，总负责环线项目所有机电工程，总合同价新元18亿元。2007年，被任命为陆交局轨道总署长，监督执行所有轨道交通工程，除了在建环线，以及刚开工不久的市区地铁线建设工程、招标等前期工程。现在负责项目总价值超过新元210亿元。

联系方式如下。

单位名称：MSI环球有限公司
单位地址：No.1,Hampshire Road, Singapore 219428 邮编：219428
单位网址：http://www.msi-global.com.sg
电话：0065-63962208 传真：0065-63961152

5.5.9　上海申通轨道交通研究咨询有限公司

上海申通轨道交通研究咨询有限公司成立于2005年4月，是国内首家轨道交通网络综合技术的专业研究咨询机构。公司具备国家甲级工程咨询资质，是上海城市轨道交通专业学科中心的挂靠单位。公司以前期规划、宏观战略、技术决策为研究方向，通过联合知名高校、设计院、制造企业和科研院所，不断跟踪国际城市轨道交通投资、建设和运营管理方面的前沿技术，搭建和构筑轨道交通技术的综合研究平台和研究基地，采用项目管理组织方式开展项目咨询和研究工作。

公司集聚上海轨道交通投资、规划、设计、建设和管理方面的专业人才，依托轨道交通网络总体技术、网络优化技术、网络运行组织技术、机电集成专业技术和轨道交通建设技术管理方面的丰富经验，专业从事城市轨道交通工程项目的前期研究、专项研究、规划咨询、评估咨询和管理咨询，为政府部门和业主的决策提供技术支持服务。

2006年至今，公司获得国家级、上海市市级科技进步奖71项，获得国家级、上海市市级工程咨询奖46项，获授权专利28项。

公司于2007年3月通过ISO 9001：2000质量管理体系、ISO 14001：2004环境管理体系和GB/T 28001—2001职业健康安全管理体系的认证，2007年12月3日通过了“上海市高新技术企业”的认定。由上海申通轨道交通研究咨询有限公司负责处理日常事务的上海轨道交通技术研究中心于2008年取得了上海市级企业技术中心的认定，并于2009年取得了国家级企业技术中心的认定。

上海申通轨道交通研究咨询有限公司是《都市快轨交通》理事会常务理事单位。

《都市快轨交通》理事会常务理事代表介绍如下。

宋键：教授级高级工程师，担任上海申通轨道交通研究咨询有限公司常务副总经理、总工程师，同时任上海轨道交通技术研究中心副主任，兼任网络总体总监。长期从事轨道交通的总体规划、研究、设计和咨询工作。由他主持、参与的课题研究多次荣获市、部级奖项，其中有优秀勘察设计一等奖，国家优秀勘察设计金奖，华夏科技进步奖二等奖、三等奖，上海市科技进步三等奖两项，上海市优秀工程设计等诸多奖项。

由于宋键同志的突出表现，他多次被评为各类工作先进，2001年荣获上海市政工程管理局局级行政记大功、上海市建设功臣、2004年荣获国家政府特殊津贴等荣誉及称号、2007年荣获全国建设系统劳动模范荣誉称号；2008年度荣获申通集团领军人才和上海市领军人才。

宋键同志通过总结和分析，总结出了现代城市轨道交通规划和建设应该以“打造全新概念的城市轨道交通”为目标，并对“全新概念的城市轨道交通”给予了定义，提出了实现全新概念城市轨道交通的途径，对城市轨道交通的规划、设计理念的升华做出杰出贡献。

联系方式如下。

单位名称：上海申通轨道交通研究咨询有限公司

单位地址：上海市桂林路909号1号楼 邮编：201103

单位网址：http://www.shentongresearch.com

电话：021-63189188-75300 传真：021-51537885

5.6 设备厂商

5.6.1 宝鸡南车时代工程机械有限公司

宝鸡南车时代工程机械有限公司由株洲南车时代电气股份有限公司与中国中铁宝工有限责任公司于2009年3月合资成立。公司注册资本两亿元人民币，主要经营铁路和城市轨道交通的重型轨道车系列、接触网作业车系列、起重轨道车系列、大型养路机械系列、检测车系列、地铁车辆系列等六大系列工程机械车辆的研发、制造、维修、销售、服务和进出口业务，以及生产经营所需的原辅材料、机械设备、仪器仪表、零配件及技术的进出口业务，创造了国内轨行工程机械的多项第一，是中国铁路总公司轨行工程机械的定点企业。

公司位于历史文化名城陕西省宝鸡市，已被纳入宝鸡市轨道交通产业行业，享受中省12家大型企业特殊优惠政策，被宝鸡市确定为创新型试验企业，并经铁道部批准，于2010年7月专门设立了铁道部驻宝鸡工务机械车验收室，还被铁道部确定为大型养路机械生产维修基地之一。公司成功通过ISO 9001:2008 质量管理体系、GB/T 24001—2004、GB/T 28001—2001环境/职业健康安全管理体系认证评审颁证。

公司目前产品中曾有12项填补了国内空白，7项获得国家专利。我国第一台轨道车，第一台电气化作业车，第一台轨道起重车，第一台高空作业车，第一台高原轨道车，第一组恒张力收放线车组，第一台地铁网轨检测车，第一组钢轨探伤车，第一组钢轨打磨列车，第一组焊轨列车和第一台时速超过160 km/h的快速轨道车都诞生在这里，产品曾荣获国家优质产品奖1项，省、部优质产品奖3项，省、部科技进步奖3项，秦岭牌GCS220、GC170-2型轨道车于1999年被评为国家级重点新产品，产品遍布全国各铁路局、铁路施工企业、厂矿、港口及10多个国家和地区，深受国内外顾客赞誉。

宝鸡南车时代工程机械有限公司以打造“中国铁路轨行工程机械领域的技术领先者和首选供应商、国际铁路轨行工程机械市场的知名企业”为目标，努力争做具有现代化管理理念和先进企业文化、具有核心竞争优势、受人尊敬的高绩效公司，成为出色履行社会责任的知名企业。

宝鸡南车时代工程机械有限公司是《都市快轨交通》理事会理事单位。

联系方式如下。

单位名称：宝鸡南车时代工程机械有限公司

单位地址：宝鸡市宝福路118号　邮编：721003

单位网址：http://www.bjtem.cn

电话：0917-2865888　传真：0917-3665769

5.6.2　北京交大思诺科技有限公司

北京交大思诺科技有限公司成立于2001年6月，是北京交通大学参股的高新技术企业。公司于2005年首批通过铁道部铁路运输安全设备生产企业认定。

公司立足于铁路运输自动化控制领域，专注于列车控制系统的开发和技术服务，作为北京交通大学机车信号项目产学研结合的载体，公司致力于机车信号科研成果的转化和后续配套研发，并为产品生产和现场应用提供技术支撑。作为列控车载系统的关键技术装备，交大机车信号车载系统设备安全可靠、技术性能领先，在全国铁路得到大规模应用，为历次铁路大提速提供了关键技术保障，为推动铁路科学技术进步和保障铁路运输安全发挥了重要作用，相关技术也在国内多个城市的地铁和轻轨建设中得到广泛应用，取得了显著的社会效益和经济效益。迄今，交大机车信号车载系统共计荣获铁道部科技进步一等奖两项、国家科技进步二等奖一项。

为了构建完整的列控车载系统，全面掌握核心安全技术，多年来公司持续进步，坚持自主研发、原始创新，不断加大技术投入，取得了丰硕的成果。公司于2007年研制成功轨道电路读取器TCR，运用于京津、武广等高速客运专线动车组上，性能稳定可靠。公司于2008年研制成功的应答器系统（包括地面应答器、车载查询器、应答器地面电子单元），通过了铁道部技术评审，是国内首个拥有完全自主知识产权的应答器系统，填补了国内相关技术空白。这些新产品、新技术有力地推动了中国铁路科学技术的进步，将逐步成为公司未来发展的支柱。

交大思诺长期以来坚持开放合作、互利共赢，与国内外铁路信号系统的多个开发、生产和集成企业保持着紧密的合作关系，并在长期的技术推广过程中与广大用户建立了深厚的友谊，形成了稳定的互赖关系。

2009年8月，公司应答器系统认定为北京市自主创新产品；2009年12月，北京交大思诺科技有限公司入选中关村国家自主创新示范区第三批百家创新型试点企业名单；2009年底，公司“复杂与高速条件下车载信号安全控制系统关键技术及应用”项目经北京交通大学和教育部推荐获批国家科技进步二等奖。

城市轨道交通应答器系统应用：公司应答器相关设备已经成功应用于城市轨道交通CBTC信号系统，无源应答器为ATP/ATO系统提供高精度停车定位信息；利用LEU、有源应答器、有源环线，提供列车行车许可信息，实现了低成本、高可靠性的后备信号系统，为提高整个信号系统的运行效率提供了有力的保障，其中基于应答器技术创新设计的有源环线，成功实现了在点式控车模式下“防止司机红灯误出发”功能，提高了整个系统的安全性。

到2013年底，已成功应用于北京地铁亦庄、北京地铁昌平线、重庆轨道交通3号线、北京地铁14号线西段。

北京交大思诺科技有限公司是《都市快轨交通》理事会常务理事单位。

《都市快轨交通》理事会常务理事代表介绍如下。

李伟：1994年毕业于北京交通大学交通信号与控制专业，从2005年至今，任北京交大思诺科技有限公司总经理。曾先后在北京交大、美国CADENCE、北京瑞斯康达等单位从事过技术研发、产品管理、市场管理、企业管理等工作，在企业经营和市场营销方面拥有丰富经验；参加过多项科研项目的研究工作，包括“八五国家重点项目—LCF列车超速防护系统”项目；《机车信号远程监测系统》项目；《CTCS技术研究—CTCS-0级列控系统技术深化研究》项目等。整体负责公司的经营，并具体负责市场管理和市场开拓工作，成功打造了公司的核心产品——机车信号，目前该产品在全国18个铁路局全面应用，市场占有率达到80%以上。组织并策划完成了北京交大思诺科技有限公司的支柱产品系列“点式应答器系统”，该项系统产品填补了国内在该领域的技术空白，并获得较为广泛的认可，已经成功应用于北京地铁亦庄线、昌平线、重庆3号线城市轨道交通及相关国铁客专项目，部分产品已经开始销往国外。组织并完成了交大思诺公司的ISO 9000质量管理体系建设和相关完全认证工作，在其管理下，公司规模不断扩大，发展的步伐不断加快。

联系方式如下。

单位名称：北京交大思诺科技有限公司

单位地址：北京市海淀区大柳树北路富海大厦1608 邮编：100081

单位网址：http://www.jd-signal.com

电话：010-62119891

5.6.3 北京交大微联科技有限公司

北京交大微联科技有限公司（简称“交大微联”）成立于2000年，注册资金1亿元，中关村科技园区注册高新技术企业。公司位于北京市海淀区西四环五棵松路，占地面积约10 000 m^2，正式员工320余人，其中高级职称以上30人，技术开发人员占全员90%。为适应城市轨道交通快速发展的需要，公司专门组建了城轨公司，集中从事城市轨道交通的系统集成、项目管理、产品研发、工程实施和售后服务等工作。

交大微联依托国家重点院校北京交通大学的信息与管理多学科技术优势和中国自动化集团的资本优势，专业从事高速铁路、普速铁路、城际铁路及城市轨道交通信号系统的设计、研发、制造、工程和系统集成，是一家专注于新技术、新产品自主研发与生产并实现规模销售的轨道交通信号控制安全设备生产企业，拥有铁路运输安全设备生产资质和城市轨道交通信号系统总承包资质。公司主要产品包括计算机联锁系统（CI）、自动列车监控系统（ATS）、分散自律调度集中系统（CTC）、列控中心系统（TCC）、列车自动防护系统（ATP）、铁路信号微机监测系统（MSS）等。

公司产品广泛应用于全国18个铁路局逾1 300个车站，包括多项国家重点工程和干线铁路，如京沪、京哈、京广、京九、陇海五大干线、大秦铁路及时速350 km/h的郑西、武广高速铁路，时速250 km/h的温福、福厦、海南岛东环客运专线等，其中计算机联锁系统在国有铁路的市场占有率超过30%。

近年来，交大微联积极参与并完成了国内多个城市的轨道交通工程建设任务，除承担杭州、深圳、南京、苏州等多条地铁线路车辆段、停车场联锁设备的供货以外，还在北京地铁7号线、重庆轻轨3号线、成都地铁3号线等项目中负责信号系统的供货及国产化工作。公司还作为牵头人，与日本信号株式会社合作，共同承担了北京地铁15号线一期工程CBTC信号系统的集成任务，该工程已分别于2010年12月底和2012年12月底完成了后备模式和全功能开通，投入载客试运营。公司正积极拓展市场，完善产品及服务，努力成为城市轨道交通信号系统的一流集成商。

在做好国内市场工作的同时，交大微联还积极拓展和开发国际业务。2006年按照欧洲铁路安全技术标准，承担了香港地铁机场摆渡线SKYPLAZA项目的计算机联锁系统供货任务，之后又以总承包人身份完成了香港九广铁路罗湖车站的信号系统改造工程，通过了独立第三方的安全评估和独立工程检查。

交大微联重视并积极推动行业的技术发展，主持或参与了包括《计算机联锁技术条件》、《分散自律调度集中系统技术条件（暂行）》等多项轨道交通信号产品技术标准的制定工作，并积极投入有关部门组织的微机监测、列控中心等系统的技术攻关活动，并荣获中国铁道学会科技进步一等奖、首届“智慧北京”大赛优秀应用示范奖等。

交大微联以“责任、关怀、创新”为经营理念，以“务实创新，技术领先；安全可靠，顾客满意”为质量方针，始终遵循“顾客满意是公司的目标，持续改进是公司的追求”思想，竭诚为用户提供一流的产品和服务，为我国铁路和城市轨道交通事业的大发展贡献绵薄之力。

公司资质：

- 城市轨道交通信号系统集成设备总承包资质；
- 铁路运输安全设备生产企业认定证书；
- 2002年3月，率先获得铁道部工业产品制造特许证，成为具备进行铁路车站计算机联锁设备研制生产资格的四家企业之一；
- 国际铁路工业标准IRIS：2009管理体系认证；
- ISO 9001：2000质量管理体系认证；
- 银行信誉等级AAA级；
- 担保授信信用A级；
- 北京市高新技术企业；
- 《福布斯》2011年中国最具潜力企业。

北京交大微联科技有限公司是《都市快轨交通》理事会理事单位。

《都市快轨交通》理事会理事代表介绍如下。

张伟：1960年生，高级工程师，现任北京交大微联科技有限公司执行董事。1985年毕业于北方交通大学电子资讯工程学院运输自动化专业，获工学硕士学位。1985—1993年在北方交通大学电子资讯工程学院及管理科学研究所任教，期间曾在日本东京大学做高级访问学者。1993—2000年先后在北京交通大学科技产业总公司、北京中飞电子新技术公司任部门经理及副总经理。2000年4月出任北京交大微联科技有限公司副总经理，2004年任总裁、执行董事。组织并策划完成了北京交大微联科技有限公司拳头产品之一“JD-IA 型计算机联锁系统”和“EI32-JD型计算机联锁系统”的市场开拓工作；主持完成了微联公司ISO 9001 质量管理体系建设和认证工作，逐步建立了微联公司的管理制度体系。

联系方式如下。

单位名称：北京交大微联科技有限公司

单位地址：北京市海淀区西四环五棵松路49号新奥特大厦五楼　邮编：100195

单位网址：http://www.bjmut.com.cn

电话：010-51866888　传真：010-51866160

5.6.4　北京九州一轨隔振技术有限公司

北京九州一轨隔振技术有限公司成立于2010年7月，是北京市科学技术研究院在环保技术领域科研成果产业化的重要平台；2011年4月，国奥投资公司正式入股合作，实现了大型科研院所与国资企业融合共同建设产学研合作平台。九州一轨公司在发展过程中得到北京市市科委、北京市政府和环保部的大力支持，成为中关村股权激励的最大试点单位，2011年又成功引进北京市重大科技成果转化统筹基金1 000万元。由此，以科研单位、国有企业、政策资金及科技人员共同投资的北京九州一轨隔振技术有限公司进入高速发展期，注册资本达到5 000万元。

公司从成立之初就建立了完善的管理体系，集中了专业的管理、技术、市场、财务人才进入公司管理层。目前九州一轨公司已由最初的几个人发展到现在的100多人，并培养了一支由博士、硕士、本科学历的中青年组成、充满技术活力和创造力的研发队伍，专业涵盖道路与铁道工程、机械制造、工程力学、土木工程、环境科学、安全工程、机电工程等专业，已在三年来的地铁隔振工程实践和新技术、新产品研发过程中经受了实战攻坚的考验，也积累了丰富的实践经验。公司在北京南六环大兴高科技园区内设立了产业研发基地，按照航天零缺陷的生产管理模式进行生产管理，从管理上保障产品质量,目前已经达到了月产4 000台（套）的生产能力。为适应公司的快速发展及市场的大量需求，公司已在中关村高端制造业基地购置土地，建立北京九州一轨的总部基地，开始九州一轨公司新的征程。

2012年3月28日，由北京市建委主持完成了《轨道交通阻尼弹簧浮置道床隔振系统成套技术研究及产业化》成果鉴定会。由2名院士与业内著名专家组成的评委会及与会领导，均对本课题的研究创新给予充分肯定和高度评价，一致认为研究成果符合国家环保政策，取得了显著的社会效益和经济效益，填补了国内同类产品的空白，总体上达到国际先进水平，其中部分技术达到国际领先水平。公司拥有自主知识产权的“阻尼弹簧浮置道床轨道隔振技术” 荣获2010年北京发明协会“中国移动G3杯”暨第五届北京发明创新大赛金奖和CCTV创新无限奖；该项成果荣获2012年度“北京市科学技术奖”一等奖。2009—2013年连续入选《国家先进污染防治示范技术名录》及其技术依托单位；九州一轨公司还获得国家“专精特新”企业（第一批）认证；阻尼弹簧隔振器获得“国家级环境友好型技术产品”称号并入选2013年“国家重点新产品”计划。截至目前，已经获得国家专利14项，其中2项发明专利，12项实用新型专利。

公司产品已在全国9个城市地铁建设中进行了应用，其中北京、哈尔滨、武汉、无锡等项目（约18 km）已相继开通运营。公司的高速发展吸引了社会各界的目光，很多媒体进行了报道。公司将继续开发轨道交通隔振及噪声控制的全系列产品，为祖国的轨道交通建设、为宜居而宁静的环境贡献自己的力量。伴随着研发能力和设计能力的提升，公司将逐渐从现在的制造类企业转向技术咨询和服务类企业，依靠自身的科技实力引领行业技术潮流。

北京九州一轨隔振技术有限公司是《都市快轨交通》理事会理事单位。

《都市快轨交通》理事会理事代表介绍如下。

邵斌：教授级高级工程师，北京九州一轨隔振技术有限公司副总经理、总工程师。1982至今，在北京市劳动保护科学研究所从事噪声振动控制行业的科研、工程设计、产品开发及技术咨询；先后任北京世纪静业噪声振动控制技术有限公司总工程师、董事长；国家环境保护城市噪声与振动控制技术中心总工程师。同时兼任中国环保产业协会噪声与振动控制委员会秘书长；中国环境科学学会环境工程分会副主任委员；中国环境科学学会环境物理专业委员会委员；全国机械振动、冲击与状态监测标准化技术委员会委员；中国工程咨询协会全国优秀工程咨询成果奖评审专家；《环境工程》和《中国环保产业》杂志编委；国家环保部环境工程评估中心常聘专家；《国家重点新产品计划》评审专家。参与多项国标、部标和行业标准的编制修订，主持研发多项发明和实用新型授权专利；获得北京市科学技术奖一等奖1项、二等奖1项、三等奖4项，以及北京发明创新大赛金奖及CCTV创新无限奖。主持完成国家大剧院、武汉琴台文化艺术中心、广州歌剧院、邯郸文化艺术中心、济南省会文化艺术中心等大量重点项目的噪声振动控制设计和综合治理工程及专业咨询、评审，获全国优秀工程咨询成果奖和电力行业优秀工程咨询成果奖。

联系方式如下。

单位名称：北京九州一轨隔振技术有限公司

单位地址：北京市丰台区科学城星火路11号写字公园A座6层 邮编：100070

单位网址：http://www.jiuzhouyigui.com

电话：010-63550155 传真：010-63514340

5.6.5 北京四方继保自动化股份有限公司

北京四方继保自动化股份有限公司（股票代码：601126）是一家成立于1994年的国家高新技术企

业，公司创始人是中国工程院首批院士杨奇逊教授。自成立以来，公司秉承“技术领先，永远创新”的企业宗旨，专注于智能发电、智能输配电、智能交通、智能矿山、相关工业行业过程控制与节能减排、可再生能源利用等多个领域的产品设计、软件开发、系统集成与服务、咨询设计等；主营产品包括变电站自动化系统、继电保护、配网自动化系统、调度自动化系统、发电厂自动控制系统、电力安全稳定控制系统、广域测量与保护系统、微网控制系统、储能控制系统、电能质量管理系统、高压直流输电控制系统、电力仿真培训系统、能源管理系统、轨道交通自动化系统、工业控制系统及各类相关产品等。

公司服务的客户遍及能源、煤炭、冶金、石化、矿山、交通、制造等多个行业，先后在城乡电网改造、三峡工程、西电东送、全国电力联网、清洁能源开发、青藏铁路、1 000千伏特高压工程、城市轨道交通建设、智能电网、抗震救灾、北京奥运会、上海世博会、广州亚运会等国家重点工程项目中做出了突出贡献。

基于完全自主知识产权的丰富产品体系，四方开拓性地在国内实现了技术成就的多个“第一”，主要产品多次荣获国家科技进步奖及省部级科技进步奖，并拥有数百项专利技术及软件著作权，另外还主持或参与制定了一百多项国际、国家和行业标准。

在国内市场占有率不断扩大的同时，公司在开拓国际市场方面也取得了令人瞩目的成绩。四方作为中国唯一一家各系列产品通过KEMA金牌认证和61850一致性认证的公司，产品已经成功进入欧洲、亚洲、美洲及非洲市场，并在国际上树立了中国高科技企业的新形象。

公司一直坚持以过程管理为导向，并于1997年通过了国际认证机构的ISO 9001质量认证；2007年通过国际著名认证机构BSI的ISO 9001质量管理体系、ISO 14001环境管理体系和OHSAS 18001职业健康安全管理体系的三合一管理体系认证，2008年通过了CMMI 三级认证。

天道酬勤，公司在发展过程中不断取得优异的成绩，成为行业的佼佼者。先后被对外贸易经济合作部评为“中国民族经济之花”企业；被科技部认定为“北京软件骨干企业”；被国家科技部认定为 “国家创新型企业”；多次被国家发改委等四部委认定为“国家规划布局内重点软件企业”；连续十二年入选工业及信息化部公布的“中国软件产业最大规模前100家企业”；被北京市政府、科技部、中国科学院评为中关村国家自主创新示范区创新型企业并入选首批软件行业创新示范企业；被北京市地税局认定为“纳税信誉A类企业”；荣获国家级“企业管理现代化创新成果”二等奖；被国家质检总局评为全国质量工作先进单位；荣获“国家火炬计划重点高新技术企业”称号。2007年起更是连续被国家发展和改革委员会、科技部、财政部、海关总署、国家税务总局五部委联合认定为“国家级企业技术中心”。

为了缔造卓越的民族品牌，四方将继续励精图治，以实力创造未来，力争成为世界级的电力自动化、工业自动化及新能源应用领域的优秀服务者。

北京四方继保自动化股份有限公司是《都市快轨交通》理事会理事单位。

《都市快轨交通》理事会理事代表介绍如下。

屠黎明：男，博士，教授级高工，1972年9月生，浙江黄岩人，毕业于东南大学，长期从事电气设备保护的开发和管理工作。现任北京四方继保自动化股份有限公司工业及公共业务总经理，IEC TC95/MT3 成员，电力行业标准化技术委员会委员兼副秘书长，中国水力发电工程学会继电保护专委会委员，中国电机工程学高级会员，ClGRE成员。

联系方式如下。

单位名称：北京四方继保自动化股份有限公司

单位地址：北京市海淀区上地四街9号 邮编：100085

单位网址：http://www.sf-auto.com

电话：62986668 传真：62981004

5.6.6 北京新联铁科技股份有限公司

北京新联铁科技股份有限公司是北京市高新技术企业，位于中关村科技园区。自1997年成立以来，专业致力于轨道交通安全监测技术、维修维护技术、系统集成技术、信息化技术的研发及体系建设，经过不懈努力，多项技术达到国际领先水平。

公司现有员工650余人，拥有300余人的研发设计团队、完善的办公环境及生产基地，下设五个全资子公司：苏州华兴致远电子科技有限公司、南京拓控信息科技有限公司、株洲壹星科技有限公司、沃尔新（北京）自动设备有限公司、廊坊新路通机电科技发展有限公司，在轨道交通机车车辆、工务、供电、站场调度的运营维护领域，建立了从安全检测到维修维护、系统集成及信息数据分析的完整产业链。在核心价值观引领下，通过创新驱动及知识产权保护战略，创建轨道交通全产业链运营维护系统化的解决方案和核心装备体系、大数据互联体系，立志成为世界轨道交通卓越企业。

新联铁是中关村国家自主创新示范区核心区345家重点创新型企业之一，拥有200余项国家技术专利、66项产品软件著作权 。公司20余项产品通过了铁道部评审和鉴定 ，7项核心产品被认定为“北京市自主创新产品”，其中“高速列车转向架静载试验技术产业化示范项目”入选国家科技部国家火炬计划，“空心车轴超声波探伤机”荣获国家科技部国家重点新产品证书，并荣获北京市科技进步二等奖。其用户更是遍布全国18个铁路局（公司），北京、上海、武汉、广州、沈阳、成都、西安等动车检修基地；济南、青岛、南京、杭州、长春等30多个动车运用所；哈尔滨、天津、武汉、广州、上海、成都、西安等大功率机车检修基地均是新联铁的重要客户。而随着公司海外业务的不断拓展，与新加坡、沙特、美国、德国、日本、哈萨克斯坦、乌兹别克斯坦、伊朗等国的铁路、地铁公司保持着密切的业务往来。

在产品方面的优势如下。

- 独创了“五化合一”的机车车辆检修系统集成设计体系，依据体系成功实施了世界一流的动车组检修基地、大功率机车检修基地。
- 世界首创“动车组运行故障图像检测系统（TEDS）”、“货车TFDS（3D）高速自动识别系统”、“动车组弓网状态运行检测系统”等，引领机车车辆领域图像检测最前沿技术的发展，技术达到国际领先水平。
- 世界首创 “机车车辆车轮在线自动探伤装置”，开创了车轮探伤的新模式。
- 完全的自主知识产权的车轴、车轮探伤技术，达到世界先进水平。

北京新联铁科技股份有限公司是《都市快轨交通》理事会常务理事单位。

《都市快轨交通》理事会常务理事代表介绍如下。

王志全：男，北京新联铁科技股份有限公司董事长。

1963年出生，黑龙江人，工学硕士。

1981—1985年：东北大学机械工程系，获工学学士学位。

1985—1988年：就职于北京有色金属工业公司。

1988—1991年：北方交通大学机械工程系，获工学硕士学位。

1991—1995年：北方交通大学机械系讲师。

1997年王志全率领团队创业，在他的领导下新联铁公司以“成为世界轨道交通行业卓越企业”为企业发展愿景，经过多年的经验积累和理念创新，在轨道交通机车车辆、工务、供电、站场调度等运营维护领域，已成为拥有从安全检测到维修维护、系统集成及信息数据分析的完整产业链的集团化企业。20年企业经营管理经验，使其具备极强的市场开拓能力和科技管理创新意识，对于轨道交通检修领域的技术发明有着极其敏锐的洞察力。

王志全先生现在同时担任北京交通大学兼职教授、北京市海淀区政协委员、中关村科技企业家协会常务副会长、《都市快轨交通》常务理事。

联系方式如下。

单位名称：北京新联铁科技股份有限公司
单位地址：北京市海淀区高梁桥斜街59号院长河湾2号楼305室　邮编：100044
单位网址：http://www.sheenline.com
电话：010-62142100　传真：010-62142095

5.6.7　北京易科路通铁道设备有限公司

北京易科路通铁道设备有限公司（以下简称“易科路通”）是致力于为中国轨道交通减振降噪技术领域服务，集轨道产品研发、推广及产业化为一体的一家高新技术企业。

易科路通是最早在中国轨道交通领域倡导并积极推进绿色环保轨道系统的企业之一，在引进、吸收国际先进技术的基础上，结合国内轨道交通工程建设特点，快速、高效、高起点地实现了轨道减振产品的自主知识产权进程，有效填补了国内高等轨道减振技术的空白。

易科路通现拥有一个专业的技术团队，人数超过20名，其中50%以上具有硕士学位，行业内知名轨道减振降噪专家教授级高级工程师5名，在轨道交通产品研发、设计、制造管理、施工管理等领域拥有强大的技术实力和丰富的市场运作经验，能提供与轨道交通减振降噪相关的系统设计支持和全程的技术服务。

易科路通拥有专利技术“纵梁式轨枕轨道系统”，该系统由左右两块预制预应力混凝土纵梁及其限位凸台、钢横梁及聚氨酯（Polyurethane）减振垫、缓冲垫组成。由于轨枕结构形似“梯子”，故通常称“梯形轨枕”，在地铁高等减振轨道技术领域得到广泛应用。梯形轨枕系统的技术优势具体表现在以下几个方面。

（1）减振降噪效果好——地铁列车运行时轮轨振动引起的振动峰值频率响应以40～100 Hz低频为主，梯形轨枕一方面可降低基底应力峰值50%左右，另一方面作为质量弹簧减振系统的一种，其有载固有频率约20 Hz，对30 Hz以上的振动均可起到良好的抑制作用。多个工程的在线实测结果表明，梯形轨枕系统地下线减振效果可达到15 dB或以上，高架线综合降噪效果可达到10 dB(A)或以上。

（2）不影响轮轨关系及磨耗特性——理论计算和工程在线测试均表明，梯形轨枕铺设段的轮轨振动水平及受力状态与普通道床地段基本一致，梯形轨枕在实现较好减振降噪效果的同时，不会产生轮轨异常磨耗的现象。

（3）主体结构承载能力强，耐久性好——预应力混凝土抗弯能力强，即使由于不均匀沉降导致减振垫空吊，主体结构也可保证不破坏；此外，主体结构为预应力混凝土结构，按不开裂设计，满足百年地铁要求。

（4）减振垫及主体结构更换方便——在地铁长期运营过程中，减振垫的更换需求必不可少，一方面是因为高分子材料的使用寿命不可能与钢筋混凝土结构等同，另一方面各种工程条件下均存在导致其破坏或失效的可能性。梯形轨枕系统的减振垫及主体结构通过简单的千斤顶或小型工装即可实现减振垫更换，不影响运营。

（5）轨道高度及减振性能的可调整性——通过更换不同刚度的减振垫实现不同等级的减振效果；通过在减振垫下设置调高垫板或注入现浇调整材料，可应对工程中常遇到的不均匀沉降，特别适用于不良地质段、车站与区间衔接断面、泵房、联络通道、盾构井、路桥及路隧过渡段及其他沉降风险点。

（6）施工安装便捷可靠，铺轨精度及平顺性高——采用与普通轨道一致的“自上而下”施工方法，加之预制框架式结构将现场组装工序降至最少，提高了施工效率，铺轨速度可达到120～130 m/天；能确保高精度轨距及轨底坡的高度要求，尽可能降低对施工质量的高度依赖性，能够满足国内地铁施工现状和工期紧张的客观要求。

（7）检查维修的无隐蔽性——系统的全部部件可检查维修，排水沟也可随时检查清理，避免各种病害出现，确保无隐患。

（8）适应性非常广——可应用于高架线、地下线、地面线、车辆段等，工程条件、接口及施工等方面适应性均十分良好，还可在有轨电车中应用。

梯形轨枕针对地下线、高架线及地面线应用的优势包括以下各项。

（1）地下线铺设的优点：

- 可减缓道床与隧道之间的空吊。
- 预应力混凝土纵梁，可提高轨道的抗软土地基变形能力。
- 枕下无级精确调高，可应对结构差异沉降。
- 可实现检修、清淤、注浆堵漏等作业。

（2）高架线铺设梯形轨枕的优点：

- 轨道结构高度低、不增加桥梁恒载。
- 质量参振，可有效降低二次结构噪声。
- 跨梁缝布置可加强梁端轨道抗弯刚度，降低梁端伸缩及转角影响。
- 用于大跨度梁可方便调整预拱与徐变的偏差。

（3）地面线铺设梯形轨枕的优点：

- 轨道整体性好，状态好，变形小，减少不平顺引起的振动及噪声。
- 降低基底应力峰值，降低振动冲击。
- 道床受力更均匀，更稳定，延长使用寿命，避免维修振动和噪声。
- 适合物业开发车辆段。

梯形轨枕系统在国内应用成熟，应用时间长，应用量大，经过了各种工程条件的考验。截至2013年底，已铺设应用梯形轨枕的城市共8个，分别是北京、上海、广州、深圳、大连、南京、无锡、宁波等，铺设总里程超过180 km，开通运营里程达到122 km，最长运营时间约7年。已完成梯形轨枕项目设计的城市共16个，分别是北京、上海、广州、深圳、大连、南京、无锡、宁波、东莞、长沙、苏州、石家庄、兰州、乌鲁木齐、南昌、南宁等，约50 km；正设计中的项目涵盖北京、上海、广州、南京、长沙、西安、苏州、成都、乌鲁木齐、重庆、兰州、东莞等，超过100 km。

梯形轨枕系统在多年工程应用的基础上总结经验，形成了一系列行业、企业规范，可确保每一个工程梯形轨枕生产和施工安装质量，主要包括：

- 北京市轨道交通建设管理有限公司《梯形轨枕轨道工程施工质量验收标准》（QGD-002—2009）；
- 中华人民共和国住房和城乡建设部《梯形轨枕技术条件》（CJ/T 401—2012）；
- 中华人民共和国住房和城乡建设部《城市轨道交通梯形轨枕轨道工程施工质量验收规范》（报批稿）；
- 易科路通企业标准《梯形轨枕技术条件》（Q/XC IKR 0001—2013）；
- 易科路通企业标准《梯形轨枕轨道施工验收标准》（Q/XC IKR 0002—2013）；
- 易科路通企业标准《梯形轨枕轨道系统养护维修指南》（QB/IK03.01—2012）；
- 易科路通标准化作业文件《梯形轨枕轨道系统设计及配合细则》（IK-BZ-TGSJ-01A）；
- 易科路通标准化作业文件《梯形轨枕生产管理细则》（IK-BZ-TGSC-01A）；
- 易科路通标准化作业文件《梯形轨枕轨道施工服务细则》（IK-BZ-TGSG-01A）。

北京易科路通铁道设备有限公司是《都市快轨交通》理事会理事单位。

《都市快轨交通》理事会理事代表介绍如下。

曾向荣：长期从事城市轨道交通轨道系统轮轨关系、技术标准、设备及结构、减振降噪的研究设计与应用，曾承担和参与了包括北京市科委课题在内的10余项城市轨道交通轨道及减振降噪相关课题，负责的投资2亿元以上轨道系统设计10余项；参与或负责的10项项目设计及科研获国家级或省部级奖励（北京市科技进步一等奖1次、三等奖1次、陕西省科技进步一等奖1次等），参与或负责的20余项创新轨道产品和技术获国家专利；独立完成或参与发表的论文20多篇，参与了多部相关技术规范的编制。

曾向荣是北京市建委轨道交通建设工程专家库成员，北京、沈阳、青岛、郑州、长沙、宁波等多城市地铁评标专家库成员，《都市快轨交通》及《隧道建设》杂志审稿专家，北京信捷审图公司审图专家。

联系方式如下。

单位名称：北京易科路通铁道设备有限公司

单位地址：北京市西直门外大街1号院3号楼21D8　邮编：100044

单位网址：http:// www.beijingik.com

电话：010-58301625/6/7/8　传真：010-58301738

5.6.8　东宾国际（吴江）电池有限公司

东宾制造有限公司成立于1946年，总部位于美国宾夕法尼亚州，里昂站市，是一家私营控股企业。成立以来东宾制造公司运营着全世界最大的单一地点铅酸蓄电池生产基地。东宾制造公司致力于生产过程的可持续化，引领着铅酸蓄电池行业的可持续生产。

东宾制造公司凭借着产品的高度可靠和世界级一流品质享有盛誉，同时东宾公司也是Deka德克Unigy系列铅酸蓄电池，胶体和AGM阀控铅酸(VRLA)蓄电池及应用于电信、UPS系统、太阳能和应急照明及其他固定型后备应用场合的蓄电池系统的首要制造商。所有美国德克Deka 12伏和2伏蓄电池产品均配有高正压自动密封阀，电池壳体均由标准的阻燃聚丙烯PP材料注塑而成，并配备独有的IPF（单独槽式极板化成）技术，该技术可以极大程度地优化电池容量，提升单体均一稳定性。另外2伏蓄电池产品还配有MICROCAT催化安全阀，该安全阀将有效地降低浮充电流、电池内部温度并且减少蓄电池出现干涸的风险。

东宾国际（吴江）电池有限公司（以下简称东宾）作为美国东宾制造公司的全资子公司，负责美国德克(DEKA)牌蓄电池的进口和在亚洲市场的销售工作。东宾作为一家独立公司拥有长期稳定的管理团队，致力于用超越行业标准的品质卓越的产品和专业化的服务来充分满足广大客户的需求。

东宾国际（吴江）电池有限公司是《都市快轨交通》理事会常务理事单位。

《都市快轨交通》理事会常务理事代表介绍如下。

刘成浩：1997年毕业于哈尔滨工业大学电化学专业，从2007年至今，服务于东宾国际（吴江）电池有限公司，现任职中国区市场销售总监。曾任职于浙江南都电源动力股份有限公司，从事过质量管理，产品开发，市场服务，销售管理等工作，在企业经营和市场营销方面拥有丰富经验。自服务于东宾国际（吴江）电池有限公司以来，刘成浩先生通过认真学习德克产品的优势和特征，结合中国市场的实际需求，逐步建立了覆盖全国的代理商渠道，为全国众多客户提供了全球顶级的产品和优质的服务。特别在城市轨道行业，德克电池已大量使用于北京、深圳、武汉、苏州、无锡、杭州、郑州及广佛地铁轨道项目中，其产品的品质与服务深受广大客户认可。目前刘成浩先生主要负责美国德克固定电池的市场开拓和市场管理工作，经过他的不懈努力，德克电池的高端品牌形象在中国市场已逐步深入人心，公司的规模也不断扩大，发展的步伐也不断加快。

联系方式如下。

单位名称：东宾国际（吴江）电池有限公司

单位地址：江苏省苏州市吴江经济技术开发区庞金路1999号　邮编：215200

单位网址：http://www.dekabatteries.cn

电话：0512-63033176　传真：0512-63030033

5.6.9　菲尼克斯(中国)投资有限公司

德国菲尼克斯集团成立于1923年，是电气连接、电子接口和自动化行业的领袖企业。全球拥有四十多个子公司、一万多名员工，业务规模超过十五亿欧元，总部位于德国的北威州。

菲尼克斯电气拥有世界最先进的组合式接线端子、工业电气连接器、印刷电路板连接器、电子接口模块、防雷及电涌保护器、工业以太网、现场总线、PLC控制器等产品和系统；并秉承不断创新的理念，根据市场和客户需求每年推出一千多种新的产品，至今形成三万多种标准产品和众多客户定制解决方案，拥有广泛的自主技术如连接技术、注塑技术、过压保护技术、电磁兼容技术、安全技术、网络技术、无线技术、工业控制技术、保密技术、软件技术等，是全球公认的电气连接、电子接口和工业自动化领域的世界市场领袖。

自1993年起，菲尼克斯电气在中国投资超过7 500万美元，公司积极组建销售网络、生产基地和研发中心。目前在全国设有5个子公司（南京菲尼克斯电气有限公司，菲尼克斯亚太电气（南京）有限公司、菲尼克斯电气（上海）有限公司、菲尼克斯电气（南京）研发工程中心有限公司、菲尼克斯（中国）投资有限公司），23个办事处和100多家分销机构，形成了完善的销售网络；公司引进、自行开发了自动化生产流水线，拥有自己的模具车间和实验室，始终保持与德国总部等同的设计制造品质；2004年，菲尼克斯电气在中国建立独立的研发与技术中心，加速研发的本地化进程，为客户提供更符合中国市场实际、更针对个性需求的定制化产品和系统解决方案；同时，2004年集团公司正式启动跨国公司洲际竞争力中心战略，中国公司与美国公司和德国总部共同成为集团公司全球三大区域竞争力中心，中国公司成为全球发展的核心驱动力之一和亚太地区总部，技术支持和管理范围拓展到亚洲太平洋地区，为中国公司的进一步发展奠定了更为坚实的基础。

菲尼克斯电气一直将铁路行业视为重要的业务领域，有着丰富的应用经验，可根据不同的环境和领域，提供最适合的产品及解决方案，并可根据实际要求提供定制服务。例如，用于铁路车辆、信号、车站、变电站等各分系统的产品和解决方案，包括具有较高抗冲击及抗震动安全性能的接线端子、用于设备的PCB端子、客车内部所采用的可编程序控制器、高防护等级的重载连接器、直插式弹簧连接超薄型继电器、通用型的针对电源、测控、通信及反馈系统完善的电涌保护解决方案、设备用断路器及工业以太网产品等。以优质的产品为确保城市轨道客车的安全运行提供保障。一流的产品和优质服务赢得了众多合作伙伴的信赖和认可，如青藏铁路、上海高速磁悬浮和几次大提速中，现场的信号端设备、5 t的设备和连锁闭塞系统等应用的都是菲尼克斯电气的技术，此外，在北京、上海、广州、南京等多个城市地铁电气设备和系统中也都能看到菲尼克斯电气的身影。

菲尼克斯（中国）投资有限公司是《都市快轨交通》理事会理事单位。

《都市快轨交通》理事会理事代表介绍如下。

顾建党：菲尼克斯（中国）投资有限公司总裁，南京大学客座教授。先后获得中国MBA成就奖、南京市优秀企业家、新锐苏商、工控行业经营管理奖等荣誉和称号。南京大学工商管理硕士（MBA），中欧国际工商学院EMBA，高级工程师。中国电工技术学会理事，南京市江宁区侨商商会常务理事，南京市青年商会副会长。

1994年，成为菲尼克斯中国六人创业团队成员之一。

1997年，担任销售部经理，负责覆盖全国的市场营销工作。

1998年，首次将由菲尼克斯电气创建和发展的全球第一个现场总线标准INTERBUS带入中国市场，并开始引领菲尼克斯电气致力于向中国市场引进全球先进的工业控制和自动化产品、技术与标准、系统和解决方案。

2000年以来，在其带领下，菲尼克斯电气中国从亿元公司发展至十五亿规模的中型集团公司，成为中国市场名副其实的连接技术、接口技术和工业自动化技术的领导者。

2005年底，他接任公司总经理，成长为公司第二代领导人。

2011年，他正式接任中国公司总裁，并确立了中国公司新十年的战略和目标，带领菲尼克斯中国步入CP2.0&CS3.0的全新发展阶段。

联系方式如下。

单位名称：菲尼克斯(中国)投资有限公司

单位地址：江苏省南京市江宁区菲尼克斯路36号 邮编：211100
单位网址：http://www.phoenixcontact.com.cn
电话：025-52121888 传真：025-52121555

5.6.10 洛阳双瑞橡塑科技有限公司

洛阳双瑞橡塑科技有限公司系中国船舶重工股份有限公司（中国重工 601989）旗下的全资子公司，注册资金3.3亿元。现拥有304亩的研发生产基地，生产厂房近8万平方米，研发生产设备150余（台）套，2013年总资产4.8亿元。公司前身为中国船舶重工集团公司第七二五研究所第十二研究室，2008年改制成立中国船舶重工股份有限公司洛阳分公司，2009年正式更名洛阳双瑞橡塑科技有限公司。

公司立足科技研发，主要从事减振降噪产品和高分子复合材料产品的研制、开发、生产、销售和服务。产品主要有轨道减振器系列制品、地铁应急逃生系统用复合材料疏散平台和电缆支架、复合材料合成轨枕等。多项技术打破国外垄断地位，满足城市轨道交通建设的技术需求，产品远销香港、台湾、德国、印度等海外市场。2012年公司在轨道交通领域新承接合同近2亿元，完成合同2.5亿元，同比增长分别为16%和41%。

在国家“千人计划”特聘专家王安斌博士的带领下，公司现已建成高效科研创新团队和国内先进的1：1轨道交通减振降噪实验室。依靠强大的科研创新实力和研究开发配套设施，承担国家重点新产品、国防科工局军用技术推广专项、河南省重大科技专项等多项省部级重大科研项目，现已取得国家专利80余项（其中发明专利30余项）。

公司是河南省认定的高新技术企业、是河南省减振降噪材料工程技术中心依托单位、中国城市轨道交通协会理事会单位、中国复合材料学会理事会员。主编或参与编写十多项国家标准、国家军用标准及行业标准。“双瑞”品牌是国家商务部“最具市场竞争力”知名品牌。公司质量体系完善，取得了中国船级社质量认证公司（CCS）颁发的“质量、环境及职业健康安全”体系证书。

双瑞橡塑人秉承“精诚团结 求实创新 志存高远 追求卓越”的企业精神，执着于“客户价值就是我们追求的价值”的经营理念，旨在建立“创新一流的技术、建设一流的平台、培养一流的人才、开发一流的产品”的高科技产业公司，成为世界一流的减振降噪及环保节能综合技术服务商。

洛阳双瑞橡塑科技有限公司是《都市快轨交通》理事会常务理事单位。

《都市快轨交通》理事会常务理事代表介绍如下。

王安斌，博士（英国，南安普敦大学，声与振动研究所）。

• 个人情况：

1978.09—1982.07：西安交通大学，机械制造工艺设备及自动化专业，学士；
1982.08—1984.08：中国纺织工业部，渭南纺织机械厂，助理工程师/工程师；
1984.09—1986.12：西安交通大学，振动冲击噪声专业，硕士；
1987.02—1988.12：西安交通大学，振动冲击噪声专业，博士研究生；
1989.01—1990.10：英国南安普敦大学，声与振动研究所，声与振动专业，哲学博士；
1990.11—1995.11：英国铁道部，英国铁道研究院，高级研究员；
1995.12—2006.12：英国，潘得路国际公司，总公司研究与发展经理；

同时任全英国首批六所工程博士研究生院之一的南安普敦大学工程博士研究生院，欧洲铁道研究中心（南安普敦）博士生导师；

2007.01—2010.11：英国，潘得路国际公司，总公司技术经理；

同时任南安普敦大学工程博士研究生院，欧洲铁道研究中心（南安普敦）博士生导师；

2010.12—现在：中船重工725所，洛阳橡塑科技有限公司，首席专家，总工程师，研究员；

河南省减振降噪材料工程技术研究中心副主任；

国家“千人计划”特聘专家（2011—），河南省“百人计划”特聘专家（2012—）。

• 主要专长和经验：

专长：环保——振动和噪声治理，机械工程结构的动态理论及优化设计等；

经验：国际轨道交通领域的研究和新产品开发及其在城市轨道交通、高速及重载等方面的应用中集累了丰富的实践经验，船舶、汽车、飞机、火车及机械设备等减振降噪。

• 兼职工作：

2004.11—现在：英国安馨国际(Anson Global Ltd)有限公司，工程技术高级顾问。

• 社团义务工作：

1995.07—现在：中国国家外国专家局专家。

• 主要奖项：

1. 1988年7月：阻尼减振降噪理论技术及其在航天仪表和有梭织机上的工程应用,国家科学技术进步二等奖；

2. 2002年：潘得路先锋减振降噪轨道系统,技术创新奖（Bombardier Transportation）；

3. 2008年：潘得路轨道安全系统，英国女王创新奖；

4. 2011年8月：国家“千人计划”特聘专家；

5. 2012年1月18日：中船重工七二五研究所，“杰出人才”突出贡献特别奖；

6. 2012年：河南省“百人计划”特聘专家；

7. 2012年11月：国家高新区洛阳20周年标兵；

8. 2013年4月：获得国家人保部高层次留学人才回国工作资助项目；

9. 2013年10月25日：轨道交通道床减振垫的研制，中船重工科学技术进步二等奖。

联系方式如下。

单位名称：洛阳双瑞橡塑科技有限公司

单位地址：河南省洛阳市高新技术开发区滨河北路40号 邮编：471003

单位网址：http://www.xssunrui.com

电话：0379-67256627 传真：0379-67256629

5.6.11 南车青岛四方机车车辆股份有限公司

南车青岛四方机车车辆股份有限公司（以下简称“中国南车四方股份公司”）是中国南车股份有限公司的核心企业，中国高速列车产业化基地，铁路高档客车的主导设计制造企业，国内地铁、轻轨车辆定点生产厂家和国家轨道交通装备产品重要出口基地。

中国南车四方股份公司具有轨道交通装备自主开发、规模制造、优质服务的完整体系。公司是国家高新技术企业，拥有国家高速动车组总成工程技术研究中心、高速列车系统集成国家工程实验室、国家级技术中心和博士后科研工作站四个国家级研发试验机构。行业一流的仿真分析平台、试验验证平台，门类齐全的高水平研发团队，产学研用开放式技术创新体系，形成了中国南车四方股份公司强大的技术创新能力。目前，公司所拥有的高速列车技术、直线电机地铁车辆技术、高档铁路客车技术已居于世界领先水平。占地134万平方米，装备精良、工艺先进、专业化、规模化的制造基地，形成了高速动车组、城际动车组、城市轨道交通车辆、高档铁路客车、内燃动力产品五大产品制造平台，制造水平位居世界前列。

南车青岛四方机车车辆股份有限公司是《都市快轨交通》理事会理事单位。

《都市快轨交通》理事会理事代表介绍如下。

梁建英：女，1995年毕业于上海铁道大学，现为南车青岛四方机车车辆股份有限公司副总经理兼技术中心主任，教授级高级工程师。

梁建英先后主持参与了10多个重点铁路车辆技术项目的研发工作，实现了国家铁路车辆技术的重大突破。特别是自2006年起，她先后主持了具有自主知识产权的时速300～350 km动车组的设计工作；国内首列时速200～250 km长编组座车动车组的研发工作；国家科技支撑计划项目——最高运行时速380 km的中国新一代高速动车组的研制工作，时速500 km高速试验列车及城际动车组（Cinova技术平台）研制工作等。她带领研发团队勇于创新，攻克了数以千计的技术难题，研制成功的CRH2型系列高速动车组产品和CRH380A新一代高速动车组以其领先的技术、安全可靠的运营品质广受赞誉，已成为中国高铁的主力车型，为中国高速铁路的发展做出了重要贡献。

梁建英带领研发团队研制成功的CRH380A新一代高速动车组，2010年该动车组成功面世后，即成为国家装备制造业自主创新的典范，先后在上海世博会、世界高铁大会、“十一五国家科技成就展”上“惊艳”亮相，并在沪杭、海南东环、京广、京沪高铁投入运营，其高速度、高安全、高可靠、高节能的优势赢得了广泛赞誉。

2010年12月3日，CRH380A新一代高速动车组在京沪先导段创造了486.1 km的世界铁路运营试验最高时速，动车组的速度、安全、舒适、节能等技术指标达到了世界领先水平。

联系方式如下。

单位名称：南车青岛四方机车车辆股份有限公司

单位地址：中国青岛城阳区锦宏东路88号　邮编：266111

单位网址：http://www.csrcqsf.com.cn

电话：86-532-87801188　传真：86-532-87801688

5.6.12　南车四方车辆有限公司

南车四方车辆有限公司是中国轨道交通装备制造行业的龙头企业——中国南车股份有限公司的全资子公司，位于中国重要的经济中心城市和沿海开放城市——青岛，水陆空交通十分便捷。公司注册地为青岛市城阳区宏平路9号，注册资本29 309万元，公司资产总额51.04亿元。

公司前身为四方机车车辆厂，始建于1900年。自成立至今，公司始终致力于铁路机车车辆产品的研发、制造和服务，为中国铁路机车车辆产品的技术进步做出了重要贡献。公司现主要从事铁路高档客车、高速动车组的制造与修理（合资企业），各类机客车、城轨地铁等轨道交通装备的修理、加装、改造，公路铁路两用车及各类铁路用特种车辆制造，铁路机客车和能源设备配件制造，机车车辆技术服务，金属热加工，物流及进出口等业务。拥有铁路高档客车和高速动车组新造、铁路高档客车修理、铁路机车车辆零部件及能源设备配套、铸锻、物流五大产业板块及生产基地，总占地面积105万平方米。

公司拥有健全的现代企业管理制度、一流的员工队伍、雄厚的技术实力和生产制造能力及完善的售后服务体系。通过了ISO 9001质量管理体系认证、GB/T 24001环境管理体系认证、GB/T 28001职业健康安全管理体系认证、IRIS体系认证和EN15085焊接质量认证等。目前公司拥有年产800辆高速动车组（合资企业BST公司），年新造出口（动）客车300辆，年检修800辆铁路高档客车，年新造200辆公路铁路两用车、200辆铁路用特种车、800个转向架构架，年修造10 000条轮对和大批量生产铁路电气件、结构件的能力。公司具备时速120 km、140 km、160 km客车的检修资质及转向架、轮对等关键零部件的生产资质。

依托中国铁路的快速发展和高铁技术优势，公司在巩固既有铁路整车和配件制造与修理业务的基础上，成功进入了工程机械、风力发电等领域，与铁道部各路局、国内主要铁路装备制造商和庞巴迪、GE、西门子等多家世界500强企业保持长期稳定的合作关系。2013年公司实现销售收入28.85亿元，位列2013青岛百强企业第60位，2013青岛制造业企业100强第27位，2013年度青岛市纳税50强企业。

“成功源自卓越品质，发展源自真诚合作”。南车四方车辆有限公司传承百年企业优秀文化积淀，秉承“诚信、敬业、创新、超越”的企业文化和“客户至上，质量第一，开放合作，互利共赢”的经营理念，热诚期待与海内外同行和各界朋友真诚合作，通行致远。

南车四方车辆有限公司是《都市快轨交通》理事会理事单位。

联系方式如下。

单位名称：南车四方车辆有限公司

单位地址：青岛市城阳区宏平路9号 邮编： 266111

单位网址：http://www.csrsf.com.cn

电话：0532-68017221 传真：0532-87808596

5.6.13 南京恩瑞特实业有限公司

南京恩瑞特实业有限公司始建于2003年，注册资本1亿元人民币，是中国电子科技集团公司第十四研究所投资成立的民品产业化公司。公司是国家高新技术企业，并建有江苏省城市轨道交通信号工程技术研究中心、江苏省气象探测雷达工程技术研究中心、南京市院士工作站，截至2013年底公司有员工约350人，其中技术人员约260人。

南京恩瑞特实业有限公司拥有专项工程设计甲级证书、计算机信息系统集成一级资质、CMMI 3级软件成熟度体系认证、建筑业企业二级资质证书、电子工程设计二级资格证、二级保密资格单位证书、GB/T 19001—2000质量体系、14000环境管理体系认证、AS9100航空质量体系认证等多项资质证书，并先后获得了政府颁发的重合同守信用企业证书、银行资信等级AAA证书、江宁区纳税大户等荣誉。

南京恩瑞特实业有限公司成立以来，坚持以市场为导向，结合重点产业发展方向，重视新技术、新产品开发，重视产品和项目的售前、售中和售后服务，使公司在轨道交通、信息系统集成、雷达应用、气象探测等领域具有了较强的核心竞争能力，并取得了良好的经营业绩，形成了较好的客户关系和行业信誉。多年来完成十多项重大科技成果，获省级以上的科技成果奖7项。2008年获得国家863重点项目1项，财政部气象行业专项2项，2008年获得国家发改委颁发的高新技术十年成就奖；2009年获财政部气象行业专项3项。申请国家专利55项，获专利授权39项。其中发明专利5项，实用新型专利31项，3项拥有软件著作权。

主要工程业绩如下。

信号系统：上海地铁6号线、8号线；南京地铁1号线、1号线南延线、2号线、3号线、10号线；苏州地铁1号线、2号线、2号线延伸线；哈尔滨地铁1号线；广州海珠区有轨电车、南京河西、麒麟有轨电车等项目。

乘客信息：南京地铁1号线、机场线、宁天城际、4号线、南京河西有轨电车等。

南京恩瑞特实业有限公司是《都市快轨交通》理事会理事单位。

《都市快轨交通》理事会理事代表介绍如下。

陈洪元：1963年出生，毕业于东南大学，研究生学历、硕士学位，研究员级高级工程师。

陈洪元同志创新能力强，善于解决复杂问题。主持了多项国家重点工程的研发，获国家科技进步特等奖一次；国防科工委科技进步一等奖一次；是江苏省“333人才工程”培养对象。

目前担任国睿科技股份有限公司总经理兼南京恩瑞特实业有限公司常务副总经理。

联系方式如下。

单位名称：南京恩瑞特实业有限公司

单位地址：江苏南京江宁开发区将军大道39号 邮编：211106

单位网址：http://www.nriet.com.cn

电话：025-52787085 传真：025-52787080

5.6.14　南京曼奈柯斯电器有限公司

南京曼奈柯斯电器有限公司是由中国普天集团南京普天通信股份有限公司与世界著名的专业电气公司德国曼奈柯斯电气公司合资创办的，是专业从事生产工业电气设备的专业厂家。南京曼奈柯斯通过引进德国先进的工艺技术和设备，生产符合IEC/CEE国际标准的1 000 V以下组合插座箱、照明配电箱、检修电源箱、动力配电柜、控制柜、冷藏箱插座屏、低压开关柜等成套产品。该产品具有防尘、防潮、防腐和阻燃耐高温，抗老化，韧性大，抗冲击性好，光洁度高及大电流软接触的优点。产品广泛适用于各种用电场所，已在钢铁、化工、电力、电子、港口、机场、矿山、石油勘探、食品、地铁、铝厂及汽车制造等各类工矿企业得到成功应用。

南京曼奈柯斯电器有限公司于1995年10月15日成立，公司全体员工本着“团结、创新、务实、高效”的企业精神，于2000年9月1日通过德国TüV NORD ISO 9001国际质量体系认证；2011年2月获得了OHSMS 18000职业健康安全管理体系认证证书和ISO 14001：2004环境管理系统认证证书。公司生产的检修电源箱、照明箱、检修电源箱、动力配电柜等低压成套设备产品均通过中国国家强制性产品认证即CCC认证，并成为南京市轨道交通产业协会常务理事单位。公司销售额平均每年都以15%的速度增长，并在北京、上海、天津、重庆、广州、西安、武汉、沈阳、杭州、济南等地设立了办事处，其经销商遍布全国各大城市，使客户能够在第一时间内得到更便捷、更满意的服务。

南京曼奈柯斯电器有限公司是《都市快轨交通》理事会理事单位。

《都市快轨交通》理事会理事代表介绍如下。

钱五福：中共党员，1994年毕业于西安理工大学机械设计与制造专业，2013年获得南京大学工商管理硕士研究生学位，现任南京曼奈柯斯电器有限公司董事会董事、总经理。

南京曼奈柯斯电器有限公司，是由国家大型企业——南京普天通信股份有限公司与世界著名的专业电气公司——德国曼奈柯斯电气公司合资创办的，专业从事生产低压成套电气设备的厂家。钱五福同志从1995年参与了南京曼奈柯斯电器有限公司的筹备工作至今，为企业的成长与壮大做出了不懈的努力。2013年6月出任南京曼奈柯斯电器有限公司总经理，他尽心尽力地履行总经理职责，本着“团结、创新、务实、高效”的企业精神，带领公司全体干部和员工团结拼搏、积极进取，使得公司经营规模和经营质量得到进一步提升，公司社会知名度和在行业的影响力不断扩大，是一位集组织能力、创新能力、管理能力为一体的现代管理企业家。与此同时，钱五福同志本人也获得诸多荣誉，他多次被南京普天评为“先进工作者”和“优秀共产党员”。这些业绩和荣誉的取得都和钱五福同志锐意进取、不断创新的精神是分不开的。

2014年的南京曼奈柯斯将踏上新的征程，开启全新的篇章，在钱五福同志的正确带领下，南京曼奈柯斯全体员工有信心在新的年度创造新的成绩，为把南京曼奈柯斯建成一流的低压电器设备专业厂家而奋斗！

联系方式如下。

单位名称：南京曼奈柯斯电器有限公司

单位地址：南京江宁开发区秦淮路58号　邮编：211100

单位网址：http://www.nanjing-mennekes.cn

电话：025-52125588　传真：025-52125577

5.6.15　庞巴迪公司

庞巴迪公司是一家世界领先的创新交通运输解决方案供应商，作为全球财富500强企业，其产品范围涵盖了商用飞机、公务飞机和轨道交通运输设备、系统和服务等。庞巴迪公司总部位于加拿大蒙特利尔，业务遍及全球五大洲60多个国家，拥有76 400名经验丰富的管理骨干和技艺精湛的员工，在27个国家设有制造企业，并拥有覆盖全球的服务和支持网络。截至2013年12月31日的财政年度中，公司总收入达182亿美元，股票在多伦多证券交易所上市（股票交易代码为BBD）。庞巴迪被列为道琼斯可持续发展世界及北美指数的指数成员。

作为与人们生活和工作密切相关的航空业和轨道交通业的全球领导者，庞巴迪致力于打造可持续的交通运输解决方案。事实上这也正是庞巴迪对自己的独特定位。凭借其在全球的运营和在两个交通领域内的最广泛的产品线，庞巴迪拥有无可匹敌的稳定性和运作灵活性，并以此使客户、股东、合作伙伴和员工获益。

庞巴迪运输（集团）是全球轨道设备制造和服务的领导者，为轨道运输业提供最为广泛的富有创新性的产品和服务组合，包括生产轨道车辆、机车、货运车辆、转向架、牵引和控制系统及铁路控制解决方案。这些产品及服务正在为交通运输可持续发展不断确立新的基准。庞巴迪ECO4技术组合——建立于能源、效益、经济和生态四个基石之上——节约能源、保护环境并有助于提升列车总体性能。

庞巴迪运输（集团）的全球总部设在德国柏林，业务遍及60多个国家，它为全世界提供的车辆总数已逾10万辆，并在全球为8 000多辆轨道车辆提供第三方车队维护服务。作为全球最大的铁路及轨道交通设备制造商，庞巴迪运输多年来一直十分关心并积极参与中国铁路和城市轨道交通建设，竭诚为中国市场提供环保型的产品和服务，在中国已经获得了超过4 000辆轨道车辆和560台电力机车的订单。

庞巴迪宇航（集团）作为全球第三大民用飞机制造商，以研制、提供创新型航空产品和服务著称，在公务、商用和水陆两栖飞机市场上处于领先地位。庞巴迪是中国公务飞机的主要供应商之一，占有约30%的公务飞机市场份额。此外，在大中华地区，有约47架庞巴迪商用飞机在五家航空公司旗下运营。

目前，庞巴迪在中国拥有四家合资企业和七家独资企业，总计雇员人数超过4 000人，并且在北京、上海、广州和香港设有办事处。无论是在轨道交通运输领域还是航空领域，庞巴迪业已与中国建立起持久且不断深入的合作伙伴关系，共同打造创新和可持续的交通运输解决方案。

庞巴迪公司是《都市快轨交通》理事会常务理事单位。

《都市快轨交通》理事会常务理事代表介绍如下。

张剑炜：庞巴迪中国总裁兼国家首席代表，于2010年2月被任命为庞巴迪中国总裁，其职责包括领导、管理和协调庞巴迪与中国各政府机构的关系；同时在管理庞巴迪与其他重要机构的关系上提供战略支持。

张先生负责开发庞巴迪在中国的新业务并协调庞巴迪在中国的全部业务活动，包括协助四家合资制造公司和七家独资公司的管理，并与各产品分部协同工作，保证中国业务协调一致的战略举措。

张先生于1995年以项目经理的职位开始了他在庞巴迪的职业生涯。此后，他曾担任各种不同的职务，不断得到快速升迁。1997年他被提升为项目及业务开发总监，并于1998年被提升为庞巴迪运输副总裁负责中国业务。2005年，他被任命为庞巴迪公司中国总裁兼首席代表，同时支持运输（集团）和宇航（集团）的业务。

在投身庞巴迪之前，张先生曾担任过多个学术界的职务，如助教和助理教授。另外，在1975—1982年，他还曾任中国地方政府的高级官员。

张先生1982年毕业于天津大学，获得（内燃机）工学学士学位。他于1991年获得了加拿大蒙特利尔大学的工商管理硕士学位（MBA），并于1996年获得蒙特利尔大学管理博士学位（Ph.D.）。他的专业是企业战略。除博士论文外，他在加拿大和法国还发表过多篇管理科学方面的文章。

联系方式如下。

单位名称：庞巴迪公司

单位地址：北京市朝阳区建国门外大街2号银泰中心C座3901单元 邮编：100022

单位网址：http://www.bombardier.com, www.cn.bombardier.com

电话：010-85172268 传真：010-85172278

5.6.16 青岛诚旺环保科技有限公司

青岛诚旺环保科技有限公司是一个以轨道交通道床降噪为主业、以“创造新材料服务新生活”为目标的环保高新技术研发及生产一条龙的企业。创始人齐琳博士自主研发生产的“MY轨道交通道床吸声板系统”“吸声防滑疏散间道板及疏散平台系统”（专利号，ZL 201220403397.5, ZL201220403396.0）等道床吸声板系列产品，通过实验室实验，现场安装测试等检验证明，产品性能达到并超过国外同类产品（国内尚无可比成熟产品）的降噪水平。

全天候MY轨道交通道床吸声板产品的优势：①降噪系数大于0.82，属高强度下的高吸声率产品；②经久耐用，实现有雨水下的自清扫；③无腐蚀，耐高温，非导体，性能稳定；④人可以在其上自由走跑，不影响运营维修，可做逃生通道，不对救助造成障碍；⑤安装稳定，保证列车运行时不增加振动，不影响行车安全；⑥安装方便，易于检修，方便更换。

该公司的全天候轨道交通轻集料吸声板系列产品还包括吸声声屏障、吸声矮墙、吸声疏散间道板等。其优势是，在保持原有设计要求性能的基础上，具备轻质、耐火、吸声性能高、方便安装和调整等特点，是目前可用于轨道交通的吸声效率高，又能有效减少2次噪声的最佳产品。

诚旺人以客户需求为第一，发挥扎实的科研能力和生产能力，为轨道交通提供减振降噪系统集成的解决方案和服务。以技术和服务创国际一流品牌，为城市轨道和高速铁路的和谐发展做出贡献。

青岛诚旺环保科技有限公司是《都市快轨交通》理事会理事单位。

《都市快轨交通》理事会理事代表介绍如下。

齐琳：博士，著名铁道技术专家，青岛诚旺环保科技有限公司的创始人。曾历任日本铁道综合技术研究所工程技术公司（TESS）土木事业部主干，中国事业部部长，事业推进室营业部长等职；主要担任工作为高速铁道车辆技术推广，以及铁道构造物的抗振设计，铁道桥梁的安全度检测等。作为高新技术引进人才回国工作以来，针对中国铁道事业发展中的环保关键技术，齐琳博士带领团队，组织专家顾问小组，先后开发和应用实践了多项技术及产品。合作包括中国铁道科学研究院、中国南车四方机车车辆股份有限公司、株洲联成集团、西南交通大学、同济大学、北京交通大学、清华大学、厦门大学等研究机构和铁道专业，研发了多项铁道系统环保关联产品。例如，研发的铁道车辆用空气净化机，在和谐号高速列车中得到了应用。针对中国城市轨道交通及高速铁道系统中的减少轮轨噪声和结构振动等问题，发明和生产/实践了多项自主的专利技术产品。

近年发明和生产供货的自主专利技术产品有纵向轨枕减振轨道系统；MY轨道交通道床吸声板系统；吸声防滑疏散间道板及疏散平台系统；候车站台及广场等用防滑保护地板，高度可调灌浆袋式轻体浮置板道床减振结构施工法等众多的具有国际领先技术水平和自主知识产权的产品，且其中一部分取得了南非、美国、英国、法国、德国等专利。所述各项产品的使用检验都达到和超过了预计效果。近年的服务实践，无论是自主研发的产品还是技术服务，都得到了铁道总公司的关联用户及城市轨道交通业主的高度肯定和信赖。

联系方式如下。

单位名称：青岛诚旺环保科技有限公司

单位地址：北京市东城区东水井胡同11号北京INNc区4号楼c0517 邮编：100010

单位网址：http://www.jsrailway.com

电话：010-58643500 传真：010-58643500

5.6.17 青岛立安德森电气工程科技有限公司

青岛立安德森电气工程科技有限公司（以下简称立安德森公司）坐落于美丽的海滨城市——青岛，主要从事高防护等级的低压配电工程，其中包括系列化的箱/柜体、组装成套用的安装附件及接线器材。

主要应用领域包括地铁隧道配电、核电配电、居住配电、公共建筑配电、露天基础建设、重型厂房配电、自动化通信系统、信号处理、轮船制造、风力、光伏配电等。

具有110年历史的德国SPELSBERG 配电集团与立安德森公司在中国建立了唯一战略合作伙伴的友好关系，SPELSBERG集团在世界低压配电行业中一直处于领先地位。两家公司成功地将高端配电技术引进到中国，开拓了一个又一个配电新领域。

立安德森公司在提高低压配电设备及其安装的可靠性和安全性宗旨下，产品主要有以下特点。

（1）非标组装。灵活的模块组装配电箱体可以简单安装并无限扩大，满足了客户对各种柜体的非标要求。

（2）绝缘等级Ⅱ级，不需接地，避免箱体导电，对生命安全带来更好的保护。

（3）符合IEC标准，最高防护等级可达IP68，抗撞击强度可达IK 09，防水、防尘等特性能更好地保护箱体内的元器件，增加其使用寿命，增强用电安全。

（4）玻璃纤维加强聚碳酸酯材质不仅能满足带电的绝缘要求，而且还具有弹性好、抗紫外线、耐腐蚀等特点。不含卤素 、硅素等有害物质。

（5）透明化的设计让维修人员能更好地处理故障；简便的安装过程，节省成本和工作时间。

（6）根据特殊环境的需求，可提供特殊分线盒，如WKE 防火分线盒、IP68防水分线盒、IK09抗撞击分线盒、混凝土内置分线盒等。

（7）配电产品寿命高达20～50年，免维护。

立安德森的产品环保、安全，公司成立以来，得到了各行各界的好评，业绩逐年稳健递增。但还需广大设计人员和客户更多地去了解并推广使用。

立安德森配电系统——保护供电、保护财产、保护生命！

安全配电，百年传承。

青岛立安德森电气工程科技有限公司是《都市快轨交通》理事会理事单位。

《都市快轨交通》理事会理事代表介绍如下。

孙元鹏：德国工学工程师，德籍华人。现担任青岛立安德森电气工程科技有限公司董事总经理。多年来从事高防护等级低压配电、自动化专利方面的研究。他将带领富有经验的团队在各行各业推广开来，为快速发展的现代化中国做好安全配电。

联系方式如下。

单位名称：青岛立安德森电气工程科技有限公司

单位地址：山东省青岛市城阳区夏庄街道华岭路 邮编：266107

单位网址：http://www.liandessen.com

电话：0532-68955701 传真：0532-66735139

5.6.18 青岛四方车辆研究所有限公司

青岛四方车辆研究所有限公司（以下简称“四方所”），隶属于中国北车股份有限公司，是轨道交通行业车辆专业研究所，是轨道车辆关键系统技术和产品的重要供应商。

四方所实施“技术研发和技术产业化发展并举”的发展战略，重点发展轨道车辆电气、减振、钩缓、制动、工程装备核心产业及基础技术研究与行业技术支持等业务。在铁路装备现代化进程中，四方所积极参与高速动车组关键技术消化吸收再创新，核心技术已达到国内领先、国际先进水平，成为中国轨道车辆行业高端产业链的重要组成部分。已经投入运行的高速动车组和大功率交流传动电力机车批量装用四方所生产的电气、减振、钩缓、制动等产品。在城市轨道车辆领域，四方所公司攻克了国内城市轨道交通装备的牵引传动系统和制动系统两项核心技术，成为国内唯一能够同时生产这两项核心系统的企业。四方所核心业务产品全面覆盖了国内开通地铁运营的城市，是我国城轨车辆钩缓装置和空气弹簧行业标准的制定者。在相关多元化和海外市场，成功进入轨道车辆运用维护装备、汽车减振及工程减振等业务领域，并相继远销海外。

在核心业务发展的同时，四方所注重研发能力与生产能力建设，建立了较为完善的研发、试验体系和标准化、信息管理体系。建所以来，四方所获得了国家科学技术进步奖特等奖等国家、铁道部和省、市科技进步奖共150余项。通过持续的产业化建设投入，建成了规模化的电子/电气、机械和橡胶产业化平台，先进的生产设备、良好的作业环境和有效的过程控制，满足了轨道装备制造行业高可靠性的技术要求。

四方所是国家级企业技术中心。通过了ISO 9001：2008质量管理体系、国际铁路行业标准（IRIS）、ISO 14000环境体系、OHSAS 18000职业健康与安全体系、ISO/TS 16949质量管理体系认证。铁道部在四方所设立了产品质量监督检验中心车辆检验站、车辆专业标准化技术归口单位和铁道车辆信息中心，中国铁道学会车辆委员会也设在四方所。

四方所将充分把握国内轨道车辆行业高速运行的机遇，加快现有业务领域在行业内的拓展。同时以核心技术为依托，开发海外市场和跨行业市场，迅速扩张产业规模。四方所以卓越的技术和以人为本的思想，竭诚为社会提供最有价值的产品。

青岛四方车辆研究所有限公司是《都市快轨交通》理事会理事单位。

《都市快轨交通》理事会理事代表介绍如下。

刘保明：青岛四方车辆研究所有限公司（以下简称“四方所”）董事长兼总经理、教授级高级工程师，国务院特殊津贴专家。

刘保明董事长长期从事铁路客车电气系统的技术研究、产品开发及技术管理工作，是轨道行业的知名专家。他主持承担了青藏客车供氧、空调、电气系统高原适应性技术研究的课题项目。他带领研发团队，成功解决了青藏高原铁路三大技术难题之一的供氧问题。在2008年国家科学技术奖励大会上，四方所作为“青藏铁路工程”项目主要完成单位之一被授予国家科学技术进步奖特等奖。他主持了“十一五”国家科技支撑计划“350 km/h动车组列车网络控制系统技术研究、试制及试验”，铁道部“动车组关键技术自主创新深化研究”课题项目中的“CRH5型动车组牵引及辅助控制系统、列车网络控制系统”，相关技术成果打破了国外的技术垄断，为中国轨道车辆行业关键技术的自主创新做出了重要贡献。同时，他还推进了城市轨道交通车辆牵引传动系统和制动系统这两项关键技术的国产化，使四方所成为国内唯一既能生产城市轨道牵引传动系统又能生产制动系统的企业。

在刘保明董事长的带领下，四方所业绩持续增长，2012年实现销售收入20多亿元，荣列青岛企业百强第75位，制造业企业百强第35位，并获得国家级企业技术中心称号。他个人也先后获得“茅以升铁道工程师奖”、“山东省富民兴鲁劳动奖章”、“青岛市劳动模范”等多项荣誉。

联系方式如下。

单位名称：青岛四方车辆研究所有限公司

单位地址：青岛市瑞昌路231号 邮编：266031

单位网址：http://www.srsri.com 电话：0532-66965100

5.6.19 萨克斯汽车零部件系统（上海）有限公司

萨克斯汽车零部件系统（上海）有限公司成立于1998年，是德国采埃孚集团在中国投资的第一家大型汽车零部件项目，位于上海莘庄工业园。公司于2003年10月又成立了铁路减振器新工厂，占地约37 000 m^2，建筑面积5 700 m^2，主要生产和销售铁路及商用车减振器。2006年8月，德国总部再次增资900万欧元，公司现总注册资金为1 680万欧元，用以扩建新的动力传动部门。新工厂已于2007年2月完工，总建筑面积约为11 000 m^2。

铁路方面，萨克斯公司全面参与了中国高速铁路CRH3、CRH380、25T、25G客车、西门子上海地铁项目、长春上海地铁项目及北京、长春、沈阳、大连、天津、广州、深圳、香港地铁项目，其他大型国内项目还有大连东芝车、株洲DJ4、戚墅堰东风、戚墅堰和谐机、资阳DF8B。此外，出口项目也在不断增加，如四方纳米比亚机车、四方土库曼斯坦客车、资阳苏丹机车、韩国现代Rotem、韩国仁川地铁等国外各大项目。

动力传动新工厂主要产品为工业用液力变矩器、商用车离合器及乘用车双质量飞轮，其客户主要有韩国现代、奇瑞、苏州金龙、郑州宇通、东风汽车和陕西重型汽车。

公司铁路减振器生产设备拥有多项极具竞争力的技术：最先进的管子和活塞杆焊接、焊接质量检验、液压件组装和实验、橡胶件压装等。厂内设有一个样品车间，三个疲劳试验台。生产车间装有空调设备以满足液压件组装对场地清洁的要求，并与2007年3月引入了集团GPS生产管理模式。同时，应用最高新高架技术的大型仓库和先进物流软件系统保证了对来自减振器最终用户，如地铁公司和当地铁路部门的备件需求的快速反应。生产线设备满足与德国同样的最新技术标准和环境标准，铁路减振器生产能力位居世界前三位。并应高速铁路和地铁客户的发展需求，于2010年10月成立了减振器维修车间，用以维修高速列车减振器。

萨克斯公司还有着一整套售后服务的网络体系，以区别于同行业企业，这来源于处于世界减振器生产第一位的德国萨克斯的强大支持，使公司处于竞争的领先地位，并更好地为客户服务。

萨克斯汽车零部件系统（上海）有限公司是《都市快轨交通》理事会常务理事单位。

《都市快轨交通》理事会常务理事代表介绍如下。

唐景德：男，1966年12月出生于四川，1990年毕业于上海同济大学，曾于1994—1998年留学德国达姆斯塔特理工大学；1999年2月加入萨克斯汽车零部件系统（上海）有限公司，2011年12月至今任公司总经理。

联系方式如下。

单位名称：萨克斯汽车零部件系统（上海）有限公司

单位地址：上海市闵行区元江路4440号 邮编：201111

单位网址：http://www.zfsachs.com.cn

电话：021-24169544 传真：021-24169402

5.6.20 上海宝信软件股份有限公司

上海宝信软件股份有限公司（以下简称“宝信软件”）系宝钢股份控股的上市软件企业，于2001年4月上市，是国家规划布局内重点软件企业。公司已累记申请专利321项、软件著作权登记422项、技术秘密认定237项，并一直承担着国家科技重大专项、国家科技支撑计划专项、国家科技部863专项、国家工信部电子基金专项等从国家到地方的研发和产业化类项目。获得多项国家部委及权威认证机构颁发的资质证书（国家信产部计算机信息系统集成资质壹级、建设部建筑智能化系统集成专项甲级、软件能力成熟度CMMI5级、安防壹级资质等）。宝信软件凭借30年的信息化、自动化经验和技术积累，提供具有自主知识产权的全层次、全生命周期的轨道交通行业解决方案，包括综合监控、信息化、资产管理、系统运维等。

宝信软件在全国多个城市参与了地铁机电系统的建设，并承担了一些国家及地方的地铁行业技术、产品研究和标准制定的任务，如国家工信部“轨道交通综合监控产业化示范”项目、上海经信委“城市轨道交通综合监控产业化”项目等，积累了大量的技术与管理力量。宝信软件提供的监控平台，是融合运营管理、全生命周期的解决方案，能够集中体现“面向调度、面向运营、面向设备”的管理特点。在多个项目中，宝信软件的自主研发软件平台产品ICentrolView都得到了很好的应用。ICentrolView是集众多功能为一体、可灵活配置、实施简便的综合指挥平台产品，集存储、监视、控制、报警、联动、指挥等众多功能为一体，从技术、设计、开发、维护等各个方面保证系统的先进性，能够为客户提供完整、全面的监控管理方案。

自2007年以来，宝信软件先后在成都、重庆、上海、南昌等地参与了多个地铁项目的建设。包括成都地铁1号线、南延线及成都地铁4号线的综合监控系统建设；重庆轻轨较新线、重庆轨道交通1号线综合监控、重庆线网信息管理系统的建设；上海12、13、16号线机电监控系统，上海轨道交通人民广场换乘枢纽站集中监控系统，上海轨道交通线网行车后备监控系统建设；南昌轨道交通1号线综合监控系统建设等。其中，成都地铁1号线在开通前2个月就完成了机电系统总联调并正式通过消防验收，成功实现与运营同步投运，宝信软件也因此获得了成都地铁公司多项表彰。上海轨道交通人民广场换乘枢纽站集中监控系统是上海乃至全国轨道交通的首个大型换乘枢纽实验站点，为后续轨道交通大型换乘枢纽建设提供了有效的参考。上海轨道交通线网行车后备监控系统是信号系统的有力后备，同时大大提高了车站值班人员的工作效率，该项目覆盖了上海轨道交通15条线路、COCC、10个OCC、276座车站。

上海宝信软件股份有限公司是《都市快轨交通》理事会常务理事单位。

《都市快轨交通》理事会常务理事代表介绍如下。

汪侃：1998年毕业于上海铁道大学交通信号与控制专业，硕士研究生。从2011年至今，任上海宝信软件股份有限公司轨道交通事业部总经理。曾先后在上海铁路局等单位从事过系统设计、工程管理、技术研发等工作，在系统设计及工程管理等方面拥有丰富经验；组织过多项科研项目的研究工作，包括国家工信部《石化、轨道交通综合监控产业化示范》项目；上海经信委《城市轨道交通综合监控产业化》项目；《基于运营模型的综合监控系统研究》项目等；负责过多个大型地铁监控系统实施，包括成都地铁1号线/4号线综合监控系统、天津滨海枢纽综合监控及通信系统等。负责公司轨道交通行业的经营及管理工作，历经多年组织并研究完成了iCV-Rail轨道交通专业版综合监控专业软件，并获得较为广泛的认可，已经成功应用于上海、成都、南昌、天津等城市轨道交通及相关城市枢纽项目。

联系方式如下。

单位名称：上海宝信软件股份有限公司

单位地址：上海市宝山区友谊路1016号 邮编：201900

单位网址：http://www.baosight.com

电话：021-20379258 传真：021-20379266

5.6.21 上海昊彤机械设备有限公司

上海昊彤机械设备有限公司是一家专业从事隧道、矿山施工所设备研发、制造的专业生产型公司。公司拥有一批具有多年施工经验的专业技术人才，凭借国内外先进施工经验，公司的产品不断进行创新。

目前，公司研发的一系列产品，已成功应用于许多隧道、矿山施工过程，并远销马来西亚、新加坡、澳大利亚、俄罗斯、中国香港等地。

独特的产品设计，精湛的制作工艺，严格的质量管理，良好的技术支持，使公司的产品在激烈的市场竞争中独领风骚，受到客户的一致好评。

上海昊彤机械设备有限公司是《都市快轨交通》理事会理事单位。

联系方式如下。

单位名称：上海昊彤机械设备有限公司

单位地址：上海市青浦区练塘工业园区新松蒸公路318号 邮编：201716

单位网址：http://www.redhorn.com.cn

电话：021-59813085 传真：021-59813092

5.6.22 中国北车唐山轨道客车有限责任公司

中国北车唐山轨道客车有限责任公司（以下简称“唐车”）始建于1881年，是中国轨道装备制造业的发祥地和摇篮，曾制造出中国第一台机车“中国火箭号”，中国第一辆客车“銮舆龙车”等一大批领先于国内外同时代的机车车辆产品，累计生产各型客车数万辆。进入21世纪，唐车抓住国家铁路技术装备现代化的历史机遇，创新发展，搭建起了世界一流的研发制造平台，成为世界一流的轨道装备高端产品基地。唐车本部占地230余公顷，总资产130多亿元，员工一万余人，是国家首批创新型企业，拥有国家级企业技术中心、国家级检测校准实验室、国内领先的数值模拟和仿真试验平台，系统掌握了世界一流的高速动车组、城轨车辆核心技术，建立起具有自主知识产权、时速350 km以上、国际竞争力强的中国高端轨道装备技术体系和研发制造平台，构建了以铝、钢车体材质为主导，高速动车组、城轨车、普通客车、特种车4个系列的产品体系，制造技术平台先进完备，形成了月产80辆高速动车组、检修64辆高速动车组，年制造城轨车600辆、普通铁路客车1 600辆，检修铁路客车1 000辆的生产能力，连续三年销售收入超过100亿元。唐车致力于解决城市交通问题，顺应国家“十二五”提出的城市公共交通一体化发展趋势，依托国内外产业联盟，根据城市需求，利用现代信息通信技术、智能控制技术、交通节能环保技术、人机工程技术，使公路、铁路、水路及航空等交通方式科学合理地联系在一起，为城市提供多式联运、互联互通、无缝衔接的“绿色智能人文一体化”交通解决方案。

中国北车唐山轨道客车有限责任公司是《都市快轨交通》理事会常务理事单位。

《都市快轨交通》理事会常务理事代表介绍如下。

中国北车唐车公司董事长余卫平毕业于吉林大学，经济学博士，教授级高级工程师，中共党员。他从生产一线助理工程师做起，从技术、管理到理念不断创新，成为轨道交通装备行业出类拔萃的领军人，2013年1月，唐车公司参与建设并提供全部高速动车组——CRH3型动车组的“京津城际铁路工程”获得国家科技进步一等奖，余卫平是项目主要完成人之一。余卫平坚持践行科学发展观，站位高远，带领唐车公司抢抓机遇，坚持创新引领企业发展的理念，以高速动车组技术引进、消化、吸收、再创新为起点，用五年时间搭建起了世界一流轨道交通装备产品技术平台。适应世界发展主题，余卫平结合唐车战略及发展形势，提出符合国家、行业发展政策的“绿色智能人文一体化交通解决方案提供商”的战略构想，用绿色、环保、安全、舒适的交通理念引领企业发展。自2006年开始企业销售收入逐步翻番，从不足10亿，2010年一举跃升到百亿，2011年、2012年始终保持在百亿规模，使企业成为轨道装备制造业的引领者，让百年唐车焕发了青春。余卫平作为主研人的“以高速动车组制造为契机的企业管理平台建设”项目分别获第十五届国家级管理创新成果一等奖、第二届中央企业青年创新奖金奖。他领衔的“基于售后服务实战的人才培养体系建设”项目获第十七届国家级企业管理现代化创新成果二等奖。

联系方式如下。

单位名称：唐山轨道客车有限责任公司

单位地址：河北省唐山市丰润区长前路3号 邮编：063035

单位网址：http://www.tangche.com

电话：0315-3089023 传真：0315-3089025

5.6.23 中铁宝桥集团有限公司

中铁宝桥集团有限公司（以下简称“公司”）始建于1966年，是以研究设计、生产制造及架设（铺设或安装）钢桥梁钢结构、铁路道岔、高锰钢辙叉、城市轨道交通设备和起重机械为主的国家大型骨干装备制造企业。具有年产钢桥梁和各类钢结构制品20万吨、铁路道岔10 000组、高锰钢辙叉和合金钢辙叉20 000组、门（桥）式起重机50台的生产能力。公司主要产品不仅在国内铁路、公路、建筑、冶金、水电和煤矿等领域广泛应用，还远销北美、非洲、西亚、东南亚等国家和地区。是“中国100家最大交通运输设备制造企业”之一，跻身于“全国工业系统综合评价最优500家”之列。被陕西省科学技术厅认定为高新技术企业，是铁道部确立的“铁道器材研究发展基地”之一。在全国同行业中率先通过质量管理体系、环境管理体系和职业健康安全管理体系认证。公司中心试验室通过了计量认证，并取得CMA资质。钢桥梁钢结构产品通过了美国钢结构协会主要钢桥梁认证。先后获得了国家优质工程金质奖、建筑工程鲁班奖、国家科技进步一等奖、古斯塔夫斯—林德恩斯国际桥梁大奖等国际和国内各级政府奖项60余项，铁路道岔产品被认定为陕西省名牌产品。2005年至今，公司已连续三次荣获“全国文明单位”称号，提高了企业的知名度和美誉度。

公司先后承担了上海高速磁浮道岔、北控磁浮道岔、重庆单轨交通3号线三开五开道岔的设计和样品试制工作。在高速和中低速磁浮道岔产品领域，已形成公司的核心技术成果，确保了公司现阶段在该项产品技术上绝对的竞争优势。

公司作为国内目前磁浮道岔唯一的供货单位，也将因此获得可观的经济效益。重庆单轨交通3号线三开五开道岔是中铁宝桥独立设计的城轨交通新产品，目前，产品已进入正式生产阶段。同时，也为伊朗关节型单开道岔研发工作奠定了技术基础。

在城市轨道交通领域，高速磁悬浮功能件、轨道梁的加工制造达到了国际先进水平。中低速磁悬浮列车轨排在国内属独家生产。公司先后获得了“磁悬浮关节可挠道岔及转接方法”和“磁悬浮道岔曲柄驱动装置”等7项专利授权。

2012年，面对严酷的市场形势，公司以市场为导向，以新产品开发为依托，通过自主创新不断提升企业的核心竞争力，完成了重点工程9.6 km西安曲江观光线轨道工程；524 m的桂林丛林穿梭线路轨道；1.287 km的宁波罗蒙世界商业广场轻轨工程；3.5 km的铜陵北斗星城观光轻轨工程的整体设计；重庆3号延长线道角车场用关节型道岔7组，其中22 m关节型单开道岔3组，30 m关节型五开道岔4组。

中铁宝桥集团有限公司是《都市快轨交通》理事会理事单位。

《都市快轨交通》理事会理事代表介绍如下。

吉敏廷：男，毕业于兰州大学机械制造工艺与设备专业，高级工程师，现任公司总工程师兼技术中心主任。在公司承建的“中国第一塔”——南京长江第三大桥钢塔制造工程中，他任钢塔机加工项目技术负责人，攻克了钢塔节段空间精密测量技术及轴线设定两大技术难题，全面研究了影响钢塔节段端面加工精度的因素及应采取的措施。同时采用高精度的端面机加工方式，确保了加工结果的测量方法及测量精度配套。他研制的大型钢结构的端面机加工技术，开创了机加工技术在钢结构制造中应用的先河。他先后主持完成了高速磁浮、中低速磁浮、单轨、空中列车等新型城轨交通线路转辙设备的设计开发工作，多项产品填补了国内空白，拓展了公司产品领域，成为公司新的经济增长点。

作为主要参与人员（课题组副组长），他先后承担了国家“863”计划项目子课题“高速磁浮道岔国产化研制”、国家“十一五”科技支撑计划子课题“中低速磁悬浮交通系统的道岔设计与测试”等科研课题的研究工作。发表了《南京长江第三大桥钢索塔技术》、《南京长江第三大桥技术总结》2本专著，《高速磁浮道岔线型设计分析》、《南京长江三桥钢索塔制作精度管理系统研究》2篇论文。

联系方式如下。

单位名称：中铁宝桥集团有限公司

单位地址： 陕西省宝鸡市清姜路80号 邮编：721006

单位网址：http://www.crbbi.com

电话：0917-3351818 传真：09173353371

5.6.24 徐州和纬信电科技有限公司

徐州和纬信电科技有限公司依托于中国矿业大学信息与电气工程学院和中国矿业大学电气安全与智能电器研究所，是研制电力电子、电气、通信、计算机网络等相关产品的高新技术企业。

公司拥有进行电网电容电流测试、电网谐波测试、井下杂散电流测试、电网绝缘参数测试的技术与设备；现拥有自主知识产权的DZJ系列地铁杂散电流监测系统(专利产品、江苏省高新技术产品)、XBSG系列自动跟踪补偿消弧线圈成套装置(专利产品、江苏省高新技术产品)、WLD系列小电流接地系统微机选线装置、FLH0系列零序电流互感器(专利产品)、HS5000变电站综合自动化系统、HW3000井下高压供电综合自动化系统、消弧消谐选线及过电压保护综合装置、无功补偿装置等产品，在矿山电工、变电所自动化、地铁、轻轨等领域得到了广泛的应用。公司坚持以科技进步为龙头，争创名优品牌抢占市场制高点，拥有多项国家专利技术，合作项目多次获得国家、教育部、省和市科技进步奖和科技成果奖。

徐州和纬信电科技有限公司在地铁系统监测领域开展了卓有成效的工作。在杂散电流防护监测等方面进行了大量的理论研究和现场试验，自主开发了地铁(轻轨)杂散电流监测系统，已经广泛应用于北京、上海、深圳、南京、哈尔滨、沈阳、成都、昆明、西安及伊朗德黑地铁等多个地铁线路，运行良好，并得到了现场人员和专家教授的高度评价。

近年在城轨领域取得的主要业绩：上海地铁9号线三期、上海地铁11号线二期、上海地铁11号线南段一标、二标、北京地铁15号线一期西段、武汉堤角至汉口北地方铁路工程、武汉地铁4号线二期、沈阳地铁2号线浑南车辆段、大连地铁机车车辆厂、西安地铁1号线、福建泉州北车试验段、昆明轨道交通首期工程、哈尔滨地铁1号线、福建泉州北车试验段、无锡地铁1号线一标、二标、苏州地铁2号线。

徐州和纬信电科技有限公司是《都市快轨交通》理事会理事单位。

《都市快轨交通》理事会理事代表介绍如下。

张栋梁：男，1974年1月出生，汉族，中共党员，副教授，博士研究生。1999年毕业于中国矿业大学信电学院电气技术专业，2005年获中国矿业大学信电学院电力系统及其自动化专业工学硕士学位，2012年获中国矿业大学信电学院电力电子与电力传动专业工学博士学位，现任徐州和纬信电科技有限公司总经理，从2002年9月开始，一直从事供配电安全方面的理论研究和工程实践工作，参与过北京、上海、深圳、武汉、成都、昆明、沈阳、哈尔滨、苏州、无锡等地铁的杂散电流防护系统工程，与深圳地铁、广州地铁、上海地铁等单位合作过多项科研项目，参与了行业标准《杂散电流防护技术规程》的修订工作。

联系方式如下。

单位名称：徐州和纬信电科技有限公司

单位地址：江苏省徐州市铜山新区银山路江苏盛联A楼 邮编：221116

单位网址：http://www.hwxd.com

电话：0516-80139868 传真：0516-80139866

5.6.25 株洲南车时代电气股份有限公司

株洲南车时代电气股份有限公司于2005年由南车株洲电力机车研究所有限公司等五家单位共同发起设立，是中国南车的二级子公司。2006年12月20日，公司在香港H股上市（股票代码03898.HK），成为中国轨道交通装备制造业首家境外上市公司。

公司主要从事轨道交通装备电传动系统、网络控制、变流器、列控系统、信号系统、轨道工程机械电气控制系统及整机、客车电气产品、大功率半导体器件、通用变频器、光伏逆变器、传感器、印制板、复合母排、城市智能交通系统等产品的研发、制造、销售和技术服务，产品广泛应用于动车组、电力机车、内燃机车、客车、城轨地铁及轻轨车辆、大型养路机械、电力、冶金、光伏发电、石油钻采、中央空调、交通管理等众多行业和领域。

通过多年的发展，公司已经具备了强大的自主研发和技术创新能力。不仅自主掌握了具有列车“心脏”和“大脑”之称的牵引电传动和网络控制关键核心技术，还构建了成熟的基于牵引电传动系统领域的自主创新和研发平台，搭建了国内一流的综合性检测试验体系，与专业化制造基地实现了有机结合，一并成为公司最具代表性的形象“名片”。

公司行业地位领先，综合实力雄厚。是国家铁道产品质量监督检验中心牵引电气设备检验站挂靠单位、变流技术国家工程研究中心依托单位、城市轨道牵引设备交流传动与控制系统国产化定点单位、IEC/TC9行业标准的国内技术对口单位。

创新发展，乘势跨越。公司将坚持“同心多元化”发展战略，走核心技术向相关产业延伸发展道路，不断巩固轨道交通行业领跑地位，着力提升电气传动和控制系统领域的专业化新形象，努力成为具有现代管理理念和先进企业文化、核心竞争力强、绩效高、能够出色履行社会责任的国际化公司。

株洲南车时代电气股份有限公司是《都市快轨交通》理事会常务理事单位。

《都市快轨交通》理事会理事代表介绍如下。

李东林：男，于1989年毕业于西南交通大学电力牵引与传动控制专业，学士学位，工商管理硕士，EMBA在读，高级工程师。现任南车株洲电力机车研究所有限公司（以下简称“株洲所”）决策委员会成员，并担任株洲南车时代电气股份有限公司（以下简称“时代电气或公司”）执行董事、总裁。1989年7月大学毕业后进入株洲所工作，曾担任株洲所副总工程师、轨道交通事业部副总经理、制造中心主任、营销中心副总经理，时代电气营销总监、党委书记兼副总裁等职务。从业20多年以来，李东林先生积累了丰富的现代企业管理经验，对国际、国内轨道交通产业格局及发展有着深刻的认识。他始终专注于推动轨道交通电气传动系统产业的发展和进步，带领时代电气坚持科学发展，培养核心产业竞争优势，勇于承担社会责任，积极共享发展成果。在他的领导下，时代电气实现了又好又快发展，巩固提升了公司在行业领域内的领先地位。近年来，该公司多次获得国家科学技术进步二等奖、国家管理创新一等奖、中国财务价值优秀品牌、湖南省首届省长质量奖等荣誉。其个人荣获了“湖南省优秀企业家”，担任株洲市企业家协会副会长、株洲市青年协会会长等职务。

联系方式如下。

单位名称：株洲南车时代电气股份有限公司

单位地址：湖南省株洲市石峰区时代路　邮编：412001

单位网址：http://www.timeselectric.cn

电话：0731-28494307　传真：0731-28498294

5.6.26　资阳晨风电气有限公司

资阳晨风电气有限公司是南车资阳机车有限公司的全资子公司，公司现有注册资本3 996万元，占地面积5.4万平方米，主营业务为轨道交通领域电控系统、微机系统、变流系统的电气产品，以及电气连接器产品的研制和销售。

公司拥有瑞士坐标镗、各类立式、卧式加工中心等高端数控设备及试验检测设备100余台，具有强大的产品精加工及试验检测能力。产品遍布全国29个省、市、自治区的铁路局和冶金、石化、港口、动车、地铁等行业，机车配套产品先后出口亚洲、非洲、南美洲、澳洲等20多个国家，享有良好的国际声誉。

公司通过了ISO 9001、ISO 14000/18000及国际铁路行业IRIS认证。拥有省级企业技术中心、高新技术企业等资质，是动车组九大关键技术、十大配套产品之一的电气连接器指定技术引进厂家、中国南车唯一的电气连接器生产厂家、中国铁路总公司自动电气连接器五级修指定厂家。先后开发并批量生产用于国内外各种动客车、地铁城轨、机车的电气连接器及电气控制系统。公司拥有与时俱进的技术创新能力，获得30余项国家专利，其中发明专利5项。

公司作为轨道交通装备电气连接器研制基地和电气系统集成供应商，以科技创新不断提升核心竞争力，举公司之力，聚全员之智，为客户提供系统的、专业的电气技术解决方案，以“开放、创新、诚信、勤奋、卓越”的企业精神，为客户提供最优质的服务。

资阳晨风电气有限公司是《都市快轨交通》理事会理事单位。

联系方式如下。

单位名称：资阳晨风电气有限公司

单位地址：四川省资阳市雁江区松涛镇 邮编：641301

单位网址：http://www.zycfdq.com.cn

电话：028-26782027 传真：028-26782027

5.6.27 上海自仪泰雷兹交通自动化系统有限公司

上海自仪泰雷兹交通自动化系统有限公司（TST）是根据国家发改委对城市轨道交通信号系统国产化和产业化的要求，通过国家发改委等相关部门的审批，由上海电气（集团）总公司和法国泰雷兹集团共同投资组建而成的高新技术企业，为地铁、轻轨、有轨电车、市域铁路等轨道交通工程提供包括信号系统在内的轨交机电集成解决方案。

2014年是中法建交50周年，亦恰逢中国首条CBTC线路开通10周年。十年前，法国泰雷兹集团首次将全球领先的CBTC技术引入中国并应用在武汉地铁1号线；如今，CBTC技术已成为国内新建地铁项目信号系统的行业标准，超过95%以上的项目选用CBTC技术。在这过程中，上海自仪泰雷兹扎实推进国产化，完成了业内最深度的技术转让和消化吸收。通过全面、彻底的技术转让与培训，并结合对中国轨道交通的深刻理解，成长出一大批在建设与维护方面积累了诸多经验与优势的本地科研人员和技术执行团队，他们成为服务中国轨道事业的有力保障。

SelTrac ®CBTC是全球领先的基于通信的自动列车控制系统，也是CBTC技术的首创样板，目前已成功在上海、北京、武汉、广州、香港、伦敦、纽约、巴黎、迪拜、多伦多等国内外超过1400公里的线路上安全投入运营，保持29年“零”安全事故纪录。

该系统能提供全自动化的中央控制，可缩短列车运行间隔，并优化列车的安全运行。这些特征提高了列车的运能和效率，同时也使得列车的运行更具有灵活性，是方便又经济的现代轨道交通信号系统解决方案。

伴随中国城市交通的飞速发展，自仪泰雷兹已为上海轨交6号线、7号线及延伸段、8号线及延伸段、9号线一期二期三期、11号线一期二期及花桥段，北京4号线和大兴线，广州地铁3号线、机场线和广州9号线和武汉1号线一期二期三期，南京机场线、南京4号线、南昌1号线、合肥1号线等十几条线路提供了（或在建）最先进的CBTC信号系统，已开通运营里程超过385公里，每天为几百万乘客服务。

随着智能终端的普及、3G/4G+WiFi的接入方式无处不在，上海自仪泰雷兹为信号系统配备了基于跳频的FHSS抗干扰技术来预防WiFi干扰。该技术经过国内外专家数百次的干扰兼容测试和安全验证，也经过了数百公里国内外运营线路的考验，表现优于其他抗干扰技术。

在全球领先的技术平台上，自仪泰雷兹将CBTC理念与中国实际结合，不断自主研发与创新，推出新一代自主化的CBTC信号系统，持续为中国轨道交通事业发展贡献力量。

上海自仪泰雷兹交通自动化系统有限公司是《都市快轨交通》理事会理事单位。

《都市快轨交通》理事会理事代表介绍如下。

陆雪忠：中共党员，上海自仪泰雷兹交通自动化系统有限公司副总裁，教授级高级工程师。

联系方式如下。

单位名称：上海自仪泰雷兹交通自动化系统有限公司

单位地址：上海市浦东新区金海路1000号28栋 邮编：201206

单位网址：http://www.thalessaic.com.cn

电话：8621-61055522 传真：8621-61055524

5.7　学校

5.7.1　北京交通大学

北京交通大学是教育部直属，教育部、中国铁路总公司、北京市人民政府共建的全国重点大学，是国家“211工程”“985工程优势学科创新平台”项目建设高校和具有研究生院的全国首批博士、硕士学位授予高校。北京交通大学牵头的“2011计划”“轨道交通安全协同创新中心”是国家首批14个认定的协同创新中心之一。

学校位于首都北京“学府胜地”海淀区，毗邻中国“硅谷”中关村，有东西两个校区，总面积1 000余亩，建筑面积84万平方米，教学、科研设施完善，校园环境优美。经教育部批准，学校正在北京市平谷区规划建设新校区。

北京交通大学作为交通大学的三个源头之一，历史渊源追溯到1896年，前身是清政府创办的北京铁路管理传习所，是中国第一所专门培养管理人才的高等学校，是中国近代铁路管理、电信教育的发祥地。1917年改组为北京铁路管理学校和北京邮电学校，1921年与上海工业专门学校、唐山工业专门学校合并组建交通大学。1923年交通大学改组后，北京分校更名为北京交通大学。1950年学校定名北方交通大学，由著名桥梁专家茅以升任校长。1952年，北方交通大学撤销，京唐两院独立，学校改称北京铁道学院。1970年恢复“北方交通大学”校名。2000年与北京电力高等专科学校合并，由铁道部划转教育部直属管理。2003年恢复使用“北京交通大学”校名。学校曾培养出中国第一个无线电台创建人刘瀚、中国第一台大马力蒸汽机设计者应尚才，以及中国现代作家、文学评论家、文学史家郑振铎、中国第一本铁路运输专著作者金士宣、我国铁路运输经济学科的开创者许靖、我国最早的四大会计师之一杨汝梅等一大批蜚声中外的杰出人才，“东京审判”担任首席检察官的向哲浚、我国著名的经济学家人口学家马寅初等都曾在我校任教。

一个多世纪以来，经过数代交大人励精图治、艰苦奋斗，北京交通大学已成为推动国家经济社会发展，特别是交通行业和首都区域科技创新和高层次人才培养的重要基地。近年来，学校紧紧抓住国家深入推进工业化、城镇化、信息化，建设综合运输体系特别是加快发展轨道交通，以及北京建设中国特色世界城市的重要机遇，为服务国家交通、物流、信息、新能源等行业及北京经济社会发展做出了积极贡献。目前，学校确定了到本世纪中叶初步建设成为特色鲜明世界一流大学的发展目标和“三步走”战略。

学校设有电子信息工程学院、计算机与信息技术学院、经济管理学院、交通运输学院、土木建筑工程学院、机械与电子控制工程学院、电气工程学院、理学院、语言与传播学院、软件学院、人文社会科学学院（马克思主义学院）、法学院、国家保密学院、建筑与艺术学院14个学院，设有研究生院及远程与继续教育学院，与企业合作在河北省黄骅市创办独立学院——北京交通大学海滨学院。有交通运输工程、信息与通信工程2个一级学科国家重点学科，产业经济学、桥梁与隧道工程2个二级学科国家重点学科，包括一级学科所涵盖的二级学科国家重点学科总数达到8个。建有15个博士后科研流动站，有20个一级学科博士点，34个一级学科硕士点，有MBA、工程硕士、会计硕士、法律硕士等10类专业学位。

学校把建设高素质的教师队伍作为提高办学实力的关键，大力实施人才强校战略。全校教职工2 847人，其中专任教师1 741人（具有正高级专业技术职务的379人，副高级专业技术职务的698人，具有博士学位的占65.4%，具有硕士以上学位的占90.4%）。中国科学院院士4名，中国工程院院士8名，国家级教学名师5人，国务院学位委员会学科评议组成员4人，“973”首席科学家3人，国家“千人计划”入选者4人，在聘“长江学者”特聘教授和讲座教授8人，国家百千万人才工程5人，新世纪百千万人才工程国家级人选5人，国家杰出青年基金获得者7人，新世纪优秀人才支持计划62人，享受政府特殊津贴专家167人。

学校始终把人才培养作为办学的根本任务，素质教育成绩斐然。在一百多年的办学历史中，已向国家输送了10余万人才。学校1997年、2006年被评为全国本科教学工作优秀学校，2005年被确定为教育部大学英语教学改革示范点项目学校之一。现有在校本科生14 003人，博士研究生2 239人，硕士研究生5 986人，在职专业学位研究生5 000余人，成人学生8 116人，外国留学生2013年累计724人。近年来获国家级教学成果特等奖1项、一等奖3项、二等奖18项，有国家精品课程32门，国家级教学团队8个；建有国家级教师教学发展示范中心，国家大学生文化素质教育基地，电工电子和物理2个国家工科基础课程教学基地；6个实验中心被教育部评为国家级实验教学示范中心；7个校外实习基地被评为国家级工程实践教育中心，其中3个获评国家大学生校外实践基地；有通信工程等13个国家级特色专业建设点，7个“专业综合改革”试点专业。学校的生源质量和培养水平逐年提高，近5年本科就业率97%以上，研究生就业率98%以上；2012年本科生深造率超过50%。设立了思源班、轨道交通试点班、本硕（博）连读班、詹天佑班、茅以升班、国际班等特色班，加强拔尖创新人才的培养。学生艺术团在全国和首都历次高校比赛中取得优异成绩，获全国第一、二、三届大学生艺术展演器乐组一等奖，并多次赴欧洲、非洲及美国和台湾等地演出，排演的《长征组歌》应邀在人民大会堂和国安剧院演出，在社会上引起强烈反响。高水平运动队在国家级及以上各类比赛中获得冠军90项（次），其中羽毛球队在世界大学生羽毛球比赛等国内外重大赛事中获得冠军62项。

学校把加强科技创新作为发展的战略重点，不断提升社会服务能力。拥有教学、科研仪器设备资产8.1亿元；图书馆纸本藏书、电子图书、网络资源等总量706.8万余册，建有交通运输特色数据库。拥有省部级及以上科研平台44个，包括1个国家重点实验室、2个国家工程实验室、1个国家工程研究中心、1个国家能源局技术研发中心、 4个国家认可实验室、5个教育部重点实验室、4个教育部工程研究中心、1个北京实验室、8个北京市重点实验室、3个北京市工程技术研究中心、6个北京市人文社科研究基地等。同时学校还建有北京交通大学中国综合交通研究中心、中国产业安全研究中心和综合交通运输发展研究中心。联合国科教文组织在我校设立了“高等工科教育与产业合作教席”。近5年，学校承担了包括“973”计划、“863”计划等国家科技计划项目，国家自然科学基金、国家社会科学基金，以及教育部、铁道部等项目在内的各类科研课题近9 000项，科研经费33亿元；发表SCIE检索论文1 995篇、EI检索论文3 557篇；申请专利1 880项，获授权专利1 128项。2项主持项目获国家“973”计划立项，1项主持项目获国家社科基金重大项目立项。获得国家级奖励15项，省部级科技奖励114项，2009年主持完成的“复杂与高速条件下车载信号安全控制系统关键技术及应用”获国家科技进步奖二等奖；2011年主持完成的“基于行为的城市交通流时空分布规律与数值计算”获国家自然科学奖二等奖；2012年主持完成的“复杂工况下磁性液体密封关键技术与应用”和“基于通信的城轨列车运行控制系统关键技术及其应用”分别获国家技术发明奖二等奖和国家科技进步奖二等奖。

学校把加强合作交流作为提高办学水平的重要途径，国内外影响力不断提升。与美、英、德、法等32个国家的150多所大学及著名跨国企业建立了合作关系。在比利时鲁汶和美国休斯敦办有孔子学院，积极传播中国文化。主办或承办国际无线通信、信号处理、铁道工程、低碳物流等领域的多个大型国际学术会议，每两年举办“国际文化节”，促进中外学术文化交流。充分发挥校友会、基金会、董事会的作用，深化“政产学研用”协同创新，在海内外成立地方校友会23个，吸纳董事单位75家，与交通、物流、信息、能源等行业企业及地方政府等单位签订战略合作协议96份，在人才培养、科研合作等领域开展长期、广泛的合作。

“饮水思源，爱国荣校”，如今，有着117年辉煌历史的北京交通大学，肩负着新的历史使命，秉承“知行”校训，以更加谦虚谨慎、开拓进取的精神，努力实现交通大学百年华诞时江泽民同志题词“继往开来，勇攀高峰，把交通大学建设成世界一流大学”的要求，向着特色鲜明世界一流大学的目标迈进。

北京交通大学是《都市快轨交通》主办单位，理事会理事长单位。

单位地址：北京市海淀区上园村3号 邮编：100044

单位网址：http://www.bjtu.edu.cn

5.7.2　哈尔滨铁道职业技术学院

哈尔滨铁道职业技术学院隶属于世界500强的中国中铁，由黑龙江省教育厅与中铁三局集团共建。2009年进入省级文明单位标兵行列，2010年被教育部、财政部确定为国家百所骨干院校首批立项建设单位。

学院在黑龙江省44所高职院校中率先实行了二级管理，提高了管理效率，降低了管理成本，推进了教书育人一体化。下设铁道建筑学院、城市轨道交通学院和计算机等5个二级分院，开设了高速铁道、城市轨道、道路桥梁和盾构等35个专业，并在31个省市和自治区招生，现有全日制在校生8 385人，专任教师408人，另有225人是来自生产一线的技术人员和专家担任兼职教师和客座教授。

学院占地53.9万平方米，教学仪器设备8 521万元。拥有城轨、道桥和检测3个中央财政支持建设的国家级实训基地。学院现为黑龙江省振兴东北老工业基地“城市设施人才培训中心”、国家技能人才培育突出贡献单位、中国中铁职业技能鉴定站和省测量工考核基地。

多年来，学院与中国中铁形成了“企亦校、校亦企、校企一家”的合作办学模式，形成了“双主体”的人才培养特点，即学生培养“双单位、双区域、双教师、双身份、双证书”。全部专业实施顶岗实习。按照企业岗位任职要求，引入行业技术标准，课程内容对接施工内容，开发了基于线路、桥梁、隧道、地铁、轻轨等工作过程为导向的课程体系。近两年，学院的领导和骨干教师多次到国外一些知名学校学习和交流，积极开拓国际合作办学之路。学院也积极与企业合作开展“订单”式培养，自2003年以来，先后与北京、广州、深圳、宁波和哈尔滨等地铁公司及中铁一局等施工单位共同开办了订单培养班，校企共同制定人才培养方案，真正做到了人才供需无缝对接。

学院面向企业开展“四新”技术服务。主持或参与了中铁三局集团“大深度高水压条件下盾构管片背后注浆技术研究”及“长大无缝线路综合施工技术”等22项科技攻关项目。承担了石太客运专线、沈阳地铁施工实验室建设和南广铁路客运专线、哈大客运专线施工测量任务。为中国中铁编写了《测量工》、《桥梁工》等高、中级技师培训教材和配套教学资源库。连年承办了中国中铁CAD、测量的培训和大赛任务。

学院积极为企业承揽工程，仅在东北地区为企业承揽国家重点工程项目14个，资金总额30多亿元。

中国中铁投入10 560万元支持学院创建国家骨干高职院校。

哈尔滨铁道职业技术学院是《都市快轨交通》理事会常务理事单位。

《都市快轨交通》理事会常务理事代表介绍如下。

韩仁海：现任中国中铁宏达资产管理中心党工委书记兼任学院院长，1982年1月毕业于北京交通大学，教授级高级工程师，在企业管理和高等职业教育领域成绩斐然，是教育部办学水平评估专家、黑龙江省高等学校设置评审委员会专家、黑龙江省职业教育研究会副秘书长和建筑联合会副会长。

联系方式如下。

单位名称：哈尔滨铁道职业技术学院

单位地址：黑龙江省哈尔滨市南岗区保健路123号　邮编：150081

单位网址：http://www.htxy.net

电话：0451-57839200

5.7.3　广州城市轨道交通培训学院

广州城市轨道交通培训学院成立于2010年11月4日，是国内第一家采用“企企联盟”合作模式的城市轨道交通企业大学，由广州地铁、重庆地铁、宁波地铁、佛山地铁、南宁地铁、苏州地铁、南昌地铁和无锡地铁8家城市轨道交通企业共同投资设立。2012年8月8日，培训学院苏州分院挂牌成立。2013年3月28日，培训学院重庆分院挂牌成立。

学院以培育优秀人才，传播先进文化为使命，致力于创建城市轨道交通人才培训基地、知识共享平台、学习交流中心，将成为国内一流的企业大学。

目前，广州总院拥有三个培训基地，35间多媒体教室，可同时容纳2 100多人进行课堂教学，配备列车模拟驾驶系统、车站模拟培训平台、OCC、信号钳工、消防系统和供电系统等运营核心专业模拟培训室。苏州分院拥有一个培训基地，10间多媒体教室，配备高压供电培训室、接触网练兵线、LOW维修室、培训室及模拟仿真室、ATS服务器及中央和站级工作站、OBCU机柜单元和外委设和计轴ATP等相关培训设施。重庆分院拥有国内独有的跨座式单轨系统培训基地，13间多媒体教室，可同时容纳470多人进行课堂教学，配备模拟驾驶室教员系统、模拟驾驶室驾驶舱、信号设备、AFC设备、安全门、线路等相关培训设施。

学院成立三年多来，与国内20多家城轨企业建立了人才培养战略伙伴关系，与北京交通大学等著名高校合作开展学历教育，拥有15个国家批准的职业技能鉴定资质，通过ISO 10015培训质量管理体系认证。截至2013年12月，学院已成功为27家城轨企业、2家车辆生产厂家和6家铁路院校提供了培训服务，培训总量超过27万人天，培训质量得到了同行的高度认可，培训品牌在国内城轨行业独树一帜。

学院“3+1”培训产品

1. 城市轨道交通工程设计、工程建设类

设计类：涵盖线路规划、土建设计、机电设计、地铁保护和工程监理等专业共35门课程。

工程建设类：涵盖勘测设计与前期工程管理、合同与计划管理、工程质量与安全管理、车站与区间土建工程管理、车站装修与机电工程管理等专业共56门课程。

2. 城市轨道交通运营管理类

涵盖运营筹备、生产运作、车站服务和班组管理等专业共40门课程。

3. 城市轨道交通企业管理类

涵盖经营管理、管理技能和职业素养等共65门课程。

4. 城市轨道交通运营技能类

涵盖通信、信号、AFC、电客车司机、工程车司机、站务员、值班员、值班站长、行车调度、电调、环调、接触网、变电、设备监控、自动消防系统、通风空调、电气检修、给排水、线路、门梯、电客车检修、工程车检修和设备检修等专业共258门课程。

广州市地下铁道总公司是《都市快轨交通》理事会常务理事单位。

联系方式如下。

单位名称：广州城市轨道交通培训学院

单位地址：广州市海珠区金运路1号赤沙地铁车辆段培训楼4楼 邮编：510310

电话：020-35139357 传真：020-34432910

附录A 城市轨道交通行业常用网站

A.1 轨道交通公司网站

北京市地铁运营有限公司 www.bjsubway.com
上海申通地铁集团有限公司www.shmetro.com
广州市地下铁道总公司www.gzmtr.com
南京地铁集团有限公司www.nj-dt.com
深圳市地铁集团有限公司www.szmc.net
重庆市轨道交通集团（有限）公司www.cqmetro.cn
天津市地下铁道集团有限公司www.tjdt.cn
武汉地铁集团有限公司 www.whrt.gov.cn
成都地铁有限责任公司www.cdmetro.cn
沈阳地铁集团有限公司www.symtc.com
杭州市地铁集团有限责任公司www.hzmetro.com
西安市地下铁道有限责任公司www.xametro.gov.cn
苏州市轨道交通集团有限公司www.szgdjt.com
宁波市轨道交通集团有限公司www.nbmetro.com
福州市城市地铁有限责任公司metro.fuzhou.gov.cn
郑州市轨道交通有限公司www.zzmetro.com
哈尔滨地铁集团有限公司www.hrbdt.com
无锡市轨道交通发展有限公司www.wxmetro.net
南昌轨道交通集团有限公司www.ncmtr.com
长沙市轨道交通集团有限公司www.hncsmtr.com
东莞市轨道交通有限公司 www.dggdjt.com
昆明轨道交通有限公司 www.kmgdgs.com
合肥城市轨道交通有限公司www.hfgdjt.com
南宁轨道交通有限责任公司www.nngdjt.com
贵阳市城市轨道交通有限公司 www.gyurt.com
佛山市铁路投资建设集团有限公司www.fmetro.net
厦门轨道交通规划建设工作小组领导办公室www.xmbrt.com.cn
石家庄市轨道交通有限责任公司www.sjzmetro.cn
温州市铁路与轨道交通投资集团有限公司www.wzrailway.com/
太原市轨道交通建设管理办公室www.tymetro.com/

A.2 媒体类网站

《都市快轨交通》www.urt.cn
《城市轨道交通研究》umt.tongji.edu.cn
中国城市轨道交通协会www.camet.org.cn
中国城市轨道交通网www.ccmetro.com
轨道交通纵横资讯网www.railwayvision.com
中国地铁网www.chinaditie.com
中华铁道网www.chnrailway.com

人民铁道网www.rmtd.com.cn
铁流网www.tieliu.com.cn
中国铁路工程建筑网www.zgtlgcjz.cn
中国铁路市场网www.zgtlsc.cn
中国铁道建设网www.tdjs.com.cn
中国铁路商务网www.china-railway.com.cn

A.3 轨道交通论坛

地铁族网www.ditiezu.com
海子铁路网bbs.hasea.com
上海轨道交通俱乐部club.metrofans.sh.cn
地铁北京论坛www.ourmetro.org
地铁网bbs.subways.cn

附录B 城市轨道交通2013年大事记

日期	地点	大事
20130112	福州	福州市召开《城市轨道交通线网规划（2012年修编）》专家咨询会
20130112	重庆	重庆轨道交通6号线二期轨道工程首组道岔顺利浇筑完成
20130113	昆明	昆明地铁运营有限公司正式挂牌成立
20130114	重庆	重庆轨道交通6号线铜锣山隧道双线贯通
20130123	成都	成都地铁举行“地铁十佳正能量”颁奖暨“微公益地铁志愿者在行动”授牌仪式
20130123	东莞	《东莞市城市轨道交通建设规划（2012—2018）》通过评估
20130128	北京	北京14号线西段空载试运行
201302	青岛	青岛地铁集团有限公司正式组建
20130216	成都	成都市城市快速轨道交通近期建设规划（2013—2020年）获批
20130222	徐州	徐州市轨道交通建设规划经国家发改委批复
20130225	广州	广州地铁《城市轨道交通工程安全风险预防、控制及信息平台关键技术的研究与应用》获广东省科技一等奖
20130225	石家庄	中国通号与石家庄市签署轨道交通合作框架协议
20130228	合肥	合肥首次举行地铁施工现场消防安全应急演练
20130306	东莞	东莞轨道交通首条大断面盾构隧道贯通
20130308	北京	北京地铁客流流量首超千万
20130311	东莞	东莞市轨道公司2013年首场道德讲堂开讲
20130316	无锡	无锡地铁1号线首列车辆正式落户西漳车辆段
20130316	武汉	武汉地铁建设总部召开2号线一期工程建设总结交流会
20130318	重庆	重庆轨道交通6号线嘉陵江大桥主桥墩完工
20130321	武汉	武汉首条斜穿汉江的地铁隧道开始土建工程施工招标
20130322	沈阳	沈阳地铁9号线、10号线工程开工
20130326	石家庄	石家庄地铁3号线正式开工
20130328	深圳	深圳地铁集团发行100亿元期限10年的公司债券
20130403	武汉	武汉4号线一期工程首批2台轨道牵引车抵达青山车辆段
20130416	南通	《南通市城市轨道交通建设规划（2014－2018年）》通过评估
20130416	武汉	武汉地铁2号线成为世界首个“书香地铁”
20130423	贵阳	贵阳1号线可行性研究报告获国家发改委批复
20130424	武汉	武汉地铁8号线首尝BT融资模式
20130425	深圳	深圳《坪山新区现代有轨电车项目前期规划研究——线网规划》成果通过评审
20130426	郑州	郑州地铁1号线实现全线电通
20130427	昆明	昆明轨道公司荣获昆明市“五一”劳动奖状
20130428	石家庄	石家庄地铁1号线一期可研报告获国家发改委批复
201305	广州	广州运营国内首列国产制动系统A型地铁
20130505	北京	北京14号线西段开通试运营
20130505	北京	北京10号线开通实现“地下三环”
20130506	武汉	武汉地铁4号线一期隧道全线贯通
20130508	深圳	深圳地铁轨道交通节能减排技术研发院士工作站揭牌
20130510	南京	南京地铁3号线15座车站主体结构完成
20130516	南京	南京机场轻轨线车站主体完工
20130520	郑州	郑州举行地铁轨道上的集体婚礼
20130523	上海	上海“磁浮地铁一票通”首发
20130527	天津	天津首次开展大规模地铁客流调查
20130528	上海	上海地铁召开地铁运营20周年座谈会
20130531	深圳	深圳市轨道交通三期11号线首台大盾构机在深圳中心区红树湾始发

续表

日期	地点	大事
20130606	苏州	《都市快轨交通》理事会2013年年会在苏州召开
20130606	无锡	中国城市轨道交通协会调研无锡地铁
20130607	苏州	苏州高新有轨电车有限公司运营分公司成立
20130613	保定	保定市城乡规划管理局称《保定市城市轨道交通专项规划》通过专家论证
20130617	杭州	杭州地铁2号线东南段全线“洞通”
20130619	南京	南京地铁10号线全线贯通
20130620	杭州	杭州地铁二期规划获国家发改委批复
20130621	成都	成都地铁召开建设安全专题会
20130622	成都	成都地铁安全运营1000天
20130623	广州	广州3号线北延段两度提速至110km/h
20130624	长沙	长沙地铁3号线可研获得国家批复
20130624	石家庄	石家庄地铁3号线可行性报告获国家发改委批准
20130626	北京	北京建成运营我国首座光伏发电地铁站
20130628	南宁	南宁轨道交通工程试验段施工任务全面完成
20130701	成都	成都地铁公司举行“中国梦•四川梦•地铁梦•我的梦”主题宣传展示活动
20130701	武汉	武汉发布最长轨道交通11号线全部站点
20130709	北京	北京地铁3号线荣获第十一届中国土木工程詹天佑奖
20130716	北京	北京地铁客流破1100万创新高
20130720	石家庄	石家庄地铁1号线举行项目签约
20130721	宁波	宁波1号线一期地下段电通
20130731	无锡	无锡地铁2号线全线贯通
20130806	武汉	武汉地铁6号线一期工程开工
20130808	温州	《温州市域铁路S2线一期工程可行性研究客流预测专题报告》通过评审
20130821	天津	天津启动“护航平安地铁”活动
20130822	武汉	武汉地铁4号线“芳草绿”试跑成功
20130828	天津	天津地铁2号线全线贯通,1、2、3号线启用新运行图
20130830	杭州	杭州地铁2号线东南段全线“轨通”
20130830	石家庄	石家庄朝晖桥站主体一期工程开工
20130831	青岛	青岛成立青岛地铁产业协会
20130831	上海	上海11号线二期工程通车试运营
20130901	武汉	武汉地铁开始使用学生卡
20130903	无锡	无锡地铁3、4号线一期工程获批
20130905	济南	《济南轨道交通近期建设规划（2014—2018年）》可研报告通过专家评估
20130910	石家庄	石家庄出台《石家庄市轨道交通建设管理办法》
20130911	成都	成都地铁开展“文明乘车日”主题活动
20130912	宁波	宁波1号线一期工程首站正式入驻
20130913	福州	福州通过2号线和1号线二期初步设计方案
20130913	太原	太原地铁2号线一期工程首开段初步设计获省发改委批复
20130915	西安	西安地铁1号线开通
20130916	郑州	郑州地铁1号线正式空载试运行
20130918	成都	成都召开“地铁工程项目报批工作协调会”
20130918	上海	上海地铁网络创下日客流867.2万历史新高
20130919	石家庄	石家庄地铁1号线长城桥站、平安站先后开工
20130923	无锡	无锡地铁2号线首列车下线
20130925	石家庄	石家庄轨道办召开1号线一期工程施工图设计动员会

续表

日期	地点	大事
20130925	重庆	重庆轨道交通1号线马家岩站通车
20130926	杭州	杭州地铁2号线首列车辆抵达
20130926	武汉	武汉公布7号线一期设计方案
20130929	东莞	东莞运营分公司正式挂牌成立
20130930	青岛	青岛地铁首列车正式下线
20131010	石家庄	石家庄地铁1号线初步设计完成
20131010	武汉	武汉地铁6号线一期开始投建
20131011	沈阳	沈阳浑南现代有轨电车正式运营
20131012	苏州	苏州市轨道交通集团有限公司正式挂牌
20131015	天津	天津地铁2号线机场延伸线盾构区间双线贯通
20131016	成都	成都地铁华西坝“母婴候车室”正式启用
20131016	昆明	昆明轨道交通集团有限公司揭牌成立
20131016	上海	上海开通运营我国首条跨省份地铁
20131019	贵阳	贵阳召开地铁1号线全线开工建设动员大会
20131025	南昌	南昌地铁2号线一期工程全线开工
20131026	石家庄	石家庄举行1号线一期工程风险源专家论证会
20131027	北京	北京14号线九龙山至大望路段穿越1号线
20131027	武汉	武汉地铁6号线汉口段首个标段开工
20131028	重庆	重庆轨道交通环线开工
20131031	杭州	杭州地铁1号线全线ATPM模式运营
20131106	大连	大连发改委批复地铁1、2号线二期工程可研报告
20131108	杭州	杭州地铁4号线一期工程工可报告获批
20131114	厦门	厦门首条轨道交通线路开建
20131118	青岛	《青岛市城市轨道交通近期建设规划（2013—2018年）》获国家发改委批准
20131119	北京	国际城市轨道交通建设运营及装备展览会在北京举行
20131120	武汉	武汉地铁2号线售检票系统故障，首发纸质票应对
20131122	温州	温州召开市域铁路S2线一期工程可行性评审会
20131125	石家庄	河北首列A型地铁列车在唐车公司下线
20131125	温州	温州市域铁路S1线一期工程取得建设用地规划许可证
20131129	成都	成都召开全国城市轨道交通工程质量安全联络员会暨专家委员会第三次全体会议
20131129	杭州	杭州地铁2号线东南段全线“电通”并“热滑”成功
201312	广州	广州地铁总公司获城市轨道交通安全生产标准化一级达标企业称号
20131201	无锡	无锡地铁2号线首辆列车抵达无锡查桥车辆段
20131203	上海	“上海轨道交通车站环境艺术设计”荣获2013上海设计奖金奖
20131204	石家庄	石家庄地铁1号线转入主体结构施工
20131204	天津	天津津滨轻轨客流突破10万
20131208	杭州	杭州地铁6号线一期工程可研报告通过评审
20131210	北京	北京14号线首次实现长途水下穿越
20131213	济南	济南市政府网发布城市轨道交通R1线建设项目环境影响报告书
20131216	石家庄	石家庄地铁3号线一期工程初步设计通过审查
20131216	石家庄	石家庄地铁1、3号线一期工程二百亿元银团贷款正式签约
20131218	广州	广州地铁官方微信正式上线
20131219	北京	北京首次载客演练应急疏散
20131220	广州	广州13号线首期工程工可报告获批
20131220	西安	西安城市轨道交通规划获发改委批复

续表

日期	地点	大事
20131221	郑州	郑州地铁1号线举办万人试乘体验活动
20131222	北京	北京“最复杂换乘站”军博站开通
20131224	广州	广州双模式盾构机正式验收下线
20131224	天津	天津轨道交通日客流首破百万
20131225	济南	济南轨道交通集团有限公司成立
20131228	广州	广州6号线首期正式试运营
20131228	苏州	苏州举行轨道交通2号线开通试运营仪式暨3号线工程启动仪式
20131228	郑州	郑州地铁1号线一期正式投入试运营
20131229	济南	济南市轨道交通R线建设正式启动
20131229	上海	上海12号线东段、16号线开通试运营
20131229	武汉	武汉地铁4号线正式通车
20131230	长沙	长沙市轨道交通2号线一期工程开始试运行
20131230	青岛	青岛市人民政府出台《青岛市轨道交通建设管理办法》
20131231	重庆	重庆轨道交通6号线通车至北碚